KB041598

제 4 판

노동법사례연습
LABOR LAW CASE STUDY

하 경 효

박영사

머 리 말

'노동법연습' 교과목의 대학강의교재로서 2001년 '노동법사례연습'을 처음 출간한 이래 2006년 제2판, 2008년 제2판(보정판)까지는 사례풀이와 함께 사안에서의 관련 쟁점에 대한 법리적 논의를 각주와 함께 논의하는 방식으로 구성하였다.

이후 법학전문대학원제도의 도입으로 법학교육체계가 근본적으로 변화되면서 큰 틀에서 이 책의 구성체계를 그대로 유지할지에 대한 고민을 하지 않을 수 없었다. 특히, 이 책의 대학교재로서의 의미와 장점을 그대로 가져갈지 아니면 변호사시험이나 노무사시험 등 각종 시험을 위한 학습서로서의 기능을 더 고려하여야 하는지 기본적인 문제를 결정하지 못한 채 오랜 기간 검토만 거듭한 끝에 2017년에 가서야 구성내용과 방식을 완전히 변경하여 제3판을 출간하였다.

제3판에서는 사례풀이 중심으로 구성하고, 쟁점에 대한 일반적 논의와 각주는 모두 삭제하는 대신 주요쟁점에 대한 논의내용을 책의 후반부에 별도로 '논점학습'(490면~ 641면)으로 정리하였다.

제3판 출간 이후의 노동입법과 새롭게 제기되는 노동분쟁에 관련한 노동판례를 반영하여 개정작업을 진작에 해야 했음에도 저자의 게으름과 개정작업 도중의 예기치 못한 사정 등으로 이제야 제4판을 출간하게 되었다.

이번 제4판에서의 주요 수정보완사항은 다음과 같다.

1) 기존 문제의 풀이내용에 대하여 현행법과 판례태도를 기초로 전반적으로 검토하고 참고판례를 보충하였다.
2) 사례연습책의 기능과 성격에 부합되게 법리적으로나 실무적으로 중요한 사례문제를 추가하면서 제3판의 약술형문제 대비 '논점학습' 부분을 전부 삭제하였다.
3) 아래의 사례 12개(각 사례당 2개 문제이므로 실제 문제는 24개)를 새로 구성하여 추가하였다.

이번에 개정보완작업을 하면서 2017년 이후 변호사시험과 공인노무사시험의 노동법기출문제를 전체적으로 살펴보았는데, 대부분의 사례형문제들이 주요판례사안의 사실관계와 거의 같은 내용으로 구성되어 있어 너무 놀랐다. 이러한 출제방식과 문제구성은 판례 위주로만 학습하면서 판결내용을 정답으로 알고 암기하는 학습풍토를 더욱 심화시킬 수 있다는 점에서 바람직하지 않다고 생각된다.

이 책에서 판례사안을 기초로 한 사례문제는 가급적 판례태도에 따라 풀이하고자 하였으나, 논란이 되는 사항에 대하여 판례와 다른 입장에서 풀이할 수도 있다는 여지를 남긴 문제도 있다([3] 노동관행, [33] 근로시간면제자의 법적 지위 참고). 이러한 문제들에 대해 궁극적으로 어떠한 해석관점에 따라 사례풀이를 할 것인지는 독자 스스로 판단하여 정리하면 된다. 이 밖에 사례에서 주어진 사실관계를 대상으로 사례문제를 풀이해야 한다는 사례풀이방법론의 기본을 상기시키는 의미에서 관련 판례의 사실관계를 기초로 사안을 구성하면서도 요건사실에 관련된 내용을 조금 변형시킴에 따라 판례와 다른 결론을 도출한 문제도 있다([7] 근로관계 종료 후의 경업금지의무 문제 1. 참고). 이러한 사례문제들에 대하여는 판례사안과의 비교검토를 위해 관련 판례와 함께 결론 끝에 이러한 점을 명시해 주었다.

이번 개정작업은 이준희 교수(광운대 교수)와 추장철 박사(고려대 강사)의 도움으로 마무리할 수 있었다. 기존 사례의 내용검토와 판례보충 그리고 교정작업을 해 주었고, 정리가 쉽지 않은 쟁점에 대하여는 바쁜 시간을 내어 토론의 상대가 되어

주기도 하였다. 두 분이 앞으로 연구성과와 업적을 계속 축적하여 우리나라 노동법과 노동법학계의 발전에 크게 기여하는 훌륭한 학자로 성장해 나가길 기대하고 기원하며 감사한 마음을 전한다.

　어려운 출판 여건에도 한결같은 마음으로 우리나라 법학과 출판문화 발전을 위해 애쓰시는 안종만 회장님, 안상준 대표님, 개정판을 낼 때마다 출간일정을 지키지 못함에도 항시 이해와 배려로 대해 주시는 조성호 이사님 그리고 깔끔하게 편집작업을 해 주신 윤혜경 대리를 비롯한 박영사 관계자 분들께도 감사드린다.

2023년 4월

하 경 효

차　례

[8] 취업규칙 불이익변경시의 동의 주체 및 동의 방식　90

[9] 취업규칙 불이익변경과 사회통념상 합리성　106

[23] 사직의 의사표시의 해석과 철회　292

[24] 재해보상　305

[25] 사업양도와 고용승계　320

[26] 도급과 파견의 구별 기준 334

[27] 비정규직 근로자의 차별구제 349

[28] 기간제 근로자의 갱신기대권 365

PART 2 집단적 노사관계법

[29] 노동조합 및 노동관계조정법상 근로자 378

[42] 쟁의행위의 절차적 정당성　555

[43] 파업의 정당성과 불법파업시 손해배상책임　571

[46] 부당노동행위에 있어서 원청회사의 사용자성　614

[47] 단체교섭거부의 부당노동행위와 구제방법　630

노/동/법/사/례/연/습

PART 1
개별적 근로관계법

사실관계

A학원은 상시적으로 고용된 사무직근로자 6명과 수능종합반 강사 10명을 사용하고 있는 입시전문학원이다. A학원의 수능종합반 강사 甲은 A학원과 매년 2월부터 수학능력시험일이 있는 11월까지 강의위촉계약을 체결하였다. 이 계약은 매년 갱신되었다. 1일 4~5교시, 월 100~110시간의 강의를 하고, 별도의 고정급은 없이 시간당 30,000원으로 계산하여 월 300만 원 정도의 강사료를 지급받았다.

甲은 대략 09:00에 학원에 출근하여 자습감독, 방송수업감독, 교직원 조례 참석을 하고, 저녁에도 순번을 정하여 간헐적으로 자습감독을 하였다. 강의교재는 A학원이 최종적으로 선정하였고, 강의가 없는 휴게시간에도 강의준비, 교재연구 등으로 인하여 甲은 다른 학원에서 강의를 하는 것이 사실상 불가능하였다.

그리고 甲이 담임을 맡을 경우에는 학원 측의 행정적인 업무를 추가적으로 처리하였고, 그에 대한 대가로 월 30만 원의 수당을 지급받았다. 그러나 A학원은 학원의 방침에 따라 강사들에 대하여 사업자 등록을 하게 하였고, 그에 따라 甲은 근로소득세를 납부하지 않았으며, 일반근로자들에게 적용되는 취업규칙 등을 적용하지 않았고, 4대보험도 직장에서 가입하지 않았다.

甲은 1991. 2. 1.부터 계약을 하여, 매년 동일한 조건으로 계약을 갱신해 왔다. 다만 甲은 계약기간이 아닌 매년 12. 1.부터 다음 해 1. 31.까지는 강사료를 지급받지 않았지만, 수능문제풀이, 논술강의, 수능점수 파악, 다음해 강의 준비 및 연구 등을 해 왔다. A학원은 2001. 2. 1. 甲과 강의용역계약을 갱신한 뒤 시설물에 하자가 발견되자 2001. 3. 1.부터 2개월간 학원 리모델링을 위한 휴업에 들어가기로 하면서 이 기간에 대해서는 강사료를 지급하지 않겠다고 甲에게 일방적으로 통보하였다. 甲은 이에 불만을 품고 2001. 3. 31. A학원과의 계약을 종료하였다.

문제 1

강사 甲이 3월 한 달간의 휴업수당 지급을 청구하자 A학원은 甲이 근로자가 아니라는 이유로 그 지급을 거절하였다. A학원의 주장은 타당한가?(다만 휴업수당청구요건에 관한 논점은 제외) (30점)

문제 2

강사 甲이 근로기준법상 근로자인 경우, 강사 甲이 A학원에 대하여 1991. 2. 1.부터 2001. 3. 31.까지의 전체 기간에 대한 퇴직금을 청구할 수 있는지 검토하시오.(다만 소멸시효에 관한 논점은 제외) (20점)

■
사례해결의 Key Point

문제 1

　판례는 근로기준법상 근로자 정의규정만으로 바로 근로자성 여부를 판단하지 않고 '사용종속관계'가 있는지를 중시한다. 사용종속관계를 뒷받침하는 구체적인 지표를 면밀하게 살펴야 한다.

문제 2

　퇴직금은 계속근로기간이 1년 이상일 때 청구할 수 있는데, 근로계약을 매년 갱신해 왔더라도 실질적으로 근로계약이 단절되지 않고 연속된 것이라면 계속근로기간은 그 기간 전부를 통산하는 것이 원칙이다.

문제 1

강사 甲이 3월 한 달간의 휴업수당 지급을 청구하자 A학원은 甲이 근로자가 아니라는 이유로 그 지급을 거절하였다. A학원의 주장은 타당한가?(다만 휴업수당청구요건에 관한 논점은 제외) (30점)

Ⅰ. 문제의 논점

　이 문제에서 핵심 쟁점은 A학원의 종합반 강사인 甲이 근로기준법상의 근로자에 해당되는지 여부이다. 왜냐하면 근로기준법상의 휴업수당 규정은 상시 5인 이상의 근로자를 사용하는 사업장을 적용대상으로 한다는 점에 비추어, 근로기준법상의 휴업수당지급청구권의 인정 여부는 종합반 강사들의 근로자인지 여부에 달려있기 때문이다. 이와 관련하여 중요한 것은 그 계약의 명칭이나 형식보다는 실질을 살펴서 근로자성 여부를 판단하여야 한다는 점이다. 따라서 비록 외형상 근로계약이 아닌 강의용역계약을 체결하고 사업자로 등록하여 A학원에서 업무를 수행하였다 할지라도 강사로서의 업무수행의 실질을 기초로 판단할 때 강사 甲을 근로기준법상 근로자로 평가할 수 있는지를 검토하여야 할 것이다.

Ⅱ. 근로기준법상 근로자개념과 근로자성 판단 원리

1. 근로기준법상 근로자개념

　근로기준법 제2조 제1항 제1호는 근로자에 대하여 "직업의 종류와 관계없이 임금을 목적으로 사업이나 사업장에 근로를 제공하는 자"라고 정의하고 있다. 근로기준법상의 근로자에 해당되는지 여부는 계약의 형식이 고용계약인지 도급계약인지보다 그 실질에 있어 근로자가 사업 또는 사업장에 임금을 목적으로 종속적인 관계에서 사용자에게 근로를 제공하였는지 여부에 따라 판단하여야 한다는 것이 판례의 일관된 입장이다(대법원 2006. 12. 7. 선고 2004다29736 판결 등).

　결국, 사안에서 甲이 임금을 목적으로 사용종속관계에서 노무제공을 하는지를 확인해야 하며, 이는 계약의 실질에 따라 결정되어야 한다. 이를 위해서는 근로자로서의 속성인 사용종속성을 실질적으로 판단하는 기준요소들에 대한 검토가 필요하다.

2. 사용종속성의 판단 지표

근로자성 여부를 판단하는 데 있어 핵심은 계약상의 종속적 노무제공관계라고 할 수 있다. 이에 대한 판단은 ① 사용자가 업무내용, 근무시간, 근무 장소를 지정하고 근로자가 이에 구속을 받는지(종속노동성), ② 생산수단의 소유여부, 이윤의 창출과 손실의 초래 등 경영위험을 스스로 부담하는지(독립사업자성의 존부), ③ 보수의 근로대가성, ④ 계속성 및 전속성, ⑤ 기본급·고정급이 정하여졌는지 등을 종합하여 판단한다. 이 외에도 예컨대 취업규칙의 적용여부, 근로소득세 징수, 4대보험의 가입 등도 포함하여 종합적으로 고려하여 근로자 여부를 판단하게 되지만, 이러한 요소들은 사용자가 우월한 지위를 이용하여 임의로 정할 여지가 크다는 점에 비추어 법원은 이러한 요소들을 '부차적' 요소로 판단하고 있다.

요컨대 대법원은 전체적으로 보아 임금을 목적으로 종속적 관계에서 사용자에게 근로를 제공하였다고 인정되는 이상, 근로자에 관한 여러 징표 중 근로조건에 관한 일부의 사정이 결여되었다고 하여 그러한 사유만으로 근로기준법상의 근로자가 아니라고 할 수 없다고 한다(대법원 2004. 3. 26. 선고 2003두13939 판결; 대법원 2006. 12. 7. 선고 2004다29736 판결).

Ⅲ. 甲의 근로자성과 휴업수당지급청구권

1. 甲의 근로자성 판단

출근시간과 강의시간 및 강의 장소의 지정, 사실상 다른 사업장에 대한 노무 제공 가능성의 제한, 학원에 의해 강의 외 부수 업무를 수행한 사정 등은 근로자성을 징표하는 사실관계에 해당된다. 나아가 급여 역시 시간당 일정액에 정해진 강의시간수를 곱한 금액을 보수로 지급받았을 뿐 수강생수와 이에 따른 학원의 수입 증감이 보수에 영향을 미치지 아니한 사정 등도 근로자성을 인정하는 징표가 될 것이다.

반면 매년 '강의용역계약서'라는 형식의 계약서가 작성되었고, 일반 직원들에게 적용되는 취업규칙·복무(인사)규정·징계규정 등의 적용을 받지 않았으며, 보수에 고정급이 없고, 사업자등록을 하고 근로소득세를 납부하지 않았으며, 4대보험도 직장에서 가입하지 않았던 점은 근로자성을 부인하는 징표가 될 것이다.

이와 같이 종합반 강사 甲은 근로자성이 긍정되는 징표와 부정되는 징표를 모두 가지고 있지만 부정되는 징표(계약의 형식, 취업규칙의 적용, 보수의 고정성, 사업자

등록, 근로소득세 납부여부, 4대보험 직장가입 여부)들은 대부분 학원이 우월한 지위에서 사실상 임의로 정할 수 있는 사정에 불과하여 종합반 강사들의 근로자성을 뒤집는 사정이라고 보기에는 부족하다.

　근로기준법상의 근로자는 계약의 형식이 아닌 노무제공에서 실질적인 사용종속관계가 인정될 수 있느냐에 따라 판단하여야 한다. 사안에서 출근시간과 강의시간 및 강의 장소의 지정 강의에 대한 대가로서 보수지급 등 근로자성을 징표하는 핵심적인 요소를 지니고 있기 때문에 강의용역계약형식이이나, 근로자성을 부인하는 몇 가지 판단지표가 존재한다 할지라도 이는 모두 사용자가 임의로 정할 수 여지가 매우 크다는 점에서 강사 甲은 실질에 있어서 근로기준법상 근로자에 해당한다.

2. 甲의 휴업수당지급청구권

　종합반 강사 甲은 계약이행의 실질적 내용에 비추어 임금을 목적으로 사용종속관계에서 노무제공을 하는 근로기준법상 근로자로 인정된다면 결과적으로 A학원은 상시근로자 5명 이상을 고용한 사업장으로서, 근로기준법 제46조의 휴업수당규정이 적용되는 사업장이 된다.

　문제는 사실관계에서와 같이 시설물의 하자를 보수하기 위해 실시된 A학원의 휴업이 동 규정에서의 사용자의 귀책사유로 인한 휴업에 해당되는지 여부이다. 휴업수당지급제도가 사용자의 지배영역 내지 세력범위 내에서 발생한 경영상의 장애로 인하여 일을 할 수 없게 된 경우에 임금상실의 위험으로부터 근로자를 보호하기 위한 제도라는 점에서 휴업지급규정에서의 귀책사유의 의미는 민법상의 전통적인 귀책사유보다는 넓게 이해되고 있다. 따라서 사용자의 고의·과실 없이 조업이나 운영상의 장애가 발생하여 휴업을 한 경우라 할지라도 그 원인이 천재지변이나 파업 등 사용자의 세력범위에서 발생한 것이 아닌 경우를 제외하고는 사용자의 세력범위에서 비롯된 것으로 보아 귀책사유가 인정된다.

　사안에서 甲이 수업을 할 수 없게 된 사정은 사용자 측의 학원리모델링으로 인한 것이므로 이는 사용자의 지배영역에서 발생된 휴업으로 휴업지급의 요건이 충족되었다고 판단된다. 시설물하자로 인한 리모델링이 객관적으로 필요했다 할지라도 이러한 사실만으로는 휴업수당지급의 예외가 인정되는 부득이한 사유로 사업계속이 불가능한 경우로 보기는 어렵다(근로기준법 제46조 제2항 참조). 따라서 A학원은 휴업이 불가피했다는 점을 이유로 휴업수당 지급을 거절할 수 없다고 판단되므로,

甲은 3월 한 달간의 휴업수당 지급을 청구할 권리가 있다(근로기준법 제46조 제1항).

Ⅳ. 결   론

종합반 강사 甲은 계약이행의 실질적 내용에 비추어 임금을 목적으로 사용종속 관계에서 노무제공을 하는 근로기준법상 근로자이고, A학원은 상시근로자 5명 이상을 고용한 사업장으로서, 근로기준법 제46조에 정한 바에 따라 평균임금의 70% 이상을 휴업수당으로 지급하여야 한다.

> **문제 2**
>
> 강사 甲이 근로기준법상 근로자인 경우, 강사 甲이 A학원에 대하여 1991. 2. 1.
> 부터 2001. 3. 31.까지의 전체 기간에 대한 퇴직금을 청구할 수 있는지 검토하시
> 오.(다만 소멸시효에 관한 논점은 제외) (20점)

Ⅰ. 문제의 논점

　　사안을 검토하건대, 甲이 퇴사한 해의 계약존속기간은 2001. 2. 1.부터 2001. 3.
31.까지 2개월에 불과하다. 그럼에도 불구하고 甲은 실질적으로 1991년부터 2001년
까지 장기간 A사업장에 근로를 제공하여 왔다. 더구나 甲과 A학원의 계약은 매년
11. 30. 외형적으로는 종료되었지만 동 계약의 종료는 그 다음해 2. 1.부터 다시 계
속될 것을 예정하고 있다. 이처럼 장기간 반복갱신된 근로계약임에도 불구하고 중
간에 일시적인 단절이 있다거나 최종 근로계약기간이 1년이 되지 않았다는 이유만
으로 퇴직금을 청구할 수 없다고 보아야 하는지 여부가 이 문제의 쟁점이다. 요컨
대 본 사안에서는 매년 12. 1.부터 다음 해 1. 31.까지의 공백기간을 甲의 퇴직금 산
정을 위한 계속근로기간에 산입할 수 있을 것인지가 문제된다.

Ⅱ. 퇴직금지급요건으로서 계속근로기간

　　근로자퇴직급여 보장법은 계속근로기간이 1년 이상인 근로자가 퇴직하는 경우
에 퇴직금 등의 퇴직급여를 지급하도록 규정하고 있다(근로자퇴직급여 보장법 제4조).
계속근로기간이란 원칙적으로 근로자의 재직기간을 말하므로, 특별한 사정이 없는
한 단체협약이나 취업규칙으로 재직기간 중 일부를 퇴직금 산정의 기초가 되는 근
속기간에서 함부로 제외하는 것은 허용될 수 없다(대법원 2007. 11. 29. 선고 2005다
28358 판결).

　　퇴직금을 지급받기 위해서는 계속근로기간이 1년 이상이어야 하므로 본 사안에
서는 매년 12. 1.부터 다음 해 1. 31.까지의 공백기간을 甲의 퇴직금 산정을 위한 계
속근로기간에 산입할 수 있을 것인지가 우선 검토되어야 한다. 만약 근로계약관계
가 공백기간에 따라 단절된 것으로 본다면, 근로계약기간 10개월의 근로계약이 반
복되었을 뿐이므로 계속근로기간 1년이 충족되지 못하기 때문이다.

Ⅲ. 甲의 퇴직금청구권

1. 갱신체결 중간의 공백기간에 대한 검토

갱신 또는 반복체결된 근로계약 사이에 일부 공백기간이 있다 하더라도 그 기간이 전체 근로계약기간에 비하여 길지 아니하고 계절적 요인이나 방학 기간 등 당해 업무의 성격에 기인하거나 대기기간·재충전을 위한 휴식기간 등의 사정이 있어 그 기간 중 근로를 제공하지 않거나 임금을 지급하지 않을 상당한 이유가 있다고 인정되는 경우에는 근로관계의 계속성은 그 기간 중에도 유지된다는 것이 판례의 태도이다(대법원 2006. 12. 7. 선고 2004다29736 판결).

사안에서 甲은 1991년 2월부터 '매년 2월 계약기간을 그때부터 그 해 11월까지(매년 10개월)'로 정한 근로계약을 맺고 그 기간이 끝난 후 다음해 2월에 다시 계약을 갱신하여 왔다. 계약기간이 아닌 기간인 12월부터 다음해 1월까지 2개월 동안 甲은 학원의 부수적 업무를 수행하며 다음 연도 강의를 위한 재충전 및 강의 능력 제고를 위한 연구를 하였던 사정이 인정된다. 이처럼 공백기간이 길지 아니하고, 학원 업무의 성격에 기인하거나 대기·재충전을 위한 휴식과 강의준비기간으로 볼 수 있다는 점에서 해당 기간 동안 甲과 A학원 간의 근로관계는 단절되지 아니하고 계속되었다고 볼 수 있다(대법원 2006. 12. 7. 선고 2004다29736 판결). 그러므로 공백기간 2개월은 甲의 퇴직금 산정을 위한 계속근로연수에 포함시킬 수 있다고 본다.

2. 연쇄적 근로계약관계에서 계속근로연수 산정

근로계약기간이 만료되면서 다시 근로계약을 맺어 그 근로계약기간을 갱신하거나 동일한 조건의 근로계약을 반복하여 체결한 경우에는 갱신 또는 반복된 근로계약기간을 합산하여 퇴직금 지급요건으로서의 계속근로 여부와 계속근로연수를 판단하여야 한다(대법원 2011. 4. 14. 선고 2009다35040 판결). 이 경우에는 이른바 연쇄적 근로계약관계로서 근로계약의 기간이 정함이 없는 것으로 본다. 따라서 사안의 경우 퇴직금 산정을 위한 계속근로연수는 1991. 2. 1.부터 2001. 3. 31.까지의 전체기간을 대상으로 삼는 것이 타당하다.

Ⅳ. 결   론

A학원과 甲이 약 2개월의 공백기간을 두고, 연속적으로 근로계약을 갱신하였지만, 그 공백기간이 길지 아니하고, 수학능력시험의 종료라는 업무적 특성에 기인한 것이라고 볼 수 있기 때문에 그 기간 역시 계속근로연수에 포함되어야 한다. 따라서 甲은 1991. 2. 1.부터 2001. 3. 31.까지 전체 기간에 대하여 퇴직금을 청구할 수 있다.

유사사례

甲은 2005년 5월 1일 A생명보험회사와 보험설계사로 위촉계약을 체결하고 A 회사 강동영업소 소속의 보험설계사로 일하여 왔다. 그런데 A회사는 2007년 11월 15일 甲이 A회사 보험설계사규정 제10조(해촉) 제1항 제7호 '특별한 사유 없이 장기간 회사가 정한 표준활동을 실천하지 않거나 실적이 일정기준 미만 으로 불량한 경우'와, 제9호상의 '정당한 사유없이 회사의 정당한 지시에 불복 한 경우'에 해당한다는 이유로 甲을 해촉하였다. 이에 대해 甲은 A회사의 위 해촉은 부당해고에 해당한다고 주장하고 있다.

당시 위촉계약서에는 甲의 신분을 보험업법 제2조 제3항(현행 보험업법 제2조 제9호)에 의한 보험설계사로 하고, 정식 직원을 적용대상으로 하는 취업규칙 과는 달리 징계에 관한 규정은 없이 계약해지에 해당하는 '해촉'에 관한 규정 만을 두어(제10조) 여기에서 정한 일정한 사유가 있는 경우에는 A회사가 해당 보험설계사를 해촉할 수 있다고 정하고 있다. 또한 A회사의 보험설계사는 매 주 월요일부터 금요일까지 오전(09:00~10:00), 오후(17:00~18:00) 정해진 시간에 A회사 영업소에서 보험상품 등에 관한 교육을 받고 보험계약 실적을 확인받도록 되어 있으나 장기불참의 경우 보험설계사규정에 따른 해촉가능성 이외에는 불참에 따른 불이익은 없다. 또한 보험모집실적에 따라 월 15만 원 내지 40만 원의 기본수당, 모집수당 등 각종 수당으로 지급되고 있으나, A회 사의 직원과 달리 국민건강보험, 국민연금, 고용보험 등의 적용대상에서 제외 되어 있으며, 근로소득세 원천징수도 하지 않는다. 각자 자신의 책임으로 행하 는 보험모집 업무 외에 A회사로부터 다른 업무지시를 받지 않고 있다. 이러한 점을 고려하여 A회사의 甲에 대한 해촉이 부당해고인지의 여부를 판단하라.

해설요지

사안의 경우 보험설계사 甲은 A회사와의 계약체결 시부터 정규근로자와는 별 도로 근로계약이 아닌 위촉계약에 따랐다는 점과 그 활동에 대한 보수가 사실상 수 당으로 구성되어 유동적이라는 점, 그 외에도 여러 정형화된 근로자의 특성에 해당 되지 않음을 사안에서 확인할 수 있다. 반면에 일정한 시간에 실적확인은 물론 교육을 받아야 한다는 점에서 A회사의 지휘감독을 인정할 여지가 있다고 하겠다. 그러나 A회사는 甲이 그 업무와 관련하여 이를 게을리하거나 해태한다 할지라도 이에 대해 단지 계약의 해지를 할 수 있을 뿐이며, 업무수행과 관련한 다른 사항은 모두 甲에게 일임되어 있다는 점에서 일반근로자와 동일한 사용종속관계를 인정하기는 어렵다고 생각된다.

　　따라서 甲의 해촉 여부는 위촉계약과 보험모집인규정상의 해촉사유가 객관적으로 인정될 수 있느냐에 따라 법적으로 다툴 수는 있겠으나 근로기준법상의 해고 보호규정(제23조)에 따라 그 정당성이 판단되기는 어렵다고 본다(관련판례: 대법원 2000. 1. 28. 선고 98두9219 판결).

1. 근로자성의 판단기준

[1] 근로자 개념에 관한 판례의 핵심은 근로기준법상의 근로자에 해당하는지 여부는 계약의 형식이나 명칭이 아닌 그 실질을 기준으로 판단되어야 하며, 이는 결국 근로자가 임금을 목적으로 종속적인 관계에서 사용자에게 근로를 제공하였는지 여부에 따라 판단하여야 한다는 점이다. 그리고 **사용종속성 여부**는 노무제공에 대한 지휘감독관계, 보수의 근로대상성, 사업수단의 소유관계, 사업위험의 부담주체 등 여러 판단요소를 종합하여 판단하여야 한다고 한다. 다만, 기본급이나 고정급이 정해졌는지, 근로소득세를 원천징수했는지, 사회보장제도에 관하여 근로자로 인정받는지 등의 사정은 사용자가 경제적으로 우월한 지위를 이용하여 임의로 정할 여지가 크다는 점에서 그러한 점들이 인정되지 않는다는 것만으로 근로자성을 쉽게 부정하여서는 안 된다는 점을 확인해 주고 있다(대법원 2006. 12. 7. 선고 2004다29736 판결).

[2] 그리하여 취업규칙·복무규정·인사규정 등의 미적용, 수수료의 미지급은 사용자의 경제적으로 우월한 지위에서 사실상 임의로 정한 사정들에 불과한 것으로 판단하였으며(대법원 2008. 5. 25. 선고 2008두1566 판결), 근로를 제공하는 자가 기계, 기구 등을 소유하고 있다고 하여 곧바로 독립하여 자신의 계산으로 사업을 영위하고, 노무 제공을 통한 이윤의 창출과 손실의 초래 등 위험을 안는 사업자라고 단정할 것은 아니라고 한다(대법원 2007. 9. 6. 선고 2007다37165 판결).

[3] A회사의 정수기 사업 중 핵심 부분이라고 할 수 있는 제품의 판매, 판매된 제품의 배달설치·AS를 직접 담당하였고, A회사는 배정받은 제품의 설치·AS 업무를 수행 후 그 결과를 보고하도록 하였고, 업무처리에 관한 각종 기준을 설정하고 그 준수를 지시하였으며 매출목표의 설정 및 관리, 교육 등을 지속적으로 실시하였으며 수행할 업무 내용을 정하였고, 업무상 직접적인 지휘·감독은 주로 A회사의 SM(Senior Manager)을 통해 이루어졌다고 하더라도 그것이 전체적으로 보아 자신의 핵심적인 사업 영역에서의 성과를 달성하려는 A회사에 의한 것이라고 볼 수 있는 이상 A회사가 업무수행에 관하여 상당한 지휘·감독을 하였다고 봄이 타당하다. A회사와 서비스용역 위탁계약을 체결하고 정수기의 배달·설치·사후관리 및 판매 업무를 위탁받아 업무를 수행한 엔지니어들은 근로기준법상의 근로자이다(대법원 2021. 11. 11. 선고 2019다221352 판결).

[4] 보험회사 지점장의 근로기준법상 근로자성에 관하여 각 사건에서 인정되는 구체적 사실관계가 달라 회사별로 위탁계약형 지점장의 근로자성 인정 여부가 달리 판단되고 있다.

보험회사 지점장의 근로기준법상 근로자성에 관하여 그중 일부는 지점장의 근로자성을 부정하고 일부는 근로자성을 인정하였다(대법원 2022. 4. 14. 선고 2020다254372 판결, 대법원 2022. 4. 14. 선고 2021두33715 판결).

〈판례태도요약〉 결국 판례는 사용종속성을 근로자성 판단의 실질적 징표로 삼고 있으면서, 사용종속관계는 여러 다양한 판단요소를 종합적으로 고려하여 판단하도록 하고 있다. 그러나, 고용형태와 노무제공의 양태가 점점 다양화 되어 가는 점에 비추어 이러한 판단요소와 구조로서 근로자성을 명확하게 판단하는 데에는 한계가 있을 수밖에 없다.

2. 연쇄적 근로관계와 계속근로연수

[1] 근로계약기간이 만료하면서 다시 근로계약을 맺어 그 근로계약기간을 갱신하거나 동일한 조건의 근로계약을 반복하여 체결한 경우에는 갱신 또는 반복된 계약기간을 합산하여 계속 근로 여부와 계속 근로 연수를 판단하여야 하고, 갱신되거나 반복 체결된 근로계약 사이에 일부 공백 기간이 있다 하더라도 그 기간이 전체 근로계약기간에 비하여 길지 아니하고 계절적 요인이나 방학 기간 등 당해 업무의 성격에 기인하거나 대기 기간·재충전을 위한 휴식 기간 등의 사정이 있어 그 기간 중 근로를 제공하지 않거나 임금을 지급하지 않을 상당한 이유가 있다고 인정되는 경우에는 근로관계의 계속성은 그 기간 중에도 유지된다(대법원 2006. 12. 7. 선고 2004다29736 판결).

[2] 원고들이 근무기간 동안 1주일에 3일(경륜 관련 업무)이나 2일(경정 관련 업무) 또는 5일(경륜과 경정 관련 업무를 함께 하는 경우) 동안 계속 근무하였던 점, 비록 2006. 2. 이전에는 1년 중 몇 주 단절된 유기계약을 체결하여 왔다고 하나 이는 피고가 계절적 요인으로 인하여 동절기에 경륜(경정) 경기가 열릴 수 없는 등의 일방적 사정에 따라 일시적으로 근로관계가 중단된 것이고, 경륜(경정) 경기일정에 맞춰 계속적으로 원고들과 근로계약을 갱신하여 왔던 점, 경주개최기간 이외의 기간에 해당하는 매년 12월 말경부터 다음해 1월 또는 3월 초경까지는 피고에게 현실적으로 근로를 제공하지 않았다 하더라도 이는 휴업기간 또는 대기기간으로 볼 여지가 많고, 위와 같이 근로계약을 많게는 10년 가까이 반복적으로 체결하여 온 이상 전체적으로 보아 피고와 계속적·종속적 근로관계에 있었다고 할 것이어서, 위와 같은 휴업기간에도 불구하고 원고들의 근무는 위 휴업기간을 포함한 전체 근로기간에 걸쳐 퇴직금 지급의 전제가 되는 근로자의 상근성·계속성·존속성의 요건을 충족한다(대법원 2011. 4. 14. 선고 2009다35040 판결).

사실관계

A회사는 근로자 10여 명을 고용하여 욕실용 플라스틱 용품을 생산하는 제조업체이다. 인력부족을 겪던 A회사는 2년 전부터 태국 출신의 외국인 甲을 고용해 왔는데 甲은 A회사에 취업할 당시에 이미 출입국관리법상 미등록 신분상태, 즉 불법체류 상태였고 A회사도 이러한 사정을 알고 채용하였다. 2015. 4. 1. 甲은 작업도중 깜박 졸다가 오른쪽 팔목과 손목이 금형기계에 눌려 함께 골절되는 전치 5개월의 중상을 입었다. 그러나 A회사는 甲의 치료기간 동안 질병휴직 처리를 해 주겠다는 말 외에는 甲에 대하여 어떠한 책임도 지지 않으려 하였다. 이에 甲은 A회사의 비협조에도 불구하고 산업재해보상보험사업의 보험자인 근로복지공단에 업무상 부상으로 인한 요양급여를 신청하였다. 그러나 근로복지공단은 甲이 출입국관리법상 체류자격과 취업자격이 없는 자의 고용을 금지하는 규정(동법 제18조)에 위반하여 취업하였다는 것을 이유로 요양급여의 승인을 거절하였다.

한편 甲이 5개월의 치료와 재활을 끝내고 복직을 신청하자 여전히 인력이 부족했던 A회사는 완치된 甲을 2015. 9. 5.자로 복직시켰다. 그러나 A회사로서는 甲을 계속 고용한다는 것이 취업자격 없는 외국인의 고용을 금지하는 출입국관리법에 위반된다는 사실에 부담을 느꼈을 뿐만 아니라 복직 후에도 업무상 요양급여 결정을 받아 내는 데에 신경을 쓰는 甲이 탐탁스럽지 않았다. A회사는 甲의 노동력을 대체할 근로자를 새로 구하게 되자 甲이 복직한 지 보름째인 2015. 9. 20.에 서면통지를 통해 甲을 해고하였다. 그 서면통지에 적시된 해고사유는 甲이 출입국관리법상 체류 및 취업자격을 갖추지 못하였다는 것이었고 해고일자는 2015. 9. 25.로 기재되어 있었다.

문제 1

외국인 甲의 요양급여 신청을 거절한 근로복지공단의 결정은 적법한가? (30점)

문제 2

외국인 甲에 대한 A회사의 해고는 정당한가? (20점)

사례해결의 Key Point

문제 1

산업재해보상보험법이 당연 적용되는 사업 또는 사업장인 이상 그 사용자가 재해발생 전에 보험관계 성립신고를 게을리 하였다거나 산재보험료의 납부를 게을리 하였다는 사정은 그 소속 근로자가 업무상 재해를 당하여 근로복지공단에 요양급여를 신청하는 데에 아무런 지장을 주지 않는다(산업재해보상보험법 제6조 및 고용보험 및 산업재해보상보험의 보험료징수 등에 관한 법률 제26조 제1항 등).

문제 2

근로기준법 제23조 제2항은 근로자가 업무상 부상 또는 질병의 요양을 위하여 휴업한 기간과 그 후 30일 동안 또는 산전·산후의 여성이 동법에 따라 휴업한 기간과 그 후 30일 동안은 해고하지 못한다고 하여 해고의 절대적 금지기간을 규정하고 있다.

〈풀 이 목 차〉

외국인 甲의 요양급여 신청을 거절한 근로복지공단의 결정은 적법한가? (30점)

Ⅰ. 문제의 논점

불법체류자인 甲이 산업재해보상보험법상 사전에 피보험자로 관리되어 왔는지 여부는 요양급여를 신청할 자격에 지장을 주지 못한다. 왜냐하면 산업재해보상보험법의 적용범위에 들어가는 사업이라면 그 소속 근로자들에게 산업재해보상보험법이 당연 적용될 뿐이지 그 사업의 사용자와 근로복지공단 사이에 별도의 가입계약이 필요한 것은 아니기 때문이다(사용자가 당연가입자). 따라서 甲의 부상이 업무에 기인한 것임이 분명한 이 사안에서 핵심쟁점은 출입국관리법상 체류 및 취업자격이 없음에도 불구하고 과연 甲이 산업재해보상보험법상 보험급여(요양급여)의 신청을 할 수 있느냐에 관한 것이다. 이는 결국 불법체류자인 甲이 산업재해보상보험법의 적용대상자로서 인정되느냐에 관한 것이다.

이 문제는 출입국관리법 제18조(외국인 고용의 제한)를 위반한, 甲과 A회사 사이의 근로계약의 효력에 대한 검토를 요한다.

Ⅱ. A회사와 甲의 근로계약의 효력

1. 불법체류 외국인에 대한 고용금지 규정

출입국관리법 제18조(외국인 고용의 제한)는 제1항에서 "외국인이 대한민국에서 취업하려면 대통령령으로 정하는 바에 따라 취업활동을 할 수 있는 체류자격을 받아야 한다"고 규정한 데에 이어 제3항에서 "누구든지 제1항에 따른 체류자격을 가지지 아니한 사람을 고용하여서는 아니 된다"고 규정하고 있다. 나아가 이를 위반한 사람은 3년 이하의 징역 또는 3천만 원 이하의 벌금에 처하도록 한다(출입국관리법 제94조). 위 사안에서 甲은 체류자격이 없는 불법체류자이므로 甲의 고용이 이러한 규정에 위반된다는 것은 명백하다.

2. 고용금지 규정 위반의 근로계약의 효력

A회사가 甲을 고용한 것이 출입국관리법 제18조에 위반된다면 그 근로계약의 효력도 부정되어야 하는지와 관련하여서는 동 규정의 입법목적과 성격에 대한 이해 태도에 따라 해석상 견해를 달리 할 수 있다.

먼저 만약 출입국관리법 제18조를 효력법규라고 본다면 A회사와 甲의 근로계약은 민법 제103조에 따라 무효가 된다. 이와 달리 출입국관리법 제18조를 단속법규라고 본다면 그 위반에 따른 제재는 별론으로 하더라도 A회사와 甲 사이에 자유로운 의사에 기해 체결된 근로계약은 여전히 유효하다.

대법원은 출입국관리법의 외국인고용제한규정이 취업자격 없는 외국인의 고용을 금지시키기 위한 입법목적도 아울러 갖고 있어서 이를 단순한 단속법규로 볼 수는 없다고 하면서도 그것이 취업자격 없는 외국인이 사실상 제공한 근로에 따른 권리나 이미 형성된 근로관계에 있어서의 근로자로서의 신분에 따른 노동관계법상의 제반 권리 등의 법률효과까지 금지하려는 규정으로는 보기 어렵다고 하였다(대법원 1995. 9. 15. 선고 94누12067 판결).

Ⅲ. 甲에 대한 요양급여신청 거부의 정당성

1. 근로계약을 유효로 보는 경우

비록 불법체류자인 甲에게 체류 및 취업자격이 없다고 하더라도 甲이 A회사와 체결한 근로계약 자체가 당연 무효가 되는 것은 아니기 때문에 위 부상 당시 甲은 사용종속관계에서 근로를 제공하고 임금을 받아온 자로서 근로기준법 소정의 근로자로 보아야 한다. 따라서 기왕의 근로제공과정에서 입은 업무상 재해와 관련해서 甲은 당연히 근로기준법상 재해보상을 청구할 수 있다. 나아가 산업재해보상보험법 제5조는 동법상 근로자의 정의를 근로기준법에 따른 근로자로 규정하고 있으므로 산업재해보상보험법의 당연적용사업장인 A회사의 근로자인 甲은 위 재해발생 당시에 이미 산업재해보상보험법상 피보험자로서의 지위를 확보하였다. 그러므로 甲에게 체류자격이 없다는 이유만으로 甲이 신청한 요양급여의 결정을 근로복지공단이 거부한 것은 적법하지 않다.

2. 근로계약을 무효로 보는 경우

이 경우 법리적으로 엄격히 판단한다면 甲은 처음부터 근로자로 취급되지 않으므로 산업재해보상보험법상의 보험급여의 신청뿐만 아니라 근로기준법상 재해보상 책임도 사용자인 A회사에게 요구할 수 없다. 기껏해야 甲은 해당 사고에 대한 일반 불법행위책임을 A회사에게 물을 수밖에 없을 것이다. 그러나 위 사안에서 사고가 甲이 깜박 조는 사이 발생했다는 점에서 안전보호 장치의 미비가 있었다면 모를까 그렇지 않다면 甲이 A회사의 귀책사유를 증명하기는 곤란할 것이다.

그러나 근로계약관계가 무효이거나 취소된 경우에도 근로관계의 특수성과 근로자보호관념에서 민법상 부당이득반환법리를 그대로 적용할 수 없다는 관점에서 사실적 계약관계론 또는 근로계약관계에서의 무효와 취소의 효력 제한이론이 적용되고 있다. 이에 의하여 근로계약이 무효이거나 취소된 경우에는 소급하여 무효로 보지 않기 때문에 사실상 이미 제공한 근로에 따른 권리나 노동법상의 보호는 인정될 수 있게 된다. 즉, 기왕의 근로제공에 따른 근로자로서의 권리는 취업자격 없는 외국인도 누릴 수 있다는 점에서 업무상 재해에 따른 사용자의 보상책임이 인정될 수 있다고 본다.

Ⅳ. 결   론

불법체류자에 대한 고용금지규정이 사실상 제공한 근로에 따른 권리나 이미 형성된 근로관계에 있어서의 근로자로서의 신분에 따른 노동관계법상의 제반 권리 등의 법률효과까지 금지하려는 규정으로는 보기 어렵다. 따라서 甲은 위 사고 당시 근로기준법과 산업재해보상보험법상 보호대상으로 볼 수 있으므로 근로복지공단으로서는 甲의 요양급여 신청을 거절할 정당한 이유는 없다. 결론적으로 공단이 甲의 요양급여 신청을 거부한 것은 부적법하다.

현재 불법취업 외국인 근로자도 산재보상 대상이 되며, 산재보험으로 요양승인될 경우 해당 외국인 근로자에게 외국인 체류지 관할 출입국관리사무소에 체류허가 신청을 하고, 산재처리가 완료되면 출국하는 것으로 처리되고 있다.

> **문제 2**
> 외국인 甲에 대한 A회사의 해고는 정당한가? (20점)

Ⅰ. 문제의 논점

체류 및 취업자격 없는 甲이라고 할지라도 그 근로계약 자체가 당연 무효가 되지 않는다면 기왕의 근로제공 관계에서 발생한 근로자로서의 권리는 甲에게도 보장되어야 한다. 따라서 근로기준법의 각종 보호규정 중에서 폭행금지나 임금채권의 보호, 그리고 업무상 재해 등에 관한 규정들이 그대로 적용된다는 것은 의심의 여지가 없다. 그런데 해고제한규정인 근로기준법 제23조도 다른 규정과 마찬가지로 체류 및 취업자격 없는 甲에게 제한 없이 적용되느냐가 문제된다. 근로기준법 제23조 제2항은 근로자가 업무상 부상 또는 질병의 요양을 위하여 휴업한 기간과 그 후 30일 동안 또는 산전·산후의 여성이 동법에 따라 휴업한 기간과 그 후 30일 동안은 해고하지 못한다고 하여 해고의 절대적 금지기간을 규정하고 있기 때문이다. 이처럼 위 사안에서의 핵심쟁점은 과연 체류 및 취업자격 없는 외국인근로자에게도 해고제한규정이 내국인과 동일하게 전면적용될 수 있는가에 관한 것이다.

Ⅱ. 甲에 대한 근로기준법 제23조의 적용 여부

1. 불법체류외국인에 대한 해고보호규정의 적용

출입국관리법 제18조가 단순한 단속법규라면 甲의 근로계약의 효력은 아무런 문제가 되지 않는다. 그러므로 甲에게 근로기준법 제23조가 적용된다는 것은 명백하다. 다만 甲이 취업할 자격이 없는 외국인이라는 사정이 원칙적으로 해고의 정당한 이유가 되는지 여부가 문제될 뿐이다. 이와 달리 출입국관리법 제18조가 효력법규로서 그에 위반되는 근로계약이 무효라고 한다면 체류 및 취업자격 없는 외국인에게는 근로기준법 제23조가 적용될 여지조차 없다. 근로계약이 무효이므로 처음부터 근로자로 볼 수 없고 A회사가 행한 해고도 그 실질은 해지의 의사표시가 아닌 관념의 통지에 불과하기 때문이다. 요컨대 출입국관리법 제18조가 효력법규라면 위 사안에서 A회사가 행한 해고에 대하여 甲이 다툴 수 있는 방법은 없다.

판례는 취업자격 없는 외국인과의 근로관계에 대하여 당사자는 언제든지 그와 같은 취업자격이 없음을 이유로 근로계약을 해지할 수 있다고 함으로써 근로기준법 제23조가 적용됨을 전제로 하고 있다.

2. 소 결

출입국관리법 제18조 위반의 근로계약을 유효라고 보게 되면 근로기준법 제23조가 적용되는 것은 당연하고, 단순히 무효라고 보게 되면 논리적으로는 해지의 대상이 되는 근로계약관계가 없기 때문에 해지가 아니라 언제든지 근로계약이 무효임을 주장하면 된다. 그러나 이러한 해석은 취업 및 체류자격이 없는 외국인에게 극히 불리한 결과를 낳는 반면 사용자의 악용가능성이 높기 때문에 부적절하다는 것이 판례와 학설상의 지배적 견해임에 비추어 근로기준법 제23조가 원칙적으로 적용되어야 한다고 보아야 한다.

Ⅲ. 甲에 대한 해고의 정당성

1. 해고의 정당한 이유

체류 및 취업자격 없는 외국인에게 근로기준법 제23조의 적용이 처음부터 배제된다고 보게 되면(효력법규설), A회사의 해고는 개념적으로 해고라고 볼 수 없고 근로계약이 무효라는 사실을 확인한 것으로 볼 수 있을 뿐이다.

그러나 위의 검토내용에 따라 甲에게도 근로기준법 제23조가 적용된다고 보면 체류 및 취업자격이 없다는 것은 해고의 정당한 이유가 되는지가 판단되어야 한다. 불법체류 외국인에 대한 고용금지규정을 단속법규로 본다 할지라도 체류 및 취업자격이 없는 것은 해고의 정당한 이유로 인정될 수 있다는 점은 부인하기 어렵다. 그렇지 않다면 고용금지규정을 둔 의미가 전혀 없게 될 것이기 때문이다. 따라서 A회사는 甲을 해고할 정당한 이유가 있다고 본다.

2. 해고금지기간 중의 해고의 정당성

문제는 A회사가 甲이 업무상 재해로 휴업하였다가 복직한 지 보름 만에 그를 해고하였는데, 근로기준법 제23조 제2항은 근로자가 업무상 부상 또는 질병의 요양을 위하여 휴업한 기간과 그 후 30일 동안은 해고하지 못한다고 하여 해고의 절대적 금지기간을 규정하고 있기 때문에 위 사안처럼 甲을 해고한 것은 근로기준법 제23조 제2항을 위반한 무효의 해고가 아닌지가 검토되어야 한다. 업무상 재해로 휴업한 기간과 그 후 30일 사이에 해고하는 것을 금지하는 근로기준법 제23조 제2항은 정당한 사유가 있는 해고라도 그 기간에는 해고하지 못한다고 규정한 것으로 해석된다. 그러므로 체류자격 없는 외국인에게도 근로기준법 제23조가 적용되지만 언제든지 이를 이유로 해고할 수 있다 할지라도 해고의 절대적 금지기간에는 해고하지 못한다고 보아야 할 것이다.

Ⅳ. 결   론

A회사가 업무상 재해로 휴업하였다가 복직한 지 보름 만에 甲을 해고한 것은 해고의 절대적 금지기간을 규정한 근로기준법 제23조 제2항을 위반한 것으로서 이 해고는 무효라고 할 것이다.

(유사사례)

서울, 경기, 인천 지역에 거주하던 외국인 근로자들(이 중에는 출입국관리법상 취업자격이 있는 자와 없는 자가 혼재되어 있었다)은 '서울경기인천 이주노동자 노동조합' 창립총회를 개최하여 규약을 제정하고, 그 노동조합 위원장과 부위원장으로서 甲과 乙을 비롯하여 임원 6명을 선출하였다. 그런데 노동조합 위원장 甲과 부위원장 乙을 비롯하여 임원 중 다수는 출입국관리법상 취업자격을 갖추지 못한 자들이었다. 이들 집행부는 2013. 5. 3. 서울지방노동청에 노조규약 1부와 임원의 성명 및 주소 등 관련 서류를 첨부하여 동 노동조합의 설립신고서를 제출하였다는 것으로 드러났다. 이에 대해 서울지방노동청은 소속 조합원들의 취업자격 유무확인을 위한 조합원 명부(조합원의 성명, 생년월일, 국적, 외국인등록번호 또는 여권번호 기재)를 제출하도록 보완을 요구하였는데 동 노동조합은 「노동조합 및 노동관계조정법」은 노조설립신고 시 조합원 명부 제출을 요건으로 규정하고 있지 않다고 반발하면서 그 보완요구의 이행을 거부하였다. 이에 서울지방노동청은 동 노동조합은 노조가입자격이 없는 불법체류 외국인(출입국관리법상 대한민국에 체류할 자격이 없는 외국인)을 주된 구성원으로 하고 있어서 「노동조합 및 노동관계조정법」에서 정한 노동조합으로 볼 수 없다는 사유를 들어 2013. 5. 30. 그 설립신고를 반려하는 처분을 하였다. 서울지방노동청의 이 반려처분은 적법한가?

(해설요지)

위 사안에서 외국인 근로자들이 설립하고자 한 노동조합은 지역을 기반으로 하는 초기업 노조이므로 이들이 특정한 사용자에게 고용되어 현실적으로 취업하여 근로를 제공하는 자들인지 여부는 문제가 되지 않는다. 단지 문제가 되는 것은 과연 취업자격 없는 외국인들도 노동조합 및 노동관계조정법 제2조 제1호에 따른 근로자에 포함되는지 여부이다. 대법원 판례에 따르면 출입국관리법상 취업자격 없는 외국인의 고용을 제한하는 규정은 이들이 사실상 제공한 근로에 따른 권리나 이미 형성된 근로관계에 있어서 근로자로서의 신분에 다른 노동관계법상의 제반 권리 등의 법률효과까지 금지하는 것은 아니기 때문에 이들 취업자격 없는 외국인도 사용종속관계에서 근로를 제공하고 그 대가를 받는다면 노조법상 근로자에 해당된다. 그러므로 위 사안에서 취업자격 없는 외국인을 그 주된 구성원으로 하고 있다는 사정은 위의 노동조합설립신고의 반려처분의 이유가 되지 못한다. 해당 반려처분은 적법하지 않아 취소되어야 한다.

주요참조판례

1. 취업자격 없는 외국인의 근로자 지위

[1] 가. 구 출입국관리법 제15조에서 외국인 고용제한을 규정하고 있는바, 그 입법취지가 단순히 외국인의 불법체류만을 단속할 목적으로 한 것이라고는 할 수 없고, 위 규정들은 취업자격 없는 외국인의 유입으로 인한 국내 고용시장의 불안정을 해소하고 노동인력의 효율적 관리, 국내 근로자의 근로조건의 유지 등의 목적을 효율적으로 달성하기 위해 외국인의 취업자격에 관하여 규율하면서 취업자격 없는 외국인의 고용을 금지시키기 위한 입법목적도 아울러 갖고 있고, 이는 취업자격 없는 외국인의 고용이라는 사실적 행위 자체를 금지하고자 하는 것뿐이지 나아가 취업자격 없는 외국인이 사실상 제공한 근로에 따른 권리나 이미 형성된 근로관계에 있어서의 근로자로서의 신분에 따른 노동 관계법상의 제반 권리 등의 법률효과까지 금지하려는 규정으로는 보기 어렵다.

나. 취업자격 없는 외국인이 구 출입국관리법상의 고용제한 규정을 위반하여 근로계약을 체결하였다 하더라도 그것만으로 그 근로계약이 당연히 무효라고는 할 수 없고, 취업자격은 외국인이 대한민국 내에서 법률적으로 취업활동을 가능케 하는 것이므로 이미 형성된 근로관계가 아닌 한 취업자격 없는 외국인과의 근로관계는 정지되고, 당사자는 언제든지 그와 같은 취업자격이 없음을 이유로 근로계약을 해지할 수 있다.

다. 외국인이 취업자격이 아닌 산업연수 체류자격으로 입국하여 구 산업재해보상보험법의 적용대상이 되는 사업장인 회사와 고용계약을 체결하고 근로를 제공하다가 작업 도중 부상을 입었을 경우, 비록 그 외국인이 구 출입국관리법상의 취업자격을 갖고 있지 않았다 하더라도 그 고용계약이 당연히 무효라고 할 수 없고, 위 부상 당시 그 외국인은 사용 종속관계에서 근로를 제공하고 임금을 받아온 자로서 근로기준법 소정의 근로자였다 할 것이므로 구 산업재해보상보험법상의 요양급여를 받을 수 있는 대상에 해당한다(대법원 1995. 9. 15. 선고 94누12067 판결).

[2] 타인과의 사용종속관계 하에서 근로를 제공하고 그 대가로 임금 등을 받아 생활하는 사람은 노동조합법상 근로자에 해당하고, 노동조합법상의 근로자성이 인정되는 한, 그러한 근로자가 외국인인지 여부나 취업자격의 유무에 따라 노동조합법상 근로자의 범위에 포함되지 아니한다고 볼 수는 없다(대법원 2015. 6. 25. 선고 2007두4995 판결).

사실관계

　A회사는 1981년 창사 이래 매년도 임금인상을 내용으로 하는 단체협약을 체결하고 이에 따라 A회사의 취업규칙인 보수규정을 개정하면서, 재직 직원들에게 단체협약 체결일 전일까지 그 직전 연도의 보수규정에 따라 지급된 임금과 신 단체협약에 따라 개정된 보수규정에 따라 지급되었을 임금과의 차액(임금인상분 차액)을 소급 정산하여 추가 지급하였으며, 그 기간 동안에 A회사로부터 퇴직한 직원들에게도 임금인상분 차액 및 이러한 차액을 원래의 지급기일에 지급받았더라면 이를 기초로 산정되었을 퇴직금액과의 차액(퇴직금인상분 차액)을 추가로 지급하여 왔다. 2014년까지 이러한 조치에 대하여 노사 쌍방으로부터 아무런 이의도 제기되지 아니하였다.

　그런데 A회사는 2015년도 단체협약을 체결하고 이에 따라 보수규정을 개정한 후 위 단체협약 체결일 당시에 재직 중인 직원들에게 위 단체협약 체결일 전일까지 발생한 임금인상분 차액을 소급 정산하여 지급하였으나, 단체협약 체결일 이전에 퇴직한 甲에게는 종래와 달리 퇴직일까지 발생한 임금인상분 차액과 이에 기초한 퇴직금인상분 차액을 지급하지 아니하였다.

문제

근로자 甲은 자신이 2015년 단체협약의 소급적용대상자이며, 퇴직한 근로자에게 소
급하여 지급하는 노동관행이 존재하므로 A회사가 위 단체협약에 의하여 산정된 임금
및 퇴직금인상분 차액을 추가로 지급해야 할 의무가 있다고 주장하였다. 이에 대해 A
회사는 단체협약에 소급적용하기로 한 경우에도 이미 퇴직한 근로자 甲에게는 소급적
용되지 않는데, 단지 호의적으로 지급해 온 사실에 기하여 소급적용해 줄 의무는 없다
고 한다. 각 주장의 정당성에 관하여 검토하시오. (30점)

사례해결의 Key Point

① 근로관계에서의 권리 의무 내용은 다양한 법원(法源)으로부터 나온다. 성문 노동법, 단체협약, 취업규칙, 근로계약, 노동조합규약, 사용자의 지시권 등이 대표적으로 논의되는 것들인데, 이러한 법률이나 당사자의 의사를 근거로 인정되는 법원 외에 이른바 노동관행을 법원으로 보아 이를 법적 청구권 기초로 할 수 있는지가 검토되어야 한다.

② 단체협약상의 근로조건의 소급적용이 인정되는 근거와 그 적용범위가 확인되어야 한다. 따라서 노동관행의 성립 요건이 갖춰진 것인지 여부와 그 내용을 판단하는 것이 사안 해결의 핵심이다.

〈 풀 이 목 차 〉

> **문제**
>
> 근로자 甲은 자신이 2015년 단체협약의 소급적용대상자이며, 퇴직한 근로자에게 소급하여 지급하는 노동관행이 존재하므로 A회사가 위 단체협약에 의하여 산정된 임금 및 퇴직금인상분 차액을 추가로 지급해야 할 의무가 있다고 주장하였다. 이에 대해 A회사는 단체협약에 소급적용하기로 한 경우에도 이미 퇴직한 근로자 甲에게는 소급적용되지 않는데, 단지 호의적으로 지급해 온 사실에 기하여 소급적용해 줄 의무는 없다고 한다. 각 주장의 정당성에 관하여 검토하시오. (30점)

Ⅰ. 문제의 논점

본 사안에서 근로자 甲은, A회사에서는 창사 이래 30년 이상 단체협약상 인상된 임금을 소급적용하여 퇴직한 근로자들에게도 임금 및 퇴직금의 차액을 추가로 지급하는 노동관행이 존재하므로, 이를 근거로 퇴사한 자신에게도 임금 및 퇴직금 인상분 차액을 추가로 지급할 의무가 있다고 주장하여 다투고 있다.

사안의 핵심 쟁점은 ⅰ) 단체협약이 체결되기 전 퇴직한 근로자에게 그 단체협약상 근로조건이 소급하여 적용될 수 있는지 여부, ⅱ) 사용자가 이미 퇴직한 근로자들에게 퇴직 이후에 체결된 단체협약에 의한 임금인상분 및 퇴직금인상분 차액을 추가 지급해 온 관행이 존재하는 경우와 그것이 노동조합 또는 근로자집단과 사용자 사이의 규범의식이 있는 노동관행으로 볼 수 있는지 여부이다.

Ⅱ. A회사 주장에 대한 검토

1. 단체협약의 소급적용의 근거와 범위

협약당사자는 단체협약상의 임금인상내용을 소급하여 적용할 것을 합의할 수 있다. 이 경우에 소급적용의 대상자는 소급적용하기로 한 단체협약의 적용을 받는 근로자이므로 단체협약 체결일 이전에 이미 퇴직한 근로자에 대하여는 소급적용되지 않는 것이 원칙이다. 그러나 소급적용의 대상을 퇴직근로자에게까지 확대하기로 합의할 수 있으며, 이에 따라 사용자는 퇴직근로자에 대하여도 인상된 임금내용을 적용하여 임금과 퇴직금차액을 지급할 의무가 있다고 본다. 물론 퇴직근로자에 대한 근로조건을 규율할 권한이 없다는 점에서 이러한 합의 효력에 대하여 의문이 제기될 수는 있으나, 퇴직한 근로자의 재직 중의 근로조건에 관한 채무적 효력을 가지는 내용으로 이해할 수 있을 것이다.

2. 소   결

단체협약에 소급적용하기로 합의한 경우에도 퇴직근로자에게는 적용될 수 없다는 A회사의 주장은 타당하지만, 사안에서는 소급적용에 관한 단체협약상의 규정이 없음에도 사용자가 임의로 재직근로자뿐만 아니라 퇴직한 근로자에 대하여도 임금인상분을 중단없이 계속 소급적용해왔다는 점에서 노동관행이 존재하는지 그리고 이를 근거로 퇴직자 甲의 주장이 근거지워질 수 있는지가 문제 된다.

Ⅲ. 甲의 주장에 대한 검토

1. 노동관행의 인정요건과 효과

노동관행이라 함은 보통 경영 내에서 동일한 행태 내지 급부가 사실적으로 여러 차례 같은 형태로 아무 유보 없이 반복되는 경우를 말한다. 즉, 단체협약, 취업규칙, 근로계약 등으로 명확하게 규율되어 있지는 않았지만, 근로관계상의 제반 근로조건 등에 관하여 사실상 장기간 중단 없이 반복적·계속적으로 그 급부가 지급되어 오는 등 근로조건이 사실관계로서의 관행을 통해 결정되어 온 경우 노동관행이 성립했다고 할 수 있다.

대법원은 "기업의 내부에 존재하는 특정의 관행이 근로계약의 내용을 이루고 있다고 하기 위하여는 ① 그러한 관행이 기업 사회에서 일반적으로 근로관계를 규율하는 규범적인 사실로서 명확히 승인되거나 ② 기업의 구성원에 의하여 일반적으로 아무도 이의를 제기하지 아니한 채 당연한 것으로 받아들여져서 기업 내에서 사실상의 제도로서 확립되어 있다고 할 수 있을 정도의 규범의식에 의하여 지지되고 있어야 한다"고 판시하고 있다(대법원 1993. 1. 26. 선고 92다11695 판결).

노동관행이 성립된 경우, 그 관행은 당사자 간 권리·의무의 근거가 되며, 분쟁시에 재판의 준거가 된다. 즉, 노동관행이 강행법규에 위반되지 않는 한 근로자는 이를 근거로 관행적으로 행해진 급부를 청구할 수 있다. 다만, 사용자가 철회권을 유보한 경우에는 사용자에 의해 일정한 급부가 장기간 중단 없이 지속된 경우에도 사용자는 유보된 철회권의 행사로서 언제든지 급부를 중단할 수 있다.

2. A회사에서의 노동관행의 성립 여부 검토

노사관행이 인정되기 위해서는 반복된 일정한 사실이 있고, 그러한 사실에 대해 기업의 구성원에 의하여 일반적으로 아무도 이의를 제기하지 아니한 채 당연한 것으로 받아들여져서 기업의 관행으로 인식되어 사실상의 제도로서 확립되어 있다고 할 수 있을 정도의 규범의식에 의하여 지지되고 있어야 한다.

사안에서 A회사는 창사 이래 30년 이상 이미 퇴직한 근로자에게도 단체협약의 인상분을 반영하여 임금 및 퇴직금인상분 차액을 지급하여 왔으며, 이러한 사실에 대하여 노사당사자로부터 아무런 이의가 제기된 바가 없다고 한 점에 비추어 근로자들은 퇴직하게 되면 같은 대우를 받을 것이라는 정당한 기대를 가지고 있었다고 볼 수 있다.

그런데 대법원은 퇴직금차액지급은 협약상의 임금인상에 기초한다는 점에서 노동관행이 인정될 여지가 없다고 판시하고 있으나, '협약임금의 인상내용은 퇴직자에게도 적용된다'는 관행이 성립되었다고 볼 수 있다고 생각된다. 왜냐하면, 노동관행은 의무 없는 사항에 대해 동일한 행위양태가 반복된 사실에 대해서 이것이 사업장의 관행이라는 인식과 함께 관행의 지속에 대한 신뢰를 근거로 인정되기 때문이다. 단체협약에 따라 차액지급여부와 구체적 차액내용이 정해진다는 점과 퇴직자는 단체협약이 적용될 여지가 없다는 점은 노동관행 성립을 부인하기는 어렵다고 본다.

3. 소 결

결국 A회사에서는 단체협약에서 인상된 내용에 따라 퇴직자에게도 소급하여 임금 및 퇴직금이 산정되어 지급된다는 내용의 노사관행이 성립되어 있다고 본다. 따라서 근로자 甲은 이러한 노동관행을 근거로 A회사에게 임금인상분 차액과 이에 기초한 퇴직금인상분 차액의 지급을 청구할 수 있으며, A회사는 이를 이행하여야 한다.

Ⅳ. 결 론

A회사의 경우, 퇴직한 근로자에게도 이후 체결된 단체협약을 근거로 임금 및 퇴직금 차액분을 지급한다는 노동관행이 해당 기업에서 일반적으로 근로관계를 규

율하는 규범적인 사실로 유효하게 성립되어 있으며, 사용자가 철회권을 유보했다는 사실이나 그 외 노동관행의 구속력을 배제할 수 있는 특별한 사정도 나타나지 않고 있는바, 근로자 甲의 주장은 정당하다(판례의 태도는 위의 결론과 다르다. 주요참조판례 1. 노동관행으로 인정되기 위한 요건 [2] 대법원 2002. 4. 23. 선고 2000다50701 판결 참조).

유사사례

A회사는 당사자 간의 근로계약이나 단체협약에 정한 바 없이 10년 전부터 모든 근로자에게 식사대를 매월 5만 원씩 지급하여 왔다. 또한 5년 전부터는 당해년도 영업이익에 따라 연말특별상여금을 지급하여 왔는데 지금까지는 매년 월 평균 임금을 웃도는 수준이었다. 그러나 이 특별상여금은 A회사의 상시근로자 부족현상 때문에 상시근로자에게만 지급되고 전체근로자의 30%를 점하는 단시간근로자에게는 지급되지 않았다. A회사의 단시간근로자는 예외 없이 모두 여성으로 구성되어 있다.

이후 2000년에 들어 A회사가 경영난에 빠지게 되자 A회사는 동년 12월부터 식사대와 특별상여금을 더 이상 지급하지 않을 것임을 2000년 11월에 공고하였다. A회사에 20년간 근속하고 있는 甲과, A회사의 지급중단조치직전에 채용되어 11월부터 근무하고 있는 乙, 그리고 15년간 계속 근무해오고 있는 주 20시간의 단시간 여성근로자 丙은 각각 A회사에 대하여 12월에 5만 원의 식사대와 연말특별상여금의 지급을 청구하였다.

甲, 乙, 丙의 A회사에 대한 청구권은 인정될 수 있는가?

해설요지

　　반복적 급부의 계속이라는 사실에서부터 근로자나 사용자 측에 상당한 신뢰가 형성되었다고 볼 수 있고 그러한 급부에 대하여 명시적인 배척의 의사가 표시된 바 없었다면 노동관행으로서 인정되고 이러한 노동관행은 그 급부에 대한 청구권의 기초로 인정될 수 있다. 그러나 그러한 급부의 계속에도 불구하고 일정한 전제가 있거나, 일정한 목적이 사용자에게 유보되어 있음이 명백하고 이를 근로자 측도 인지하고 있는 경우에는 비록 노동관행이라 하여도 그 전제나 목적 기타 제반 사정의 변경에 따라 달리 판단하여야 할 것이다. 사안에서 甲, 乙, 丙은 A회사에 대하여 노동관행에 의거하여 12월분 식사대 5만 원을 청구할 수 있으나, 연말특별상여금에 대한 청구권은 인정되지 않는 것은 이와 같은 이유에서이다.

　　즉 노동관행에 기한 청구권의 인정 여부는 그 관행적 급부의 목적을 고려하여 판단되어져야 한다. 따라서 계속적 반복 급부의 사실이 있다 하여도 그러한 급부에

대하여 일정한 목적이 전제된 것임을 사용자 측에서 특히 유보하고 있다면 사용자
의 일방적 철회 역시 가능할 수 있을 것이다. 식사대 지급의 관행과 연말특별상여
금지급관행을 달리 평가하는 근거는 여기에 있다. 특히 단시간근로자의 경우 지급
청구의 기초가 될 수 있는 노동관행이 존재하지 않는다는 점에서 연말특별상여금은
청구할 수 없게 된다.

주요참조판례

1. 노동관행으로 인정되기 위한 요건

[1] 전적은 원칙적으로 근로자의 동의를 얻어야 효력이 생기는 것이고, 다만 기업그룹 내의 계열기업 사이의 전적에 있어서는, 미리 전적할 계열기업을 특정하고 그 기업에서 종사하여야 할 업무에 관한 사항 등의 기본적인 근로조건을 명시하여 사전동의를 얻은 경우나, 기업그룹 내에서 근로자의 동의를 얻지 아니하고 다른 계열기업으로 근로자를 전적시키는 관행이 있어서 그와 같은 관행이 기업 내에서 일반적으로 근로관계를 규율하는 규범적 사실로 명확하게 승인되거나 기업의 구성원이 일반적으로 아무런 이의를 제기하지 아니한 채 당연한 것으로 받아들여 기업 내에서 사실상의 제도로 확립되어 있어 근로계약의 내용을 이루는 것으로 인정되는 경우처럼, 특별한 사정이 있는 경우에 한하여 근로자의 구체적인 동의를 얻지 아니하더라도 근로자를 다른 계열기업으로 유효하게 전적시킬 수 있다(대법원 1996. 5. 10. 선고 95다42270 판결).

[2] 가. 원심이 내세우는 노사관행이 어떠한 사실에 근거한 것인지는 분명하지 아니하나, 그것이 만약 피고가 재직 근로자들에게 임금인상분 차액을 소급하여 지급한 사실을 말하는 것이라면, 이는 노사간에 체결된 단체협약 및 이에 따라 개정된 보수규정에 따른 것임이 분명하므로, 거기에 무슨 노사관행이 성립할 여지가 없다. 또한 원심이 내세우는 노사관행이 피고가 이미 퇴직한 근로자들에게까지 임의로 임금인상분 및 퇴직금인상분 차액을 추가 지급하여 준 사실을 말하는 것이라면, 그것은 노동조합 또는 근로자 집단과 사용자 사이에 있었던 사실이 아니라, 이미 퇴직한 근로자들과 사용자였던 피고 공사 사이에 있었던 외부적 사정에 불과하므로, 그로써 노동조합 또는 근로자 집단과 사용자 사이의 노사관행이 성립할 수도 없는 것이다.

나. 다만, 원고들로서는 피고에 재직할 당시 피고가 이미 퇴직한 근로자들에게 위와 같이 임금 및 퇴직금인상분 차액을 지급하여 온 사실에 기하여 자기들도 퇴직하게 되면 같은 대우를 받을 것이라는 기대를 가지고 있었다고 볼 수는 있으나, 이러한 기대가 원심이 인정하는 바와 같은 조건부채권이 되기 위해서는 피고와 그 재직 근로자들 사이에서 규범적으로 "단체협약이 퇴직자에게도 적용된다."는 내용의 노사관행이 성립되어 있었어야 할 것이다. 그런데 기업의 내부에 존재하는 특정의 관행이 근로계약의 내용을 이루고 있다고 하기 위하여는 그러한 관행이 기업 사회에서 일반적으로 근로관계를 규율하는 규범적인 사실로서 명확히 승인되거나 기업의 구성원에 의하여 일반적으로 아무도 이의를 제기하지 아니한 채 당

연한 것으로 받아들여져서 기업 내에서 사실상의 제도로서 확립되어 있다고 할 수 있을 정도의 규범의식에 의하여 지지되고 있어야 하나(대법원 1993. 1. 26. 선고 92다11695 판결 참조), 단체협약이 그 본래적인 성질에 있어서 협약 당사자인 구성원에게만 그 효력이 미치는 점, 이미 퇴직한 근로자는 원칙적으로 노동조합과 사용자 사이의 단체교섭에 간여하거나 이를 조종선동할 수 없는 점[노동조합및노동관계조정법 제40조(노동관계의 지원)(현행삭제)] 등에 비추어 보면, 위와 같은 내용의 노사관행은 그 성립요건인 규범의식 자체가 인정될 수 없는 것이고, 기록상 달리 위와 같은 규범의식이 있었다고 볼 자료가 없으므로, 이를 전제로 하여 원심이 설시한 조건부채권의 성립을 단정할 수도 없다(대법원 2002. 4. 23. 선고 2000다50701 판결).

  * 일반적으로 반복된 관행이 노동관행으로서의 요건을 갖추면 근로관계를 규율하는 법원으로 인정되고 이를 근거로 일정한 급부를 청구할 수 있다. 그러나 [1] 판례와 같이 노동관행을 근거로 근로자의 동의없이도 다른 계열기업으로 유효하게 전적시킬 수 있는지에 대하여는 노동관행이 근로자의 권리를 제한하거나 불이익하게 판단하는 근거로 기능할 수 있는지에 대하여는 논란이 되고 있다.

2. 노동관행과 평균임금

  회사가 특별생산격려금을 지급하게 된 경위가 노동쟁의의 조정 결과 생산격려금을 지급하기로 합의가 된 데 따른 것이고 당시 조정안에서 위 생산격려금은 전년도의 경영성과를 감안한 특별상여금으로서 1회에 한하기로 약정하였다고 하더라도 이후 회사의 경영실적의 변동이나 근로자들의 업무성적과 관계없이 근로자들에게 정기적·계속적·일률적으로 특별생산격려금을 지급하여 왔다면 이는 근로계약이나 노동관행 등에 의하여 사용자에게 그 지급의무가 지워져 있는 것으로서 평균임금 산정의 기초가 되는 임금에 해당한다(대법원 2001. 10. 23. 선고 2001다53950 판결).

4 채용에서의 불공정과 성차별

　甲은 공공기관인 A법인의 신입직원 채용시험에 응시하여 필기시험을 마친 후 甲의 아버지가 평소 잘 알고 지내던 A법인 인사부장에게 甲의 지원 사실을 알리면서 관심을 가져줄 것을 부탁하였고, 인사부장은 우수자원이 많이 지원하였다는 이유를 들어 내부절차를 거치지 않은 채, 임의로 채용예정인원 및 필기전형 합격인원을 확대변경하여 불합격자였던 甲을 필기전형 합격자로 선정함에 따라 甲이 면접시험을 거쳐 최종합격자로 채용되어 근무해 오던 중 채용과정에서 채용예정인원을 부당하게 변경함으로써 합격된 사실이 밝혀지게 되었다. 이에 A법인은 인사관리규정 제41조 제1항에 열거된 징계사유인 '채용시 부정행위', '직원으로서 품위훼손 및 공사에 대한 명예훼손행위 등의 행위를 한 자'에 해당된다고 보아 甲을 징계면직하였다.

　甲은 채용과정에서 본인은 청탁사실이나 내부적 부정행위를 전혀 알지 못하였고, 직원으로서 잘못된 행위를 전혀 하지 않았으므로 징계사유가 없어 면직처분은 무효라고 주장하면서 복직시까지의 임금지급도 청구하였다. 이에 대해 A법인은 甲의 아버지의 청탁에 따라 인사부장이 甲을 합격시키기 위하여 채용예정인원 및 필기전형 합격인원을 변경하여 절차를 진행시키는 부정행위를 하여 甲이 채용시험에 합격하는 이익을 취득했으므로 징계면직은 정당하고, 설령 징계면직사유가 안된다 할지라도 적어도 채용취소나 통상해고사유는 될 수 있다고 주장하면서 복직이나 임금청구는 수긍할 수 없다고 주장한다.

　한편 A법인에 지원한 乙은 최상위권대학을 우등으로 졸업한 재원으로 면접도 무난히 보았음에도 예상과 달리 본인은 불합격하였다. 그런데 불합격통지를 받은 후 학업성적이나 외국어능력 등 채용시 고려되는 모든 요소에서 乙에 비해 상대적으로 못한 같은 과 졸업동기 남성지원자 2명은 모두 합격하였다는 사실을 알게 된 乙은 자신이 여성이라는 이유 외에는 채용되지 못할 다른 이유는 없다고 생각하여 채용상의 성차별을 주장한다.

문제 1

甲과 A법인의 근로관계 종료사유와 임금지급에 관한 각 주장의 타당성을 검토하시오.
(30점)

문제 2

乙에 대한 채용상의 성차별의 인정요건과 구제방안에 대해 검토하시오. (20점)

사례해결의 Key Point

문제 1

지원자의 특수관계인의 청탁으로 채용되었지만 지원자가 이러한 청탁과 부정행위를 인지하거나 개입한 사실이 증명되지 못하는 경우에 부정한 방법에 의한 불공정 채용을 이유로 해고하거나 근로계약을 취소할 수 있는지 여부가 문제해결의 핵심논점이다.

문제 2

성차별을 받아 채용되지 못한 경우 채용상의 성차별 인정과 관련한 입증책임문제와 사법상의 효과로서 채용청구권과 손해배상청구권의 인정 여부가 논의되어야 한다.

> **문제 1**
>
> 甲과 A법인의 근로관계 종료사유와 임금지급에 관한 각 주장의 타당성을 검토하시오. (30점)

Ⅰ. 문제의 논점

채용청탁과 이에 따른 부정한 방법으로 합격된 경우에 인사규정상의 징계사유에 해당되어 징계면직할 수 있는지, 징계면직사유가 아니라면 채용취소사유나 통상해고사유로는 볼 수 있는지가 먼저 판단되어야 한다. 즉, 사실관계에서와 같이 지원자가 청탁사실이나 합격인원 확대조정의 부정행위를 인지하거나 관여하지 않았지만 이로 인하여 채용된 경우에도 징계사유인 '부정행위자' '품위훼손 및 공사에 대한 명예훼손행위'로 볼 수 있는지가 검토되어야 하고, 이를 부인해야 한다면 사용자가 취할 수 있는 조치로서 채용취소와 해고는 인정될 수 있는지와 이 경우에 임금청구권의 인정 여부와 범위가 논의되어야 할 것이다.

Ⅱ. 甲에 대한 징계면직의 정당성

甲의 아버지로부터 甲이 지원하였으니 관심을 가져줄 것을 부탁받은 인사부장이 甲을 합격시키고자 채용계획과 달리 인원을 확대조정하는 부정한 행위를 함으로 인하여 채용되었다 할지라도 사안에서 甲이 청탁을 인지하거나 관여하였다고 인정할 만한 사실관계는 보이지 않는다. 이와 같이 甲에게 이러한 청탁이나 부정한 행위에 대한 책임을 귀속시킬 수 있는 근거가 없는 이상 甲이 직원으로서 품위위반행위, 사용자에 대한 명예훼손행위를 하였다고 볼 수도 없으므로 인사규정에서 정한 징계사유에 해당되지 않는다. 또한 이러한 청탁과 부정한 방법으로 채용이라는 이익을 결과적으로 귀속받았다는 사실 자체가 징계사유가 될 수 없는 것은 당연하다. 따라서 甲에 대한 징계면직처분은 징계사유가 존재하지 않아 무효이다.

Ⅲ. 채용취소와 통상해고 가능성 검토

1. 근로계약의 취소

착오·사기에 의한 의사표시인 경우 그 의사표시는 취소될 수 있으며 취소는 소급효를 갖는다(민법 제109조, 제110조, 제141조). 이와 같은 법률행위 취소에 관한 민법 규정은 근로계약에서도 원칙적으로 적용되지만 근로자보호를 위하여 소급효의 제한이 인정되고 있다.

사안에서 사기에 의한 취소(민법 제110조)는 상대방의 기망행위에 따른 의사표시자 본인의 착오가 있어야 하는데, 상대방인 甲이 기망을 한 적이 없고, 제3자(가족 등 청탁자)의 부정한 청탁에 따라 본인인 A법인이 채용의 의사표시를 한 것이기 때문에 민법상 사기에 의한 채용취소를 법적으로 구성하기는 어렵다. 이에 반해 중대한 착오를 이유로 한 취소(민법 제109조)는 중대한 착오인지 여부에 따라 인정되는 것이지, 그 착오가 상대방에 의해 유발될 것을 요하지는 않기 때문에 중대한 착오에 기한 취소가 가능한지가 검토될 필요가 있다.

甲의 합격을 위하여 채용예정인원 및 필기전형 합격인원을 증원시키는 행위는 채용절차의 공정성을 해하는 부정행위에 해당하고, 이후의 면접시험과 채용절차과정에 참여한 관계자는 甲이 이러한 부정한 행위로 인하여 필기전형을 합격했다는 사실을 모른 채 甲이 정당하게 필기전형을 합격하였다고 착오에 빠져 절차를 진행하고 甲을 최종합격자로 결정하였다. 채용과정에서의 이러한 불공정하고 부정한 행위는 공공기관으로서 A법인의 공정성과 대외적 신뢰성에 크게 문제가 될 수 있는 사항이고, 이러한 부정한 행위가 없었더라면 필기전형합격자에 포함될 수도 없었다는 점에 비추어 중대한 착오로 볼 수 있다.

A법인은 인사부장이 청탁을 받고 甲을 합격시키고자 임의로 인원확대조정을 한 사실과 이로 인해 甲이 면접대상자에 포함되었다는 사실을 알았더라면 결코 甲을 채용하지 않았을 것이라고 인정되므로, 이는 중요 부분의 착오에 해당한다. 따라서 A법인은 민법 제109조에 근거하여 중대한 착오를 이유로 甲과의 근로계약을 취소할 수 있다.

2. 통상해고의 가능성 검토

위에서 살펴본 바와 같이 청탁과 인사부장의 부정한 행위에 甲이 인지하거나 관여하였다고 볼 사정이 없는 이상 甲에게 직장질서 위반이나 기타 품위위반이나 A 법인 명예훼손행위를 귀속시킬 수 없기 때문에 징계면직(해고)은 인정될 수 없다. 그러나 애당초 필기전형불합격자가 청탁에 의한 부정한 방법으로 합격을 한 근로자와의 근로계약관계의 유지·존속을 사회통념에 비추어 기대할 수 있는지의 관점에서 해고의 정당사유가 검토될 수 있다.

비록 甲이 내부적 부정행위를 구체적으로 알지 못하였다 할지라도 이러한 부정행위로 인하여 발생한 공공기관인 A법인의 채용절차의 신뢰성 하락과 공정성의 중대한 침해문제는 부인할 수 없다. 근로자 자신이 채용과정에서 귀책사유나 규정위반행위가 없었다고 할지라도 채용된 이상 근로관계를 계속 유지할 수밖에 없다고 한다면 이는 신의칙이나 정의관념에 반한다 할 것이다. 다만, 계속고용의 기대가능성과 해고의 정당성은 채용청탁과 부정행위의 내용, 방식 및 성격 그리고 근무기간 등을 고려하여 구체적으로 판단해야 할 것이다.

이러한 견해에 대하여는 해고는 해고가 문제되는 시점에 근로자의 일신상이나 행태상의 사유에 비추어 근로관계 유지를 기대할 수 없는지가 판단되어야 하는데, 사안에서는 甲이 채용시에 청탁으로 인한 부정한 행위가 문제되고 있다는 점에서 채용취소문제로 다루어야지 해고로 다룰 사안은 아니라는 반론도 법리적으로 가능하다고 본다.

그러나 청탁과 부정한 방법으로 채용된 甲의 경우 甲 자신의 잘못은 없다 할지라도 청탁에 의한 부당한 방법으로 채용되었다는 사정 자체가 甲이 지닌 일신상의 사유로 이해될 수 있고, 사회통념에 비추어 이렇게 형성된 근로관계를 계속 유지해 나가도록 하는 것은 일반적으로 기대하기 어렵다는 점에서 해고의 정당사유로 수긍될 수 있다고 본다.

3. 소 결

사안의 경우 A법인은 甲에 대하여 근로계약체결시의 중대한 착오를 이유로 채용을 취소할 수 있다. 그리고 필기시험 불합격자임에도 청탁받은 내부인이 임의로 합격인원을 조정하는 방법을 통해 합격한 자와의 근로계약의 유지를 일반적으로 기대하기 어렵다는 점을 인정한다면 해고사유가 존재한다고 보아 통상해고도 가능하다고 생각된다.

Ⅳ. 甲의 임금청구권의 근거와 내용

징계면직이 무효이므로 A법인은 甲의 복직시까지 임금을 지급해야 한다. 징계면직의 효력을 다투는 과정에서나 무효확정이후 해고의 의사표시를 한 경우에는 해고로 근로관계가 종료되었으므로 복직의무는 없으나 해고시까지의 임금은 지급해야 할 것이다. 채용취소를 한 경우에도 근로계약이 무효가 되어 복직의 문제는 없다. 그러나 근로계약이 취소된 경우 판례에서 소급효제한이 인정됨에 따라 제한의 내용을 어떻게 이해하느냐에 따라 지급되어야 할 임금이 취소시까지 인지 아니면 근로자가 실제 일한 기간에 대해서만 인정되는 것인지 견해가 다를 수 있다. 판례 태도에 의하면 사안에서 A법인의 면직처분을 통하여 취소의 의사를 표시하였다고 볼 수 없으나, 甲과의 근로계약을 취소한다는 의사표시가 있었다고 한다면 취소시에 근로계약은 장래에 관하여 그 효력이 소멸하였고, 이 시점까지 甲이 근로의 제공을 하지 못한 것은 사용자인 A법인의 귀책사유로 인한 것이므로, 甲에게 취소시까지 甲이 계속 근로하였을 경우 받을 수 있었던 임금을 지급해야 한다.

Ⅴ. 결　　　론

甲에 대한 징계면직은 무효이나 채용취소 또는 통상해고사유는 인정될 수 있다. 따라서 징계면직 무효에 따라 복직시까지 임금을 지급해야 하나, A법인의 채용취소 또는 통상해고의 의사표시가 있었다고 한다면 이로 인하여 근로관계는 소멸했으므로 복직문제는 없으나, A법인은 甲에게 이 시점까지의 임금을 지급해야 한다.

> **문제 2**
> 乙에 대한 채용상의 성차별의 인정요건과 구제방안에 대해 검토하시오.

Ⅰ. 문제의 논점

채용에서 성차별의 인정요건과 인정시 법률효과가 무엇인지를 묻는 문제로서, 채용시 남녀를 차별하여서는 아니 된다고 규정한 남녀고용평등법 제7조 위반에 따른 법률효과가 주된 검토사항이다. 특히, 성차별로 채용되지 못한 지원자의 채용청구권이 인정될 수 있는지가 논의되어야 한다.

Ⅱ. 채용시 성차별금지에 관한 규율과 성차별 관련 입증책임

1. 근로기준법 제6조 위반 여부

근로기준법 제6조의 균등대우원칙 규정은 채용시 성차별에 대하여는 적용될 수 없다. 근로기준법의 균등대우규정에서는 "사용자는 근로자에 대하여 남녀의 성을 이유로 차별적 대우를 하지 못한다"고 규정하고 있으나, 이는 근로관계가 성립한 이후에 근로조건에 대한 차별을 금지하는 내용이므로 근로계약관계 형성 이전의 채용단계에서의 성차별은 규율대상이 아니기 때문이다.

2. 남녀고용평등법 제7조·위반 여부

남녀고용평등법 제7조에서 "사업주는 근로자를 모집하거나 채용할 때 남녀를 차별하여서는 아니 된다"고 규정함에 따라 근로관계 성립이전의 모집과 채용단계에서의 성차별도 규율되게 되었다. 그리고 성차별과 관련한 분쟁에서 입증책임은 사업주가 부담하는 것으로 규정(동법 제30조)함으로써 채용에서의 성차별의 경우 지원자의 차별사실 주장에 대하여 사업주가 남녀의 성을 이유로 한 차별이 아니라는 점을 입증하지 못하면 성차별로 인정된다. 남녀고용평등법에서 모집·채용단계에서의 성차별금지를 규정하고, 동법과 관련된 분쟁해결에서 사업주가 입증책임을 부담하도록 규정함으로써 채용시의 성차별도 금지되고 사업주의 입증부담으로 성차별도 보다 용이하게 인정될 수 있게 되었다.

　　사안에서 乙이 졸업성적이나 외국어능력 등 채용 관련 평가요소에서 합격한 남성지원자보다 우수하고 면접에서도 특별한 문제가 없었다는 사실을 기초로 채용에서의 성차별을 주장하는 데 대하여 A법인은 성별이 아닌 합리적이라고 할 수 있는 다른 이유임을 입증해야 한다. 즉, 乙의 주장사실로 추정되는 성차별을 A법인이 성차별이 아님을 입증하지 못하면 채용시 성차별이 인정되고 남녀고용평등법 제7조 위반이다. 위반에 따라 乙은 노동위원회에 차별시정신청을 할 수 있고(동법 제26조), A법인에게 동법상의 벌칙이 적용(동법 제37조 제4항, 제38조)이 적용된다는 데에는 의문이 없으나, 乙에 대한 사법적 구제방안에 대하여는 별도로 규정한 바가 없다. 이와 관련하여 乙은 A법에게 자신을 채용할 것을 청구할 수 있는지(채용청구권) 그리고 손해배상을 청구할 수 있는지가 검토될 수 있다.

Ⅲ. 乙에 대한 사법적 구제

1. 乙의 채용청구권(A법인의 채용의무)

　　채용시 성차별이 인정되는 경우에 성차별로 채용되지 못한 지원자의 채용청구권(사업주의 채용의무)이 인정되는 것이 가장 효과적인 구제라고 할 수 있다. 그러나 채용시 성차별의 법률효과로 채용청구권이 일반적으로 인정되기도 어렵고, 이에 대한 법적 근거가 되는 구체적 규율도 없기 때문에 사안에서 乙의 채용청구권은 인정되기 어렵다.

2. 乙의 손해배상청구권(민법 제750조)

　　채용에서의 성차별로 인한 손해배상청구는 가능한 것으로 판단된다. 이때의 손해의 성격과 범위는 재산적 손해로서 지원관련 비용과 채용에서 성을 이유로 차별한 것은 지원자의 인격권을 침해했다고 볼 수 있으므로 정신적 손해에 대한 배상으로서 위자료가 인정될 수 있다. 비교법적으로도 채용시 성차별에 대하여 채용청구권을 규율하거나 해석상으로도 인정하지 않지만 손해배상청구는 입법이나 해석을 통해 일반적으로 인정하고 있다.

　　사안에서 乙은 A법인에 대하여 성차별에 따른 손해배상청구를 할 수 있다고 판단된다.

Ⅳ. 결   론

A법인이 乙의 성차별주장에 대해 성차별이 아님을 증명하지 못하면 채용에서의 성차별이 인정되어 남녀고용평등법 제7조 위반으로 동법상의 벌칙이 적용되고, 乙은 노동위원회에 차별시정신청을 할 수 있다. 그리고 사법상의 구제방안으로 乙의 채용청구권은 인정될 수 없으나 손해배상청구권은 인정될 수 있다고 본다.

1. 근로계약취소의 소급효

원고의 기망으로 체결된 이 사건 근로계약은 그 하자의 정도나 원고의 근무기간 등에 비추어 하자가 치유되었거나 계약의 취소가 부당하다고 볼 만한 특별한 사정이 없는 한 피고의 취소의 의사표시가 담긴 반소장 부본의 송달로써 적법하게 취소되었다고 봄이 상당하다고 판단된다. 근로계약의 무효 또는 취소를 주장할 수 있다 하더라도 근로계약에 따라 그동안 행하여진 근로자의 노무 제공의 효과를 소급하여 부정하는 것은 타당하지 않으므로 이미 제공된 근로자의 노무를 기초로 형성된 취소 이전의 법률관계까지 효력을 잃는다고 보아서는 아니 되고, 취소의 의사표시 이후 장래에 관하여만 근로계약의 효력이 소멸된다고 보아야 한다.

피고의 이 사건 근로계약의 취소의 소급효가 제한되어 이 사건 근로계약은 취소의 의사표시가 담긴 반소장 부본 송달 이후의 장래에 관하여만 그 효력이 소멸할 뿐 위 반소장 부본이 원고에게 송달되기 이전의 법률관계는 여전히 유효하다고 보아 피고의 임금지급의무가 인정된다는 취지로 원심판결을 파기환송하였다(대법원 2017. 12. 22. 선고 2013다25194, 25200 판결).

〈판례해설〉이 판례를 통해 대법원은 사법상 계약인 근로계약은 민법의 취소법리에 따라 취소될 수 있지만, 취소의 소급효제한의 범위와 관련하여 그 취소의 효력은 현실적으로 노무를 제공한지 여부에 관계없이 취소의 의사표시가 있은 이후에 한하여 미치는 것으로 판단한 반면, 이 사건 2심법원은 현실적으로 노무를 제공하지 않은 기간에 대하여는 근로계약의 취소가 소급효를 가진다고 판단하였다.

판례에서의 쟁점은 백화점 입점 판매점에 매니저로 채용된 근로자가 얼마 후 경력을 속인 사실이 밝혀짐에 따라 이를 이유로 해고하였으나 서면통지요건을 갖추지 않아 해고는 무효로 확정되었으나, 근로자는 사직하고 부당해고기간 동안의 임금지급을 청구하는 소송을 제기하자 사용자가 반소장을 통해 취소의 의사표시를 한 사안에서 취소의 인정 여부와 인정시 소급효제한 및 그 범위가 문제되었다. 원심법원과 대법원은 근로계약의 취소와 취소시 소급효제한에 대하여는 의견을 같이 하고 있으나, 소급효제한범위와 관련하여서는 다른 견해를 취하고 있다.

현실적으로 노무를 제공한 기간에 대해서만 소급효가 미치지 않는다는 원심판결에 의하면 사용자는 해고시까지의 임금만 지급하면 되고, 취소의 효력은 취소의 의사표시 이후에만 미친다고 보는 대법원판결에 의하면 취소이전까지(사안에서는 근로자가 취소 이전에 사직했으므로 사직시까지)는 실제 노무제공 여부에 상관없이 임금을 지급해야 한다는 입장이다.

근로계약도 중대한 착오 또는 사기·강박을 이유로 취소될 수 있고, 이 경우 근로자보호 관념에 따라 취소의 소급효는 제한된다는 점은 판례와 학설에서 일반적으로 인정되고 있다. 그러나 소급효제한의 범위와 관련하여서는 위 판례사안에서의 원심법원과 대법원의 입장차이와 같이 여전히 법리적으로 논란이 되고 있다.

원래 근로계약 취소시의 소급효제한은 근로계약이 무효임에도 유효한 것으로 믿고 노무제공한 근로자를 보호하기 위하여 실제 일한 기간 동안에는 취소의 소급효가 미치지 않도록 하여 노무제공기간 동안의 사용자의 임금지급의무를 근거지우기 위한 법리라는 점에서 사견으로는 원심법원과 같이 이해하는 것이 소급효제한법리에 보다 충실한 해석태도로 생각된다.

[2] 이 사건 인사관리규정 제41조 제1항 각 호에서 정한 징계사유는 해당 근로자가 부정행위 등의 비위행위를 직접 하거나 이를 교사·방조하는 등 해당 근로자 자신이 비위행위를 한 것으로 볼 수 있는 경우에 한하여 적용된다고 엄격하게 해석함이 상당하다. 만약 이와 달리 해당 근로자 자신이 비위행위를 한 것으로 볼 수 없음에도, 다른 사람의 비위행위로 인한 이익이 해당 근로자에게 귀속되었다는 결과를 들어, 해당 근로자에 대하여 근로계약의 취소 내지 부당이득 반환 등 민법상 조치를 통하여 취득한 이익을 박탈하는 것을 넘어 질서벌로서의 제재인 징계처분까지 가한다면, 이는 과잉금지의 원칙 등에 반하는 결과를 초래함으로써 정당한 이유가 없어 근로기준법 제27조(해고사유 등의 서면통지)에 위배되거나 사회통념상 징계사유로서의 합리성도 인정되지 않는다.

원고의 합격을 위하여 채용예정인원 및 필기전형 합격인원을 증원시키는 내용의 이 사건 결정을 주도·추진한 것은 채용절차의 공정성을 해하는 부정행위에 해당하고, 피고 총무국장을 제외한 제1, 2차 면접위원들과 피고의 전결권자인 수석부원장은 위와 같은 부정행위로 채용절차의 공정성이 훼손되었음을 알지 못한 채 원고가 정당하게 필기전형을 합격하였다고 착오에 빠져 원고를 최종합격자로 결정하였다고 봄이 타당하다. 나아가 그와 같은 착오가 없었더라면 피고가 원고를 채용하지 않았을 것이라고 인정되므로, 이는 중요 부분의 착오에 해당하여 피고는 위 착오를 이유로 원고와의 근로계약을 취소할 수 있다(서울고법 2020. 3. 31. 선고 2019나2029554 판결).

〈판례태도요약〉 이 판례에서 서울고등법원은 이른바 금융감독원 채용과정에서의 비위행위로 입사한 원고에 대한 직권면직은 실질에서 해고인데 원고가 비위행위를 행했다고 볼 수 없으므로 이는 무효이나, 소송과정에서 사용자인 피고의 취소의 의사표시에 의한 채용취소는 인정하였다. 또한 근로계약 취소의 소급효 제한법리에 따라 취소이전 까지의 임금은 피고에게 지급할 의무가 있다고 판단하였다.

그러나 강원랜드 채용청탁사건에 대하여는 직권면직의 효력을 인정하였다(서울고법 2020. 5. 7. 선고 2019누60358 판결, 대법원 2020두3949(심리불속행기각)으로 확정).

2. 승진취소와 부당이득반환

승진발령이 무효임에도 근로자가 승진발령이 유효함을 전제로 승진된 직급에 따라 계속 근무하여 온 경우, 승진 전후 각 직급에 따라 수행하는 업무에 차이가 있어 승진된 직급에 따른 업무를 수행하고 그에 대한 대가로 임금이 지급되었다면, 근로자가 지급받은 임금은 제공된 근로의 대가이므로 근로자에게 실질적인 이득이 있다고 볼 수 없어 사용자가 이에 대해 부당이득으로 반환을 청구할 수 없다. 그러나 승진 전후 각 직급에 따라 수행하는 업무에 차이가 없어 승진 후 제공된 근로의 가치가 승진 전과 견주어 실질적 차이가 없음에도 단지 직급의 상승만을 이유로 임금이 상승한 부분이 있다면, 근로자는 임금 상승분 상당의 이익을 얻었다고 볼 수 있고, 승진이 무효인 이상 그 이득은 근로자에게 법률상 원인 없이 지급된 것으로서 부당이득으로 사용자에게 반환되어야 한다. 여기서 승진 전후 제공된 근로의 가치 사이에 실질적으로 차이가 있는지는 제공된 근로의 형태와 수행하는 업무의 내용, 보직의 차이 유무, 직급에 따른 권한과 책임의 정도 등 여러 사정을 종합적이고 객관적으로 평가하여 판단하여야 한다(대법원 2022. 8. 19. 선고 2017다292718 판결).

5 위약예정의 금지와 교육연수비용의 반환

A회사는 2012. 2. 1. 자동차 방진고무제품의 제조 및 판매를 목적으로 설립된 회사이고, 甲은 A회사가 설립되면서 입사하여 A회사의 방진고무제품의 제조 및 판매 업무를 담당해왔다. 甲은 A회사에 입사하면서 '회사의 영업비밀을 재직시 또는 퇴직 후 정당한 이유 없이 제3자에게 누설하지 아니하고, 고의 또는 과실에 의한 영업비밀 침해행위로 회사의 영업상 이익을 침해하여 손해를 가하였을 때에는 그 손해를 배상할 책임을 진다'는 내용의 영업비밀보호계약을 체결함과 동시에 회사에서 5년간을 근무하기로 약정하였다. 甲은 이러한 영업비밀보호 및 5년간 근무약정을 불이행시에는 이미 지급한 임금의 반환 외에 3억 원을 배상하기로 약정하였다.

입사 후 甲은 업무와 관련된 기술을 습득하기 위해 자원하여 2012. 7. 1.부터 6개월간 일본으로 교육연수를 다녀왔는데, A회사는 임금과 공식적인 교육연수보조비와는 별도로 甲에 대한 교육연수보조비로 2천만 원을 지급하면서 연수 후 2년 내에 사직하는 경우에는 회사가 지급한 교육연수보조비를 반환하기로 회사와 약정하였다. 그러나 甲은 일본 연수에서 돌아온 후 2014. 1. 10. A회사에 사직서를 제출하고, 과장급 대우(연봉 1억)로 B회사에 입사하였다. B회사는 방진고무제품에 들어가는 각종 아이템을 외부회사에 각각 생산·납품토록 하고 각각의 그 제품들에다 자신이 직접 생산한 제품을 결합하여 자동차회사에 납품하는 회사로서 방진고무제품을 직접 제조·판매하지는 않았다.

문제 1

A회사는 甲이 B회사로 이직함으로 인해 A회사의 영업비밀을 침해하였고, 5년간의 근무약정을 위반함에 따라 위약금 내지 손해배상액으로 3억 원의 지급과 이미 지급한 임금의 반환을 청구하였다. A회사의 주장은 타당한가? (다만 영업비밀에 관한 논점은 제외) (30점)

문제 2

A회사는 근로자 甲이 일본 교육연수 후 2년의 의무근무기간 전에 사직하였으므로 반환약정에 따라 이미 지급된 교육연수보조비 2천만 원의 반환을 청구하였다. 근로자 甲은 반환해야 하는가? (20점)

■
사례해결의 Key Point

문제 1

　위약금 또는 손해배상액을 예정한 계약은 원칙적으로 근로기준법 제20조에 위반하는 것으로서 무효라고 판단된다. 즉, 약정의 취지가 약정한 근무기간 이전에 퇴직하면 그로 인하여 사용자에게 어떤 손해가 어느 정도 발생하였는지 묻지 않고 바로 소정 금액을 사용자에게 지급하기로 하는 것이라면 무효이다. 그러나 위약금의 예정이 아니라 약정위반이 사용자에게 어느 정도 손해가 발생하는지를 구체적으로 제시하여 위약금 내지 손해배상액을 청구한 경우와 같이 예외적으로 효력이 인정되는 사정 등은 종합적으로 검토하여 판단해야 할 것이다.

문제 2

　근로자의 교육훈련 내지 연수를 위한 비용인 경우, 장차 일정 기간 동안 근무할 것을 조건으로 그 상환의무를 면제해주는 취지라면 원칙적으로 근로기준법 제20조의 위반이 아니다. 그러나 약정의 내용에 대해 사용자와 근로자의 사정이 구체적으로 어떻게 반영되었는지를 평가하여 근로기준법 제20조의 위반여부를 판단하여야 할 것이다.

문제 1

A회사는 甲이 B회사로 이직함으로 인해 A회사의 영업비밀을 침해하였고, 5년간의 근무약정을 위반함에 따라 위약금 내지 손해배상액으로 3억 원의 지급과 이미 지급한 임금의 반환을 청구하였다. A회사의 주장은 타당한가? (다만 영업비밀에 관한 논점은 제외) (30점)

Ⅰ. 문제의 논점

이 문제에서 핵심 쟁점은 근로자 甲이 5년간의 근무약정을 지키지 않고 A회사에서 퇴직함에 따라 위약금 내지 손해배상액으로 예정한 3억 원을 지급해야 하는지 그리고 이미 지급된 임금을 반환해야 하는지의 여부이다. 문제의 해결을 위해서는 먼저 위약금 내지 손해배상액으로 예정한 3억 원이 어떤 목적과 근거로 약정되었는지를 판단하여야 한다. 즉, 위약금 내지 손해배상액의 예정이 근로기준법 제20조에서 금지하는 내용인지를 확인해야 할 것이다. 다음으로 A회사가 甲에게 지급한 임금의 법적 성질 및 약정위반에 따른 반환의 목적 등을 종합적으로 검토하여 그 반환 여부를 판단해야 할 것이다. 결국 사안에서는 위약금 내지 손해배상액으로 예정한 3억 원과 기지급된 임금에 대한 법적 평가가 필요하다고 본다.

Ⅱ. 甲의 근무약정위반에 대한 손해배상예정액 약정의 효력

1. 위약금예정금지의 규율목적

대법원은 근로기준법상 위약금 내지 손해배상액 예정의 약정을 금지한 취지를 근로자가 퇴직의 자유를 제한받아 부당하게 근로의 계속을 강요당하는 것을 방지하고, 근로계약 체결 시의 근로자의 직장선택의 자유를 보장하며 불리한 근로계약의 해지를 보호하려는 데 있다고 보았다(대법원 2004. 4. 28. 선고 2001다53875 판결).

근로자의 퇴직의 자유를 제한하고 부당하게 근로의 계속을 강요하는 위약금 내지 손해배상액 예정에 대해 그 내용은 판례를 통해 더욱 구체화되었다. 즉, "근로자가 일정 기간 동안 근무하기로 하면서 이를 위반할 경우 소정 금원을 사용자에게 지급하기로 약정하는 경우, 그 약정의 취지가 약정한 근무기간 이전에 퇴직하면 그로 인하여 사용자에게 어떤 손해가 어느 정도 발생하였는지 묻지 않고 바로 소정

금액을 사용자에게 지급하기로 하는 것이라면 이는 명백히 근로기준법 제20조에 반하는 것이어서 효력을 인정할 수 없다"고 한다(대법원 2008. 10. 23. 선고 2006다37274 판결).

2. 사안에서의 약정의 효력

결국 사안에서 A회사와 甲의 약정은 근로자인 甲이 영업비밀을 침해하지 않고 약정한 5년 동안 근무하겠다고 약속하면서 만약 이를 이행하지 않을 때에는 3억 원을 지불하기로 하는 내용이다. 이는 甲이 약정 근무기간 이전에 퇴직하는 등 위 약속을 위반하기만 하면 그로 인하여 A회사에게 어떤 손해가 어느 정도 발생하였는지 묻지 않고 바로 미리 정한 3억 원을 위약금 내지 손해배상액으로 지급하기로 한 것이므로 근로기준법 제20조가 금지하는 전형적인 위약금 또는 손해배상액의 예정에 해당하여 무효라고 보아야 할 것이다.

Ⅲ. 甲의 근무약정위반에 대한 임금반환 약정의 효력

1. 임금반환 약정의 실질적 의미

위약금 내지 손해배상액 예정의 약정이 미리 정한 근무기간 이전에 퇴직하였다는 이유로 마땅히 근로자에게 지급되어야 할 임금을 반환하기로 하는 취지일 때에는 결과적으로 근로기준법 제20조의 입법 목적에 반하는 것이어서 그 효력을 인정할 수 없다(대법원 2008. 10. 23. 선고 2006다37274 판결). 다시 말해서 임금반환을 약정한 부분은 기업체가 근로자에게 근로의 대상으로 지급한 임금을 채무불이행을 이유로 반환하기로 하는 약정으로서 실질적으로는 위약금 내지 손해배상을 예정하는 계약이므로 근로기준법 제20조에 위반하여 무효라는 것이다(대법원 1996. 12. 6. 선고 95다24944 판결).

2. 사안에서의 반환약정의 효력

사안에서 A회사가 이미 甲의 근로에 대한 대가로 지급한 임금은 약정한 근무기간의 위반에 대해 반환을 예정하여 청구할 수 없다. 甲에게 이미 지급한 임금을 근무약정 위반시 반환하도록 약정하는 것은 비록 어떤 손해가 어느 정도 발생하였는지 구체적으로 확정된 것일지라도 이는 근로자에게 부당하게 근로를 계속하도록 강제하는 것이다. 따라서 甲과 A회사의 임금반환약정은 실질적으로 위약금 내지 손해배상을 예정한 약정으로서 무효이다.

Ⅳ. 결　　론

　　甲과 A회사가 5년간 근무하겠다는 약정을 체결하면서 약정 위반시 3억 원을 지불하기로 한 것은 약정을 위반하기만 하면 그로 인하여 어떤 손해가 어느 정도 발생하였는지는 묻지 않고 바로 미리 정한 3억 원을 사용자에게 위약금 내지 손해배상액으로 지급하기로 하는 것으로 해석된다. 이는 근로기준법 제20조의 전형적인 위약금 내지 손해배상액의 예정에 해당되어 무효이다. 또한 구체적 위약금이나 손해상액을 예정하지 않고 임금을 반환하기로 하는 약정일지라도 이 약정 또한 결국 근로자의 퇴직의 자유를 침해하는 위약금 내지 손해배상액 예정의 약정으로서 무효이다.

> **문제 2**
>
> A회사는 근로자 甲이 일본 교육연수 후 2년의 의무근무기간 전에 사직하였으므
> 로 반환약정에 따라 이미 지급된 교육연수보조비 2천만 원의 반환을 청구하였
> 다. 근로자 甲은 반환해야 하는가? (20점)

Ⅰ. 문제의 논점

사안에서 A회사가 甲의 교육연수 비용으로 지출한 2천만 원에 대해 甲에게 청
구할 수 있는지가 문제된다. 근로계약의 내용에 근무기간 약정 위반시 이미 지급된
교육연수 비용에 대해서는 반환해야 한다고 규정하고 있다면 이를 위약금이나 손해
배상액의 예정과 달리 이로 인하여 근로자에게 계속적인 근로를 강제하는 것으로
평가되지 않는다면 그 효력이 인정될 수 있을 것이다.

결국 사안에서 A회사가 甲의 일본 연수시 지급한 교육연수 경비의 반환을 청구
하기 위해서는 구체적인 반환약정이 있었는지 그리고 그 반환약정이 부당하게 근로
자의 계속 근로를 강제하는 수단으로 작용할 수 있는지를 검토하여야 할 것이다.

Ⅱ. 교육연수 비용의 반환약정의 효력

1. 위약 예정의 금지규정 위반 여부

사용자가 근로자의 교육훈련 또는 연수를 위한 비용을 우선 지출하고 근로자는
실제 지출된 비용의 전부 또는 일부를 상환하는 의무를 부담하기로 하되, 장차 일
정 기간 동안 근무하는 경우에는 그 상환의무를 면제해 주기로 하는 취지인 경우에
는 그러한 약정은 위약금이나 손해배상액의 예정과는 달리 평가될 수 있다. 판례도
주로 사용자의 업무상 필요와 이익을 위하여 원래 사용자가 부담하여야 할 성질의
비용을 지출한 것에 불과한 정도가 아니라 근로자의 자발적 희망과 이익까지 고려
하여 근로자가 전적으로 또는 공동으로 부담하여야 할 비용을 사용자가 대신 지출
한 것으로 평가되며, 약정 근무기간 및 상환해야 할 비용이 합리적이고 타당한 범
위 내에서 정해져 있는 등 위와 같은 약정으로 인하여 근로자의 의사에 반하는 계
속 근로를 부당하게 강제하는 것으로 평가되지 않는다면, 그러한 약정은 근로기준
법 제20조에 위반하지 않는다고 본다(대법원 2008. 10. 23. 선고 2006다37274 판결).

2. 사안에서의 적용

사안에서의 약정은 A회사가 실제 지출된 교육연수 경비의 전부를 상환하는 의무를 부담하기로 하면서 교육연수 후 2년 이상 근무하는 경우에는 그 상환의무를 면제받기로 하는 취지로 해석된다. 교육수료부터 일정한 의무재직기간 이상 근무하지 아니할 때에는 교육비용의 전부 또는 일부를 근로자로 하여금 상환하도록 한 이러한 약정은 근로기준법 제20조에서 금지된 위약금 또는 손해배상을 예정하는 계약이 아닐 뿐만 아니라 의무근무기간도 연수기간에 비해 지나치게 길어 실질적으로 계속근무를 강제하는 의미를 지닌 것으로 보기 어려우므로 유효한 것으로 판단된다.

Ⅲ. A회사의 교육연수보조비 반환

사안에서 A회사가 지급한 근로자 甲의 교육연수보조비 2천만 원은 특별히 구체적인 비용항목을 언급하지 않고 있으나, 해외연수생활을 지원하기 위하여 실제 교육연수비용 외에 별도로 지급된 것으로서, A회사가 업무상 필요와 이익을 위하여 원래 사용자가 당연히 부담하여야 할 성질의 비용을 지출한 것으로 볼 수는 없다. 더욱이 甲이 교육연수를 희망하였고, 2년의 약정 의무근무기간 및 상환해야 할 비용이 합리적이고 타당한 범위를 벗어난 것으로 보기도 어렵다.

요컨대 2천만 원은 위약금이나 손해배상액의 예정으로 볼 수 없을 뿐만 아니라 사용자가 당연히 부담해야 할 교육연수비도 아니다. 따라서 2년의 의무근무기간 이전 사직시 반환약정에 따라 甲은 A회사에 교육연수보조비 2천만 원을 상환해야 한다.

Ⅳ. 결   론

甲은 일본연수를 다녀온 후 A회사에 2년간 근무하기로 약정하였으나 그 이전에 이직함으로써 교육연수보조비 반환약정을 위반하였다. 이 약정은 실제로 지급된 교육연수보조비를 상환하는 의무를 부담하기로 하면서 일정기간 동안 근무하는 경우에는 그 상환의무를 면제받기로 하는 취지로 해석된다. 그러므로 A회사가 甲에게 이미 지급한 연수보조비 2천만 원에 대해 그 반환을 청구할 수는 있다고 보아야 한다.

20명의 근로자를 고용하여 전자제품을 생산하는 A회사에서 공업고등학교 졸업예정자인 甲은 6개월간 실습을 하기로 하였다. 이에 A회사는 일손도 부족하고 하여 甲에게 월 140만 원을 지급하되 초과 작업시에는 초과수당을 별도로 지급하기로 하였다. 또한 실습자가 부담해야 하는 실습관련 교육비용과 관련하여서는 이를 면제하여 주는 대신 실습기간이 끝나면 3년간 자신의 공장에 취업할 것을 제의하였다. 다만 3년간의 의무종사기간을 위반하는 경우에는 근로자 부담의 실습교육비용과 손해배상금으로 100만 원을 지급하도록 하였다. 이에 甲은 부모가 허락하자 흔쾌히 승낙하였고 이러한 약정서에 서명하였다. 그리하여 甲은 실습기간동안 매일 다른 근로자와 동일한 시간에 출·퇴근하면서 A회사가 지시하는 부서에서 근무하였다.

그러나 甲은 실습기간이 끝나자 A회사의 공장에의 취업을 거부하고 출근하지 않았다. 그러자 A는 약정한 내용에 따라 실습기간 동안 들어간 교육비용과 손해배상으로 예정한 100만 원의 지급을 청구하였다. A회사의 청구는 정당한가?

해설요지

甲은 애당초 6개월의 실습교육을 위해 A회사에서 일하였다고는 하나 다른 근로자와 같은 시간에 출근하고 A회사의 지시에 따라 해당부서에서 근무한 점으로 미루어 그 실질이 근로자임을 부인할 바는 아니라 할 것이다. 이러한 사실은 임금으로서의 실질을 갖는 월 140만 원이 지급되었고, 초과근로의 경우 별도의 금액을 더 지급한 점에 비추어 더욱 분명하다. 따라서 甲이 A회사와의 정식근로계약이 아닌 실습생의 지위에서 근로를 하였으나, 사실관계에 비추어 사용종속성이 인정되기 때문에 甲은 근로기준법상의 근로자에 포함된다.

甲을 근로자라 할 경우 근로기준법 제20조가 당연히 적용된다. 애당초 근로기준법 제20조상의 위약예정금지규정은 장차 근로자의 자유로운 직장선택의 자유를 보장하고 이른바 근로의 간접강제에 기한 근로관계 형성 내지 유지를 막기 위함을 그 취지로 한다. 이러한 규정취지에 기초하여 위 사안을 검토해 보면, 우선 A회사와 甲 간의 실습비용면제와 그에 따른 의무재직기간설정의 합의에 대한 효력은 근로기준법상의 위약금 예정에 해당하기보다는 금전소비대차계약에서 그 상환의무면제기간의 약정으로 봄이 옳다. 따라서 사적자치의 영역에서 유효하게 인정될 수 있을 것이다. 그러므로 만약 사례에서처럼 甲이 그러한 약정에 위반하는 경우 약정에 따른 비용상환청구는 인정될 수 있을 것이다.

　　한편 A회사와 甲 간의 약정에서 당해 약정 위반시 금 100만 원의 손해배상금의 예정이 있었던바, 이는 근로기준법 제20조에 해당하여 당연히 무효라고 할 것이다. 결국 A회사는 甲의 취업거부에 따라 실습비용의 상환을 청구할 수 있을 뿐 예정한 손해배상액은 청구할 수 없다

주요참조판례

1. 해외 연수교육비용의 반환청구

[1] 근로자가 일정 기간 동안 근무하기로 하면서 이를 위반할 경우 소정 금원을 사용자에게 지급하기로 약정하는 경우, 그 약정의 취지가 약정한 근무기간 이전에 퇴직하면 그로 인하여 사용자에게 어떤 손해가 어느 정도 발생하였는지 묻지 않고 바로 소정 금액을 사용자에게 지급하기로 하는 것이라면 이는 명백히 근로기준법 제20조에 반하는 것이어서 효력을 인정할 수 없다. 또, 그 약정이 미리 정한 근무기간 이전에 퇴직하였다는 이유로 마땅히 근로자에게 지급되어야 할 임금을 반환하기로 하는 취지일 때에도, 결과적으로 위 조항의 입법 목적에 반하는 것이어서 역시 그 효력을 인정할 수 없다. 다만, 그 약정이 사용자가 근로자의 교육훈련 또는 연수를 위한 비용을 우선 지출하고 근로자는 실제 지출된 비용의 전부 또는 일부를 상환하는 의무를 부담하기로 하되 장차 일정 기간 동안 근무하는 경우에는 그 상환의무를 면제해 주기로 하는 취지인 경우에는, 그러한 약정의 필요성이 인정된다. 이때 주로 사용자의 업무상 필요와 이익을 위하여 원래 사용자가 부담하여야 할 성질의 비용을 지출한 것에 불과한 정도가 아니라 근로자의 자발적 희망과 이익까지 고려하여 근로자가 전적으로 또는 공동으로 부담하여야 할 비용을 사용자가 대신 지출한 것으로 평가되며, 약정 근무기간 및 상환해야 할 비용이 합리적이고 타당한 범위 내에서 정해져 있는 등 위와 같은 약정으로 인하여 근로자의 의사에 반하는 계속 근로를 부당하게 강제하는 것으로 평가되지 않는다면, 그러한 약정까지 근로기준법 제20조에 반하는 것은 아니다(대법원 2008. 10. 23. 선고 2006다37274 판결).

2. 손해배상액의 예정

[1] 기업체에서 비용을 부담 지출하여 직원에 대하여 위탁교육훈련을 시키면서 일정 임금을 지급하고 이를 이수한 직원이 교육수료일자부터 일정한 의무재직기간 이상 근무하지 아니할 때에는 기업체가 지급한 임금이나 해당 교육비용의 전부 또는 일부를 상환하도록 하되 의무재직기간 동안 근무하는 경우에는 이를 면제하기로 약정한 경우, 교육비용의 전부 또는 일부를 근로자로 하여금 상환하도록 한 부분은 근로기준법 제20조에서 금지된 위약금 또는 손해배상을 예정하는 계약이 아니므로 유효하지만, 임금반환을 약정한 부분은 기업체가 근로자에게 근로의 대상으로 지급한 임금을 채무불이행을 이유로 반환하기로 하는 약정으로서 실질적으로는 위약금 또는 손해배상을 예정하는 계약이므로 근로기준법 제20조에 위반되어 무효이고(대법원

1996. 12. 6. 선고 95다24944, 24951 판결 참조), 직원의 해외파견근무의 주된 실질이 연수나 교육훈련이 아니라 기업체의 업무상 명령에 따른 근로 장소의 변경에 불과한 경우, 이러한 해외근무기간 동안 임금 이외에 지급 또는 지출한 금품은 장기간 해외근무라는 특수한 근로에 대한 대가이거나 또는 업무수행에 있어서의 필요불가결하게 지출할 것이 예정되어 있는 경비에 해당하여 재직기간 의무근무 위반을 이유로 이를 반환하기로 하는 약정 또한 마찬가지로 무효라고 보아야 할 것이다(대법원 2003. 10. 23. 선고 2003다7388 판결 참조).

3. 사이닝보너스의 법적 성질

[1] 기업이 경력 있는 전문 인력을 채용하기 위한 방법으로 근로계약 등을 체결하면서 일회성의 인센티브 명목으로 지급하는 이른바 사이닝보너스가 이직에 따른 보상이나 근로계약 등의 체결에 대한 대가로서의 성격만 가지는지, 더 나아가 의무근무기간 동안의 이직금지 내지 전속근무 약속에 대한 대가 및 임금 선급으로서의 성격도 함께 가지는지는 해당 계약이 체결된 동기 및 경위, 당사자가 계약에 의하여 달성하려고 하는 목적과 진정한 의사, 계약서에 특정 기간 동안의 전속근무를 조건으로 사이닝보너스를 지급한다거나 기간의 중간에 퇴직하거나 이직할 경우 이를 반환한다는 등의 문언이 기재되어 있는지 및 거래의 관행 등을 종합적으로 고려하여 판단하여야 한다. 만약 해당 사이닝보너스가 이직에 따른 보상이나 근로계약 등의 체결에 대한 대가로서의 성격에 그칠 뿐이라면 계약 당사자 사이에 근로계약 등이 실제로 체결된 이상 근로자 등이 약정근무기간을 준수하지 아니하였더라도 사이닝보너스가 예정하는 대가적 관계에 있는 반대급부는 이행된 것으로 볼 수 있다(대법원 2015. 6. 11. 선고 2012다55518 판결).

6 근로자의 근로의무와 기본권의 충돌

(1) 甲과 乙은 A제약회사에 입사하였는데 근로계약서에는 근무장소는 본사로 정하되, 운영상 필요에 따라 근로자의 근무장소와 직무를 변경할 수 있으며 근로자는 이 업무명령 지시에 따라야 한다는 규정을 두고 있다. A회사는 바이오제품개발 판매목적의 신설 자회사인 B회사의 초기운영에 필요한 파견근무자를 충원하기 위하여 회사에서 적합하다고 판단되는 후보자들을 대상으로 면담하였으나 희망자가 없자 부득이 기획·전략업무에 경험과 능력이 있는 甲을 파견근무적임자로 판단하여 B회사로의 1년 파견근무 인사명령을 내렸다. 그러나 甲은 사용자와의 면담과정에서 파견근무의사가 없음을 명확히 했음에도 일방적으로 파견근무를 지시하는 업무명령에는 응할 수 없다고 거부하였다. 이에 A회사는 면담과정에서 파견근무의 필요성, 파견근무 중 근로조건의 변경이 전혀 없다는 점 그리고 파견후보자 중 희망자가 없으면 회사로서는 적임자를 임의로 정하여 파견할 수밖에 없다는 사실을 충분히 설명했다고 하면서 회사인사명령에 따라 줄 것을 설득했으나 甲이 근무회사와 장소가 변경되는 인사조치를 자신의 의사에 반하여 할 수 없다는 이유로 계속 거부하자, A회사는 정당한 업무지시불이행의 사실을 인정하고 이를 반성하는 내용의 시말서제출을 요구하였으나 甲은 회사의 인사조치는 부당하다고 확신하기에 이러한 내용의 시말서를 작성제출할 수 없다고 거부하였다. 이에 A회사가 인사위원회를 개최하여 파견근무에 관한 업무지시 불이행과 시말서 제출명령 불이행을 징계사유로 하여 甲에게 견책처분을 하였고 甲은 부당징계를 주장한다.

(2) 한편 A회사는 부작용 없이 피임효과를 획기적으로 개선한 새로운 피임약 개발업무를 약사로서 입사후 신약개발실에서 근무해 오고 있는 乙에게 담당하도록 지시하였다. 그러나 평소 독실한 카톨릭신자로서 피임과 낙태에 반대하는 교리에 대한 확고한 신념을 가지고 관련단체에서도 열심히 활동하고 있는 乙로서는 이러한 새로운 피임약을 연구개발하는 업무를 수행하는 것은 자신의 카톨릭교리에 기한 신

념과 생명윤리에 명백히 반한다는 이유로 A회사의 신약개발업무에의 참여지시를
거부하였다. 이에 A회사는 신약개발업무는 乙의 업무범위에 속하고, 근로자가 개인
의 양심이나 종교적 신념을 이유로 사용자의 정당한 업무지시를 거부할 수는 없으
므로 지시거부행위는 계약상의 근로의무위반이 된다고 설명하였다. 그럼에도 乙이
계속 거부하자 A회사는 인사위원회를 개최하여 정당한 업무지시 불이행을 사유로
취업규칙에 정한 절차와 양정내용에 따라 감봉 3개월의 징계처분을 하고, 다른 신
약개발업무에 참여하도록 하였다. 이에 乙은 징계사유를 인정할 수 없으므로 감봉
은 무효라고 주장한다.

문제 1

甲에 대한 견책의 정당성을 검토하시오. (30점)

문제 2

乙에 대한 감봉의 정당성을 검토하시오. (20점)

사례해결의 Key Point

문제 1

다른 회사에의 파견근무지시를 하는 경우 근로자는 사용자의 사업장을 벗어난 파견근무장소에서 파견근무사의 업무지시를 받으면서 근무하게 된다는 점에서 전적과 유사하기 때문에 근로자의 동의를 요하는지, 아니면 사용자는 변경되지 않고 단지 한시적으로 근무장소를 변경하는 것으로서 기본적으로 배치전환과 같은 것으로 이해하여 인사권의 범위에서 할 수 있는 지시인지를 검토하여야만 파견근무지시의 정당성과 지시불이행을 이유로 한 징계의 정당성이 판단될 수 있다.

문제 2

근로자는 사용자가 지시한 업무가 근로계약상 업무내용범위에 속하는 경우에는 원칙적으로 업무지시에 따라 근로할 의무가 있다. 그러나 이러한 업무의 수행이 근로자의 양심이나 종교적 신념과 충돌하는 경우에도 언제나 근로의무를 인정해야 하는지의 문제가 제기된다. 근로자가 기본권과의 충돌을 이유로 이러한 업무수행을 회피할 수 있는 법리적 근거에 대한 논의가 요구된다.

―――――――――――― 〈풀 이 목 차〉 ――――――――――――

문제 1

甲에 대한 견책의 정당성을 검토하시오. (30점)

Ⅰ. 문제의 논점

甲에 대한 1년 동안 신설자회사 파견근무명령이 정당한 업무상의 지시인지 여부가 먼저 검토되어야 한다. 이와 관련하여 근로계약 등의 내용에 비추어 파견근무에 따른 근로장소나 업무의 변경이 사용자의 지시권과 근로자의 계약상 의무범위에 속하는지 그리고 근로자가 파견업무를 수행하지 못할 특별한 사정이 있는지가 판단되어야 한다. 정당한 파견근무지시임에도 근로자가 정당한 이유없이 불이행하는 것은 계약상의 의무위반인 동시에 인사질서위반행위가 될 수 있다. 그리고 시말서작성제출지시를 불이행한 행위가 징계사유가 되는지는 사용자가 요구한 시말서의 내용이 근로자의 양심의 자유와 관련하여 허용될 수 있는지가 판단되어야 한다.

Ⅱ. 甲의 지시불이행이 징계사유에 해당하는지 여부

1. 파견근무지시의 거부

(1) 자회사파견의 법적 성질

사안에서 A회사의 신설자회사로의 파견근무지시로 甲은 사용자인 A회사에 대한 근로제공의무를 면하고 파견근무하는 신설자회사의 지휘·감독 아래 근로를 제공함으로써 근로제공의 상대방이 변경된다. 이처럼 근로계약상 사용자와 근로제공의 상대방이 분리된다는 점에서는 파견법상 근로자파견과 외형상 유사하다. 그러나 사안에서의 파견근무 후 A회사 복귀가 예정되어 있을 뿐만 아니라 A회사가 근로자파견업체로서 근로자 甲을 신설자회사에 근무하도록 지시한 것도 아니다. 따라서 파견근무지시는 파견법상의 근로자파견과는 구별되는 전출이고 파견지시는 전출인사명령으로 이해된다.

(2) 파견근무지시 불이행의 징계사유인지 여부

A회사는 甲에게 신설자회사인 B회사로 파견근무를 명하였는데, 근로계약에서 근로장소와 업무를 특별히 제한하거나 취업규칙 등에서 파견과 관련하여 근로자의

동의 등 별도의 요건을 규정한 바도 없을 뿐만 아니라, 오히려 근로계약서에는 필요에 따라 근무장소와 업무를 변경할 수 있음을 명시하고 있다. 그리고 파견기간도 1년이고, 파견기간 중의 근로조건의 변경도 없다. 따라서 파견근무는 사용자의 정당한 업무상의 지시로 볼 수 있다.

사안에서 A회사는 甲에 대한 파견근무지시는 정당한 지시이고, 파견근무의 필요성과 파견기간과 근무조건에 대하여도 충분히 설명하였다는 점에서 이를 거부할 정당한 사유는 없다고 본다. 따라서 甲이 파견근무를 거부하는 것은 사용자의 정당한 지시에 대한 불이행으로 볼 수 있고 이는 징계사유가 된다고 본다.

2. 시말서 작성제출의 거부

사용자의 시말서 제출명령이 단순히 사건의 경위 등을 기재하여 보고하도록 하는 취지라면, 근로자에게는 근로계약에 부수하는 신의칙상 의무로서 근로관계와 관련한 사고 등이 발생한 경우 사용자의 조사에 협조하여야 할 의무가 있으므로 위 시말서 제출명령은 정당한 업무명령이라 할 것이다. 그러나 시말서 제출명령이 단순히 사건의 경위를 보고하는 데 그치지 않고 자신의 잘못을 반성하고 사죄한다는 내용이 포함된 사죄문 또는 반성문을 작성하여 제출하도록 하는 취지라면, 이는 우리 헌법상 보장하고 있는 양심의 자유 즉, 양심에 반하는 행동을 하지 않을 자유를 침해하는 것으로서 위법한 업무명령이라 할 것이다. 따라서 시말서제출지시가 정당한 업무상의 명령에 해당하는지 여부는 사용자가 요구한 시말서의 내용과 성격에 달려 있다고 할 수 있다.

사안에서 A회사는 정당한 업무상 지시를 불이행한 사실과 함께 반성의 내용을 담은 시말서를 요구한데 대해 파견근무명령이 부당하다고 생각하고 있는 甲은 이런 내용의 시말서는 작성할 수 없다고 거부하는 상황이다. 시말서에 지시불이행의 경위와 함께 반성의 내용을 담도록 한 점에 비추어 반성문 성격의 시말서를 요구한 것으로 볼 수 있다. 이러한 반성의 내용을 담은 시말서제출지시는 근로자의 양심의 자유를 침해할 수 있다는 점에서 업무상 정당한 명령으로 볼 수 없다.

위법한 시말서 제출명령에 불응하여 시말서를 제출하지 않은 행위를 독립한 징계사유 또는 징계양정의 가중사유로 판단할 수는 없기 때문에 甲의 시말서제출거부는 별도의 징계사유가 될 수 없다고 본다.

Ⅲ. 甲에 대한 견책의 정당성 검토

사안에서 A회사는 甲에 대한 징계사유는 파견근무명령불이행과 시말서제출거부이다. 그런데 위에서 검토한 바와 같이 두 가지 징계사유 중 시말서제출거부는 징계사유로 삼을 수 없기 때문에 B회사로의 파견근무 거부만이 징계사유로 인정된다. 여기서 사안에서의 두 징계사유는 밀접히 관련된 사항으로서 별개의 징계사유로 보기 어렵기 때문에 파견근무명령불이행만을 징계사유로 할 수 없다거나, 甲이 부당인사명령으로 착오하여 업무상 명령을 불이행했다는 점을 고려한다면 이를 징계사유로 삼기에는 부족하다는 견해도 있을 수 있다. 그러나, 파견근무명령의 정당성은 노동위원회나 법원을 통해 다툴 수 있을 뿐만 아니라 사용자의 파견근무의 필요성, 파견기간과 근로조건에 대한 설명에도 불구하고 본인의 판단에 따라 정당한 인사명령에 불복하여 계속 파견근무를 거부하는 행위는 인사질서를 위반하는 것으로서 징계사유가 될 수 있다고 본다. 또한 甲에 대한 견책의 징계는 가장 경미한 징계이므로 징계양정면에서의 문제도 없다고 생각된다.

甲에 대한 파견근무지시 불이행을 징계사유로 행한 견책의 징계는 정당하다.

Ⅳ. 결   론

甲에 대한 파견근무명령은 정당한 인사명령이므로 이를 거부하는 것은 정당한 업무상의 지시불이행인 동시에 인사질서 위반행위로서 징계사유가 될 수 있다. 반면에 시말서제출거부는 반성의 의미를 담은 내용을 요구하고 있다는 점에서 이는 정당한 업무상의 명령으로 볼 수 없기 때문에 이를 거부하는 행위는 징계사유로 삼을 수 없다. 따라서 파견근무의 거부라는 징계사유만으로 견책의 징계가 가능한지가 궁극적으로 판단되어야 하는데, 징계사유로 인정되는 한 견책이 가장 경미한 징계라는 점에서 양정면에서도 문제될 바가 없다는 점에서 징계는 정당하다고 판단된다.

> **문제 2**
> 乙에 대한 감봉의 정당성을 검토하시오. (20점)

I. 문제의 논점

이 문제의 핵심은 계약상의 근로의무와 근로자의 기본권의 충돌문제이다. 사안에서 乙에게 새로운 피임약 개발업무를 수행하도록 하는 것이 정당한 업무상의 지시인지 여부와 정당한 지시라고 한다면 근로자의 근로의무가 인정되어 자신의 양심의 자유나 종교적 신념에 부합하지 않음에도 불구하고 불이행하게 되면 정당한 업무지시거부로 징계사유가 될 수 있는지가 문제된다. 이는 결국 근로의무와 근로자의 기본권의 충돌문제로서 근로자 기본권의 고려 여부, 그 근거와 한계가 논의되어야 한다.

II. A회사의 신약개발업무지시의 정당성

사안에서 약사인 乙은 A회사 입사후 신약개발실에서 근무하면서 신약개발업무를 수행해 왔으며, 이 업무수행과 관련하여 근로계약 등에서 그 범위를 특별히 제한하고 있지 않기 때문에 A회사가 지시한 부작용을 줄이고 효과를 개선한 새로운 피임약개발업무도 그의 업무범위에 포함된다고 본다. A회사가 乙에게 그의 업무범위에 속하는 이러한 신약개발업무에 참여하도록 지시한 것은 정당한 업무상의 명령이라는 점에서 원칙적으로 乙은 A회사의 피임약개발지시를 이행해야 한다.

그러나 乙이 계약상의 의무에 따라 새로운 피임약개발업무를 수행하는 것은 카톨릭신자인 乙의 종교적 신념과 생명윤리에 비추어 그의 양심과 종교의 자유라는 기본권이 침해되는 문제가 발생하게 된다. 이는 근로자의 근로의무와 기본권과 충돌문제로서 근로자의 기본권보호를 근거로 계약상의 근로의무의 이행을 정당하게 거절할 수 있는가라는 문제가 검토되어야 한다.

Ⅲ. A회사의 근로자기본권 침해방지의무의 근거

1. 헌법상의 기본권보장규정

양심의 자유(제19조), 종교의 자유(제20조)를 보장한 헌법상의 규정이, 乙이 A회사의 지시를 거부할 수 있는 근거가 될 수는 없다. 원칙적으로 기본권규정이 사인 간의 법률관계에 직접적용될 수 없기 때문에 기본권규정으로부터 바로 근로관계에서의 근로의무를 거절할 수 있는 근거를 도출할 수는 없다. 그러나 기본권규정 자체가 근로자의 양심과 종교의 자유를 침해할 수 있는 근로의무의 이행을 거절할 수 있는 직접적인 근거가 될 수는 없으나, 이러한 근로관계 당사자의 권리의무의 해석 적용에서 기본권보장의 의의가 충실히 고려되어야 할 것이다.

2. 사용자의 배려의무

근로계약관계상 사용자의 신의칙상 부수적 의무로 배려의무는 그동안 주로 안전배려의무를 중심으로 논의되어 왔다. 그러나 배려의무는 근로자의 인격권과 기본권을 배려하여야 할 주의의무도 그 내용에 포함된 것으로 이해되어야 한다고 본다. 사용자는 업무지시와 관련하여서도 근로자의 인격권과 기본권의 침해를 방지하거나 최소화하도록 배려하여야 한다.

사안의 사실관계내용에 비추어 A회사가 지시한 피임약개발업무가 乙의 종교적 신념과 생명윤리관에 반한다는 점은 의문의 여지가 없기 때문에 乙이 이를 이유로 기본권과 충돌하지 않는 업무를 부여해 주도록 요구하는 경우에, 이를 수용하는 것을 기대하기 어려운 다른 특별한 사정이 없는 이상 기본권충돌문제를 야기하지 않는 다른 업무를 부여하는 것이 근로자의 기본권을 존중하고 배려해 줄 계약상의 의무에 부합된다.

사안에서 감봉의 징계조치를 하면서 다른 업무를 부여하였다는 점에 비추어 A회사가 지시한 업무 외에 다른 업무의 부여가 기대할 수 없는 사정도 아니라는 점을 알 수 있다. 사용자의 근로자 기본권 배려의무에 비추어 乙이 기본권과의 충돌을 이유로 지시한 업무 대신 다른 업무를 부여해 줄 것을 요구한 행위를 정당한 지시에 대한 乙의 근로의무불이행으로 평가하기는 어렵다. 따라서 신약개발업무지시 불이행을 징계사유로 한 A회사의 감봉징계는 정당성이 없다고 판단된다.

Ⅳ. 결   론

　　A회사가 지시한 새로운 피임약개발업무는 乙의 기본권과의 충돌을 야기하는데, 이 경우 사용자인 A회사는 충돌문제가 야기되지 않거나 최소화되는 다른 업무를 부여하여 충돌을 회피할 수 있도록 배려하여야 한다. 근로자에게 다른 업무의 부여가 가능함에도 종교적 신념과 교리에 반하는 업무를 지시하는 것은 사용자의 배려의무에 반하기 때문에 지시한 업무를 불이행했다는 이유로 乙에게 감봉의 징계를 할 수는 없다고 본다.

주요참조판례

1. 시말서 제출과 양심의 자유

[1] 취업규칙에서 사용자가 사고나 비위행위 등을 저지른 근로자에게 시말서를 제출하도록 명령할 수 있다고 규정하는 경우, 그 시말서가 단순히 사건의 경위를 보고하는 데 그치지 않고 더 나아가 근로관계에서 발생한 사고 등에 관하여 '자신의 잘못을 반성하고 사죄한다는 내용'이 포함된 사죄문 또는 반성문을 의미하는 것이라면, 이는 헌법이 보장하는 내심의 윤리적 판단에 대한 강제로서 양심의 자유를 침해하는 것이므로, 그러한 취업규칙 규정은 헌법에 위배되어 근로기준법 제96조 제1항에 따라 효력이 없고, 그에 근거한 사용자의 시말서 제출 명령은 업무상 정당한 명령으로 볼 수 없으므로 근로자가 그와 같은 시말서의 제출명령을 이행하지 않았더라도 이를 징계사유나 징계양정의 가중사유로 삼을 수는 없다(대법원 2010. 1. 14. 선고 2009두6605 판결).

근로관계 종료 후의 경업금지의무

A회사는 손톱깎이 등 철금속 제품의 제조판매 및 가공업과 각종 물품의 수출입업 및 수출입 대행업을 주요 업무로 하는 회사이고, 甲은 1996. 1. 5. A회사에 입사하여 2009. 9. 6.부터 무역부장으로 근무하면서 A회사의 주력제품인 손톱깎이 제품의 주요 납품업체인 미국의 B회사와의 업무를 주로 담당하다가 2014. 2. 28. 퇴사하였다.

한편 甲은 2012. 9. 30. 퇴직 후 2년 이내에는 A회사와 경쟁관계에 있는 회사에 취업하거나 회사를 운영하여 A회사에 직·간접적인 손해를 주어서는 안 된다는 내용의 약정(이하 이 사건 '경업금지약정'이라 한다)을 체결하였다.

甲은 퇴직한 후 2014. 4. 30.경 철금속 제품에 대한 중개무역회사를 설립, 운영하면서 재직 중 알게 된 A회사만의 손톱깎이 제조공법을 중국업체에 제공하여 생산하도록 하여 A회사가 B회사에 납품한 바 있는 손톱깎이 세트 등의 제품을 B회사에 납품하고 있다.

문제 1

甲이 경업금지약정을 위반하여 B회사에의 납품이 개시된 2014년 이후부터 B회사와의 거래규모 축소에 따라 영업이익이 감소하는 손해를 입게 된 사실을 확인한 A회사는 甲이 이를 배상할 책임이 있다고 주장하고, 이에 대해 甲은 이 사건 계약은 헌법에서 정하고 있는 직업선택의 자유를 지나치게 제한하여 무효라고 주장한다. 경업금지약정의 효력에 관한 이러한 주장의 타당성을 검토하시오. (30점)

문제 2

만약 A회사와 甲이 체결한 위 경업금지약정에 퇴사 후 2년 내에 甲이 경업금지의무를 위반하는 경우 손해배상의 예정액으로 5억 원을 A회사에 지급하도록 규정한 경우, A회사는 약정위반을 이유로 甲에게 5억 원을 배상할 것을 주장한다. A회사의 손해배상예정액의 청구는 정당한가? (20점)

사례해결의 Key Point

문제 1

대법원은 사용자와 근로자 사이의 경업금지약정의 유효성에 관한 판단 기준을 제시하였으며, 또한 '보호할 가치 있는 사용자의 이익'의 의미를 설시한 바 있다. 이에 따라 근로관계 종료 후의 경업금지의무의 법적 근거로서 경업금지약정의 유효성을 판단하되, 특히 근로자의 직업의 자유와의 헌법상 규범조화적 관점에서 근로자의 이익을 함께 고려하여야 한다는 점에서 이 사건 경업금지약정의 구체적 금지내용을 검토하여야 한다.

문제 2

근로기준법 제20조의 손해배상의 예정 금지규정이 경업금지규정에 약정된 손해배상의 예정에도 적용되는지가 문제이다. 문제의 해결을 위해 근로기준법 제20조의 취지, 적용관계와 경업금지규정의 법적 성격을 검토해야 할 것이다.

────── 〈풀 이 목 차〉 ──────

> **문제 1**
>
> 甲이 경업금지약정을 위반하여 B회사에의 납품이 개시된 2014년 이후부터 B회
> 사와의 거래규모 축소에 따라 영업이익이 감소하는 손해를 입게 된 사실을 확
> 인한 A회사는 甲이 이를 배상할 책임이 있다고 주장하고, 이에 대해 甲은 이
> 사건 계약은 헌법에서 정하고 있는 직업선택의 자유를 지나치게 제한하여 무효
> 라고 주장한다. 경업금지약정의 효력에 관한 이러한 주장의 타당성을 검토하시
> 오. (30점)

Ⅰ. 문제의 논점

　　현대 산업사회에서 기업의 기술과 정보는 기업의 존속에 영향을 미칠 뿐만 아
니라 나아가 고용의 증진은 물론 국가의 경쟁력을 제고하는 요소로 인식되고 있다.
따라서 기업들은 퇴직이나 전직 등으로 발생할 수 있는 기업의 기술이나 영업정보
의 유출을 방지하기 위하여 근로자들과 경업금지약정을 체결하고 있다.

　　한편 경업금지약정은 경제적 약자인 근로자에 대하여 헌법상 직업선택의 자유
및 근로권을 제한하여 생존을 위협할 우려가 있기 때문에 경업금지약정의 유효성은
엄격한 요건 하에서 제한적으로 인정되어야 할 필요가 있다 할 것이다. 이에 따라
사안에서의 경업금지약정의 효력도 이를 통해 근로자가 부담하는 경업금지의무의
내용을 토대로 판단되어야 한다.

Ⅱ. 甲의 퇴직 후 경업금지의무의 법적 근거

1. 경업금지약정에 따른 경업금지의무

　　근로관계 존속 중에는 근로계약 또는 고용계약에 의거한 신의칙상의 부수의무
또는 충실의무로서 사용자의 정당한 이익을 부당히 침해하지 않을 의무를 부담하게
되므로 그 일환으로 경업금지의무를 지게 되고, 특별한 약정이 없더라도 근로자가
근로관계 존속 중에 경업금지의무를 위반한 경우에는 근로계약의 해지사유나 징계
사유가 될 수 있다(대법원 2012. 9. 27. 선고 2010다99279 판결 참조). 그러나 퇴직 후의
경업금지의무는 근로자의 직업선택의 자유를 직접적으로 제한한다는 점에서 당사
자 간 경업금지약정이 없는 한 원칙적으로 이를 인정할 수는 없다고 보아야 할 것

이다. 다만, 대법원은 당사자 간 경업금지약정이 없는 경우에도 영업비밀의 보호를 위해 부정경쟁방지법을 근거로 영업비밀과 관련된 업무에 종사하는 것을 금지하도록 사용자의 전직금지청구를 인정하고 있다(대법원 2003. 7. 16.자 2002마4380 결정).

2. 경업금지약정의 효력요건

근로계약상의 신의칙상 경업금지의무는 근로관계의 종료와 더불어 소멸하기 때문에 당사자 간 퇴직 후 경업금지에 관한 사항을 약정할 수 있다. 판례에 의하면 "경업금지약정이 존재한다고 하더라도, 그와 같은 약정이 헌법상 보장된 근로자의 직업선택의 자유와 근로권 등을 과도하게 제한하거나 자유로운 경쟁을 지나치게 제한하는 경우에는 민법 제103조에 정한 선량한 풍속 기타 사회질서에 반하는 법률행위로서 무효"라고 한다. 그리고 경업금지약정의 유효성은 "보호할 가치 있는 사용자의 이익, 근로자의 퇴직 전 지위, 경업 제한의 기간·지역 및 대상 직종, 근로자에 대한 대가의 제공 유무, 근로자의 퇴직 경위, 공공의 이익 및 기타 사정 등을 종합적으로 고려하여" 판단하여야 한다(대법원 2010. 3. 11. 선고 2009다82244 판결).

Ⅲ. 사안에서의 경업금지약정의 효력

1. 보호할 가치가 있는 사용자의 이익

사용자의 이익이 보호할 가치가 있는 것이어야 한다. 여기에서 말하는 사용자의 이익은 부정경쟁방지법상 영업비밀뿐만 아니라 '사용자만이 가지고 있는 지식 또는 정보'로서 고객관계나 영업상의 신용의 유지도 포함한다.

부정경쟁방지법상 영업비밀은 그러한 정보가 동종업계 등에 널리 알려져 있지 않고, 독립된 경제적 가치를 가지며, 상당한 노력에 의하여 비밀로 유지되고 있는 경우에만 영업비밀에 해당한다(대법원 2008. 7. 10. 선고 2006도8278 판결 참조). 따라서 위 사안의 경우 만약 A회사의 제품정보가 이미 동종업계 전반에 어느 정도 알려져 있었고, 설령 일부 구체적인 내용이 알려지지 않은 정보가 있었다고 하더라도 이를 입수하는 데 그다지 많은 비용과 노력을 요하지는 않았던 것일 경우 영업비밀로 보기는 어렵다. 그러나 사안에서 甲은 A회사만이 가진 제조공법을 사용하여 주요 납품업체 B회사에 A회사에서 공급하던 제품과 동일한 품목을 중국에서 제조하여 납품하였기 때문에 이러한 甲의 행위는 A회사가 경업금지약정을 통해 보호하고자 하는 사용자의 이익을 침해한 것이라는 점에는 의문이 없다. 왜냐하면 A회사가 B회사와의 거래에 있어서 다른 업체의 진입을 막고 거래를 독점할 권리가 있었던 것은 아니라 할지라도 납품한 손톱깎이의 제조공법은 甲이 업무를 수행하는 과정에서 자연스럽게 습득된 정보라기보다는 회사의 영업비밀이거나 적어도 '사용자만이 가지고 있는 지식 또는 정보'에 해당되기 때문이다.

2. 근로자의 경업제한의 합리성 여부

경업금지계약상 근로자가 받는 불이익 제한이 합리적이여야 한다. 따라서 경업금지약정에 의하여 보호하고자 하는 사용자의 이익이 보호가치가 있다고 할지라도 이에 의하여 퇴직 후의 근로자의 헌법상의 직업선택의 자유 및 영업의 자유를 지나치게 제한하는 내용이어서는 안 될 것이다. 즉, 경업금지약정은 근로자의 직업선택의 자유와 근로권을 침해할 수 있기 때문에 경업금지약정에 기한 경업금지의무는 우선 (ⅰ) 영업비밀을 보호하기 위한 목적의 범위 내로 한정되며, (ⅱ) 경업금지약정의 당사자인 피용자가 사용자 회사에서 어느 정도의 지위를 가졌었는지, (ⅲ) 그가 행한 직무는 어떠한 내용의 것이었는지, (ⅳ) 경업금지기간은 얼마나 장기간의 것인지, (ⅴ) 경업금지지역은 얼마나 넓은지, (ⅵ) 경업금지대상 직종은 어떠한지, (ⅶ) 경업금지의무에 대한 대상조치(代償措置)가 있는지에 따라 근로자가 받는 불이익의 합리성 여부를 판단해야 한다(서울고법 1998. 10. 29. 선고 98나35947 판결 참조).

사안에서 甲이 A회사처럼 철금속 제품을 제조·판매하는 회사가 아닌 중개무역회사를 운영하는 것은 형식적으로만 보면 경쟁관계에 있지 않다고 할 수 있으나, 철금속에 대한 중개무역을 주로 한다는 점에 비추어 실질적으로는 경업금지약정에서 금지하고자 하는 경업으로 볼 수 있다. 또한 甲은 무역부장으로 있다가 퇴직한 점, 경업금지기간을 2년으로 한정한 점, 경쟁관계에 있는 회사에의 취업 또는 회사의 운영을 금지하고 있는 점 등에 비추어 경업금지의 내용이 합리성이 없다고 보기는 어렵다. 대상조치(보상)에 대한 합의가 없고, 제조와 판매가 외국에서 이루어졌다 할지라도 이러한 사실만으로는 경업금지의무의 합리성을 부인할 수는 없다고 본다.

3. 甲의 경업금지의무 위반에 따른 A회사의 손해배상청구권

사안에서의 경업금지약정은 유효하고, 이에 따라 甲의 행위는 근로관계 종료 후 경업금지의무를 위반한 것이므로 이에 따른 A회사의 손해배상청구권은 인정될 수 있다.

Ⅳ. 결   론

근로관계 종료 후 근로자는 경업금지약정이나 부정경쟁방지법상의 영업비밀침해행위가 있는 예외적인 경우에 한해 경업금지의무를 부담하게 된다. 사안에서의 경업금지약정의 경우 보호할 가치가 있는 사용자의 이익이 존재하고, 근로자의 이익을 과도하게 희생하는 것이 아니어서 그 효력을 인정할 수 있으며, 甲의 행위는 경업금지의무를 위반한 것으로서 A회사의 이에 따른 손해배상청구권은 인정될 수 있을 것이다(유사한 사실관계에 대하여 판례의 태도는 경업금지약정 위반이 아닌 것으로 판단했으나, 사례의 사실관계에서는 A사만의 제조공법이라 했기 때문에 사용자의 보호가치 있는 이익이 인정될 수 있다는 점에서 판례태도와 다른 결론으로 구성하였다. 주요참조판례 1. 경업금지약정의 유효성 [1] 대법원 2010. 3. 11. 선고 2009다82244 판결 참조).

> **문제 2**
>
> 만약 A회사와 甲이 체결한 위 경업금지약정에 퇴사 후 2년 내에 甲이 경업금지
> 의무를 위반하는 경우 손해배상의 예정액으로 5억 원을 A회사에 지급하도록 규
> 정한 경우, A회사는 약정위반을 이유로 甲에게 5억 원을 배상할 것을 주장한다.
> A회사의 손해배상예정액의 청구는 정당한가? (20점)

Ⅰ. 문제의 논점

퇴직근로자 甲이 경업금지의무를 위반하여 경업할 경우 A회사는 손해배상청구
뿐만 아니라 경업행위의 금지를 청구할 수 있다. 경업금지위반을 이유로 손해배상
청구를 하기 위하여는 계약상의 청구권 근거와 함께 경업행위에 의한 손해를 증명
해야 하지만 현실적으로 손해의 증명이 어렵기 때문에 경업금지약정에 부수하여 손
해배상액을 미리 약정하는 경우가 많다. 그런데 근로기준법 제20조에서 금지하는
손해배상액의 예정에 해당된다면 이 약정은 무효가 된다. 따라서 사안에서 A회사의
청구권이 인정되기 위해서는, 손해배상의 예정액을 정한 것이 근로기준법상 금지하
는 손해배상의 예정에 해당하는지를 먼저 검토하여야 한다.

Ⅱ. 경업금지약정에서의 손해배상액 예정의 효력

1. 위약금예정금지규정(근로기준법 제20조)의 취지와 적용범위

(1) 취　　지

근로기준법 제20조에서는 "사용자는 근로계약 불이행에 대한 위약금 또는 손해
배상액을 예정하는 계약을 체결하지 못한다"고 규정하고 있다. 이 규정은 민법상의
손해배상액의 예정이나 위약금에 대한 예정(민법 제398조)을 근로계약에서도 그대로
인정한다면 근로자가 직장을 얻기 위해 어쩔 수 없이 불리한 근로계약을 체결하고
도 예정한 위약금이나 손해배상금의 부담 때문에 이직하지 못하고 근로계약에 얽매
이게 되는 점을 고려하여 이를 규제하려는 취지에서 비롯된 규정이다. 즉, 위약금
또는 손해배상액의 예정은 간접적인 근로강제의 수단으로 작용할 수 있다는 점에서
근로기준법 제7조에서 금지하고 있는 강제근로금지규정에 반하는 결과를 초래하게
되므로 근로기준법 제20조에서 이를 금지하고 있다고 해석된다.

(2) 적용범위

근로기준법 제20조는 채무불이행에 의한 손해배상액의 예정 이외에도 불법행위에 의한 손해배상액의 예정에도 적용될 수 있으며, 위약금의 지불책임이 근로자 아닌 친권자, 신원보증인, 보증인 등에게 있는 경우에도 그 약정은 동 규정을 위반한 것으로 보아야 한다. 하지만 근무중 근로자의 유책한 행위에 의한 손해배상을 전제로 한 신원보증계약은 이 규정에 위배되지 않는다. 또한 근로기준법 제20조가 근로자의 고의·과실에 의해 야기된 채무불이행책임을 면제시키고자 하는 것은 아니므로 사용자가 근로자의 고의·과실 및 실제 손해발생과 그 범위를 증명하면 근로자에게 그 손해에 대한 배상의 청구를 할 수 있다.

2. 사안에서의 손해배상액 예정의 효력

근로기준법 제20조는 근로의 대상으로 임금을 지급하는 근로계약에 대한 제한규정으로서 근로관계의 존속 중 근로자의 근로계약 불이행에 대한 사용자의 손해배상의 예정을 금지하는 규정이므로 이러한 규정은 근로관계가 종료된 후 퇴직근로자가 준수해야 할 경업금지의무위반에 대한 손해배상의 예정을 제한하고 있지 않다고 해석된다. 따라서 경업금지약정에서 퇴직 후 경업금지의무위반에 따른 손해배상액을 미리 약정한 것은 근로기준법 제20조에서 규제하고자 하는 위약금이나 손해배상액의 예정에 해당하지 않기 때문에 민법 제103조 등에 따른 무효나 취소사유가 없는 한 그 효력을 부인할 수 없다.

Ⅲ. A회사의 청구권의 정당성 검토

1. 甲의 경업금지의무 위반으로 인한 손해배상책임

사안에서의 경업금지약정은 보호가치 있는 사용자의 이익의 유지와 관련된 유효한 약정이고 손해배상액의 예정에 관한 합의도 원칙적으로 효력이 있기 때문에 甲은 퇴직 후에도 2년간의 경업금지의무를 부담하게 되고, 이 의무의 위반에 해당하는 경업행위로 손해가 발생한 경우에는 실손해액과 상관없이 약정한 손해배상액을 A회사에게 지급할 의무를 부담하는 것이 원칙이다. 다만, 민법상의 무효나 취소사유(제103조, 제104조, 제109조, 제110조)에 해당하게 되면 무효로 될 수도 있으나, 사안의 사실관계에서 이를 근거지울 만한 사정은 없다.

2. 손해배상예정액의 조정

A회사는 해당 경업금지약정이 헌법상 보장된 근로자의 직업선택의 자유와 근로권 등을 과도하게 제한하거나 자유로운 경쟁을 지나치게 제한하지 않는 유효한 계약임을 전제로 경업금지약정의 위반을 이유로 손해배상예정액 전액을 청구할 수 있겠으나 다만, 손해배상예정액이 부당하게 과다한 경우에는 법원은 이를 감액할 수 있으며, 여기서 '부당히 과다한 경우'라고 함은 채권자와 채무자의 각 지위, 계약의 목적 및 내용, 손해배상액을 예정한 동기, 채무액에 대한 예정액의 비율, 예상 손해액의 크기, 그 당시의 거래관행 등 모든 사정을 참작하여 일반 사회 관념에 비추어 그 예정액의 지급이 채무자에게 부당한 압박을 가하여 공정성을 잃는 결과를 초래한다고 인정되는 경우를 뜻하는 것으로 보아야 한다(대법원 2009. 12. 24. 선고 2009다60169, 60176 판결 등 참조).

Ⅳ. 결   론

A회사와 甲이 퇴직 후 2년 내 A회사와 경업행위를 하지 않겠다는 경업금지약정과 이에 따른 경업금지의무 위반 시 손해배상액의 예정은 유효하므로, 특별한 다른 사정이 없는 한 A회사의 甲에 대한 5억 원의 손해배상청구권이 인정된다.

유사사례

컴퓨터 보안관련 소프트웨어를 개발하는 회사인 A회사에서 甲은 연구개발실의 실장으로, 乙은 개발과장으로 그리고 丙은 개발과 대리로 근무하고 있다. A회사 연구개발실의 연구원은 업무상 지득한 영업비밀에 해당하는 기술정보를 누설하거나 부당한 방법으로 사용할 수 없고 취업 중은 물론 퇴직 후에도 1년까지는 동종의 업무에 종사할 수 없도록 개별적으로 약정하고 있다.

甲은 2000년 5월 1일 가사상의 이유를 들어 A회사에 사직서를 제출하고 퇴직한 후, 5월 2일 A회사보다 고액의 급여와 상위의 직위를 제시한 경쟁업체인 B회사에 취업하여 A회사에서 지득한 대외비기술정보를 이용하여 소프트웨어를 개발하고 있다.

乙은 A회사에서 근무하면서 지득한 기술정보를 이용하여 개인적으로 다른 업체로부터 보안프로그램의 개발을 용역 받아 개발하여 주고 있다.

丙은 2000년 5월 30일 A회사를 퇴직하고 동년 6월 30일에 A회사의 동종경쟁업체인 C회사에 스카웃되었다. A회사와 B·C·甲·乙·丙의 법률관계를 설명하라.

해설요지

근로자는 근로계약상의 부수적 의무 또는 경업금지약정에 따라 영업비밀유지의무와 경업금지의무를 부담하는 결과, 기업이 고도의 기술 인력을 함부로 스카웃하는 것을 규제하게 되어 기업 간에 공정한 경쟁이 가능하게 되는 것이다. 그러나 다른 한편 이러한 한도에서 근로자의 직업선택의 자유는 제한된다. 그리하여 기업의 영업의 자유는 근로자의 직업선택의 자유와 기업 간의 공정한 경쟁원리와의 조화를 이루면서 보장되어야 한다. 따라서 과도한 근로자에의 의무부담은 그 효력을 합리적으로 제한할 수밖에 없다.

예컨대 회사의 취업규칙에서 경업금지의무와 관련하여 퇴직 후 10년 동안으로 정하고 있다면 이는 지나친 제한으로서 그 효력을 인정할 수 없을 것이다. 본 사안에서 A회사가 고도의 정보를 주된 자산으로 하는 회사인 점, 문제된 근로자들이 그러한 정보관련 업무에 종사하였던 점 등을 종합적으로 고려해 볼 때 A회사의 취업규칙상의 제한은 그 합리성을 인정할 수 있다고 판단된다.

결국 사안에서 A회사는 甲에 대하여 영업비밀유지와 경업금지의무를 위반한

데 대한 손해배상청구를 할 수 있을 것이며 경업금지청구도 가능할 것이다. 또한 경쟁사인 B회사가 이를 공모하였다면 불법행위책임을 지게 되어 마찬가지로 B회사에 대하여도 손해배상을 청구할 수 있을 것이다. A회사는 乙에 대하여 영업비밀유지의무위반을 이유로 계약상 책임을 들어 해고할 수도 있고, 또한 그러한 행위가 기업질서유지에 침해를 가하는 행위에 해당한다고 판단되는 경우에는 징계 해고할 수도 있을 것이다. 나아가 乙의 그러한 행위로 A회사에 손해가 발생하였다면 그에 대한 손해배상을 청구할 수도 있을 것이다. 丙은 경쟁업체인 C회사에 스카웃되었는바 이는 丙의 취업규칙에 근거한 퇴직 후의 경업금지의무위반행위가 되므로 A회사는 丙에 대해 손해배상을 청구할 수 있음은 물론이고 경업금지청구권의 행사도 가능할 것이다. 또한 경쟁업체인 C회사의 적극적인 위법행위가 인정되어 불법행위가 성립하는 경우에는 C회사에 대하여도 손해배상을 청구할 수 있을 것이다.

주요참조판례

1. 경업금지약정의 유효성

[1] 사용자와 근로자 사이에 경업금지약정이 존재한다고 하더라도, 그와 같은 약정이 헌법상 보장된 근로자의 직업선택의 자유와 근로권 등을 과도하게 제한하거나 자유로운 경쟁을 지나치게 제한하는 경우에는 민법 제103조에 정한 선량한 풍속 기타 사회질서에 반하는 법률행위로서 무효라고 보아야 하며, 이와 같은 경업금지약정의 유효성에 관한 판단은 ① 보호할 가치 있는 사용자의 이익, ② 근로자의 퇴직 전 지위, ③ 경업 제한의 기간·지역 및 대상 직종, ④ 근로자에 대한 대가의 제공 유무, ⑤ 근로자의 퇴직 경위, ⑥ 공공의 이익 및 기타 사정 등을 종합적으로 고려하여야 한다(대법원 2010. 3. 11. 선고 2009다82244 판결).

[2] 경업금지약정은 직업선택의 자유와 근로자의 권리 등을 제한하는 의미가 있으므로, 근로자가 사용자와의 약정에 의하여 경업금지기간을 정한 경우에도, 보호할 가치 있는 사용자의 이익, 근로자의 퇴직 전 지위, 퇴직 경위, 근로자에 대한 대상(代償) 제공 여부 등 제반 사정을 고려하여 약정한 경업금지기간이 과도하게 장기라고 인정될 때에는 적당한 범위로 경업금지기간을 제한할 수 있다(대법원 2007. 3. 29.자 2006마1303 결정).

[3] 부정경쟁방지법 제2조 제3호 (라)목에서 말하는 '계약관계 등에 의하여 영업비밀을 비밀로서 유지할 의무'라 함은 계약관계 존속 중은 물론 종료 후라도 또한 반드시 명시적으로 계약에 의하여 비밀유지의무를 부담하기로 약정한 경우뿐만 아니라 인적 신뢰관계의 특성 등에 비추어 신의칙상 또는 묵시적으로 그러한 의무를 부담하기로 약정하였다고 보아야 할 경우를 포함한다.

영업비밀 침해행위를 금지시키는 것은 (중략) 침해행위자나 다른 공정한 경쟁자가 독자적인 개발이나 역설계와 같은 합법적인 방법에 의하여 그 영업비밀을 취득하는 데 필요한 시간에 상당한 기간 동안으로 제한하여야 하고, 영구적인 금지는 제재적인 성격을 가지게 될 뿐만 아니라 자유로운 경쟁을 조장하고 종업원들이 그들의 지식과 능력을 발휘할 수 있게 하려는 공공의 이익과 상치되어 허용될 수 없다(대법원 1996. 12. 23. 선고 96다16605 판결).

[4] 회사가 다이아몬드공구의 제조공정에 있어서 일반적 지식 또는 기능이라고 할 수 없는 특수한 기술상의 비밀정보를 가지고 있고 이러한 비밀정보는 일종의 객관화된 지적재산이므로, 퇴직사원의 영업비밀침해행위에 대하여 회사와의 사이에 침해행위 중지 및 위반시 손해배상약정금을 정한 합의가 이루어진 경우, 그 합의서의 내용을 회사의 영업비밀을 지득하는 입장에 있었던 사원들에게 퇴직 후 비밀유지의무 내지 경업금지의무를 인정하는 것으로 해석하는 것이 직업선택의 자유에 관한 헌법규정에 반하지 않는다(대법원 1997. 6. 13. 선고 97다8229 판결).

[5] 이 사건 각서는 직원들의 명예퇴직 과정에 수반하여 제출된 것으로 그 내용이 '직원들의 퇴직 후 3년 내 동종 경쟁업체에 취직하는 경우 명예퇴직이 아니라 일반퇴직으로 전환되는 것을 인정하고 명예퇴직금을 전액 반납하겠다.'는 것이다.

(중략) 이 사건 각서의 내용, 명예퇴직제도의 취지, 피고들이 취득한 기술이나 정보의 성격, 전직이 제한되는 기간 및 피고들의 근로권과 직업선택의 자유 등을 종합하면, 이 사건 각서에서 정한 명예퇴직에 관한 해제조건은 단순한 경쟁업체에의 재취업만으로는 부족하고, '재취업 직장이 원고와 동종 경쟁관계에 있어 원고에서 알게 된 정보를 부당하게 영업에 이용함으로써 원고에 손해를 끼칠 염려가 있는 경우'로 엄격하게 해석할 필요가 있다(대법원 2021. 9. 9. 선고 2021다234924 판결).

2. 손해배상액의 예정

[1] 법원이 손해배상의 예정액을 부당히 과다하다고 하여 감액하려면 채권자와 채무자의 경제적 지위, 계약의 목적과 내용, 손해배상액을 예정한 경위와 동기, 채무액에 대한 예정액의 비율, 예상 손해액의 크기, 당시의 거래 관행과 경제상태 등을 참작한 결과 손해배상예정액의 지급이 경제적 약자의 지위에 있는 채무자에게 부당한 압박을 가하여 공정을 잃는 결과를 초래한다고 인정되는 경우라야 하고, 단지 예정액 자체가 크다든가 계약 체결 시부터 계약 해제 시까지의 시간적 간격이 짧다든가 하는 사유만으로는 부족하다(대법원 2014. 7. 24. 선고 2014다209227 판결).

[2] 근로계약에 있어 위약금예정을 금지하도록 한 근로기준법의 규정취지는 근로자의 기본적 인권에 대한 침해가능성을 막고 경제적 약자인 근로자로 하여금 사용자와 대등한 지위에서 근로조건을 결정할 수 있도록 하려는 데 있으므로 근로자가 사용자에 비하여 경제적 약자의 지위에 있지 아니하는 경우에는 위 법조가 적용되지 아니한다고 봄이 상당하다 할 것인바, 대학교에 재학 중인 배구선수로서 전국적으로 상위권에 속하는 기량을 가지고 있어 졸업 후 그가 입단을 희망하는 배구단을 임의로 선택할 수 있는 입장에 있는 자가 재학 중 특정 배구단과 전속계약을 체결한 뒤 그에 따라 고액의 전속금과 격려금을 아무런 반대급부 없이 수령하였고 위 배구단에 입단한 뒤 제공할 노무의 내용도 훈련 및 경기 참가 등 특수성을 띠는 것이며 그에 대한 보수 또한 일반 근로자에 비하여 고액일 뿐 아니라 운동기량과 대중적 인기도 등의 특수요인에 의하여 결정된다면 위 전속계약의 본체인 노무공급계약은 민법상의 고용계약에 속한다 할지라도 근로기준법 제24조 소정의 근로계약에는 해당하지 아니한다고 봄이 상당하다(서울고법 1990. 2. 2. 선고 89나23072 판결).

[3] A회사와 甲 사이에 작성된 근로계약서에는 무사고승무수당 200,000원을 매월 고정적

으로 지급하는 것으로 기재되어 있고 달리 甲의 실제 근무성적에 따라 그 지급 여부와 지급 액이 달라지는 것은 아니므로, 위 무사고승무수당도 근로기준법에서 정하는 '임금'에 해당한 다고 봄이 상당하다. 그런데 근무 중 교통사고가 발생한 경우 실제 손해 발생여부 및 손해의 액수에 관계없이 3개월 동안 매월 무사고승무수당 200,000원을 임금에서 공제하기로 하는 약정은 근로기준법 제20조가 금지하는 근로계약 불이행에 대한 위약금 또는 손해배상액의 예정에 해당할 뿐만 아니라 근로기준법 제43조가 정하는 임금의 전액 지급 원칙에도 반하므 로 무효이다. 따라서 A회사는 甲에게 무사고승무수당 합계 1,200,000원을 지급할 의무가 있 다(대법원 2019. 6. 13. 선고 2018도17135 판결).

취업규칙 불이익변경시의 동의 주체 및 동의 방식

A회사는 연구직과 사무지원직으로 구분하여 채용자격, 직무내용, 인사체계, 보상체계 및 기타 제반 근로조건을 달리 설정하여 운용하고 있다. 이 경우 양 직군 간 배치전환은 예정되어 있지 않으며 근로자는 채용시 배정된 직군에서 계속 근무하게 된다.

A회사는 2013. 1. 1.에 연구직 책임급 이상 근로자의 정년을 만 65세에서 만 63세로 단축하고 책임급 미만 근로자의 정년을 만 61세에서 만 63세로 연장하는 내용으로 취업규칙을 변경하였다. A회사에는 연구직 근로자를 조직대상으로 하는 연구직노조가 설립되어 있는데, 본건 취업규칙 변경 당시 책임급 이상 근로자 12명 중 3명과 책임급 미만 근로자 50명 전원이 조합원으로 가입하고 있었다. A회사는 연구직노조와의 합의절차만을 거쳐 당해 정년규정을 변경하였다.

한편 A회사는 2014. 1. 1.에 사무지원직 근로자의 인사적체 해소 및 보상체계 합리화 등을 목적으로, '4급 이하 근로자는 만 56세, 3급 이상 근로자는 만 58세부터 면보직 후 업무후선으로 발령하고 정년(전 직급 만 60세 공통)까지 임금피크제를 적용'하는 제도를 도입하였다. A회사에는 사무지원직 4급 이하 근로자를 조직대상으로 하는 사무직노조가 설립되어 있는데 사무지원직 4급 이하 근로자 전체 70명 중에서 30명만이 조합에 가입하고 있다. A회사는 본건 취업규칙 변경을 위하여 7일전에 변경 내용을 회사 홈페이지상에 공개한 후 4개 부서별로 각 팀장 주관 하에 설명회를 개최하였으며 동 설명회 직후 팀장이 이석한 상태에서 근로자간 의견을 교환토록 한 후에 "취업규칙 변경 동의서"라는 문서상의 '가(可)', '부(否)'란에 소속 근로자들의 서명을 받는 형식으로 동의절차를 진행하였다. 전체 100명의 근로자가 이에 참여하여 총 62명이 취업규칙 변경에 찬성하였고, 36명이 반대하였으며 2명이 기권하였다.

A회사는 변경된 취업규칙에 따라 2014. 6. 30.에 정년이 도래한 연구직 책임급 근로자 甲을 퇴직처리하고 사무지원직 1급 근로자 乙을 후선역으로 배치하여 임금피크제를 적용하였다.

문제 1

甲은 연구직 정년규정 변경 당시 연구직노조의 동의만을 얻었을 뿐 그 직접의 불이익을 받는 책임급 근로자를 대상으로 하여 별도의 동의절차를 진행하지 아니하였는바 그 효력이 인정될 수 없다고 주장한다. 甲의 주장은 타당한가?(불이익변경 해당 여부 및 사회통념상 합리성론의 적용 가능 여부에 관한 논점은 제외) (30점)

문제 2

사무지원직 취업규칙 변경절차 과정에서 A회사는 부서별로 나누어 동의절차를 진행하였으며 또한 설명회를 개최하여 적극적으로 홍보활동 등을 하였는바, 이에 대하여 乙이 '근로자들의 의견 취합 과정에 A회사가 부당하게 개입 또는 간섭한 것'임을 이유로 그 변경의 효력을 부인할 수 있는지를 검토하시오.(연령차별 해당 여부는 논점에서 제외) (20점)

사례해결의 Key Point

문제 1

판례는 취업규칙 변경에 따른 불이익이 사업장내 여러 근로자집단 중 특정 근로자집단에게만 발생하는 경우 '변경된 취업규칙이 적용되어 불이익을 직접 받게 되는 근로자집단 및 장래 그 적용이 예상되는 근로자집단'을 동의 주체로 보고 있다.

문제 2

취업규칙 불이익변경시 사업 또는 사업장내 근로자 과반수로 조직된 노동조합이 없는 경우 전체 근로자 과반수의 회의방식에 의한 동의를 얻어야 하며, 이 경우 기구별 또는 단위부서별로 사용자 측의 개입이나 간섭이 배제된 상태에서 근로자 상호간에 의견을 교환하여 찬반의견을 집약한 후 이를 전체적으로 취합하는 방식도 가능하다.

〈풀 이 목 차〉

甲은 연구직 정년규정 변경 당시 연구직노조의 동의만을 얻었을 뿐 그 직접의 불이익을 받는 책임급 근로자를 대상으로 하여 별도의 동의절차를 진행하지 아니하였는바 그 효력이 인정될 수 없다고 주장한다. 甲의 주장은 타당한가?(불이익변경 해당 여부 및 사회통념상 합리성론의 적용 가능 여부에 관한 논점은 제외) (30점)

Ⅰ. 문제의 논점

A회사의 2013. 1. 1.자 취업규칙 변경은 연구직 근로자의 정년에 관한 것으로, 동 직군 책임급 이상 근로자에게는 그 변경 자체로 인하여 직접적인 불이익이 발생한다고 할 수 있으나, 책임급 미만 근로자에게는 현실적인 불이익이 있다고 보기 어렵고 오히려 직급정년의 연장 및 승진 적체의 해소 가능성과 같은 측면에서는 유리하게 변경된 것으로 볼 수 있다. 다만 책임급 미만 근로자도 장래에 책임급 이상으로 승진을 한다면 본건 변경된 취업규칙을 적용받아야 한다는 점에서 잠재적 불이익이 존재하는 것으로 볼 수 있다. 한편 동 변경으로 인하여 사무지원직 근로자의 근로조건은 달라진 것이 없다.

이와 같이 본 사안은 취업규칙 변경 관련 불이익이 일부 근로자 집단에게만 직접 미치고, 다른 근로자집단에게는 전혀 영향이 없거나 또는 현실적 적용 없이 장래에의 적용 가능성만이 존재하는 경우로서, 이 경우 그 변경 관련 동의를 얻어야 하는 근로자의 범위를 어디까지로 보아야 하는지가 문제된다.

즉, A회사는 연구직노조의 동의만을 얻어 취업규칙 변경을 하였는데, 동 노동조합은 비록 연구직 근로자를 대상으로 하여 그 과반을 조합원으로 조직하였으나 본 사안의 취업규칙 변경 관련 직접의 불이익을 받는 책임급 이상 근로자에 대하여서는 전체 12명 중에서 단지 3명만을 조합원으로 조직하고 있을 뿐이고 또한 사업장내 전체 근로자를 기준으로 하여서도 그 과반을 조합원으로 조직하고 있지 못하였는바, 동의를 얻어야 하는 근로자의 범위를 어디까지로 보아야 하는지에 따라 당해 취업규칙 변경의 유효 여부가 달리 판단될 것이다.

Ⅱ. 특정 근로자집단을 대상으로 하는 취업규칙 불이익변경시의 동의 주체

근로기준법 제94조 제1항은, 사용자가 취업규칙을 불이익하게 변경하고자 하는 경우 "사업 또는 사업장에 근로자의 과반수로 조직된 노동조합이 있는 경우에는 그 노동조합, 근로자의 과반수로 조직된 노동조합이 없는 경우에는 근로자 과반수의 동의를 얻어야 한다"라고 규정하고 있다. 그런데 동 규정만으로는 취업규칙 변경으로 인한 불이익이 특정 근로자집단에게만 직접 적용되는 경우 그 동의 주체의 범위를 어디까지로 보아야 하는지 여부가 명확하지 않다.

이에 관하여 판례는, 변경된 취업규칙상의 불이익이 일부 근로자집단에게만 직접 발생하는 경우 다음과 같이 두 가지 유형으로 구분하여 그 동의 주체를 달리 보고 있다.

우선 여러 근로자집단이 하나의 근로조건 체계 내에 있어 비록 취업규칙의 불이익변경 시점에서는 특정 근로자집단만이 직접적인 불이익을 받더라도 장래 다른 근로자집단에게도 변경된 취업규칙의 적용이 예상되는 경우라면, 이 경우에는 그 직접의 불이익을 받는 근로자집단은 물론 장래 변경된 취업규칙 규정의 적용이 예상되는 근로자집단을 포함한 근로자집단을 동의 주체로 보고 있다(대법원 2009. 5. 28. 선고 2009두2238 판결; 대법원 2009. 11. 12. 선고 2009다49377 판결 등).

이와 달리 근로자집단 간에 근로조건이 이원화되어 있고 집단 상호간에 전환 가능성이 없어 변경된 취업규칙상의 불이익이 특정 근로자집단에게만 발생하고 다른 근로자집단에게는 그 적용이 예상되지 아니하는 경우에는, 변경되는 취업규칙의 적용을 받는 근로자집단만이 동의의 주체가 될 뿐이며 그 변경 내용과 무관한 근로자를 포함하여 사업장내 전체 근로자가 동의 주체가 되는 것은 아니라는 입장이다(대법원 1990. 12. 7. 선고 90다카19647 판결; 대법원 2004. 1. 27. 선고 2001다42301 판결 등).

이를 종합하여 보면, 취업규칙 변경에 따른 불이익이 사업장내 여러 근로자집단 중 특정 근로자집단에게만 발생하는 경우 '변경된 취업규칙이 적용되어 불이익을 직접 받게 되는 근로자집단 및 장래 그 적용이 예상되는 근로자집단'이 동의 주체가 된다.

한편 본건 '변경된 취업규칙이 적용되어 불이익을 직접 받게 되는 근로자집단 및 장래 그 적용이 예상되는 근로자집단'이 동의의 주체가 된다고 함에 있어 특히,

'장래 그 적용이 예상되는 근로자집단'을 어떠한 기준으로 확정하여야 하는지가 문제된다.

이에 관하여서는 근로자집단 간에 근로조건이 동일 체계 내에 있는지 또는 이원적으로 규율되어 있는지를 살펴보아야 한다. 이 경우 형식상으로는 근로조건이 이원적으로 규율되어 있지만 회사의 승진체계 등 인사제도의 내용상 근로자집단 간에 전환이 예정되어 있다면 하나의 근로조건 체계 내에 있는 것으로 볼 수 있을 것이다.

Ⅲ. A회사 '연구직 정년규정' 변경 관련 동의 주체

1. 사안에서의 동의 주체의 범위

A회사는 연구직과 사무지원직으로 구분하여 채용자격, 직무내용, 인사체계, 보상체계 및 기타 제반 근로조건을 달리 설정하여 운영하고 있으며 이 경우 양 직군간 배치전환 등이 예정되어 있지 않다. 그렇다면 사무지원직 근로자가 현재 내지 장래에 연구직 근로자의 근로조건을 적용받을 가능성이 예정되어 있다고 할 수는 없다.

이 경우 양 직군간 근로조건이 동일한 체계에 있다고 보기는 어려운바, 본건 2013. 1. 1.자 연구직 정년규정의 변경시 그 변경된 근로조건의 적용이 전혀 예상되지 아니하는 사무지원직 근로자는 당해 동의 주체의 범위에 포함되지 않는다고 보는 것이 타당하다.

한편 본건 취업규칙 변경으로 인하여 연구직 책임급 이상 근로자에게는 직접의 불이익이 발생하나 책임급 미만 근로자에게는 현실적인 불이익이 발생하지 않는다. 그런데 A회사의 인사체계상 책임급 미만 근로자는 언제라도 책임급 이상으로 승진할 수 있는바, 그렇다면 본건 불이익은 단지 현재 책임급 이상의 지위에 있는 근로자에게만 발생하는 것이 아니라 책임급 미만 근로자의 경우에도 잠재적 내지 간접적으로 존재한다고 볼 수 있다.

즉, 연구직 책임급 이상 근로자와 책임급 미만 근로자는 근로조건이 하나의 규율체계 내에 있다고 보이므로, 본건 정년규정의 개정 관련 동의 주체는 직접의 불이익이 발생하는 책임급 이상 근로자뿐만이 아니라 장래 그 적용이 예상되는 책임급 미만 근로자를 포함한 전체 연구직 근로자가 된다고 보는 것이 타당하다.

2. 연구직노조의 동의에 의한 본건 정년규정 변경의 정당성

근로기준법 제94조 제1항은 사용자가 취업규칙을 불이익하게 변경하고자 하는 경우 "사업 또는 사업장에 근로자의 과반수로 조직된 노동조합이 있는 경우에는 그 노동조합, 근로자의 과반수로 조직된 노동조합이 없는 경우에는 근로자 과반수의 동의를 얻어야 한다"고 규정하고 있다.

이 경우 본건 취업규칙 불이익변경 관련 동의 주체는 연구직 근로자 전체가 그 대상이 되는데 동 근로자 62명 중에서 53명이 연구직노조의 조합원인바, 그렇다면 연구직노조가 본건 동의의 주체가 된다고 본다.

따라서 A회사가 연구직노조의 동의를 얻어 2013. 1. 1.자 연구직 정년규정을 변경한 것은 정당하다고 판단된다.

Ⅳ. 결   론

A회사가 2013. 1. 1.에 행한 '연구직 정년규정' 변경 관련 동의 주체는 동 변경으로 인하여 직접 불이익이 발생하는 연구직 책임급 이상 근로자 외에도 장래 그 적용이 예상되는 책임급 미만 근로자를 포함한 전체 연구직 근로자가 대상이 된다. 그런데 동 변경 당시 연구직노조는 동 연구직 근로자의 과반수를 조합원으로 조직하고 있었는바, A회사가 동 노동조합과의 합의 하에 본건 취업규칙 변경을 행한 것은 절차상으로 문제가 없다.

> **문제 2**
>
> 사무지원직 취업규칙 변경절차 과정에서 A회사는 부서별로 나누어 동의절차를 진행하였으며 또한 설명회를 개최하여 적극적으로 홍보활동 등을 하였는바, 이에 대하여 乙이 '근로자들의 의견 취합 과정에 A회사가 부당하게 개입 또는 간섭한 것'임을 이유로 그 변경의 효력을 부인할 수 있는지를 검토하시오. (연령차별 해당 여부는 논점에서 제외) (20점)

Ⅰ. 문제의 논점

A회사의 2014. 1. 1.자 취업규칙 변경은, 기존 정년제를 유지하면서 임금피크제 및 후선역 제도를 추가한 것이라는 점에서 불이익한 변경에 해당한다. 한편 동 취업규칙 변경은 사무지원직 근로자에게만 적용되는 근로조건에 관한 것으로 연구직 근로자의 근로조건에는 하등의 변화가 없다. 이 경우 사무지원직과 연구직 근로자의 근로조건은 이원화되어 있고 양 직군간 배치전환이 예정되어 있지 아니한바, 본건 취업규칙 변경절차는 단지 사무지원직 근로자만을 대상으로 하여 진행하면 충분하다.

그런데 A회사는 취업규칙 변경에 관하여, 사무지원직 근로자 모두를 일시에 동일 공간에 회합토록하지 아니하고 부서별로 나누어 회합을 하였으며, 그 찬반 의견 취합에 앞서 설명회를 개최하여 적극적인 홍보활동을 하였고, 동 설명회 직후 별도의 숙고시간을 부여함 없이 단지 의견 교환의 기회만 제공한 후에 찬반 의견을 제시토록 하였는바, 동 방식에 의한 변경절차의 효력이 인정될 수 있는지가 문제된다.

Ⅱ. 취업규칙 불이익 변경에 대한 근로자 동의의 방식

근로기준법 제94조 제1항은, 사용자가 취업규칙을 불이익하게 변경하고자 하는 경우 해당 사업 또는 사업장 내에 근로자 과반수로 조직된 노동조합이 없다면 근로자 과반수의 동의를 받아야 한다고 규정하고 있다. 그런데 동법은 그 동의 획득의 구체적인 방식에 관하여서는 별다른 언급이 없다.

이 경우 특히 사업 또는 사업장내 근로자 과반수로 조직된 노동조합이 존재한다면 동 노동조합의 대표자로부터 동의를 얻으면 될 것이라는 점에서 특별히 문제될 소지가 없으나(대법원 1997. 5. 16. 선고 96다2507 판결 등), 그와 같은 노동조합이 없어 전체 근로자를 대상으로 과반수 동의를 얻어야 하는 경우 어떠한 방식을 취하여야 하는지가 문제된다.

이에 관하여 판례는, 근로기준법 제94조상의 동의란 집단적 의사결정방법에 의한 동의를 말하는 것으로 사업장내 근로자 과반수로 조직된 노동조합이 없는 때에는 근로자들의 회의방식에 의한 과반수 동의를 얻어야 한다는 입장이다(대법원 1977. 7. 26. 선고 77다355 판결).

여기서 그 '회의방식'은 반드시 대상 근로자 전체가 일시에 한자리에 집합하여 회의를 개최하는 방식만이 아니라, 한 사업 또는 사업장의 기구별 또는 단위부서별로 사용자 측의 개입이나 간섭이 배제된 상태에서 근로자 상호간에 의견을 교환하여 찬반의견을 집약한 후 이를 전체적으로 취합하는 방식도 허용된다(대법원 1992. 2. 25. 선고 91다25055 판결). 또한 사용자 측의 개입이나 간섭이라고 함은, 사용자 측이 근로자들의 자율적이고 집단적인 의사결정을 저해할 정도로 명시 또는 묵시적인 방법으로 동의를 강요하는 경우를 의미하고, 사용자 측이 단지 변경될 취업규칙의 내용을 근로자들에게 설명하고 홍보하는데 그친 경우에는 사용자 측의 부당한 개입이나 간섭이 있었다고 볼 수 없다(대법원 2003. 11. 14. 선고 2001다18322 판결 등).

요컨대 회의 방식에 의한 동의가 있었다고 하기 위하여서는, ⅰ) 전체 또는 일부 근로자집단이 같은 장소에 모여 상호간에 자유롭게 의견을 교환하고 찬반의견을 집약한 후 이를 전체적으로 취합하는 절차를 거쳐야 하며, ⅱ) 그 과정에서 사용자의 개입이나 간섭이 배제되어 있어야 한다.

Ⅲ. A회사 사무지원직 취업규칙 불이익변경 방식의 정당성

1. 동의 주체

A회사에는 사무지원직 근로자를 조직대상으로 하는 사무직노조가 설립되어 있으나 전체 사무지원직 근로자의 과반수를 조합원으로 조직하고 있지는 않은바, 동 노동조합이 본 사안에서의 2014. 1. 1.자 사무지원직 취업규칙 불이익변경의 동의 주체가 될 수는 없다. 따라서 A회사는 근로자과반수의 동의를 얻어야 하므로, 사무직노조가 아닌 전체 사무지원직 근로자를 대상으로 하여 동의 절차를 진행하였는바, 그 자체는 특별히 문제될 소지가 없다.

2. 동의 방식으로서 부서별 회합방식

한편 A회사는, 사무지원직 근로자를 대상으로 본건 취업규칙 변경절차를 진행함에 있어 4개 부서별로 근로자를 회합시킨 후 사용자(관리자)가 배제된 상황에서 자유롭게 의견을 교환하고 찬반의견을 취합토록 하였는바, 다른 특별한 사정이 없는 한 '회의방식'에 의한 동의절차를 거친 것이라고 판단된다.

이에 관하여 乙은, 대상 근로자 모두를 같은 장소에 회합시키지 아니하고 4개 부서로 나누어 진행한 것과 근로자 회합 당시 서두에 사용자가 변경 내용을 적극 홍보한 조치 및 설명회 직후 충분한 숙고시간을 부여하지 아니한 것은, 사용자가 근로자의 자율적 의견 교환을 방해하고 이에 개입하고자 하는 것으로 볼 수 있다고 주장한다.

그러나 우선, 취업규칙 불이익변경 관련 동의절차 과정에서 반드시 대상 근로자 모두를 같은 장소에 회합시켜야 하는 것은 아니며, 그 '집단적 의사결정방법'으로서의 의미를 형해화하지 아니하는 한에서라면 사업장 사정에 따라 부서별로 나누어 실시하는 것도 가능하다고 본다. 본 사안의 경우 A회사는 사무지원직 근로자 전체 100명은 부서별로 나누어 4개 단위로 회합을 하였는데 그 자체만으로 곧 '집단적 의사결정방법'으로서의 의미가 형해화 되었다고 볼 근거는 없다. 더욱이 설명회 직후 근로자 간 의견 교환 및 찬반의견을 취합하는 과정에서 사용자(소속 부서 팀장)를 이석토록 하여 자유로운 의견 교환이 가능할 수 있도록 하였고, 실제로도 전체 100명의 근로자 중에서 36명의 근로자가 반대의사를 표시하였다는 사정은 근로자들의 찬반의사 표현에 지장이 없었다는 사정을 반증하는 것으로 볼 수도 있다는 점에서, 당해 부서별 회합방식이 위법하다고 보이지는 않는다.

또한 판례는 변경 내용에 대한 단순한 설명 내지 홍보는 사용자의 개입이나 간섭으로 볼 수 없다는 견해를 일관되게 제시하고 있는바, 이와 같은 사정을 감안한다면 본건 회합 서두에서 사용자가 일련의 설명회를 개최한 것 자체가 특별히 문제된다고 할 수는 없을 것이다. 나아가 A회사는 그 회합하기 7일 전에 이미 변경 내용을 회사 홈페이지상에 공개하였는바 근로자들의 입장에서는 그간에 이해관계 여부를 충분히 숙고할 시간이 있었다고 보이며, 그렇다면 설명회 직후 근로자간 의사를 교환토록 한 후에 재차 별도의 숙고시간을 부여하여야만 한다고 볼 것은 아니라고 본다.

이상의 내용을 종합하여 본다면 본건 A회사의 사무지원직 근로자를 대상으로 한 취업규칙 변경절차는 특별히 문제될 소지가 없다고 본다.

Ⅳ. 결   론

2014. 1. 1.에 행한 사무지원직 취업규칙 변경과 관련하여 A회사는 그 동의 대상 근로자를 4개 부서별로 나누어 설명회를 개최한 후 사용자가 이석한 상황에서 근로자간 자유롭게 의견 교환을 한 후에 찬반의사를 취합하여 과반수 동의를 얻는 방식으로 진행하였는바, 다른 특별한 사정이 없는 한 이는 근로기준법 제94조상의 집단적 의사결정방법으로서의 회의방식에 의한 과반 동의를 얻은 것이라고 보여 그 변경의 효력이 인정될 수 있다고 본다.

유사사례

A공사는 직원을 사원 및 노무원으로 구분하여 각 유급휴가일수 및 미사용 휴가일수에 대한 금전보상의 기준 등을 달리하여 적용하여 오다가, 취업규칙 변경을 통하여 휴가일수 및 금전보상 수준을 근로자에게 불리하게 각 변경하였다. 동 변경 당시 A공사의 사원은 약 1,100명이고 노무원은 약 11,000명이었고, 한편 노무원만을 조직대상으로 하여 설립된 B노동조합이 전체 노무원의 95%를 조합원으로 조직하고 있었다.

A공사는 B노동조합의 동의를 얻어 위 취업규칙 불이익변경절차를 진행하였다. 이에 대하여 甲은 당해 취업규칙 변경은 사원에 대하여서는 효력이 없다고 주장하는 반면, A공사는 동일 시점에서 전체 근로자의 근로조건을 불이익하게 변경하였는데 이 경우 B노동조합이 전체 근로자의 과반수를 조합원으로 조직하고 있는바 동 노동조합의 동의만을 얻으면 된다고 주장한다. 각 주장의 타당성을 검토하라.

해설요지

　사업장 내 여러 근로자집단이 있고 각 집단별로 근로조건을 달리 정하고 있는 경우, 취업규칙 중 변경되는 부분의 적용을 받는 근로자집단만이 동의 주체가 되며 그 변경된 근로조건의 적용을 받지 아니하는 근로자를 포함한 사업장내 모든 근로자가 그 동의 주체가 되는 것은 아니라고 본다.

　사안의 경우 A공사는 직원과 노무원으로 분류하여 근로조건을 이원적으로 운영하고 있으며, 한편 B노동조합은 사업장내 전체 근로자의 과반수를 조합원으로 조직하고 있으나 노무원만을 조합원으로 조직하고 있을 뿐이고 사원은 그 가입대상에 해당하지 않는다.

　그렇다면 B노동조합이 노무원에게 적용될 근로조건의 불이익변경과 관련한 동의 주체가 될 수 있음은 별론으로 하고, 직원의 근로조건 불이익변경과 관련한 동의 주체는 될 수 없다고 본다(관련판례: 대법원 1990. 12. 7. 선고 90다카19647 판결; 대법원 2010. 1. 28. 선고 2009다32522 판결).

주요참조판례

1. 취업규칙 불이익 변경시의 동의주체

[1] 취업규칙의 작성·변경에 관한 권한은 원칙적으로 사용자에게 있으므로 사용자는 그 의사에 따라서 취업규칙을 작성·변경할 수 있고, 다만 취업규칙의 변경에 의하여 기존 근로조건의 내용을 일방적으로 근로자에게 불이익하게 변경하려면 종전 취업규칙의 적용을 받고 있던 근로자 집단의 집단적 의사결정방법에 의한 동의를 요한다(대법원 2008. 2. 29. 선고 2007다85997 판결).

[2] 여러 근로자 집단이 하나의 근로조건 체계 내에 있어 비록 취업규칙의 불이익변경 시점에는 어느 근로자 집단만이 직접적인 불이익을 받더라도 다른 근로자 집단에게도 변경된 취업규칙의 적용이 예상되는 경우에는 일부 근로자 집단은 물론 장래 변경된 취업규칙 규정의 적용이 예상되는 근로자 집단을 포함한 근로자 집단이 동의주체가 되고, 그렇지 않고 근로조건이 이원화되어 있어 변경된 취업규칙이 적용되어 직접적으로 불이익을 받게 되는 근로자 집단 이외에 변경된 취업규칙의 적용이 예상되는 근로자 집단이 없는 경우에는 변경된 취업규칙이 적용되어 불이익을 받는 근로자 집단만이 동의 주체가 된다(대법원 2009. 5. 28. 선고 2009두2238 판결; 동지 대법원 2009. 11. 12. 선고 2009다49377 판결; 대법원 2015. 8. 13. 선고 2012다43522 판결 등).

[3] 일반직 직원인 4급 이하 직원의 정년은 55세에서 58세로 연장되었고, 관리직 직원인 3급 이상 직원의 정년은 60세에서 58세로 단축되었으며, 이 사건 정년규정의 개정 당시 원고의 전체 직원 38명 중 관리직 직원은 12명이고, 노동조합은 관리직 3급 4명과 일반직 23명 등 총 27명으로 구성되어 있었던 점, 위와 같이 원고의 전체 직원 중 과반수가 4급 이하의 일반직 직원이기는 하였으나, 3급 이상의 관리직 직원들과 4급 이하의 일반직 직원들은 그 직급에 따른 차이만이 있을 뿐 4급 이하의 일반직 직원들은 누구나 3급 이상으로 승진할 가능성이 있으며, 이러한 경우 승진한 직원들은 이 사건 정년규정에 따라 58세에 정년퇴직하여야 하므로 위 개정은 3급 이상에만 관련되는 것이 아니라 직원 전부에게 직접적 또는 간접적, 잠재적으로 관련되는 점 등에 비추어 볼 때 이 사건 정년규정의 개정은 당시 3급 이상이었던 관리직 직원뿐만이 아니라 일반직 직원들을 포함한 전체 직원에게 불이익하여 그 개정 당시의 관리직 직원들뿐만 아니라 일반직 직원들을 포함한 전체 직원들이 동의주체가 된다고 봄이 상당하다(대법원 2009. 5. 28. 선고 2009두2238 판결).

[4] 사원과 노무원으로 이원화된 개정 퇴직금규정이 개정 전의 그것보다도 퇴직금 지급일수

의 계산 및 퇴직금 산정 기초임금의 범위에 있어 근로자에게 불리하게 변경된 경우에는 이에 관하여 종전 취업규칙의 적용을 받고 있던 근로자집단의 동의가 있어야 유효하다고 할 것인바, 노동조합원인 총 근로자 중 85%가 넘는 수를 차지하는 노무원이 퇴직금개정안에 완전히 동의하였다 하더라도 개정 퇴직금규정이 노무원에 대한 부분에 국한하여 효력이 있는 것일 뿐, 개정에 동의한 바 없는 사원에 대한 부분은 효력이 없다(대법원 1990. 12. 7. 선고 90다카19647 판결; 동지 대법원 2004. 1. 27. 선고 2001다42301 판결 등).

2. 취업규칙 불이익변경시의 동의 방식

　[1] 취업규칙에 규정된 근로조건의 내용을 근로자에게 불이익하게 변경하는 경우에 근로자 과반수로 구성된 노동조합이 없는 때에는 근로자들의 회의 방식에 의한 과반수 동의가 필요하다고 하더라도, 그 회의 방식은 반드시 한 사업 또는 사업장의 전 근로자가 일시에 한자리에 집합하여 회의를 개최하는 방식만이 아니라 한 사업 또는 사업장의 기구별 또는 단위 부서별로 사용자측의 개입이나 간섭이 배제된 상태에서 근로자 상호간에 의견을 교환하여 찬반의견을 집약한 후 이를 전체적으로 취합하는 방식도 허용된다고 할 것인데, 여기서 사용자측의 개입이나 간섭이라 함은 사용자측이 근로자들의 자율적이고 집단적인 의사결정을 저해할 정도로 명시 또는 묵시적인 방법으로 동의를 강요하는 경우를 의미하고 사용자측이 단지 변경될 취업규칙의 내용을 근로자들에게 설명하고 홍보하는데 그친 경우에는 사용자측의 부당한 개입이나 간섭이 있었다고 볼 수 없다(대법원 2003. 11. 14. 선고 2001다18322 판결; 동지 대법원 2010. 1. 28. 선고 2009다32362 판결 등).

　[2] IMF 금융위기시대를 맞아 정부 주도로 공기업 구조조정이 진행되었는데, 관련 사업의 통폐합, 정년 단축, 퇴직금지급률 조정이 공기업 구조조정의 핵심 사항이었으므로, 당시 예인사업 포괄승계 및 방제조합의 구조조정 사실이 원고들에게도 모두 알려졌을 것으로 보이는 점, 예인사업이나 방제조합의 업무는 그 사업소 또는 지부가 전국 해안에 걸쳐 소규모로 산재해 있어 근로자 전체가 한 자리에 모이는 것이 곤란하였던 점, 이에 각 부서별, 사업소·지부별로 설명회를 개최하여 1998. 7. 31.자 포괄승계에 따른 근로조건의 변경 및 1999. 12. 31.자 퇴직금지급률 변경 사항을 설명하였고, 근로자들은 각 부서별, 사업소·지부별로 설명회에 참석함으로써 상호간에 의견을 교환할 수 있는 기회가 주어진 것으로 보이는 점, 이러한 과정을 거쳐 원고들을 포함한 근로자들은 공기업 구조조정의 일환으로 진행된 정년 단축 및 퇴직금지급률 변경의 필요성을 인식하고 이를 감수하는 입장에서 위 각서와 동의서에 서명하였고, 일부 근로자는 각서를 제출하지 않거나 반대의사를 명백히 표시한 점 등을 종합하면, 1998. 7. 31.자 포괄승계에 따른 근로조건의 변경 및 1999. 12. 31.자 퇴직금지급률

변경 당시 사용자측이 변경될 내용을 근로자들에게 설명하고 홍보하는 데 그치지 않고 나아가 근로자들의 동의를 강요하는 등 부당하게 개입하거나 간섭한 것으로는 보이지 아니한다. 따라서 예선사업 및 방제조합의 각 부서별, 사업소·지부별로 근로자들의 협의 및 의견 집약이 근로자들의 자유로운 의사에 따라 이루어진 것으로 보아야 하므로, 1998. 7. 31.자 포괄승계에 따른 근로조건의 변경 및 1999. 12. 31.자 퇴직금지급률 변경에 근로자의 집단적 의사결정방법에 의한 동의가 있었다고 봄이 상당하다(대법원 2010. 1. 28. 선고 2009다32522 판결).

3. 취업규칙과 유리한 조건 우선의 원칙

[1] 근로기준법 제97조는 "취업규칙에서 정한 기준에 미달하는 근로조건을 정한 근로계약은 그 부분에 관하여는 무효로 한다. 이 경우 무효로 된 부분은 취업규칙에 정한 기준에 따른다."라고 정하고 있다. 근로기준법 제97조를 반대해석하면, 취업규칙에서 정한 기준보다 유리한 근로조건을 정한 개별 근로계약 부분은 유효하고 취업규칙에서 정한 기준에 우선하여 적용된다.

한편 근로기준법 제94조는 "사용자는 취업규칙의 작성 또는 변경에 관하여 해당 사업 또는 사업장에 근로자의 과반수로 조직된 노동조합이 있는 경우에는 노동조합, 근로자의 과반수로 조직된 노동조합이 없는 경우에는 근로자의 과반수의 의견을 들어야 한다. 다만 취업규칙을 근로자에게 불리하게 변경하는 경우에는 그 동의를 받아야 한다."라고 정하고 있다. 위 규정은 사용자가 일방적으로 정하는 취업규칙을 근로자에게 불리하게 변경하려고 할 경우 근로자를 보호하기 위하여 위와 같은 집단적 동의를 받을 것을 요건으로 정한 것이다.

그리고 근로기준법 제4조는 "근로조건은 근로자와 사용자가 동등한 지위에서 자유의사에 따라 결정하여야 한다."라고 정하고 있다. 위 규정은 사용자가 일방적으로 근로조건을 결정하여서는 아니 되고, 근로조건은 근로관계 당사자 사이에서 자유로운 합의에 따라 정해져야 하는 사항임을 분명히 함으로써 근로자를 보호하고자 하는 것이 주된 취지이다.

이러한 각 규정 내용과 취지를 고려하면, 근로기준법 제94조가 정하는 집단적 동의는 취업규칙의 유효한 변경을 위한 요건에 불과하므로, 취업규칙이 집단적 동의를 받아 근로자에게 불리하게 변경된 경우에도 근로기준법 제4조가 정하는 근로조건 자유결정의 원칙은 여전히 지켜져야 한다.

따라서 근로자에게 불리한 내용으로 변경된 취업규칙은 집단적 동의를 받았다고 하더라도 그보다 유리한 근로조건을 정한 기존의 개별 근로계약 부분에 우선하는 효력을 갖는다고 할 수 없다. 이 경우에도 근로계약의 내용은 유효하게 존속하고, 변경된 취업규칙의 기준에 의하여 유리한 근로계약의 내용을 변경할 수 없으며, 근로자의 개별적 동의가 없는 한 취업규칙보다 유리한 근로계약의 내용이 우선하여 적용된다.

　　그러나 근로기준법 제4조, 제94조 및 제97조의 규정 내용과 입법 취지를 고려할 때, 위와 같은 법리는 근로자와 사용자가 취업규칙에서 정한 기준을 상회하는 근로조건을 개별 근로계약에서 따로 정한 경우에 한하여 적용될 수 있는 것이고, 개별 근로계약에서 근로조건에 관하여 구체적으로 정하지 않고 있는 경우에는 취업규칙 등에서 정하는 근로조건이 근로자에게 적용된다고 보아야 한다(대법원 2022. 1. 13. 선고 2020다232136 판결).

사실관계

A회사는 2000. 4. 1. 합병으로 인해 B회사에 흡수통합되었다. B회사는 A회사의 근로자, 재산, 사업, 예산 및 권리의무 등 일체를 포괄승계하였으며 A회사의 근로자들은 합병시까지의 퇴직금을 일률적으로 지급받았다.

甲은 1990. 1. 10. A회사에 입사하여 근무하다가 B회사에 흡수통합되면서 2000. 4. 1.부터 B회사에 근무하였고, 그 후 2010. 1. 31. 퇴사하였다.

B회사는 2000. 10. 1. 퇴직금규정(이하 B회사 퇴직금규정)을 새롭게 제정하였는데, 이는 과거 A회사에 적용되었던 1990. 1. 1. 퇴직금규정(이하 A회사 퇴직금규정)에 비해 퇴직금지급률이 불리하게 변경된 것이었다. 그러나 B회사는 퇴직금규정상의 퇴직금지급률 외에 다른 근로조건에 대해서는 정년을 55세에서 65세로 10년 연장하고, 호봉조정과 임금인상에 의하여 퇴직금 산정시 기준이 되는 임금 증가 등의 다른 근로조건의 개선을 하였다.

甲은 B회사를 최종적으로 퇴직하던 당시에 시행 중이던 B회사 퇴직금규정에 따라 산정된 퇴직금을 지급받았으나, 甲은 B회사가 제정한 퇴직금규정이 A회사에 근무하던 당시에 적용되던 A회사 퇴직금규정보다 불리하기 때문에 2000. 10. 1. B회사 퇴직금규정의 제정은 취업규칙의 불이익변경에 해당한다고 하였다. 따라서 B회사 퇴직금규정은 근로자의 집단적 동의 절차를 거치지 않고 변경하였기 때문에 甲은 A회사에 근무하던 당시에 적용되던 A회사 퇴직금규정이 적용되어야 한다고 주장한다.

문제 1

합병으로 인해 甲에게 A회사의 퇴직금규정이 아닌 B회사의 퇴직금규정을 적용한 것은 타당한가? (30점)

문제 2

합병 이후 B회사 근속기간을 기준으로 퇴직금을 지급받은 甲은 A회사 입사를 기준으로 한 근속기간을 기준으로 산정한 퇴직금에서 합병시 지급받은 퇴직금을 공제한 퇴직금을 지급하여야 한다고 주장한다. 이러한 甲의 주장은 타당한가? (20점)

사례해결의 Key Point

문제 1

　사안의 해결을 위해서는 취업규칙의 불이익변경에 관한 판단기준 및 집단적 동의의 필요성 여부에 대해 살펴보아야 할 것이다. 특히 대법원 판례의 태도인 사회통념상 합리성의 판단기준과 적용가능성 및 근로기준법 제94조 제1항 단서와의 관계에 대해 검토하여야 할 것이다.

문제 2

　합병에 따른 근로관계의 승계와 근로자의 의사와 관계없는 퇴직금의 중간정산의 효력을 검토하여야 할 것이다.

> **문제 1**
> 합병으로 인해 甲에게 A회사의 퇴직금규정이 아닌 B회사의 퇴직금규정을 적용
> 한 것은 타당한가? (30점)

Ⅰ. 문제의 논점

이 문제에서 핵심 쟁점은 합병으로 인해 甲의 소속이 A회사에서 B회사로 이전
된 경우 A회사의 퇴직금규정이 甲에게 그대로 적용되는지 아니면 B회사에서 새롭
게 제정된 퇴직금규정이 적용되는지의 여부이다. 왜냐하면 합병으로 인해 A회사의
인적·물적자산이 B회사에 포괄승계될 경우 甲의 지위뿐만 아니라 적용되던 퇴직금
규정도 그대로 승계된다고 보아야 할지, 또한 B회사가 새롭게 퇴직금규정을 甲에게
불리하게 제정한 것이라면 취업규칙의 불이익변경에 해당한다고 보아 집단적 동의
절차가 필수적으로 요구되는지 의문스럽기 때문이다.

실제로 B회사 퇴직금규정의 제정으로 甲의 퇴직금이 감소된 경우라면 퇴직금
에 관한 한 취업규칙상 근로조건의 불이익변경으로 판단될 것이다. 그렇다면 甲의
퇴직금은 집단적 동의 절차 없이 이루어진 취업규칙 불이익변경으로서 무효라고 보
아야 할지, 아니면 유효하게 볼 어떠한 판단근거가 존재하는지 검토하여야 할 것이
다. 결국 이 문제는 甲의 다른 근로조건이 개선되는 등으로 인해 전체적으로 취업
규칙이 불이익변경 여부를 판단하는 것이 중요하다.

Ⅱ. 퇴직금규정의 불이익변경 여부

1. 판단 기준

사안에서 甲이 B회사에 대해 변경 전의 A회사 지급기준에 따른 퇴직금을 청구
할 수 있는지의 여부는 결국 B회사가 퇴직금에 관한 보수규정을 근로자의 동의 없
이 변경할 수 있는가의 판단이 선행되어야 한다. 근로기준법은 이에 대해 취업규칙
의 불이익변경시에는 집단적 동의를 요한다는 규정을 두고 있는바(근로기준법 제94
조 제1항 단서), B회사의 퇴직금규정 제정으로 퇴직금내용이 불리하게 변경되었다면
취업규칙의 불이익변경에 해당되어 B회사 퇴직금규정은 과반수 노동조합이나 근로
자 과반수의 동의를 받아야 하는 것이 원칙이다. 만약 이러한 집단적 동의를 받지

않았다면 甲에 대하여는 효력은 없게 되는 것이고, B회사는 甲에게 변경 전 A회사의 퇴직금규정에 따라 퇴직금을 지급해야 할 것이다. 따라서 B회사 퇴직금규정 제정이 취업규칙 불이익변경인지의 판단이 관건이다.

2. 퇴직금규정의 불이익변경 여부 검토

사안에서 퇴직금지급률을 A회사 퇴직금규정보다 불리하게 규정한 반면 호봉조정과 임금인상을 통해 퇴직금의 산정기준임금은 유리하게 변경한 것으로 되어 있다. 만약 B회사의 퇴직금규정이 퇴직금지급률을 하향조정했다 할지라도 이에 따라 산정한 퇴직금내용이 A회사의 퇴직금규정에 따라 산정한 퇴직금보다 낮지 않다면 불이익변경으로 볼 수 없을 것이다. 그러나 사안에서는 이에 관한 구체적 내용이 없으므로 적어도 퇴직금지급률이 불리하게 변경됨으로써 퇴직금에 관한 한 불리하게 변경된 것으로 보고 이 퇴직금규정의 甲에 대한 적용가능성을 검토해 보기로 한다.

Ⅲ. 甲에 대한 B회사 퇴직금규정의 적용가능성

1. 취업규칙의 불이익변경시의 원칙과 예외

취업규칙의 불이익변경시에는 근로자 과반수로 조직된 노동조합이 있는 경우에는 그 노동조합, 없는 경우에는 근로자 과반수 동의를 얻도록 하고 있다(근로기준법 제94조 제1항 단서).

그런데 판례는 취업규칙의 작성 또는 변경이 그 필요성 및 내용의 양면에서 보아 그에 의하여 근로자가 입게 될 불이익의 정도를 고려하더라도 여전히 당해 조항의 법적 규범성을 시인할 수 있을 정도로 사회통념상 합리성이 있다고 인정되는 경우에는 종전 근로조건 또는 취업규칙의 적용을 받고 있던 근로자의 집단적 의사결정방법에 의한 동의가 없다는 이유만으로 그 적용을 부정할 수 없다고 하였다(대법원 2001. 1. 5. 선고 99다70846 판결).

사안을 검토하건대, 甲의 소속이 합병에 의해 A회사에서 B회사로 변경되었고 퇴직금에 관한 새로운 취업규칙이 제정된 것이 취업규칙의 불이익변경에 해당한다면 근로기준법 제94조에 따라 집단적 동의를 얻어야 그 변경이 유효할 것이다. 그러나 취업규칙 불이익변경이라 할지라도 여러 가지 정황상 사회통념상 합리성이라는 기준을 충족할 경우, 집단적 동의가 없더라도 불이익변경의 효력이 인정될 수 있을 것이다. 따라서 B회사 퇴직금규정과 관련하여 취업규칙 불이익변경이라 할지라도 사회통념상 합리성이 있다면 집단적 동의가 없더라도 유효하다고 판단할 수 있을지 그리하여 甲에게도 이 퇴직금규정이 그대로 적용할 수 있을지가 문제된다.

2. 취업규칙 불이익변경의 사회통념상 합리성 판단

사회통념상 합리성의 유무는 취업규칙의 변경 전후를 비교하여 취업규칙의 변경 내용 자체로 인하여 근로자가 입게 되는 불이익의 정도, 사용자 측의 변경 필요성의 내용과 정도, 변경 후의 취업규칙 내용의 상당성, 대상(代償)조치 등을 포함한 다른 근로조건의 개선상황, 취업규칙 변경에 따라 발생할 경쟁력 강화 등 사용자 측의 이익 증대 또는 손실 감소를 장기적으로 근로자들도 함께 향유할 수 있는지에 관한 해당 기업의 경영행태, 노동조합 등과의 교섭 경위 및 노동조합이나 다른 근로자의 대응, 동종 사항에 관한 국내의 일반적인 상황 등을 종합적으로 고려하여 판단하여야 한다는 것이 대법원 판례의 태도이다(대법원 2015. 8. 13. 선고 2012다43522 판결).

사안에서 甲은 퇴직금 규정에 관한 취업규칙의 변경으로 인해 종전의 퇴직금규정보다는 불이익하겠지만, 합병으로 인해 B회사의 퇴직금규정을 통일시키려는 목적이 보이고, 변경 후의 취업규칙의 내용에 있어서 다른 근로조건에 대해서는 정년을 10년 연장하고, 호봉조정과 임금인상을 통한 퇴직금 산정시 기준임금 증가 등의 개선을 하였으므로 종합적으로 보아 사회통념상 합리성이 인정된다 할 것이다.

Ⅳ. 결　론

甲의 지위는 합병으로 인해 A회사에서 B회사로 이전되었고, B회사의 퇴직금규정의 제정은 퇴직금에 관한 한 취업규칙 불이익변경에 해당하겠지만 정년연장과 같은 다른 근로조건의 개선 등을 종합적으로 검토하여 볼 때 불이익변경의 사회통념상 합리성이 있다고 판단된다. 따라서 비록 집단적 동의가 없었더라도 甲은 B회사의 퇴직금규정에 의해 퇴직금을 지급받은 것은 정당하다 할 것이다.

> **문제 2**
>
> 합병 이후 B회사 근속기간을 기준으로 퇴직금을 지급받은 甲은 A회사 입사를 기준으로 한 근속기간을 기준으로 산정한 퇴직금에서 합병시 지급받은 퇴직금을 공제한 퇴직금을 지급하여야 한다고 주장한다. 이러한 甲의 주장은 타당한가? (20점)

Ⅰ. 문제의 논점

합병의 경우에는 합병법리에 따라 근로관계상의 권리의무도 그대로 포괄승계된다. 그런데 사안에서는 합병시 그때까지의 퇴직금을 정산하여 지급함으로써 A회사를 퇴직하고 B회사에 입사한 것처럼 하였다. 이는 근로자가 실제로는 계속 근로하면서도 형식적으로는 회사의 방침이나 사정에 따라 근로관계를 종료하는 퇴직절차를 밟는 이른바 중간퇴직과 같은 것이다. 종래 근로자의 진정한 자유의사에 기한 중간정산을 인정했지만 퇴직금 중간정산의 효력과 관련하여 문제가 계속 제기되자 2011년 근로자퇴직급여 보장법 개정을 통해 주택구입 등 대통령령으로 정하는 예외적인 경우에만 퇴직금 중간정산이 가능하도록 명문으로 규정하였다(동법 제8조 제2항, 동법 시행령 제3조 제1항).

한편 이러한 중간퇴직은 회사가 국내 근무자를 해외근무지에 발령하는 경우에 일단 퇴직하게 하고 재입사시키는 형태로 나타나기도 하고, 영업양도시 종전 회사와의 근로관계가 새로운 회사와의 근로관계로 존속 유지됨에도 불구하고 형식적으로 퇴직절차를 밟고 재입사하는 경우에도 나타나며, 또한 사용자측이 퇴직금 등 임금지불의 부담을 줄이려는 편법으로 단기간의 계약기간이 있는 근로계약을 체결하여 매번 계약이 종료되고 새로이 계약이 체결되는 형태로도 나타난다.

위 사안에서는 근로자 甲의 합병에 따른 퇴직금 중간정산이 있는 경우로서 이를 유효한 법률행위로 볼 것인지와 최종적으로 퇴직할 경우 퇴직금 산정에 있어서 실제로 근속한 전체 기간을 계산하여 과거의 중간퇴직시에 이미 받은 퇴직금을 공제하여야 하는가 라는 문제가 있다.

Ⅱ. 甲에 대한 퇴직금 중간정산의 효력

1. 근로관계의 승계와 퇴직금 중간정산의 인정 여부

A회사와 B회사의 합병으로 甲의 근로관계는 포괄적으로 승계되었다. 승계된 이후 B회사에서도 종전의 근로관계와 동일한 근로관계를 유지하게 되고, 사용자가 종전의 근로관계보다 불리한 근로조건을 적용하기 위해서는 종전의 근로계약상 지위를 유지하던 근로자 집단의 집단적 의사결정방법에 의한 동의 등의 사정이 있어야 하며, 이러한 동의 등이 없는 한 사용자가 일방적으로 종전의 근로조건을 근로자에게 불리하게 변경하거나 종전의 근로조건보다 불리한 취업규칙을 적용할 수 없다. 따라서 甲은 종전의 근로조건을 그대로 유지한 채 B회사에 승계되었으며, 종전의 근로조건이 그대로 적용되는 것이 원칙이다(대법원 1995. 12. 26. 선고 95다41659 판결; 대법원 2010. 1. 28. 선고 2009다32522 판결).

문제는 합병으로 인한 근로관계 승계시 퇴직금의 중간정산이 인정될 수 있는지 여부다. 종래 퇴직금중간정산에 대해 판례는 무엇보다 근로자가 "자의로" 계속적 근로관계를 단절시킬 의사가 있느냐에 따라서 그 효력을 판단하고 있다(대법원 1997. 10. 24. 선고 96다12276 판결 등). 즉, 근로자가 자신의 의사와 상관없이 사용자의 결정이나 방침에 따라 형식상 일단 퇴직한 것으로 하고 다시 채용되는 형식을 취하는 경우, 그 근로자의 퇴직의사는 통정한 허위표시로서 무효라고 하거나(민법 제108조), 근로자가 회사의 경영방침에 따라 그 사직원을 제출함은 비진의의사표시에 해당되고 재입사를 전제로 사직원을 제출하게 한 회사 또한 그와 같은 진의 아님을 알고 있었다는 점에서 사직원 제출과 퇴직처리에 따른 퇴직효과는 생기지 않는다(민법 제107조 제1항 단서 참조)고 하였다. 또한 근로자가 이런 회사의 방침에 따라 아무런 이의제기 없이 퇴직금을 받더라도 이것만으로는 계속근로의 단절에 동의한 것으로도 볼 수는 없다고 하였다.

요컨대 근로자의 중간퇴직이 자의에 의한 것이 아닌 경우에는 그 퇴직의 의사표시는 효력이 없는 것이고 근로관계는 단절없이 계속 유지된다고 보아야 할 것이다.

2. 사안의 검토

이러한 합병 당시의 퇴직금중간정산에 관한 판례와 통설의 입장을 고려해 볼 때, 위 사안에서 B회사에 합병되는 A회사 근로자들에게 일률적으로 퇴직금을 지급했다는 사실에 비추어 볼 때 근로자 甲은 순수한 자의로 퇴직의사를 밝혔다고 볼 수 없고, 단지 합병당사자의 의사에 따라 퇴직금이 정산되어 지급받은 것뿐이다.

따라서 비록 甲이 퇴직금을 이의 없이 수령했다 할지라도 이러한 사실만으로 퇴직처리에 따른 퇴직효과가 발생하지 않으며 사실상 근로관계가 단절없이 B와 계속적으로 유지된 이상 퇴직금정산에 따른 중간퇴직이 인정될 수 없다. 즉 위 사안에서 합병과 퇴직금지급에도 불구하고 계속근로가 인정되어 甲은 A회사 입사 이후 퇴직시까지의 전 근속기간에 대한 퇴직금 지급을 요구할 수 있다고 하겠다.

Ⅲ. 甲의 근속년수와 퇴직금의 내용

사안에서 근로자 甲은 자신의 의사와 관계없이 합병시 퇴직금을 지급받았으므로 퇴직금중간정산에 따른 중간퇴직이 인정될 수 없다. 따라서 이의없이 퇴직금을 수령하였을지라도 甲의 계속근로관계는 유지된다고 하겠다.

이와 같이 계속근로가 인정된다면 甲의 퇴직금은 A회사 입사 이후 퇴직시까지의 전 근속기간에 대한 퇴직금을 산정한 금액이 될 것이고, 퇴직금을 지급함에 있어서 이미 받은 퇴직금을 반환 내지 공제해야 할 것이다.

(보론) 다만, 이 경우, 기지급받은 퇴직금의 법정이자를 공제할 수 있는지가 문제된다. 이에 대해 대법원은 "근로자가 최종적으로 퇴직하면 그 회사가 통산한 계속근로년수에 상응하는 퇴직금에서 이미 지급된 퇴직금을 공제한 나머지를 지급할 의무가 있다"고 한다. 따라서 대법원은 단지 종전에 지급된 퇴직금을 공제할 것만을 요구한다. 즉 근로자의 의사와 상관없이 현실적으로 중간퇴직처리하면서 퇴직금을 지급한 경우에는 사용자가 이른바 기한의 이익(민법 제153조 참조)을 스스로 포기한 것으로 보아 법정이자상당액도 인정하지 않는 입장을 취하고 있다(대법원 1993. 1. 15. 선고 92다37673 판결). 따라서 위 사안을 판례의 입장에 따라 생각해 본다면 甲은 당시 지급받은 퇴직금을 반환하는 것으로 족하고 이와 별도로 그 법정이자의 반환은 불필요하게 된다.

Ⅳ. 결   론

甲의 퇴직금 산정시 입사 이후의 실제 계속근로한 기간이 계속근로기간으로 인정되기 때문에 甲은 A회사에 대하여 종전에 받은 퇴직금을 공제한 전 근속기간에 대한 퇴직금 지급을 요구할 수 있다.

유사사례

甲은 1990년 2월 정부투자기관인 A공사에 취업하여 사무직원으로 근무하였
다. 그러던 중 1995년 4월 A공사는 정부투자기관관리기본법(제17조, 제21조)
과 A공사의 정관이 정한 바에 따라 이사회의 결의로 퇴직금에 관한 보수규정
을 개정하였다. 그 내용은 재정경제부장관의 업무지침에 따라 현재의 퇴직금
지급기준율을 타 정부투자기관의 수준으로 낮춘다는 것이었다. 이후 A공사는
변경된 보수규정에 따라 몇몇 근로자에게 퇴직금을 지급한 바 있으며, 甲 자신
도 개정된 보수규정에 아무런 이의를 제기하지 않은 채 계속 근무하였다. 그
후 1997년 3월 甲은 A공사를 퇴직하였고, 변경된 보수규정에 따라 지급된 퇴
직금을 수령하였다.
퇴직한 이듬해인 1998년 5월 甲이 사망하였다. 甲의 상속인이 된 乙은 A공
사에 대하여 甲의 취업당시 퇴직금지급기준율에 따라 산정된 퇴직금과 1995
년 변경된 퇴직금지급기준율에 의한 퇴직금 사이의 차액 그리고 이에 대한
지연배상금을 청구하였다. 乙의 퇴직금 차액과 지연배상금에 대한 청구는
정당한가?

해설요지

사안의 경우, 정부투자기관 관리기본법(2007. 1. 19. 공공기관의 운영에 관한 법률이
제정되면서 동법은 폐지됨)이 근로기준법과 입법목적·규정사항들을 달리하므로, 위
법률이 전면적으로 근로기준법의 특별법이라고 볼 수 없고, 정부투자기관의 임직원
에 대한 임금·퇴직금 등 근로조건에 관한 별도의 규정을 두거나 근로기준법 제96
조 이하를 배제한다는 내용을 두고 있지 않으므로 이들 사항에 관해서는 근로기준
법이 적용된다.

따라서 취업규칙의 불이익변경시에는 근로기준법 제94조에서 정한 바에 따른
근로자 측의 집단적 동의가 필요한바, A공사는 이러한 동의절차 없이 취업규칙을
불이익하게 변경하였으므로, 甲은 변경 전의 취업규칙의 적용을 받게 된다. 따라서
변경 전의 지급률에 따라 산정된 퇴직금이 甲이 퇴직 당시 수령했어야 할 퇴직금이
므로 실제 수령액과의 차액 및 그 지연배상금을 청구할 수 있다. 다만 甲은 사망하
였으므로 甲의 상속인인 乙은 이를 청구할 수 있다.

주요참조판례

1. 취업규칙의 불이익변경과 집단적 동의

[1] 기존의 근로조건을 근로자에게 불리하게 변경하는 경우에 필요한 근로자의 동의는 근로자의 집단적 의견결정방법에 의한 동의임을 요하고 이러한 동의를 얻지 못한 취업규칙의 변경은 효력이 없다. 사용자가 취업규칙에서 정한 근로조건을 근로자에게 불리하게 변경함에 있어서 근로자의 동의를 얻지 않은 경우에 그 변경으로 기득이익이 침해되는 기존의 근로자에 대한 관계에서는 변경의 효력이 미치지 않게 되어 종전 취업규칙의 효력이 그대로 유지되지만, 변경 후에 변경된 취업규칙에 따른 근로조건을 수용하고 근로관계를 갖게 된 근로자에 대한 관계에서는 당연히 변경된 취업규칙이 적용되어야 하고, 기득이익의 침해라는 효력배제사유가 없는 변경 후의 취업근로자에 대해서까지 변경의 효력을 부인하여 종전 취업규칙이 적용되어야 한다고 볼 근거가 없다(대법원 1992. 12. 22. 선고 91다45165 판결).

[2] 정부투자기관관리법(1973. 2. 6. 법률 제2477호, 정부투자기관관리기본법의 시행에 따라 1984. 3. 1 폐지) 및 정부투자기관예산회계법(1962. 8. 13 법률 제1119호, 같은 사유로 1984. 3. 1. 폐지)은 근로기준법과는 입법목적 규정사항들을 달리 하므로, 근로기준법의 특별법이라고 볼 수 없고, 또 위 각 법률의 개별조항에 있어서도 정부투자기관 임직원의 보수, 퇴직금 등 근로조건에 관하여 근로기준법에 대한 특칙을 규정한 바도 없기 때문에 정부투자기관의 임직원의 보수, 퇴직금 등 근로조건에 관한 사항은 역시 근로기준법의 적용을 받는다.

퇴직급여규정의 개정이 대한주택공사의 내규인 취업규칙, 정관, 이사회 운영규정의 각 규정에 따른 것이라 하더라도 위와 같은 규정은 위 공사가 사용자측 입장에서 퇴직급여규정을 제정, 개정하는 경우 거쳐야 할 절차를 규정한 것에 지나지 아니하므로 위와 같은 규정에 따라 개정된 퇴직급여규정이 근로자에게 불이익한 경우 근로자들에게 구속력을 갖기 위하여 근로자집단의 동의가 필요하다(대법원 2000. 1. 28. 선고 98두9219 판결).

2. 사회통념상 합리성

[1] 사용자가 일방적으로 새로운 취업규칙의 작성·변경을 통하여 근로자가 가지고 있는 기득의 권리나 이익을 박탈하여 불이익한 근로조건을 부과하는 것은 원칙적으로 허용되지 아니하지만, 해당 취업규칙의 작성 또는 변경이 필요성 및 내용의 양면에서 보아 그에 의하여 근로자가 입게 될 불이익의 정도를 고려하더라도 여전히 당해 조항의 법적 규범성을 시인할 수 있을

정도로 사회통념상 합리성이 있다고 인정되는 경우에는 종전 근로조건 또는 취업규칙의 적용을 받고 있던 근로자의 집단적 의사결정 방법에 의한 동의가 없다는 이유만으로 그의 적용을 부정할 수는 없다. 그리고 취업규칙의 작성 또는 변경에 사회통념상 합리성이 있다고 인정되려면 실질적으로는 근로자에게 불리하지 아니하는 등 근로자를 보호하려는 근로기준법의 입법 취지에 어긋나지 않아야 하므로, 여기에서 말하는 사회통념상 합리성의 유무는 취업규칙의 변경 전후를 비교하여 취업규칙의 변경 내용 자체로 인하여 근로자가 입게 되는 불이익의 정도, 사용자 측의 변경 필요성의 내용과 정도, 변경 후의 취업규칙 내용의 상당성, 대상(代償)조치 등을 포함한 다른 근로조건의 개선상황, 취업규칙 변경에 따라 발생할 경쟁력 강화 등 사용자 측의 이익 증대 또는 손실 감소를 장기적으로 근로자들도 함께 향유할 수 있는지에 관한 해당 기업의 경영행태, 노동조합 등과의 교섭 경위 및 노동조합이나 다른 근로자의 대응, 동종 사항에 관한 국내의 일반적인 상황 등을 종합적으로 고려하여 판단하여야 한다.

　[2] 다만 취업규칙을 근로자에게 불리하게 변경하는 경우에 동의를 받도록 한 근로기준법 제94조 제1항 단서의 입법 취지를 고려할 때, 변경 전후의 문언을 기준으로 하여 취업규칙이 근로자에게 불이익하게 변경되었음이 명백하다면, 취업규칙의 내용 이외의 사정이나 상황을 근거로 하여 그 변경에 사회통념상 합리성이 있다고 보는 것은, 이를 제한적으로 엄격하게 해석·적용하여야 한다(대법원 2015. 8. 13. 선고 2012다43522 판결).

10 임금지급의 원칙

사실관계

A회사에 근무하는 근로자 甲은 주택임대차 보증금에 충당할 목적으로 500만 원을 대출받았다. A회사와 근로자 甲은 대출금 지급 이후 3년 동안 연이율 2%의 이자를 매월 회사에 납부하되 3년이 경과하는 시점에 일시금으로 상환하기로 하고, 만약 이 기간 내에 퇴직하게 될 경우 대출금 전액을 즉시 상환하며 상환하지 못할 경우 미지급 임금 및 퇴직금과 상계할 수 있다는 내용의 대출계약을 2013년 3월 체결하였다.

이후 A회사의 경영 상황이 악화되어 임금지급일에 제때 임금이 지급되지 못하는 등 임금이 체불되자 甲은 2015년 8월 18일 회사를 퇴직하고 B회사로 이직하였다. 근로자 甲은 2015년 8월 26일 A회사에 대하여 3개월간의 미지급 임금 900만 원을 청구하였다(근로자 甲은 A회사에서 확정기여형 퇴직연금에 가입되어 있었고 퇴직일 이후 개인퇴직계좌(IRP)로 이체되어 퇴직금 미지급 문제는 발생하지 않았다).

근로자 甲의 청구에 대하여 A회사는 미지급 임금 900만 원을 甲이 상환하지 않은 대출금 500만 원과 상계하고 남은 400만 원만을 근로자 甲의 통장에 입금했다. 이에 근로자 甲은 자신의 동의를 받지 않고 A회사가 일방적으로 상계한 것은 적법하지 않다고 주장하면서 미지급 임금 차액인 500만 원 전액을 입금해줄 것을 요구하고 있다.

문제 1

A회사가 근로자 甲에 대한 대출금채권을 자동채권으로 A회사에 대한 근로자 甲의 임금채권과 상계한 것은 타당한가? (30점)

문제 2

위 사안에서 근로자 甲이 회사에 대한 자신의 임금채권 중 400만 원에 관한 부분을 퇴직일 이전에 乙에게 채권양도하고 이를 A회사에 통지했다고 가정한다면, A회사가 甲에게 이미 지급하였더라도 乙은 양수받은 400만 원의 지급을 A회사에게 청구할 수 있는가? (채권양도 통지절차에는 하자가 없다고 가정한다) (20점)

사례해결의 Key Point

문제 1

① 근로기준법 제43조는 임금의 통화지급, 직접지급, 전액지급, 정기지급원칙 등 임금지급의 4개 원칙을 규정하고 있으므로, 회사의 상계 의사표시가 임금전액지급 원칙에 위배되는 것은 아닌지 검토해야 한다.

② 판례는 임금전액지급 원칙의 예외로서 매우 엄격한 요건이 충족될 때에만 임금채권을 수동채권으로 한 상계를 허용하고 있다.

문제 2

임금직접지급 원칙과 관련된 문제로서 임금채권 양수인에 대한 임금지급 문제이다. 판례는 채권양수인이라 할지라도 스스로 사용자에 대하여 임금의 지급을 청구할 수는 없다고 보고 있다.

─── 〈풀 이 목 차〉 ───

> **문제 1**
>
> A회사가 근로자 甲에 대한 대출금채권을 자동채권으로 A회사에 대한 근로자 甲의 임금채권과 상계한 것은 타당한가? (30점)

Ⅰ. 문제의 논점

근로기준법 제43조는 임금지급의 방법에 대하여 특별히 규정하고 있다. 제1항은 "임금은 통화로 직접 근로자에게 그 전액을 지급하여야 한다"고 규정하여 통화지급, 직접지급, 전액지급의 원칙을 정하고 있고, 제2항은 "임금은 매월 1회 이상 일정한 날짜를 정하여 지급하여야 한다"고 규정하여 정기지급원칙을 규정하고 있다. 근로기준법이 임금지급의 원칙을 정하고 있는 것은 근로자와 부양가족의 생활의 기초가 되는 임금이 확실하고도 신속히 근로자에게 지급되도록 하기 위해서이다.

사안은 A회사가 근로자 甲에 대하여 가지고 있는 대출금채권을 자동채권으로 하여 수동채권인 근로자 甲의 임금채권을 상계한 것으로, 임금전액지급 원칙에 위배되는 것이 아닌지가 중요한 쟁점이 된다. 여기서 대출금채권은 근로할 것을 조건으로 하는 전대채권으로 볼 수 없으므로, 근로기준법에 규정된 전차금 상계금지(제21조)에 대하여는 검토할 필요는 없다.

Ⅱ. 임금전액지급 원칙과 사용자의 상계가능성

1. 임금전액지급 원칙의 내용

사용자는 근로자에게 임금을 전액 지급하여야 한다. 이는 근로기준법 제43조 제1항을 근거로 하며, 이 규정을 위반한 자는 3년 이하의 징역이나 3천만 원 이하의 벌금에 처하도록 하고 있다(근로기준법 제109조). 임금전액지급 원칙은 임금이 전액 지급되지 않음으로써 발생하는 근로자의 생활곤란을 방지하고 임금의 전부 또는 일부가 사용자에게 유보되어 있음으로 인해 근로자가 퇴직의 자유를 부당하게 구속당할 위험으로부터 보호하기 위한 것이다. 다만 전액지급원칙은 법령 또는 단체협약에 특별한 규정이 있는 경우에는 임금 일부를 공제할 수 있다고 하여 법상 예외를 인정하고 있다.

2. 임금채권에 대한 사용자의 상계가능성

(1) 학　　설

사용자가 근로자에 대하여 일정한 채권을 보유하고 있을 때 이 채권과 근로자의 임금채권을 상계하는 것이 가능한지 문제된다. 전액지급원칙에 비추어 사용자는 근로자에 대한 채권 또는 채무불이행이나 불법행위로 인한 손해배상청구권을 가지고 있더라도 임금채권과 상계할 수 없다고 본다.

그러나 근로자 스스로 상계를 하거나 혹은 사용자와 근로자 간의 합의를 통한 상계가 허용되는가에 대하여는 자유의사설과 상계합의무효설이 대립하고 있다. 자유의사설에 의하면 사용자의 일방적인 상계는 금지되지만 근로자가 자유로운 의사에 기하여 상계에 동의한 경우에는 그 동의가 근로자의 자유로운 의사에 기한 것이라고 인정할 만한 합리적인 이유가 객관적으로 존재할 때 임금전액지급의 원칙에 위반된다고 볼 수 없다고 한다. 이에 반해 상계합의무효설은 근로기준법상 임금규정은 강행규정이므로 근로자의 동의를 얻었다 하더라도 상계합의는 언제나 무효라는 입장이다.

(2) 판례의 태도

판례는 "사용자가 근로자에 대하여 가지는 채권을 가지고 일방적으로 근로자의 임금채권을 상계하는 것은 금지된다고 할 것이지만, 사용자가 근로자의 동의를 얻어 근로자의 임금채권에 대하여 상계하는 경우에 그 동의가 근로자의 자유로운 의사에 터 잡아 이루어진 것이라고 인정할 만한 합리적인 이유가 객관적으로 존재하는 때에는 근로기준법에 위반하지 아니한다고 보아야 할 것이고, 다만 임금 전액지급의 원칙의 취지에 비추어 볼 때 그 동의가 근로자의 자유로운 의사에 기한 것이라는 판단은 엄격하고 신중하게 이루어져야 한다"고 하여 자유의사설의 태도를 취하고 있다(대법원 2001. 10. 23. 선고 2001다25184 판결).

3. 소　　결

근로자의 진정한 자유의사에 기한 상계나 상계합의(동의)의 효력은 인정될 수 있다는 점에서 원칙적으로 자유의사설이 타당하다고 생각한다. 이에 따라 사안에서의 대출계약상의 상계에 관한 합의내용이 근로자의 진정한 자유의사에 기한 상계합의로 볼 수 있는지 여부에 따라 상계가 가능하고 그 효력이 인정될 수 있다.

Ⅲ. A회사의 대출금채권과 甲의 임금채권의 상계가능성

1. 임금채권에 대한 상계의 정당성 인정 요건

사용자가 근로자에 대하여 가지고 있는 채권을 근거로 근로자의 임금채권과 상계하는 것이 허용되기 위해서는, 그 상계계약을 체결할 때에 근로자의 자유로운 의사에 기한 동의가 있었다고 인정할 만한 합리적인 이유가 객관적으로 존재하는가 하는 것이 가장 중요한 판단기준이 된다.

2. 대출계약서상 상계동의의 정당성

근로자 甲은 자신이 상계에 동의하지 않았는데, A회사가 일방적으로 상계처리를 했다고 주장하고 있다. 그러나 사례를 보면 근로자 甲은 자신의 주택임대차 보증금에 충당할 목적으로 먼저 A회사에 대출을 요청했고, 대출계약 체결 시에 상환기간이 도래하기 전에 퇴직하게 될 경우에는 대출금 전액을 즉시 상환하되 상환하지 못할 경우 미지급 임금 및 퇴직금과 상계할 수 있다는 내용이 명시되어 있다. 사례에서 대출계약 체결 시에 근로자 甲이 상계계약을 하기를 원하지 않았음에도 불구하고 자유로운 의사가 구속된 상태에서 하자있는 의사표시를 하고 상계 합의에 이른 것이라고 볼 만한 사정은 발견되지 않는다. 왜냐하면 대출을 신청한 것도 甲으로 보이며, 대출금의 목적이 근로자의 자유를 구속하거나 퇴직을 방해하기 위한 것으로 보기도 어렵기 때문이다. 따라서 위 사례에서 근로자 甲이 대출계약을 체결하면서 상계합의를 한 것은 근로자 甲의 자유로운 의사에 터 잡아 이루어진 것으로서 유효하다고 보는 것이 타당할 것이다.

상환 시점 이후에 A회사가 甲에 대한 미지급 임금 900만 원을 A회사가 보유한 500만 원의 대출금 채권과 동등액 범위 내에서 상계하고 400만 원만을 지급한 것은 대출계약서상 동의에 터 잡아 이루어진 것이므로 별도로 甲의 명시적 동의절차를 거쳐야 한다고 할 것은 아니다.

Ⅳ. 결   론

이상에서 살펴보았듯이 대출계약서상 상계에 관한 甲의 명시적 동의는 그 효력이 인정되고 이에 기초한 상계는 甲의 명시적 동의에 따른 것이므로 근로기준법 제

43조 제1항의 전액지급원칙에 위반되지 않고 적법하다. 따라서 A회사가 미지급 임금 900만 원 중 대출금 채권액 500만 원을 제외한 400만 원을 계좌입금을 통해 근로자 甲에게 지급한 것은 정당하다고 본다.

> **문제 2**
>
> 위 사안에서 근로자 甲이 회사에 대한 자신의 임금채권 중 400만 원에 관한 부분을 퇴직일 이전에 乙에게 채권양도하고 이를 A회사에 통지했다고 가정한다면, A회사가 甲에게 이미 지급하였더라도 乙은 양수받은 400만 원의 지급을 A회사에게 청구할 수 있는가? (채권양도 통지절차에는 하자가 없다고 가정한다) (20점)

Ⅰ. 문제의 논점

　　사안은 근로자 甲이 자신의 회사에 대한 임금채권을 제3자인 乙에게 양도하였을 때, 제3자인 乙이 A회사에 대하여 직접 자기에게 임금을 지급해줄 것을 요구할 수 있는가 하는 것이다. 이는 근로기준법 제43조 제1항에 의한 직접지급원칙과 관련한 문제이다. 이 사안에서는 현행 근로기준법하에서 임금채권 양도가 유효한지 여부와 양수인의 임금청구가 정당한지 여부가 중요한 쟁점이 된다.

Ⅱ. 임금직접지급 원칙과 임금채권의 양도성

1. 임금직접지급 원칙의 내용

　　근로기준법 제43조 제1항 단서는 통화지급원칙이나 전액지급원칙에 대하여 "법령 또는 단체협약"에 의한 예외를 인정하지만, 임금직접지급 원칙에 대해서는 예외를 인정하지 않는다. 따라서 근로자가 제3자에게 임금수령을 위임 또는 대리하게 하는 법률행위는 무효이다. 근로자의 법정대리인인 친권자, 후견인뿐만 아니라 근로자의 임의대리인에게 임금을 지급하는 것도 직접지급원칙에 위반된다. 그러나 근로자의 희망에 의하여 지정된 은행의 예금계좌에 입금하는 것은 직접지급원칙에 반하지 않는다고 본다.

2. 임금채권 양도의 효력

(1) 양도의 유효성 인정 여부를 둘러싼 견해의 대립

　　민법 제449조는 원칙적으로 지명채권의 양도성을 인정하고 있다. 따라서 지명채권인 근로자의 임금채권 역시 민법에 의하면 채권자인 근로자가 양도할 수 있다.

그러나 강행규정인 근로기준법 제43조가 직접지급원칙을 규정하고 있기 때문에 노동법에서는 임금채권의 양도 가능성이 논란이 되는 것이다. 이와 관련해서는 임금채권 양도계약을 무효로 보는 양도성 부정설, 임금채권의 양도계약 자체는 부인하지 않지만 여전히 직접 근로자에게 임금을 지급하여야 한다는 양도효력제한설, 민사집행법의 압류금지조항을 유추적용하여 임금채권의 2분의 1 범위를 초과하는 부분에 대하여는 양도성을 인정해야 한다는 제한적 양도설, 임금채권의 양도성을 전면적으로 인정하여 양수인의 임금지급청구권을 인정하는 완전양도성 인정설 등이 대립하고 있다.

(2) 판례의 태도(양도효력제한설)

판례는 과거 완전양도성 인정설을 취하고 있었으나(대법원 1959. 12. 17. 선고 4291민상814 판결), 1988년의 전원합의체 판결을 계기로 양도효력제한설로 변경되었다(대법원 1988. 12. 13. 선고 87다카2803 전원합의체 판결). 이 판결에서 대법원은 "원칙적으로 임금채권을 양도하는 것은 가능하지만, 근로기준법상 임금직접지급 원칙은 강행규정으로서 임금을 확실하게 본인의 수중에 들어가도록 하여 근로자의 생활을 보호하고자 하는 데 있으므로, 근로자가 그 임금채권을 양도한 경우라 할지라도 그 임금의 지급에 관하여는 같은 원칙이 적용되어 사용자는 직접 근로자에게 임금을 지급해야 하고, 양수인도 스스로 사용자에 대하여 임금지급을 청구할 수 없다"고 판단하였다.

3. 소 결

임금채권양도에 대한 현재 판례의 태도는 당해 규정의 강행성과 근로자의 임금수취권 보장이라는 취지를 중시한 것으로 이해할 수 있지만, 근로자의 채권자는 민사집행법에 따라 임금채권을 원칙적으로 2분의 1까지 압류할 수 있다고 인정되고 있는 점, 판례가 근로자의 자유의사를 전제로 사용자에 의한 임금채권 상계를 인정하는 것과의 형평성 등을 고려할 때 타당하다고 보기 어렵다. 그러한 관점에서 제한적 양도설이 해석론으로서 타당하다고 본다.

따라서 이하에서는 판례의 현재 태도인 양도효력제한설과 제한적 양도설 각각에 따른 사례해결을 모두 살펴본다.

Ⅲ. 채권양수인 乙의 A회사에 대한 지급청구권 인정 여부

1. 판례의 양도효력제한설에 따른 판단

사안에서 乙은 A회사에 대하여 자신이 양수한 임금채권액인 400만 원의 지급을 요구하고 있지만 판례는 임금채권 양도는 원칙적으로 가능하다고 보면서도 양수인의 청구권 행사를 제한한다(양도효력제한설). 따라서 판례에 따를 경우 A회사는 乙의 요구에 응하지 않아도 된다.

2. 제한적 양도설에 따른 판단

원칙적으로 압류가 금지되는 임금채권의 2분의 1 범위 내에서는 양도가 금지되나 그 초과분에 대하여는 양도성을 인정해야 한다는 제한적 양도설에 따른다면 乙은 A회사에 대하여 임금채권에 대하여 원칙적으로 양도가 금지되는 900만 원의 절반인 450만 원의 범위 내에서 적법한 청구권을 갖는다. 문제는 임금채권 양도통지에도 불구하고 A회사가 채권양도인인 근로자 甲에게 상계 후 남은 400만 원을 지급했다는 것이다. 그러나 甲에 대한 400만 원 변제는 채권양도통지 이후에 이루어진 것이므로 A회사는 그 지급을 이유로 乙에 대하여 대항하거나 지급을 거절할 수 없을 것으로 보인다. 따라서 A회사는 甲에게 이미 지급된 급여는 별개로 회수하더라도 채권양수인인 乙에게 상계 후 남은 400만 원을 모두 지급하여야 한다.

Ⅳ. 결   론

위 사안에서는 현재 판례의 태도(양도효력제한설)에 따를 경우와 제한적 양도설에 따를 경우에 결론이 달라진다.

판례의 태도에 따르면 임금채권 양수인인 乙은 직접 자신에게 임금을 지급할 것을 A회사에 요구할 수 없다. 그 금액의 다소를 불문하고 양수인에 대한 임금지급은 직접지급원칙에 반하기 때문이다. 반면 제한적 유효설을 따를 때에는 양수인 乙이 양도받은 채권액 400만 원은 미지급 임금(900만 원)의 2분의 1에 미달하기 때문에 乙은 A회사에게 그 지급을 청구할 수 있다. A회사는 甲으로부터 양도통지를 받고도 상계하고 남은 400만 원을, 乙이 아닌 甲에게 지급하였으므로 A회사는 甲에 대한 변제를 이유로 乙의 청구를 거부할 수 없다.

유사사례

A회사는 1997년 설립 이후 호봉제로 임금을 지급해오다가 2010년 5월 1일 보수규정을 개정하여 연봉제를 도입한 뒤 2011년 1월 1일부터 연봉계약을 체결한 근로자들에 대해 퇴직금 명목의 돈을 명시하여 매월 지급하는 고정연봉 속에 포함하여 지급하였다. A회사는 2012년 1월 1일 보수규정을 다시 개정하여 퇴직금을 중간 정산하여 매월 급여에 포함시켜 지급하기로 약정하였고, 1년에 1개월 평균임금 상당액을 12등분하여 매월 지급하여 퇴직금에 갈음하는 것으로 규정하였다. 연봉계약서에는 "근로자는 본인의 자유의사에 따라 퇴직금을 매월 단위로 중간 정산하여 정규 급여일에 지급해줄 것을 요청합니다"라고 기재되어 있다. 이 연봉계약에 따라 근로자 甲을 포함한 A회사 근로자들은 명시된 퇴직금 명목의 금원을 매월 균분하여 지급받았다.

근로자 甲은 A회사를 퇴직한 이후, 퇴직금 명목으로 매달 지급받은 금원은 퇴직금이 아니라 통상임금이므로 이를 포함하여 퇴직 전 3개월간 지급받은 급여를 기준으로 평균임금을 산정하여 퇴직금을 지급받아야 한다고 주장하고 있다. 근로자 甲이 주장하는 내용의 타당성을 판단하고 회사가 어떠한 법리에 기초하여 반론을 제기할 수 있는지 검토하시오.(퇴직연금제도 도입과 관련된 쟁점은 제외)

해설요지

사안의 경우 A회사와 근로자 甲 사이의 퇴직금 중간정산 합의의 유효성과 A회사가 근로자 甲에게 매월 퇴직금 명목으로 명시하여 지급한 금원의 법적 성격이 무엇인가 하는 문제가 쟁점이 된다. 최종 퇴직일 이전에 퇴직금 명목의 금원을 매월 지급하는 것은 강행법규에 반하는 것일 뿐만 아니라 근로자퇴직급여 보장법상 규정된 퇴직금 중간정산 사유 이외의 사유로 인한 퇴직금 중간정산 약정의 효력을 인정할 수 없다. 그러므로 퇴직금 명목으로 매월 지급된 금품은 퇴직금으로서 지급되었다고 볼 수 없다. 이 경우 근로자가 이미 지급받은 금원은 임금이기 때문에 A회사는 반환청구를 할 수 없는지 아니면 그 금원을 부당이득으로 보아 A회사는 부당이득 반환청구를 할 수 있는지 여부가 검토되어야 한다. 판례는 이 경우의 금원은 법적 원인 없이 지급된 부당이득이라고 본다. 이에 대하여 그 금원은 부당이득이 아니라 임금으로 보아야 한다는 반론이 있다.

한편 A회사가 근로자 甲에 대하여 부당이득반환청구권을 실제로 행사할 수 있는가에 대하여는 악의의 비채변제 또는 불법원인급여에 해당한다는 이유로 부정하는 견해가 있으나, 퇴직금을 미리 지급하는 행위가 선량한 풍속 기타 사회질서에 반하는 행위로 볼 수 없다는 점을 고려할 때 부당이득반환청구를 인정하는 것이 타당할 것이다. 대법원은 A회사가 무효인 퇴직금 중간정산 약정에 따라 이미 지급된 금원에 대하여 가지게 된 부당이득반환채권을 자동채권으로 하고 근로자 甲이 보유한 퇴직금채권을 수동채권으로 하여 상계하는 것도 인정하고 있다. 다만 이때 상계의 범위는 퇴직금채권의 2분의 1을 초과하는 부분에 해당하는 금액에 관하여만 허용된다고 한다.

주요참조판례

1. 임금전액지급 원칙과 상계

[1] 근로기준법에서 "임금은 통화로 직접 근로자에게 그 전액을 지급하여야 한다."라고 규정하여 이른바 임금 전액지급의 원칙을 선언한 취지는 사용자가 일방적으로 임금을 공제하는 것을 금지하여 근로자에게 임금 전액을 확실하게 지급 받게 함으로써 근로자의 경제생활을 위협하는 일이 없도록 그 보호를 도모하려는 데 있으므로, 사용자가 근로자에 대하여 가지는 채권을 가지고 일방적으로 근로자의 임금채권을 상계하는 것은 금지된다고 할 것이지만, 사용자가 근로자의 동의를 얻어 근로자의 임금채권에 대하여 상계하는 경우에 그 동의가 근로자의 자유로운 의사에 터 잡아 이루어진 것이라고 인정할 만한 합리적인 이유가 객관적으로 존재하는 때에는 근로기준법에 위반하지 아니한다고 보아야 할 것이고, 다만 임금 전액지급의 원칙의 취지에 비추어 볼 때 그 동의가 근로자의 자유로운 의사에 기한 것이라는 판단은 엄격하고 신중하게 이루어져야 한다(대법원 2001. 10. 23. 선고 2001다25184 판결)

[2] 계산의 착오 등으로 임금을 초과 지급한 경우에, 근로자가 퇴직 후 그 재직 중 받지 못한 임금이나 퇴직금을 청구하거나, 근로자가 비록 재직 중에 임금을 청구하더라도 위 초과 지급한 시기와 상계권 행사의 시기가 임금의 정산, 조정의 실질을 잃지 않을 만큼 근접하여 있고 나아가 사용자가 상계의 금액과 방법을 미리 예고하는 등으로 근로자의 경제생활의 안정을 해할 염려가 없는 때에는, 사용자는 위 초과 지급한 임금의 반환청구권을 자동채권으로 하여 근로자의 임금채권이나 퇴직금채권과 상계할 수 있다(대법원 2011. 9. 8. 선고 2011다22061 판결).

2. 임금직접지급 원칙과 임금채권 양도

[1] 근로자의 임금채권은 그 양도를 금지하는 법률의 규정이 없으므로 이를 양도할 수 있다. 그러나 근로기준법에서 임금직접지급의 원칙을 규정하는 한편 동법 제109조에서 그에 위반하는 자는 처벌을 하도록 하는 규정(제43조 제1항, 제100조)을 두어 그 이행을 강제하고 있는 취지가 임금이 확실하게 근로자 본인의 수중에 들어가게 하여 그의 자유로운 처분에 맡기고 나아가 근로자의 생활을 보호하고자 하는데 있는 점에 비추어 보면 근로자가 그 임금채권을 양도한 경우라 할지라도 그 임금의 지급에 관하여는 같은 원칙이 적용되어 사용자는 직접 근로자에게 임금을 지급하지 아니하면 안 되는 것이고 그 결과 비록 양수인이라고 할지라도 스스로 사용자에 대하여 임금의 지급을 청구할 수는 없다(대법원 1988. 12. 13. 선고 87다카2803 전

원합의체 판결).

　[2] 가. 임금은 법령 또는 단체협약에 특별한 규정이 있는 경우를 제외하고는 통화로 직접 근로자에게 전액을 지급하여야 한다(근로기준법 제43조 제1항). 따라서 사용자가 근로자의 임금 지급에 갈음하여 사용자가 제3자에 대하여 가지는 채권을 근로자에게 양도하기로 하는 약정은 전부 무효임이 원칙이다. 다만 당사자 쌍방이 위와 같은 무효를 알았더라면 임금의 지급에 갈음하는 것이 아니라 지급을 위하여 채권을 양도하는 것을 의욕하였으리라고 인정될 때에는 무효행위 전환의 법리(민법 제138조)에 따라 그 채권양도 약정은 '임금의 지급을 위하여 한 것'으로서 효력을 가질 수 있다.

　나. 갑이 을 주식회사와 퇴사 당시 지급받지 못한 임금 및 퇴직금의 지급에 갈음하여 을 회사의 제3자에 대한 채권을 양도받기로 합의한 다음 양도받은 채권 일부를 추심하여 미수령 임금 및 퇴직금 일부에 충당하였는데, 그 후 다시 을 회사를 상대로 미수령 임금 및 퇴직금 중 아직 변제받지 못한 부분의 지급을 구한 사안에서, 위 채권양도 합의가 전부 무효라면 당연히, 그리고 무효행위 전환의 법리에 따라 임금 및 퇴직금의 지급을 위한 것으로 보는 경우에는 그 법리에 따라, 갑은 원래의 미수령 임금 및 퇴직금 중 아직 변제받지 못한 부분의 지급을 을 회사에 청구할 수 있다고 보아야 하는데도, 위 채권양도 합의가 유효하다고 단정한 나머지 갑의 을 회사에 대한 임금 및 퇴직금청구 채권이 소멸되었다고 본 원심판결에 임금 직접 지급의 원칙에 관한 법리오해의 위법이 있다(대법원 2012. 3. 29. 선고 2011다101308 판결).

3. 퇴직금 분할지급 약정의 효력

　[1] 사용자와 근로자가 매월 지급하는 월급이나 매일 지급하는 일당과 함께 퇴직금으로 일정한 금원을 미리 지급하기로 약정(이하 '퇴직금 분할 약정'이라 한다)하였다면, 그 약정은 구 근로기준법 제34조 제3항 전문 소정의 퇴직금 중간정산으로 인정되는 경우가 아닌 한 최종 퇴직 시 발생하는 퇴직금청구권을 근로자가 사전에 포기하는 것으로서 강행법규인 같은 법 제34조에 위배되어 무효이고, 그 결과 퇴직금 분할 약정에 따라 사용자가 근로자에게 퇴직금 명목의 금원을 지급하였다 하더라도 퇴직금 지급으로서의 효력이 없다.(중략)

　근로관계의 계속 중에 퇴직금 분할 약정에 의하여 이미 지급한 퇴직금 명목의 금원은 같은 법 제18조 소정의 '근로의 대가로 지급하는 임금'에 해당한다고 할 수 없다. 따라서 사용자는 법률상 원인 없이 근로자에게 퇴직금 명목의 금원을 지급함으로써 위 금원 상당의 손해를 입은 반면 근로자는 같은 금액 상당의 이익을 얻은 셈이 되므로, 근로자는 수령한 퇴직금 명목의 금원을 부당이득으로 사용자에게 반환하여야 한다고 보는 것이 공평의 견지에서 합당하다.

[2] 임금은 통화로 직접 근로자에게 그 전액을 지급하여야 하므로 사용자가 근로자에 대하여 가지는 채권으로써 근로자의 임금채권과 상계를 하지 못하는 것이 원칙이고, 이는 경제적·사회적 종속관계에 있는 근로자를 보호하기 위한 것인바, 근로자가 받을 퇴직금도 임금의 성질을 가지므로 역시 마찬가지이다. 다만 계산의 착오 등으로 임금을 초과 지급한 경우에, 근로자가 퇴직 후 그 재직 중 받지 못한 임금이나 퇴직금을 청구하거나, 근로자가 비록 재직 중에 임금을 청구하더라도 위 초과 지급한 시기와 상계권 행사의 시기가 임금의 정산, 조정의 실질을 잃지 않을 만큼 근접하여 있고 나아가 사용자가 상계의 금액과 방법을 미리 예고하는 등으로 근로자의 경제생활의 안정을 해할 염려가 없는 때에는, 사용자는 위 초과 지급한 임금의 반환청구권을 자동채권으로 하여 근로자의 임금채권이나 퇴직금채권과 상계할 수 있다. 그리고 이러한 법리는 사용자가 근로자에게 이미 퇴직금 명목의 금원을 지급하였으나 그것이 퇴직금 지급으로서의 효력이 없어 사용자가 같은 금원 상당의 부당이득반환채권을 갖게 된 경우에 이를 자동채권으로 하여 근로자의 퇴직금채권과 상계하는 때에도 적용된다. 한편 민사집행법 제246조 제1항 제5호는 근로자인 채무자의 생활보장이라는 공익적, 사회 정책적 이유에서 '퇴직금 그 밖에 이와 비슷한 성질을 가진 급여채권의 2분의 1에 해당하는 금액'을 압류금지채권으로 규정하고 있고, 민법 제497조는 압류금지채권의 채무자는 상계로 채권자에게 대항하지 못한다고 규정하고 있으므로, 사용자가 근로자에게 퇴직금 명목으로 지급한 금원 상당의 부당이득반환채권을 자동채권으로 하여 근로자의 퇴직금채권을 상계하는 것은 퇴직금채권의 2분의 1을 초과하는 부분에 해당하는 금액에 관하여만 허용된다고 봄이 상당하다(대법원 2010. 5. 20. 선고 2007다90760 전원합의체 판결).

4. 퇴직연금채권의 양도 및 압류 금지

[1] 채무자의 제3채무자에 대한 금전채권이 법률의 규정에 의하여 양도가 금지된 경우에는 특별한 사정이 없는 한 이를 압류하더라도 현금화할 수 없으므로 피압류 적격이 없다. 또한, 위와 같이 채권의 양도를 금지하는 법률의 규정이 강행법규에 해당하는 이상 그러한 채권에 대한 압류명령은 강행법규에 위반되어 무효라고 할 것이어서 실체법상 효력을 발생하지 아니하므로, 제3채무자는 압류채권의 추심금 청구에 대하여 그러한 실체법상의 무효를 들어 항변할 수 있다. 그런데 근로자 퇴직급여제도의 설정 및 운영에 필요한 사항을 정함으로써 근로자의 안정적인 노후생활 보장에 이바지함을 목적으로 2005. 1. 27. 법률 제7379호로 '근로자퇴직급여 보장법'이 제정되면서 제7조에서 퇴직연금제도의 급여를 받을 권리에 대하여 양도를 금지하고 있으므로 위 양도금지 규정은 강행법규에 해당한다. 따라서 퇴직연금제도의 급여를 받을 권리에 대한 압류명령은 실체법상 무효이고, 제3채무자는 그 압류채권의

추심금 청구에 대하여 위 무효를 들어 지급을 거절할 수 있다.

　　민사집행법은 제246조 제1항 제4호에서 퇴직연금 그 밖에 이와 비슷한 성질을 가진 급여 채권은 그 1/2에 해당하는 금액만 압류하지 못하는 것으로 규정하고 있으나, 이는 '근로자퇴직급여 보장법'상 양도금지 규정과의 사이에서 일반법과 특별법의 관계에 있으므로, 퇴직급여법상 퇴직연금채권은 그 전액에 관하여 압류가 금지된다고 보아야 한다(대법원 2014. 1. 23. 선고 2013다71180 판결).

임금의 개념과 임금약정의 효력

(1) A회사는 개인의 실적평가에 따른 개인성과급제도를 취업규칙에서 규정하고 있고, 노사합의에 따라 회사의 영업이익과 경영목표달성 여부에 따라 전체 근로자들을 대상으로 지급하는 경영성과급제도를 운영해 오고 있다. 근로자 甲은 취업규칙에 근거한 개인성과급을 실적최소기준을 초과한 해에는 개인실적평가내용에 상응한 금액을 지급받아 왔으며, 경영성과급제도가 노사합의로 시행된 이래 회사가 설정한 경영성과목표를 달성한 해에는 당해연도의 경영성과를 반영하여 회사가 성과급총액과 기준, 지급률 등을 정하여 근로자들에게 배분지급해 온 경영성과급도 지급받아 왔다.

A회사를 퇴사하면서 甲은 개인실적과 경영성과에 연동해서 지급받아 온 개인성과급과 경영성과급 모두 임금에 해당하므로 퇴직금 등 임금산정에 당연히 포함되어야 한다고 주장한다.

이에 반하여 A회사는 이러한 성과급은 지급요건으로 정한 근로자의 개인실적이 나오거나 기업이윤이나 경영성과가 목표치를 상회하는 경우 지급되는 급부로서 지급여부가 불확정적이고 근로에 대한 대가로 보기 어렵기 때문에 임금으로 볼 수는 없다고 한다.

(2) B법인은 예산의 절반 이상을 정부보조금을 받아 운영해 오고 있는 공익법인이며, 보조금에는 사무국장을 비롯한 직원 인건비도 포함되어 있었다. 지원감독관청은 감사를 통해 법인의 운영과 예산집행에 중대한 문제가 있다는 이유로 보조금 교부를 중단한 상황이었다. 이런 상황에서 2016년 7월 B법인 대표는 乙에게 사무국장으로 일할 것을 제안하면서, "사무국장 급여 250만 원은 정부보조금에서 나오고, 보조금지원중단에 대하여 행정소송을 통해 이 문제가 해결되면 그때 밀린 급여를 지급할테니, 사무국장으로 일을 해주면 업무교통비로 월 100만 원을 지급하겠다"고 약속하였다. 乙은 이 제안을 수용하여 2016년 10월부터 사무국장으로 근무해

왔으나 2017년 7월 31일 사직할 때까지 소송이 진행되면서 보조금지급이 되지 못한 결과 매월 급여로 업무교통비 100만 원만을 지급받아 왔다.

　　이에 乙이 받지 못한 기본급 250만 원 등 미지급 임금을 지급해 줄 것을 요구한데 대해 B법인은 보조금지원을 조건으로 250만 원을 지급하는 것을 양해하고 사무국장으로 일하기로 합의했으므로 보조금이 지원되지 않은 이상 지급될 수가 없다고 주장한다.

문제 1

A회사가 甲에게 지급한 개인성과급과 경영성과급의 임금해당성을 검토하시오. (30점)

문제 2

B법인과 乙의 임금약정의 성격과 약정에서 정한 임금의 내용을 검토하시오. (20점)

◾ 사례해결의 Key Point

문제 1

　임금의 개념인 근로대가성에 비추어 개인성과급과 경영성과급의 임금성이 인정되기 위해서는 지급요건과 내용 등에 비추어 근로제공과 직접적으로 관련되거나 그것과 밀접하게 관련된 것으로 볼 수 있어야 한다.

문제 2

　정부보조금을 지급받을 때까지 업무교통비를 지급한다고 한 합의의 성격과 내용을 확인해야 한다. 이 합의부분을 조건으로 볼 수 있는지 여부와 그 효력에 대한 논의를 통해 문제해결을 하여야 한다.

───────────── 〈풀 이 목 차〉 ─────────────

문제 1

Ⅰ. 문제의 논점
Ⅱ. 개인성과급의 임금성
Ⅲ. 경영성과급의 임금성
Ⅳ. 결론

문제 2

Ⅰ. 문제의 논점
Ⅱ. B법인과 乙이 약정한 임금의 내용
Ⅲ. 보조금수령이 조건이라는 B법인
　　주장의 타당성
　1. 합의내용이 조건인지 여부
　2. 합의내용의 성격과 임금지급의무의
　　 내용
Ⅳ. 결론

> **문제 1**
> A회사가 甲에게 지급한 개인성과급과 경영성과급의 임금해당성을 검토하시오.
> (30점)

Ⅰ. 문제의 논점

甲에게 지급된 성과급을 임금으로 볼 수 있는지는 임금의 개념본질요소인 근로대가성이 있는 급부로 인정될 수 있는지 여부를 판단해야 한다. 개인성과급과 경영성과급의 근로대가성을 인정할 수 있는지는 각 성과급의 지급 사유나 지급 조건 등에 비추어 근로제공과 직접 또는 밀접하게 관련되어 사용자의 지급 의무가 인정되고, 계속적이고 정기적으로 지급되는 금품에 해당하는지를 검토하여야 한다. 이러한 임금의 개념요소를 충족한 것으로 볼 수 있는지에 대한 검토를 통해 성과급의 임금성이 판단되어야 한다.

Ⅱ. 개인성과급의 임금성

甲이 지급받은 개인성과급은 해당년도 업무실적에 상응하여 지급되기 때문에 지급액이 확정된 것은 아니나 매년 취업규칙규정에 따라 개별 근로자의 실적을 확인하여 성과급을 산정·지급할 의무를 부담한다. 이처럼 근로자의 근로제공의 결과인 실적에 대하여 지급되는 개인성과급은 근로제공과 '직접 또는 밀접한 관련성'이 있다는 점에서 근로대가의 성질을 가진 임금으로 볼 수 있다. 즉, A회사 근로자들의 임금은 통상임금과 같이 지급내용이 사전에 고정되어 있는 임금과 개인의 근로제공에 따른 성과에 상응하여 취업규칙이 정한 기준에 따라 지급되는 성과급 임금으로 구성된 것으로 이해될 수 있다.

사안에서 甲에게 지급된 개인성과급은 계속적·정기적으로 지급되고 지급대상과 조건이 확정돼 있어 사용자에게 지급해야 할 의무가 있기 때문에 결코 임시적으로 은혜적으로 지급되는 금품이라고 볼 수는 없으며, 취업규칙의 관련규정에 따라 사용자가 지급해야 하는 임금으로 판단된다.

Ⅲ. 경영성과급의 임금성

A회사의 경영성과급은 경영성과목표의 달성을 전제로 당해연도 성과의 내용을 토대로 노사가 합의한 바에 따라 지급되어 왔다. 그러나 경영성과목표가 달성되지 못한 해는 지급되지 못하고 경영목표 달성이라는 지급요건을 충족한 해에도 성과급의 내용은 회사가 정한 바에 따라 구체화된다는 점에 비추어 경영성과급이 계속적·정기적으로 지급되고 있다거나 지급대상과 조건이 확정되어 있다고 할 수는 없다.

A회사의 경영성과급은 경영성과와 연계되어있는 형태로서 매출이나 영업이익, 생산성 향상 또는 비용절감 등 기업의 경영목표를 정하고, 경영성과가 목표치를 상회할 경우 근로자에게 지급하게 되고 구체적인 지급조건과 관련하여서도 기업이윤 등 경영성과의 구체적 내용에 따라 회사가 정한 총지급액과 배분기준 등을 기초로 개별근로자별 지급액이 결정된다. 물론 기업의 경영성과에 근로자들이 기여한 바는 부인할 수 없다. 그러나 기본적으로 경영성과는 경영상의 의사결정, 경영환경, 경기와 시장상황 등 여러 복합적 변수가 작용하여 나타나는 결과이기 때문에 개인성과급과 달리 근로제공과 직접적이거나 밀접한 관련을 가진다고 보기는 어렵다.

따라서 경영성과목표 달성에 대해 지급되는 성과배분금원으로 甲에게 지급된 경영성과급은 근로대가로서 지급되는 임금으로 볼 수는 없다고 판단된다.

Ⅳ. 결   론

A회사가 甲에게 지급한 개인성과급은 임금에 해당되지만, 경영성과급은 근로의 대가로서 지급대상과 조건이 확정되어 정기적으로 지급된 것으로 볼 수 없기 때문에 임금성을 인정하기 어렵다. 따라서 A회사는 퇴직하는 甲의 퇴직금 등 임금산정시 경영성과급은 제외하고 개인성과급만 포함하여 산정한 금액을 지급하면 된다.

> **문제 2**
> B법인과 乙의 임금약정의 성격과 약정에서 정한 임금의 내용을 검토하시오.
> (20점)

Ⅰ. 문제의 논점

　　B법인과 乙이 합의한 내용을 어떻게 이해하고 해석할 것인지가 핵심이다. 먼저 이 합의에 따라 B법인과 乙이 약정한 임금내용이 무엇인지 검토하여야 할 것이다. 이와 관련하여 업무교통비로 지급된 월 100만 원이 임금인지 여부와 이 급여와 보조금에서 지급되는 급여인 월 250만 원과의 관계를 검토하여 乙의 임금내용이 파악되어야 하며, 보조금을 수령하게 되면 밀린 급여 월 250만 원을 지급한다는 합의내용의 성격과 효력이 논의되어야 한다.

Ⅱ. B법인과 乙이 약정한 임금의 내용

　　사안에서 B법인 대표는 乙에게 정부보조금을 지급받게 되면 매월 250만 원을 이 재원으로 지급하고, 보조금지급이 되지 않는 기간 동안에는 업무교통비 100만 원만 지급하기로 한 약정에 따라 매월 업무교통비로 100만 원을 지급해 온 업무교통비 100만 원이 임금인지 여부가 문제된다. 사안에서 乙에게 지급된 업무교통비는 매월 정기적으로 지급의무가 있는 확정된 금액을 지급했다는 점에서 업무활동에 소요된 교통비를 실비보전하는 내용이라기보다는 임금으로 볼 수 있다. 업무교통비 100만 원이 임금이라면 이 내용을 어떻게 이해할 것인지에 따라 약정임금의 내용이 정해질 수 있다. 이를 보조금지급시까지의 임금을 100만 원으로 약정한 것으로 보거나 250만 원급여의 일부로서 지급된 것으로 보기에는 임금약정 당시의 사정, 보조금을 받으면 밀린 급여를 지급한다고 한 사실 및 최저임금수준에 비추어 이렇게 보기 어렵고, 보조금재원에서 지급되는 乙의 급여 월 250만 원에 추가하여 지급하기로 약정한 것으로 이해하는 것이 타당하다고 판단된다. 따라서 B법인은 乙에게 보조금에서 지급받는 250만 원과 업무교통비 100만 원을 합한 매월 350만 원의 임금을 지급하기로 약정하였다고 본다.

　　그런데 乙의 350만 원의 월급 중 100만 원만을 지급해 왔다는 사실과 관련하여 근로기준법 제43조의 임금지급원칙 위반으로서 무효가 아닌지 하는 문제가 제기될 수 있다. 즉, 임금은 매월 1회 이상 통화로 직접 근로자에게 그 전액을 지급하여야 한다고 규정하고 있는데, 사안에서는 전액 아닌 100만 원만 지급하고, 나머지 250만 원은 보조금지원을 받게 되면 지급된다는 점에서 전액·정기지급원칙에 반하여 무효로 볼 수 있다는 견해도 있을 수 있다. 그러나 250만 원의 지급시기에 대하여 보조금지급과 연동시킨 별도의 합의내용에 따른 것으로서 이러한 합의가 허용될 수 있는지가 검토되어야 할 것이다.

Ⅲ. 보조금수령이 조건이라는 B법인 주장의 타당성

1. 합의내용이 조건인지 여부

사안에서 당사자 사이의 임금약정 중 B법인이 정부보조금을 지급받게 되면 밀린 임금을 지급하기로 한 내용의 성질과 관련하여 운영예산의 상당부분을 차지하는 보조금을 받지 못하고 있는 상황에서 B법인이 보조금을 지급받지 못하는 기간에 대하여도 乙에게 월 250만 원씩을 지급하겠다는 의사를 가졌다고 보기 어렵고, 乙 또한 이를 지급받을 수 있다고 합리적으로 기대하였다고 하기 어려운 점에 비추어 보조금지급거부에 대한 소송에서 승소하여 정부보조금을 지급받을 수 있으면 지급한다는 의미로 이해하여 합의내용을 정부보조금을 지급받게 되는 사실이 발생하지 않으면 乙에 대한 월 250만 원의 임금 지급의무도 발생하지 않는다는 의미로 이른바 '조건'에 해당한다고 해석될 수 있다.

그러나 조건으로 보게 되면 조건의 불성취 경우 乙에게 지급해 온 월 100만 원의 임금은 최저임금액에도 미달되는 수준인 점, 보조금 수령 여부는 B법인의 위험지배영역에 속하는 문제로서 보조금수령 사실의 실현에 乙이 개입하는 것이 사실상 불가능한 점, 이러한 내용의 조건은 임금을 생계유지의 수단으로 삼는 근로자인 乙의 생활을 매우 불안정하게 한다는 점에서 그 효력을 인정하기 어렵다고 본다. 그러므로 사안에서의 합의내용을 보조금을 수령하지 못하면 乙에게 약정 임금을 지급하지 않아도 된다는 정지조건으로 볼 수는 없다.

2. 합의내용의 성격과 임금지급의무의 내용

사안에서 乙은 B법인이 보조금을 받지 못하면 월 250만 원의 임금을 지급하지 않아도 좋다는 의사로 합의하였다고 볼 만한 사정이 없고, 보조금 지급중단으로 B법인의 재정상황이 매우 어렵다는 사정이 정부보조금이 지급되지 못하면 乙에게 약정임금을 지급하지 않아도 된다는 것으로 이해될 수는 없다.

사안에서의 합의내용은 조건이라기보다는 보조금 수령이라는 사유가 발생하는 때는 물론이고 상당한 기간 내에 그 사유가 발생하지 않은 때에도 약정 임금을 지급해야 한다는 불확정 기한이라고 봄이 보다 타당하다고 본다. 즉, 보조금지급여부가 확정되는 시점이 불확정일 뿐이고 정부보조금이 지급되지 못하게 된 경우에도 乙에 대한 약정임금의 지급의무는 인정된다 할 것이다.

Ⅳ. 결　　론

B법인은 보조금수령 여부와 상관없이 乙에게 사직시까지 월 250만의 미지급임금을 산정하여 지급하여야 한다.

1. 경영성과급의 임금성

공공기관 경영평가성과급은 근로의 대가로 지급되는 임금의 성격을 가진다는 대법원 판례(대법원 2018. 12. 13. 선고 2018다231536 판결)와 공공부문 경영평가성과급의 임금성은 기획재정부가 예산편성지침을 변경하면서 평균임금에 산입하기로 결정함에 따라 논란이 종식되었다고 볼 수 있다. 이에 반해 사기업의 경영성과급의 임금성과 관련하여서는 하급심 판례들은 결론이 엇갈리게 나오고 있고 이에 대한 대법원판례는 아직 나오지 않은 상태로 계속 논란이 되고 있다.

[1] 어떤 금품이 근로의 대가로서 지급된 금품인지를 판단함에 있어서는 그 금품 지급의무의 발생이 근로제공과 직접적으로 관련되거나 그것과 밀접하게 관련된 것으로 볼 수 있어야 한다(대법원 2011. 3. 10. 선고 2010다77514 판결).

[2] 지급 여부에 관한 합의 및 당시 정해진 지급 조건에 따라 지급 여부가 달라질 수 있는 것으로 지급 사유나 지급 조건이 불확정·유동적으로 보일 뿐, 그것이 계속적·정기적으로 지급된 것으로 지급 대상, 지급 조건 등이 확정돼 있어 사용자에게 지급 의무가 있는 경우에 해당한다고 보기 어렵다(수원지법 2021. 2. 4. 선고 2020나55510 판결).

[3] 해마다 계속해 기준연도의 당기순이익 달성에 관한 사업 목표를 제시하고 일정한 당기순이익 달성 시 일정률의 경영성과급을 지급하는 내용의 지급 기준을 작성한 뒤 기준연도 결산 후 지급 기준 달성 시 이에 따라 연 1회씩 지급한 사안에서 계속적·정기적인 급여로서 평균임금에 해당한다고 판단했다(서울고법 2022. 1. 21. 선고 2021나2015527 판결).

2. 부관부 임금약정의 효력

[1] 부관이 붙은 법률행위의 경우 부관에 표시된 사실이 발생하지 아니하면 채무를 이행하지 아니하여도 된다고 보는 것이 타당한 경우에는 조건으로 보아야 하고, 표시된 사실이 발생한 때에는 물론이고 반대로 발생하지 아니하는 것이 확정된 때에도 그 채무를 이행하여야 한다고 보는 것이 타당한 경우에는 표시된 사실의 발생여부가 확정되는 것을 불확정기한으로 정한 것으로 보아야 한다(대법원 2003. 8. 19. 선고 2003다24215 판결 등).

[2] 이 사건 부관은 피고가 보조금을 지급받지 못하면 원고에게 약정 임금을 지급하지 않아도 된다는 정지조건이라기보다는 피고의 보조금 수령이라는 사유가 발생하는 때는 물론

이고 상당한 기간 내에 그 사유가 발생하지 않은 때에도 약정 임금을 지급해야 한다는 불확정 기한이라고 봄이 타당하다(대법원 2020. 12. 24. 선고 2019다293098 판결).

12 동일(가치)노동 동일임금지급

공인회계사시험에 합격하여 대형회계법인 A회사에 시험동기 남성 2명(乙, 丙)과 함께 입사하여 일하고 있는 여성회계사 甲은 시험과 입사동기로 같은 팀에서 계속 같이 근무해 오고 있는 2명의 남성회계사들이 월 650만 원을 지급받고 있는데 반해, 월 600만 원을 지급받고 있다는 사실을 알게 되었다. 이에 甲은 같은 팀에서 회계사로서 업무를 해 오면서 실제 일의 내용에 아무런 차이가 없음에도 남성동기회계사 2명에 비해 급여를 적게 지급하는 것은 동일가치노동에 대하여 동일한 임금을 지급해야 한다는 남녀고용평등법 제8조 제1항에 위반한 것이므로 A회사는 남성근로자와의 임금차액을 지급하여야 한다고 주장한다. 이에 대해 A회사는 회사가 임의로 임금을 차등지급한 것이 아니고 입사시에 개별적으로 합의한 임금약정에 근거하여 지급한 것이므로 법적으로 문제될 사항이 아니라고 주장한다.

한편 甲과 시험 및 입사동기인 남성회계사 乙이 사직서를 제출하자 A회사는 회계사 乙을 면담하였고, 이 과정에서 다른 경쟁회계법인으로부터 보다 좋은 급여와 근무조건을 제시받고 퇴사하고자 한다는 사실을 알게 되었다. 이에 A회사는 평소 성실하게 근무하면서 고객사의 평판도 매우 좋은 乙에게 사직을 간곡히 만류하면서 경쟁사가 약속한 급여수준보다는 못하지만 현재 급여보다 100만 원을 더 지급하기로 제의하자 乙은 사직의사를 철회하고 계속 근무하기로 하였다. 이 사실을 알게 된 甲과 다른 동기남성회계사 丙은 동일노동 동일임금원칙에 따라 자신들의 급여도 乙과 동일하게 지급할 것을 주장한다.

문제 1

甲의 임금차액 지급주장의 타당성과 법적 근거를 검토하시오. (30점)

문제 2

A회사는 甲과 丙에게도 乙과 동일한 임금을 지급해야 하는지 검토하시오. (20점)

■ 사례해결의 Key Point

문제 1

　남녀고용평등법의 남녀동일가치노동에 대한 동일임금지급규정(동법 제8조)의 적용요건과 위반시 효과를 논의해야 하는데, 특히 임금차액을 구하는 법적 근거가 중요한 논의사항이다.

문제 2

　업무능력을 인정받아 스카우트 제의를 받고 퇴사하는 근로자의 사직의사 철회를 위해 임금의 우대를 한 경우 임금차등지급의 합리적 이유가 있다고 볼 수 있는지에 대해 논의하고, 허용되지 않는 임금차별로 인정되는 동일가치노동 동일임금지급원칙이 적용될 수 있는지가 검토되어야 한다.

> **문제 1**
> 甲의 임금차액 지급주장의 타당성과 법적 근거를 검토하시오. (30점)

Ⅰ. 문제의 논점

헌법상의 평등이념(헌법 제11조 제1항)을 근로관계에서 실현하고자 근로기준법 제6조는 사용자는 남녀의 성(性)을 이유로 근로자를 차별적으로 대우하지 못하고, 국적·신앙 또는 사회적 신분을 이유로 근로자의 근로조건에 대한 차별적 처우를 하지 못한다는 균등대우에 관한 원칙을 명확히 규정하고 있다.

근로관계에서 발생하는 차별과 관련하여 여러 가지 법적 쟁점이 있으나, 현실 적으로 가장 많이 논의되고 법적으로 다투어지는 문제는 임금차별이라 할 수 있으 며, 그중에서도 남녀임금차별문제가 논란이 많이 되고 있다. 특히, 고용에서의 남녀 차별금지에 관한 구체적 규율을 담고 있는 남녀고용평등법에서는 동일가치노동에 대한 동일임금지급 규정을 두고 있다(동법 제8조).

이 규정 위반의 사법적 효과로서 사업주의 임금차액의 지급의무와 그 근거에 대하여 논의하는 것이 이 문제의 핵심부분이다.

Ⅱ. 남녀임금차별금지규정 위반 인정요건

남녀고용평등법 제8조 제1항에 위반한 임금차별인지 여부를 확인하기 위해서 는 먼저 동일가치노동에 해당하는지가 검토되어야 한다. 사안에서 공인회계사 기수 동기가 동시에 동일한 사업장에 입사하여 같은 팀에서 동일한 업무를 수행해 오고 있다는 점에서 甲은 같은 팀의 동기남성회계사들과 동일가치노동을 수행하는 것으 로 볼 수 있다.

동일가치노동임에도 남녀근로자에게 임금을 차등지급하는 경우 이를 합리화시 키는 다른 이유가 없는 한, 성을 이유로 한 임금차별로서 남녀고용평등법상의 동일 가치노동에 대한 동일임금지급 규정(제8조) 위반이 문제된다. 그런데 남녀고용평등 법상의 분쟁과 관련한 증명책임은 사업주가 부담해야 하기 때문에(동법 제30조) 甲 과 남성회계사와의 임금차이가 성별이 아닌 다른 합리적 이유에 기인한다는 점을 A 회사가 증명해야 한다.

사안에서 A회사는 임금차별을 합리화할 만한 다른 사유로 근로계약에서 임금을 다르게 약정했다는 주장을 하고 있기 때문에, 남녀임금의 달리 정한 약정임금의 유효성이 검토되어야 한다.

Ⅲ. 임금약정의 효력

사업주는 동일가치노동에 대하여 동일임금을 지급하여야 한다는 내용의 남녀고용평등법 제8조 제1항의 규정은 강행규정으로 해석된다. 사안에서 동일가치노동을 함에도 성별로 임금을 달리 정한 부분은 강행법규인 남녀동일가치노동 동일임금 지급규정에 반하는 무효인 약정이므로 A회사가 이를 임금차별의 정당근거로 주장하는 것은 타당하지 않다. 또한 A회사의 임금차별을 합리화할 만한 그 밖의 다른 사정은 보이지 않으므로 甲에게 남성근로자보다 적은 임금을 지급하는 것은 남녀고용평등법상의 동일가치노동에 대한 동일임금지급 규정(동법 제8조)에 위반하는 남녀임금차별로 평가될 수밖에 없다. 남녀임금차별금지규정 위반에 따라 甲은 노동위원회에 차별시정신청을 할 수 있고(동법 제26조), A회사에게 동법상의 벌칙(동법 제37조, 제38조)이 적용되는 것은 당연하다.

임금약정의 무효는 근로계약의 효력에는 영향을 미치지 않는다. 왜냐하면 만약 특정 성별에 대한 불리한 임금약정의 무효를 알았다면 근로계약을 체결하지 않았을 것이라는 일부무효법리(민법 제137조)에 따라서 계약의 전체가 무효로 된다고 해석하게 되면 남녀임금차별금지규정을 위반한 사용자를 계약상의 구속으로부터 벗어나게 하면서 차별받은 근로자의 취업기회를 상실시키는 결과가 되어 임금차별금지규정의 입법취지에 비추어 전혀 수긍될 수 없기 때문이다. 따라서 차별임금을 약정한 내용만이 무효이고 甲과의 나머지 근로계약 내용은 그대로 유효한 것이다.

사안에서는 남녀임금차별의 사법상의 구제로서 임금차액지급이 문제되고 있기 때문에 임금차액지급의무의 인정 여부와 근거에 대해 검토해 보기로 한다.

Ⅳ. A회사의 임금차액분 지급의무의 법적 근거

1. 불법행위에 기한 손해배상책임(민법 제750조)

평등권에 관한 헌법 제11조의 기본가치가 근로기준법 제6조와 남녀고용평등법

제8조 제1항을 통해 구체화되고 있다. 합리적인 이유가 없는 남녀의 임금차별은 헌법에서 보장한 평등권을 보호하기 위한 이러한 구체적인 법률상의 강행규정을 위반한 것으로서 차별받은 근로자에 대한 불법행위를 구성하게 된다.

따라서 사안에서 甲은 A회사에게 불법행위(민법 제750조)에 기한 손해배상으로 임금차액상당액을 청구할 수 있다.

2. 임금차액청구권의 근거

(1) 남녀고용평등법 제8조 제1항

甲과의 임금약정이 무효가 되어 근로계약의 본질적 내용인 임금에 관한 합의가 없다고 하여 근로계약 전체가 무효가 되는 것은 아니기 때문에 무효가 된 임금약정을 대신할 임금내용을 해석하고 적용하는 문제가 남게 된다.

이와 관련하여 남녀고용평등법 제8조 제1항을 임금차액청구권의 근거로 할 수 있다는 견해도 있을 수 있다. 그러나 이 견해와 같이 동규정을 사업주의 동일임금지급의무를 직접 규율한 것으로 이해하게 되면 근로계약당사자의 본질적인 계약내용을 직접 형성해 주는 결과가 된다. 남녀임금차별금지규정은 강행규정으로서 위반 시 차별시정의 행정적 구제와 벌칙이 적용되나, 동일임금지급청구권이라는 사법상의 효과까지 규율한 것으로 보기는 어렵다. 따라서 사안에서 甲은 남녀고용평등법 제8조 제1항을 근거로 임금차액지급을 청구할 수는 없다고 본다.

(2) 계약의 보충적 해석

무효인 임금약정부분은 남녀고용평등법 제8조 제1항을 위반하지 않는 내용으로 근로계약을 보충하여 해석하는 방식으로 계약에 기한 임금차액청구권을 근거지울 수 있다. 이러한 계약 보충으로는 남녀 어느 특정 성(性)의 임금으로 통일하거나 남녀동일의 새로운 임금약정을 하는 방안이 있다. 그러나 불리한 임금으로 통일하거나 남녀임금을 동일하게 새롭게 조정하는 것은 현실적으로 기대하기 어렵기 때문에 통상 무효인 남녀임금차별약정부분은 계약의 보충적 해석을 통해 유리한 임금으로 보충된 것으로 볼 수밖에 없다.

사안에서 甲은 계약의 보충적 해석에 따라 乙과 丙이 받는 임금으로 보충됨에 따라 계약상의 임금청구권로서의 A에 대하여 임금차액청구를 할 수 있다고 본다.

V. 결   론

　　남녀고용평등법의 동일가치노동 동일임금지급규정은 강행규정이므로 동일가치
노동을 하는 남성회계사에 비해 낮은 임금을 정한 A회사와 甲과의 근로계약상의 임
금약정은 무효이다. 이러한 남녀임금차별행위는 불법행위를 구성하므로 甲은 A회
사에 임금차액분을 불법행위에 기한 손해배상으로 청구할 수 있다. 또한 甲은 남녀
임금차별금지규정이 아닌 무효인 임금약정의 보충적 해석방법으로 A회사에 대해
계약에 기한 임금차액청구권도 인정될 수 있다고 본다.

문제 2

A회사는 甲과 丙에게도 乙과 동일한 임금을 지급해야 하는지 검토하시오. (20점)

Ⅰ. 문제의 논점

乙이 甲과 丙보다 월 100만 원을 더 받는다는 점에서 임금차별이 존재한다는 점은 부인할 수 없다. 문제는 임금차별이 허용되지 않는 임금차별인지 여부이다. 이를 판단하기 위해서는 甲과 丙의 노동이 乙과 동일(가치)노동이라고 볼 수 있는지가 먼저 검토되어야 한다. 그리고 동일노동 동일임금지급원칙이 동일노동이 확인되는 모든 경우에 적용될 수 있는 일반원칙으로 볼 수 있는지와 남녀고용평등법에서의 동일노동 동일임금규정의 적용요건에 대한 검토도 요구된다.

Ⅱ. 동일가치노동 여부에 대한 검토

甲, 乙, 丙은 시험과 입사동기로서 동일사업장의 같은 팀에서 회계사업무를 보고 있다는 점에서 외견상 동일노동임을 부인할 수 없다. 그러나 업무태도와 성과에 대한 객관적 평가는 다를 수밖에 없으며, 경쟁법인에서 乙을 좋은 조건으로 영입하고자 한 사실은 다른 특별한 사정이 없는 한 업무수행태도와 능력에 대한 가치평가에 기초한 것으로 볼 수 있다는 점에서 동일가치노동이라고 쉽게 단정할 수 있는 문제는 아니고, 업무태도와 능력 등에 대한 시장가치가 달리 평가된 결과로 볼 수 있다. 동일한 자격과 경력의 근로자라 할지라도 업무수행능력과 성과에 대한 객관적 차이가 있다면, 이에 상응하는 임금으로 대우를 받는 것이 자연스럽다 할 수 있을 것이다. 이처럼 동일사업장에서 동일한 일을 한다고 하여 동일노동으로 보아 언제나 동일임금이 지급되어야 하는 것은 아니라는 견해에 따르면 동일노동은 부인되어야 할 것이다.

그러나 판례태도와 같이 업무 수행에서 요구되는 기술, 노력, 책임 및 작업조건을 비롯하여 근로자의 학력·경력·근속연수 등의 기준을 종합적으로 고려하여 판단하게 되면 동일가치노동은 인정될 수 있다고 본다.

사안에서 甲, 乙, 丙의 동일가치노동을 인정하는 경우에도 업무능력을 인정받아 영입제의를 받고 퇴사하는 乙의 사직의사 철회를 위해 임금인상을 한 결과이므로 임금차별에 합리적 이유가 있다고 판단될 수 있다. 이처럼 동일(가치)노동이 아닌 것으로 보거나 동일노동이지만 임금차등지급에 합리적 이유가 있다고 판단하게 되면 甲과 丙의 동일임금 주장은 더 이상 검토할 필요가 없다.

그러나 사안에서의 사정이 임금차등지급의 합리적 이유가 되는지에 대하여는 견해를 달리 할 수 있기 때문에 여기서는 동일가치노동이 인정된다는 전제에서 甲과 丙의 주장의 타당성을 검토해 보기로 한다.

Ⅲ. A회사의 甲과 丙에 대한 동일임금지급의무 검토

1. 丙에 대한 검토

동일노동 동일임금지급이 일반원칙으로서 승인된 것이 아닌 이상 동일사업장에서의 동일노동에 대한 동일임금지급의무가 인정되기 위해서는 이에 대한 법적 근거가 있어야 한다. 헌법상의 평등원칙조항(헌법 제11조 제1항)으로부터 바로 동일임금지급청구권이라는 사법적 청구권을 도출할 수는 없다. 헌법상의 평등원칙을 근로관계에서 구현하고자 근로기준법에서 성별, 국적·신앙 또는 사회적 신분을 이유로 근로조건에 대한 차별적 처우를 하지 못한다고 규정(동법 제6조)하고 있는데, 이 규정이 동일임금지급 청구의 근거가 될 수 있는지 여부가 검토될 수 있다. 그러나 이 균등대우조항에서 명시된 차별사유 중 丙과 乙의 관계에서 적용될 수 있는 사유는 없기 때문에 이 조항을 근거로 丙이 乙과 동일한 임금을 지급청구할 수도 없다.

결국 丙과 乙의 동일노동이 인정된다 할지라도 동일임금을 지급청구할 수 있는 법적 근거가 없기 때문에 丙의 주장은 인정될 수 없다고 본다.

2. 甲에 대한 검토

(1) 근로기준법의 균등처우규정(동법 제6조) 위반 여부

甲의 경우에는 근로기준법의 균등처우규정(동법 제6조)과 남녀고용평등법에서의 동일노동 동일임금규정(동법 제8조)에 따라 乙과의 임금차액청구가 가능한지가 검토될 수 있다. 문제는 乙과의 월 100만 원의 임금차등지급이 이 규정들이 금지하는 근로조건에서의 성차별에 해당하는지가 의문이다. 사안에서 乙에게 甲보다 많은 임금을 지급하는 것은 다른 법인의 영입제안을 받은 乙의 사직의사 철회를 위한 임금조정의 결과일 뿐만 아니라 丙도 여전히 甲과 동일한 임금을 받는다는 점에 비추어(문제 1 V. 결론 참조) 甲과 乙의 성별이 다르기 때문이 아닌 것은 분명하다. 이와 같이 성별을 이유로 임금차별을 한 것으로 볼 수는 없다는 점에서 적어도 근로기준법 제6조 위반이 아니라는 점은 확인할 수 있다.

(2) 남녀고용평등법 제8조 위반 여부

남은 문제는 남녀고용평등법의 남녀동일임금지급규정이 적용되는지 여부이다. 그러나 이 규정도 남녀의 동일노동이 인정된다면 언제나 동일임금이 지급되어야 한다는 의미로 해석될 수는 없다. 사업주가 임금차등지급에 대한 합리적 이유를 증명하지 못하는 경우에 성별을 이유로 차별한 것으로 보아 동일임금이 지급되어야 한다는 내용이기 때문이다. 따라서 甲과 乙의 임금차이가 성별이 아닌 다른 합리적 이유에 따라 이루어진 것이라고 한다면 동규정은 적용되지 않는다.

사안에서 A회가 乙에 대하여 임금 100만 원을 증액하여 지급하게 된 제반 사정에 비추어 합리적 이유가 인정될 수 있다고 본다. 남녀동일노동 동일임금지급규정은 성별을 이유로 한 임금차별을 규율하고자 하는 것이지, 일률적이이고 기계적인 동일임금적용을 규율목적으로 한 것은 아니라는 점에 비추어서도 甲의 동일임금지급주장은 수긍되기 어렵다고 본다.

Ⅳ. 결 론

甲, 乙, 丙의 동일노동 여부가 기본적으로 의문이나, 이를 인정한다 할지라도 사안에서의 乙과의 임금차등지급은 성별이 아닌 다른 이유에 기인한 바, 이는 법령에서 금지하는 임금차별로 볼 수는 없으므로 甲과 丙의 주장은 타당하지 않다.

주요참조판례

[1] 구 남녀고용평등법(2007. 12. 21. 법률 제8781호 '남녀고용평등과 일·가정 양립 지원에 관한 법률'로 개정되기 전의 것) 제8조 제1항은 "사업주는 동일한 사업 내의 동일가치의 노동에 대하여는 동일한 임금을 지급하여야 한다."고 규정하고 있는바 '동일가치의 노동'이란 당해 사업장 내의 서로 비교되는 남녀 간의 노동이 동일하거나 실질적으로 거의 같은 성질의 노동 또는 그 직무가 다소 다르더라도 객관적인 직무평가 등에 의하여 본질적으로 동일한 가치가 있다고 인정되는 노동에 해당하는 것을 말한다. 동일가치의 노동인지는 같은 조 제2항에서 정한 직무 수행에서 요구되는 기술, 노력, 책임 및 작업조건을 비롯하여 근로자의 학력·경력·근속연수 등의 기준을 종합적으로 고려하여 판단하여야 한다.

[2] 구 남녀고용평등법(2007. 12. 21. 법률 제8781호 '남녀고용평등과 일·가정 양립 지원에 관한 법률'로 개정되기 전의 것, 이하 같다)은 헌법의 평등이념에 따라 고용에서 남녀의 평등한 기회와 대우를 보장함으로써 남녀고용평등을 실현하려는 데 입법 목적이 있다. 위와 같은 구 남녀고용평등법의 입법 목적에 비추어 보면, 사업주가 동일한 사업 내에서 근무하는 남녀근로자가 제공하는 노동이 동일한 가치임에도 합리적인 이유 없이 여성근로자에 대하여 남성근로자보다 적은 임금을 지급할 경우 이는 구 남녀고용평등법 제8조를 위반하는 행위로서 불법행위를 구성하고, 사업주는 임금차별을 받은 여성근로자에게 그러한 차별이 없었더라면 받았을 적정한 임금과 실제 받은 임금의 차액 상당 손해를 배상할 책임이 있다(대법원 2013. 3. 14. 선고 2010다101011 판결).

통상임금 판단기준

A회사와 노동조합은 다음과 같은 내용의 단체협약을 체결하고 그에 따라 각종 급여를 지급해 오고 있다. 노동조합은 정기상여금과 설날과 추석 상여금, 생산목표달성 격려금, 하계휴가비가 통상임금에 포함되어야 한다고 주장하면서 연장근로수당을 재산정하여 미지급분을 지급해 줄 것을 요구하고 있다.

〈A회사 단체협약〉

제32조 임금의 지급 및 방법
① 회사는 임금을 매월 21일에 지급한다.
② 21일이 휴일일 경우에는 그 전 마지막 근로일에 지급한다.

제33조 임금의 범위
① 통상임금 및 평균임금은 근로기준법이 정하는 바에 따른다.
② 상여기준은 기본급, 자기계발비, 자가운전보조비, 기술안전수당을 합한 금액으로 한다.

제34조 상여금
① 회사는 연간 상여기준 700%의 상여금을 다음 각 호의 기준에 따라 분할하여 지급한다.
  1. 50%는 설날과 추석이 있는 월 임금지급일에 지급일 현재 재직 중인 직원에게 지급한다.
  2. 600%는 매 짝수 월 임금 지급일에 다음 각목의 비율에 따라 균등 분할하여 지급한다.
    가. 근속기간 1개월 미만: 매 짝수 월 지급액의 0%
    나. 근속기간 1개월 ～ 6개월 미만: 매 짝수 월 지급액의 50%
    다. 근속기간 6개월 이상: 매 짝수 월 지급액의 100%
② 회사는 하계휴가비 70만 원 정액을 하계휴가 전에 지급일 현재 재직 중인 전 직원에게 지급한다.
③ 회사는 생산목표달성 격려금(PI)을 반기실적 달성률에 따라 차등 지급한다. 단, 지급률은 별도 합의서 기준으로 결정한다.
④ 생산목표달성 격려금(PI) 지급 기준일은 매년 1월 15일, 7월 15일로 한다. 단 노사가 합의한 날짜에 지급하지 않을 경우는 지급일 3일 전에 사유와 지급 일자를 공지한다.

문제 1

정기상여금, 설날과 추석 상여금이 통상임금에 포함되어야 한다는 노동조합의 주장은 타당한가?(자기계발비, 자가운전보조비, 기술안전수당 등은 정액으로 모든 근로자에게 지급되는 금품이라고 가정한다) (30점)

문제 2

A회사 생산목표달성 격려금은 상여기준의 50%~100% 범위에서 지급되는 것이 관행이다. 노동조합은 이러한 생산목표달성 격려금과 하계휴가비가 통상임금이라는 전제에서 임금채권의 소멸시효기간인 3년 이내의 연장근로수당을 재산정하여 차액을 지급할 것을 요구한다. 노동조합의 주장은 타당한가? (20점)

사례해결의 Key Point

문제 1

판례는 근로의 대가로서 정기적, 일률적으로 지급되는 금품 중 사용자에게 지급 의무가 있고, 사전에 지급할 것이 예정되어 고정성이 인정되는 정기상여금은 통상임금에 해당한다고 보고 있다. 다만 해당 정기상여금이 재직자에 한정하여 지급되거나 일할지급되는 경우에는 고정성이 배제되어 통상임금이 아닌 것으로 보게 되는 경우가 있으므로, 통상임금에 해당하는지 여부는 고정성 인정 여부와 관련하여 검토하여야 한다.

문제 2

원칙적으로 성과나 능력에 따라 달리 지급되는 성과금의 경우에는 고정성이 부정되어 근로의 대가인 임금이 아니라고 할 것이나, 최저 지급금액이 인정되는 경우에는 그 액수에 한하여 고정성이 인정되는 경우도 있다.

〈풀 이 목 차〉

> **문제 1**
>
> 정기상여금, 설날과 추석 상여금이 통상임금에 포함되어야 한다는 노동조합의 주장은 타당한가?(자기계발비, 자가운전보조비, 기술안전수당 등은 정액으로 모든 근로자에게 지급되는 금품이라고 가정한다) (30점)

Ⅰ. 문제의 논점

이 사안에서 중요한 것은 통상임금의 개념과 판단기준이다. 단체협약에 따라 지급되는 정기상여금, 설날과 추석 상여금 등이 통상임금에 포함되는지 여부를 검토하기 위해서는 이들 금품이 우선 임금에 해당하는가를 살펴보아야 한다. 왜냐하면 통상임금의 개념 자체가 임금일 것을 당연한 전제로 하기 때문이다. 이때 임금 여부 판단의 핵심은 근로의 대가성 여부를 판단하는 문제이다. 이를 통해 만약 그 금품이 근로의 대가로서 인정된다면 다음으로는 고정성, 즉 사전에 지급할 것이 확정되어 있는가를 검토하여 통상임금 여부에 대한 결론을 내리게 된다. 이처럼 통상임금이 문제된 사안에서는 임금의 개념 그 자체가 종국적인 의미를 갖는 것이 아니라 오로지 통상임금의 자체에 대한 판단이 중심이 된다.

Ⅱ. 통상임금의 의의와 판단기준

1. 통상임금의 개념

통상임금은 연장근로수당, 야간근로수당, 휴일근로수당, 해고예고수당 등의 산정 기초가 된다. 통상임금이 무엇인지는 근로기준법 시행령 제6조에 규정되어 있다. 이 규정에 따르면 통상임금이란 근로자에게 정기적이고 일률적으로 소정(所定)근로 또는 총 근로에 대하여 지급하기로 정한 시간급 금액, 일급 금액, 주급 금액, 월급 금액 또는 도급 금액을 말한다. 즉 근로자에게 지급할 것이 사전에 확정적으로 약정되어 있는 임금이 통상임금이라고 할 수 있다.

2. 통상임금 해당성 판단기준

판례에서의 통상임금은 위 정의규정의 취지와 함께 통상임금의 기능을 고려하여 소정근로에 대한 대가로서 근로자가 제공한 근로에 대하여 정기적이고 일률적으로 지급되어야 하며, 업적, 성과 기타의 추가적인 조건과 관계없이 당연히 지급될 것이 확정되어 있어야 한다고 본다. 이에 의하면, 어떠한 임금이 통상임금에 속하는지 여부는 그 임금이 소정근로의 대가로 근로자에게 지급되는 금품으로서 정기적·일률적·고정적으로 지급되는 것인지를 기준으로 객관적인 성질에 따라 판단하여야 한다. 따라서 사안에서의 정기상여금과 명절상여금이 통상임금에 해당되는지 여부도 정기성, 일률성, 고정성의 요건이 충족되었는지에 따라 판단될 수밖에 없다.

Ⅲ. 甲에게 지급된 금품의 통상임금 여부

1. 정기상여금

(1) 정기상여금의 범위

A회사 단체협약 제34조 제1항에 따르면 정기상여금은 연간 지급되는 상여기준의 600%를 매 짝수 월 임금지급일에 균등 분할하여 지급하는 급여이다. 결국 매 짝수 월에 100%의 상여금이 정기적으로 지급되고 있는 것이다. 여기에서 상여기준은 단체협약 제33조 제2항에 따라 기본급, 자기계발비, 자가운전보조비, 기술안전수당을 합한 금액이 된다.

(2) 근로대가성과 고정성 충족 여부

이 정기상여금은 매 짝수 월 임금지급일에 모든 근로자에게 지급되므로 계속적·정기적·일률적으로 지급된다고 볼 수 있으므로 근로의 대가성이 인정될 수 있다. 또한 상여기준의 100%가 매 짝수 월에 지급될 것이 확정되어 있으므로 원칙적으로 고정성도 인정될 수 있다고 보인다.

다만 근속기간 1개월 미만인 경우 전혀 받지 못하고, 1개월 이상이지만 6개월 미만인 경우는 50%, 근속기간 6개월 이상인 경우에 비로소 100%를 지급하도록 되어 있어 근속기간 6개월 미만 근로자들을 기준으로 볼 때에는 근로대가성과 고정성을 인정하기 어려운 것이 아닌가 하는 문제가 발생한다. 이 점에 대하여 판례는 "어떠한 임금이 일정 근속기간 이상을 재직할 것을 지급조건으로 하거나, 또는 일정 근속기간을 기준으로 하여 임금의 계산방법을 달리하거나 근속기간별로 지급액을 달리하는 경우와 같이 지급 여부나 지급액이 근속기간에 연동하는 임금 유형이 있는 경우, 근속기간은 근로자가 임의의 날에 연장·야간·휴일 근로를 제공하는 시점에서는 그 성취 여부가 불확실한 조건이 아니라 그 근속기간이 얼마인지가 확정되어 있는 기왕의 사실이므로, 일정 근속기간에 이른 근로자는 임의의 날에 근로를 제공하면 다른 추가적인 조건의 성취 여부와 관계없이 근속기간에 연동하는 임금을 확정적으로 지급받을 수 있어 고정성이 인정된다"고 판단하였다(대법원 2013. 12. 18. 선고 2012다89399 전원합의체 판결).

(3) 소   결

이상에서 검토한 바에 따라 A회사의 정기상여금은 근로의 대가인 임금에 해당하고, 고정성 요건도 충족하여 통상임금에 해당한다고 볼 수 있다.

2. 설날과 추석 상여금

(1) 설날과 추석 상여금의 범위

A회사의 단체협약 제34조 제1항 제1호는 상여기준의 50%는 설날과 추석이 있는 월 임금지급일에 지급일 현재 재직 중인 직원에게 지급한다고 규정하고 있다. 상여금을 매년 설날과 매년 추석이 있는 달 지급하는 것은 정기성이 있다고 인정할 수 있다(대법원 2013. 12. 18. 선고 2012다94643 전원합의체 판결). 다만 문제가 되는 것은 "현재 재직 중인 직원에게 지급한다"는 부분이다.

(2) 지급일 현재 재직자에 한하여 지급하는 수당의 임금성

근로자가 소정근로를 했는지 여부와는 관계없이 지급일 기타 특정 시점에 재직 중인 근로자에게만 지급하기로 정해져 있는 금품은 그 특정 시점에 재직 중일 것이 금품을 지급받을 수 있는 자격요건이 된다. 그러한 금품은 기왕에 근로를 제공했던 사람이라도 특정 시점에 재직하지 않는 사람에게는 지급하지 아니하는 반면, 그 특정 시점에 재직하는 사람에게는 기왕의 근로 제공 내용을 묻지 아니하고 모두 이를 지급하게 된다. 이러한 조건으로 지급되는 금품이라면, 그 금품은 이른바 '소정근로'에 대한 대가의 성질을 가지는 것이라고 보기 어려울 뿐 아니라 근로자가 임의의 날에 근로를 제공하더라도 그 특정 시점이 도래하기 전에 퇴직하면 당해 금품을 전혀 지급받지 못하여 근로자가 임의의 날에 연장·야간·휴일 근로를 제공하는 시점에서 그 지급조건이 성취될지 여부는 불확실하므로, 고정성도 결여한 것으로 보아야 한다(대법원 2013. 12. 18. 선고 2012다89399 전원합의체 판결).

그러나 이에 대해서는 임금을 지급일에 재직하지 않는다는 이유로 지급하지 않으면 임금체불의 문제로 다뤄야 할 뿐 고정성 탈락 요소로 볼 수 없다는 반론도 있다. 여기에서는 대법원 전원합의체 판결의 결론에 따르기로 한다.

(3) 소   결

그러므로 임금 지급일 현재 재직 중인 근로자에게만 지급하도록 되어 있는 위

의 설날과 추석 상여금은 근로의 대가로 인정하기도 어렵고, 통상임금으로서의 고
정성도 인정되기 어렵다.

Ⅳ. 결　　론

　　살펴본 바와 같이 A회사의 단체협약에 따라 지급되는 정기상여금은 근로의 대
가로서 고정성이 인정되어 통상임금이라고 말할 수 있다. 그러나 설날과 추석 상여
금은 지급일 현재 재직 중인 자에게만 지급하도록 되어 있어 근로의 대가로서도 고
정성도 인정하기 어렵다. 검토 대상 금품 중 통상임금으로 인정되는 것은 정기상여
금 뿐이라고 보인다.

> ### 문제 2
>
> A회사 생산목표달성 격려금은 상여기준의 50%~100% 범위에서 지급되는 것이 관행이다. 노동조합은 이러한 생산목표달성 격려금과 하계휴가비가 통상임금이라는 전제에서 임금채권의 소멸시효기간인 3년 이내의 연장근로수당을 재산정하여 차액을 지급할 것을 요구한다. 노동조합의 주장은 타당한가? (20점)

I. 문제의 논점

통상임금은 계속적·정기적·일률적으로 지급하도록 사용자에게 의무가 지워져 있는 금품 중 고정적으로 지급되는 임금을 말한다. 따라서 근무실적에 연동하여 지급되는 금품은 고정성이 부정된다. 그런데 A회사의 생산목표달성 격려금의 최저지급액은 상여기준의 50%라서 최소한 50%는 지급되어 왔다. 한편 하계휴가비는 70만 원 정액을 그 지급일 현재 재직 중인 전 직원에게 지급하도록 되어 있다. 이러한 사정들을 고려할 때 생산목표달성 격려금과 하계휴가비가 과연 임금이라고 볼 수 있는지, 나아가 고정성이 인정되는 통상임금이라고 볼 수 있는지 검토해야 한다.

II. A회사 생산목표달성 격려금의 통상임금성

1. 성과급의 임금성

사안에서의 생산목표달성 격려금은 반기실적을 기준으로 매 반기마다 상여기준의 50% 내지 100%를 지급하는 것으로 규정되어 있으므로 이른바 성과실적에 연동되어 지급되는 일종의 성과급으로 볼 수 있다. 성과급으로서 소위 영업실적급이 임금에 해당하는가를 두고 대법원은 서로 상반되는 판례를 가지고 있었다. 증권회사 영업직원의 성과급과 관련해서는 지급 조건의 충족 여부가 개인의 실적에 따라 달라지며 근로자의 근로제공 자체의 대상이라고 볼 수 없다는 이유로 임금성을 부정한 판례가 있고(대법원 2004. 5. 14. 선고 2001다76328 판결), 차량판매 영업사원의 차량 판매 성과급에 대해서는 성과급만으로 급여를 지급받기로 한 근로자는 근로를 제공하되 근로의 대상으로서의 임금은 없는 것이 될 수 있다는 이유로 임금성을 인정한 판례가 있다(대법원 2011. 7. 14. 선고 2011다23149 판결).

이와 같은 판례의 혼선은 이후 대법원 전원합의체 판결(대법원 2013. 12. 18. 선고

2012다89399 전원합의체 판결)로 정리되었다. 이 판결에서 대법원은 "지급 대상기간에 이루어진 근로자의 근무실적을 평가하여 이를 토대로 지급 여부나 지급액이 정해지는 임금은 일반적으로 고정성이 부정된다고 볼 수 있다. 그러나 근무실적에 관하여 최하 등급을 받더라도 일정액을 지급하는 경우와 같이 최소한도의 지급이 확정되어 있다면, 그 최소한도의 임금은 고정적 임금이라고 할 수 있다"고 하여 근무실적에 연동되는 급여도 최소한도의 지급액이 정해져 있다면 그 부분에 대해 고정성을 인정할 수 있다고 판단하였다.

2. 생산목표달성 격려금의 통상임금성

근무실적에 연동하여 차등 지급되는 A회사의 생산목표달성 격려금이 모두 통상임금이라고 판단할 수는 없다. 다만 대법원 전원합의체 판례에 따를 경우 모든 근로자가 최소한 지급받게 된다고 인정할 수 있는 50%는 적어도 모든 근로자가 매년 생산목표달성 격려금 지급일인 1월 15일과 7월 15일에 지급받게 된다. 따라서 상여기준의 50%에 해당하는 부분은 지급이 확정되어 있는 금품으로서 고정성이 인정되는 통상임금에 해당한다고 보아야 할 것이다.

Ⅲ. A회사 하계휴가비의 통상임금성

A회사의 단체협약 제34조 제2항에 따르면 하계휴가비는 70만 원 정액을 하계휴가 전에 지급일 현재 재직 중인 전 직원에게 지급하도록 되어 있다. 70만 원 정액이 해당 임금지급일에 지급되므로 정기적이고 계속적으로 하계휴가비를 지급하는 것이 사용자에게 의무지워져 있다고 볼 수 있다. 그럼에도 불구하고 그 지급대상은 "지급일 현재 재직 중인 전 직원"으로 제한되어 있기 때문에 하계휴가비 지급에서 임금의 고정성은 인정되기 어렵다. 따라서 하계휴가비는 통상임금은 아니라고 보아야 한다.

Ⅳ. 결　　론

사안에서 A회사의 단체협약에 따라 지급되는 생산목표달성 격려금은 그 최저지급액 50%에 대해서는 근로의 대가로서 고정성을 인정할 수 있기 때문에 그 한도에서는 통상임금이라고 할 수 있다. 따라서 그 동안 생산목표달성 격려금을 모두를 통상임금에 포함되지 않는 것으로 보고 연장근로수당을 계산해왔다면 신의칙에 반하지 않는 한 관련된 근로자들은 임금청구권 소멸시효기간인 3년의 범위에서 회사에 상여기준 50%를 통상임금 산정에 포함하여 연장근로수당 등을 재산정하고 그에 따른 미지급 수당의 지급을 청구할 수 있다. 이러한 한도에서 노조의 주장은 일부 타당하다고 본다.

유사사례

甲은 음주운전으로 보행자에게 상해를 입히는 사고를 일으켜 2014년 8월 18일부터 2015년 2월 17일까지 6개월간 구속수사를 받고 기소되었다가 법원으로부터 집행유예를 선고받아 풀려났다. 甲은 이 기간 회사의 승인을 얻어 무급휴직을 하였으나, 휴직기간 만료를 앞두고 회사적응에 어려움을 예상하고 퇴직했다.
이에 회사는 휴직기간 마지막 3개월간의 임금을 기초로 평균임금을 계산하면 0원이 되므로 근로기준법 제2조 제2항에 따라 甲의 통상임금액을 평균임금으로 보아 퇴직금을 산정하여 지급하려고 한다. 이에 甲은 퇴직금은 자신이 무급휴직을 개시하기 이전 3개월간의 평균임금을 기준으로 산정해야 한다는 이유로 퇴직금을 재산정할 것을 요구하고 있다.
회사와 甲의 주장의 타당성을 검토하라.

해설요지

　사안은 특별한 사유로 인해 퇴직 전 3개월간의 임금이 통상의 경우보다 현저하게 적은 경우에 그 특별한 사유가 발생한 기간을 평균임금 산정기간에서 제외해야 하는가 하는 문제이다. 종래부터 판례는 평균임금을 퇴직금 산정의 기초로 하는 것은 직급, 호봉 등에 따른 근로자의 통상의 생활을 종전과 같이 보장하려는 데 그 취지가 있다고 하면서, 휴직기간 이전의 기간에 지급된 평균임금을 기초로 퇴직금을 산정하여 지급해야 한다고 보았다. 1997. 3. 27. 근로기준법 시행령 제2조 제1항이 이러한 판례의 태도를 수용하여 적극적으로 입법화한 이래 그 내용이 현행 시행령 제2조(평균임금의 계산에서 제외되는 기간 및 임금)까지 큰 변화 없이 유지되고 있다. 이에 의하면 업무외 부상이나 질병, 그 밖의 사유로 사용자의 승인을 얻어 휴업한 기간과 그 기간 중에 지불된 임금은 평균임금 계산에서 제외하도록 하고 있다(동 시행령 제2조 제1항 제8호). 따라서 사용자의 승인을 얻어 휴직한 甲의 퇴직금은 무급휴직을 개시하기 이전 3개월간의 평균임금을 기준으로 산정해야 한다.
　사안을 검토함에 있어서는 평균임금의 의미와 평균임금을 기초로 퇴직금을 산정하도록 한 취지와 이에 관한 판례의 태도, 관련 근로기준법과 시행령 규정의 내용과 의미 등을 다루어야 하며, 그러한 검토 결과를 토대로 결론을 도출하여야 할 것이다.

주요참조판례

1. 통상임금에 관한 전원합의체 판결

1. 정기상여금의 통상임금 해당성

[1] 가. 어떠한 임금이 통상임금에 속하는지 여부는 그 임금이 소정근로의 대가로 근로자에게 지급되는 금품으로서 정기적·일률적·고정적으로 지급되는 것인지를 기준으로 객관적인 성질에 따라 판단하여야 하고, 임금의 명칭이나 지급주기의 장단 등 형식적 기준에 의해 정할 것이 아니다.

나. ① 어떤 임금이 통상임금에 속하기 위해서 정기성을 갖추어야 한다는 것은 임금이 일정한 간격을 두고 계속적으로 지급되어야 함을 의미한다. (중략) 정기상여금과 같이 일정한 주기로 지급되는 임금의 경우 단지 그 지급주기가 1개월을 넘는다는 사정만으로 그 임금이 통상임금에서 제외된다고 할 수는 없다. ② 어떤 임금이 통상임금에 속하기 위해서는 그것이 일률적으로 지급되는 성질을 갖추어야 한다. '일률적'으로 지급되는 것에는 '모든 근로자'에게 지급되는 것뿐만 아니라 '일정한 조건 또는 기준에 달한 모든 근로자'에게 지급되는 것도 포함된다. ③ 어떤 임금이 통상임금에 속하기 위해서는 그것이 고정적으로 지급되어야 한다. '고정성'이라 함은 '근로자가 제공한 근로에 대하여 업적, 성과 기타의 추가적인 조건과 관계없이 당연히 지급될 것이 확정되어 있는 성질'을 말하고, '고정적인 임금'은 '임금의 명칭 여하를 불문하고 임의의 날에 소정근로시간을 근무한 근로자가 그 다음 날 퇴직한다 하더라도 그 하루의 근로에 대한 대가로 당연하고도 확정적으로 지급받게 되는 최소한의 임금'이라고 정의할 수 있다.

다. 통상임금은 근로조건의 기준을 마련하기 위하여 법이 정한 도구개념이므로, 사용자와 근로자가 통상임금의 의미나 범위 등에 관하여 단체협약 등에 의해 따로 합의할 수 있는 성질의 것이 아니다. 따라서 성질상 근로기준법상의 통상임금에 속하는 임금을 통상임금에서 제외하기로 노사 간에 합의하였다 하더라도 그 합의는 효력이 없다.

[2] 가. 단체협약 등 노사합의의 내용이 근로기준법의 강행규정을 위반하여 무효인 경우에, 무효를 주장하는 것이 신의칙에 위배되는 권리의 행사라는 이유로 이를 배척한다면 강행규정으로 정한 입법 취지를 몰각시키는 결과가 될 것이므로, 그러한 주장이 신의칙에 위배된다고 볼 수 없음이 원칙이다. 그러나 노사합의의 내용이 근로기준법의 강행규정을 위반한다고 하여 노사합의의 무효 주장에 대하여 예외 없이 신의칙의 적용이 배제되는 것은 아니다.

신의칙을 적용하기 위한 일반적인 요건을 갖춤은 물론 근로기준법의 강행규정성에도 불구하고 신의칙을 우선하여 적용하는 것을 수긍할 만한 특별한 사정이 있는 예외적인 경우에 한하여 노사합의의 무효를 주장하는 것은 신의칙에 위배되어 허용될 수 없다.

나. (중략) 임금협상의 관행에 비추어 정기상여금을 통상임금에 가산하고 이를 토대로 추가적인 법정수당의 지급을 구함으로써, 노사가 합의한 임금수준을 훨씬 초과하는 예상외의 이익을 추구하고 그로 말미암아 사용자에게 예측하지 못한 새로운 재정적 부담을 지워 중대한 경영상의 어려움을 초래하거나 기업의 존립을 위태롭게 한다면, 이는 종국적으로 근로자 측에까지 피해가 미치게 되어 노사 어느 쪽에도 도움이 되지 않는 결과를 가져오므로 정의와 형평 관념에 비추어 신의에 현저히 반하고 도저히 용인될 수 없음이 분명하다. 그러므로 이와 같은 경우 근로자 측의 추가 법정수당 청구는 신의칙에 위배되어 받아들일 수 없다(대법원 2013. 12. 18. 선고 2012다89399 전원합의체 판결).

2. 설·추석 상여금 등의 통상임금 해당성

[1] 근로자가 소정근로를 했는지 여부와는 관계없이 지급일 기타 특정 시점에 재직 중인 근로자에게만 지급하기로 정해져 있는 임금은 그 특정 시점에 재직 중일 것이 임금을 지급받을 수 있는 자격요건이 된다. 그러한 임금은 기왕에 근로를 제공했던 사람이라도 특정 시점에 재직하지 않는 사람에게는 지급하지 아니하는 반면, 그 특정 시점에 재직하는 사람에게는 기왕의 근로 제공 내용을 묻지 아니하고 모두 이를 지급하는 것이 일반적이다. 그와 같은 조건으로 지급되는 임금이라면, 그 임금은 이른바 '소정근로'에 대한 대가의 성질을 가지는 것이라고 보기 어려울 뿐 아니라 근로자가 임의의 날에 근로를 제공하더라도 그 특정 시섬이 도래하기 전에 퇴직하면 당해 임금을 전혀 지급받지 못하여 근로자가 임의의 날에 연장·야간·휴일 근로를 제공하는 시점에서 그 지급조건이 성취될지 여부는 불확실하므로, 고정성도 결여한 것으로 보아야 한다(대법원 2013. 12. 18. 선고 2012다94643 전원합의체 판결).

2. 퇴직금산정기준으로서 평균임금

[1] 퇴직금 산정기준으로서의 평균임금은 원칙적으로 근로자의 통상의 생활임금을 사실대로 반영하는 것을 그 기본원리로 하고, 이는 장기간의 휴직 등과 같은 특수한 사정이 없었더라면 산정될 수 있는 평균임금 상당액이라 할 것인바, (중략) 평균임금(월평균급여)은 그 휴직 전 3개월간의 임금을 기준으로 하여 산정함이 상당하다 할 것이다(대법원 1999. 11. 12. 선고

98다49357 판결).

[2] 퇴직금제도는 근로자의 통상의 생활을 종전과 같이 보장하기 위한 것이므로, 퇴직금 지급사유가 발생한 날 이전 3개월간에 그 근로자에 대하여 지급된 임금이 특별한 사유로 인하여 통상의 경우보다 현저하게 적거나 많을 경우에도 이를 그대로 평균임금 산정의 기초로 삼는다면, 이는 근로자의 통상의 생활을 종전과 같이 보장하려는 제도의 근본취지에 어긋난다고 하지 않을 수 없다(대법원 1995. 2. 28. 선고 94다8631 판결).

3. 시간급 통상임금 산정방법

[1] 근로기준법이 정한 기준근로시간을 초과하는 약정 근로시간에 대한 임금으로서 월급 형태로 지급되는 고정수당을 시간급 통상임금으로 환산하는 경우, 시간급 통상임금 산정의 기준이 되는 총근로시간 수에 포함되는 약정 근로시간 수를 산정할 때는 특별한 정함이 없는 한 근로자가 실제로 근로를 제공하기로 약정한 시간수 자체를 합산하여야 하는 것이지, 가산수당 산정을 위한 '가산율'을 고려한 연장근로시간 수와 야간근로시간 수를 합산할 것은 아니다. 이와 달리 기준근로시간을 초과하는 약정 근로시간에 대한 임금으로 지급된 월급 또는 일급 형태 고정수당의 시간급 환산 시 연장근로시간 수와 야간근로시간 수에 '가산율'을 고려하여 총근로시간 수를 산정하여야 한다는 취지로 판단한 종전 판결의 해당 부분 판단은 부당하므로 더 이상 유지하기 어렵다(대법원 2020. 1. 22. 선고 2015다73067 전원합의체 판결).

14 배치전환 및 전적의 정당성 판단 기준

사실관계

A회사는 자동차제조업을 영위하면서 당초 부산, 울산 및 부천에 각 제조공장을 두고 제품을 생산하였다. 그런데 부산광역시의 공해배출업소 이전계획에 따라 도심에 위치한 부산공장을 더 이상 운영할 수 없게 되자, 이를 폐쇄하고 울산공장을 확장한 후 그 생산시설을 이전하였으며 부산공장 소속 근로자 중 시설관리 인원을 제외한 인원 모두를 울산공장으로 발령하였다. A회사는 본건 공장이전과 관련하여 기존 부산공장 근로자의 출퇴근 편의를 배려하고자 교대근무시간에 맞추어 부산 내 각 지역을 연결한 통근버스를 운행하고 있으며 자가용 출·퇴근자에게는 월 20만 원 한도에서 교통보조비 명목의 경비를 실비 정산하여 지급하고 있다. A회사는 부산공장 근로자의 채용시 근무지 및 담당업무 등을 별도로 특정한 바 없으며, 취업규칙에서는 "회사의 필요에 따라 근무지 및 담당업무 등을 변경할 수 있다"라고 규정하고 있다.

한편 A회사는 부산공장 폐쇄 후 그 시설물의 이전 및 매각이 완료될 때까지 이를 관리토록 할 목적으로 그 필요 인원에 대하여 부산공장에서 계속 근무토록 하였는데, 매각조치가 완료되자 해당 인원에 대하여 자동차정비업을 영위하는 계열사 B회사로 적을 옮겨 근무하도록 발령하면서 퇴직금 등을 정산하여 지급하였다. A회사는 근로자 채용 당시에 계열사로의 인사발령 가능성 등에 대하여 별도의 합의를 행한 바는 없으며 본건 B회사로의 발령시에도 개별 동의를 받은 바 없다. 다만 취업규칙에서 "회사는 필요한 경우 계열사 간 인사이동을 명할 수 있다"라고 규정하고 있는데, 실제 그간에 있어 계열사 간 발령이 이루어진 사례는 없다.

문제 1

울산공장으로 발령된 생산직 근로자 甲은 본건 인사조치는 근로자의 과실 없이 회사 측 사정에 의한 것으로 이로 인하여 출퇴근 시간이 약 1시간 증가하는 등의 불이익이 발생하였다는 점, 본건 인사조치와 관련하여 사전에 본인과의 협의 내지 합의절차 등도 거치지 아니하고 일방적으로 발령한 것은 불합리하다는 점 등을 이유로 하여 동 인사조치가 무효라고 주장한다. 이 주장은 타당한가? (30점)

문제 2

B회사로 발령을 받은 乙은 본인의 동의 없는 인사명령은 무효라고 주장하면서 퇴직금 수령을 거부하고 A회사 사업장으로의 재발령을 주장한다. 이 주장은 타당한가? (20점)

사례해결의 Key Point

문제 1

이 문제는 배치전환의 정당성 요건에 관한 것으로, 판례는 배치전환을 행할 업무상의 필요성이 이로 인한 근로자의 생활상 불이익보다 크다고 볼 수 있는지 및 근로자 본인과의 협의 등 신의칙상의 요구되는 절차를 거쳤는지 등을 기준으로 판단하고 있다. 다만 후자의 경우 그러한 절차를 거치지 아니하였다는 사정만을 이유로 곧 배치전환의 정당성이 부인되는 것은 아닌 것으로 보고 있다.

문제 2

전적은 원칙적으로 근로자의 동의(사전 포괄동의 및 묵시적 동의도 가능)가 있어야만 유효하며, 다만 예외적으로 해당 사업장에 '동의 없는 전적에 관한 노동관행'이 형성된 경우에 한하여 동의 없이 시행하는 것이 가능하다.

문제 1

울산공장으로 발령된 생산직 근로자 甲은 본건 인사조치는 근로자의 과실 없이 회사 측 사정에 의한 것으로 이로 인하여 출퇴근 시간이 약 1시간 증가하는 등의 불이익이 발생하였다는 점, 본건 인사조치와 관련하여 사전에 본인과의 협의 내지 합의절차 등도 거치지 아니하고 일방적으로 발령한 것은 불합리하다는 점 등을 이유로 하여 동 인사조치가 무효라고 주장한다. 이 주장은 타당한가? (30점)

Ⅰ. 문제의 논점

근로자의 근무장소나, 직무내용이 동일 기업 내에서 상당히 장기간에 걸쳐 변경되는 것을 배치전환이라고 한다. 사안의 경우 A회사의 인사발령은 甲의 근무지 변경을 초래한다는 점에서 배치전환으로서의 성격을 갖는다고 본다. 한편 배치전환은 근로자에게 불이익한 처분이 될 수 있으므로 일정한 요건하에서 그 효력이 인정된다.

이에 따라 본건 인사조치의 정당성 여부를 판단함에 있어서는 먼저 배치전환의 법적 성격 및 정당성 요건을 검토한 후, 동 인사조치로 인하여 근로자에게 발생한 불이익의 내용 및 동 인사조치시 사전협의·합의절차 등을 거치지 아니하였다는 사정 등이 당해 정당성 판단에 영향을 줄 수 있는지 여부를 살펴보아야 한다.

Ⅱ. 배치전환의 정당성 요건

1. 배치전환의 법적 근거 및 행사 범위

(1) 배치전환조치를 할 수 있는 권리의 법적 근거에 관하여 학설상으로는, 근로관계의 내재적 성격상 사용자는 별도의 약정이 없는 한 근로자의 근무장소나 직무내용에 대한 결정·변경 권한을 포괄적으로 갖는다는 견해(포괄적 합의설), 근로계약에서 합의된 범위 내에서만 근무장소나 직무내용을 결정·변경할 권한을 갖는다는 견해(계약설) 등이 제시되고 있다.

그런데 현행법상 근로계약 체결시 근무장소 및 직무내용에 관한 사항이 근로자에게 명시되어야 하며(근로기준법 제17조 및 동법 시행령 제8조), 한편 포괄적 합의설에 의하더라도 근무장소나 직무내용에 관하여 당사자 간 별도 합의가 있는 경우 그 한도에서 배치전환을 할 수 있고, 또한 계약설에 의하더라도 그 정하여진 범위 내에서는 사용자의 일방적 지시에 의한 배치전환이 가능한바, 실무상으로는 어느 견해에 의하더라도 별다른 차이가 없게 된다.

이에 관하여 판례는, 근로자에 대한 배치전환은 근로자가 제공하여야 할 근로의 종류 내지 근무장소 등의 변경을 초래한다는 점에서 근로자에게 불이익한 처분이 될 수 있으나 원칙적으로 인사권자인 사용자의 권한에 속하므로 업무상 필요한 범위 안에서는 상당한 재량을 인정하여야 하는 것으로 보고 있다(대법원 1989. 2. 28. 선고 86다카2567 판결 등).

(2) 한편 '권리'의 본래적 성격상 권리자가 진정의사로서 타인과의 합의 등에 의하여 자신의 권리에 일련의 제약을 설정하였을 경우 특별한 사정이 없는 한 그와 같은 합의의 효력을 부인할 이유가 없다. 배치전환과 관련하여서도 포괄적 합의설에 의하든지 또는 계약설에 의하든지, 사용자가 본인의 의사에 따라 근로계약, 취업규칙 또는 단체협약 등에서 동 인사권의 행사시 근로자의 동의를 얻도록 하거나 일련의 절차를 거치도록 하는 등의 제한을 설정하였다면 그 정하여진 내용에 따라 해당 인사권이 제한될 수 있다.

따라서 근로계약 체결시 근무장소나 담당 직무 등을 특정하였다면 이를 벗어나는 내용의 배치전환을 위해서는 원칙적으로 해당 근로자의 동의가 있어야만 한다(대법원 1992. 1. 21. 선고 91누5204 판결; 대법원 2013. 3. 28. 선고 2010다52041 판결).

2. 배치전환의 정당성 요건

근로자의 근무장소나 직무내용이 제한되어 있지 아니한 경우에도 배치전환에 의하여 근로자에게 일련의 불이익이 발생할 수 있다는 점에서, 사용자의 배치전환이 권리남용 등에 해당하는 내용으로 운영되었을 경우에는 그 효력이 부인된다(대법원 1989. 2. 28. 선고 86다카2567 판결 등).

이 경우 배치전환이 정당한 인사권의 범위 내에 속하는지 또는 권리남용 등에 해당하는지 여부는 ⅰ) 사용자에게 당해 배치전환을 행할 업무상의 필요성이 존재하는지, ⅱ) 그와 같은 업무상의 필요성과 이로 인한 근로자의 생활상의 불이익을 비교·교량하여 그 필요성이 우위에 있는지, ⅲ) 근로자 본인과의 협의 등 배치전환을 하는 과정에서 신의칙상 요구되는 절차를 거쳤는지 여부 등을 살펴보아 판단하게 된다(대법원 1991. 7. 12. 선고 91다12752 판결 등). 다만 '근로자 본인과 성실한 협의

절차를 거쳤는지 여부'는 정당한 인사권의 행사인지 여부를 판단하는 하나의 요소이기는 하나 이를 거치지 아니하였다는 사정만으로 당해 배치전환이 무효가 되는 것은 아니다(대법원 1995. 10. 13. 선고 94다52928 판결 등).

한편 업무상 필요에 의한 배치전환에 따른 생활상의 불이익이 근로자가 통상 감수하여야 할 정도를 현저하게 벗어난 것이 아니라면, 이는 정당한 인사권의 범위 내에 속하는 것으로 볼 수 있다(대법원 1995. 10. 13. 선고 94다52928 판결 등).

Ⅲ. 甲에 대한 배치전환의 정당성

1. 甲의 동의필요성에 대한 검토

A회사는 부산공장 근로자의 채용시 근무지를 특정 장소로 한정한 바 없으며 오히려 취업규칙 등에서는 "회사의 필요에 따라 근무지 및 담당업무 등을 변경할 수 있다"라고 규정하고 있다. 또한 부산공장 및 울산공장에서 수행하는 업무의 동일성 등을 고려한다면 생산직 근로자인 甲의 근무지가 반드시 부산공장으로 특정되어 있어야 할 만한 합리적인 사유도 딱히 확인되지 않는다. 이와 같은 사정에 의한다면 A회사의 甲에 대한 배치전환권이 제한되어 있다고 볼 근거는 없는바, 다른 특별한 사정이 없는 한 업무상 필요 범위 내에서 A회사에게 당해 배치전환에 관련하여 일련의 재량이 주어져 있다고 보아야 할 것이다. 따라서 본건 배치전환과 관련하여 甲으로부터 개별 동의를 얻지 아니하였다고 하여 그 자체만을 이유로 곧 동 배치전환의 효력이 부인되는 것은 아니라고 본다.

2. 업무상의 필요성과 생활상의 불이익의 비교형량

한편 A회사가 본건 배치전환을 행하게 된 것은, 부산광역시의 요청에 따라 도심에 위치한 부산공장을 폐쇄할 수밖에 없었던 경영상의 사정에 기인한 것이므로, 다른 특별한 사정이 없는 한 부산공장 근로자를 울산공장으로 배치전환할 '업무상의 필요성'은 일응 인정될 수 있을 것이다.

이 경우 甲의 출퇴근 소요시간이 약 1시간 증가하는 등의 사정이 발생하였으나 그 정도가 거주지의 변경 등을 초래할 만한 수준은 아니라는 점에서 그것이 근로자로서 통상 감수할 수 있는 정도를 현저하게 벗어난 것이라고 할 수 있을지 의문이며, 더욱이 A회사는 근로자에게 발생할 불이익을 최소화하고자 통근버스를 운영하고 교통보조비를 지급하는 등의 조치를 하였다는 점 등을 감안한다면, 본건 배치전환으로 인하여 발생한 근로자의 불이익이 업무상의 필요성보다 높은 것으로 인정되기는 어렵다고 본다.

특히 A회사는 부산공장을 폐쇄·매각하여 동 사업장에서는 더 이상 생산 업무를 수행할 수 없는바, 甲이 타 사업장으로의 배치전환을 거부하면서 부산공장에 계속 남아 있는 경우 동 근로자는 종국적으로 잉여인력이 되어 해고의 대상자가 될 수밖에 없다는 사정을 고려한다면, 본건 인사조치로 인하여 근로자에게 발생한 불이익이 업무상의 필요성을 상회하는 것이라고 보기는 어려울 것이다.

3. 협의절차

한편 판례는 배치전환의 정당성 요소의 하나로 '근로자 본인과 성실한 협의절차를 거쳤는지 여부'를 제시하고 있으나, 이를 거치지 아니하였다는 사정만으로 당해 배치전환이 무효가 되는 것은 아닌 것으로 보고 있다. 그렇다면 A회사가 본건 배치전환에 앞서 甲을 비롯한 근로자들과 사전에 협의절차를 거치는 않은 것은 바람직한 모습은 아니라 할지라도, 당해 사정만을 이유로 하여 동 배치전환의 정당성이 부인된다고 볼 것은 아니다.

IV. 결   론

A회사가 甲을 비롯한 부산공장 근로자를 울산공장으로 발령한 것은, 부산공장의 폐쇄 및 매각에 따른 경영상의 필요에 의한 것으로서 배치전환을 행할 업무상의 필요성이 인정되며, 이로 인하여 비록 근로자들의 출퇴근시간이 늘어나기는 하였으나 그 정도가 근로자로서 통상 감수하여야 할 정도를 현저하게 벗어난 것이라고 하기는 어렵다고 보이며, 이 경우 A회사는 통근버스를 운행하고 교통보조비를 지급하는 등 불이익을 최소화하기 위한 노력을 하였는바, 전체적으로 보아 정당한 배치전환에 해당한다고 판단된다.

또한 배치전환에 관하여 甲과 사전에 협의하지는 아니하였으나 당초 본건 배치전환에 관한 권한은 A회사에게 전속하는 인사권의 내용에 해당하는 것으로서 당해 협의절차를 거치지 아니하였다는 사정만을 이유로 하여 그 정당성이 부인된다고 볼 것은 아니다.

> **문제 2**
>
> B회사로 발령을 받은 乙은 본인의 동의 없는 인사명령은 무효라고 주장하면서 퇴직금 수령을 거부하고 A회사 사업장으로의 재발령을 주장한다. 이 주장은 타당한가? (20점)

I. 문제의 논점

　　종전 기업과의 근로관계를 종료하고 이적될 기업과 새로운 근로계약을 체결하여 동 기업에 적을 두고 근무하게 하는 인사 조치를 전적이라고 한다. 배치전환은 동일 근로관계 내에서 근무장소 내지 담당 직무를 변경하는 것임에 반하여 전적은 근로관계 주체의 변경을 초래한다는 점에서 양자간 차이가 있다. 또한 타 기업에서 근무케 한다는 점에서 전출과 유사하나 전출은 원 고용기업과의 근로관계를 유지한다는 점에서 전적과 구분된다. 이 사안에서 A회사는 乙에게 계열사인 B회사로 적을 옮겨 근무토록 명하면서 퇴직금 등을 정산하여 지급하였는바, 당해 인사조치는 기본적으로 전적으로서의 성격을 갖는다고 판단된다.

　　한편 전적은 근로계약의 주체를 변경시킨다는 점에서, 배치전환의 경우에서와 같이 사용자 일방의 의사만에 의하여 그 효력이 발생하는 것이 아니라 별도의 정당성 요건이 필요한지 여부가 문제된다. 특히 본 사안에서 비록 A회사 취업규칙에서는 회사의 필요에 따라 계열사로 전적시킬 수 있다는 규정을 두고 있으나, 乙의 채용 당시 내지 본건 전적 당시에 별도의 동의를 받지 아니하였는바, 이 경우에도 당해 인사조치가 유효한 것으로 볼 수 있는지를 검토하여야 한다.

II. 전적의 유효 요건

1. 기본 법리

　　전적은 근로계약상의 사용자의 지위를 포괄적으로 제3자에게 양도하는 것이다. 그런데 근로계약의 일신전속적 성격을 고려한다면 어느 일방의 의사만으로 그 지위를 제3자에게 양도할 수 있다고 하기는 어렵다. 이에 관하여 민법 제657조 제1항은 "사용자는 노무자의 동의 없이 그 권리를 제3자에게 양도하지 못한다"라고 명시적으로 규정하고 있는바, 사용자의 전적처분이 유효하기 위하여서는 기본적으로 해당 근로자의 동의를 얻어야만 한다(대법원 1989. 5. 9. 선고 88다카4918 판결 등).

다만 판례는, 기업그룹 내에서 근로자의 동의를 얻지 아니하고 다른 계열사로 전적시키는 관행이 있어서 그와 같은 관행이 기업 내에서 일반적으로 근로관계를 규율하는 규범적 사실로 명확하게 승인되어 있거나 기업의 구성원이 일반적으로 아무런 이의 없이 당연한 것으로 받아들여 사실상의 제도로 확립되어 있는 것으로 인정되는 경우에는 근로자의 동의 없이도 전적이 가능한 것으로 보고 있다(대법원 1993. 1. 26. 선고 92다11695 판결 등).

2. 전적의 유효 요건으로서의 '동의'의 방식

사용자의 전적명령이 유효하기 위하여서는 원칙적으로 해당 '근로자의 동의'가 필요하다. 여기서의 동의는 근로자의 진정의사에 기한 것이어야 하는 것으로, 외형상으로는 근로자로부터 동의서를 징구하였더라도 실질에 있어 회사의 강압 등에 의하여 불가피하게 동의서가 제출된 것이라면 그 효력이 인정될 수 없다(대법원 1998. 12. 11. 선고 98다36924 판결 등).

한편 '근로자의 동의'는 반드시 명시적인 것이어야만 하는 것은 아니며 묵시적인 동의도 가능할 수 있다. 예컨대, 근로자가 사용자의 전적명령에 대하여 아무런 이의 제기나 거부의 의사표시를 하지 아니한 채 상당기간 그 명령상의 조치에 따라 해당 기업에서 정상적인 근무를 계속하였다면 이 경우 묵시의 동의가 있는 것으로 보아 그 효력이 인정될 수 있다(대법원 1993. 1. 26. 선고 92누8200 판결 등).

또한 '근로자의 동의'는 전적처분을 행할 당시에 얻어야 하는 것이 일반적일 것이나 그에 앞서 사전에 포괄 동의를 받아 두는 것도 가능할 수 있다. 다만 판례는, 이와 같은 사전 포괄 동의가 유효하기 위하여서는 '전적할 기업을 특정하고 그 기업에서 종사하여야 할 업무에 관한 사항 등의 기본적인 근로조건을 명시'하여 근로자의 동의를 얻어야 하는 것으로 보고 있다(대법원 1993. 1. 26. 선고 92다11695 판결 등).

Ⅲ. 乙에 대한 전적명령의 정당성

1. 乙의 동의 여부

A회사의 乙에 대한 B회사로의 발령은 전적으로서의 성격을 갖는바 원칙적으로 근로자의 동의를 얻어야만 그 효력이 인정될 수 있으며, 여기서의 동의는 명시적 동의 외에 묵시적 동의도 인정되고 전적 시점에서의 동의가 아닌 사전 포괄동의도

가능하다.

그런데 본 사안에서 A회사는 전적 발령 당시 乙로부터 직접 개별 동의를 받은 바 없다. 오히려 A회사의 전적발령에 대하여 乙은 퇴직금수령을 거부하면서 A회사의 여타 사업장으로 발령하여 줄 것을 요구하였는바, 乙로부터 전적에 반대하는 명시의 의사가 있었다고 보아야 할 것이다. 그러므로 본건 전적 발령을 전후로 乙로부터 명시 내지 묵시의 동의가 있었다고 볼 근거가 없다.

한편 A회사 취업규칙은 "회사의 필요에 의하여 계열사 간 인사이동을 명할 수 있다"라고 규정하고 있으며 동 취업규칙은 乙에게도 적용되는바, 이것이 계열사로의 전적에 관한 사전 포괄동의에 해당하는 것으로 볼 수 있는지가 문제된다. 그런데 판례는 사전 포괄동의가 있었던 것으로 인정되기 위하여서는 적어도 '전적할 기업을 특정하고 그 기업에서 종사하여야 할 업무에 관한 사항 등의 기본적인 근로조건을 명시'하여 동의를 얻어야 하는 것으로 보고 있는바, 이에 의하면 취업규칙 등에서 근로자를 계열사로 인사 이동시킬 수 있다는 일반 규정을 두거나 그룹차원에서 일괄 채용하면서 계열사 간 인사이동 가능성에 대하여 설명을 하였다는 등의 사정만으로는 사전 포괄동의가 있었다고 할 수 없다(대법원 1993. 1. 26. 선고 92누8200 판결; 대법원 1994. 6. 28. 선고 93누22463 판결 등). 그렇다면 본 사안에서도 취업규칙상의 계열사 전적에 관한 일반규정만을 근거로 하여 乙의 전적에 관한 사전 포괄동의가 있었던 것으로 보기는 어렵다.

2. A회사의 전적에 관한 노동관행의 존재 여부

한편 근로자에 대한 전적 발령은 원칙적으로 해당 근로자의 동의가 있어야만 유효하나 다만 예외적으로 그와 같은 동의 없이도 전적을 하여 왔다는 노동관행이 인정되는 경우라면 그 한도에서 사용자의 일방의사에 의한 전적이 가능할 수 있다.

그런데 A회사는 그간에 있어 계열사 간 전적을 행한 사례가 없다는 것인바, 이 경우 당해 전적이 해당 사업장에서 규범적 사실로서 승인되었다거나 사실상의 제도로서 확립되어 있다고 볼 근거가 없다.

이와 같이 A회사의 乙에 대한 전적 발령을 정당화시킬 수 있는 노동관행이 존재하지도 않는바, 다른 특별한 사정이 없는 한 본 사안에서의 전적은 그 효력이 인정되기는 어렵다.

Ⅳ. 결　　론

A회사의 乙에 대한 B회사로의 전적 발령이 유효하기 위하여서는, 당해 전적에 관하여 乙로부터 동의를 얻거나 그간에 있어 동의 없이 전적이 이루어졌다는 노동관행이 인정되어야 한다. 그런데 위에서 확인한 바와 같이 A회사는 본건 전적에 관하여 乙로부터 동의를 받은 바 없고 또한 동의 없이 전적이 이루어지는 관행이 동 사업장에 형성되어 있다고 보기도 어렵다는 점에서 본건 乙에 대한 전적발령은 효력이 인정되기 어렵다.

유사사례

호텔사업을 영위하는 A회사는 외국인 투숙객의 수가 점증하자 외국어 구사능력을 보유한 전화교환원이 필요하게 되었고, 이에 따라 외국어 회화가 가능한 자를 대상으로 전화교환원 직무에 대한 특별채용절차를 진행하였다. 甲은 동 채용절차에 응시하여 최종 선발되었는데, A회사는 그 모집공고 및 채용과정에서 담당직무를 전화교환원으로 특정한 바 있으며 실제로도 甲은 채용 후 10여 년간 전화교환원 업무만을 수행하였고 다른 전화교환원도 그간에 있어 직무 변경 없이 해당 업무만을 수행하였다.

한편 A회사는 최근 외국인 고객 응대 매뉴얼을 개발한 후 전화교환원을 대상으로 교육을 실시하였는데, 토론과정에서 甲과 그 상급자인 전화교환부서 팀장 간에 말다툼이 발생하였다. 이와 관련하여 A회사는 조직 내 단합 내지 근로자간 인화를 명목으로 甲을 객실 내 비품관리를 담당하는 하우스키퍼로 발령하였다. 전화교환원과 하우스키퍼는 채용자격, 근무내용, 승진 등의 인사체계 및 보상체계가 상이한 직종인데, A회사는 동 배치전환시 보수 수준이 유사한 직위로 甲을 발령하여 임금의 손실은 없도록 하였다.

이와 관련하여 甲은 '채용 당시 전화교환원으로 특정하여 근로계약을 체결하였는데 본인의 동의 없이 타 직무로 인사발령한 것은 위법하다'고 주장하는 반면, A회사는 '배치전환은 당초 사용자에게 내재하는 인사권의 한 내용인바 사전에 근로자의 동의를 얻거나 협의 등을 행할 의무가 없으며, 한편 甲의 분란행위로 인하여 조직 내 융화가 저하되는 등의 사정이 발생하여 회사의 입장에서는 배치전환을 행할 업무상 필요성이 있으며 이를 통하여 甲의 임금이 저하되는 등의 사정도 없는바 전체적으로 보아 정당한 조치에 해당한다'고 주장한다. A회사의 甲에 대한 본건 배치전환이 정당한지 여부를 판단하라.

───

　해설요지

　　사안의 경우 ⅰ) A회사가 甲을 채용한 것은 업무상 외국어 구사능력을 보유한 전화교환원이 필요하게 된 사정에 기인하고 있다는 점, ⅱ) A회사는 외국어 회화가 가능한 전화교환원을 채용하고자 동 직무만을 대상으로 특별채용절차를 진행하였는데 甲도 이를 통하여 채용되었다는 점, iii) A회사는 본건 모집공고 및 채용절차에서 그 담당직무를 전화교환업무로 특정하였다는 점, iv) 甲은 채용 후 10여 년간 전화교환원 업무만을 수행하였다는 점, ⅴ) 甲 외의 다른 전화교환원도 타 직무로 발령된 사례가 없다는 점 등의 사정을 고려한다면 채용 당시에 이미 명시적 내지 묵시적으로 그 담당 직무가 전화교환원으로 특정되어 있다고 볼 가능성이 높다고 판단된다.

　　그렇다면 A회사가 甲을 전화교환원과는 그 채용자격, 근무내용, 인사체계 및 보상체계가 전혀 다른 하우스키퍼로 배치전환하기 위하여서는 원칙적으로 甲의 동의가 있어야 한다고 보이며, 따라서 이와 같은 동의 없이 이루어진 본건 배치전환은 그 효력이 인정되기 어렵다고 본다(관련판례: 대법원 1993. 9. 28. 선고 93누3837 판결).

1. 배치전환의 정당성 판단기준

[1] 근로자에 대한 전직이나 전보처분은 근로자가 제공하여야 할 근로의 종류·내용·장소 등에 변경을 가져온다는 점에서 근로자에게 불이익한 처분이 될 수도 있으나, 원칙적으로 인사권자인 사용자의 권한에 속하므로 업무상 필요한 범위 안에서는 상당한 재량을 인정하여야 하고, (중략) 전직처분 등이 정당한 인사권의 범위 내에 속하는지의 여부는 당해 전직처분 등의 업무상의 필요성과 전직에 따른 근로자의 생활상의 불이익을 비교·교량하고, 근로자가 속하는 노동조합(노동조합이 없으면 근로자 본인)과의 협의 등 그 전직처분을 하는 과정에서 신의칙상 요구되는 절차를 거쳤는지 여부를 종합적으로 고려하여 결정하여야 한다(대법원 2009. 4. 23. 선고 2007두20157 판결; 대법원 1989. 2. 28. 선고 86다카2567 판결; 대법원 1991. 7. 12. 선고 91다12752 판결 등).

[2] 전보처분 등이 권리남용에 해당하는지 여부는 전보처분 등의 업무상의 필요성과 전보 등에 따른 근로자의 생활상의 불이익을 비교·교량하여 결정되어야 할 것이고, 업무상의 필요에 의한 전보 등에 따른 생활상의 불이익이 근로자가 통상 감수하여야 할 정도를 현저하게 벗어난 것이 아니라면 이는 정당한 인사권의 범위 내에 속하는 것으로서 권리남용에 해당하지 않는다 할 것이다. 이 경우 전보처분 등을 함에 있어서 근로자 본인과 성실한 협의절차를 거쳤는지 여부는 정당한 인사권의 행사인지 여부를 판단하는 하나의 요소라고는 할 수 있으나 그러한 절차를 거치지 아니하였다는 사정만으로 전보처분 등이 권리남용에 해당하여 당연히 무효가 된다고는 할 수 없다(대법원 2013. 6. 27. 선고 2013다9475 판결; 대법원 1995. 10. 13. 선고 94다52928 판결 등).

[3] 근로자에 대한 전직이나 전보처분은 근로자가 제공하여야 할 근로의 종류·내용·장소 등에 변경을 가져온다는 점에서 근로자에게 불이익한 처분이 될 수도 있으나 원칙적으로 인사권자인 사용자의 권한에 속하므로 업무상 필요한 범위 안에서는 상당한 재량을 가지며, 그것이 근로기준법에 위반되거나 권리남용에 해당하는 등 특별한 사정이 없는 한 무효라고는 할 수 없고, 다만 근로계약에서 근로내용이나 근무장소를 특별히 한정한 경우에 사용자가 근로자에 대하여 전보나 전직처분을 하려면 원칙적으로 근로자의 동의가 있어야 한다(대법원 2013. 2. 28. 선고 2010다52041 판결; 대법원 1992. 1. 21. 선고 91누5204 판결; 대법원 2009. 4. 23. 선고 2007두20157 판결 등).

2. 전적명령의 정당성 판단기준

[1] 근로자를 그가 고용된 기업으로부터 다른 기업으로 적을 옮겨 다른 기업의 업무에 종사하게 하는 이른바 전적은 종래에 종사하던 기업과 사이의 근로계약을 합의해지하고 이적하게 될 기업과 사이에 새로운 근로계약을 체결하는 것이거나 근로계약상의 사용자의 지위를 양도하는 것이므로, 동일기업 내의 인사이동인 전근이나 전보와 달라 특별한 사정이 없는 한 근로자의 동의를 얻어야 효력이 생기는 것인바, 사용자가 근로자의 동의를 얻지 아니하고 기업그룹 내의 다른 계열회사로 근로자를 전적시키는 관행이 있어서 그 관행이 근로계약의 내용을 이루고 있다고 인정하기 위하여는 그와 같은 관행이 기업사회에서 일반적으로 근로관계를 규율하는 규범적인 사실로서 명확히 승인되거나, 기업의 구성원이 일반적으로 아무런 이의도 제기하지 아니한 채 당연한 것으로 받아들여 기업 내에서 사실상의 제도로서 확립되어 있지 않으면 안 된다(대법원 1993. 1. 26. 선고 92다11695 판결; 대법원 1989. 5. 9. 선고 88다카4918 판결; 대법원 2006. 1. 12. 선고 2005두9873 판결 등).

[2] 사용자가 기업그룹 내부의 이와 같은 전적에 관하여 미리(근로자가 입사할 때 또는 근무하는 동안) 근로자의 포괄적인 동의를 얻어 두면 그때마다 근로자의 동의를 얻지 아니하더라도 근로자를 다른 계열기업으로 유효하게 전적시킬 수 있다고 보아야 할 것이다. (중략) 사용자가 기업그룹 내의 전적에 관하여 근로자의 포괄적인 사전 동의를 받는 경우에는 전적할 기업을 특정하고(복수기업이라도 좋다) 그 기업에서 종사하여야 할 업무에 관한 사항 등의 기본적인 근로조건을 명시하여 근로자의 동의를 얻어야 된다고 해석하여야 할 것이다(대법원 1993. 1. 26. 선고 92누8200 판결; 대법원 1994. 6. 28. 선고 93누22463 판결).

[3] 전적은 종전 기업과의 근로관계를 합의해지하고, 이적하게 될 기업과 사이에 새로운 근로계약을 체결하는 것이므로 원칙적으로 근로자의 동의가 필요한 것으로서, 근로자가 전적명령에 응하여 종전 기업에 사직서를 제출하고 퇴직금을 수령한 다음 이적하게 될 기업에 입사하여 근무를 하였다면 특별한 사정이 없는 한 이는 전적에 대한 동의를 전제로 한 행동이라고 보아야 하고 가사 근로자가 퇴직 및 입사 등의 행위를 한 때에 그 내심의 의사가 종전 기업과의 근로관계를 종료하고 이적하게 될 기업과 근로관계를 맺으려는 것이 아니라 오로지 퇴직금을 지급받을 의사에 불과한 것으로서 비진의 의사표시에 해당한다고 하더라도 사용자가 그 진의 아님을 몰랐고 알 수도 없었던 경우에는 그 효력을 부인할 수 없다(대법원 1998. 12. 11. 선고 98다36924 판결; 대법원 1993. 1. 26. 선고 92누8200 판결 등).

3. 육아휴직 후의 업무 복귀

육아휴직을 마친 근로자를 복귀시키면서 부여한 업무가 휴직 전과 같은 업무에 해당한다고 보려면, 취업규칙이나 근로계약 등에 명시된 업무내용뿐만 아니라 실제 수행하여 온 업무도 아울러 고려하여, 휴직 전 담당 업무와 복귀 후의 담당 업무를 비교할 때 그 직책이나 직위의 성격과 내용·범위 및 권한·책임 등에서 사회통념상 차이가 없어야 한다. 만약 휴직기간 중 발생한 조직체계나 근로환경의 변화 등을 이유로 사업주가 같은 업무로 복귀시키는 대신 같은 수준의 임금을 지급하는 다른 직무로 복귀시키는 경우에도 복귀하는 근로자에게 실질적인 불이익이 있어서는 아니 된다. 사업주가 위와 같은 책무를 다하였는지는 근로환경의 변화나 조직의 재편 등으로 인하여 다른 직무를 부여해야 할 필요성 여부 및 정도, 임금을 포함한 근로조건이 전체적으로 낮은 수준인지, 업무의 성격과 내용·범위 및 권한·책임 등에 불이익이 있는지 여부 및 정도, 대체 직무를 수행하게 됨에 따라 기존에 누리던 업무상·생활상 이익이 박탈되는지 여부 및 정도, 동등하거나 더 유사한 직무를 부여하기 위하여 휴직 또는 복직 전에 사전 협의 기타 필요한 노력을 하였는지 여부 등을 종합적으로 고려하여 판단하여야 한다(대법원 2022. 6. 30. 선고 2017두76005 판결).

15 형사유죄판결과 당연퇴직의 정당성

사실관계

A회사의 근로자 甲은 조립공으로 근무하여 오다가 2010. 2. 7. 이 회사 노동조합의 위원장으로 선출되었다. 그 후 甲은 노조위원장으로서 2010. 4. 20.경부터 같은 해 6. 7.경까지 사이에 노사 간에 임금교섭을 하는 과정에서 회사업무를 방해하고, 불법으로 태업, 파업을 하며 옥외집회를 열고 시위를 주동하였다는 이유로 같은 해 6. 13. 구속되어 기소되었다. 2010. 9. 8. 대구지방법원은 甲에게 징역 1년의 실형을 선고하였고 2011. 1. 25. 항소심은 징역 1년에 집행유예 2년을 선고하였는데 이 원심판결은 2011. 6. 26. 대법원의 상고기각으로 확정되었다.

A회사의 단체협약 제43조에 의하면 징계에 관한 규정과 달리 '조합원이 정년에 달했거나 사망하였을 때', '형사상의 범죄로 유죄판결을 받았을 때', '전역일 또는 질병, 부상, 기타의 사유로 회사의 승인을 받아 휴직한 자가 그 사유 소멸일로부터 1월 이내에 복직원을 제출하지 아니한 때', '7일 이상의 무단결근 후 회사의 취업요구에 응답하지 아니한 때'에는 당연퇴직한다고 규정되어 있고 취업규칙 제9조 제2항 제3호에도 '형사상의 범죄로 유죄판결을 받았을 때'에는 당연면직한다고 규정되어 있다. 한편 A회사의 취업규칙 제15조 제2항 제1호는 당연면직과는 별도로 성실의무와 품위유지의무 및 복종의무를 규정한 취업규칙을 위반하는 자에 대하여는 경고, 견책, 감봉, 정직, 해고 등의 징계를 할 수 있다고 규정하면서, 동조 제2항에서는 징계위원회의 구성과 징계대상자의 징계위원회 출석통지 등 소명기회를 부여한다는 내용의 징계절차에 관한 규정을, 동조 제3항에서는 구체적인 징계해고사유에 관한 규정을 두고 있다. 다만 그 해고사유에는 앞의 당연퇴직사유와 같은 사유는 포함되어 있지 않다.

A회사는 甲이 구속기소되자 처음에는 연차휴가를 사용하도록 하고 그 소진 이후에는 甲의 휴직신청을 받아들여 제1심 재판까지 조건부로 휴직처리를 해 주었다. 2010. 9. 8. 위 대구지방법원에서 징역 1년의 실형선고가 내려지자 A회사는 甲에게

별도의 소명기회를 부여하지 않고 2010. 9. 15. 징계위원회가 아닌 인사위원회를 열어 단체협약 및 취업규칙상의 당연퇴직사유('형사상의 범죄로 유죄판결을 받았을 때')가 발생하였다 하여 2010. 9. 15.자로 당연퇴직처리하기로 결정하고 그 사유와 시기를 기재한 서면을 통해 甲에게 당연퇴직사실을 통보하였다.

문제 1

甲은 위 당연퇴직처분이 무죄추정의 원칙에 반하는 부당해고에 해당한다고 주장하면서 신청기간을 준수하여 노동위원회에 구제신청을 하였다. 이에 대해 A회사는 형사유죄판결로 근로제공이 장기간 불가능하게 되었기 때문에 당연퇴직처리한 것일 뿐 해고가 아니라고 맞섰다. 甲의 구제신청은 받아들여질 수 있는가? (30점)

문제 2

만약 A회사의 취업규칙 제15조 제3항의 징계해고사유에도 '형사상의 범죄로 유죄판결을 받았을 때'가 포함되어 있다고 가정한다면 A회사의 위 당연퇴직처분은 정당한가? (20점)

사례해결의 Key Point

[문제 1]

근로자의 정년, 사망 등 근로관계의 자동종료사유 외에 당연퇴직처리를 제한 없이 허용하는 것은 근로기준법 제23조 이하의 해고제한규정을 형해화시킬 수 있으므로 일정한 제한이 필요하다.

판례에 따르면 징계해고가 정당하기 위해서는 그 해고에 정당한 사유가 있을 것이 필요할 뿐만 아니라 해고에 관한 절차규정이 있다면 이 또한 준수하는 것도 필요하다.

[문제 2]

'형사상의 범죄로 유죄판결을 받은 경우'의 의미를 그것이 근로관계의 존속에 미칠 영향을 기준으로 분류한다면 우선 그 범죄가 업무와 직·간접적으로 관련된 범죄냐 여부, 유죄판결이 금고이상의 실형판결이냐 여부 그리고 그것이 확정판결이냐 아니냐 여부를 기준으로 판단될 수 있다.

당연면직사유가 징계해고 사유로도 규정된 경우에 징계해고절차규정이 적용되는지가 검토되어야 한다.

── 〈풀 이 목 차〉 ──

> **문제 1**
>
> 甲은 위 당연퇴직처분이 무죄추정의 원칙에 반하는 부당해고에 해당한다고 주장하면서 신청기간을 준수하여 노동위원회에 구제신청을 하였다. 이에 대해 A회사는 형사유죄판결로 근로제공이 장기간 불가능하게 되었기 때문에 당연퇴직 처리한 것일 뿐 해고가 아니라고 맞섰다. 甲의 구제신청은 받아들여질 수 있는가? (30점)

Ⅰ. 문제의 논점

사안에서의 핵심쟁점은 '형사상의 범죄로 유죄판결을 받았을 때'(이하 '형사상 유죄판결'이라 한다)에 해당함을 이유로 근로자 甲을 당연퇴직처리하는 것이 근로기준법 제23조 해고제한규정의 취지에 비추어 정당화되는가 하는 점이다. 정년의 도달이나 당사자의 소멸, 계약기간의 만료 등은 그 자체가 근로관계의 자동종료사유로 볼 수 있어서 논란의 여지가 적지만 그 밖의 사유까지 제한 없이 당연퇴직사유가 된다고 허용한다면 사용자에 의한 해고를 제한하려는 근로기준법 제23조의 입법취지는 형해화될 가능성이 높다. 그러므로 사용자의 당연퇴직처리의 경우에도 여전히 해고제한규정이 적용되어야 하는지가 우선 해명되어야 하고 만약 이를 긍정한다면 이 사안에서 문제가 된 '형사상 유죄판결'을 받았다는 사실이 과연 근로관계의 존속을 더 이상 기대할 수 없는 해고의 '정당한 이유'에 해당될 수 있는가를 추가적으로 판단해야 할 것이다. 끝으로 甲의 형사유죄판결선고 직후에 A회사가 특별한 징계위원회 절차를 밟지 않고 당연퇴직처분을 통보한 것이 해고절차에 관한 제한규정을 위반한 것이 되는지 여부에 대해서도 법적인 판단이 필요하다.

Ⅱ. 당연퇴직사유에 대한 해고제한규정의 적용 여부

근로기준법 제23조에서 말하는 해고란 실제 사업장에서 불리는 명칭이나 절차에 관계없이 근로자의 의사에 반하여 사용자의 일방적 의사에 의하여 이루어지는 모든 근로계약관계의 종료를 의미한다(대법원 1993. 10. 26. 선고 92다54210 판결 등). 따라서 사용자가 어떤 사유의 발생을 취업규칙이나 단체협약 등에 당연퇴직의 사유로 규정하고 그 절차를 통상의 해고나 징계해고와는 달리 정하고 있다 할지라도 그

당연퇴직사유가 근로자의 사망이나 정년, 근로계약기간의 만료 등 근로관계의 자동
소멸사유로 볼 수 있는 경우가 아니라 근로자의 일신상·행태상에 의한 사유에 관
한 것인 경우에는, 이에 따른 당연퇴직은 근로기준법 제23조 소정의 제한을 받는
해고로 보아야 한다(대법원 1993. 10. 26. 선고 92다54210 판결).

위 사안에서 A회사는 형사상 유죄판결이 단체협약 제43조 및 취업규칙상의 당
연퇴직사유에 해당한다고 하여 甲을 퇴직시켰지만 그 사유란 결국 해고사유로서
'행태상의 이유'에 기초한 것이고 그 퇴직 또한 甲의 의사에 반해 이루어진 것으로
볼 수 있기 때문에 그 퇴직처리의 본질은 해고에 해당한다. 그러므로 취업규칙이나
단체협약의 당연퇴직규정은 그 자체로서 유효한 것이 아니라 근로기준법 제23조에
위반되지 않는 한도 내에서만 효력이 인정된다고 보아야 한다. 요컨대 형사상 유죄
판결의 경우에는 취업규칙이나 단체협약에서 그것이 당연퇴직사유로 규율되었다고
해서 곧 근로관계해지의 정당성을 담보하는 것이 아니고, 그것이 근로기준법 제23
조 제1항의 '정당한 이유'에 합치하는 당연퇴직사유로 인정될 수 있는가가 실질적으
로 검토되어야 한다.

Ⅲ. 형사상 유죄판결의 해고사유 해당 여부

1. 형사상 유죄판결의 의미

취업규칙이나 단체협약 등에 당연퇴직사유로서 근로관계의 자동소멸사유에 해
당하지 않는 사유를 규정한 경우 그 의미는 해당 근로관계의 특성 및 그 규정취지
나 다른 당연퇴직사유의 내용 등에 비추어 합리적으로 해석하여야 한다(대법원 1995.
3. 24. 선고 94다42082 판결).

위 사안의 단체협약에서 형사상 유죄판결 외에 당연퇴직사유로서 규정된 것은
'근로자가 정년에 달했거나 사망하였을 때', '전역일 또는 질병, 부상, 기타의 사유로
회사의 승인을 받아 휴직한 자가 그 사유 소멸일로부터 1월 이내에 복직원을 제출
하지 아니한 때', '7일 이상의 무단결근 후 회사의 취업요구에 응답하지 아니한 때'
로 되어 있는데 이는 예정된 근로기간이 만료된 경우이거나 그 성질상 근로자가 근
로제공을 할 수 없는 경우 혹은 근로자가 명시적 또는 묵시적으로 근로제공의사가
없음을 사용자에게 표시한 경우라고 볼 수 있다. 그러므로 이 사안에서 문제된 형
사상 유죄판결의 의미를 이들 다른 당연퇴직사유의 의미와 균형을 맞추고 근로기
준법상 해고제한규정의 취지에도 합치하도록 해석해야 한다면 그것은 근로자가

객관적으로 근로제공을 할 수 없는 유죄판결, 즉 장기간 신체적 구속에서 벗어나지 못한 실형판결을 받은 경우를 말한다고 해석할 수 있다. 그렇다면 이 사안에서 형사상 유죄판결은 그것이 실형판결인 이상 반드시 확정판결일 필요는 없다고 볼 것이다.

2. 소 결

사안에서 단체협약 제43조 및 취업규칙 제9조 제2항 제3호의 당연퇴직규정이나 당연면직규정에서 규정한 '형사상의 범죄로 유죄판결을 받았을 때'를 장기간 신체적 구속에서 벗어날 수 없는 실형판결을 받은 경우라고 해석할 수 있는 한, 甲이 제1심 법원에서 벌금형이나 집행유예가 아닌 징역 1년의 실형판결을 받았다는 사실은 당연퇴직사유이자 해고의 정당한 이유도 된다고 할 것이다. 근로계약에 따른 근로제공의무를 상당기간 미이행한다는 것은 일반해고의 전형적인 사유라고 보아야 하기 때문이다. 비록 실형판결이 제1심 법원에서 선고된 것으로서 아직 확정된 판결이 아니라고 하더라도, 그 실형판결로써 甲의 근로제공이 장기간 불가능하게 되었다는 사실만이 중요할 뿐 징계해고로서의 성격은 특별히 문제가 되지 않는다. 따라서 무죄추정의 원칙은 A회사의 당연퇴직처분과 무관하며 그 처분의 효력에 영향을 주지 못한다고 볼 것이다. 결국 위 사안에서 A회사에 의한 甲의 당연퇴직처분은 해고의 정당한 이유를 갖춘 것이고 비록 상급법원에서 집행유예의 판결을 받았다고 하여 이미 이루어진 당연퇴직의 처분이 취소되어야 하는 것은 아니라고 할 것이다.

Ⅳ. 甲에 대한 당연퇴직의 정당성 검토

1. 징계절차 규정의 적용 여부

사안을 보면 A회사는 甲의 제1심 실형선고 직후에 甲에게 별도의 소명기회를 부여하지 않고 단지 직원인사위원회의 결정을 통해 甲을 바로 퇴직시켰다. 만약 단체협약이나 취업규칙 등에 당연퇴직사유에 의한 퇴직처분시에도 일정한 절차를 거쳐야 한다는 절차규정이 존재할 경우에는 그러한 절차를 밟지 않고 행한 사용자의 퇴직처분은 당연히 무효라고 할 것이다. 반면에 A회사와 같이 취업규칙이나 단체협약에 당연퇴직처분에 관한 절차규정이 없는 경우에는 소명기회 등을 부여하지 않은 당연퇴직처분에 절차상 하자가 있는지 논란이 있을 수 있다. 그러나 판례에 의하면 징계에 관해서는 별도의 절차규정이 있지만 당연퇴직처분에 관해서는 아무런 절차

규정이 없는 경우에는 그 당연퇴직사유가 동일하게 징계사유로도 규정되어 있지 않는 한 당연퇴직처분을 함에 있어서 징계 등에서 정한 절차를 거쳐야 한다고 보지 않는다(대법원 1995. 7. 14. 선고 95다1767 판결; 대법원 1994. 3. 24. 선고 94다42082 판결 등). 이러한 판례에 따른다면 A회사의 당연퇴직처분의 성격이 징계해고가 아닌 일반해고라는 점과, A회사에는 징계절차에 관한 규정만 있을 뿐 당연퇴직처분을 위한 별도의 절차규정은 존재하지 않는다는 점에 비추어 A회사의 당연퇴직처분에는 그 효력을 부정할 수 있는 절차상 하자는 없었다고 판단된다.

2. 해고의 서면통지 규정 준수 여부

근로기준법 제27조는 해고의 서면통지를 하지 않은 해고는 무효라고 규정하고 있다. 그런데 위 사안에서 문제된 A회사의 당연퇴직처분의 성격이, 근로관계의 자동종료사유에 따라 근로관계의 종료를 알리는 단순한 관념의 통지가 아니라 일방적 의사표시인 해고에 해당한다면 이러한 당연퇴직처분의 통보에도 원칙적으로 근로기준법 제27조의 적용을 배제할 이유는 없다. 다만 당연퇴직처분의 사유에 근로기준법 제27조를 적용함에 있어서는 甲의 퇴직이 실제로는 당연퇴직처분이라는 명칭으로 이루어졌음을 고려해야 할 것이다. 즉 A회사가 당연퇴직처분의 통보과정에서 해고라는 명칭을 명시적으로 사용하지 않았다고 하더라도 형사상 유죄판결에 따른 당연퇴직처분의 구체적인 사유와 당연퇴직처분의 일자를 기재한 서면을 甲에게 교부했다면 이로써 근로기준법 제27조는 준수한 것으로 보아야 할 것이다.

V. 결   론

甲에게 제1심 법원이 징역 1년의 실형판결을 선고한 직후에 A회사가 그것이 단체협약과 취업규칙상 당연퇴직사유의 하나인 '형사상의 범죄로 유죄판결을 받았을 때'에 해당한다고 보아 당연퇴직처분을 하였더라도 그 성격은 근로관계의 자동종료사유라기보다는 사용자에 의한 해고로 보아야 하고 따라서 거기에는 근로기준법 제23조 제1항에 따른 정당한 이유가 있을 것이 요구된다. 다만 형사상 유죄판결의 의미를 근로기준법의 해고제한규정의 취지와 A회사 단체협약 및 취업규칙상 다른 당연퇴직사유들과 비교하여 합리적으로 해석한다면 유죄판결 사실 자체가 징계해고사유가 된다고 보기는 어렵고 단지 실형판결로 인해 상당기간 근로제공이 불가능하게 됨에 따라 정당한 일반해고사유가 발생했다고 볼 것이다. 그런 점에서 비록 제1

심 판결에 불과하다고 하더라도 징역 1년의 실형판결이 내려진 당시를 기준으로 한 해고, 즉 당연퇴직처분의 효력 판단에는 무죄추정의 원칙이 아무런 영향을 미칠 수 없다고 판단된다. 나아가 대법원 판례에 따를 때 당연퇴직처분에 관한 절차규정이 없는 상황에서 인사위원회를 통해 당연퇴직처분을 내리고 이를 서면으로 甲에게 통보한 것에 어떤 절차상 하자가 있다고 보기도 어렵다. 甲의 구제신청은 기각될 수밖에 없다.

> **문제 2**
>
> 만약 A회사의 취업규칙 제15조 제3항의 징계해고사유에도 '형사상의 범죄로 유죄판결을 받았을 때'가 포함되어 있다고 가정한다면 A회사의 위 당연퇴직처분은 정당한가? (20점)

Ⅰ. 문제의 논점

근로관계의 자동종료사유로 볼 수 없는 '형사상의 범죄로 유죄판결을 받았을 때'(이하 '형사상 유죄판결'이라 한다)가 취업규칙이나 단체협약에서 당연퇴직사유로 규율되었다고 해서 곧바로 해지의 정당성이 담보되는 것은 아니다. 이 문제는 당연퇴직이 근로기준법 제23조 제1항상 해고의 '정당한 이유'에 합치하는가 여부에 따라 판단할 문제이다. 그런데 위 사안에서와 같이 형사상 유죄판결이 A회사 취업규칙에 징계해고사유로도 규정되어 있다면 이를 이유로 한 당연퇴직처분의 정당성 문제는 그 범죄행위의 내용과 성격, 형사처벌의 내용에 비추어 해고의 사유와 절차 측면에서 모두 정당화되는지를 따져 보아야 한다. 따라서 쟁점은 당연퇴직사유이자 징계해고사유인 형사상 유죄판결이 과연 무엇을 의미하는지 확정하는 문제와 함께 甲의 형사상 범죄행위가 해고를 정당화하는 이유가 되는지 여부, 그리고 A회사가 당연퇴직처분을 함에 있어서 별도의 징계해고절차를 준수해야 하는지 여부가 된다.

Ⅱ. 징계해고사유로서의 형사상 유죄판결의 의미

형사상 유죄판결이 단체협약이나 취업규칙에 당연퇴직사유로서만 규정되어 있는 경우와는 달리 당연퇴직사유이자 징계해고사유로도 각각 규정되어 있다면 그 의미는 단순히 근로자가 사용자에게 상당기간 근로제공을 할 수 없는 실형판결을 받게 되는 경우만을 의미하지는 않는다고 이해해야 한다. 그러므로 실형이 아닌 벌금형이나 집행유예의 선고를 받았다고 하더라도 그 범죄행위의 내용이 업무와 관련이 된 것이라면 정당한 징계해고사유가 될 수 있다. 그러나 업무와 관련 없는 순수한 사적 생활영역에서의 형사상 범죄로 인하여 형사처벌을 받게 된 경우에는 이것만으로 당연퇴직이 언제나 정당화될 수는 없다. 예컨대 업무와 무관하게 이루어진 교통범죄로 불구속 기소되어 집행유예판결을 받았다고 해서 기업특성에 반하지 않는 한 그것이 당연히 해고사유나 당연퇴직사유가 된다고 볼 수는 없을 것이다.

그렇다면 이 사안에서 A회사의 취업규칙상 '형사상의 범죄로 유죄판결을 받은 때'란 그러한 범죄가 근로자의 업무의 내용과 성격, 사업운영에의 영향정도, 기업의 신용이나 명예실추 여부 등과 관련된다는 관점에서 징계해고사유로도 인정되는 경우로 이해해야 할 것이다.

Ⅲ. 甲에 대한 형사상 유죄판결의 징계해고사유 해당 여부

근로자가 업무와 관련하여 형사상 유죄판결을 받았다면 이는 당해 근로계약 위반이라고도 볼 수 있어서 그 자체로 중대한 징계사유가 될 수 있다. 사안에서 甲은 회사업무를 방해하고, 불법으로 태업, 파업을 하며 옥외집회를 열고 시위를 주동하였다는 이유로 형사상 유죄판결을 받았다. 따라서 甲의 위법한 쟁의행위에 대해 유죄판결이 선고된 것은 단체협약 제43조의 당연퇴직사유의 하나이자 취업규칙상의 정당한 징계해고사유에 해당된다. 한편 甲의 범죄행위가 업무와 관련한 징계해고사유에 해당하는 한 그에 따른 유죄판결이 반드시 확정판결일 필요는 없다. 설령 상급법원이 집행유예를 선고했다고 하더라도 무죄판결이 아닌 이상 이로써 이 사건 당연퇴직처분의 기초가 소멸하였다고 볼 수 없기 때문이다.

Ⅳ. 甲에 대한 당연퇴직의 절차적 정당성 검토

1. 즉시해고 여부와 해고의 서면통지의무 위반 여부

사안을 보면 甲은 위법한 쟁의행위를 통해 회사의 정상적인 업무의 운영을 방해하였는데, 이는 해고예고의 예외사유인 '사회통념상 고의로 사업에 막대한 지장을 가져오거나 재산상 손해를 끼쳤다고 인정되는 경우'(근로기준법 제26조 제3호, 동 시행규칙 제4조 별표1 제9호)로 볼 수 있어서 즉시해고의 사유가 된다고 할 것이다. 나아가 당연퇴직처분에 대한 서면통지가 이루어졌다는 점에서 실질적으로는 근로기준법 제27조상의 해고의 서면통지의무도 이행되었다고 볼 수 있다.

2. 회사 징계절차의 준수 여부

어떤 근로자에게 발생한 사실이 당연퇴직사유라고 규정되어 있다 할지라도 그것이 객관적인 근로관계의 자동소멸의 사유가 아닌 한, 근로기준법 제23조 제1항의

'정당한 이유'에 관한 평가를 받아야 하는 것과 마찬가지로 그러한 퇴직사유가 징계와 같은 의미를 갖는 한 징계절차의 이행이 요구된다.

　　그럼에도 불구하고 위 사안에서 A회사는 甲에 대해서 징계위원회의 구성이나 소명기회가 보장되지 않고 인사위원회를 통해 당연퇴직처분을 하였다. 이는 징계해고사유를 가진 근로자에 대한 징계절차의 적용을 당연퇴직처리를 통해 회피한 것으로 볼 수 있다. 따라서 甲에 대한 당연퇴직처분은 절차상 하자가 있는 처분으로서 甲이 수감된 상태였다는 사정만으로는 그 하자를 치유할 수 없다. 서면을 통한 소명도 가능하기 때문이다.

V. 결　　론

　　징계해고사유이기도 한 형사상의 범죄로 유죄판결을 받은 甲에 대해 이루어진 당연퇴직처분이 유효하기 위해서는 그 범죄행위와 업무수행 혹은 기업성격 사이에 관련성이 존재한다는 관점에서 징계해고사유의 정당성이 인정되어야 할 뿐만 아니라 나아가 당연퇴직과정에서 징계절차의 이행도 요구된다. 그러나 A회사는 아무런 징계절차를 이행하지 않고 당연퇴직처분을 하였다는 점에서 비록 그 처분에 해고의 이유가 있다고 하더라도 당해 당연퇴직처분은 근로기준법 제23조에 위반하여 부당하다.

유사사례

A회사는 근로자파견계약이나 관리용역계약을 통해 건물주차관리 및 경비요원을 필요로 하는 곳에 파견하는 것을 주요 사업으로 하는 회사이고, 근로자 甲은 2010. 1. 4. A회사에 입사하여 서울 중구에 있는 빌딩의 주차정산원으로 근무하는 자이다. 이 빌딩은 그 건물주와 A회사와의 1년 단위의 빌딩관리용역계약에 기초하여 A회사가 관리하는 빌딩이다. 甲이 A회사에 입사할 당시인 2010. 1. 4. 작성된 근로계약서를 보면 甲의 근로장소는 위 빌딩으로 기재되어 있고 근로계약기간은 2010. 12. 31.까지였다. 특이한 사항은 계약기간 중도에 위 빌딩 건물주와 A회사 간의 관리용역계약이 해지될 때에 甲과 A회사 사이의 근로계약도 해지된 것으로 본다는 조항이 있다는 점이다. 그 후 건물주와 A회사와의 빌딩관리용역계약이 한 차례 갱신됨에 따라 甲은 위 빌딩에서 계속근무를 하였지만 A회사는 甲의 최초 계약만료일인 2010. 12. 31.이 경과되었음에도 불구하고 새로운 근로계약을 갱신체결하지는 않았고 이에 대해 甲과 A회사 누구도 이의를 제기하지 않았다.

그런데 위 빌딩 건물주가 2011. 6. 15. 개인사정을 들어 A회사에게 관리용역계약의 해지를 요청하자 당사자간 협의를 거쳐 최종적으로 2011. 7. 31.자로 그 관리용역계약을 해지하기로 하였다. 이에 A회사는 이 건물에서 근무하고 있던 甲을 비롯한 A회사 소속의 직원 5명에게 2011. 7. 31. 계약이 종료됨을 2011. 7. 15. 구두로 통보하였다. 이에 대해 근로자 甲이 부당해고라며 이의를 제기하자 A회사는 계약종료는 위 근로계약의 내용에 따른 당연퇴직처리에 불과하다고 주장한다. A회사의 주장은 정당한가?

해설요지

판례에 의하면 甲의 근로계약은 묵시의 갱신을 통해 계약기간을 포함하여 이전 계약과 동일한 조건으로 연장된 것으로 볼 수 있다. 그런 점에서 甲은 최소한 2011년 12월까지 계약기간 존속의 이익을 누릴 수 있다. 그런데 빌딩관리용역계약이 중도해지되면 근로계약도 해지된 것으로 본다는 조항은 근로관계의 자동종료사유에 따른 것으로 볼 수 없기 때문에 이에 기초해 A회사가 甲을 퇴직처리한 행위는 해고에 다름 아니다. 빌딩관리용역계약의 종료로 위 빌딩에서의 근무가 더 이상 불가능하더라도 A회사는 甲을 비롯한 그 소속 직원들을 다른 사업장으로 배치전환함으로써 계속고용이 가능한지 여부를 먼저 따졌어야 한다. 이러한 노력 없이 A회사가 손쉽게 계약종료를 통보한 것은 해고의 정당한 이유를 인정하기 어려울 뿐만 아니라 종료예정일을 보름 앞두고 구두로 계약종료를 통보한 것은 해고의 서면통지의무 및 해고예고규정에도 위반되어 절차적인 측면에서도 정당하지 않다고 할 것이다(관련 판례: 대법원 2009. 2. 12. 선고 2007다62840 판결).

주요참조판례

1. 형사상 유죄판결과 당연퇴직

　[1] 근로계약의 종료사유는 근로자의 의사나 동의에 의하여 이루어지는 퇴직, 근로자의 의사에 반하여 사용자의 일방적 의사에 의하여 이루어지는 해고, 근로자나 사용자의 의사와는 관계없이 이루어지는 자동소멸 등으로 나누어 볼 수 있을 것인 바, 근로기준법 제27조에서 말하는 해고란 실제 사업장에서 불리우는 명칭이나 그 절차에 관계없이 위의 두번째에 해당하는 모든 근로계약관계의 종료를 의미한다고 해석하여야 할 것이므로, 피고 회사가 어떠한 사유의 발생을 당연퇴직사유로 규정하고 그 절차를 통상의 해고나 징계해고와는 달리 하였더라도 근로자의 의사와 관계없이 사용자측에서 일방적으로 근로관계를 종료시키는 것이면 성질상 이는 해고로서 근로기준법에 의한 제한을 받는다고 보아야 할 것이다(대법원 1993. 10. 26. 선고 92다54210 판결).

　[2] 노사합의서 등에 당연퇴직사유로 규정된 형사상의 범죄로 유죄판결을 받았을 경우의 의미는 그 규정취지나 다른 당연퇴직사유의 내용 등에 비추어 합리적으로 판단하여야 할`것이다. (중략) 이러한 규정내용 등에 비추어 형사상의 범죄로 유죄판결을 받았을 경우를 당연퇴직사유로 한 취지도 근로계약에 따른 근로자의 기본적인 의무인 근로제공의무를 이행할 수 없는 상태가 장기간 계속되어 왔음을 근거로 하여 사용자가 근로자를 당연퇴직시켜도 근로자측에서 이의를 제기할 여지가 없을 정도의 상태, 즉 형사상 범죄로 구속되어 있는 근로자가 현실적인 근로제공이 불가능한 신체의 구속상태가 해소되지 아니하는 내용의 유죄판결(예컨대, 실형판결)을 받은 경우를 의미한다고 풀이함이 상당하다 할 것이다(대법원 1995. 3. 24. 선고 94다42082 판결).

　[3] (취업규칙상 퇴직사유로 규정된 '구속 기소로 인한 휴직에 있어서 유죄판결을 받았을 때'를) 구속기소로 인하여 휴직처리된 종업원이 유죄의 제1심판결(실형)을 선고받은 경우 퇴직처리한다고 해석하는 것은 유죄판결의 대상이 된 범죄사실이 판결의 선고에 의해 확정적으로 인정되는 것으로 간주하여 그 범죄사실에 의하여 퇴직이라는 불이익처분을 한다는 것이 아니라, 종업원이 휴직기간이 만료되는 제1심판결의 선고시까지는 물론이고 그 이후에도 장기구속에 따른 장기결근이라는 근로자 측의 사정으로 말미암아 근로계약에 기한 기본적 의무인 근로의 제공을 할 수 없게 되었다는 사실 그 자체에 기하여 퇴직처분을 한다는 취지이므로 위 취업규칙 규정은 형사피고인이 유죄의 판결이 확정될 때까지는 무죄로 추정된다는 헌법상 무죄추정의 원칙에 어긋나는 것이 아니다(대법원 1992. 11. 13. 선고 92누6082 판결).

[4] 단체협약에 해고사유로서 '업무 외의 사건으로 형사상 유죄판결을 받은 자'라는 규정을 두고 있을 때 그와 같은 해고 규정을 두게 된 취지는 그 유죄판결로 인하여 근로자의 기본적인 의무인 근로제공의무를 이행할 수 없는 상태가 장기화되어 근로계약의 목적이 달성될 수 없게 되었거나 사용자인 근로자의 신뢰관계가 상실됨으로써 근로관계의 유지가 기대될 수 없게 되었기 때문일 것이고 여기서의 유죄판결이란 단체협약의 규정상 미확정 유죄판결도 해고사유로 삼고 있음이 분명한 경우를 제외하고는 '유죄의 확정판결을 받은 자'만을 의미하는 것으로 해석되어야 할 것이다(대법원 1994. 6. 24. 선고 93다28584 판결).

[5] 인사규정에 "직원이 형사사건으로 구속 기소되었을 때에는 휴직을 명할 수 있고, 그 경우 휴직기간은 최초의 형 판결 시까지로 하되 계속 구속될 경우 확정판결 시까지 연장 가능하며, 휴직한 직원은 그 사유가 소멸된 때에는 30일 이내에 복직을 신청하여야 하고 회사는 지체 없이 복직을 명하여야 한다."라고 규정하고 있는데, 근로자로 근무하던 중 징역형을 선고받고 구속되자 회사가 인사규정에 따라 휴직을 명하였고, 근로자가 항소한 후 보석허가 결정을 받아 석방된 다음 복직신청을 하였으나, 회사는 휴직사유가 소멸되었다고 볼 수 없다는 이유로 복직신청을 거부한 사안에서, 휴직명령에는 정당한 이유가 있었다고 볼 수 있으나, 근로자가 석방된 이후에는 휴직명령의 사유가 소멸하였으므로 특별한 사정이 없는 한 회사는 근로자의 복직신청에 대하여 지체 없이 복직을 명하였어야 한다(대법원 2022. 2. 10. 선고 2020다301155 판결).

〈판례태도요약〉 판례의 태도를 종합하면, 취업규칙이나 단체협약에서 형사상 유죄판결을 당연면직 내지 해고사유로 명시한 경우에도 근로기준법 제23조의 해고의 제한을 받게 된다는 점을 확인하고 있으며, 형사상 유죄판결의 의미가 실형선고만을 의미하는지, 유죄의 확정판결로 이해해야 하는지는 규정의 내용과 취지에 비추어 판단되어야 할 것이며, 해고(면직)의 정당성은 결국 당해 범죄행위의 유형과 성격, 이의 업무와의 관련성이나 사용자의 명예나 신용에의 영향, 유죄판결의 구체적 내용 등 제반 사정을 종합적으로 고려하여 합리적으로 판단하여야 한다.

2. 기간만료와 당연퇴직

[1] 사용자가 어떤 사유의 발생을 당연퇴직 또는 면직사유로 규정하고 그 절차를 통상의 해고나 징계해고와 달리한 경우에 그 당연퇴직사유가 근로자의 사망이나 정년, 근로계약기간의 만료 등 근로관계의 자동소멸사유로 보이는 경우를 제외하고는 이에 따른 당연퇴직처분은 구 근로기준법 제30조(현행 제23조) 소정의 제한을 받는 해고라고 할 것인데 **사용자가**

주차관리 및 경비요원을 필요한 곳에 파견하는 것을 주요 사업으로 하는 회사로서 그 근로자와 사이에, 근로자가 근무하는 건물주 등과 사용자 간의 관리용역계약이 해지될 때에 그 근로자와 사용자 사이의 근로계약도 해지된 것으로 본다고 약정하였다고 하여 그와 같은 해지사유를 근로관계의 자동소멸사유라고 할 수 없다(대법원 2009. 2. 12. 선고 2007다62840 판결).

　　[2] 참가인(어학교육원의 강사)은 2008. 9. 1.부터 1년 단위로 근로계약을 체결한 기간제근로자이며 이는 묵시적으로 갱신되어 왔다고 봄이 상당하다. 따라서 참가인의 근로계약기간은 2010. 9. 1. 묵시적으로 갱신되어 2011. 8. 31.까지로 되었다고 보아야 하는데 어학교육원장이 2010. 10. 7. 일방적으로 그 근로계약을 종료시키는 이 사건 통보를 한 것이므로 이는 해고에 해당한다(서울고법 2013. 1. 9. 선고 2012누9293 판결. 동지: 대법원 1986. 2. 25. 선고 85다카2096 판결).

　　〈참고정보〉 서울고등법원은 이 사건에서 근로자가 기간제법(기간제 및 단시간근로자 보호 등에 관한 법률)상의 예외조항에서 인정하고 있는 '1주 동안의 소정근로시간이 뚜렷하게 짧은 단시간근로자'에 해당하여 2년을 초과하더라도 기간의 정함이 없는 근로자로 간주하는 기간제법 조항은 적용되지 않는다고 보았다(동법 제4조와 제1항 단서 및 동법 시행령 제3조 제3항 제6호).

16 경영상 해고의 정당성 요건

사실관계

　A은행은 누적된 적자로 존립의 위기에 직면하여 경영개선 목적으로 B은행과 합병계약을 체결하고 1999. 1. 6. 합병등기를 마쳐 C은행으로 되었다. C은행은 1999. 1. 22. 금융감독위원회 및 예금보험공사와 경영정상화를 위한 세부이행계획 이행약정을 체결하여 3급 이상 직원을 최대한 감축하도록 노력하고 중복·저생산성 점포 및 자회사를 정리하기로 하였다.

　이에 따라 C은행은 1999년 상반기까지 260개의 점포를 폐쇄하였고, 본부조직도 부서를 통폐합하여 33개 부서를 폐쇄하고 34개 부서만 남겼다. 나아가 1999. 2. 12. 1급 50%(73명), 2급 40%(201명), 3급 10%(82명) 등 총 356명을 감축시키기로 하고, 연령·재직기간·근무성적의 감축대상자 선정기준에 따라 감축대상자 명단을 작성하여, 감축대상인원 및 감축대상선정기준을 근로자과반수로 조직된 노동조합에 통보하는 한편, 같은 달 20일 희망퇴직자들에 대하여 월평균임금의 8개월분에 해당하는 특별퇴직금을 지급하기로 하여 희망퇴직 실시를 발표하였다. C은행은 노동조합과 협의를 계속하다가 1999. 3. 4. 노동조합과 감축대상자 선정기준은 그대로 유지하고, 1급의 50%(73명), 2급의 32%(161명), 3급의 6%(48명) 등 총 282명을 감축하기로 합의하였다.

　C은행은 1999년 1/4분기에 3,406억 원, 1999년 상반기에는 순이익 5,585억 원을 기록하였고, 업무이익 1조 992억 원, 충당금적립비율 115%를 기록하였으며 경영상 해고 당시 일련의 구조조정 과정에서 경영상태가 호전된 듯 보였으나, 합병 전 A은행은 누적된 적자로 존립의 위기에 직면한 상태에서 1998. 9. 30. 예금보험공사로부터 3조 2,642억 원의 공적자금을 출자형식으로 지원받았고, 합병 후 C은행은 1999년도에 1조 9,872억 원의 적자를 기록하였으며, 그 후에도 예금보험공사로부터 2000. 12. 30. 출자형식으로 2조 7,644억 원, 2001. 9. 29. 출연형식으로 1조 8,772억 원의 공적자금을 추가로 지원 받은 점에 비추어 보면, C은행이 1999년 상반기에 일

시적으로 흑자를 기록한 것은 이러한 부실요인이 제대로 반영되지 않은 가결산에 기인한 것으로 나타났다.

한편 C은행은 경영상 해고의 과정에서 연령, 재직기간, 근무성적 등 3가지의 해고대상자 선정기준만을 설정하였으나, 해고회피노력으로 신규채용 중단, 희망퇴직 실시, 희망퇴직자 중 일부를 계약직으로 전환하거나 자회사나 관련 업체에 취업알선하는 등 조치를 취하였고, 노동조합과의 협의 과정을 거쳐 당초 356명 해고계획에서 282명만을 해고하는 것으로 해고인원을 감축 합의하였다, 그러나 해고 대상자를 위한 배치전환, 전적 등의 고용유지 노력은 하지 않았다.

문제 1

甲은 3급 직원으로서 재직기간이 33년인 관계로 감축대상자 선정기준상 연령 및 재직기간에 해당하여 감축대상으로 선정되었으나 甲이 희망퇴직에 불응하자 C은행은 타 부서 배치전환, 계열사 전적 등의 고용유지노력은 없이 1999. 3. 27. 해고예고한 후 1999. 4. 30.자로 해고하였다. 이에 甲은 C은행의 경영상 해고의 긴박한 필요성이 없었다는 점을 근거로 자신에 대한 해고가 무효라고 주장한다. C은행의 경영상 해고의 근로기준법 제24조 제1항의 '긴박한 경영상의 필요성'(이하 '긴박성'이라 한다) 요건의 충족 여부를 검토하시오. (30점)

문제 2

C은행의 노동조합은 과거 사용자와 임금협상 등 단체교섭을 함에 있어 3급 이상 직원들에 대한 부분까지 포함시켜 함께 협약을 해왔다. 그러나 단체협약에 의하면 3급 이상의 직원들은 C은행의 노동조합원으로서 가입자격이 없는바, 당초 노동조합에 가입할 수 없는 3급 이상 직원들의 경영상 해고에 관한 C은행과 노동조합과의 협의는 근로기준법상 경영상 해고 협의절차요건의 흠결로서 무효이며 따라서 정리해고의 대상인 3급 이상 직원들만의 대표를 새로이 선출케 하여 그 대표와 별도로 협의를 하여야 유효하다는 甲의 주장은 타당한가? (20점)

사례해결의 Key Point

문제 1

　현행 근로기준법 제24조의 경영상 해고요건을 요약하면 긴박한 경영상의 필요성, 해고회피노력, 합리적이고 공정한 기준에 따른 대상자 선정, 해고회피노력과 해고대상자 선정기준에 관하여 근로자대표와의 성실한 협의를 규정하고 있다.

　긴박성 요건에 관해 판례는 반드시 기업의 도산을 회피하기 위한 기업의 경제적인 이유에 한정할 필요는 없고, 생산성의 향상, 신기술의 도입 등을 이유로 인원삭감이 객관적으로 보아 합리성이 있다고 인정될 때를 포함하여 장래에 올 수도 있는 위기에 미리 대처하기 위하여 인원삭감이 객관적으로 보아 합리성이 있다고 인정되는 경우도 포함한다고 한다.

문제 2

　판례는 근로자대표와의 성실협의규정을 절차적 요건으로 보고 있으며 이에 따라 실질적 해고 요건(근로기준법 제24조 제1항, 제2항)을 갖춘 경영상 해고라 하더라도 근로자대표와의 협의과정을 통한 쌍방의 이해 속에서 실시되는 것을 요청하는 것을 법 취지로 보고 있다. 이러한 근로자대표제도의 법적 취지에 비추어 비록 근로자대표가 근로자 과반수의 대표로서의 자격을 명확히 갖추지 못하였더라도 실질적으로 근로자의 의사를 반영할 수 있는 대표자라고 볼 수 있는 사정이 있다면 위 절차적 요건도 충족하였다고 보아야 할 것이라고 한다. 따라서 사안에서의 노동조합이 실질적으로 근로자대표로 볼 수 있는지가 검토되어야 할 것이다.

─────────────── 〈풀 이 목 차〉 ───────────────

문제 1

甲은 3급 직원으로서 재직기간이 33년인 관계로 감축대상자 선정기준상 연령 및 재직기간에 해당하여 감축대상으로 선정되었으나 甲이 희망퇴직에 불응하자 C은행은 타 부서 배치전환, 계열사 전적 등의 고용유지노력은 없이 1999. 3. 27. 해고예고한 후 1999. 4. 30.자로 해고하였다. 이에 甲은 C은행의 경영상 해고의 긴박한 필요성이 없었다는 점을 근거로 자신에 대한 해고가 무효라고 주장한다. C은행의 경영상 해고의 근로기준법 제24조 제1항의 '긴박한 경영상의 필요성'(이하 '긴박성'이라 한다) 요건의 충족 여부를 검토하시오. (30점)

Ⅰ. 문제의 논점

경영상 해고라 함은 기업의 긴박한 경영상의 필요에 기한 해고로 경제적 · 구조적 · 기술적 성격을 띤 기업합리화 계획에 따라 일정한 요건하에서 행하는 근로자의 대량적 감원조치를 말한다. 이러한 조치로서 경영상 해고는 근로자 측의 일신상 또는 행태상 사유에 기초하여 이루어지는 해고와는 달리 경영상의 필요성에서 이루어지는 해고를 의미한다는 데 특징이 있다. 따라서 경영상 이유에 의한 해고는 그 대상자가 통상적으로 다수인 점과 그 사유가 사용자 측에 기인하고 있으며 근로자 측에는 아무런 귀책사유 기타 근로관계 해지의 사정이 문제되지 않는다는 점에서 근로자의 직장보호의 필요성이 가중되고 보다 엄격한 해고제한의 필요성이 요구되어진다고 하겠다. 현행 근로기준법에서는 해고제한에 관한 일반규정(제23조)과는 별도로 경영상 해고의 정당성 요건에 관해 규정하고 있다(제24조, 제25조 참조).

경영상 이유에 의한 해고제한법리의 강화는 대체로 실질적 정당성의 측면(근로기준법 제23조 제1항, 제2항)과 절차적 정당성의 측면(근로기준법 제23조 제3항)으로 나누어 모두 4요건을 규정하고 있는데, 이에 대해 판례는 경영상 해고가 정당한지 여부는 구체적 사건에서 근로기준법상 경영상 해고의 '4요건'의 각각을 구성하는 개별 사정들을 종합적으로 고려하여 판단하여야 하며 특히 긴박한 경영상의 필요성에 대하여 '장래에 올 수도 있는 위기에 미리 대처하기 위하여 인원삭감이 객관적으로 보아 합리성'이 있다고 인정되는 경우도 포함한다고 보고 있다(대법원 2002. 7. 9. 선고 2001다29452 판결; 대법원 2015. 5. 28. 선고 2012두25873 판결 등).

이러한 판례내용을 토대로 본 사안에서 C은행이 실시한 경영상 해고가 근로기준법 제24조 제1항에서 정한 긴박성 요건을 충족하는지를 검토하여야 한다.

Ⅱ. C은행의 경영상 해고시 긴박성 요건의 충족 여부

1. 긴박성 요건의 판단표지

근로기준법 제24조 제1항은 "사용자가 경영상 이유에 의하여 근로자를 해고하려면 긴박한 경영상의 필요가 있어야 한다"고 정하고 있다.

판례는 긴박성 요건에 대해 반드시 기업의 도산을 회피하기 위한 기업의 경제적인 이유에 한정할 필요는 없고, 생산성의 향상, 신기술의 도입 등을 이유로 인원삭감이 객관적으로 보아 합리성이 있다고 인정될 때를 포함하여 장래에 올 수도 있는 위기에 미리 대처하기 위하여 인원삭감이 객관적으로 보아 합리성이 있다고 인정되는 경우도 포함한다고 판단한다.

따라서 긴박성 요건의 정당성 판단표지로서 ⅰ) 긴박성은 사용자의 경영상 필요한 조치로 잉여인력이 발생하고, 사용자가 가능한 할 수 있는 해고최소화 노력을 다한 결과 최후적으로 발생하게 되는 불특정 잉여인력의 발생 상태이다. ⅱ) 또한 그러한 잉여인력은 장래에도 계속고용이 가능하지 아니하여야 한다. 즉, 경영상 해고의 본질은 근로계약의 해지이므로 고도의 인적신뢰관계를 전제로 하는 근로계약의 해지요건인 '고용의 계속 가능성'이 없는 잉여인력의 발생상태가 되어야 한다. 이러한 잉여인력의 발생, 즉 긴박성 여부에 관한 판단시점은 긴박성의 판단 기초를 이루는 사실관계가 경영환경의 변화에 따라 가변적인 속성을 지니고 있으므로 사실관계 판단의 법적 안정을 위해 경영해고를 하는 시점을 기준으로 판단해야 한다(대법원 2013. 6. 13. 선고 2011다60193 판결).

요컨대 긴박성은 기업 경영내·외적인 이유나 환경에 대처하기 위해 사용자가 취한 조치에 따라 발생하게 된 잉여인력에 대하여 해고회피를 위한 조치를 다한 후에도 장래에도 계속고용이 가능하지 아니한 잉여인력이 존재하게 된 상태를 의미하며, 이는 경영상 해고의 실체적 원인으로서 이 요건이 충족되지 않을 경우 경영상 해고의 정당성은 당연히 부인된다.

따라서 사안에서 긴박성 요건의 충족여부도 잉여인력의 발생, 해고회피 노력요건의 충족, 잉여인력의 계속고용가능성 여부에 따라 판단될 수 있다.

2. 긴박성 요건에 관한 구체적 검토

(1) 잉여인력의 발생 여부

합병 전 A은행은 누적된 적자로 존립의 위기에 직면한 상태에서 예금보험공사로부터 공적자금을 지원받았고, 합병 후 C은행은 1조 9,872억 원의 적자를 기록하였으며, 그 후에도 예금보험공사로부터 공적자금을 추가로 지원받았고 1999년 상반기에 일시적으로 흑자를 기록한 것은 부실요인이 제대로 반영되지 않은 가결산이었기 때문이란 점에 비추어 보면, C은행의 경영위기 극복을 위해 구조조정의 합리적 필요성이 있었다고 판단된다.

따라서 계속되는 경영위기를 극복하기 위해 C은행이 구체적으로 실시한 합병과 부서 통폐합 조치에 따라 발생하게 된 인원과잉현상을 참작하면 C은행이 甲에 대한 정리해고를 실시할 당시에도 이를 실시하여야 할 긴박한 경영상의 필요가 있었다고 할 것이다(대법원 2002. 7. 9. 선고 2001다29452 판결 참조).

(2) 해고회피노력 요건의 충족 여부

과연 긴박성 요건을 다루면서 해고회피노력을 검토하는 것이 타당한지에 대하여는 의문이 제기될 수 있다. 그러나 사용자의 판단과 결정에 따른 조치로 해고를 회피할 수 있는 여지가 있다면 긴박한 경영상의 필요성이 있다고 보기 어렵다는 점에서 이 내용을 긴박성 요건에 포함하여 다룰 수 있다고 본다.

합병 전 A은행은 존립의 위기에 직면한 상황에서 금융감독위원회와 예금보험공사에 경영개선계획을 제출하고 합병을 성공시키는 등의 노력을 통하여 예금보험공사로부터 공적자금을 지원받아 회생의 기회를 마련하였던 점, 합병 후 C은행은 신규채용을 중단하고 특별퇴직금을 지급하기로 하여 희망퇴직자를 모집하였던 점, 희망퇴직자 중 일부를 계약직으로 전환하여 재취업시키고, 일부는 자회사나 관련 업체에 취업 알선하였던 점, 노동조합과의 협의 과정을 거쳐 당초 356명 해고계획에서 282명만을 해고하는 것으로 해고인원을 감축 합의하였던 점 등을 고려해 보면, C은행은 해고회피노력을 다하였다고 할 것이다.

한편, 희망퇴직에 불응한 甲에 대해서 C은행은 하향배치전환, 전적 등의 고용유지노력을 하지 않은 점을 들어 C은행이 해고회피노력을 다하였다고 보기 어렵다고 판단할 여지도 있겠다. 그러나 사용자가 해고회피를 위한 노력을 다하여야 한다는 것은 그 방법과 정도는 확정적·고정적인 것이 아니라 구체적이고 개별적인 상황에 따라 근로자와 사용자의 이익을 형량하여 현실적으로 사용자가 행할 수 있는

해고의 최소화 노력을 의미한다. 따라서 C은행이 1999년 상반기까지 260개의 점포
를 폐쇄하였고, 본부조직도 부서를 통폐합하여 33개 부서를 폐쇄하고 34개 부서만
남긴 사정에 비추어 보면 C은행은 심각한 인원과잉상태에 있었다고 보이므로 하향
배치전환 또는 전적 등의 방법으로 해고를 회피할 수 있었다고 볼 특별한 사정이
없는 한 그 사정을 들어 C은행이 해고회피노력을 다하지 않았다고 할 수 없다고 판
단함이 상당하다. 나아가 C은행이 해고를 회피하기 위한 방법에 관하여 노동조합
또는 근로자대표와 성실하게 협의하여 해고 실시에 관한 합의에 도달하였다면 이러
한 사정도 해고회피노력의 판단에 참작되어야 한다(대법원 2002. 7. 9. 선고 2001다
29452 판결 참조).

(3) 잉여인력의 계속고용가능성 여부

甲에 대한 경영상 해고가 행해진 1999. 4. 30. 시점인 1999년 1/4분기에 3,406억
원, 1999년 상반기에는 순이익 5,585억 원을 기록하였고, 업무이익 1조 992억 원, 충
당금적립비율 115%를 기록하는 등 경영상 해고 당시 일련의 구조조정 과정에서 경
영상태가 호전된 듯 보였으나, C은행이 1999년 상반기에 일시적으로 흑자를 기록한
것은 이러한 부실요인이 제대로 반영되지 않은 가결산에 기인한 것으로 나타났고
나아가서 그 후에도 C은행이 예금보험공사로부터 2000년 12. 30.과 2001. 9. 29. 공
적자금을 추가로 지원받은 점에 비추어 보면, C은행의 경영상태가 구조조정의 필요
가 없을 정도로 호전되었다고 달리 판단할 증거가 없다면, 긴박성은 반드시 기업의
도산을 회피하기 위한 경우에 한정되지 아니하고, 장래에 올 수도 있는 위기에 미
리 대처하기 위하여 인원삭감이 객관적으로 보아 합리성이 있다고 인정되는 경우도
포함되는 것으로 보아야 하므로 C은행의 경영위기가 계속되고 있었고 이를 극복하
기 위하여 실시한 합병과 부서 통폐합에 따른 인원과잉현상을 참작하여 C은행이 甲
에 대한 경영상 해고를 실시할 당시에도 이를 실시하여야 할 긴박한 경영상의 필요
가 있었다고 할 것이다(대법원 2002. 7. 9. 선고 2001다29452 판결 참조).

3. 소   결

긴박성 요건의 정당성 판단표지는 잉여인력의 발생, 해고회피 노력요건의 충족,
잉여인력의 계속고용가능성 여부의 충족 여부로 요약될 수 있으며 사안에서의 제시
된 사실관계의 내용에 비추어 C은행 경영상 해고의 긴박성 요건은 충족된다고 판단
된다.

Ⅲ. 결 론

경영상 해고의 실체적 요건인 긴박성 요건의 판단표지는 잉여인력의 발생, 해고회피 노력요건의 충족, 잉여인력의 계속고용가능성으로 요약될 수 있으며 제시된 사안내용에 의하면 C은행은 해고 당시에도 계속되는 경영위기 극복을 위한 구조조정의 합리적 필요성이 있었으며 합병, 조직통폐합 등의 조치를 통해 발생하게 된 잉여인력에 대해 이익형량의 원칙에 비추어 해고최소화 노력을 다한 것이 인정되므로 달리 판단할 특별한 사정이 없는 한 C은행의 경영상 해고의 긴박성 요건은 충족된다고 판단된다. 따라서 긴박한 경영상의 필요성이라는 요건이 갖추어지지 않았다는 甲의 주장은 수용될 수 없다고 본다.

> **문제 2**
>
> C은행의 노동조합은 과거 사용자와 임금협상 등 단체교섭을 함에 있어 3급 이상 직원들에 대한 부분까지 포함시켜 함께 협약을 해왔다. 그러나 단체협약에 의하면 3급 이상의 직원들은 C은행의 노동조합원으로서 가입자격이 없는바, 당초 노동조합에 가입할 수 없는 3급 이상 직원들의 경영상 해고에 관한 C은행과 노동조합과의 협의는 근로기준법상 경영상 해고 협의절차요건의 흠결로서 무효이며 따라서 정리해고의 대상인 3급 이상 직원들만의 대표를 새로이 선출케 하여 그 대표와 별도로 협의를 하여야 유효하다는 甲의 주장은 타당한가? (20점)

Ⅰ. 문제의 논점

근로기준법 제24조 제3항은 "사용자는 제2항에 따른 해고를 피하기 위한 방법과 해고의 기준 등에 관하여 그 사업 또는 사업장에 근로자의 과반수로 조직된 노동조합이 있는 경우에는 그 노동조합(근로자의 과반수로 조직된 노동조합이 없는 경우에는 근로자의 과반수를 대표하는 자를 말한다. 이하 "근로자대표"라 한다)에 해고를 하려는 날의 50일 전까지 통보하고 성실하게 협의하여야 한다"고 정하고 있다.

본 사안의 경우 C은행의 노동조합이 근로자 과반수를 대표하는 근로자대표이더라도 노동조합원으로서 자격이 없는 甲을 포함한 3급 이상 직원들을 경영상 해고할 경우 과연 이들을 대표하여 사용자와 협의할 수 있는 주체로 인정되는지 여부가 문제이다. 근로자대표제도의 취지와 대표성 요건 그리고 대표성 흠결시 법적 효과를 검토한 후 C은행의 노동조합이 3급 이상 직원들의 경영상 해고와 관련하여 정당한 협의주체로 볼 수 있는지를 검토하여야 한다.

Ⅱ. 경영상 해고시 근로자대표와의 협의절차

1. 근로자대표와의 협의절차의 규율취지와 위반의 효력

대법원은 근로기준법 제24조 제3항의 취지에 대해 "정리해고의 절차적 요건으로서 노동조합 또는 근로자대표와의 성실한 협의를 규정한 취지는 같은 조 제1, 2항이 규정하고 있는 정리해고의 실질적 요건의 충족을 담보함과 아울러 비록 불가피한 정리해고라 하더라도 협의과정을 통한 쌍방의 이해 속에서 실시되는 것이 바

람직하다는 이유에서이다"(대법원 2014. 11. 13. 선고 2012다14517 판결)라고 판시하고
있다.

　　그러나 근로자대표와의 성실한 협의절차가 경영상 해고의 정당성 요건인지 여
부는 해석상 논란이 될 수 있다. 판례는 구체적 사건에서 정리해고가 위 각 요건을
모두 갖추어 정당한지 여부는 위 각 요건을 구성하는 개별 사정들을 종합적으로 고
려하여 판단하여야 한다고 판시(대법원 2011. 1. 27. 선고 2008두13972 판결)한 점에 비
추어 근로기준법 제24조 제3항에서 규정한 이 협의절차를 필수적 유효요건으로 보
지는 않는 것으로 보이나, 경영상 해고의 정당성 요건의 하나로 규정되어 있으므로
(근로기준법 제24조 제5항), 이러한 협의절차를 거치지 않은 경영상 해고는 절차적 요
건을 결한 것으로 원칙적으로 효력이 없다고 보는 것이 보다 타당하다고 생각된다.

2. 협의주체로서 근로자대표의 요건

　　협의주체로서 근로자대표는 전체 근로자 과반수 노동조합 혹은 근로자 과반수
를 대표하는 자가 되도록 법문에 정해진 이상, 법문의 요건에 맞는 근로자대표와의
협의만이 경영상 해고요건의 충족으로 인정됨이 원칙이다. 왜냐하면 이러한 근로자
대표는 경영상 해고시 사용자와의 협의의 주체로서 전체 근로자들의 이익대표자라
는 사회 통념적으로 수용할 수 있는 인식에 의해 입법정책적 필요에 따라 창설된
것으로 보아야 하기 때문이다.

　　따라서 근로자대표는 원칙적으로 과반수노조 또는 과반수 근로자의 대표가 된
다. 이러한 협의주체로서의 대표성 요건을 갖추지 못할 경우에는 협의를 했다 할지
라도 협의절차를 거친 것으로 볼 수 없는 것이 원칙이다. 근로기준법 제24조 제5항
은 근로자대표와의 성실한 협의를 경영상 해고의 한 요건으로 보고 있으므로 근로
자대표의 대표성 요건을 갖추지 못한 근로자대표와의 협의는 정당한 해고로 인정되
지 않음이 타당하다고 본다.

　　다만, 협의절차 규정의 입법취지상 근로자대표의 법상 자격요건을 갖추지 못하
였으나 실질적으로 전체 근로자들의 의사를 반영할 수 있는 근로자대표가 있을 경
우 예외적으로 인정할 수 있다고 본다. 이에 따라 근로기준법 제24조 제3항에서 정
하는 근로자대표의 요건을 갖추지 않았더라도 근로자들의 실질적 이해관계를 반영
할 수 있을 경우 소수노동조합을 근로자대표로 인정한 판례도 있다(대법원 2006. 1.
26. 선고 2003다69393 판결; 대법원 2012. 5. 24. 선고 2010두15964 판결). 즉, 근로기준법
제24조 제3항에서 정한 근로자대표제도의 취지로 비추어 근로자대표가 형식적으

로는 근로자 과반수의 대표로서의 자격을 명확히 갖추지 못하였더라도 실질적으로 근로자의 의사를 반영할 수 있는 대표자라고 볼 수 있는 사정이 있다면 위 절차적 요건도 충족하였다고 보아야 할 것이라고 한다(대법원 2006. 1. 26. 선고 2003다69393 판결).

사안에서는 C은행 노동조합이 과반수노조로서 법에서 규정한 요건을 갖추고는 있으나, 경영상 해고의 대상인 3급 이상 근로자의 조합원 자격이 인정되지 않는다는 점에서 이들에 대한 실질적 대표성을 구비한 것으로 볼 수 있는지가 문제되고 있다.

Ⅲ. 甲 주장의 정당성 판단

1. C은행 노동조합의 甲에 대한 근로자대표성 검토

(1) 근로자대표의 형식적 요건의 충족 여부

C은행의 노동조합은 C은행 전 사업장에 걸쳐 근로자의 과반수로 조직된 노동조합으로서 법상 전체 근로자대표로의 형식적 요건을 갖추고 있으며, 이러한 근로자대표는 경영상 해고시 사용자와의 협의의 주체로서 달리 반증할 사실이 없으면 전체 근로자들의 의사를 반영할 수 있는 대표성이 사회 통념상 인정될 수 있다.

(2) 실질적 대표자성 검토

C은행의 노동조합은 종전에도 사용자와 임금협상 등 단체교섭을 함에 있어 3급 이상 직원들에 대한 부분까지 포함시켜 함께 협약을 해왔고 이 사건 경영상 해고에 있어서도 노동조합이 협의에 나서 해고 대상자 수를 당초 356명에서 282명으로 줄이기로 합의하는 데 성공한 점 등을 종합하여 보면, 甲을 포함한 3급 이상의 근로자들을 포함한 전체 근로자들을 위해 실질적으로 그들의 의사를 반영할 수 있는 대표성을 가진다고 인정된다.

2. 소 결

C은행의 노동조합은 경영상 해고시 사용자와의 협의의 주체로서 근로자 과반수대표의 형식적 요건을 갖추었을 뿐만 아니라 지금까지의 교섭과 협약관행 그리고 경영상 해고와 관련한 협의과정과 내용에 비추어 실질적으로 甲을 포함한 전체 근로자들의 의사를 반영할 수 있는 대표성을 가진다고 인정된다. 따라서 C은행이 법상 대표성을 가진 노동조합과의 협의 외에 경영상 해고의 대상인 3급 이상 직원들

만의 대표를 새로이 선출케 하여 그 대표와 별도로 협의를 하지 않았다고 하여 이 사건 경영상 해고를 협의절차의 흠결로 무효로 보기 어렵다.

Ⅳ. 결   론

근로기준법 제24조 제3항은 근로자대표와의 성실한 협의절차를 규정하고 있는데, 이는 경영상 해고의 실질적 요건인 긴박성 요건을 갖춘 경우에도 이 협의절차를 거쳐 근로자를 해고하도록 한 것이다. 따라서 근로자대표와의 협의에 관한 규정은 절차적 성격을 가진 내용이더라도 원칙적으로 경영상 해고의 정당성 요건의 하나로 이해되어야 한다.

근로자대표와의 협의절차의 취지상 근로자대표는 실질적으로 전체 근로자들의 의사를 반영할 수 있는 지위를 요청하므로 C은행의 노동조합은 법문에 정한바 근로자 과반수로 구성된 노동조합으로서 그 형식적 요건을 갖출 뿐만 아니라 실질적으로 전체 근로자의 이익을 대표해 왔으므로 경영상 해고시 甲을 포함한 3급 이상의 근로자들을 포함한 전체 근로자들의 의사를 반영할 수 있는 대표성을 가진다고 인정된다.

유사사례

A회사는 경영난으로 그 동안 휴업이나 조업단축 조치를 취해왔으나 객관적 사정에 비추어 더 이상 현재의 상시종업원규모(남녀 각 50명)를 유지할 수 없게 되어 1월 이내에 20%의 인원감축이 불가피하기에 이르렀다. 그리하여 A회사는 근속연수, 부양가족상황, 재산정도 등을 기초로 합리적이고 공정한 기준을 설정하여 20명의 감원대상자를 선정하여 경영상 사유로 해고하였다. 이에 대해 경영상 해고된 자들이 노동조합 B와의 대상자 선정에 있어서 협의절차가 결여되었다는 점을 들어 경영상 해고의 무효를 주장하였다. 이러한 절차 위반 외에 20명의 해고자 중 18명이 여성인 점에 비추어 해고에서의 성차별이 행해졌다는 관점에서도 경영상 해고는 무효이며, 이밖에 A회사의 경영상 해고는 법률에서 정한 신고의무기준에 해당하는데도(근로기준법 제24조 제4항, 동법 시행령 제10조 참조), 이를 신고하지 않았다는 점에서도 무효를 주장한다. 이러한 경영상 해고의 무효주장의 정당성은? (단, B노조는 56명의 조합원으로 구성되어 있다)

해설요지

   현행 근로기준법 제24조에서는 이른바 경영상 해고의 유효요건으로서 긴박한 경영상의 필요성, 해고회피의무, 합리적 대상자선정기준 그리고 과반수노동조합 또는 과반수근로자대표와의 사전협의의무의 요건을 제시하고 있다. 따라서 이 중 어느 하나의 요건이라도 흠결되었다면 경영상 해고는 무효라 하겠다. 본 사안에서 A회사가 근로자 20명을 감원하는 경영상의 이유에 기한 해고도 위의 4가지 요건을 충족한 경우에 한하여 유효로 된다. 사안에서 우선 A회사의 경영상 필요성과 사전해고회피의무는 충족하였다고 볼 것이나, B노조와의 협의를 거치지 않은 경우에는 사전협의절차요건을 흠결하였으므로 당해 경영상 해고는 협의절차를 거치지 못할 특별한 사정이 없는 한 무효가 될 것이다.

   또한 대상자 선정에 있어 사례와 같이 남녀 비율이 너무 여성에게 치중된 점에 관하여는, 그 선정기준이 객관적이고 사회적 보호필요성에 부합되는 합리적이고 공정한 기준이라고 한다면 비록 이러한 기준에 따라 대상자로 선정된 근로자 전부가 여성이라 하여도 문제될 수 없다고 본다. 여성근로자만이 그 대상자로 선정되었다 하여 다시 새로운 기준으로 그 대상자를 선정하여 남녀비율을 다소간 균등하게 하는 것은 역차별의 결과를 초래하게 되기 때문이다. 이러한 점을 고려하여 위 사례를 판단하여 보면 단지 그 대상자 20명중 18명이 여성이라는 이유로 당해 해고가 무효로 될 것은 아니며, 다만 그러한 선정기준이 합리적이며 객관적인 것이었음에 관한 증명책임은 사용자가 부담하게 된다.

　요컨대 합리적이고 공정한 기준을 적용하였다면 해고대상자 중 여성비율이 절대적으로 많다는 결과만을 가지고 당해 경영상 해고를 무효라 할 수는 없을 것이다.

주요참조판례

1. 긴박성 판단기준

[1] 정리해고의 요건 중 또한 '긴박한 경영상의 필요'란 반드시 기업의 도산을 회피하기 위한 경우에 한정되지 아니하고, 장래에 올 수도 있는 위기에 미리 대처하기 위하여 인원삭감이 필요한 경우도 포함되지만, 그러한 인원삭감은 객관적으로 보아 합리성이 있다고 인정되어야 한다. '긴박한 경영상의 필요'가 있는지를 판단할 때에는 법인의 어느 사업부문이 다른 사업부문과 인적·물적·장소적으로 분리·독립되어 있고 재무 및 회계가 분리되어 있으며 경영여건도 서로 달리하는 예외적인 경우가 아니라면 법인의 일부 사업부문 내지 사업소의 숫자만을 기준으로 할 것이 아니라 법인 전체의 경영사정을 종합적으로 검토하여 결정하여야 한다(대법원 2015. 5. 28. 선고 2012두25873 판결).

[2] 기업 운영에 필요한 인력의 규모가 어느 정도인지, 잉여인력은 몇 명인지 등은 상당한 합리성이 인정되는 한 경영판단의 문제에 속하는 것이므로 특별한 사정이 없다면 경영자의 판단을 존중하여야 할 것이다(대법원 2014. 11. 13. 선고 2012다14517 판결).

[3] 정리해고의 요건 중 긴박한 경영상의 필요가 있었는지 여부는 정리해고를 할 당시의 사정을 기준으로 판단하여야 한다(대법원 2013. 6. 13. 선고 2011다60193 판결).

[4] 사용자가 경영상의 이유에 의한 해고를 하는 경우에 요구되는 각 요건의 구체적 내용은 확정적·고정적인 것이 아니라 구체적 사건에서 다른 요건의 충족 정도와 관련하여 유동적으로 정해지는 것이므로, 구체적 사건에서 정리해고가 위 각 요건을 모두 갖추어 정당한지 여부는 위 각 요건을 구성하는 개별 사정들을 종합적으로 고려하여 판단하여야 한다(대법원 2011. 1. 27. 선고 2008두13972 판결).

2. 기타 경영상 해고요건

[1] 정리해고의 요건 중 '해고를 피하기 위한 노력을 다하여야 한다'는 것은 경영방침이나 작업방식의 합리화, 신규채용의 금지, 일시휴직 및 희망퇴직의 활용 및 전근 등 사용자가 해고범위를 최소화하기 위하여 가능한 모든 조치를 취하는 것을 의미하고, 그 방법과 정도는 확정적·고정적인 것이 아니라 그 사용자의 경영위기의 정도, 정리해고를 실시하여야 하는 경영상의 이유, 사업의 내용과 규모, 직급별 인원상황 등에 따라 달라지는 것이다. (중략) 위와 같은 사정과 당시 피고가 처한 경영위기의 성격이나 정도, 피고의 사업 내용과 규모 등을 종합하여 보

면, 피고로서는 해고회피를 위한 노력을 다한 것으로 보아야 할 것이다(대법원 2014. 11. 13. 선고 2014다20875 판결).

　　[2] 정리해고의 요건 중 '합리적이고 공정한 해고의 기준' 역시 확정적·고정적인 것은 아니고 당해 사용자가 직면한 경영위기의 강도와 정리해고를 실시하여야 하는 경영상의 이유, 정리해고를 실시한 사업 부문의 내용과 근로자의 구성, 정리해고 실시 당시의 사회경제상황 등에 따라 달라지는 것이다(대법원 2002. 7. 9. 선고 2001다29452 판결 참조). 그리고 해고대상자의 선별 기준은, 대상 근로자들의 사정뿐 아니라 사용자 측의 경영상 이해관계와 관련된 사정도 객관적 합리성이 인정되는 한 함께 고려하여 정할 수 있다 할 것이다(대법원 2013. 6. 13. 선고 2011다60193 판결).

　　[3] 정리해고의 절차적 요건을 규정한 것은 정리해고의 실질적 요건의 충족을 담보함과 아울러 비록 불가피한 정리해고라 하더라도 협의과정을 통한 쌍방의 이해 속에서 실시되는 것이 바람직하다는 이유에서라고 할 것이므로, 근로자의 과반수로 조직된 노동조합이 없는 경우에 그 협의의 상대방이 형식적으로는 근로자 과반수의 대표로서의 자격을 명확히 갖추지 못하였더라도 실질적으로 근로자의 의사를 반영할 수 있는 대표자라고 볼 수 있는 사정이 있다면 위 절차적 요건도 충족하였다고 보아야 할 것이다(대법원 2006. 1. 26. 선고 2003다69393 판결; 대법원 2014. 11. 13. 선고 2012다14517 판결).

　　[4] 정리해고의 요건 중 긴박한 경영상의 필요란 반드시 기업의 도산을 회피하기 위한 경우에 한정되지 아니하고, 장래에 올 수도 있는 위기에 미리 대처하기 위하여 인원삭감이 필요한 경우도 포함하지만, 그러한 인원삭감은 객관적으로 보아 합리성이 있다고 인정되어야 한다.

　　그리고 정리해고의 요건 중 해고를 피하기 위한 노력을 다하여야 한다는 것은 경영방침이나 작업방식의 합리화, 신규 채용의 금지, 일시휴직 및 희망퇴직의 활용, 전근 등 사용자가 해고범위를 최소화하기 위하여 가능한 모든 조치를 취하는 것을 의미하고, 그 방법과 정도는 확정적·고정적인 것이 아니라 당해 사용자의 경영위기의 정도, 정리해고를 실시하여야 하는 경영상의 이유, 사업의 내용과 규모, 직급별 인원상황 등에 따라 달라지는 것이다.

　　근로기준법 제31조에 의하여 부당해고구제재심판정을 다투는 소송의 경우에는 해고의 정당성에 관한 증명책임은 이를 주장하는 사용자가 부담하므로, 정리해고에서도 사용자가 정리해고의 정당성을 비롯한 정리해고의 요건을 모두 증명해야 한다(대법원 2019. 11. 28. 선고 2018두44647 판결).

저성과를 이유로 한 해고의 정당성

(1) A회사는 2015년부터 2019년까지 직원들에 대하여 연 2회에 걸쳐 종합인사평가와 성과평가를 실시하였으며, 평가결과에 대하여 피평가자는 이를 확인하고 피드백을 받고 있다. 이 기간 동안 매년 종합인사평가결과를 종합하여 산정한 인사평가 점수 순위에 의하면 甲의 경우 4,000여 명의 직원 중 매번 최하위 0.1%에 해당하였다. 또한 A회사는 직무성과가 미흡한 직원을 대상으로 직무경고를 하고 있는데, 甲은 평가기간 5년 동안 4차례에 걸쳐 직무성과가 미흡하다는 이유로 회사로부터 직무경고를 받았다.

A회사는 2017년부터 2019년까지 3년 동안의 종합인사평가 및 성과평가 결과를 기준으로 연속 하위 1% 이내에 해당하는 저조한 직무역량을 보인 甲을 비롯한 20명의 직원들을 대상으로 2020. 4. 1.부터 8개월간 전문가가 기획한 교육프로그램에 따라 직무역량 향상 및 직무재배치를 위한 직무교육 등을 실시하였으며, 교육기간 종료 후 2021년 1월초경 甲을 생산품질지원부서에 직무재배치하였다.

직무재배치된 이후 실시한 2021년 상반기 성과평가에서도 최저 등급인 D등급으로 하위 1%에 해당하는 평가를 받은 甲을 '업무성과 또는 능력이 현저하게 부진하여 직무를 수행할 수 없다고 인정되었을 때'를 해고사유로 규정하고 있는 취업규칙 규정을 근거로 해고하였다.

해고통지를 받은 甲은 자신의 저성과로 인하여 회사가 고용관계를 더 이상 지속시키지 못할 정도로 손해를 입거나 회사운영에 중대한 장애가 초래되지도 않았을 뿐만 아니라 근무성적과 성과평가 결과가 현저히 낮다는 이유로 한 해고는 징계로서 한 처분이므로 취업규칙에서 정한 징계해고 절차를 거쳐야 되는데 이러한 절차를 전혀 거치지 않고 행한 해고로서 무효라고 주장한다.

(2) B회사의 乙은 평균수준이었던 이전의 근무성과평가와 달리 최근 2년의 평가결과가 B회사의 취업규칙상의 대기발령사유인 '2년 연속 근무성적 최하위 평가받

은 경우'에 해당되어 대기발령을 받았고, 취업규칙에서 정한바에 따라 이 기간중에 근무능력과 성과 향상을 위한 수행과제가 부여되었으며, 수행과제평가에서 최하위 평가를 받게 되었다. 이후 인사위원회에서 '대기발령 이후 무보직상태로 3개월이 경과하면 해고한다'는 취업규칙규정에 근거하여 해고를 의결함에 따라 해고서면통지를 하였다. 이에 대해 乙은 취업규칙에 기한 대기발령과 해고 모두 부당하다고 주장한다.

문제 1

甲에 대한 해고의 정당성을 검토하시오. (30점)

문제 2

乙에 대한 대기발령과 해고의 정당성을 검토하시오. (20점)

사례해결의 Key Point

문제 1

저성과를 이유로 한 해고의 정당성요건을 충족한 것으로 평가할 수 있는지를 근로자의 저성과의 내용과 정도, 사용자의 업무능력과 성과의 향상을 위한 조치내용 등을 기초로 판단하는 것이 논의의 핵심이라고 할 수 있다.

문제 2

저성과가 대기발령사유로 인정될 수 있는지 그리고 자동해고조항에 의한 해고의 경우 대기발령 후 일정기간 무보직이 아니라 저성과자 해고로 보아 정당성을 판단해야 할 것인지를 논의하는 것이 중요하다.

┌───┐
│ **문제 1**   │
│ 甲에 대한 해고의 정당성을 검토하시오. (30점)   │
└───┘

Ⅰ. 문제의 논점

업무성과와 능력이 현저하게 부진하여 직무를 수행할 수 없다고 인정되는 경우에 이를 근거로 해고는 가능하다 할 것이다. 그러나 이른바 저성과를 이유로 한 해고의 정당성은 현저한 저성과 사실만을 근거로 할 수 없고, 이로 인해 사회통념상 고용관계를 계속할 수 없을 정도인 경우에 한하여 인정된다.

따라서 사실관계를 토대로 甲에 대한 저성과를 이유로 한 해고의 정당성이 인정되는지, 인정된다면 이 경우 해고는 징계로서의 해고로 볼 수 있는지를 검토하고자 한다.

Ⅱ. 해고의 정당성 검토

1. 공정한 평가에 따른 현저한 저성과인지 여부

사안에서 A회사는 2015년 이후 연 2회 평가를 실시한 후 평가결과를 알려주면서 피드백을 해 주고 있는 점, 그리고 4회에 걸친 직무경고에 대하여 특별히 이의를 제기한 사실도 없는 점 등에 비추어 평가가 불공정하거나 자의적으로 이루어졌다고 보기는 어렵다. 甲에 대한 2015년 이후 5년간 매년 연속으로 0.1%의 최하위평가결과를 받은 사실에 비추어 저성과의 현저성과 지속성이 충분히 인정될 수 있다고 판단된다.

2. 근로관계 지속의 기대가능성

교육이 형식적으로 이루어졌다는 근로자의 주장은, 이를 뒷받침하는 다른 증거사실이 없을 뿐만 아니라 회사의 업무성과와 능력개선을 위한 직무개선교육프로그램이 전문가가 마련한 것으로 8개월에 걸쳐 진행되었다는 점에서 객관적으로 수긍되기 어렵다고 본다. 그리고 직무교육프로그램종료 이후 직무재배치를 통하여 성과개선을 위한 기회를 부여했으나, 여기에서의 업무평가결과에서도 최하위등급을 받게 되자 근로관계의 지속을 더 이상 기대하기 어렵다고 판단할 수 있다고 본다.

3. 소 결

甲의 업무성적이나 능력이 다른 근로자에 비하여 상대적으로 낮은 정도를 넘어 상당한 기간 동안 일반적으로 기대되는 최소한에도 미치지 못하고 향후에도 개선될 가능성을 인정하기 어렵다는 등 사회통념상 고용관계를 계속할 수 없을 정도인 경우에 해당된다고 판단되므로 해고의 정당성이 인정된다.

II. 현저한 저성과는 징계해고사유인지 여부

1. 저성과 해고의 본질

저성과자에 대한 해고를 인정하는 근거는 현저한 저성과로 인하여 근로관계 지속을 객관적으로 기대하기 어렵다는 점에 있는 것이지 근로자의 잘못된 행태를 문제 삼는 것은 아니다. 만약 현저한 저성과의 결과와 개선가능성이 없는 점이 사업장의 근무규정이나 조직질서를 위반하는 것과 같이 근로자의 잘못된 행태에 기인한 것이라면 징계해고가 검토될 수 있을 것이다. 그러나 저성과를 이유로 한 해고의 경우 근로자의 과실이나 이로 인한 손해발생을 요건으로 하지 않고, 직무역량이 상대적으로 저조한 정도를 넘어 부여하는 직무를 수행하기에 실질적으로 부족하고 향상의 가능성도 기대하기 어렵다는 점을 근거로 정당성이 인정된다는 점에서 원칙적으로 징계해고로 보기는 어렵다.

2. 사안의 검토

甲의 주장대로 인사평가결과가 낮다는 사유만으로는 정당한 해고사유가 될 수는 없지만, 위에서 검토한 바와 같이 5년에 걸친 최하위등급의 평가와 직무향상훈련에 이은 직무재배치와 재배치근무에 대한 최하위등급 평가를 받게 되자 '업무성과 또는 능력이 현저하게 부진하여 직무를 수행할 수 없다고 인정되었을 때'를 해고사유로 규정하고 있는 취업규칙을 근거로 해고하였으며 이는 징계해고로 볼 수는 없다고 판단된다.

회사는 업무성과와 능력 부진이 甲의 어떤 잘못으로 비롯됐고, 그러한 잘못으로 회사에 손해가 발생했다거나 운영을 저해하였다고 하여 해고를 한 것이 아니라,

현저한 저성과와 성과향상의 기회를 부여했음에도 개선가능성을 기대하기 어렵다
고 판단하여 해고한 것이기 때문이다.

3. 소 결

저성과를 이유로 한 해고는 근로자의 잘못된 질서위반행위, 회사에 대한 손해
야기 또는 운영저해행위와는 상관없이 현저한 저성과로 인하여 근로관계의 지속이
기대하기가 어렵다는 점을 근거로 인정된다는 점에서 기본적으로 징계해고사유가
아니다. 사안에서도 성과부진과 관련된 甲의 잘못된 행위나 이로 인한 회사의 손해
등은 해고사유에 고려된 바 없으므로 징계해고절차규정이 적용될 여지는 없다고 본
다. 따라서 징계절차위반이라는 甲의 주장은 타당하지 않다.

Ⅳ. 결   론

甲에 대한 해고는 저성과를 이유로 한 해고로서 판례에서 제시한 정당성요건을
모두 충족한 정당한 해고로 판단되며, 이는 징계해고사유로 볼 수 없으므로 징계절
차규정을 위반하여 해고가 무효라는 주장도 타당하지 않다.

> **문제 2**
> 乙에 대한 대기발령과 해고의 정당성을 검토하시오. (20점)

Ⅰ. 문제의 논점

근무성과 평가결과 2년 연속 최하위평가를 받은 사실이 정당한 대기발령사유인 지 그리고 무보직으로 3개월이 경과하면 해고된다는 이른바 자동해고규정에 근거 한 해고의 정당성이 문제된다. 만약 대기발령이 무효이면 3개월 무보직경과시 해고 한다는 규정이 적용될 수 없으므로 해고도 당연히 무효로 볼 수 있을 것이나, 대기 발령의 효력이 인정된다면 자동해고규정이 적용될 수 있는지가 검토되어야 할 것이 다. 왜냐하면 취업규칙이나 단체협약에서 해고사유로 명시되어 있다 할지라도 근로 기준법에서의 해고의 '정당한 이유'에 해당되어야 정당한 해고로 인정될 수 있기 때 문이다.

결국 B회사의 취업규칙에서의 2년 연속 최하위 근무성적평가시 대기발령할 수 있도록 한 규정의 효력과 자동해고조항에 근거한 해고가 객관적으로 '정당한 이유' 로 볼 수 있는지가 논의의 핵심이다.

Ⅱ. 대기발령의 정당성

현저히 저조한 근무성과평가결과라는 사실 자체는 근로자의 고의적인 근무태 만이 원인이 되었다는 등 특별한 사정이 없는 한 징계사유가 될 수는 없다. 근로자 의 근무성과가 현저히 떨어진 경우에 업무능력 및 성과향상을 위한 교육훈련의 필 요성이나 전직의 가능성 검토의 차원에서 한시적으로 업무에서 배제하는 인사조치 로서의 대기발령은 징계와 달리 인력의 효율적 운영이라는 측면에서 징계에서와 같 은 정도의 사유나 절차에서의 제한이 적용되지는 않는다고 할 수 있다.

사안에서 B회사의 대기발령규정도 징계사유의 하나로서 규정한 것이 아니고 2 년 연속 최하위평가를 받은 자에게 대기발령하여 능력과 성과향상을 위한 시간과 기회를 제공하고자 한 것으로 볼 수 있다는 점에서 대기발령사유로 규정될 수 있다 고 본다. 따라서 취업규칙에서 정한 대기발령의 요건인 2년 연속 최하위평가를 받 은 乙에 대한 대기발령은 개별 인사조치로서 정당하다고 판단된다.

Ⅲ. 해고의 정당성

취업규칙이나 단체협약에서 해고사유로 명시되어 있다 할지라도 근로기준법 제23조의 '정당한 사유'에 해당될 수 있어야 한다. 즉 근로관계의 유지존속을 객관적으로 기대하기 어려운 경우로 평가될 수 있어야 할 것이다. 사안에서 B회사의 취업규칙은 대기발령 이후 3개월간 보직을 부여받지 못한 경우에 해고하는 것으로 규정하고 있다. 만약 이 규정이 아무 제한없이 적용될 수 있다고 한다면, 사용자는 대기발령 이후 3개월 무보직상태를 유지하면 해고가 가능하게 되는 것이며, 이는 사실상 대기발령사유가 3개월이 지나면 정당한 해고사유가 되는 것과 다름없다. 따라서 자동해고조항에 의한 해고의 정당성도 이 조항에서 규정한 대기발령 이후 3개월 무보직상태라는 해고요건이 아니라 궁극적으로 근로기준법 제23조에서 의미하는 해고의 정당사유가 있는지에 따라 판단되어야 한다.

사안에서의 실질적 해고사유는 근로자의 저성과이기 때문에 대기발령 후 자동해고 조항이 취업규칙에 있는 경우에도 저성과자 해고 법리가 그대로 적용되어야 한다. 즉, 근로자의 현저한 저성과가 향후에도 개선될 가능성이 없어 근로관계의 지속을 기대할 수 없을 정도라는 저성과자 해고요건을 충족해야 한다. 그럼에도 사안의 경우 대기발령중의 수행과제에 대한 평가만을 기초로 바로 자동해고조항을 적용하여 乙을 해고했다는 점에서 해고의 정당한 사유가 인정되기 어렵다고 본다.

Ⅳ. 결　　론

B회사의 乙에 대한 징계가 아닌 일반 인사명령으로서 대기발령은 정당하다 할지라도 자동해고조항에 의한 해고는 정당성이 없다고 판단된다.

주요참조판례

1. 저성과자 해고요건

사용자가 취업규칙에서 정한 해고사유에 해당한다는 이유로 근로자를 해고할 때에도 정당한 이유가 있어야 한다. 일반적으로 사용자가 근무성적이나 근무능력이 불량하여 직무를 수행할 수 없는 경우에 해고할 수 있다고 정한 취업규칙 등에 따라 근로자를 해고한 경우, 사용자가 근로자의 근무성적이나 근무능력이 불량하다고 판단한 근거가 되는 평가가 공정하고 객관적인 기준에 따라 이루어진 것이어야 할 뿐 아니라, 근로자의 근무성적이나 근무능력이 다른 근로자에 비하여 상대적으로 낮은 정도를 넘어 상당한 기간 동안 일반적으로 기대되는 최소한에도 미치지 못하고 향후에도 개선될 가능성을 인정하기 어렵다는 등 사회통념상 고용관계를 계속할 수 없을 정도인 경우에 한하여 해고의 정당성이 인정된다.

(중략) 사회통념상 고용관계를 계속할 수 없을 정도인지는 근로자의 지위와 담당 업무의 내용, 그에 따라 요구되는 성과나 전문성의 정도, 근로자의 근무성적이나 근무능력이 부진한 정도와 기간, 사용자가 교육과 전환배치 등 근무성적이나 근무능력 개선을 위한 기회를 부여하였는지 여부, 개선의 기회가 부여된 이후 근로자의 근무성적이나 근무능력의 개선 여부, 근로자의 태도, 사업장의 여건 등 여러 사정을 종합적으로 고려하여 합리적으로 판단하여야 한다(대법원 2021. 2. 25. 선고 2018다253680 판결).

2. 저성과자 대기발령 후 자동해고조항에 기한 해고의 정당성

근로자의 근무성적이나 근무능력 부진이 다른 근로자에 비해 상대적으로 낮은 정도를 넘어 일반적으로 기대되는 최소한에도 미치지 못하고 향후에도 개선될 가능성을 인정하기 어렵다는 등 사회통념상 고용관계를 계속할 수 없을 정도인지를 심리해 해고에 정당한 이유가 있는지를 판단했어야 한다. 그런데도 원심은 이를 제대로 심리하지 않은 채, 단지 대기발령이 정당하고 대기발령 기간에 근무성적이나 근무능력이 개선되지 않았다는 이유만으로 해고가 정당하다고 판단한 것은 해고의 정당성에 관한 법리를 오해해 필요한 심리를 다하지 않음으로써 판결에 영향을 미친 잘못이 있다(대법원 2022. 9. 15. 선고 2018다25186 판결).

이력서허위기재와 징계해고

A회사는 상시 근로자 100명을 고용하여 자동차부품을 생산하는 회사이다. 甲은 2000년 2월 25일 대학을 졸업한 후 같은 해 9월 1일 A회사의 고졸 생산직 사원 모집에 지원하여 합격하였으며, 입사 이후 모범적으로 근무해 오던 중 2003년 3월 1일 부터는 A회사의 근로자들로 조직된 노조의 간부로도 활동해 오고 있다.

甲이 2003년 9월 초 노조의 교섭위원으로 활동하게 되면서부터 A회사는 그에 대하여 자체적으로 조사한 결과 甲이 입사 당시 제출한 이력서에 대졸학력을 고졸 학력으로 속였음을 확인하였다.

A회사는 甲의 채용과정에서 채용 시의 제출서류인 자필이력서에 학력 및 경력 사항을 빠짐없이 기록하도록 하였고, 또한 A회사의 취업규칙 제35조에는 "다음 각 호에 해당하는 자는 해고한다"라고 규정하면서, 동조 제3호에서 "경력 또는 학력, 이력사항 등을 허위로 작성하여 채용된 자"를 명시하고 있다.

甲의 채용 시 학력 허위기재를 알게 된 A회사는 곧바로 징계절차에 착수하였고, 2003년 9월 15일 甲을 취업규칙 제35조 제3호에 따라 징계해고하였다.

문제 1

甲이 이력서에 학력을 허위기재한 것을 이유로 한 A회사의 甲에 대한 해고는 정당한 가? (30점)

문제 2

만약 A회사가 고졸 구직자에 대한 취업기회를 제공하고자 학력을 고졸로 한정하고 이 러한 채용의 취지와 학력조건을 채용공고에 명시했음에도 甲이 이력서에 대졸학력을 누락시키고 고졸로만 기재한 경우에 이를 이유로 한 해고의 정당성은? (20점)

사례해결의 Key Point

문제 1

학력허위기재를 이유로 한 징계해고에 있어서 우선 이력서에 대졸학력을 고졸학력으로 기재하는 것이 근로관계를 계속 유지하기 어려운지 판단하여야 할 것이다. 취업규칙 등에서 근로자가 채용 당시 제출한 이력서 등에 학력 등을 허위로 기재한 행위를 징계해고사유로 특히 명시하고 있는 경우에도 이를 이유로 한 해고는 고용 당시 및 그 이후 제반 사정에 비추어 보더라도 사회통념상 현저히 부당하지 않다고 판단되는 경우에 한하여 그 정당성이 인정된다는 최근 판례에 비추어 사안에서의 징계해고의 정당성을 검토하여야 한다.

문제 2

이력서에 학력사항의 고의적인 누락을 이유로 한 징계해고에 대해서 이른바 가정적 인과관계 및 사회통념상 정당성의 인정에 관한 판단요소를 기초로 하여 해고의 정당성을 판단하되, 사안에서는 고졸 구직자를 대상으로 한 채용목적에 비추어 학력을 기재하면서 대졸학력을 누락시킨 점이 정당성 판단의 중요한 근거가 된다.

───〈풀 이 목 차〉───

Ⅰ. 문제의 논점

이 문제는 이력서에 학력을 허위로 작성하여 입사한 것이 근로관계의 계속·유
지에 장애가 될 수 있는지에 대한 평가가 요구된다. 기업이 근로자를 고용하면서
학력 또는 경력을 기재한 이력서나 그 증명서를 요구하는 이유는 단순히 근로자의
근로능력을 평가하기 위해서만이 아니라 노사 간 신뢰형성과 기업질서유지를 위해
근로자의 지능, 경험 등 전인격적 판단을 거쳐 채용여부를 판단하기 위한 것으로
보고 있다. 그리하여 판례는 이력서에 학력이나 경력을 허위로 기재하는 것은 근로
계약체결과정에서 진실고지의무를 위반함으로써 중대한 신뢰관계를 깬 것이므로
징계해고사유로 될 수 있음을 인정하면서도 이력서허위기재를 이유로 한 해고가 그
정당성이 인정되기 위해서는, 허위기재의 내용과 정도, 업무와의 관련성 그리고 채
용 전후의 제반 사정에 비추어 사회통념상 현저히 부당하지 않다고 평가될 수 있어
야 한다고 본다. 따라서 사안에서도 이력서에 대졸학력을 누락시켜 기재한 것이 해
고를 정당화시킬 정도의 허위기재에 해당되는지를 검토하여야 할 것이다.

Ⅱ. 이력서허위기재가 해고사유로 될 수 있는지 여부

1. 허위기재에 해당하는지 여부

사안에서처럼 원래의 학력인 대졸학력만을 누락 기재한 경우에는 이력서에 기
재된 내용 자체에는 허위가 없다고 하여 허위기재가 아니라고 주장될 여지도 있다.
그러나 대졸 사실을 누락시킨 채 고졸까지의 학력만을 기재한 것도 자신의 실제 학
력을 진실되게 기재하지 않았고, 고학력을 누락시킨 것은 이를 그대로 기재하면 입
사에 불리할 것으로 판단하여 고의적인 행위로 볼 수 있다는 점에서 이력서허위기
재에 해당한다고 보아야 할 것이다.

2. 해고사유가 될 수 있는지 여부

기업이 근로자를 고용하면서 학력 또는 경력을 기재한 이력서나 그 증명서를 요구하는 이유는 단순히 근로자의 근로능력을 평가하기 위해서만이 아니라 노사 간 신뢰형성과 기업질서유지를 위해 근로자의 지능, 경험 등 전인격적 판단을 거쳐 고용여부를 판단하기 위한 것으로 보고 있다.

그리하여 이력서에 학력이나 경력을 허위로 기재하는 것은 근로계약체결과정에서 진실고지의무를 위반함으로써 중대한 신뢰관계를 깬 것이므로 징계해고사유로 될 수 있다고 본다. 그러나 이력서에 학력을 허위기재한 것이 취업규칙상 징계해고사유에 해당된다 하더라도 곧바로 해고가 정당한 것으로 판단될 수 없고, 그것이 사회통념상 고용관계를 계속할 수 없을 정도로 근로자에게 책임 있는 사유가 있는 경우에 한하여 해고의 정당성이 인정된다 할 것이다(대법원 2012. 7. 5. 선고 2009두16763 판결 등).

Ⅲ. 甲에 대한 징계해고의 정당성 검토

1. 이른바 가정적 인과관계

종래 대법원 판례는 이른바 가정적 인과관계의 인정여부를 정당성 판단의 중요한 기준으로 파악하였다(대법원 1988. 12. 13. 선고 86다204 판결 등). 즉, 학력 등의 허위사실기재가 고용관계를 계속할 수 없을 정도인지는 사용자가 사전에 허위기재 사실을 알았더라면 근로계약을 체결하지 않았거나 적어도 동일 조건으로는 계약을 체결하지 않았으리라는 등 이른바 가정적 인과관계를 기준으로 판단하여야 한다고 하였다.

사안에서 A회사가 이력서에 甲의 학력허위기재, 즉 대졸학력을 고졸학력으로 허위기재한 사실과 관련하여, 가정적 인과관계가 인정되는지 판단해 볼 때, 만약 A회사가 생산직에 대졸자를 채용한 사실이 전혀 없고, 당해 업종 생산직 사원의 채용관행도 그러하다면 가정적 인과관계는 인정될 수 있을 것이다. 왜냐하면 일반적으로 사용자는 이력서에 기재된 내용을 그대로 신뢰하고 채용결정을 하였으며, 만약 누락시키지 않았다면 경험칙에 비추어 사용자는 적어도 그러한 고학력 지원자를 그대로 채용하지 않았을 것이라고 할 수 있기 때문이다.

그런데 사안에서의 내용만으로는 甲이 대졸학력을 그대로 기재하였다면 채용하지 않았을 것이라고 단정할 수 있는지는 의문이다. 또한 원래 가정적 인과관계는 계약체결시의 착오 또는 사기를 이유로 한 취소의 요건이므로 징계해고의 정당성을 판단하는 것과 구별되어야 한다. 따라서 사안에서의 징계해고의 정당성 판단은 가정적 인과관계보다는 이력서허위기재로 근로자와의 신뢰가 무너져 해고 당시를 기준으로 판단하더라도 근로관계 유지가 기대하기 어려운지 여부에 의해 판단되어야 할 것이다.

2. 징계해고의 정당성 판단요소를 고려한 종합적 판단

이력서에 학력을 허위로 기재하는 것은 근로계약체결과정에서 진실고지의무를 위반함으로써 중대한 신뢰관계를 깬 것이므로 징계해고사유로 될 수 있다고 할지라도 최근 판례는 이를 이유로 한 해고의 정당성은 고용 후 해고에 이르기까지 제반사정을 종합적으로 고려하여 판단하여야 한다.

사안에서 甲은 입사 후 성실하게 근무해 왔으며, 대졸학력을 누락시킨 것이 업무수행, 안정적 기업경영, 직장질서유지 등에 악영향을 준다고 할 수도 없다. 또한 채용 전후 전혀 확인하지 않다가 노조의 교섭위원이 되자 이를 알고 문제 삼은 사실 등을 종합적으로 고려하면 甲에 대한 징계해고의 정당성은 인정되기 어렵다고 본다.

Ⅳ. 결　론

甲이 비록 입사 당시에 대졸학력을 누락기재 하였으나, 허위기재의 내용, 이를 알게 된 경위와 업무와의 관련성 그리고 입사 후의 근무태도 등 제반사정에 비추어 이로 인하여 사회통념상 고용관계를 유지할 수 없을 정도로 신뢰관계가 현저히 손상되었다거나 직장질서의 위반 등이 있다고 볼 수 없다. 그러므로 설령 A회사의 취업규칙 등에 징계사유로 되어 있다 할지라도, 대졸학력을 고졸학력으로 허위기재했다는 이유만으로 징계해고를 한 것은 정당성이 없다고 판단된다.

> **문제 2**
>
> 만약 A회사가 고졸 구직자에 대한 취업기회를 제공하고자 학력을 고졸로 한정
> 하고 이러한 채용의 취지와 학력조건을 채용공고에 명시했음에도 甲이 이력서
> 에 대졸학력을 누락시키고 고졸로만 기재한 경우에 이를 이유로 한 해고의 정당
> 성은? (20점)

Ⅰ. 문제의 논점

위 사안의 경우에 이력서허위기재를 이유로 한 징계해고의 정당성이 문제되고
있으므로, 학력허위기재가 채용 전후의 여러 사정을 종합적으로 고려하여 판단할
때 사회통념상 징계해고의 정당성이 인정될 수 있는지 여부를 검토하여야 할 것이
다. 여기서 핵심적인 판단대상은 지원자격을 고졸학력자로 한정하였기 때문에 甲은
이러한 지원자격요건이 될 수 없음에도 대졸학력을 적극적으로 은닉시킨 부분이,
지원자격은 충족시키면서 단순히 채용에 불리할 것으로 예상되는 일부 학력이나 경
력을 누락시킨 경우와 비교하여 어떠한 법적 평가를 할 것인지에 대한 문제이다.

Ⅱ. 이력서허위기재가 해고사유로 될 수 있는지 여부

위 〈문제 1〉 서술내용 참조.

Ⅲ. 甲에 대한 징계해고의 정당성 검토

1. 이력서허위기재와 징계해고사유

근로자는 근로계약 체결 시 사용자에게 자신의 학력·경력 등을 성실하게 알려
야 할 신의칙상의 의무가 인정된다는 점에서 만일 근로자가 근로계약 체결상 인정
되는 진실고지의무를 위반한 경우 그 허위의 내용이나 정도가 중대하다면 해고사유
가 될 수도 있을 것이다. 그러나 근로자의 누락기재행위가 계약체결 당시 근로자
사이에게 신의칙상 인정되는 의무를 위반한 행위라 하더라도 사용자의 해고가 정당
화되기 위해서는 이로 인하여 근로계약관계를 계속 유지한다는 것이 사용자에게 기
대하기가 어렵다는 객관적 평가가 있어야 할 것이다. 입사 당시 이력서에 자신의

고학력과 일부 경력을 누락 기재한 것이 문제된 시점에서 판단할 때에 근로관계를 종료시킬 수밖에 없을 정도로 중대한 것인 경우에는 해고사유로 인정되어야 할 것이다. 특히, 근로자가 학력허위기재로 입사를 한 것이 기업질서위반이 되는 경우에는 징계해고사유로도 될 수 있다.

2. 甲의 학력허위기재의 징계해고사유 해당성

입사 시 학력허위기재가 징계해고사유에 해당하는지는 구체적 사안에서의 여러 사정이 고려되어야 한다. 사안에서는 근로자의 누락기재의 동기가 단지 대학졸업 사실이나 특정회사에 근무한 사실이 밝혀질 경우 취업할 수 없지 않을까 하는 우려에서 비롯된 것이 아니라, 지원자격을 충족시키기 위하여 고졸로 사칭한 것으로서, 이는 사용자의 채용방침을 고의적으로 위반하고 인사질서를 문란하게 한 행위로서 신뢰위반의 정도가 매우 중대하다. 나아가 허위기재가 없었더라면 채용될 수 없었다는 점도 명백하다. 따라서 사회통념에 비추어 학력을 고졸로 사칭하여 입사한 이러한 근로자를 계속 고용하기를 기대하기는 어렵다고 본다.

IV. 결 론

甲이 대졸학력을 누락시킨 것은 고졸학력으로 속이고 지원자격을 충족시키고자 한 것이다. 이는 단순한 기재누락이 아니라 채용에 결정적 요소인 고졸로 적극적으로 사칭하여 근로관계를 형성함으로써 인사질서를 침해한 것으로 이러한 근로사와의 근로관계를 계속 유지하도록 기대하기 어렵다. 따라서 사안에서 甲에 대한 징계해고의 정당성은 인정된다.

유사사례

방직회사인 A는 5년 이상의 경력사원 모집공고에 이은 채용절차를 거쳐 2008년 3월 1일 甲과 근로계약을 체결하였다. 근로계약의 체결당시 甲은 이력서 근무·경력란에 지원 당시의 B방직회사를 포함하여 방직회사 생산직 사원으로서 2000년 1월 1일부터 지원 직전까지 근무한 경력내용을 기재하였다.

그러던 중 2010년 10월 18일 이 회사에 쟁의가 발생하였다. 이에 A회사는 조합간부의 신상을 조사하던 중 B회사 취업 전 2004년 10월 1일부터 2005년 12월 31일까지 C방직에서 근무하였다는 사실이 확인되었는데, 甲의 이력서에는 C회사의 경력이 누락되어 경력사항이 기재되어 있었다. 그래서 A회사가 甲에게 사실을 확인하면서 이유를 물어보니 C방직의 노조가 '강성노조'로 알려져 있어 C방직에 근무한 사실을 기재할 경우 취업에 불리할 것을 우려하여 그와 같은 허위기재를 하였다고 하였다. 평소 甲은 성실하고 동료 근로자와도 원만한 관계를 유지하고 있었을 뿐만 아니라 근무수행능력도 뛰어나다는 평가를 받고 있었다.

이 회사의 단체협약에는 이력서에 경력이나 학력 등 근로자의 일신상 사항에 대해 허위기재를 한 경우 소정의 절차에 따라 징계해고한다고 규정하고 있었다. 이에 A회사는 2008년 10월 20일 징계위원회를 개최하여 11월 30일부로 甲을 입사 시 이력서허위기재를 사유로 해고하기로 의결하고 이를 통지하였다. 근로자 甲에 대한 해고의 정당성은?

해설요지

일반적으로 근로계약관계가 계속적 계약관계이며 양 당사자 간 신뢰를 토대로 하는 것이므로 근로자는 근로계약체결과정에서 노동력평가 내지 직무수행과 관련한 범위 내에서 사용자가 요청하는 일신상 사항에 대해 성실하게 고지할 의무를 부담한다. 이 사례의 경우 甲은 계약체결 시 이력서에 자신의 근무경력을 허위로 기재하였던바, 판례에 의하면 이러한 甲의 근무경력에 대한 허위기재는 근로계약 체결과정에서 甲에게 요구되는 진실고지의무의 위반으로서 이를 이유로 해고가 인정될 수 있으나, 근로계약 체결에서의 진실고지의무의 위반으로 인한 해고가 정당성을 가지는지 여부는 고용 당시의 사정뿐 아니라, 고용 후 근로자의 근무기간과 태도, 허위내용의 정도와 성격 그리고 업무에의 영향, 허위기재임을 알게 된 경위 등 해고에 이르기까지의 제반사정을 종합적으로 고려하여 구체적으로 판단하여야 한다.

　사안의 경우에는 甲이 C회사에서의 15개월 정도의 근무경력을 누락시켰는데, 전체 근무경력에 비하여 그다지 긴 기간이 아닐 뿐만 아니라 채용조건인 5년 이상의 근무경력의 충족이나 이로 인한 업무에의 영향은 별로 문제되지 않는다. 나아가 입사 후 성실하게 근무하면서 근무능력도 인정받고 있다. 이러한 사정을 종합적으로 고려할 때 사안에서의 경력누락사항만을 이유로 한 징계해고는 사회통념상 현저히 부당한 것으로 평가되므로 A회사의 甲에 대한 해고는 그 정당성을 인정하기가 어렵다고 판단된다.

주요참조판례

1. 학력 또는 경력 등의 허위기재에 대한 징계해고의 정당성

[1] 학력 또는 경력의 은폐나 이력서의 허위기재행위는 노사 간 신뢰형성에 영향을 미칠 수 있는 행위로서 만일 회사가 위와 같은 전력사칭을 알았다면 사원으로 고용하지 않았으리라고 인정되는 경우에는 정당한 징계해고사유가 될 수 있다(대법원 1988. 12. 13. 선고 86다204 판결).

[2] 근로기준법 제23조 제1항은 사용자는 근로자에게 정당한 이유 없이 해고하지 못한다고 하여 해고를 제한하고 있으므로, 징계해고사유가 인정된다고 하더라도 사회통념상 고용관계를 계속할 수 없을 정도로 근로자에게 책임 있는 사유가 있는 경우에 한하여 해고의 정당성이 인정된다. 이는 근로자가 입사 당시 제출한 이력서 등에 학력 등을 허위로 기재한 행위를 이유로 징계해고를 하는 경우에도 마찬가지이고, 그 경우 사회통념상 고용관계를 계속할 수 없을 정도인지는 사용자가 사전에 허위기재 사실을 알았더라면 근로계약을 체결하지 않았거나 적어도 동일 조건으로는 계약을 체결하지 않았으리라는 등 고용 당시의 사정뿐 아니라, 고용 후 해고에 이르기까지 근로자가 종사한 근로 내용과 기간, 허위기재를 한 학력 등이 종사한 근로의 정상적인 제공에 지장을 가져오는지 여부, 사용자가 학력 등 허위기재 사실을 알게 된 경위, 알고 난 후 당해 근로자의 태도 및 사용자의 조치 내용, 학력 등이 종전에 알고 있던 것과 다르다는 사정이 드러남으로써 노사 간 및 근로자 상호간 신뢰관계 유지와 안정적인 기업경영과 질서유지에 미치는 영향 기타 여러 사정을 종합적으로 고려하여 판단하여야 한다. 다만 사용자가 이력서에 근로자의 학력 등의 기재를 요구하는 것은 근로능력 평가 외에 근로자의 진정성과 정직성, 당해 기업의 근로환경에 대한 적응성 등을 판단하기 위한 자료를 확보하고 나아가 노사 간 신뢰관계 형성과 안정적인 경영환경 유지 등을 도모하고자 하는 데에도 목적이 있는 것으로, 이는 고용계약 체결뿐 아니라 고용관계 유지에서도 중요한 고려요소가 된다고 볼 수 있다. 따라서 취업규칙에서 근로자가 고용 당시 제출한 이력서 등에 학력 등을 허위로 기재한 행위를 징계해고사유로 특히 명시하고 있는 경우에 이를 이유로 해고하는 것은, 고용 당시 및 그 이후 제반 사정에 비추어 보더라도 사회통념상 현저히 부당하지 않다면 정당성이 인정된다(대법원 2012. 7. 5. 선고 2009두16763 판결).

[3] 근로자의 채용조건으로 일정 수준 이상의 학위 소지자일 것을 요구하여 근로자가 이와 관련하여 학위 논문을 제출한 경우 학위 논문에 표절 등 연구부정행위의 하자가 있음을 이유로 해고하는 때도 마찬가지이다. 이때 사회통념상 고용관계를 계속할 수 없을 정도인지

는 학위 논문 전체를 기준으로 한 연구부정행위의 정도, 사용자가 사전에 학위 논문의 하자를 알았더라면 근로계약을 체결하지 아니하였거나 적어도 동일 조건으로는 계약을 체결하지 아니하였으리라는 등 고용 당시의 사정뿐 아니라, 고용 이후 해고에 이르기까지 근로자가 종사한 근로의 내용과 기간, 학위 논문의 하자로 근로의 정상적인 제공에 지장을 초래하는지, 학위 논문의 하자가 드러남으로써 노사간 및 근로자 상호간 신뢰관계의 유지나 안정적인 기업 경영과 질서유지에 미치는 영향 그 밖에 여러 사정을 종합적으로 고려하여 판단하여야 한다.

국책연구기관이 연구원의 채용조건으로 해당 분야의 박사학위 소지자일 것을 요구하고 박사학위 논문을 제출하도록 하는 것은 단순히 학위 소지를 증명하는 데 그치지 아니하고 해당 분야의 연구능력 및 전문지식과 함께 연구원으로서의 진정성과 정직성, 연구 환경에 대한 적응성 등을 판단하기 위한 자료를 확보하고, 나아가 상호 간 신뢰관계의 형성과 안정적인 연구 환경의 유지 등을 도모하고자 하는 데에도 목적이 있는 것으로서, 이는 고용계약의 체결뿐 아니라 고용관계의 유지에서도 중요한 고려요소가 된다. 따라서 고용계약서나 인사관리규정에서 연구원이 채용 당시 제출한 박사학위 논문에 부정 또는 하자가 있는 때를 해고사유로 특히 명시하고 있는 경우, 이를 이유로 해고하는 것은 채용 당시 및 이후의 제반 사정에 비추어 보더라도 사회통념상 현저히 부당하지 아니하다면 정당성이 인정된다(대법원 2016. 10. 27. 선고 2015다5170 판결).

19 이중징계와 징계시효

사실관계

　(1) A회사는 근로자 甲에 대해 프로젝트 현장에서의 기자재 발주 담당으로 근무하도록 인사명령 하였으나, 甲이 정당한 이유없이 이를 거부하자 인사명령 불이행을 징계사유로 감봉 1개월의 1차 징계를 하였다. 징계 이후에도 甲이 인사명령을 이행하지 않음에 따라 A회사가 다시 동일한 내용의 인사명령을 내렸다. 그럼에도 甲이 여전히 인사명령 이행을 거부함에 따라 정당한 인사명령 불이행이라는 동일한 징계사유로 1차 감봉의 징계기간 중에 다시 정직 3개월의 2차 징계조치를 하게 되었다. 정직 3개월의 징계통지를 받은 甲은 바로 관할 지방노동위원회에 부당징계 구제신청을 하였다. 구제신청이유서에서 甲은 인사명령 불이행이라는 징계사유로 1차 감봉의 징계를 했음에도 1차 감봉의 징계를 취소함이 없이 동일한 사유로 2차 징계로서 3개월 정직을 한 것은 징계양정이 과할 뿐만 아니라 이중징계에 해당한다고 주장하였고, 지방노동위원회는 이중징계에 해당하고 징계양정도 과하다고 판단하여 부당징계의 판정을 하였다. A회사는 이에 불복하여 중앙노동위원회(이하 '중노위'라 한다)에 재심신청을 하여 초심의 구제명령 취소를 구하는 한편 양정과다의 부당징계로 무효로 될 것에 대비하여 정직 1개월의 징계를 하였다. 甲은 재심답변서에서 초심에서의 주장과 함께 정직 3개월의 징계의 효력을 중노위에서 다투면서 정직 1개월의 징계를 한 것도 이중징계에 해당된다고 주장한다.

　(2) A회사는 2022년 5월 공사현장 공무담당직원인 乙이 협력업체로부터 금품을 수수했다는 제보를 받았고 감사실이 조사한 결과 2020년 3월에 금품수수한 사실이 밝혀졌다. 이에 따라 A회사는 동년 7월 징계절차를 개시하여 금품수수의 비위행위를 징계사유로 정직 3개월의 징계를 결정하였다. 8월 10일 위 징계통보를 받은 乙은 취업규칙에서 정한 재심절차에 따라 재심을 신청하였고 징계재심위원회는 9월 20일에 정직 1개월의 징계로 의결하였다. 이 재심결과를 9월 22일 통보받은 乙은 공인노무사의 자문을 받은 후 2022년 11월 30일 관할 지방노동위원회에 부당징계

구제신청을 하였다. 구제신청서에서 乙은 취업규칙에 정한 2년의 시효가 지나 징계절차가 개시되었기 때문에 징계할 수 없다고 주장하였다. 이에 대해 A회사는 원징계처분일 8월 10일로부터 구제신청기간 3개월이 지난 11월 30일 구제신청을 하였으므로 신청은 각하되어야 한다고 주장한다. 그리고 징계시효와 관련하여서는 A회사는 2021년 10월 과반수노조의 동의를 얻어 취업규칙상의 징계시효를 3년으로 연장했기 때문에 3년의 시효는 완성되지 않았다고 주장하는 데 반해, 乙은 시효연장의 소급적용은 인정될 수 없기 때문에 자신의 징계에는 3년이 아닌 2년의 시효기간이 적용되어야 한다고 한다.

문제 1

A회사의 甲에 대한 2차 징계인 3개월 정직과 재심단계에서의 1개월 정직이 이중계에 해당하는지 검토하시오. (20점)

문제 2

A회사의 乙에 대한 정직의 징계와 관련하여, 구제신청기간의 도과 여부와 징계시효완성 여부를 검토하시오. (30점)

사례해결의 Key Point

문제 1

근로자의 인사명령 거부라는 징계사유가 지속되는 경우와 징계의 효력을 계속 다투면서 징계를 취소함이 없이 징계가 무효로 판단될 것에 대비하여 다시 징계한 경우, 이중징계 여부를 '동일한 징계사유'의 의미 그리고 이중징계의 인정요건을 기초로 검토할 필요가 있다.

문제 2

노동위원회에의 구제신청시 3개월의 구제신청기간의 기산점이 원처분시점인지 아니면 A회사 재심절차에서의 재심처분시점인지를 판단해야 하고, 연장된 징계시효기간이 연장 이전의 징계사유에 적용되는지 여부가 검토되어야 한다.

문제 1

A회사의 甲에 대한 2차 징계인 3개월 정직과 재심단계에서의 1개월 정직이 이중계에 해당하는지 검토하시오. (20점)

Ⅰ. 문제의 논점

정당한 징계사유가 있는 경우에도 동일한 사유에 대하여 이중으로 징계할 수 없다는 이중징계금지원칙은 근로관계에서도 당연히 적용된다. 따라서 근로자에게 정당한 징계사유가 존재한다고 하더라도 사용자는 이 사유로 이미 징계했다면 이후 2차 징계를 하는 것은 금지된다.

사안에서는 이중징계금지원칙과 관련하여 정당한 인사명령의 불이행으로 1차 징계한 이후의 인사명령 불이행에 대해 2차 징계가 가능한지, 그리고 징계의 효력을 계속 다투면서 징계의 무효에 대비하여 동일한 징계사유를 근거로 다시 징계할 수 있는지가 쟁점이 되고 있다.

Ⅱ. 2차 징계인 정직 3개월의 이중징계 여부

사안에서 甲이 인사명령 불이행으로 인한 1차 징계인 감봉기간 중에도 계속 인사명령에 따르지 않자, A회사가 동일내용의 인사명령을 하였으나 甲이 여전히 따르지 않으므로 2차 징계로서 정직 3개월의 징계를 하였다. 이러한 사실관계에 비추어 1차 감봉 이후에도 지속된 인사명령 거부에 대하여 2차 정직의 징계를 한 것으로 이해된다. 1차 징계와 2차 징계의 징계사유는 동일한 인사명령 거부행위이지만, 1차 징계기간 중에 2차 징계를 한 것은 1차 징계시의 인사명령 불이행의 비위행위에 대하여 중복해서 한 징계가 아니라 1차 징계 이후의 정당한 인사명령을 거부하는 별개의 행위에 대해 정직의 징계를 한 것이므로 이중징계에 해당되지 않는다고 본다.

따라서 A회사의 甲에 대한 정직 3개월의 징계는 이중징계금지원칙에 위배되지 않는다고 판단된다.

Ⅲ. 중노위 재심단계에서의 1개월 정직의 이중징계 여부

사안에서 A회사는 지노위의 부당징계 판정에 불복하여 중노위에 재심신청하여 정직 3개월의 징계처분의 효력을 다투는 상태에서 이를 취소함이 없이 정직 3개월의 징계와 동일한 징계사유로 정직 1개월의 징계처분을 하였다. 여기에서의 문제는 甲이 1차 감봉징계 이후에도 인사명령 이행을 계속 거부한다는 하나의 동일한 징계사유에 대하여 1차 정직 3개월과 2차 정직 1개월이라는 2개의 징계가 있게 된다는 점이다.

그러나 감봉징계에 이어 행해진 정직 3개월의 징계가 유효한 것으로 확정되지 않은 이상 이 징계처분이 무효로 되는 경우에 대비하여 다시 징계가 이루어졌다 할지라도 이것만으로 당연히 무효라고 할 수 없을 것이다. 이중징계에 해당하려면 ⅰ) 선행처분과 후행처분이 모두 성질상 징계처분이고, ⅱ) 선행 징계처분이 취소됨이 없이 유효하게 확정되어야 하며, ⅲ) 선행처분과 후행처분의 사실이 동일하여야 한다. 그런데 사안의 경우에는 이러한 이중징계의 성립요건 중 두 번째 요건이 충족되어 있지 않기 때문이다. 즉, 선행 징계처분인 정직 3개월의 징계가 유효하게 확정된 상태가 아니므로 이중징계로 보기는 어렵다.

따라서 사안에서 A회사가 먼저 이루어진 정직 3개월의 징계를 취소하지 않은 채, 이 징계가 무효인 것으로 확정되는 경우에 대비하여 동일한 사유로 1개월의 정직처분을 하는 것은 이중징계가 아니라고 판단된다.

Ⅳ. 결　　론

A회사의 甲에 대한 감봉 1개월의 징계에 이은 정직 3개월의 징계와 정직 3개월의 징계가 무효로 확정되는 것에 대비한 1개월의 정직 모두 이중징계에 해당되지 않는다.

> **문제 2**
>
> A회사의 乙에 대한 정직의 징계와 관련하여, 구제신청기간의 도과 여부와 징계
> 시효완성 여부를 검토하시오. (30점)

Ⅰ. 문제의 논점

노동위원회에 구제신청시 3개월의 구제신청기간의 기산점과 연장된 징계시효
의 소급효에 관한 문제이다. 먼저 징계에 대해 회사의 재심이 이루어진 경우 노동
위원회에의 구제신청시 구제신청기간을 원처분시점으로 할지 아니면 재심처분시점
으로 해야 하는지를 판단해야 한다.

그리고 징계시효 도과 주장과 관련하여서는 징계시효기간이 연장된 경우 연장
시점 이전의 징계사유에 대하여도 연장된 시효기간이 적용될 수 있는지가 쟁점이
다. 연장된 징계시효기간의 소급효 적용문제는 시효기간의 연장시점에 이미 연장
전의 시효기간이 경과되었는지 여부에 따라 구분하여 판단되어야 할 것이다.

Ⅱ. 구제신청기간 도과 여부

노동위원회에 징계에 대한 구제신청은 징계가 있었던 날로부터 3개월 이내에
하여야 한다(근기법 제28조). 사안에서는 2022년 8월 10일 통보된 정직 3개월의 정직
처분에 대해 회사에 재심신청을 하여 9월 22일 정직 1개월로 경감하는 재심결정서
를 통보받은 후 2022년 11월 30일 지노위에 부당징계 구제신청을 하였다. 여기서 3
개월의 제척기간인 구제신청기간이 지났는지 여부는 원처분통보일(8월 10일)과 재심
을 거쳐 결정된 징계통보일(9월 22일) 중 어느 날을 기산일로 하느냐에 달려 있다.

현재 판례태도와 달리 종래 판례에서는 징계처분에 불복하여 재심을 하더라도
징계의 효력은 애초의 징계처분이 있는 때에 발생하기 때문에 애초 징계처분을 받
은 날을 구제신청의 기산점으로 보았다. 그러나 근로자의 재심신청에 따라 재심절
차가 진행되는 경우에는 사용자의 근로자에 대한 징계는 재심에서 정해진 내용이
며, 근로자는 통상 재심결과를 보고 징계에 대해 다툴지 여부를 궁극적으로 판단하
여 결정하게 되는 점에서 재심징계일로부터 기산하는 것이 타당하다고 본다. 특히
사안에서와 같이 정직 3개월이 재심에서 정직 1개월로 변경된 경우에는 정직 1개월

이 A회사의 乙에 대한 징계이고 이에 대해서 부당징계 여부가 당사자 간에 다투어 지게 되기 때문에 재심의 징계처분일을 기준으로 구제신청기간 도과 여부를 판단해야 한다고 본다(노동위원회 규칙 제40조 참조).

　사안에서 乙의 부당징계구제신청에 적용되는 구제신청기간은 원징계처분일인 2022년 8월 10일이 아닌 재심징계내용을 통보받은 2022년 9월 22일을 기준으로 기산해야 한다. 乙이 구제신청한 2022년 11월 30일에는 구제신청기간 3개월이 도과하지 않았으므로 각하사유가 될 수 없다.

Ⅲ. 징계시효 완성 여부

1. 징계시효기간 연장의 소급효와 시효기산점

　사안에서 2021년 10월 과반수노조의 동의를 얻어 취업규칙상의 징계시효기간을 종래 2년에서 3년으로 변경하였으므로 A회사의 징계시효기간은 현재 3년이라는 점에는 의문이 없다. 문제는 취업규칙의 불이익변경절차를 거쳐 연장된 징계시효가 연장 이전에 발생한 징계사유에 대해서도 적용되는지 여부이다. 징계시효 연장의 소급효는 연장된 시점에 연장전의 시효기간이 이미 도과되었는지 여부에 따라 달리 판단해야 할 것이다.

　징계시효기간을 연장하는 취업규칙의 변경이 이루어진 때 이미 징계시효기간이 도과한 경우에는 연장된 시효기간이 적용될 수 없다. 만약 이 경우에도 연장된 시효기간을 적용한다면 이는 연장되기 전에 이미 징계시효기간이 경과하여 더 이상 징계할 수 없는 사항에 대하여 징계하는 것이 되어 소급효금지원칙에 반하는 것이 분명하기 때문이다.

　이와 달리 시효기간이 연장되기 전에 징계사유가 발생했으나 시효 연장시점에 아직 연장 전의 시효기간 경과 전인 경우에도 연장된 시효기간이 적용되어야 하는지는 논란이 될 수 있으나, 징계시효의 경과 여부는 징계사유 발생시의 시효기간이 아니라 징계요구시의 시효기간을 기준으로 판단되어야 한다는 점에서 연장된 시효기간이 적용될 수 있다고 본다. 징계사유의 발생시와 징계절차 요구시 사이에 취업규칙이 변경된 경우에는 징계절차 요구 당시 시행되는 개정 취업규칙에 의하는 것이 원칙이기 때문이다.

2. 乙에게 적용되는 징계시효기간

근로자에 대한 징계시 적용되는 징계시효기간에 관한 규정은 사용자의 징계권 행사에 제한을 가하려는 취지에서 둔 규정으로서, 그 기산점은 원칙적으로 징계사유가 발생한 때로 보고 있다. 징계시효기간의 기산점을 징계사유를 인지한 때로 달리 보아야 할 근거가 없다면 징계사유 발생시를 징계시효기간의 기산점으로 해야 한다.

사안에서 乙의 협력업체로부터 금품을 수수한 비위행위가 발생한 시점인 2020년 3월부터 시효기간을 기산하면 징계시효기간을 2년에서 3년으로 연장하는 취업규칙의 변경이 이루어진 시점인 2021년 10월에는 2년의 시효기간이 경과하기 전이기 때문에 乙의 2020년 3월의 금품수수의 비위에 대한 징계에는 2년이 아닌 연장된 3년의 징계시효기간이 적용된다.

따라서 乙이 2020년 7월 징계위원회 회부되어 징계가 되었으므로 징계시효가 이미 경과했다는 乙의 주장은 타당하지 않다.

Ⅳ. 결   론

乙의 부당징계 구제신청에 대하여 구제신청기간이 이미 지났기 때문에 각하되어야 한다는 A회사의 주장과 3개월의 정직에 대해 징계시효기간이 도과되었다는 乙의 주장 모두 타당하지 않다.

주요참조판례

1. 이중징계

[1] 근로자가 징계처분의 무효확인을 구하는 소송을 제기하여 그의 효력을 다투는 소송의 계속 중에 취업규칙 소정의 시효기간이 경과되고 그 후에야 절차상의 위법을 이유로 징계처분의 무효확인 판결이 확정되었다면, 이러한 경우에는 사용자가 징계사유에 소극적인 태도를 보였다거나 근로자에게 징계권이 행사되지 않을 것이라는 기대가 성립되었다고 할 수 없으므로 사용자는 판결확정일로부터 상당한 기간 내에 다시 동일한 사유에 대하여 징계요구를 할 수 있다고 보아야 한다.

기존의 징계를 취소하고 종전의 인사명령 불이행 사실까지 징계혐의사실에 포함하여 새로운 징계를 내릴 수도 있을 것이나, 사용자가 새로운 징계를 하면서 기존의 징계를 취소하지 않은 조치가 징계권의 남용이라고 단정할 수는 없고, 기존의 징계와 새로운 징계의 공존 또는 병존에 따른 문제는 새로운 징계의 징계양정 등이 적정한지 여부 등을 통제함으로써 해결하는 것이 타당하다(대법원 1995. 3. 10. 선고 94다14650 판결).

[2] 노동위원회의 사용자에 대한 구제명령은 사용자에게 이에 복종하여야 할 공법상의 의무를 부담시킬 뿐 직접 노사간의 사법상의 법률관계를 발생 또는 변경시키는 것은 아니라고 할 것 이므로(당원 1976. 2. 11.자 75마496 결정, 1994. 6. 28. 선고 93다33173 판결 참조), 피고 회사가 위 복직명령에 대한 공법상의 의무를 이행하기 위하여 원고를 복직시키는 조치를 취하였다고 하더라도 피고 회사가 그에 불복하여 중앙노동위원회에 재심신청을 하였다면, 피고 회사는 제1차 해고를 취소함이 없이 제1차 해고가 받아들여지지 않을 것에 대비하여 예비적으로 이 사건 제2차 해고를 한 것이라고 보아야 할 것이고, 위 제2차 해고를 지방노동위원회의 복직명령에 따라 일시적으로 회복된 근로관계를 해소하기 위한 목적에서의 해고는 아니라고 보아야 할 것이다(대법원 1996. 4. 23. 선고 95다53102 판결).

[3] 이 사건 징계(감봉) 후에도 원고가 제1차 인사명령의 내용을 다시 명하는 제2차 인사명령을 재발령하였음에도, 참가인이 제2차 인사명령에 따르지 않고, 현장근무를 거부하고 있다는 사실을 징계혐의사실로 삼고 있다.

(중략) 기존의 징계를 취소하고 종전의 인사명령 불이행 사실까지 징계혐의사실에 포함하여 새로운 징계를 내릴 수도 있을 것이나, 사용자가 새로운 징계를 하면서 기존의 징계를 취소하지 않은 조치가 징계권의 남용이라고 단정할 수는 없고, 기존의 징계와 새로운 징계의 공존 또는 병존에 따른 문제는 새로운 징계의 징계양정 등이 적정한지 여부 등을 통제함으로써 해결하는 것이 타당하다(서울고법 2019. 12. 18. 선고 2019누47263 확정판결).

2. 징계시효

[1] 사업자가 취업규칙을 작성·변경하면서 시행일을 정했다면 특별한 사정이 없는 한 그 취업규칙은 정해진 시행일부터 효력이 발생하므로 징계사유의 발생시와 징계절차 요구시 사이에 취업규칙이 개정된 경우에 경과규정에서 달리 정함이 없는 한 징계절차 요구 당시 시행되는 개정 취업규칙에 의하는 것이 원칙이다. 또한 개정 취업규칙이 기존의 사실 또는 법률관계를 적용대상으로 하면서 근로자에 대한 징계시효를 연장하는 등 불리한 법률효과를 규정하고 있는 경우에도 그러한 사실 또는 법률관계가 개정 취업규칙이 시행되기 이전에 이미 완성 또는 종결된 것이 아니라면 이를 헌법상 불소급 원칙에 위배돼 근로기준법 제96조 제1항에 따라 효력이 없다고 할 수 없다. 그러한 개정 취업규칙의 적용과 관련해서는 개정 전 취업규칙의 존속에 대한 근로자의 신뢰가 개정 취업규칙의 적용에 관한 공익상 요구보다 더 보호가치가 있다고 인정되는 예외적 경우에 한해 근로자의 신뢰를 보호하기 위해 신의칙상 그 적용이 제한될 수 있을 뿐이다(대법원 2014. 6. 12. 선고 2014두4931 판결).

[2] 징계사유에 해당하는 비위행위 자체에 대한 징계시효가 만료된 이후 비위행위가 수사대상이 되거나 언론에 보도되었다고 하여 이를 들어 새로운 징계사유가 발생한 것으로 본다면, 비위행위에 대한 징계시효가 연장되는 것과 다름없어 일정 기간의 경과를 이유로 징계권 행사를 제한하고자 하는 징계시효의 취지에 반할 뿐 아니라, 새로운 징계사유의 발생이 사용자 등에 의하여 의도될 우려도 있다. 따라서 비위행위 자체에 대한 징계시효가 만료된 경우 비위행위에 대하여 나중에 수사나 언론보도 등이 있더라도 이로 인해 새로운 징계사유가 생긴 깃으로 보거나 수사나 언론보도 등의 시점을 새로운 징계시효의 기산점으로 볼 수 없다(대법원 2019. 10. 18. 선고 2019두40338 판결).

[3] 단체협약에서 '징계위원회는 징계사유 발생일로부터 15일 이내에 개최되어야 하고, 이를 따르지 않는 징계는 무효로 한다'고 정하고 있는 경우, 징계대상자 및 징계사유의 조사 및 확정에 상당한 기간이 소요되어 위 규정을 준수하기 어렵다는 등의 부득이한 사정이 없는 한, 위 규정을 위반하여 개최된 징계위원회에서 한 징계 결의는 무효라고 할 것이다. 한편 징계위원회 개최시한의 기산점은 원칙적으로 징계사유가 발생한 때라고 할 것이나, 쟁의기간 중에 쟁의 과정에서 발생한 징계사유를 들어 징계를 함에 있어서 앞서 본 '쟁의기간 중의 징계금지'와 같이 징계가 불가능한 사유가 있는 경우에는 쟁의행위가 종료된 때로부터 위 기간이 기산된다고 할 것이다(대법원 2013. 2. 15. 선고 2010두20362 판결).

3. 부당해고 등의 구제신청기간의 기산점

불법파업참가를 이유로 한 2009. 12. 18. 정직 1개월의 징계에 대하여 불복하여 재심신청을 하자 사용자는 2010. 4. 26. 정직처분을 취소하고 감봉 5개월의 징계처분을 하였는바, 근로자가 이에 대해 2010. 7. 22. 구제신청한 사안에서 노동위원회는 징계처분일(2009. 12. 18.)로부터 3개월 경과를 이유로 각하하였으나, 법원은 재심에서 정직처분을 직권으로 취소하였기에 정직처분은 이미 존재하지 않으며, 감봉 5개월은 정직처분을 감경하는 내용으로서 정직처분과는 다른 내용으로서 근로자가 이에 대해 구제신청을 한 것이므로 구제신청의 기산점은 근로자가 감봉 5개월의 징계처분을 통지받은 날로 보아야 하므로 중노위의 재심판정은 위법하다고 판단하였다(대법원 2012. 2. 23. 선고 2011두31505 판결. 원심판결: 서울고법 2011. 11. 18. 선고 2011누18764 판결).

(판례해설) 이 대법원 판결이 재심에서 애초 징계가 그대로 유지된 경우에도 적용되는지에 대하여는 명확하지 않으나, 재심결과에 따라 기산점을 달리 판단할 이유가 없으며, 근로자는 통상 재심결과를 보고 징계에 대해 다툴지 여부를 궁극적으로 판단하여 결정하게 되는 점에서 사견으로는 재심에서 애초의 징계가 유지된 경우에도 재심결정을 기준으로 구제신청기간을 기산하는 것이 타당하다고 본다(관련판례: 서울행법 2008. 4. 24. 선고 2007구합29352 판결 참조). 위 판결 이전 대법원 판례에서는 징계처분에 불복하여 재심을 하더라도 징계의 효력은 애초의 징계처분이 있는 때에 발생하고, 다만 징계처분이 취소되는 경우에는 소급하여 징계를 받지 아니하는 것으로 될 뿐이므로 애초 징계처분을 받은 때를 구제신청의 기산점으로 보았다(대법원 1997. 2. 14. 선고 96누5926 판결).

20 해고의 절차적 정당성

사실관계

A학원은 근로자 250여 명을 고용하여 자동차운전교습사업을 하며, 甲은 2000. 5. 26. A학원에 입사하여 기능강사로 근무하던 중 장기간 무단결근(2000. 12. 2.~2001. 1. 26.)을 하였다. 이에 A학원은 2000. 12. 20.과 2000. 12. 27.에 甲에게 결근 사실을 적시한 출근명령서를 보냈으나, 계속 출근하지 않자 무단결근을 징계사유로 하여 甲을 징계위원회에 회부하였고 2001. 1. 26. 14 : 00 개최된 징계위원회는 甲에 대하여 징계해고를 의결하였다. 甲은 2001. 1. 26. 14 : 00 개최된 위 징계위원회의 개최통보서를 2001. 1. 26. 오전 의정부에 있는 집에서 우편으로 송달받았기에 징계위원회에 출석하여 이 사실을 전하고 소명준비를 위한 시간을 달라고 요청하였으나, 몇 가지 간단한 질문을 하고 퇴장시킨 후 회의는 그대로 진행되었다. A학원의 취업규칙 제70조 제1항은 "징계 결정은 … 사원에게 소명의 기회를 부여하여야 한다"고 규정하고 있을 뿐 사전통지에 대하여는 규정한 바가 없다.

문제 1

甲은 징계위원회 개최통지서가 당일 도달한 관계로 소명에 준비할 시간이 없었고 이는 징계 절차상 하자이므로 무단결근이라는 징계사유와 관계없이 징계해고 처분은 무효라고 주장한다. 이에 대해 A학원은 취업규칙에 사전통지의 의무가 없으며 단지 소명기회제공의 의무가 있을 뿐이므로 비록 당일 징계위원회 개최통지를 받았지만 甲이 징계위원회에 참석하여 답변기회를 가진 이상 소명기회는 부여한 것이므로 절차상 하자는 없으며, 가사 절차상 하자가 있다 하더라도 무단결근이라는 실체적 해고사유가 존재하므로 징계해고처분의 효력에는 영향이 없다고 주장한다. A학원의 주장은 타당한가? (30점)

문제 2

만약 甲이 징계위원회에 참석도 못한 경우, A학원은 절차상 하자라는 재심신청이유서에서의 甲의 항변을 받아들이고 취업규칙에 정해진 재심절차를 통하여 사전통지와 소명기회를 부여하였으나 원징계처분대로 징계해고를 확정하였다. 이 경우 원징계와 재심징계처분의 효력관계와 부당해고 구제신청의 기산시점에 대하여 검토하시오. (20점)

사례해결의 Key Point

문제 1

　징계혐의사실을 통지하고 그에 대한 소명 기회를 부여하는 것은 각종 징계해고 절차에 관한 규정 중 가장 기본적인 절차라 할 수 있다. 특히 징계사유 통지의 경우 진술 및 소명의 선결요건으로서 징계대상자가 사용자가 주장하는 해고사유를 명확히 파악하여 그 사유에 대한 변론 및 소명의 자료를 준비하기 위한 절차로서 중요한 의의를 가진다. 이러한 절차를 통해 불이익한 처분을 하려는 사용자에 대해 적절한 방어권을 행사할 수 있으며 사용자로서도 사전통지와 소명기회 부여로 정확한 징계의 실체적 이유의 파악에 객관성과 공정성을 제고할 수 있다. 본 사안에서는 징계의 절차적 요건이 징계처분의 실체적 정당성요건과의 관계에서 그 법적 지위, 그리고 절차적 요건중 사전통지와 소명기회 의무에 관한 쟁점이 검토되어야 할 것이다.

문제 2

　사용자가 원징계 처분시 취업규칙이나 단체협약 등에서 정한 절차적 요건을 위반하고 징계처분을 한 후 추후 재심절차를 통하거나 별도의 징계절차를 거쳐 원처분의 절차상 하자를 치유하여 징계처분을 새로이 내리는 경우가 있다. 이러한 경우 원징계 절차와 재심절차가 독립된 절차인지 여부와 함께 당해 징계처분의 효력관계와 시점을 검토해야 할 것이다.

─────────── 〈풀 이 목 차〉 ───────────

> **문제 1**
>
> 甲은 징계위원회 개최통지서가 당일 도달한 관계로 소명에 준비할 시간이 없었고 이는 징계 절차상 하자이므로 무단결근이라는 징계사유와 관계없이 징계해고 처분은 무효라고 주장한다. 이에 대해 A학원은 취업규칙에 사전통지의 의무가 없으며 단지 소명기회제공의 의무가 있을 뿐이므로 비록 당일 징계위원회 개최통지를 받았지만 甲이 징계위원회에 참석하여 답변기회를 가진 이상 소명기회는 부여한 것이므로 절차상 하자는 없으며, 가사 절차상 하자가 있다 하더라도 무단결근이라는 실체적 해고사유가 존재하므로 징계해고처분의 효력에는 영향이 없다고 주장한다. A학원의 주장은 타당한가? (30점)

I. 문제의 논점

취업규칙에 징계에 앞서 사전통보와 소명기회를 징계대상자에게 부여하도록 규정되었을 경우, 이러한 절차적 의무를 준수하지 않고 사용자가 행한 징계가 유효한지가 문제이다. 이하에서는 근로기준법 제23조의 실체적 정당사유 외에 노사자치 규범에서 정한 절차적 의무가 징계처분의 정당성 요건으로 구성되는지 여부를 검토해야 하는바 이를 위해 절차적 요건의 검토와 함께 절차적 의무를 준수하지 않을 경우 당해 징계처분의 효력관계를 검토한 후 본 사안에서 문제가 되는 사전통보와 소명기회의무에 관한 절차상 위반과 그 효과를 살펴본다.

II. A학원 주장의 정당성 검토

1. 甲에 대한 징계위원회 개최통지의 문제

A학원의 취업규칙은 징계 결정에서 징계대상자에게 소명의 기회를 부여하여야 한다고 규정하고 있다. 이와 같이 취업규칙에서 징계대상자에게 징계위원회에 출석하여 변명과 소명자료를 제출할 수 있는 기회를 부여한 경우 그 통보의 시기와 방법에 관하여 특별히 규정한 바가 없다고 하여도 변명과 소명자료를 준비할 만한 상당한 기간을 두고 개최일시와 장소를 통보하여야 할 것이다.

판례는 변명과 소명자료를 준비할 만한 시간적 여유를 주지 않고 촉박하게 이루어진 통보는 실질적으로 변명과 소명자료제출의 기회를 박탈하는 것과 다를 바 없어 부적법하다고 보아야 할 것이라고 판시하고 있다(대법원 2004. 6. 25. 선고 2003두 15317 판결). 이러한 판례태도는 변명과 소명자료를 준비할 만한 상당한 기간을 두고 개최일시와 장소를 통보함으로써 자기방어를 위한 실질적 기회를 부여할 수 있어야 절차적 정의가 보장될 수 있다는 점에서 타당하다.

사안에서도 사전통지에 관한 규정이 없다 할지라도 절차적 정의를 보장하고자 소명기회를 부여하고 있는 취지에 비추어 A학원은 甲에게 변명과 소명자료를 준비할 만한 상당한 기간을 두고 개최일시와 장소를 통보하여야 함에도, 2001. 1. 26. 14 : 00에 개최되는 징계위원회의 개최통보서가 당일 오전에야 송달되었다. 이는 甲에게 징계위원회에서의 변명과 소명자료를 준비할 만한 시간적 여유를 주지 않고 촉박하게 이루어진 통보로서 소명을 위한 사전통지로서 부적법하다는 점은 의문의 여지가 없다.

2. 甲의 징계위원회 참석과 소명기회의 제공여부

A학원은 甲이 실제적으로 징계위원회에 출석하여 소명함으로써 취업규칙상 소명기회제공의무를 이행하였다는 주장이다.

원칙적으로 소명 자료를 준비할 만한 상당한 시간적 여유를 주지 않고 징계사실을 통보하였더라도, 징계대상자가 통지절차에 대한 이의를 제기함이 없이 스스로 징계위원회에 출석하여 충분한 변명을 하거나 소명자료를 제출하였을 경우 절차상 하자는 치유된다고 본다(대법원 1991. 2. 8. 선고 90다15884 판결). 그러나 사안에서는 甲에게 변명과 소명자료를 준비할 만한 상당한 기간을 두고 개최일시와 장소를 통보받지 못했음을 주장하면서, 소명을 위한 준비시간을 줄 것을 요청했음에도 이를 수용하지 않은 채 단지 형식적으로만 소명기회를 부여하였으며 이에 대해 甲이 그 부당성을 주장하고 있으므로 절차상의 하자가 치유된 것으로 볼 수 없다. 따라서 A학원의 주장은 타당하지 않다.

3. 징계절차상의 하자와 징계의 효력

판례는 단체협약이나 취업규칙에 징계절차규정이 있을 경우 여기서 정한 징계절차는 실체적 징계사유에 관한 객관적이고 공정한 판단을 기하기 위한 징계처분의 정당성 판단요건으로 본다. 따라서 징계절차를 위배하여 징계해고를 하였다면 이러한 징계권의 행사는 징계사유가 인정되는 여부에 관계없이 절차에 있어서의 정의에 반하는 처사로서 무효라고 보아야 한다(대법원 1991. 7. 9. 선고 90다8077 판결). 징계대상자가 징계위원회에 출석하여 진술을 했더라도 스스로 징계에 순응하는 경우가 아닌 한 그 징계위원회의 의결에 터잡은 징계해고는 무효라고 한다(대법원 2004. 6. 25. 선고 2003두15317 판결).

따라서 A학원의 취업규칙에 甲의 징계해고를 정당화할 수 있는 실체적인 사유가 존재한다고 하더라도 절차적 요건은 실체적 정당성과 구별되는 독자적인 역할과 기능을 수행하는 것이라는 점에서 이러한 절차적 요건을 갖추지 못한 징계해고는 그 정당성을 인정받을 수 없다. 사안에서 甲에게 실질적 소명기회를 부여하지 않았으므로, 징계해고에서의 절차적 하자가 없다는 A학원은 주장은 타당하지 않다.

Ⅲ. 결　　론

징계절차에 관한 실정법적 규율이 없는 상황에서 사용자의 징계권과 징계절차는 취업규칙이나 단체협약 등에서 규정하는 것이 일반적이다. 여기에서 정한 사전통보 내지 소명기회 부여 등 징계절차규정은 실체적 징계사유에 기한 징계와 관련하여 절차적 정의의 보장을 위한 것으로 볼 수 있다. 이와 같이 징계절차규정은 징계의 객관성과 공정성을 기하기 위해 요청된 것으로서 이를 위반한 징계처분은 징계의 실체적 정당사유의 존부와 관계없이 무효로 보아야 타당하다. 이에 따라 A학원이 취업규칙에 정한 징계절차상 소명기회를 형식적으로 부여함으로써 甲이 징계위원회에 참석하였다 하더라도 甲이 절차상 하자에 대해 이의를 제기하는 한 절차상 하자의 치유가 있었다고 볼 수 없다. 나아가서 절차적 정당성은 실체적 징계사유에 관한 객관적이고 공정한 판단을 기하기 위한 징계처분의 정당성 판단요건이 되므로 A학원의 주장은 타당하지 않다.

> **문제 2**
>
> 만약 甲이 징계위원회에 참석도 못한 경우, A학원은 절차상 하자라는 재심신청
> 이유서에서의 甲의 항변을 받아들이고 취업규칙에 정해진 재심절차를 통하여
> 사전통지와 소명기회를 부여하였으나 원징계처분대로 징계해고를 확정하였다.
> 이 경우 원징계와 재심징계처분의 효력관계와 부당해고 구제신청의 기산시점에
> 대하여 검토하시오. (20점)

Ⅰ. 문제의 논점

원징계시 절차에 하자가 있는 경우 추후 사용자가 절차의 하자를 치유한 경우
그러한 징계해고의 효력을 어떻게 판단할지의 문제이다. 이 경우 원징계절차와 재
심절차와의 관계를 하나의 처분으로 보아야 하는지를 판단하고, 그에 따라 원징계
처분에 절차상 하자가 있는 경우 재심절차에서 이를 보완하면 절차상 하자가 치유
되어 징계해고가 유효한 것으로 되는지, 그리고 징계해고의 효력발생시기 등을 재
심절차규정이 있는 경우와 없는 경우로 나누어 살펴보기로 한다.

Ⅱ. 甲에 대한 징계처분의 절차적 정당성과 징계처분의 시점

1. 절차상 하자치유와 징계해고의 효력

대법원은 재심을 둔 취지에 비추어 볼 때 원징계절차상의 하자는 재심 징계절
차를 통하여 치유가 가능하다고 한다(대법원 1993. 10. 26. 선고 93다29358 판결). 이에
따르면 사안에서 甲에 대한 징계절차상의 하자는 재심절차에서 소명기회를 실질적
으로 부여하였기 때문에 치유된 것으로 볼 수 있다.

재심절차규정이 없다면 징계절차를 종료하고 징계해고처분이 내려진 때에 사
용자의 징계해고가 행해졌다는 것은 의문의 여지가 없으나, 따로 재심절차규정을
둔 경우 징계해고가 행해진 시기가 문제된다. 판례에 의하면 재심절차는 원징계절
차와의 관계에서 하나의 대상을 매개로 시간의 선후관계에 있다는 점에서 양 절차
를 독립된 절차로 보기 어려울 수는 있겠으나 징계처분에 대한 재심절차는 징계처
분에 대한 구제 내지 확정절차로서 원래의 징계절차와 함께 전부가 하나의 징계처
분 절차를 이루는 것이므로 그 절차의 정당성도 징계 과정 전부에 관하여 판단되어

야 한다(대법원 1998. 12. 8. 선고 98다31172 판결). 그리하여 취업규칙 등에 재심절차 규정을 둔 경우 재심절차는 원징계절차와의 관계에서 하나의 징계처분 절차를 이루는 것이므로 원징계해고 처분시 절차상 하자는 재심절차시 치유될 수 있고 원징계처분은 효력을 그대로 유지될 수 있다고 본다. 그러나 재심절차규정이 없는 경우 사용자가 행한 제2차 징계절차는 제1차 징계절차와의 관계에서 독립적 절차로 보아 각각 징계처분의 효력이 발생한다고 본다. 이 경우 제2차 징계시 제1차 징계의 절차상 하자를 치유할 수 있으나 제1차 징계처분의 효력에는 영향을 미치지 못한다.

2. 甲에 대한 징계처분의 효력과 시점

판례와 같이 재심절차도 전체적으로 하나의 절차로 보아 재심에서 원징계의 절차상 하자가 치유되었다고 한다면 징계처분의 효력발생시점을 원징계처분시로 볼 것인지 아니면 재심에서 절차적 하자를 치유하여 징계해고를 확정한 날로 볼 것인지가 문제이다. 즉, 하자의 치유가 원처분시로 소급될 수 있는지를 검토하여야 한다.

원처분에서의 절차적 하자로 징계가 무효라고 한다면, 무효의 원인이 된 이러한 절차적 하자가 치유됨으로써 비로소 절차적 정당성을 구비하게 되어 이때부터 무효사유가 없어진 것으로 보아야 할 것이다. 이와 달리 만약 재심에서 소명기회를 부여하는 등 절차적 하자가 치유되었다고 하여 원처분시부터 징계가 있었다고 본다면 절차적 하자있는 징계의 효력을 인정하는 결과가 된다. 결론적으로 절차적 하자가 추후에 보완되었다고 하더라도 징계처분의 효력을 원처분시로 소급하여 유효화시키는 것은 아니라고 본다.

징계해고의 효력과 구별해야 할 문제는 징계해고가 행해진 시점이다. 이는 근로기준법에서 징계가 있었던 날을 기준으로 3개월로 정한 노동위원회에의 구제신청기간(제28조 제2항)과 관련하여 실무적으로 중대한 의미를 가지는 문제로서, 징계가 유효하게 이루어진 시점과는 개념적으로 구별되어야 할 것이다. 판례에 의하면 원처분에서의 징계해고가 취소되지 않고 그대로 유지된 이상 부당해고 구제신청과 관련한 구제신청기간의 기산시점으로서 징계해고가 있었던 날은 甲에게 원징계해고가 도달된 시점으로 볼 수밖에 없다고 한다.

따라서 형식적으로 보면 甲의 재심을 통해 절차적 하자가 치유되었다 할지라도 징계해고가 그대로 유지된 이상 노동위원회에의 구제신청기간의 기산시점은 애당초 甲에 대한 징계해고를 한 시점이 될 수밖에 없을 것이다. 그러나 사안에서는 A

학원이 절차적 문제에 대한 항변을 인정하여 재심을 진행했다는 사실에 비추어 결과적으로 징계해고가 그대로 유지되었다 할지라도 원래의 징계해고는 절차하자로 취소한 것으로 보아야 할 것이므로 구제신청의 기산시점은 재심에서의 징계해고의 통지가 도달된 시점으로 판단된다.

Ⅲ. 결   론

취업규칙 등에 정한 징계절차 규정에 위반하여 징계해고를 한 경우에도 재심절차 등을 통해 절차적 하자를 치유할 수 있다. 이에 따라 적어도 절차적 하자를 이유로 한 해고의 무효는 더 이상 문제되지 않는다. 즉, 원처분에서의 절차적 하자로 징계가 무효라고 한다면, 무효의 원인이 된 이러한 절차적 하자가 치유됨으로써 비로소 절차적 정당성을 구비하게 되어 이때부터 무효사유가 없어진 것으로 보아야 할 것이다. 그리고 사안에서 사용자가 절차적 하자를 인정하고 재심을 한 사정을 고려하면 재심에서의 징계해고처분을 기준으로 부당해고 구제신청기간을 기산하는 것이 타당하다고 본다.

유사사례

甲은 A회사의 근로자들로 조직된 B노동조합의 쟁의국장으로 활동하면서 파업 중 임의로 작업시설을 손상하는 행위를 하는 등 불법행위를 주도하여 A회사에 막대한 재산적 손실을 입혔다. 이에 A회사의 인사위원회는 甲의 이러한 파업 중 불법행위를 이유로 면직을 의결하였다. 그런데 A회사의 취업규칙에는 회사의 시설을 손상하는 행위는 면직사유인 동시에 징계해고사유로 열거되어 있지만, 징계규정에서 "회사는 근로자에 대한 해고, 정직 등 징계시에는 노사 동수로 구성된 징계위원회의 의결에 의한다"고 규정하고 있다. 그리하여 甲은 취업 규칙에서 정한 노사동수의 징계위원회가 아닌 회사관리자들만으로 구성된 인사위원회에서 면직을 의결한 것이므로 무효라고 주장한다. 반면 A회사는 甲의 행위는 징계해고사유인 동시에 면직사유에도 해당하기 때문에 징계해고가 아닌 면직의 인사처분으로서 별도의 징계위원회가 아닌 인사위원회에서 의결할 사항이라고 한다. A회사의 甲에 대한 면직처분은 유효한가?

해설요지

취업규칙 등에서 노사동수로 구성된 징계위원회의 의결에 의하도록 규정하고 있다면 이는 절차적 공정성의 확보와 사용자 측의 징계권 남용을 견제하기 위한 것이므로 징계를 함에 있어 이러한 절차를 위반하여 행한 징계는 무효인 것이 원칙이다. 징계위원회를 구성하지 않거나, 의결 없이 행한 징계는 물론이고 의결을 거친 경우에도 징계위원회가 노사동수로 구성되지 않은 경우에도 무효라고 해야할 것이다.

사안에서는 甲의 행위가 면직사유인 동시에 징계해고사유에 해당하는 경우 사용자는 면직 또는 징계해고 중 임의로 선택할 수 있는지를 검토해야 한다. 甲의 행위가 징계해고사유로 규정되어 있고, 면직처분의 실질이 징계해고라고 한다면 단체협약이나 취업규칙에서 정한 징계의 절차를 거쳐야 한다. 만약 그렇지 않다면 동일한 사유를 면직사유와 징계해고사유로 규정만 하게 되면 징계절차규정을 적용받지 않을 수 있게 된다. 즉, 실질적으로 징계처분임에도 형식적으로 면직처리하면서 징계절차상의 제한을 회피하는 것을 정당화시켜주는 결과가 된다. 따라서 사안에서처럼 甲의 행위가 설령 면직사유로도 규정되어 있다 할지라도 징계해고사유로 규정되어 있는 이상 징계절차규정이 적용되어야 한다는 점에서 노사동수로 구성된 징계위원회가 아닌 인사위원회에서의 의결에 따른 A회사의 甲에 대한 면직은 절차를 위반한 무효라고 판단된다.

주요참조판례

1. 절차적 정당성

[1] 단체협약이나 취업규칙 또는 이에 근거를 둔 징계규정에서 (중략) 징계위원회의 구성에 노동조합의 대표자를 참여시키도록 되어 있고 또 징계대상자에게 징계위원회에 출석하여 변명과 소명자료를 제출할 기회를 부여하도록 되어 있음에도 불구하고 이러한 징계절차를 위배하여 징계해고를 하였다면 이러한 징계권의 행사는 징계사유가 인정되는 여부에 관계없이 절차에 있어서의 정의에 반하는 처사로서 무효라고 보아야 할 것이다(대법원 1991. 7. 9. 선고 90다8077 판결).

[2] 단체협약, 취업규칙 또는 징계규정에서 징계대상자에게 징계위원회에 출석하여 변명과 소명자료를 제출할 수 있는 기회를 부여한 경우 그 통보의 시기와 방법에 관하여 특별히 규정한 바가 없다고 하여도 변명과 소명자료를 준비할 만한 상당한 기간을 두고 개최일시와 장소를 통보하여야 하며, 이러한 변명과 소명자료를 준비할 만한 시간적 여유를 주지 않고 촉박하게 이루어진 통보는 실질적으로 변명과 소명자료제출의 기회를 박탈하는 것과 다를 바 없어 부적법하다고 보아야 할 것이고, 설사 징계대상자가 그 징계위원회에 출석하여 진술을 하였다 하여도 스스로 징계에 순응하는 것이 아닌 한 그 징계위원회의 의결에 터잡은 징계해고는 징계절차에 위배한 부적법한 징계권의 행사라 할 것이다(대법원 2004. 6. 25. 선고 2003두15317 판결).

[3] 취업규칙 등의 징계규정에서, (중략) 징계의 원인이 된 사실 등을 명시한 징계의결서에 의하도록 규정하고 있을 경우, 징계위원회는 어디까지나 징계의결 요구권자에 의하여 징계의결이 요구된 징계사유를 심리대상으로 하여 그에 대하여만 심리·판단하여야 하고 징계의결이 요구된 징계사유를 근본적으로 수정하거나 징계의결 이후에 발생한 사정 등 그 밖의 징계사유를 추가하여 징계의결을 할 수는 없다(대법원 2012. 1. 27. 선고 2010다100919 판결).

[4] 징계위원회를 구성함에 있어서 노동조합측의 견해를 대변할 수 있는 사람을 징계위원에 반드시 포함시켜야 한다고 볼 법령 등의 근거도 없으므로, 회사가 취업규칙과 상벌규정에 따라 회사의 과장급 이상의 관리자들만으로 징계위원회를 구성한 것도 적법한 것이다. 그러나 징계위원회의 구성에 대하여 취업규칙 등에서 규정하고 있다면 이를 위반하여 징계위원회를 구성하여 징계한 경우는 이를 정당화할 수 있는 다른 특별한 사정이 없는 한 징계의 효력이 인정될 수 없다(대법원 1993. 11. 9. 선고 93다35384 판결).

[5] 당연퇴직사유와 징계해고사유가 동일한지에 대한 판단은 문제된 근로자의 행위가 당연퇴직사유인 동시에 징계해고 사유에도 해당되는 것인지가 아니고, 규정내용자체를 서로 비교하여 실

질적으로 동일성이 인정되는지를 기준으로 하여야 할 것이다(대법원 1995. 7. 14. 선고 95다1767 판결).

이와 관련하여 예컨대 근로자의 우울증을 이유로 한 휴직신청에 대하여 사용자가 방문 협의하도록 하였으나 이에 응하지 않고 일방적으로 휴직하여 출근하지 않자 무단결근 10일 이상을 이유로 당연퇴직 조치한 사안에서, 중노위는 취업규칙상 당연퇴직사유(무단결근 10일 이상)는 징계해고사유(무단결근 5일 이상)에도 해당하기에 실질적으로 동일한 것으로 보아 징계절차를 요하는 것으로 판단한 반면, 법원은 양자는 별개 사유이므로 징계절차를 거치지 않아도 되는 것으로 판단한 바 있다(대법원 2011. 12. 27. 선고 2011두23610 판결).

2. 징계절차의 하자치유

[1] 사용자가 징계절차의 하자, 징계사유의 존부, 징계양정 등에 잘못이 있음을 스스로 인정한 때에는 노동위원회의 구제명령이나 법원의 무효확인판결을 기다릴 것 없이 스스로 징계처분을 취소할 수 있고, 나아가 새로이 적법한 징계처분을 하는 것도 가능하다(대법원 2010. 6. 10. 선고 2009다97611 판결).

[2] 징계처분에 대한 재심절차는 원래의 징계절차와 함께 전부가 하나의 징계처분 절차를 이루는 것으로서 그 절차의 정당성도 징계 과정 전부에 관하여 판단되어야 할 것이므로, 원래의 징계 과정에 절차 위반의 하자가 있더라도 재심 과정에서 보완되었다면 그 절차 위반의 하자는 치유된다(대법원 2009. 2. 12. 선고 2008다70336 판결).

3. 징계위원회 개최시한의 기산점

단체협약에서 징계위원회 개최시한을 규정하면서 이를 위반하여 개최된 징계위원회의 징계를 무효로 한다는 취지의 규정을 두는 경우, 그 징계위원회 개최시한의 기산점은 원칙적으로 징계사유가 생긴 때이지만, 징계를 하는 것이 불가능한 사정이 있는 경우에는 그러한 사정이 없어진 때부터 위 기간이 기산된다. 만일 근로자에게 징계사유가 있더라도 그 사유가 나중에 밝혀지기 전까지 징계를 할 수 없었던 부득이한 사정이 있다면, 사용자가 징계절차를 개시해도 충분할 정도로 징계사유에 대한 증명이 있다는 것을 알게 된 때부터 징계위원회의 개최시한이 기산된다고 보아야 한다(대법원 2017. 3. 15. 선고 2013두26750 판결).

시용근로자의 본채용거부와 해고서면통지방식

사실관계

　A회사는 기업의 인사·노무관리와 관련한 컨설팅을 하는 회사로서 업무관련 입법과 판례를 조사·연구하는 연구원을 충원하기로 결정하였다.

　A회사가 2015년 4월 1일에 공고한 신입사원 모집에 甲이 응시하여 동년 4월 20일에 서류전형과 면접을 거쳐 합격통보를 받고, 신체검사를 거쳐 서약서 등의 서류를 A회사에 제출한 후 조사연구원으로 5월 1일 입사하였는데 근로계약에 3개월의 시용기간이 명시되었다. 입사 이후 甲은 3개월 동안 기업회원사의 인사·노무관리와 관련해 A회사가 지시하는 방향으로 성실하게 조사 연구보고서를 작성하는 등 그 업무능력과 성실성에 있어서 동료와 상사로부터 높은 평가를 받았다.

문제 1

A회사는 7월 20일 대학시절의 학생운동경력이 있다는 이유로 甲의 본채용을 거부하였다. 이에 대해 甲은 본채용거부는 해고에 해당하므로 정당한 사유 없는 해고라고 주장한다. A회사의 甲에 대한 본채용거부는 정당한가? (25점)

문제 2

만약 사안에서 甲이 수습기간 중에 지각을 두 차례 하여 구두경고를 받은 사실이 있으며, 다른 직원과의 갈등도 야기하기도 한 경우에 A회사는 이러한 근무태도를 고려하여 甲에 대한 본채용을 거부하기로 결정하고 7월 20일 이를 구두로 통지하였는데, 이에 대해 甲은 해고의 서면통지요건 위반으로 무효라고 주장하고, A회사는 시용근로자에 대한 본채용거부는 유보된 해약권의 행사로서 서면통지의무도 없다고 주장한다. 이 경우 당사자 주장의 정당성을 검토하시오. (25점)

사례해결의 Key Point

문제 1

시용기간을 정하는 의미가 무엇인지 그리고 근로자에 대한 본채용거부의 법적 성질이 해고에 해당한다면 본채용거부의 정당성에 해고의 정당성 판단의 기준이 그대로 적용되어야 하는지를 검토해야 한다.

문제 2

시용근로자에 대한 본채용거부의 정당성과 함께 해고서면통지요건의 적용 여부를 판단하여야 한다.

〈풀 이 목 차〉

문제 1

A회사는 7월 20일 대학시절의 학생운동경력이 있다는 이유로 甲의 본채용을 거부하였다. 이에 대해 甲은 본채용거부는 해고에 해당하므로 정당한 사유 없는 해고라고 주장한다. A회사의 甲에 대한 본채용거부는 정당한가? (25점)

Ⅰ. 문제의 논점

근로자를 채용하면서 시용기간을 두는 것은 그 기간 내의 근로자의 직무적성과 업무능력을 판단하려는 것으로서 근로자의 시용기간 동안의 근무내용에 비추어 업무적격성이 없는 것으로 판단되면 사용자는 본채용을 거부하여 근로관계를 종료시킬 수 있다. 따라서 시용근로자에 대한 본채용거부의 정당사유가 이러한 시용기간제도의 취지에 비추어 어떻게 판단되어야 하는지가 문제된다.

Ⅱ. 시용기간의 법적 성질

시용기간부근로관계의 법적 성질에 관해서는 정지조건부근로계약설·해제조건부근로계약설·해약권유보부근로계약설 등의 견해가 있다. 정지조건부근로계약설은 근로자로서 적격하다는 평가를 정지조건으로 하여 정규채용된다는 견해이며, 해제조건부근로계약설은 근로자로서 부적격하다는 평가를 해제조건으로 하여 근로관계는 해지된다는 견해이고, 해약권유보부근로계약설은 근로자의 부적격성을 이유로 사용자는 근로관계를 해지할 수 있는 권리(형성권)를 유보한다는 견해이다.

다수설은 시용기간에 의한 사용자와 근로자의 법적 관계에 대해 근로자의 취업부적격성을 이유로 사용자는 시용관계를 해지할 수 있는 권리를 유보하고 있는 해약권유보부근로계약으로 파악하고 있다. 판례 역시 이와 마찬가지로 시용기간 중의 근로관계는 수습사원으로 발령한 후 일정 기간 동안에 당해 근로자가 앞으로 담당하게 될 업무를 수행할 수 있는가에 관하여 그 인품이나 능력 등을 평가하여 정식사원으로서의 본채용 여부를 결정하는 것이므로 이른바 해약권유보부근로계약이라고 판단하고 있다(대법원 1992. 8. 18. 선고 92다15710 판결).

Ⅲ. A회사의 甲에 대한 본채용거부의 정당성

1. 본채용거부의 법적 성질과 해약기준

조건부근로계약설에 따르면 사용자의 긍정적 평가라는 조건의 불성취(정지조건부설에 의할 경우) 또는 사용자의 부정적 평가라는 조건의 성취(해제조건부설에 의할 경우)에 의해서 근로계약의 효력이 발생하지 않거나 그 효력을 상실하는 것이 확정될 뿐이라고 한다. 그러나 지배적 견해인 해약권유보부근로계약설에 의할 경우에는 본채용의 거부는 근로계약의 해지, 즉 해고로 평가된다. 다만 당사자의 일정한 목적을 위해 설정된 시용기간부근로관계라는 점을 고려할 때 해고의 정당성 판단에 있어 근로기준법 제23조가 그대로 적용될 수 있는지가 문제된다.

시용기간 중의 해약권유보는 채용결정의 당초에는 당해 근로자의 자질·성격·능력 등의 적격성 유무에 관한 자료를 충분히 수집할 수 없기 때문에 후일의 조사 내지 관찰에 기한 최종적 결정을 유보하는 취지로 하는 것이므로 그 해약권에 기한 해고는 통상의 해고보다 광범위하게 인정될 수 있지만, 시용기간 중 근무태도·능력 등의 조사·관찰에 의한 업무에의 적격성 판단에 기초하여 객관적으로 합리적인 이유가 존재하여 사회통념상 상당하다고 인정되어야 한다(대법원 1992. 8. 18. 선고 92다15710 판결; 대법원 1994. 1. 11. 선고 92다44695 판결).

2. 甲의 학생운동경력과 업무적격성

A회사는 기업의 인사·노무관리 등에 관해 컨설팅을 주로 하는 회사로서 어느 정도의 경향성을 가지고 있다고 할 수 있다. 따라서 시용근로자를 채용하면서 이러한 기업의 업무수행에 대한 적격성을 판단하기 위하여 근로관계에 대해 중요한 의미를 가지는 일신상의 사정이나 상황에 관해서는 A회사의 질문권과 甲의 고지의무가 인정된다. 그렇지만 이러한 고지의무는 예정된 노무급부이행을 침해할 것으로 기대되는 사유에 한정해서만 인정되는바, 甲의 대학시절 학생운동경력은 업무적격성을 판단하는 보충자료로는 사용될 수 있으나 이 사실이 바로 노무급부능력에 대한 부정적평가사유에 해당된다고는 볼 수 없으며, 해약권에 기한 해고는 통상의 해고보다 광범위하게 인정될 수 있지만, 시용기간 중 근무태도와 능력 등의 조사관찰에 의한 업무에의 적격성 판단에 기초하여 객관적으로 합리적인 이유가 존재하여 사회통념상 상당하다고 인정되어야 하는바, 사안의 경우 甲은 업무수행에 있어서 A

회사의 지시방향에 따라 성실히 근무하여 그 업무능력과 성실성을 인정받은바 A회
사의 본채용 거부는 객관적으로 합리성이 인정될 수 없으므로 부당하다.

Ⅳ. 결   론

甲은 비록 시용근로계약체결시 대학시절의 학생운동경력에 대해 고지하지 않
았으나 시용기간 중 업무능력과 성실성 등에서 객관적으로 업무적격이 인정되는바,
단순히 고지의무위반을 이유로 한 본채용거부는 객관적으로 합리성이 없으며 시용
기간의 설정이 갖는 본래의 목적으로서의 업무능력판단과 학생운동경력은 그 차원
을 달리하는 것이므로 부당하다.

문제 2

만약 사안에서 甲이 수습기간 중에 지각을 두 차례 하여 구두경고를 받은 사실이 있으며, 다른 직원과의 갈등도 야기하기도 한 경우에 A회사는 이러한 근무태도를 고려하여 甲에 대한 본채용을 거부하기로 결정하고 7월 20일 이를 구두로 통지하였는데, 이에 대해 甲은 해고의 서면통지요건 위반으로 무효라고 주장하고, A회사는 시용근로자에 대한 본채용거부는 유보된 해약권의 행사로서 서면통지 의무도 없다고 주장한다. 이 경우 당사자 주장의 정당성을 검토하시오. (25점)

Ⅰ. 문제의 논점

甲에 대한 본채용거부의 객관적이고 합리적 이유가 있는지, 본채용거부는 실질적으로 해고에 해당하기 때문에 본채용거부의 통지도 서면으로 하여야 하는지 여부가 문제된다. 이와 관련하여 본채용의 거부가 해고에 해당한다 할지라도 시용제도의 목적에 비추어 본채용의 거부사유는 일반적인 해고의 사유보다는 넓게 인정되고 있다는 점과 해고서면통지요건이 시용근로자에 대한 본채용거부에도 그대로 적용되어야 하는지 여부가 중요한 검토대상이 된다.

Ⅱ. 甲에 대한 본채용거부의 정당사유

근로자의 업무능력, 자질, 인품, 성실성 등 업무적격성을 관찰·판단하려는 시용제도의 취지·목적에 비추어 볼 때 보통의 해고보다는 넓게 인정되나, 이 경우에도 객관적으로 합리적인 이유가 존재하여 사회통념상 상당하다고 인정되어야 한다 (대법원 2006. 2. 24. 선고 2002다62432 판결 참조).

사안에서 지각으로 구두경고 받은 사실 및 다른 직원과의 갈등을 야기한 사실만 가지고는 일반적으로 정당한 해고사유로 인정받기는 어려울 것이다. 그러나 甲이 시용기간이 정해진 시용근로자라는 점에서 이러한 사실들은 甲의 성실성과 성품에 대한 부정적 평가의 기초가 될 수 있으므로 A회사가 이를 이유로 본채용을 거부하는 것은 객관적으로 합리적인 이유가 있는 것으로 판단된다.

Ⅲ. A회사의 본채용거부 통보의 해고서면방식 위반 여부

A회사로서는 시용기간 만료에 따른 본계약 체결 거부를 근로기준법상 해고로 본다고 하더라도, 시용계약의 취지·목적에 비추어 볼 때 근로기준법 제27조는 시용 근로자에게 적용되지 않으므로 구두로 본계약 체결 거부사유를 통지하였으므로 본 채용거부의 통지는 적법하다고 주장할 수 있다고 본다.

그러나 본채용거부는 유보된 해약권의 행사라 할지라도 사용자가 계약해지의 의사표시로서 일방적으로 근로관계를 종료시키는 것이라는 점에서 본질적으로 해 고와 다름이 없고, 다만 시용제도의 목적을 고려하여 해고의 정당한 이유 판단을 한다는 점에서 차이를 보일 뿐이다.

근로기준법에서 해고서면통지(제27조)를 규정한 취지는 사용자로 하여금 근로 자를 해고하는 데 신중을 기하게 함과 아울러, 해고의 존부 및 시기와 그 사유를 명 확하게 하여 사후에 이를 둘러싼 분쟁이 적정하고 용이하게 해결될 수 있도록 하고, 근로자에게도 해고에 적절히 대응할 수 있게 하기 위한 취지이다. 이러한 서면통지 의 취지는 시용근로관계에서 사용자가 본채용 거부를 통지할 때에도 시용근로자의 처지에서 본채용이 안 되는 사유가 무엇인지를 구체적으로 알고 다툴 수 있어야 한 다는 점에서 그대로 타당하다고 본다.

따라서 시용기간 중인 근로자에 대해 본계약 체결을 거부하는 경우에도 근로기 준법 제27조에 따라 거부사유의 서면통지에 관한 절차를 갖추어 실질적인 거부사유 를 서면으로 통지하여야 한다(대법원 2015. 11. 27. 선고 2015두48136 판결). 사안에서 A 회사는 본채용거부를 서면이 아닌 구두로 통지하였으므로 본채용거부는 거부사유 를 구체적으로 통지하였는지 여부와 상관없이 서면통지방식의 위반으로 그 효력을 인정할 수 없다.

Ⅳ. 결   론

시용근로관계에서 사용자가 본 근로계약 체결을 거부하는 경우에도 이를 근로 자에 서면으로 통지하여야 한다는 점에서 비록 본채용거부의 실질적 사유가 인정된 다 할지라도 서면이 아닌 구두로 통지한 A회사의 본채용거부는 효력이 없다.

유사사례

A회사가 상사의 정당한 업무지시 거부를 이유로 甲을 징계해고하기로 결정하고, 이 사실을 7월 20일 甲에게 "귀하를 부득이 8월 말일자로 징계해고하기로 하였습니다"라는 간단한 내용의 해고통지를 서면으로 한 경우, 이러한 A회사의 해고통지에 대해 甲은 징계해고사유가 구체적으로 적시되지 않았으므로 서면통지방식 위반의 해고로서 무효라고 주장하는 데 반하여, 회사는 甲이 무슨 사유로 징계해고 되는지를 이미 인식할 수 있는 사정이 있었으므로 굳이 해고사유를 구체적으로 적시할 필요가 없다는 입장이다. 甲에 대한 징계해고의 효력은?

해설요지

사용자가 해고사유 등을 서면으로 통지할 때는 근로자의 처지에서 해고사유가 무엇인지를 구체적으로 알 수 있어야 하고, 특히 징계해고의 경우에는 해고의 실질적 사유가 되는 구체적 사실 또는 비위내용을 기재해야 하며 징계대상자가 위반한 단체협약이나 취업규칙의 조문만 나열하는 것으로는 충분하다고 볼 수 없다(대법원 2011. 10. 27. 선고 2011다42324 판결).

판례에서는 근로자가 인사위원회 출석통지서를 수령하고, 본인이 각 징계사유별로 반박하는 의견진술서를 인사위원회에 작성·제출한 점 등에 비추어 해고통보서 수령 이전 이미 피징계자가 해고 사유를 알고 있었으므로 해고통보서에 '징계해임'이라고만 기재하였다고 하여 근로기준법 제27조의 해고 서면통지 요건에 반하는 않는다고 판시한 바가 있다(서울고법 2010. 2. 10. 선고 2009누16932 판결).

그러나 사안에서는 甲이 해고사유를 구체적으로 명확히 인식하고 있었다고 볼만한 사정이 없으므로 해고사유를 적시하지 않은 해고통지는 서면으로 했다 할지라도 근로기준법에서 규정한 해고서면요건을 충족한 것으로 볼 수 없다. 따라서 甲에 대한 징계해임은 서면통지요건을 갖추지 못하여 무효이다.

주요참조판례

1. 시용근로자에 대한 본채용거부의 정당성

[1] 시용기간 중에 있는 근로자를 해고하거나 시용기간 만료시 본계약의 체결을 거부하는 것은 사용자에게 유보된 해약권의 행사로서, 당해 근로자의 업무능력, 자질, 인품, 성실성 등 업무적격성을 관찰·판단하려는 시용제도의 취지·목적에 비추어 볼 때 보통의 해고보다는 넓게 인정되나, 이 경우에도 객관적으로 합리적인 이유가 존재하여 사회통념상 상당하다고 인정되어야 한다(대법원 2006. 2. 24. 선고 2002다62432 판결).

[2] 시용근로자가 특수산악구조대의 수습직원으로 일하면서 발생한 문제점들이 상세하게 기재된 보고서에 대해, 시용근로자는 "당일 컨디션이 좋지 않았을 뿐이다"라면서 보고서가 자의적으로 작성됐다고 주장하지만, 해당 보고서가 사실과 다르게 자의적으로 작성됐다고 볼만한 별다른 자료가 없고, 특수산악구조대의 특성상 대원들 사이의 신뢰와 협동 및 확고한 지휘체계의 효율적 운용이 중요할 것인데, 시용근로자는 시용기간 동안 선임 대원들과의 관계가 원만하지 않았고 신뢰도 받지 못한 것으로 보이며, 공단이 미임용 통지로서 시용근로자와 근로계약을 계속하지 않겠다고 한 것은 적법하다고 판단한 중노위의 결론은 정당하다(서울행법 2022. 3. 17. 선고 2020구합88909 판결).

2. 해고서면통지요건

[1] 근로기준법 제27조는 "사용자가 근로자를 해고하려면 해고사유와 해고시기를 서면으로 통지하여야 효력이 있다."라고 규정하고 있는데, 이는 해고사유 등의 서면통지를 통해 사용자로 하여금 근로자를 해고하는 데 신중을 기하게 함과 아울러, 해고의 존부 및 시기와 그 사유를 명확하게 하여 사후에 이를 둘러싼 분쟁이 적정하고 용이하게 해결될 수 있도록 하고, 근로자에게도 해고에 적절히 대응할 수 있게 하기 위한 취지이다. 따라서 사용자가 해고사유 등을 서면으로 통지할 때는 근로자의 처지에서 해고사유가 무엇인지를 구체적으로 알 수 있어야 하고, 특히 징계해고의 경우에는 해고의 실질적 사유가 되는 구체적 사실 또는 비위내용을 기재해야 하며 징계대상자가 위반한 단체협약이나 취업규칙의 조문만 나열하는 것으로는 충분하다고 볼 수 없다(대법원 2011. 10. 27. 선고 2011다42324 판결 참조).

[2] 근로기준법 규정의 내용과 취지, 시용기간 만료 시 본 근로계약 체결 거부의 정당성 요건 등을 종합하면, 시용근로관계에서 사용자가 본 근로계약 체결을 거부하는 경우에는 근로자

에게 거부사유를 파악하여 대처할 수 있도록 구체적·실질적인 거부사유를 서면으로 통지하여야 한다(대법원 2015. 11. 27. 선고 2015두48136 판결).

사실관계

甲은 A택시회사에 입사하여 근무하던 중 노동조합을 결성하고 또 위원장으로 선출되어 여러 차례 A회사와 단체교섭을 하여 왔다. 甲은 2006년 8월 8일 비노조원인 동료근로자와 연료무단유출의 문제로 논쟁 중 폭행을 가하여 전치 2주의 상해를 입히게 되었는데, A회사는 이 사유와 함께 2006년 12월 12일 근거가 불확실한 근무태도 불성실, 도박행위, 퇴폐행위자행 등의 이유를 추가로 들어 甲에 대해 징계해고를 하였다. 이에 甲은 노동위원회에 부당해고 구제신청을 하였고, 노동위원회는 甲의 구제신청을 받아들여 부당해고로 판정하고 부당해고기간 중의 임금지급과 복직을 명하는 구제명령을 하였으며 이에 대해 A회사가 불복하지 않아 구제명령은 확정되었다.

그런데도 A회사는 위 구제명령을 이행하지 않은 채 2007년 4월 23일 위의 해고당시와 비슷한 사유를 들어 甲을 다시 해고하자, 甲은 해고무효확인의 소를 제기하는 한편 다른 회사의 임시직 일자리를 구해 열심히 일하였다. 이후 A회사의 해고가무효라는 판결이 동년 10월 20일 확정되었다.

문제 1

甲은 복직과 함께 부당해고 이후 복직될 때까지의 임금전액(4,000만 원) 지급을 주장하였다. 이에 대해 A회사는 甲이 그 동안 다른 회사에서 일하면서 지급받은 금액(2,000만 원)을 공제한 나머지 금액, 즉 2,000만 원만 지급하면 된다고 주장한다. 당사자 주장의 타당성과 부당해고에 따른 임금지급의무의 근거와 내용을 설명하시오. (25점)

문제 2

甲은 부당해고가 확정되었음에도 복직을 거부하고 동일사유로 다시 해고한 것에 따른 정신적 손해의 배상을 청구한다. 이 청구가 인용될 수 있는지 검토하시오. (25점)

사례해결의 Key Point

문제 1

부당해고기간 동안에 근로자의 노무급부가 없음에도 사용자에게 임금지급을 청구할 수 있는 법리적 근거가 무엇이며, 이 기간 동안에 근로자가 이른바 중간수입을 얻은 경우에 이의 공제 여부와 한도에 관한 판례와 학설상의 논의를 검토하여야 한다.

문제 2

부당해고에 따른 일반적 법률효과 외에 이로 인한 근로자의 정신적 손해에 대한 손해배상이 인정되기 위해서는 부당해고가 근로자의 인격권을 침해하는 불법행위로 평가되어야 한다. 따라서 사안에서 부당해고가 확정되었음에도 복직을 거부하는 것이 불법행위를 구성하는지 여부를 판단하는 것이 논의의 핵심이 된다.

┌───┐
문제 1

甲은 복직과 함께 부당해고 이후 복직될 때까지의 임금전액(4,000만 원) 지급을
주장하였다. 이에 대해 A회사는 甲이 그 동안 다른 회사에서 일하면서 지급받은
금액(2,000만 원)을 공제한 나머지 금액, 즉 2,000만 원만 지급하면 된다고 주
장한다. 당사자 주장의 타당성과 부당해고에 따른 임금지급의무의 근거와 내용
을 설명하시오. (25점)
└───┘

Ⅰ. 문제의 논점

　　사용자가 정당한 이유 없이 근로자를 해고한 경우 근로자는 노동위원회에 부당
해고 구제신청을 하거나 법원에 그 해고에 대한 무효확인을 구하는 민사소송을 제
기할 수 있다. 이처럼 부당해고에 대한 구제방식은 노동위원회를 통한 행정적 구제
와 법원에의 사법적 구제가 모두 가능하다. 해고가 정당한 이유가 없는 것으로 판
단되면 사용자는 근로자를 원직에 복직시키고 해고로 일하지 못한 기간 동안의 임
금을 지급해야 한다는 점에서는 동일하다.

　　사안에서는 부당해고 기간 동안의 사용자의 임금지급의무의 근거와 내용이 무
엇인지가 문제되고 있다. 따라서 부당해고기간 동안에 근로자의 노무급부가 없음에
도 사용자에게 임금지급을 청구할 수 있는 법리적 근거를 먼저 명확히 하고, A회사
의 임금지급의무의 구체적 내용을 검토하여야 할 것이다. 이 문제와 관련한 핵심적
논점은 이 기간 동안에 근로자가 이른바 중간수입을 얻은 경우에 이의 공제가능성
과 공제한도에 관한 논의이다.

Ⅱ. 부당해고에 따른 일반적 구제내용 ── 사용자의 원직복직의무

　　해고가 정당한 이유가 없는 부당해고로 판단되었다는 의미는 근로자와 사용자
사이의 근로관계가 사용자의 해고로 종료되지 않았음을 확인한 것이다. 따라서 부
당해고 구제의 핵심은 근로자를 원직에 복직시킴으로써 그 근로관계를 회복시키는
데 있다고 할 것이다. 그러나 사용자가 부당해고된 근로자의 원직복귀를 거부하는
경우 강제이행을 통해 복직 자체를 실현시키는 데에는 한계가 있다. 이처럼 사용자
가 근로자의 직장복귀를 거부하여 사실상 취업시키지 않을 경우에는 이행강제금 부

과(근로기준법 제33조) 및 벌칙적용(근로기준법 제31조 제3항, 제111조, 제115조)의 가능
성이 있다 할지라도 사용자의 의사에 반하여 부당해고된 근로자를 강제로 취업시킬
수는 없다.

Ⅲ. 부당해고기간 중의 A회사의 甲에 대한 임금지급의무

1. 법적 근거

　　사용자의 근로자에 대한 해고가 정당한 이유가 없는 부당해고인 경우 근로관계
는 계속 존재하였던 것으로 된다. 그리고 민법 제538조 제1항에 의하면 쌍무계약의
당사자 일방의 채무가 채권자의 책임있는 사유로 이행할 수 없게 된 때에는 채무자
는 상대방의 이행을 청구할 수 있다. 부당해고된 기간 동안 근로자가 근로를 제공
하지 못한 것은 사용자의 부당한 해고로 말미암은 것이므로, 민법 제538조 제1항에
따라 근로자는 계속 근로하였을 경우에 받을 수 있는 임금 전액의 지급을 청구할
수 있다(대법원 1989. 5. 23. 선고 87다카2123 판결 등).

2. 중간수입의 공제근거와 한도

　　부당해고시 임금지급청구권의 법적 기초는 민법 제538조 제1항에서 구해지는
데, 동조 제2항에서 채무자는 급부의무를 면함으로써 얻은 이익을 채권자에게 상환
할 의무가 있다고 규정하고 있기 때문에 이른바 중간수입의 공제가 문제된다. 즉,
근로자가 해고 기간에 다른 곳에 취업하여 수입(중간수입)을 얻은 경우 이는 민법
제538조 제2항에 따라 근로자가 근로제공의 채무를 면함으로써 얻은 이익에 해당하
므로 사용자는 그 상환을 요구할 수 있고, 이에 따라 사용자가 해고기간 중 근로자
에게 지급하여야 할 임금 중에서 위 중간수입을 공제할 수 있는지가 문제된다.

　　이에 대해 학설에서는 중간수입은 노무급부를 면함으로서 얻은 이익에 해당하
지 않는다고 하거나 중간수입공제는 신의칙위반이라는 점을 근거로 중간수입공제
에 반대하는 견해도 있으나, 판례는 근로자가 부당해고 기간 동안 다른 직장에 종
사하여 얻은 중간수입은 근로자가 그 기간 동안 사용자에 대한 근로제공의 의무를
면함으로써 얻은 이익에 해당하므로 민법 제538조 제2항의 규정에 의하여 사용자는
근로자에게 해고기간 중의 임금을 지급함에 있어서 위 중간수입을 공제할 수 있다
는 입장을 취하고 있다. 또한 근로기준법 제46조는 근로자의 최저생활을 보장하려
는 취지에서 사용자의 귀책사유로 휴업하는 경우에는 사용자는 휴업기간 중 당해

근로자에게 원칙적으로 그 평균임금의 100분의 70 이상의 수당을 지급하여야 한다고 규정하고 있고, 여기의 휴업에는 근로자가 사용자의 부당해고에 의하여 근무하지 못한 경우도 해당되므로 근로자가 휴업기간 중 지급받을 수 있는 임금액 중 위 휴업수당의 한도에서는 이를 공제의 대상으로 삼을 수 없고 그 휴업수당을 초과하는 금액 범위 내에서만 공제할 수 있다고 한다(대법원 1991. 6. 28. 선고 90다카25277 판결).

Ⅳ. A회사의 임금지급의무의 내용

판례의 태도에 따르면 민법 제538조 제2항에서 채무자는 급부의무를 면함으로써 얻은 이익을 채권자에게 상환할 의무가 있다고 규정하고 있기 때문에 이른바 중간수입의 공제가 이루어지게 된다. 그러나 이 경우에도 근로기준법 제46조의 휴업수당의 한도에서는 중간수입을 공제대상으로 삼을 수 없다. 즉, 해고가 무효로 확인된 경우에는 甲은 원칙적으로 그 동안의 임금전부를 받을 수 있으나, 중간수입에 대해 A회사가 알고 증명한다면 이를 공제하되 근로기준법상의 휴업수당(평균임금의 70%)을 초과하는 범위 내에서만 할 수 있다. 따라서 공제할 수 있는 중간수입은 중간수입 2,000만 원 전부가 아닌 1,200만 원이 되고, A회사는 甲에게 적어도 휴업수당에 해당하는 2,800만 원을 지급하여야 한다.

Ⅴ. 결   론

A회사가 甲에게 지급하여야 할 부당해고 기간 동안의 임금은 임금전액 4,000만 원에서 중간수입 2,000만 원 전부를 공제한 2,000만 원이 아닌 휴업 수당의 한도 내에서 공제한 나머지인 2,800만 원이 된다.

문제 2

甲은 부당해고가 확정되었음에도 복직을 거부하고 동일사유로 다시 해고한 것에 따른 정신적 손해의 배상을 청구한다. 이 청구가 인용될 수 있는지 검토하시오. (25점)

Ⅰ. 문제의 논점

사용자의 근로자에 대한 해고가 정당하지 못하여 무효로 판단되는 경우 그러한 사유만으로 곧바로 그 해고가 불법행위를 구성하게 되는 것은 아니다. 그러나 사용자의 해고와 관련한 행위가 예외적으로 불법행위를 구성하는 위법한 행위로 평가될 수 있다.

사안에서는 부당해고임이 확정되었음에도 불구하고 정당한 이유 없이 복직을 거부하고 동일한 사유로 다시 해고한 A회사의 행위가 불법행위를 구성하는지와 이를 통해 甲의 인격권침해에 따른 손해배상책임이 인정되는지 여부가 주된 검토대상이 된다.

Ⅱ. A회사 행위의 불법행위 해당성

1. 악의적 해고

판례에 의하면 사용자가 근로자에 대하여 해고할 만한 사유가 전혀 없는데도 오로지 근로자를 사업장에서 몰아내려는 의도하에 고의로 어떤 명목상의 사유 등을 내세워 해고를 한 경우나 해고처분이 우리의 건전한 사회통념이나 사회상규상 용인될 수 없음이 분명한 경우에는 예외적으로 불법행위를 인정해 주고 있다. 이러한 악의적인 해고는 근로기준법 제23조 제1항에서 말하는 정당성을 갖지 못하여 효력이 부정되는 데 그치는 것이 아니라, 근로자에 대한 관계에서 불법행위를 구성할 수 있다고 한다(대법원 1992. 10. 22. 선고 92다43586 판결; 대법원 2006. 7. 28. 선고 2006다17355 판결 등).

사안에서 A회사가 1차 해고에 대한 노동위원회의 부당해고 판정에 대하여 행정소송을 제기하지 않아 부당해고로 확정되었음에도 유사한 사유로서 다시 해고한 것은 판례에서 예외적으로 불법행위를 인정하는 악의적 해고에 해당한다는 점에 의문이 없다.

2. 부당해고 확정 이후의 복직 거부

판례는 부당해고임이 확정되었음에도 불구하고 정당한 이유 없이 복직을 거부함으로써 근로의 기회를 제공하지 않는 경우에도 불법행위로 인정하고 있는데, 그 근거를 신의칙상의 사용자의 배려의무의 위반에 따른 근로자의 인격실현이 침해받는다는 점에서 찾고 있다(대법원 1996. 4. 23. 선고 95다6823 판결). 근로계약에 따라 계속적으로 근로를 제공하는 근로자는 인간으로서의 존엄과 가치를 지닌 인격체이고 근로자는 자신의 전 인격을 사용자의 사업장에 투입하고 있는 점에서 근로관계에 있어서 근로자의 근로제공은 자신의 인격과 분리될 수 없다는 점과 근로자의 근로제공은 단순히 임금획득만을 목적으로 하는 것은 아니고 이를 통하여 자아를 실현하고 자신의 인격을 실현시키고 있다고 할 수 있다. 그러므로 사용자는 특별한 사정이 없는 한 근로자가 근로제공을 통하여 이와 같이 참다운 인격의 발전을 도모함으로써 자신의 인격을 실현시킬 수 있도록 배려하여야 할 신의칙상의 의무를 부담한다고 한다.

이러한 취업의무의 위반이 바로 인격권을 침해하는 위법한 불법행위를 구성하지는 않으나, 부당해고의 확정 이후에도 정당한 이유 없이 취업을 시키지 않는 것과 같이 일정한 경우에는 신의칙상 인정되는 사용자의 의무의 불이행인 동시에 근로자의 인격권을 침해하는 불법행위를 구성한다. 사안에서는 부당해고의 확정에도 정당한 이유 없이 복직을 거부하다가 비슷한 사유로 다시 해고한 것은 단순히 사용자의 신의칙상의 배려의무 위반을 넘는 위법한 행위로 평가되기에 충분하다.

3. 소 결

A회사가 부당해고의 확정에도 불구하고 甲의 복직을 거부한 채 비슷한 사유를 들어 다시 해고한 것은 부당해고인 동시에 불법행위를 구성한다.

Ⅲ. 甲의 정신적 손해에 대한 배상청구권

A회사가 부당해고의 확정에도 불구하고 甲의 근로제공을 거부할 만한 특별한 사정이 없음에도 근로제공을 계속 거부하다가 비슷한 사유로 다시 해고한 것은 사회상규에 어긋나는 위법한 행위로서 이로 인해 甲은 계속 복직도 하지 못한 채 2차

해고에 대해 무효확인의 소를 제기해야 하는 등 상당한 정신적 고통을 받았을 것임은 경험칙에 비추어 명백하다고 볼 수 있다. 따라서 A회사는 甲의 이로 인한 정신적 손해에 대해 배상할 책임이 있다.

Ⅳ. 결   론

甲에게는 A회사의 복직거부와 2차 부당해고에 다른 불법행위로 인한 정신적 손해에 대한 배상청구권이 인정된다.

유사사례

개인사업체를 운영하는 A는 사업장에 새로 설립된 노동조합의 파업과 이에 대응한 직장폐쇄조치 이후 동서에게 회사자산 일체를 양도하는 허위의 계약서를 작성한 후 회사를 폐업하고, 전 직원을 퇴직처리하였으며, 동서를 대표이사로 하여 동일 업종의 새로운 사업체를 설립하여 실질적으로 운영해 오고 있다. 이러한 사정을 알게 된 퇴직 근로자 甲은 부당해고임을 주장하면서 A에 대하여 근로관계가 존속함을 전제로 임금지급청구와 함께 자신이 입게 된 정신적 고통에 대한 위자료지급을 청구하였다. 甲의 임금지급과 위자료청구는 인용될 수 있는가?

해설요지

　　위 사안은 동일한 사업수단과 목적으로 실질적으로 사업이 동일성을 가지고 계속되고 있다는 점에 비추어 A가 노조설립과 활동을 이유로 위장폐업한 것으로 볼 수 있다. 따라서 폐업을 이유로 종래 사업체 근로자들을 퇴직시킨 것은 실질적으로 해고이며, 정당한 사유가 인정될 수 없다는 점에서 부당해고이므로 甲의 임금지급청구는 인정된다.

　　甲의 위자료청구도 인정될 수 있는지는 위장폐업으로 근로자들을 해고하는 행위에 대한 법적 평가를 어떻게 할 것인지 하는 문제와 관련되어 있다. 대법원은 위장폐업을 통해 부당해고한 것은 사회통념이나 사회상규상 용인될 수 없는 불법행위이기 때문에 근로자가 입게 된 정신적 고통에 대한 위자료를 배상할 책임이 있다고 한다. 뿐만 아니라 민법 제538조 제1항에 따라 사용자 회사에 대하여 반대급부인 임금을 청구할 수 있음은 물론이고 아울러 불법행위를 이유로 손해배상을 청구할 수도 있으며, 그 중 어느 쪽의 청구권이라도 선택적으로 행사할 수 있다고 판단하였다(대법원 2011. 3. 10. 선고 2010다13282 판결).

주요참조판례

1. 부당해고기간 중의 임금지급

[1] 사용자의 귀책사유로 인하여 해고된 근로자가 해고기간 중에 다른 직장에 종사하여 얻은 이익(이른바 중간수입)은 민법 제538조 제2항에서 말하는 채무를 면함으로써 얻은 이익에 해당하므로, 사용자는 위 근로자에게 해고기간 중의 임금을 지급함에 있어 위의 이익의 금액을 임금액에서 공제할 수 있다.

근로기준법 제38조(현재 제46조)는 근로자의 최저생활을 보장하려는 취지에서 사용자의 귀책사유로 인하여 휴업하는 경우에는 사용자는 휴업기간 중 당해 근로자에게 그 평균임금의 100분의 70 이상의 수당을 지급하여야 한다고 규정하고 있고, 여기서의 휴업이란 개개의 근로자가 근로계약에 따라 근로를 제공할 의사가 있음에도 불구하고 그 의사에 반하여 취업이 거부되거나 또는 불가능하게 된 경우도 포함된다고 할 것이므로, 근로자가 지급받을 수 있는 임금액 중 근로기준법 제38조(현재 제46조) 소정의 휴업수당의 한도에서는 이를 이익공제의 대상으로 삼을 수 없고, 그 휴업수당을 초과하는 금액에서 중간수입을 공제하여야 한다(대법원 1991. 6. 28. 선고 90다카25277 판결).

[2] 근로기준법 제25조 제1항에 따라 사용자는 해고 근로자를 우선 재고용할 의무가 있으므로 해고 근로자는 사용자가 위와 같은 우선 재고용의무를 이행하지 아니하는 경우 사용자를 상대로 고용의 의사표시를 갈음하는 판결을 구할 사법상의 권리가 있고, 판결이 확정되면 사용자와 해고 근로자 사이에 고용관계가 성립한다. 또한 해고 근로자는 사용자가 위 규정을 위반하여 우선 재고용의무를 이행하지 않은 데 대하여, 우선 재고용의무가 발생한 때부터 고용관계가 성립할 때까지의 임금 상당 손해배상금을 청구할 수 있다.

채무불이행이나 불법행위 등으로 손해를 입은 채권자 또는 피해자 등이 동일한 원인에 의하여 이익을 얻은 경우에는 공평의 관념상 그 이익은 손해배상액을 산정할 때 공제되어야 한다. 이와 같이 손해배상액을 산정할 때 손익상계가 허용되기 위해서는 손해배상책임의 원인이 되는 행위로 인하여 피해자가 새로운 이득을 얻었고, 그 이득과 손해배상책임의 원인인 행위 사이에 상당인과관계가 있어야 한다. 사용자의 고용의무 불이행을 이유로 고용의무를 이행하였다면 받을 수 있었던 임금 상당액을 손해배상으로 청구하는 경우, 근로자가 사용자에게 제공하였어야 할 근로를 다른 직장에 제공함으로써 얻은 이익이 사용자의 고용의무 불이행과 사이에 상당인과관계가 인정된다면, 이러한 이익은 고용의무 불이행으로 인한 손해배상액을 산정할 때 공제되어야 한다. 한편 사용자의 고용의무 불이행을 이유로 손해배상을 구하는 경우와 같이 근로관계가 일단 해소되어 유효하게 존속하지 않는 경우라면 근로기준법 제46조가 정한 휴업수당에 관한 규정을 적용할 수 없다(대법원 2020. 11. 26. 선고 2016다 13437 판결).

2. 부당해고와 불법행위

[1] 사용자의 근로자에 대한 해고가 정당하지 못하여 무효로 판단되는 경우 그러한 사유만에 의하여 곧바로 그 해고가 불법행위를 구성하게 되는 것은 아니다. 그러나, 사용자가 근로자에 대하여 해고할 만한 사유가 전혀 없는데도 오로지 근로자를 사업장에서 몰아내려는 의도하에 고의로 어떤 명목상의 사유 등을 내세워 해고를 한 경우나 해고처분이 우리의 건전한 사회통념이나 사회상규상 용인될 수 없음이 분명한 경우에는 그 해고가 근로기준법 제23조 제1항에서 말하는 정당성을 갖지 못하여 효력이 부정되는 데 그치는 것이 아니라, 근로자에 대한 관계에서 불법행위를 구성할 수 있다(대법원 2006. 7. 28. 선고 2006다17355 판결 등).

[2] 근로자들에 대한 징계해고처분이 무효라는 판결이 선고되어 확정되었음에도 사용자는 근로자들에게 그 판결에서 지급을 명한 금원만을 지급하고 있을 뿐 이들의 복직요구에도 불구하고 복직시키지 아니한 채 근로제공을 거부할 만한 특별한 사정이 없음에도 근로제공을 계속 거부하면서 현실의 업무에 종사시키지 아니하는 것은 근로자들의 인격적 법익을 침해하는 것이 되어, 이로 인하여 이들이 상당한 정신적 고통을 받았을 것임은 경험칙에 비추어 명백하다. 따라서 사용자가 근로자의 의사에 반하여 정당한 이유 없이 근로자의 근로제공을 계속적으로 거부하는 것은 이와 같은 근로자의 인격적 법익을 침해하는 불법행위를 구성하며, 사용자는 이로 인하여 근로자가 입게 되는 정신적 고통에 대하여 배상할 의무가 있다(대법원 1996. 4. 23. 선고 95다6823 판결).

[3] 사용자가 근로자들에게 어떠한 해고사유도 존재하지 아니함에도 노동조합 활동을 혐오한 나머지, 경영상 어려움 등 명목상 이유를 내세워 사업 자체를 폐지하고 근로자들을 해고함으로써 일거에 노동조합을 와해시키고 조합원 전원을 사업장에서 몰아내고는 다시 기업 재개, 개인기업으로의 이행, 신설회사 설립 등 다양한 방법으로 종전 회사와 다를 바 없는 회사를 통하여 여전히 예전의 기업 활동을 계속하는 위장폐업은 우리의 건전한 사회통념이나 사회상규상 용인될 수 없는 행위이므로, 이러한 위장폐업에 의한 부당해고는 근로자에 대한 관계에서 불법행위를 구성한다. 따라서 근로자가 입게 된 정신적 고통에 대한 위자료를 배상할 책임이 있을 뿐만 아니라 민법 제538조 제1항에 따라 사용자 회사에 대하여 반대급부인 임금을 청구할 수 있음은 물론이고 아울러 불법행위를 이유로 손해배상을 청구할 수도 있으며, 그 중 어느 쪽의 청구권이라도 선택적으로 행사할 수 있다(대법원 2011. 3. 10. 선고 2010다 13282 판결).

23 사직의 의사표시의 해석과 철회

사실관계

甲은 A가 지방자치단체로부터 위탁받아 운영하는 어린이집의 원장으로 근무하던 중 2007년 2월 10일 신입원생 학부모들 앞에서 보육교사들의 명예를 훼손하는 발언을 하는 등 직장 동료 사이에 불화를 조성함으로써 직장분위기를 어수선하게 만들고 학부모들의 시설에 대한 신뢰를 상실시켰다는 이유로 2월 18일부로 A가 위탁운영 중인 사회복지관에 병설하여 운영예정인 다른 어린이집의 개원실무 책임자로 근무하라는 전보명령을 받았다.

甲은 2월 18일 사회복지관에 첫 출근하여 그날부터 같은 달 27일까지 휴가원을 제출하였고, 사직서도 함께 제출하였다. A는 2월 20일에 甲이 제출한 사직서를 수리하였는데, 甲은 휴가 중인 같은 달 25일 다른 어린이집 운영과 관련한 조례가 구의회에서 통과되었다는 소식을 듣고 A에게 자신의 사직의 의사표시를 철회한다고 전하였다. 그러나 A는 사직서가 이미 내부적으로 수리되었기 때문에 철회할 수 없다고 통보하였다.

문제 1

甲이 제출한 사직서상의 의사표시를 해지통보로 보는 경우와 합의해지의 청약으로 보는 경우로 나누어 근로관계의 종료 여부를 검토하시오. (30점)

문제 2

만약 甲의 사직서가 직장분위기를 혼란스럽게 만든 원인을 제공한 자로서 일단 책임지는 모습을 보여 주면 다른 곳으로 전보해 주겠다는 A의 제안에 따라 2월 18일 제출되었는데, A가 이 사직서를 2월 20일자로 수리하고 이 사실을 甲에게 통지한 경우에 근로관계의 종료 여부를 검토하시오. (20점)

사례해결의 Key Point

문제 1

제출된 사직서가 근로자의 일방적인 근로관계의 해지통고(해약고지)인지 합의해지의 청약인지를 따져 철회가능 여부를 파악하는 것이 중요하다. 합의해지의 청약이라면 근로자는 사직원의 제출에 따른 사용자의 승낙의사가 형성되어 확정적으로 근로계약관계 종료의 효과가 발생하기 전에는 그 사직의 의사표시를 자유로이 철회할 수 있다. 따라서 사안에서의 사직서가 합의해지의 청약인지와 사직의사의 철회여부가 검토되어야 한다.

문제 2

사직의 의사표시가 비진의 의사표시로서 무효인지 여부와 사기에 의한 의사표시로서 취소할 수 있는지를 검토하는 것이 문제의 핵심이다.

> ### 문제 1
>
> 甲이 제출한 사직서상의 의사표시를 해지통보로 보는 경우와 합의해지의 청약으로 보는 경우로 나누어 근로관계의 종료 여부를 검토하시오. (30점)

Ⅰ. 문제의 논점

위 문제에서 먼저 검토하여야 할 쟁점은 甲이 제출한 사직서의 법적 성질에 따른 사직의사의 효력이다. 사직서상의 근로자의 사직의 의사표시는 근로자의 사용자에 대한 일방적 의사표시인 해지통고(해약고지)일 수도 있고, 합의해지의 청약일 수도 있다. 근로자의 해지통고는 민법 제660조에 근거하며, 근로자는 일정한 기간의 경과에 의해 근로계약관계를 종료케 할 수 있다. 합의해지의 청약으로 본다면 사직서상의 근로자의 사직의 의사표시에 대하여 사용자의 승낙의 의사표의에 의하여 근로계약은 장래에 향하여 종료된다. 판례의 해석에 따르면, 해지통고의 경우에는 형성권의 행사로서 철회를 인정하지 않는 데 반해, 합의해지의 청약의 경우에는 철회를 인정한다.

사안에서는 근로자의 해지통보로 보는 경우 사용자의 승낙의 의사표시로 종료되었는지 그리고 합의해지의 청약으로 보는 경우에 甲의 사직의 의사표시가 2월 25일의 철회의 의사표시에 의하여 철회된 것으로 볼 수 있는지를 판단하여야 한다.

Ⅱ. 해지통고와 합의해지 청약의 개념과 구별기준

근로자에 의한 해지통고는 근로자 일방의 의사표시로 근로계약을 종료시키는 것을 말한다. 한편 합의해지는 근로자와 사용자 쌍방의 합의로서, 즉 당사자 일방의 청약에 대하여 상대방이 승낙함으로써 장래에 대하여 근로계약을 종료시키는 것을 말한다. 쌍방의 합의에 의하여 종료시킨다는 점에서 사용자나 근로자에 의한 일방적인 해지의 의사표시로서 근로관계를 종료시키는 것과는 구별된다.

이처럼 근로관계의 해지통고와 합의해지의 청약은 개념상 명백히 구분되나, 실제에서 근로자의 사직의 의사표시를 무엇으로 파악해야 할지 불분명한 경우가 많다. 그런데 판례에 의하면 사직의 의사표시는 특별한 사정이 없는 한 당해 근로계약을 종료시키는 취지의 해지통고로 보아야 한다고 한다(대법원 2000. 9. 5. 선고 99두

8657 판결). 다만 근로자가 근로계약관계를 종료케 하려 한다는 점에서 쌍방의 의사합치로 이루어지는 합의해지의 청약과 구별할 필요가 있는데, 판례는 사직서의 기재내용, 사직서의 작성·제출의 동기 및 경위, 사직 의사표시 철회의 동기 기타 여러 사정을 참작하여 판단한다. 즉 이러한 제반 사정을 기준으로 의사해석을 거쳐 해지통고인지, 합의해지의 청약인지 판단해야 한다.

Ⅲ. 甲이 제출한 사직서가 해지통보인 경우

사직서를 제출한 것이 전적으로 해지통고를 위한 것이었다거나 사직서의 성질을 해지통고로 보아야 하는 경우에는 사직서 내용상의 특정일 또는 일정한 기간의 경과로 근로계약관계의 종료효과가 발생하게 되고, 이때 사직의 의사표시는 철회할 수 없게 된다.

위 사안에서 甲이 제출한 사직서를 사직서 제출의 원칙적 형태로서 근로계약의 해지를 통고한 것으로 본다면, 사직의 의사표시가 A에게 도달하였으므로 A의 동의 없이는 철회할 수 없다.

따라서 甲의 2월 25일 사직의 의사표시의 철회는 인정될 수 없고, 이에 따라 근로관계는 종료된다고 본다. 다만, 해지의 효과는 민법 제660조에서 정한 소정의 기간이 도과함으로써 발생하기 때문에 이 시점에 근로관계가 종료되는 것이 원칙이나, 그 이전이라도 근로자가 근로계약관계 종료를 희망하는 경우에는 이를 인정할 수 있을 것이다. 즉, 근로자가 해지효과 발생 시점 이전을 사직일로 하는 경우에 사용자는 이를 수용할 수도 있다. 사안에서는 사직서에 퇴직일을 특정하지 않았으나, 2월 27일까지 휴가원을 내면서 사직서를 제출했다는 사실에 비추어 휴가사용 후 근로관계를 종료하고자 한 의사로 해석될 수는 있으나, 2월 20일 수리했다고 하여 이 일자로 해지된 것으로 볼 수는 없을 것이다. 만약 수리일자를 해지의 효과발생일로 본다면 이는 근로자가 아닌 사용자가 근로관계 종료일을 임의로 정하는 것을 인정하는 결과가 될 것이기 때문이다.

Ⅳ. 甲이 제출한 사직서가 합의해지의 청약인 경우

1. 합의해지의 청약으로서 甲의 사직의 의사표시와 철회가능성

합의해지는 근로자와 사용자 쌍방의 합의로서, 즉 당사자 일방의 청약에 대하여 상대방이 승낙함으로써 장래에 대하여 근로계약을 종료시키는 것을 말한다. 쌍방의 합의에 의하여 종료시킨다는 점에서 근로자의 일방적인 의사표시에 의한 해지통고와 구별된다. 甲의 사직의 의사표시가 합의해지의 청약에 해당할 경우에는 A의 승낙 전이라면 그 의사표시를 철회할 수 있는지가 문제된다.

　민법 제527조는 청약이 그 효력을 발생한 때에는 청약자가 임의로 이를 철회하지 못한다고 규정하고 있다. 그러나 이 청약의 구속력 규정을 근로계약관계의 종료에 관한 합의해지의 청약에는 그대로 적용할 수는 없다는 것이 판례와 통설의 입장이다.

　학설상 합의해지의 청약에 대해 청약의 구속력 규정을 적용 제한하는 근거로는 이원설과 청약 후 사정변경설이 있다. 이원설은 민법 제527조를 이원적으로 해석하여 제527조는 전형적으로 창설적 계약 성립의 경우에 타당하고, 역으로 종래 계속적인 인적 결합관계에 있는 근로계약 당사자 사이에 기존의 계약관계를 해소시키기 위한 합의해지의 청약에는 그 철회를 자유로이 허용하더라도 상대방의 보호에 흠이 생기지 않으므로 위 법조문의 적용을 부정하여도 상관이 없다는 입장이다. 청약 후 사정변경설은 근로계약관계에 있어 합의해지의 청약에 대한 철회에 대해 이원적인 해석을 취할 근거는 없다고 이해하며, 청약 후에 발생한 예견할 수 없는 상황변화에 대비해 청약자에게 그 구속력을 배제해 주고자 사정변경론을 원용한 것으로 본다.

　판례는 "근로자가 사직원의 제출방법에 의하여 근로계약관계의 합의해지를 청약하고, 이에 대하여 사용자가 종료시키게 되는 경우에, 근로자는 위 사직원의 제출에 따른 사용자의 승낙의사가 형성되어 확정적으로 근로계약 종료의 효과가 발생하기 전에는 그 사직의 의사표시를 자유로이 철회할 수 있다고 보아야 한다. 다만 근로계약 종료의 효과발생 전이라고 하더라도 근로자가 사직의 의사표시를 철회하는 것이 사용자에게 불측의 손해를 주는 등 신의칙에 반한다고 인정되는 특별한 사정이 있는 경우에 한하여 그 철회가 허용되지 않는다고 해석함이 상당하다"(대법원 1994. 8. 9. 선고 94다14629 판결)라고 하여 이원설과 그 궤를 같이 하는 것으로 보인다. 이런 해석은 근로관계의 존속보호라는 측면과 근로계약에서의 해고보호 관념을 고려하여 청약의 구속력을 제한한 것으로 이해할 수 있다.

　사안에서 甲의 사직서를 합의해지의 청약으로 본다면, 사직의사는 A의 승낙의 의사표시가 도달하기 전까지는 철회가 가능하다.

2. 甲의 사직의사 철회의 효과

합의해지의 청약으로 해석되는 사직서상의 사직의사의 철회는 사용자의 승낙 의사가 형성되어 확정적으로 근로계약 종료의 효과가 발생하기 전까지이다. 확정적 으로 근로계약의 종료효과가 발생하기 전은 승낙의 의사표시가 근로자에게 '도달'하 기 이전을 말한다(대법원 2000. 9. 5. 선고 99두8657 판결). 다만, 근로계약 종료의 효과 발생 전이라도 사용자에게 불측의 손해를 주는 등 신의칙에 반하는 특별한 사정이 있는 경우에는 철회가 제한된다고 한다.

사안에서 甲은 2월 25일 사회복지관장 A에게 사직 의사표시를 철회하자, 이에 대해 A는 이미 2월 22일 사직서가 수리되었다고만 할 뿐이고, 甲의 철회 전에 승낙 의 의사표시가 甲에게 표시되어 도달되었다는 사실은 없다. 또한 사직의사의 철회 로 사용자에게 불측의 손해를 주는 등 신의칙에 반하는 특별한 사정이 있다는 정황 도 보이지 않는다. 따라서 甲의 합의해지의 청약은 철회가 되었다고 본다.

V. 결   론

사안의 경우에 甲이 제출한 사직서가 해지통보로 해석되는 경우에는 사용자의 동의가 없는 한 사직의사의 철회가 인정될 수 없으므로, 이에 따라 근로관계의 종 료될 수밖에 없다. 다만 종료시점은 적어도 甲의 휴가기간이 만료된 이후가 되어야 할 것이다.

이와 달리 사직서가 합의해지의 청약으로 해석되는 경우에는 甲의 사직의사는 A가 승낙의 의사를 형성하여 확정적으로 근로관계종료의 효과를 발생시키기 전에 철회된 것으로 보아야 할 것이므로 사직서에 근거한 근로관계의 종료는 인정될 수 없다.

> **문제 2**
>
> 만약 甲의 사직서가 직장분위기를 혼란스럽게 만든 원인을 제공한 자로서 일단 책임지는 모습을 보여 주면 다른 곳으로 전보해 주겠다는 A의 제안에 따라 2월 18일 제출되었는데, A가 이 사직서를 2월 20일자로 수리하고 이 사실을 甲에게 통지한 경우에 근로관계의 종료 여부를 검토하시오. (20점)

Ⅰ. 문제의 논점

의사표시는 표의자가 진의 아님을 알고 한 것이라도 그 효력이 있으나, 상대방이 표의자의 진의 아님을 알았거나 이를 알 수 있었을 경우에는 무효로 한다(민법 제107조 제1항). 비진의 의사표시에 관한 이 규정의 입법 취지는 거래의 안전 및 상대방의 신뢰를 보호하는 데 있다 할 것이다. 즉, 표의자의 내심의 의사와 표시된 의사가 일치하지 아니한 경우에는 표의자의 진의가 어떠한 것이든 표시된 대로의 효력을 생기게 하여 거짓의 표의자를 보호하지 아니하는 반면에, 만약 그 표의자의 상대방이 표의자의 진의 아님에 대하여 악의 또는 과실이 있는 경우라면 이때에는 그 상대방을 보호할 필요가 없이 표의자의 진의를 존중하여 그 진의 아닌 의사표시를 무효로 돌려버리려는 데 있다(대법원 1987. 7. 7. 선고 86다카1004 판결).

따라서 사안에서는 甲의 사직의사가 비진의 의사표시인지와 이를 A가 알거나 알 수 있었는지를 확인하는 것이 중요하다. 이를 위해서는 비진의 의사표시의 요건에 비추어 사안에서의 사실관계의 내용이 이러한 요건을 충족하는지를 검토하여야 할 것이다.

Ⅱ. 甲의 사직의사의 비진의 의사표시 여부

사안에서 甲은 책임지는 모습을 보이고자 일단 형식적으로 사직서를 제출하면 전보조치를 하겠다는 A의 제안에 따라 사직서를 제출하였으나 사직서상에 표시된 사직의사는 없다고 본다. 즉, 甲은 사직의 의사가 아니라 단지 자신의 행위로 야기된 문제를 무마하기 위해 형식적으로 사직서를 제출한 것이다. 그리고 甲은 이러한 의사와 표시의 불일치 사실을 스스로 알면서 일단 사직서를 제출한 것이므로 비진의 의사표시이다. 비진의 의사표시를 한 이유나 동기는 문제되지 않으므로, 사직서를 제출하면 전보조치하겠다는 A의 제안에 따라 사직서를 제출했다는 사실은 비진의 의사표시의 성립에 영향을 미치지 않는다.

Ⅲ. 甲의 사직의사의 효력

비진의 의사표시도 효력이 있는 것이 원칙이고 상대방이 알거나 알 수 있었던 경우에만 무효가 된다(민법 제107조 제1항). 사안에서 甲은 책임을 진다는 상징적 의미로 사직서를 제출하면 전보조치를 하겠다는 A의 제안에 따라 사직서를 제출한 것이므로 사직의사 없이 사직서가 제출된 것이라는 사실을 A가 알았다는 점은 사안의 사실관계에 비추어 의문이 없다. 따라서 甲의 사직서상의 사직의 의사표시는 비진의 의사표시이고 이를 A가 알고 있었으므로 무효이다.

사안에서는 A와 甲이 서로 미리 짜고 학부모들의 불만을 무마하기 위한 방편으로 단지 형식적으로 사직서를 제출하는 것으로 하였다고 볼 여지도 있다. 이렇게 보더라도 사직의 의사표시는 통정허위표시로서 무효(민법 제108조)이기 때문에 결론은 동일하다.

Ⅳ. 결   론

사안에서 甲의 사직서상의 사직의 의사표시는 무효로서 근로계약 관계의 해지 통보나 합의해지의 청약으로서 효력이 없다. 甲의 사직의 의사표시가 무효인 이상 사직서의 제출이나 수리로 근로계약이 해지되거나 합의해지될 수는 없으므로 근로계약관계는 종료되지 않는다.

유사사례

甲은 S고등학교 교원으로 근무하여 오다가 만성간염의 질병으로 인하여 지각, 조퇴, 결근 등에 따른 수업결손이 잦아지게 되면서 학부모들로부터의 항의와 보강을 맡은 동료 교원들의 불만 등으로 교직의 계속적인 수행이 더 이상 어렵게 되었다. 이에 1998년 12월 초 甲은 사직원을 작성하여 학교장 乙에게 제출하면서, 다만 1999년 2월 말까지 계속 교원의 신분을 가지고 의료보험혜택과 봉급을 받을 수 있도록 도와달라고 요청하여 그 승낙을 받았고 이를 명확히 하기 위해 위 사직원의 작성일자를 1999년 2월 28일로 기재하였다. 그러나 그 후 그의 지병이 완치됨에 따라 1999년 2월 23일 학교 측에 다시 근무할 것을 희망하는 의사를 밝혔는데, 학교장 乙은 1999년 2월 28일에 위 사직원을 근거로 학교법인 A의 이사회에 원고의 해임을 제청하고 그 해 3월 2일 이사회의 의원면직결의를 거쳐 면직처분하였다. 이에 甲은 해고무효를 주장한다. 학교법인 A의 甲에 대한 면직조치가 정당한 것인지 검토하시오.

해설요지

위 사안에서 甲의 사직원 제출행위가 해지의 의사표시인지 합의해지의 청약인지는 甲이 그러한 의사표시를 하게 된 당사자 간의 의사교환이나 의사표시 후의 제반사정을 고려하여 판단하여야 하는바, 甲의 사직원은 스스로 근로관계의 지속을 원하지 않았다기보다는 제반사정에 비추어 계속 근로할 의사는 있지만 어쩔 수 없이 제출된 경우임을 알 수 있으므로 甲의 사직서제출은 합의해지의 청약으로 보아야 한다(대법원 1992. 4. 10. 선고 91다43138 판결). 특히 사안의 사실관계에서 학교장이 사직원을 근거로 학교법인에 해임을 제청하고 이사회가 의원면직의결을 했다는 점도 합의해지의 청약으로 볼 수 있는 근거가 된다.

甲이 간염에 따른 사직원을 제출한 후 간염이 완치되어, 합의해지의 청약을 할 때의 상황과는 본질적인 상황변화가 있음을 인정할 수 있다. 甲이 간염완치를 예상했다고 한다면 사직원의 제출, 즉 합의해지의 청약을 하지 않았을 것이며 이러한 사실은 학교법인 A도 충분히 인식할 수 있었다. 그리고 간염완치 후 지체 없이 이를 철회한 것이 인정되므로 甲은 청약을 철회할 수 있다고 보아야 할 것이다.

  합의해지에 대한 청약의 의사표시로서 사직서의 제출에 대하여 그 철회를 인정
할 것인가 여부에 대해, 원칙적으로 민법 제527조의 청약의 구속력이 적용되고 예
외적으로 청약 후의 사정변경에 의해 청약철회가 가능하다는 견해와 근로계약관계
의 해지와 관련하여서는 민법규정의 적용을 제한하여 승낙 이전 합의해지의 청약철
회를 인정해야 한다는 견해가 있다. 판례는 후자의 입장이라 할 수 있다. 다만 위
사안은 판례나 청약 후 사정변경설이나 논리전개에 차이가 있을 뿐, 甲의 사직철회
가 유효하다는 것, A학교법인의 면직조치는 무효라는 점에서 동일한 경우이다. 그
리고 위 사안은 청약 후 사정변경설로 설명가능한 대표적 사례로 꼽힌다.

주요참조판례

1. 사직의 의사표시의 성질

[1] 당사자 사이의 근로계약관계는 사용자가 그 사직서 제출에 따른 사직의 의사표시를 수락하여 합의해지(의원면직)가 성립하거나 민법 제660조 소정의 일정 기간의 경과로 그 사직서 제출에 따른 해지의 효력이 발생함으로써 종료되고, 이와 같은 경우 사용자의 근로자에 대한 근로계약관계의 소멸 통지는 관념의 통지에 불과하여 이를 근로기준법상의 해고라고 할 수 없다(대법원 1996. 7. 30. 선고 95누7765 판결).

[2] 해지통고(해약고지): 사직의 의사표시는 특별한 사정이 없는 한 당해 근로계약을 종료시키는 취지의 해약고지로 볼 것이고, 근로계약의 해지를 통고하는 사직의 의사표시가 사용자에게 도달한 이상 근로자로서는 사용자의 동의 없이는 비록 민법 제660조 제3항 소정의 기간이 경과하기 이전이라 하여도 사직의 의사표시를 철회할 수 없다(대법원 2000. 9. 5. 선고 99두8657 판결).

[3] 합의해지의 청약: 근로자가 사직원을 제출하여 근로계약관계의 해지를 청약하는 경우 그에 대한 사용자의 승낙의사가 형성되어 그 승낙의 의사표시가 근로자에게 도달하기 이전에는 그 의사표시를 철회할 수 있다(대법원 2000. 9. 5. 선고 99두8657 판결).

2. 사직의 의사표시에 관한 의사해석

[1] 사직의 의사표시는 사실관계에 나타난 사직서의 기재내용, 사직서 작성·제출의 동기 및 경위, 사직 의사표시 철회의 동기 기타 여러 사정을 참작하여 해석한다(대법원 2000. 9. 5. 선고 99두8657 판결).

[2] 사직서의 제출은 근로자가 진정으로 마음속에서 바라지는 아니하였다 하더라도 당시 진행되던 징계절차에서 해고가 예상되는 상황에서는 원고 회사나 다른 회사에 다시 취업하기 위하여서라도 징계절차에 의한 해고보다는 사직서의 제출에 의한 의원면직이 최선의 조치라는 내심의 의사를 그대로 반영한 자발적인 것으로, 그 효력을 부정할 수가 없다. 따라서 사직서 제출에 따른 사직의 의사표시를 수락함으로써 근로계약관계는 합의해지에 의하여 적법하게 종료되었다 할 것이다(대법원 2006. 4. 14. 선고 2006두1074 판결).

[3] 비록 형식적으로는 근로자 4인이 자진하여 식당을 그만둔 것처럼 보일지라도, 실질적으로는 사업주의 일방적 의사에 의하여 사직의사가 없는 근로자 4인으로 하여금 어쩔 수 없이

사직하게 하여 근로계약관계를 종료시킨 것이므로 해고에 해당한다고 보아야 한다. 근로자 4인은 사업주로부터 문자메시지와 함께 근로를 하더라도 월급을 받지 못할 수도 있다는 취지의 말을 들은 이후 어쩔 수 없이 식당을 그만두게 된 것이므로, 이를 두고 근로자 4인이 자진하여 식당을 그만둔 것으로 볼 수는 없다(대법원 2019. 10. 31. 선고 2019다246795 판결).

3. 사직의 의사표시의 철회

[1] 공무원이 한 사직 의사표시의 철회나 취소는 그에 터 잡은 의원면직처분이 있을 때까지 할 수 있는 것이고, 일단 면직처분이 있고 난 이후에는 철회나 취소할 여지가 없다 할 것이다(대법원 2001. 8. 24. 선고 99두9971 판결).

[2] 사직원에 의하여 신청한 명예퇴직은 근로자가 청약을 하면 사용자가 요건을 심사한 후 승낙함으로써 합의에 의하여 근로관계를 종료시키는 것으로서 사용자의 승낙이 있어 근로계약이 합의해지되기 전에는 근로자가 임의로 그 청약의 의사표시를 철회할 수 있다(대법원 2003. 4. 25. 선고 2002다11458 판결).

[3] 명예퇴직은 근로자가 명예퇴직의 신청(청약)을 하면 사용자가 요건을 심사한 후 이를 승인(승낙)함으로써 합의에 의하여 근로관계를 종료시키는 것이고, 이러한 합의가 있은 후에는 당사자 일방이 임의로 그 의사표시를 철회할 수 없으며, 이 합의에 따라 명예퇴직예정일이 도래하면 근로자는 당연히 퇴직하고 사용자는 명예퇴직금을 지급할 의무를 부담하게 된다(대법원 2003. 6. 27. 선고 2003다1632 판결).

A회사는 피혁제품을 제조하여 주로 해외로 판매하는 제조회사로서 2010년 5월 1일 A회사는 유럽의 거래회사와 가죽지갑 10만 개를 제조·납품하는 대형계약을 체결하게 되었다.

A회사의 영업부장 甲은 5월 1일 거래회사와 납품계약을 체결하고 나서, 회사에서 지급받은 회식비로 거래회사의 구매담당자와 영업부직원들과 함께 저녁접대를 한 후, 노래방으로 이동하여 2차를 하던 중 외국인 바이어는 먼저 일어나 숙소로 돌아갔다. 이후에도 유흥자리가 계속되면서 직원이 하나 둘 자리를 빠져 나가고 甲을 비롯하여 술을 많이 마신 직원들은 계속 남아 놀게 되었다. 대형계약을 성사시킨 후 기분이 좋아져 직원들이 권하는 술을 받아 마신 결과 평소보다 과음을 하여 술에 취한 상태였던 甲이 먼저 나간 이들을 찾는다고 밖으로 나갔다가 노래방 앞 길에서 쓰러져 뒷머리를 크게 다치는 사고가 발생하였다. 긴급후송되어 수술치료를 받았으나, 언어와 하반신마비의 후유증은 불기피하고 이는 회복불가하다는 진단을 받았다. 이후 실의에 빠져 이를 비관해 오던 甲은 요양 중 결국 자살하게 되었다.

한편 선적일자를 맞추기 위해 5월 3일부터 계속 야근을 해 오던 乙은 5월 9일 야간근무 후 귀가하여 집에서 잠을 자던 중 사망하였는데 그 사인이 불분명하다. 다만, 계약상의 납품일자를 맞추기 위해 이전에도 자주 야간작업을 해 왔던 乙은 평소 만성피로증세를 보여 왔는데, 사망 3일 전부터 동료와 가족들에게 계속되는 야근에 따른 피로감과 스트레스를 호소한 바 있다.

문제 1

甲의 부상과 자살의 업무상 재해 인정과 관련하여 근로복지공단은 부상의 주된 원인이 甲의 과음이므로 업무상 재해에 해당하지 않고, 더욱이 자살은 업무상 사망으로 볼 수 없으므로 산재보상이 될 수 없다고 한다. 甲의 부상과 사망이 업무상 재해에 해당하는가? (30점)

문제 2

야근으로 인한 과로가 乙의 사망 원인이라는 유족의 주장에 대해 근로복지공단은 집에서 취침 중에 사망하였으며, 사인이 불분명하기 때문에 업무상 사망으로 볼 수 없다고 한다. 乙의 사망이 업무상 재해에 해당하는가? (20점)

■
사례해결의 Key Point

문제 1

이 문제는 회식과 관련된 사고시 업무상 재해가 인정되기 위한 인과관계가 인정
될 수 있는지 하는 문제로서 회식 중의 과음과 사고가 회식 종료 이후 발생하여 사
용자의 지배관리를 인정할 수 없는지를 판단하여야 할 것이며, 만약 부상이 업무상
재해로 인정되는 경우에 근로자의 자살도 업무상 재해로 인정받을 수 있는지가 검
토되어야 할 것이다.

문제 2

이른바 과로사로 인정될 수 있는지를 사실관계의 내용을 기초로 판단하여야 한
다. 업무수행 중에 사망했더라도 그 사인이 불분명한 경우에는 업무에 기인한 사망
으로 추정되는 것이 아니라는 점에서 과로사로 인정되기 위해서는 어느 정도와 내
용으로 업무로 인한 과로가 사망의 원인이 되었다는 점에 대한 증명을 요하는지를
논의하여야 할 것이다.

> **문제 1**
>
> 甲의 부상과 자살의 업무상 재해 인정과 관련하여 근로복지공단은 부상의 주된 원인이 甲의 과음이므로 업무상 재해에 해당하지 않고, 더욱이 자살은 업무상 사망으로 볼 수 없으므로 산재보상이 될 수 없다고 한다. 甲의 부상과 사망이 업무상 재해에 해당하는가? (30점)

Ⅰ. 문제의 논점

사안에서는 사업장 밖에서의 회식 중의 재해가 업무상 재해로 인정되기 위한 요건이 문제된다. 특히, 업무와 재해 간의 인과관계의 인정과 관련하여 甲의 부상당시 회식이 사용자의 지배관리 하에 있었는지, 재해근로자인 甲의 과음을 어떻게 평가할지 그리고 업무상 재해와 자살 간의 인과관계의 인정 여부의 판단이 중요하다. 산재보상제도의 취지와 판례태도를 기초로 머리부상과 자살의 업무상 재해 여부를 검토한다.

Ⅱ. 甲의 부상이 업무상 재해인지 여부

1. 회식의 업무수행성 여부

사안에서 甲은 A회사의 영업부장으로 대형납품계약을 체결한 이후 바이어와 저녁식사 후 2차로 해외바이어와 직원들과 어울려 노래방에서 회식하던 과정에서 사고를 당하였다. 2차 노래방모임은 단순히 사적인 자리가 아니라 대형납품계약을 체결한 후 회사가 지원한 회식으로서 저녁접대에 이은 회식자리였다는 점은 의문이 없다.

그러나 엄밀히 보면 甲의 업무는 영업으로서 신규매매계약을 체결하여 매출을 올리는 것을 주된 내용으로 하므로 회식은 적어도 형식적으로는 업무의 본래적 내용이 아니라고 할 수 있다. 본 사안에서 甲과 관련하여서는 과연 甲이 부서장으로서 참여한 회식자리가 회사업무로서 인정될 수 있는지가 문제되는 것이다. 즉, 甲이 사고를 당한 것을 업무상 재해로 인정하기 위하여는 甲의 업무수행성 여부가 검토되어야 하는 것이다.

사안의 경우 甲은 외국의 거래선과 대형납품계약을 체결한 후 바이어와 영업부직원들이 함께 회식하는 과정에서 재해를 당하였는데, 근로자의 근로계약상의 업무로 규정되어 있지 아니한 고객에 대한 접대행위의 업무수행성에 관하여는 그 접대의 장소, 그 시간의 근로시간과의 관계, 그리고 접대의 내용과 평소 관행, 그 비용의 부담자 등을 종합적으로 판단하여 사회통념상 그 접대행위의 전반적인 과정이 업무수행의 연속이라거나 업무수행과 관련된 활동이라고 인정될 수 있는지에 따라서 판단하여야 할 것이다.

영업부장으로서 甲의 바이어와의 계약체결을 이후 회사의 비용지원으로 하게 된 회식은 통상적인 업무수행에 포함될 것이며, 식사 후의 2차 노래방에서의 술자리 역시 업무수행의 일환으로 볼 수 있을 것이다. 왜냐하면 甲이 영업부직원들과 함께 해외바이어와 회식을 하는 것에는 지속적 거래를 도모하거나 그 외에도 회사 이익에 관련된 목적이 잠재되어 있다고 할 수 있으므로 단순히 의례적이고 개인적인 접대의 제공으로 보기는 어렵기 때문이다. 따라서 甲의 노래방에서의 회식자리도 업무상의 행위라고 할 수 있다.

2. 甲의 과음과 업무상 재해 여부

회식 자체는 업무와 관련성이 있다 할지라도 사실관계의 내용에 비추어 甲의 사고가 업무수행 또는 업무수행에 수반되는 활동 과정에서 발생한 업무상 재해라고 볼 수 있는지가 문제된다. 판례에 의하면 근로자가 근로계약에 의하여 통상 종사할 의무가 있는 업무로 규정되어 있지 않은 회사 외의 행사나 모임에 참가하던 중 재해를 당한 경우, 이를 업무상 재해로 인정하려면, 우선 그 행사나 모임의 주최자, 목적, 내용, 참가인원과 그 강제성 여부, 운영방법, 비용부담 등의 사정들에 비추어, 사회통념상 그 행사나 모임의 전반적인 과정이 사업주의 지배나 관리를 받는 상태에 있어야 하고, 또한 근로자가 그와 같은 행사나 모임의 순리적인 경로를 일탈하지 아니한 상태에 있어야 한다(대법원 2007. 11. 15. 선고 2007두6717 판결 참조).

사안에서 회식의 시기, 목적 및 참가자 등에 비추어 甲 개인이 아닌 사용자인 회사가 주최하고 지배와 관리를 한 것으로 볼 수 있다. 또한 저녁식사 후 2차로 술집으로 이동하여 회식을 계속한 것이 사회통념상 회식의 통상의 범주를 벗어난 것이라 할 수도 없다. 문제는 甲의 사고가 과음하여 술이 취한 상태에서 밖으로 나가서 발생했기 때문에 사고가 업무보다는 과음에 기인한 것으로 보아야 할 것인지 여부이다. 그러나 甲이 평소 주량보다 많이 마신 것은 계약성사를 축하하면서 직원들이 권하는 술을 마신 결과라는 사정을 고려한다면 이를 이유로 업무상 재해를 배제하기는 어렵다고 본다.

다음으로 바이어가 숙소를 가기 위해 나감으로써 업무상 관련있는 회식은 종료된 것으로 볼 수 있으므로 회식 중의 사고로 보기 어렵지 않는가 하는 의문이 제기될 수 있다. 사안에서는 회식이 바이어의 접대 의미뿐만 아니라 영업부직원의 계약성사 노고를 위로하고 계약체결을 축하하는 의미가 있다는 점에서 바이어가 나감으로써 회식이 종료되었다고 볼 수는 없다. 따라서 바이어가 나간 이후에 술자리가 계속되는 과정에서 사고가 발생하였다 하여 업무기인성을 부인할 수는 없다고 본다.

판례도 당초 사용자의 전반적 지배·관리하에 개최된 회사 밖의 행사나 모임이 종료되었는지 여부가 문제될 때에는 일부 단편적인 사정만을 들어 그로써 위 공식적인 행사나 모임의 성격이 업무와 무관한 사적·임의적 성격으로 바뀌었다고 속단하여서는 안 될 것이고, 여러 사정들을 종합하여 근로자의 업무상 재해를 공정하게 보상하여 근로자보호에 이바지한다고 하는 산업재해보상보험법의 목적에 맞게 합리적으로 판단하여야만 할 것이라고 한다.

3. 소   결

회사의 비용지원을 받아 회식자리를 마련한 甲이 저녁식사 후 2차로 술집에서 술자리를 한 것은 회식의 연장으로 보아야 하고, 이 과정에서 과음을 하여 주취한 상태에서 먼저 귀가한 동료를 찾기 위해 밖으로 나갔다가 쓰러져 머리를 다친 것은 회식과정에서 주취상태에서 발생한 사고로서 업무상 재해에 해당한다.

Ⅲ. 甲의 사망이 업무상 재해인지 여부

1. 자살의 업무상 재해 인정 근거

산업재해보상보험법 제37조 제2항은 "근로자의 고의·자해행위나 범죄행위 또는 그것이 원인이 되어 발생한 부상·질병·장해 또는 사망은 업무상의 재해로 보지 아니한다. 다만, 부상·질병·장해 또는 사망이 정상적인 인식능력 등이 뚜렷하게 저하된 상태에서 한 행위로 발생한 경우로서 대통령령이 정하는 사유가 있으면 업무상의 재해로 본다"고 규정하고 있다. 그리고 이에 따라 산업재해보상보험법 시행령 제36조는 ① 업무상의 사유로 발생한 정신질환으로 치료를 받았거나 받고 있는 사람이 정신적 이상상태에서 자해행위를 한 경우, ② 업무상의 재해로 요양 중인 사람이 그 업무상의 재해로 인한 정신상태에서 자해행위를 한 경우, ③ 그 밖에 업무상의 사유로 인한 정신적 이상상태에서 자해행위를 하였다는 것이 의학적으로 인정되는 경우를 자해행위에 따른 업무상 재해의 인정 기준으로 정하고 있다.

　　이처럼 근로자의 자살은 업무상의 재해로 보지 않는 것이 원칙이고, 다만 예외적으로 업무와 자살 사이에 인과관계가 인정된다고 볼 수 있는 경우 업무상 재해로 인정되고 있다. 사안에서는 甲이 머리부상으로 인한 후유장애를 비관하여 자살한 경우로서 위 예외적 요건 중에서 "업무상의 재해로 요양 중인 사람이 그 업무상의 재해로 인한 정신상태에서 자해행위를 한 경우"에 해당하는지가 문제된다.

2. 甲의 자살이 업무상 재해인지 여부

　　자살이 업무상 재해로 인정받기 위해서는 산업재해보상보험법 제37조 제1항 단서에 의해 업무와 자살 사이에 상당인과관계가 인정되어야 한다. 그리고 상당인과관계의 판단유형으로 공동원인설과 상대적유력원인설의 입장이 있다. 공동원인설의 입장에서는 업무상 재해나 과로가 다른 원인과 함께 공동원인으로 되어 발병하거나 자살에 이르렀다고 인정된다면 족하다고 보는 반면, 상대적유력원인설의 입장은 업무상 재해나 업무로 인한 정신적 부담이 다른 원인인 업무 이외의 부담이나 정신질환의 기왕력이 없는 등 자살의 유력한 원인으로 될 것 같은 개체적 요인에 비해 상대적으로 유력한 원인으로 되어야 한다고 본다. 그리고 이러한 인과관계의 판단에 있어서 대다수 판례는 상당인과관계설을 취하고 있고, 더 나아가서 업무상 재해나 과중한 업무가 다른 원인과 공동으로 자살의 원인이 되면 업무상 재해로서 족하다는 공동원인설의 입장에서 판단한 것이 지금까지 확립된 판례법리라고 볼 수 있다(대법원 2012. 3. 15. 선고 2011두24644 판결; 대법원 2011. 6. 9. 선고 2011두3944 판결 등 참조).

　　근로자의 사망이 업무상 재해로 요양 중 자살함으로써 이루어진 경우 당초의 업무상 재해에 기인하여 심신상실 내지 정신착란의 상태에 빠져 그 상태에서 자살이 이루어진 것인 한 사망과 업무와의 사이에 상당인과관계가 있다고 할 것이며, 이 경우 근로자의 업무상 재해에 따르는 사망 간의 인과관계에 관하여는 이를 주장하는 측에서 증명하여야 하지만, 그 인과관계는 반드시 의학적, 자연과학적으로 명백히 증명하여야만 하는 것이 아니고 제반사정을 고려하여 업무와 질병 또는 사망 사이에 상당인과관계가 있다고 추단되는 경우에도 그 증명이 있다고 보아야 할 것이어서, 근로자가 업무상 질병으로 요양 중 자살한 경우에 있어서는 자살자의 질병 내지 후유 증상의 정도, 그 질병의 일반적 증상, 요양기간, 회복가능성 유무, 연령,

신체적 심리적 상황, 자살자를 에워싸고 있는 주위 상황, 자살에 이르게 된 경위 등을 종합 고려하여 상당인과관계가 있다고 추단할 수 있으면 그 인과관계를 인정하여야 한다(대법원 1993. 12. 14. 선고 93누9392 판결).

  사안에서 甲의 회식중 사고가 업무상 재해로 인정되고, 이 사고의 두부손상으로 인하여 언어와 하반신 마비라는 후유장애를 가지게 되었다. 평소 건강하던 사람이 일순간의 사고로 이러한 엄청난 후유장애를 가지게 된 데 따른 정신적 충격은 엄청날 것이며, 정상적인 정신적 억제력을 기대하기는 어려울 것이다. 따라서 사안에서 甲의 업무상재해로 인한 후유장애가 자살의 원인이 되었다는 점에서 업무상 재해와 자살 사이의 상당인과관계는 충분히 인정될 수 있다.

3. 소   결

  甲의 업무상 재해로 인한 후유장애가 적어도 자살의 공동원인으로 작용했다는 점에는 의문이 없으므로 업무상 재해와 자살과의 인과관계가 인정된다. 산업재해보상보험법에 의하더라도 甲의 자살은 업무상 재해로 인한 요양 중 자해행위로 업무상 재해로 인정된다.

Ⅳ. 결   론

  甲의 회식중이 두부손상괴 이에 따른 언어장애와 하반신 마비라는 후유장애는 업무상 부상과 장애이며, 이러한 업무상 재해가 원인이 되어 자살하였으므로 甲의 사망 역시 업무상 재해이다. 따라서 근로복지공단의 판단은 잘못된 것이며, 업무상 재해에 따른 산재보상급여가 인정되어야 할 것이다.

문제 2

야근으로 인한 과로가 乙의 사망 원인이라는 유족의 주장에 대해 근로복지공단
은 집에서 취침 중에 사망하였으며, 사인이 불분명하기 때문에 업무상 사망으로
볼 수 없다고 한다. 乙의 사망이 업무상 재해에 해당하는가? (20점)

I. 문제의 논점

乙은 A회사의 근로자로서 야간근무 후 귀가하여 잠을 자다가 사망하였다. 이러
한 사망이 업무상 재해로 인정되느냐는 결국 乙의 사망이 업무수행으로부터 비롯하
였는가 하는 이른바 업무기인성 판단의 문제로서 업무상 과로와 사망 간에 인과관
계가 있는지 여부와 이에 대한 증명책임을 누가 부담하는가가 중요한 문제로 제기
된다.

II. 乙의 사망이 과로사인지 여부

1. 과로사의 재해와의 인과관계

업무상 재해라고 함은 근로자의 업무수행 중 그 업무에 기인하여 발생한 재해
를 의미하는 것이므로 업무와 재해 사이에 상당인과관계가 있어야 하고, 이 경우
근로자의 업무와 재해사이의 인과관계에 관하여는 이를 주장하는 측에서 증명하여
야 한다.

하지만, 판례에 의하면 업무상 질병과 관련하여 질병의 주된 발생 원인이 업무
수행과 직접적인 관계가 없더라도 적어도 업무의 과로나 스트레스가 질병의 주된
발생원인에 겹쳐서 질병을 유발 또는 악화시켰다면 그 사이에 인과관계가 있다고
보아야 할 것이고, 그 인과관계는 반드시 의학적·자연과학적으로 명백히 증명되어
야 하는 것은 아니며 제반사정을 고려할 때 업무와 질병사이에 상당인과관계가 있
다고 추단되는 경우에도 증명이 되었다고 보아야 하고, 또한 평소에 정상적인 근무
가 가능한 기초질병이나 기존질병이 직무의 과중 등이 원인이 되어 자연적인 진행
속도 이상으로 급격하게 악화된 때에도 그 증명이 된 경우에 포함되는 것이며, 업
무와 질병과의 인과관계의 유무는 보통 평균인이 아니라 당해 근로자의 건강과 신
체조건을 기준으로 판단하여야 한다고 한다(대법원 1991. 10. 19. 선고 91누5433 판결;

대법원 1993. 3. 19. 선고 92구9748 판결).

특히, 과중한 업무와 재해 사이에 상당인과관계가 있었는지를 판단하기 위해서
는 실근로시간, 업무의 내용, 책임의 정도 등이 당해 근로자에게 과중한 업무로 인
한 과로 내지 스트레스가 되었는지를 구체적으로 판단할 필요가 있다. 이를 위해서
업무과중성에 대한 판단기준으로서 과로의 요인, 대상기간, 업무의 종류와 성격 등
이 검토되어야 한다.

2. 乙의 사망의 업무상 재해 인정 여부 검토

사안에서 乙은 야근근무를 마치고 귀가하여 잠을 자던 중 사망하였으나 그 사
인이 불분명한 상태이므로 업무상 재해가 인정되기 위한 요건으로 당해 사망이 업
무상의 과로에 기인한 것인지가 검토되어야 한다. 본 사안에 나타난 내용만으로는
정확하지 않으나, A회사는 선적일자를 맞추기 위해 빈번하게 야간작업을 실시하여
왔고 당해 사고발생도 5월 3일부터 계속적으로 야간작업이 이루어지던 중인 5월 9
일에 사망하였다는 점, 乙이 이전에도 야간작업에 참여하였고 평소 만성피로증세를
보였다는 점 그리고 당해 사고 발생시에도 지속적으로 야간작업에 참여하여 업무의
과중으로 인한 과로나 정신적 스트레스가 인정될 수 있을 뿐만 아니라 실제 사망
이전 이러한 고충을 동료와 가족에게 언급하였다는 점을 감안할 때 업무상 재해가
인정될 수 있을 것이다.

Ⅲ. 결   론

乙의 경우는 이른바 과로사의 문제로서 업무 종료 후 잠을 자던 중 사고가 발생
한 것으로서 그 사인이 불분명하나 乙이 지속적으로 야간작업을 하여 왔고 그로 인
하여 육체적인 피로와 스트레스가 축적되어 왔다는 것이 개연적으로 추정되어 사망
과 업무와의 상당인과관계가 인정될 수 있다. 따라서 A회사가 산재보험가입업체인
경우 수급권이 있는 유족이 유족급여(산업재해보상보험법 제62조)를 청구할 수 있다.

유사사례

甲은 A백화점에서 판매업무에 종사하는 근로자인데 2010년 연말세일행사 기간 동안은 09:00부터 20:30까지 연장근무를 하였다.

甲은 위 세일기간 마지막 날 업무 종료 후 세일기간동안의 직원들의 노고를 격려하기 위하여 회사로부터 경비를 지원받아 마련한 회식에 참석하여 저녁식사와 음주를 하였고, 곧 이어서 전 직원이 식당에서 걸어서 10분 정도 거리에 있는 노래연습장으로 자리를 옮기게 되었는데, 당시 甲은 혼자 걸어서 노래연습장으로 갔으나 발음이 정상적으로 되지 않을 만큼 술에 취한 상태에서 위 노래연습장에서 캔 맥주를 마시고 노래를 부르다가 술에 취하여 탁자에 엎드린 채 잠이 들자, 부서장이 택시에 태워 집에 보낼 것을 지시함에 따라 위 노래방에서 회식이 완전히 끝나기 전인 2010. 11. 20. 01:00경 甲을 깨워 부축하여 택시에 태워 보냈다.

그런데 甲은 택시에 탄 뒤에도 쓰러지듯 계속 잠을 잤고, 자신의 아파트 동 근처에서 하차한 후 집을 찾아 계단 등을 오르내리는 과정에서 바닥에 넘어져 머리에 심한 손상을 입은 채, 집으로 돌아온 이후 14:00경까지 계속 오한으로 몸을 떠는 등 이상 증세를 보여 119구급차로 대학병원으로 후송되어 검사한 결과 뇌출혈이 확인되어 즉시 뇌수술을 받았으나 출혈이 너무 심하여 2000. 11. 24. 14:08경 뇌경막하혈종으로 사망하였다.

甲의 사망이 업무상 재해에 해당하는가?

해설요지

　회식은 세일기간 동안의 직원의 노고를 위로하고 격려하기 위하여 사용자가 마련한 자리이며 소속 전 직원이 참석한 점, 위 회식비용은 모두 소외 회사에서 부담한 점, 회식 종료 전에 먼저 노래방을 나가게 된 것은 술에 취하여 택시에 태워 집으로 보내라는 부서장의 지시에 의한 것인 점, 망인은 위 회식 도중 마신 술로 인하여 몸도 가누지 못할 정도로 만취상태에 있었고, 이로 인하여 집을 찾아 헤매다가 넘어져 두부에 손상을 입기에 이르렀으며, 위 부상으로 인하여 사망한 점 등의 사정을 종합하면, 甲이 참석한 위 회식은 그 전반적인 과정이 사용자의 지배·관리하에 있었다 할 것이므로 회식참석 행위는 업무수행에 수반되는 통상적인 활동과정이라 할 것이고, 앞서 본 바와 같이 위 회식장소에서 과음으로 인한 만취의 결과 귀가 도중 넘어져 사망에 이르게 되었다면, 비록 근로자가 그 자신의 주량을 가늠하여 음주를 자제하지 못한 결과 위와 같은 사고를 당하게 되었다 하더라도 그로써 업무 관련행위인 위 회식과 위 사고 사이의 인과관계를 부정할 수는 없으므로, 甲의 사망은 업무상 재해에 해당된다고 판단된다(관련판례: 대법원 2005. 6. 9. 선고 2005두2919 판결).

주요참조판례

1. 업무상 재해 여부의 판단

[1] 가. 사업주가 지배나 관리를 하는 회식에서 근로자가 주량을 초과하여 음주를 한 것이 주된 원인이 되어 부상·질병 또는 장해가 발생하거나 사망한 경우에도 업무와 과음, 그리고 재해 사이에 상당인과관계가 인정된다면 산업재해보상보험법에서 정한 업무상 재해에 해당한다. 다만 여기서 업무와 과음, 재해 사이에 상당인과관계가 있는지는 사업주가 음주를 권유하거나 사실상 강요하였는지 아니면 음주가 근로자 본인의 판단과 의사에 의하여 자발적으로 이루어진 것인지, 재해를 당한 근로자 외에 다른 근로자들이 마신 술의 양은 어느 정도인지, 재해가 업무와 관련된 회식 과정에서 통상 수반하는 위험의 범위 내에 있는 것인지, 회식 또는 과음으로 인한 심신장애와 무관한 다른 비정상적인 경로를 거쳐 발생한 재해는 아닌지 등 여러 사정을 고려하여 신중하게 판단하여야 한다.

나. 원고가 참여한 회식이 사업주측의 주최로 이루어진 것이라고 하더라도, 원고는 사업주의 강요 등이 없었음에도 자발적 의사로 자신의 주량을 초과하여 회식을 함께 하였던 다른 사람들의 음주량을 훨씬 넘는 과음을 하였고, 그것이 주된 원인이 되어 업무와 관련된 회식 과정에 통상 수반되는 위험이라고 보기 어려운 위와 같은 사고를 당하게 된 것이므로, 업무와 원고가 입은 재해 사이에 상당인과관계가 있다고 보기는 어렵다(대법원 2015. 11. 12. 선고 2013두25276 판결).

[2] 가. 업무상 재해의 요건인 업무수행성은 반드시 근로자가 현실적으로 업무수행에 종사하는 동안만 인정할 수 있는 것이 아니라 사업장에서 업무 시간 중 또는 그 전후에 휴식하는 동안에도 인정할 수 있는 것이고 또 업무기인성을 판단함에 있어서 업무와 사망사이의 상당인과관계 유무는 보통 평균인이 아니라 당해 근로자의 건강과 신체조건을 기준으로 하여 판단하여야 할 것이다.

나. 주야간이 뒤바뀌는 근무형태로 축적된 피로가 망인의 건강과 신체조건으로 보아 과로원인이 될 수 있다면 망인의 사인인 급성심장사가 위 근무형태로부터 온 과로에 기인한 것이라고 볼 여지가 있다(대법원 1991. 10. 19. 선고 91누5433 판결).

[3] 예금 업무와 직접 관련이 없는 외환계 대리가 은행 차장의 요청으로 고객 접대 자리에 참석하고 식사 후 고객의 제의로 당구장에 가던 중 교통사고를 당한 경우, 망인의 상관으로서 예금 유치와 고객 관리를 주된 업무로 하는 지점의 차장이 거액의 예금을 하고 있으며 추가로 그 이상의 예금을 하려는 고객을 접대하기 위하여 저녁 식사 자리를 마련하

면서 망인에게 그 고객과 친분이 있다는 이유로 같이 참석할 것을 요청하여 그 자리에 나
가게 되었다면 이는 예금 유치와 고객 관리가 주된 업무인 차장의 업무 수행에 관한 접대
행위일 뿐 아니라, 망인으로서도 위 차장을 도와 그와 함께 고객을 접대하는 회사의 업무를
수행하게 되었다고 볼 것이고, 나아가 고객의 제의에 따라 식사 후 당구를 치기로 하면서 당구
를 칠 줄 모르는 망인도 같이 가기로 하였다면 당구장에 가는 것도 고객을 접대하기 위한 것으
로 보여지므로, 위 사고 당시 망인이 업무 수행중이었다고 볼 수 있다(대법원 1998. 1. 20. 선고
97다39087 판결).

2. 출퇴근재해 관련조항에 대한 헌법불합치결정(헌법재판소 2016. 9. 29. 선고 2014헌바254 결정)

   헌법재판소는 2016년 9월 29일 재판관 6 : 3의 의견으로, 사업주가 제공한 교통수단을 이
용하는 등 사업주의 지배·관리 아래 출퇴근하다가 발생한 사고만 업무상 재해로 인정하는
산업재해보상보험법 제37조 제1항 제1호 다목 등에 관련된 헌법소원에 대하여 헌법불합치
결정을 선고하였다. 다수의견은 사업장의 규모나 재정여건의 부족 또는 사업주의 일방적 의
사나 개인 사정 등으로 출퇴근용 차량을 제공받지 못하거나 그에 준하는 교통수단을 지원받
지 못하는 근로자는 비록 산재보험에 가입되어 있다 하더라도 출퇴근 재해에 대하여 보상을
받을 수 없는데, 이러한 차별을 정당화할 수 있는 합리적 근거를 찾을 수 없으므로 심판대상
조항은 헌법상 평등원칙에 반하는 것으로 판단하였다.
   헌법재판소는 종전 결정에서 사업주가 제공한 교통수단을 이용하는 등 사업주의 지배관
리 아래 출퇴근하다가 발생한 사고만 업무상 재해로 인정하는 심판대상조항이 평등원칙에
위배되지 않는다고 판단한 바 있다(헌법재판소 2013. 9. 26. 선고 2011헌바271 결정; 헌법재
판소 2013. 9. 26. 선고 2012헌가16 결정). 당시 결정에서는 심판대상조항이 통상의 출퇴근
재해를 당한 근로자를 합리적 이유 없이 차별하는 것이어서 평등원칙에 위배된다는 헌법불
합치의견이 다수였으나, 위헌선언에 필요한 정족수 6인에 미달하여 합헌결정을 하였다. 이
사건에서는 심판대상조항이 헌법에 합치되지 아니한다는 데 6인의 재판관이 의견을 같이 하
여 위헌 정족수를 충족함으로써 선례를 변경하게 되었다.
   이번 헌법불합치결정으로 심판대상조항은 2017년 10월 24일에 개정되었다.

3. 직장 내에서 타인의 폭력에 의하여 재해를 입은 경우

   산업재해보상보험법 제5조 제1호는 "업무상의 재해란 업무상의 사유에 따른 근로자의
부상·질병·장해 또는 사망을 말한다."라고 규정하고 있는 바, 근로자가 타인의 폭력에 의하

여 재해를 입은 경우라도, 가해자의 폭력행위가 피해자와의 사적인 관계에서 기인하였다거나 피해자가 직무의 한도를 넘어 상대방을 자극하거나 도발함으로써 발생한 경우에는 업무기인성을 인정할 수 없어 업무상 재해로 볼 수 없으나, 그것이 직장 안의 인간관계 또는 직무에 내재하거나 통상 수반하는 위험이 현실화되어 발생한 것으로서 업무와 사이에 상당인과관계가 있으면 업무상 재해로 인정하여야 한다.

산업재해보상보험법 제37조 제2항에서 규정하고 있는 '근로자의 범죄행위가 원인이 되어 사망 등이 발생한 경우'란 근로자의 범죄행위가 사망 등의 직접 원인이 되는 경우를 의미하는 것이지, 근로자의 폭행으로 자극을 받은 제3자가 그 근로자를 공격하여 사망 등이 발생한 경우와 같이 간접적이거나 부수적인 원인이 되는 경우까지 포함된다고 볼 수는 없다(대법원 2017. 4. 27. 선고 2016두55919 판결).

사업양도와 고용승계

A회사는 X사업부문의 누적된 적자로 경영상태가 악화되자 적자사업부문인 X사업부를 정리하기로 결정하고 '자산매매계약'을 B회사와 체결하였다. 이에 따라 B회사는 X사업부의 모든 물적 자산에 대한 소유권 이전등기를 완료하고, 당해 사업시설물과 관련 지적재산권 일체를 양수받았다. 그리고 이전부터 X사업부문의 진출을 계획해 오던 B회사는 X사업부소속 근로자 50명 전원을 대상으로 면접을 실시하여 핵심인력을 포함한 필요인원 45명만을 합격시켜 이들에 대하여 신규입사 형식으로 채용하였다. B회사는 이렇게 신규채용한 근로자와 자산매매계약을 통해 인수한 자산을 사용하여 종래의 사업을 계속해 나가고 있다.

문제 1

불합격된 甲은 자신은 당연히 B회사에게 고용승계되어야 한다는 주장을 하면서 B회사와의 근로관계 존재확인의 소를 관할법원에 청구한 경우 甲의 주장의 타당성에 대하여 검토하시오. (30점)

문제 2

애당초 B회사에의 고용승계를 반대하면서 면접에도 응하지 않은 甲이 A회사와의 근로관계 존속을 주장하자, A회사는 X사업부가 이미 정리되었고, 甲이 면접에 응하지 않음으로써 B회사에의 고용가능성을 스스로 포기했다는 이유로 甲과의 근로관계는 종료되었다고 주장한다. 양 당사자 주장의 타당성을 검토하시오. (20점)

문제 1

사안에서 X사업부에 대한 자산매매계약이 실질적으로 사업양도에 해당하는지를 사업양도의 요건을 기초로 검토하고, 사업양도로 판단되는 경우 이에 따른 고용승계원칙과 일부 근로자에 대한 승계배제의 정당성 여부를 논의하여야 한다.

문제 2

사업양도시 근로자의 승계거부권 내지 이의제기권이 인정될 수 있는지와, 근로자의 의사에 따라 양수인에의 고용승계가 부인되는 경우에 사업부의 폐지에도 불구하고 사용자와의 근로관계 존속이 인정되는지를 검토하여야 한다.

〈풀 이 목 차〉

> **문제 1**
>
> 불합격된 甲은 자신은 당연히 B회사에게 고용승계되어야 한다는 주장을 하면서 B회사와의 근로관계 존재확인의 소를 관할법원에 청구한 경우 甲의 주장의 타당성에 대하여 검토하시오. (30점)

Ⅰ. 문제의 논점

　　근로자의 소득생활의 기반으로서 이미 형성되어 있는 근로관계의 존속보호는 노동법의 주된 관심대상이다. 특히 사업주가 변동되는 경우에도 근로관계의 계속·유지가 문제된다. 그러나 원칙적으로 근로관계의 존속보호는 원래의 근로관계, 즉 구사업주와의 근로관계의 유지를 본래적 내용으로 하는 것으로, 합병이나 영업양도를 통하여 사업을 양수한 신사업주가 근로관계의 존속보호라는 관점에서 새로운 사용자로 되기 위해서는 계약이나 법률 규정을 통한 규범적 근거가 마련되어야만 한다.

　　합병에 관하여는 상법에 합병시에 존속 또는 설립되는 회사는 소멸하는 회사의 권리의무를 승계하도록 규정되어 있다(상법 제235조). 이와 같은 합병시의 포괄승계 법리에 관한 규정이 비록 근로관계의 존속보호를 목적으로 규정된 것은 아니지만, 합병시 근로관계가 존속된다는 점을 명확히 하고 있다. 이에 반해 영업양도의 경우에는 합병과는 달리 포괄적 승계라는 법률효과가 상법상 인정되고 있지 않아(상법 제41조 이하 참조), 근로관계의 존속보호가 당연히 전제되어 있는 것은 아니다. 이런 점에서 영업양도시 근로관계의 존속보호가 문제되는 것이다.

　　따라서 사안에서는 A회사와 B회사의 계약을 실질적인 사업양도로 볼 수 있는지 여부와 이를 긍정하는 경우 고용승계의 인정여부 그리고 그 법적 근거가 무엇인지를 검토하고자 한다.

Ⅱ. A회사와 B회사 간의 사업양도 성립 여부

1. 사업양도의 요건

　　사업양도시 근로관계의 승계라는 법률효과가 인정되기 위해서는 사업양도라는 요건이 성립되었는지를 우선 검토하여야 한다. 대법원은 일관되게 사업양도라 함은

'영업목적에 의하여 조직화된 업체, 즉 물적·인적 조직을 그 동일성을 유지하면서 일체로서 이전하는 것'이라 한다. 따라서 근로관계 승계와 관련되는 '사업'의 의미는 '영업목적에 의하여 조직된 업체', 즉 '인적·물적조직체'로 이해하고 있다. 이러한 이해를 바탕으로 할 때 물적수단만의 이전으로는 사업의 양도라고는 할 수 없다. 따라서 자산만을 인수하는 경우에는 사업양도로 볼 수 없다.

업무의 동일성은 조직체를 취득한 양수인이 양도인과 동일한 활동을 하는 것을 조건으로 한다. 양수인이 이전받은 조직체로 구사업자와 동일한 활동을 할지 다른 활동을 할지 폐업을 할지는 그의 자유이다. 따라서 사업으로서 물적·인적조직체가 해체됨이 없이 유지·이전되어 종래의 사업이 지속되고 있다면 사업의 동일성이 있는 것이고 사업양도인 것이다. 반면 물적·인적조직체가 해체되었다면 동일성이 없는 것으로 사업양도가 아닌 것이다.

2. 사안의 사업양도 해당성 검토

B회사는 A회사로부터 인수한 사업시설과 신규채용을 통해 확보한 종래 X사업부의 근로자로써 동일한 사업활동을 계속하고 있다는 사실에 비추어 종래 사업을 동일성을 유지한 채 지속하고 있다고 할 수 있다. 사업을 이루는 인적·물적 조직체의 실질적인 인수가 이루어졌는지를 기준으로 판단하는 것이지 양도당사자 간 계약의 명칭과 형식은 중요한 의미를 갖지 못한다. 따라서, 본 사례에서 '자산매매계약'을 양도당사자가 체결했다고 하여 사업양도가 부인될 수는 없다. 반면에 '사업양도계약'을 맺었어도 조직체 인수가 없으면 사업양도가 아니며, 계약의 명칭과 종류에 상관없이 조직체의 사실상 인수가 있으면 근로관계를 승계시키는 사업양도인 것이다.

사안에서 X사업부의 핵심인력을 포함한 대다수의 근로자들이 B회사와 근로관계를 가지게 되었다는 점은 X사업을 영위하는 인적 조직을 실질적으로 인수한 것으로 볼 수 있다. 사업양도의 성립요건으로서 인적조직의 인수도 신규채용 형식이든, 전적의 형식이든 또는 양도계약 내의 포괄적 승계약정이든 사업양도 여부 판단에 영향을 미치지 못한다. 따라서 신규채용의 형식을 통해 B회사와 근로관계를 형성하였다는 점이 사업양도 성립을 배제하는 요소로 파악될 수 없다.

3. 소   결

B회사는 A회사로부터 X사업부의 물적자산과 함께 A회사와 근로관계를 맺고 있던 X사업부의 근로자 대부분을 사실상 인수함으로써 X사업부의 인적·물적 자산

을 양수하였다. A와 B회사 간 체결한 '자산매매계약'이란 계약의 종류가 사업양도의 부인 요소가 되지 못한다. 또한 B회사가 면접절차를 통해 근로자를 신규채용의 형식으로 인수하였다 하더라도 사업양도의 성립을 배제하는 것이 아니다. B회사가 물적자산과 인적조직의 대부분을 사실상 인수하여 종래의 사업을 지속하고 있다는 점에서 A회사의 사업을 양수한 것으로 볼 수 있다.

Ⅲ. B회사와 甲의 근로관계 존재 여부

1. 사업양도시 고용승계의 법적 근거

외국의 경우 사업양도시 근로관계 존속보호를 위해 이에 관한 명시적 규정을 두고 있는 것이 일반적이다. 그러나 우리나라는 직접적인 명문의 규율이 없는 상태이므로 사업양도시 근로관계의 승계에 관하여는 학설상 견해로는 자동승계설, 특약필요설, 원칙승계설이 주장되고 있으나, 판례와 학설상의 지배적 견해는 원칙승계설에 기초하고 있다.

판례는 사업양도시 근로관계의 승계 문제에 대해 반대의 특약이 없는 한 양도인과 근로자 간의 근로관계도 원칙적으로 양수인에게 포괄적으로 승계된다는 입장이다. 이때 승계배제특약은 사실상 해고와 같으므로 정당한 사유가 있어야 유효하다고 한다(대법원 1995. 7. 14. 선고 94다20198 판결; 대법원 1997. 6. 24. 선고 96다2644 판결; 대법원 1997. 6. 27. 선고 96다49674 판결).

2. 甲과 A회사와의 근로관계에 관한 검토

사안에서 '자산매매계약'이라는 계약의 명칭과 종류에 상관없이 인적·물적 조직체의 사실상 인수가 있으므로 사업양도로 보아야 한다. 사업양도가 인정되는 경우에는 근로관계도 포괄승계되는 것이 원칙이다. 사업양도시에도 고용승계를 인정하는 이유는 이미 일자리가 확보된 근로자(사례에서 신규채용된 근로자)를 보호하려는 것이 아니라, 양수인이 승계를 거부하고 있는 근로자(사례에서 甲과 같은 근로자)의 고용보장을 목적으로 하기 때문이다.

따라서 사업양도임에도 승계에서 배제된 甲은 양수인 B회사와의 근로관계를 주장할 수 있다고 본다. 이에 대해 B회사의 면접에서 불합격한 근로자는 승계하지 않는다는 합의를 A회사와 했다고 한다면 이는 승계배제특약으로서 사실상 해고와 같고 정당한 이유가 있는지 여부에 따라 그 효력이 인정될 수 있다는 반론이 있을 수 있다. 그러나 설령 A회사가 경영악화를 방지할 목적으로 적자운영되는 X사업부를 양도했다 할지라도 이는 해고의 경영상 필요성을 인정받을 수 있을 뿐이고 이로서 바로 경영상 이유에 기한 해고가 정당화될 수는 없다고 본다.

3. 소   결

사업양도시의 고용승계원칙은 물적시설과 함께 인적조직이 양수인에게 이전될 때, 여기서 배제된 근로자들도 양수인에게 고용승계시킴으로써 이들의 일자리를 보호하고자 하는 것이다. 따라서 X사업부의 인적·물적 조직이 B회사에게 넘어가 사업양도가 이루어진 이상 B회사는 임의로 고용승계 여부를 판단할 수는 없고, 사업양도시의 고용승계법리에 따라 甲도 고용승계하여야 한다.

Ⅳ. 결   론

판례법리를 통해 사업양도시 고용승계원칙이 인정됨으로써 甲은 B회사에 대해 근로관계가 승계되었음을 주장하여 B회사와의 근로관계 존재에 관한 확인을 구할 수 있다.

그러나 만약 사안에서 승계배제특약이 있었고, 이에 따라 甲을 불합격시킨 것이라고 한다면 이는 A회사와 B회사의 승계배제특약에 따른 승계배제로 볼 수 있다. 사업양도 당시 X사업부가 누적적자에 처해 있었다는 사실에 비추어 甲을 승계배제시킨 것이 정당하다면 甲은 B회사가 아닌 A회사와의 근로관계 존속을 주장할 수 있을 뿐이다.

문제 2

애당초 B회사에의 고용승계를 반대하면서 면접에도 응하지 않은 甲이 A회사와의 근로관계 존속을 주장하자, A회사는 X사업부가 이미 정리되었고, 甲이 면접에 응하지 않음으로써 B회사에의 고용가능성을 스스로 포기했다는 이유로 甲과의 근로관계는 종료되었다고 주장한다. 양 당사자 주장의 타당성을 검토하시오. (20점)

Ⅰ. 문제의 논점

사업양도에 따른 근로관계 승계에 대하여 근로자의 거부권 내지 이의제기권이 인정될 수 있는지가 먼저 논의되어야 하며, 甲의 고용승계 반대의사에 따라 A회사와의 근로관계가 인정된다고 한다면 甲이 근무하던 사업부서가 소멸되어 존재하지 않는다는 이유만으로 바로 근로관계가 종료된 것으로 볼 수 있는지를 검토하여야 할 것이다.

Ⅱ. 사업양도시 근로자의 이의제기권 인정 여부

근로관계 승계의 관련문제로서 근로관계 승계에 대한 근로자의 거부권 내지 이의제기권이 인정될 수 있느냐가 논의되고 있다. 사업양도와 함께 사업의 유기적 조직체로서의 유지·존속에 비중을 두느냐 아니면 근로자 개인의 의사를 존중하고 근로자 보호에 초점을 두느냐에 따라 기본입장이 달라질 수 있다.

사업양도시 포괄승계 법리를 인정하는 목적은 사업양도시의 근로관계의 존속 보호에 있다는 점에서 일반 노동보호법과 같이 사용자 측에만 적용되는 편면적 강행규정으로서 성격을 갖는 것으로 보아 양수인의 의사와 상관없이 근로자를 승계시키지만, 근로자의 의사에 반하여 양수인으로 승계가 강제되도록 하지 않는다. 다만 이의제기를 통해 양도인과 근로관계가 존속하는 근로자는 양도인의 사업계속이 불가능하거나 취업가능성이 상실되는 경우 경영상 이유에 의한 해고 위험을 부담하게 된다. 판례도 사업양도에 의하여 양도인과 근로자 사이의 근로관계는 원칙적으로 양수인에게 포괄승계되는 것이지만 근로자가 반대의 의사를 표시함으로써 양수기업에 승계되는 대신 양도기업에 잔류할 수 있다고 한다(대법원 2002. 3. 29. 선고 2000

두8455 판결).

Ⅲ. A회사와 甲의 근로관계 존속 여부

1. 甲의 이의제기권

사업양도시 포괄승계 법리에 따르면 B회사에게 근로관계가 승계되는 것이 원칙이나, 근로자가 이를 원하지 않으면 그 의사에 반하여 승계가 강제될 수는 없다. 사안에서 甲은 B회사에의 고용승계를 원하지 않았기 때문에 B회사의 면접에도 응하지 않았다. 이는 B회사로의 근로관계 승계에 대한 거부 내지 이의제기이지 단순히 신규채용 형식에 대한 불복의 의미로 볼 수는 없다. 이처럼 甲의 B회사에의 고용승계에 대한 이의제기라고 본다면 甲과 A회사의 근로관계가 존속되는 것이고, 근로관계 존재확인청구도 A회사를 상대방으로 하는 것이 타당할 것이다.

2. A회사의 근로관계 종료 항변의 타당성

B회사의 면접에 응하지 않은 것이 B회사 입사의 포기라는 A회사의 주장은 甲이 애당초 B회사에의 고용승계를 반대했고, A회사를 상대로 근로관계 존재 확인을 구하고 있다는 점에 비추어 수긍될 수 없다. 그리고 X사업부가 적자누적으로 사업양도를 통해 정리되었다는 사실은 경영상 해고와 관련하여 긴박한 경영상의 필요성이 인정될 수는 있으나(근로기준법 제24조 제1항 참조) 이로써 바로 해고가 정당화될 수는 없다. 왜냐하면 A회사는 X사업부의 정리에 따른 잉여인력에 대한 경영상 이유로 인한 해고를 할 수 있다 할지라도 이 경우에 해고회피노력, 공정하고 합리적 기준, 근로자대표와의 협의라는 법에서 규정한 요건을 모두 구비하여야 하기 때문이다.

甲의 반대의사에 따라 B회사에의 고용승계는 이루어지지 않았기 때문에 경영상 해고의 요건을 갖추어 甲을 정당하게 해고하지 않는 한 여전히 A회사와의 근로관계가 유지·존속되고 있는 것이다. 따라서 X사업부의 정리에 따라 甲과의 근로관계도 종료되었다는 A회사의 항변도 타당성이 없다.

Ⅳ. 결   론

A회사와 B회사 간에 X사업부에 대한 사업양도가 성립하여 고용승계가 될 수

있으나, 甲이 고용승계를 반대하면서 면접에도 불응시한 것은 고용승계에 대한 거부 내지 이의제기로 볼 수 있다. 고용승계에 대한 이의제기권이 인정된다는 점에서 사업양도에도 불구하고 甲과 A회사의 근로관계는 여전히 존속한다고 보아야 한다. X사업부의 정리 또는 면접불응을 이유로 A회사와의 근로관계는 종료되었다는 A회사의 주장은 근거가 없다.

유사사례

A회사는 법인사업, 식품사업, IT사업을 운영해 오다가 2008년 10월경 법인사업 부문을 분할하기로 계획하고, 노동조합에 계획을 설명하는 한편 2008년 10월경부터 2009년 3월경까지 직원들을 상대로 회사분할의 필요성과 방법, 해당 사업 부문 근로자 전원에 대한 고용승계 및 근로조건 유지 등에 관한 설명회를 개최한 후 주주총회를 거쳐 2009년 3월 31일 전 직원을 상대로 조직변경 사항을 공지하였다. 이러한 회사분할로 2009년 4월 1일 B회사가 신설되었고, 이에 따라 법인사업 부문의 근로자 甲도 소속이 A회사에서 B회사로 변경되었다. 이에 甲은 자신의 동의 없이 소속사가 변경된 것은 부당전적이라고 주장하면서 노동위원회에 구제신청을 하였다. 甲의 구제신청은 인용될 수 있는지를 검토하시오.

해설요지

　　둘 이상의 사업을 영위하던 회사의 분할에 따라 일부 사업 부문이 신설회사에 승계되는 경우 분할하는 회사가 분할계획서에 대한 주주총회의 승인을 얻기 전에 미리 노동조합과 근로자들에게 회사 분할의 배경, 목적 및 시기, 승계되는 근로관계의 범위와 내용, 신설회사의 개요 및 업무 내용 등을 설명하고 이해와 협력을 구하는 절차를 거쳤다면 그 승계되는 사업에 관한 근로관계는 해당 근로자의 동의를 받지 못한 경우라도 신설회사에 승계되는 것이 원칙이다.

　　다만 회사의 분할이 근로기준법상 해고의 제한을 회피하면서 해당 근로자를 해고하기 위한 방편으로 이용되는 등의 특별한 사정이 있는 경우에는, 해당 근로자는 근로관계의 승계를 통지받거나 이를 알게 된 때부터 사회통념상 상당한 기간 내에 반대 의사를 표시함으로써 근로관계의 승계를 거부하고 분할하는 회사에 잔류할 수 있다.

　　사안에서 A회사는 사전에 노동조합과 근로자들에게 회사 분할에 관한 계획을 설명하고 이해와 협력을 구했다. 이러한 경우에는 회사 분할이 근로기준법상 해고 제한을 회피하기 위한 것이라는 특별한 사정이 없는 한 승계되는 사업에 관한 근로관계는 해당 근로자의 동의를 받지 못했어도 승계된다고 한다(관련판례: 대법원 2013. 12. 12. 선고 2011두4282 판결).

1. 사업양도와 고용승계

[1] 영업양도라 함은 일정한 영업목적에 의하여 조직화된 업체 즉, 인적 · 물적 조직을 그 동일성은 유지하면서 일체로서 이전하는 것으로서 영업의 일부만의 양도도 가능하고, 이러한 영업양도가 이루어진 경우에는 원칙적으로 해당 근로자들의 근로관계가 양수하는 기업에 포괄적으로 승계되는바, 여기서 영업의 동일성 여부는 일반 사회관념에 의하여 결정되어져야 할 사실인정의 문제이기는 하지만, 문제의 행위(양도계약관계)가 영업의 양도로 인정되느냐 안 되느냐는 단지 어떠한 영업재산이 어느 정도로 이전되어 있는가에 의하여 결정되어져야 하는 것이 아니고 거기에 종래의 영업조직이 유지되어 그 조직이 전부 또는 중요한 일부로서 기능할 수 있는가에 의하여 결정되어져야 하는 것이므로, 예컨대 영업재산의 전부를 양도했어도 그 조직을 해체하여 양도했다면 영업의 양도는 되지 않는 반면에 그 일부를 유보한 채 영업시설을 양도했어도 그 양도한 부분만으로도 종래의 조직이 유지되어 있다고 사회관념상 인정되면 그것을 영업의 양도라 볼 것이다.

영업양도에 의하여 양도인과 근로자 사이의 근로관계는 원칙적으로 양수인에게 포괄승계되는 것이지만 근로자가 반대의 의사를 표시함으로써 양수기업에 승계되는 대신 양도기업에 잔류하거나 양도기업과 양수기업 모두에서 퇴직할 수도 있는 것이고, 영업이 양도되는 과정에서 근로자가 일단 양수기업에의 취업을 희망하는 의사를 표시하였다고 하더라도 그 승계취업이 확정되기 전이라면 취업희망 의사표시를 철회하는 방법으로 위와 같은 반대의사를 표시할 수 있는 것으로 보아야 한다(대법원 2002. 3. 29. 선고 2000두8455 판결).

[2] 상법 제42조 제1항의 영업이란 일정한 영업목적에 의하여 조직화된 유기적 일체로서의 기능적 재산을 말하고, 여기서 말하는 유기적 일체로서의 기능적 재산이란 영업을 구성하는 유형 · 무형의 재산과 경제적 가치를 갖는 사실관계가 서로 유기적으로 결합하여 수익의 원천으로 기능한다는 것과 이와 같이 유기적으로 결합한 수익의 원천으로서의 기능적 재산이 마치 하나의 재화와 같이 거래의 객체가 된다는 것을 뜻하는 것이므로, 영업양도가 있다고 볼 수 있는지의 여부는 양수인이 유기적으로 조직화된 수익의 원천으로서의 기능적 재산을 이전받아 양도인이 하던 것과 같은 영업적 활동을 계속하고 있다고 볼 수 있는지의 여부에 따라 판단되어야 한다(대법원 1998. 4. 14. 선고 96다8826 판결).

[3] 영업양도 계약에 따라 승계되는 근로관계는 계약 체결일 현재 실제로 근무하고 있는 근로자와의 근로관계만을 의미하고 계약 체결일 이전에 근무하다가 해고된 근로자로서 해고

의 효력을 다투는 근로자와의 근로관계까지 승계되는 것은 아니며, 사업양도 계약의 당사자는 양도 과정에 소요되는 기간 등을 고려하여 근로관계 승계 기준일을 계약 체결일과 다른 일자로 정할 수 있다.

영업양도 당사자 사이에 근로관계 일부를 승계의 대상에서 제외하기로 한 특약이 있는 경우에는 그에 따라 근로관계의 승계가 이루어지지 않을 수 있으나, 그러한 특약은 실질적으로 해고와 다름이 없으므로 근로기준법 제30조 제1항의(현 근로기준법 제23조 제1항) 정당한 이유가 있어야 유효하다(대법원 1995. 9. 29. 선고 94다54245 판결).

[4] A광업소는 매년 채탄 및 선탄 작업 등에 관하여 공개경쟁입찰을 통하여 용역업체를 선정하여 왔는데 용역업체가 변경되는 경우 새로이 선정된 용역업체가 종전 용역업체에 고용되었던 근로자들 중 자진퇴사자, 정년퇴직자 등을 제외하고 그대로 고용하는 관행이 있고, 종전 업체에 고용되어 용역업무를 수행하던 근로자 32명 역시 새로이 선정된 업체를 위하여 업무를 그대로 수행하였다.

새로운 용역업체는 경쟁입찰에 참가하여 낙찰자로 선정되고 A광업소와 사이에 용역에 관한 도급계약을 체결하였기는 하나, 관행에 비추어 볼 때 입찰자들을 종전 용역업체의 인적·물적 조직을 그 동일성을 유지하면서 일체로서 이전받는 것을 전제로 입찰에 참여하였던 것으로 보이고, 새로운 용역업체는 종전 용역업체의 영업을 양수하였고 근로관계를 승계하였다고 하였다 할 것이므로, 종전 용역업체와 노동조합 지부 사이에 체결된 단체협약은 새로운 용역업체와 근로자들 사이의 근로관계에서도 적용된다 할 것이다(대법원 2017. 10. 12. 선고 2017두51303 판결. 원심판결: 서울고법 2017. 6. 14. 선고 2016누62223 판결 참조).

[5] 도급업체가 사업장 내 업무의 일부를 기간을 정하여 다른 업체에 위탁하고, 용역업체가 위탁받은 용역업무의 수행을 위해 해당 용역계약의 종료시점까지 기간제근로자를 사용하여 왔는데, 해당 용역업체의 계약기간이 만료되고 새로운 용역업체가 해당 업무를 위탁받아 도급업체와 용역계약을 체결한 경우, 새로운 용역업체가 종전 용역업체 소속 근로자에 대한 고용을 승계하여 새로운 근로관계가 성립될 것이라는 신뢰관계가 형성되었다면, 특별한 사정이 없는 한 근로자에게는 그에 따라 새로운 용역업체로 고용이 승계되리라는 기대권이 인정된다. 이와 같이 근로자에게 고용승계에 대한 기대권이 인정되는 경우 근로자가 고용승계를 원하였는데도 새로운 용역업체가 합리적 이유 없이 고용승계를 거절하는 것은 부당해고와 마찬가지로 근로자에게 효력이 없다. 이때 근로자에게 고용승계에 대한 기대권이 인정되는지는 새로운 용역업체가 종전 용역업체 소속 근로자에 대한 고용을 승계하기로 하는 조항을 포함하고 있는지 여부를 포함한 구체적인 계약내용, 해당 용역계약의 체결 동기와 경위, 도급업체 사업장에서의 용역업체 변경에 따른 고용승계 관련 기존 관행, 위탁의 대상으로서 근로자가 수행하는 업무의 내용, 새로운 용역업체와 근로자들의 인식 등 근로관계 및 해당

용역계약을 둘러싼 여러 사정을 종합적으로 고려하여 판단하여야 한다(대법원 2021. 4. 29. 선고 2016두57045 판결).

2. 회사분할과 고용승계

상법 제530조의10은 분할로 인하여 설립되는 회사(이하 '신설회사'라고 한다)는 분할하는 회사의 권리와 의무를 분할계획서가 정하는 바에 따라서 승계한다고 규정하고 있으므로, 분할하는 회사의 근로관계도 위 규정에 따른 승계의 대상에 포함될 수 있다. 그런데 헌법이 직업선택의 자유를 보장하고 있고 근로기준법이 근로자의 보호를 도모하기 위하여 근로조건에 관한 근로자의 자기결정권(제4조), 강제근로의 금지(제7조), 사용자의 근로조건명시의무(제17조), 부당해고 등의 금지(제23조) 또는 경영상 이유에 의한 해고의 제한(제24조) 등을 규정한 취지에 비추어 볼 때, 회사분할에 따른 근로관계의 승계는 근로자의 이해와 협력을 구하는 절차를 거치는 등 절차적 정당성을 갖춘 경우에 한하여 허용되고, 해고의 제한 등 근로자 보호를 위한 법령 규정을 잠탈하기 위한 방편으로 이용되는 경우라면 그 효력이 부정될 수 있어야 한다(대법원 2013. 12. 12. 선고 2011두4282 판결).

도급과 파견의 구별 기준

　　자동차제조업을 영위하는 A회사는 그 생산업무의 일부를 B회사에게 위탁하여 수행하고 있다. A회사의 자동차 조립·생산 작업은 대부분 컨베이어벨트를 이용한 자동 흐름방식으로 진행되는데 B회사 소속 근로자들도 동 컨베이어벨트를 이용한 의장공정에 배치되어 근무하고 있다. 동 근로자들은 컨베이어벨트 좌우에 A회사 소속 근로자들과 혼재·배치되어 A회사 소유의 생산시설 및 부품, 소모품 등을 사용하여 A회사가 미리 작성·교부한 작업지시서에 의하여 단순·반복적인 업무를 수행하였다.

　　또한 A회사는 동 컨베이어벨트 공정에 있는 B회사 근로자 및 자신의 근로자들에 대한 시업·종업시간의 결정, 휴게시간의 부여, 연장근로의 결정, 교대제 운영 여부, 작업 속도 등을 일괄적으로 결정하였다. 이 경우 통상 작업현장에는 B회사 소속 현장대리인이 배치되어 작업지시를 하였는데 A회사가 결정한 사항을 단순히 전달하는 것에 불과하였다. 또한 연속되는 컨베이어벨트 공정의 특성상 동 공정 하에서 B회사 근로자들이 수행하여야 할 작업량, 작업방법, 작업순서, 작업속도, 작업장소, 작업시간 등도 A회사에 의하여 일률적으로 정하여졌다.

　　A회사는 B회사와 1년 단위의 위탁계약을 10여 년간 반복·갱신하여 오다가 2014. 12. 31.에 기간 만료를 이유로 하여 계약관계를 종료하였으며, 이에 B회사는 더 이상 정상의 사업영위를 할 수 없음을 이유로 회사를 청산하면서 그 소속 근로자와의 근로관계도 모두 종료하였다.

　　한편 2014. 7. 1.에 B회사에 입사한 乙은 그 익월에 컨베이어벨트에서 작업하던 중 벨트를 가동시키는 기계부품 하단에 이물질이 끼어 작동이 중단되자 임의로 이를 제거하려다가 손가락이 기계에 압착되어 절단되는 사고를 당하였다. 동 기계부품은 그 하단에 손을 넣을 경우 이를 감지해 작동을 멈추는 안전장치가 설치되어 있는데 사고 당시 고장으로 작동되지 아니하였으며 A회사는 안전장치의 고장 여부를 제때 확인하지 않았다. 또한 A회사 및 B회사는 신입사원인 乙에게 본건 기계조작 및 기타 제반 업무수행에 관하여 별다른 안전교육을 실시한 바도 없다.

문제 1

甲은 A회사 및 B회사 간에는 사실상 불법파견관계가 형성된 것으로 보아야 하며 이에 따라 A회사에게 자신을 직접 고용할 의무가 있다고 주장한다. 동 주장이 타당한가?(묵시적 계약관계의 성립에 관한 논점은 제외) (30점)

문제 2

A회사와 B회사 간의 법률관계가 근로자파견관계로 인정되는 경우, 乙이 A회사에게 '사용사업주인 A회사도 자신에 대한 계약상의 안전배려의무를 부담하고 이를 위반한 것은 채무불이행에 해당한다'고 주장하면서 손해배상을 청구할 수 있는지를 검토하시오.(소멸시효에 관한 논점은 제외) (20점)

사례해결의 Key Point

문제 1

판례는 원고용주가 그 소속 근로자로 하여금 제3자를 위한 노무를 제공토록 함에 있어 당해 법률관계가 도급관계에 해당하는지 아니면 근로자파견관계에 해당하는지 여부는 외형상의 계약 명칭 등에 의할 것이 아니라 당해 근로관계의 실질에 따라 판단하고 있다. 도급 및 파견을 구분하는 지표를 기준으로 본건 법률관계를 검토하여야 한다.

문제 2

근로자파견관계에서 사용사업주가 파견근로자에 대한 보호의무 내지 안전배려의무의 근거를 검토하여야 한다. 판례는 사용사업주의 이러한 의무부담에 관한 묵시의 약정이 있는 것으로 보고 있다.

> 문제 1
>
> 甲은 A회사 및 B회사 간에는 사실상 불법파견관계가 형성된 것으로 보아야 하
> 며 이에 따라 A회사에게 자신을 직접 고용할 의무가 있다고 주장한다. 동 주장
> 이 타당한가? (묵시적 계약관계의 성립에 관한 논점은 제외) (30점)

I. 문제의 논점

　　파견근로자보호 등에 관한 법률은 사용사업주가 근로자파견 대상 업무가 아닌
업무에 파견근로자를 사용하였을 경우 동 파견근로자를 직접 고용하여야 한다고 규
정하고 있다(제6조의2). 이 경우 제조업의 생산공정업무는 파견대상업무에 해당하지
아니한다는 점에서, 만약 본건 A회사와 B회사 간의 법률관계가 사실상 근로자파견
관계에 해당하는 것으로 볼 수 있다면 위 법률 조항에 따라 甲에 대한 직접고용의
무가 A회사에게 발생할 수 있다.

　　따라서 본건 A회사의 甲에 대한 직접고용의무의 존부 여부를 판단하고자 함에
있어서는 기본적으로 A회사와 B회사 간의 법률관계가 도급관계인지 또는 근로자파
견관계인지 여부를 살펴보아야 한다. 이 경우 중요한 것은 그 계약의 명칭이나 형
식보다는 동 법률관계하에서 이루어지는 근로관계의 실질에 따라 판단하여야 한다
는 점이다. 따라서 A회사와 B회사 간에 체결된 계약의 명칭이 도급계약인지 여부와
는 별론으로, 농 법률관계의 실질을 살펴보아 그 도급 또는 파견에의 해당 여부를
판단하여야 한다.

II. 도급과 파견의 구별 기준

　　도급과 파견은 계약목적, 하자담보책임, 위험부담 등의 측면에서 원론적인 구
분이 가능하다. 다만 현행 법제상 '일의 완성'으로서의 도급대상업무에는 '특정 유형
물의 완성'뿐만이 아니라 '노무제공을 통한 일정한 성과달성' 내지 '일정한 업무수행
의 완료'도 포함될 수 있으며 이 경우 특히 당해 도급업무가 도급인의 사업장에서
이루어지게 되면 근로자파견과의 구분이 쉽지 않게 된다. 하자담보책임이나 위험부
담에 관한 사항도 당사자 간 합의에 따라 탄력적으로 운영할 수 있다는 점에서 뚜
렷한 구별기준으로 작용하기 어렵다. 이 경우 양자의 구분은 양 계약관계의 본질적

요소와 부수적 요소를 유형적·종합적으로 살펴보아 판단할 수밖에 없다(통설).

이에 관하여 판례도 ⅰ) 제3자가 당해 근로자에 대하여 직·간접적으로 업무수행 자체에 관한 구속력 있는 지시를 하는 등 상당한 지휘·명령을 하는지, ⅱ) 당해 근로자가 제3자 소속 근로자와 하나의 작업집단으로 구성되어 직접 공동 작업을 하는 등 제3자의 사업에 실질적으로 편입되었다고 볼 수 있는지, ⅲ) 원고용주가 작업에 투입될 근로자의 선발이나 근로자의 수, 교육 및 훈련, 작업·휴게시간, 휴가, 근무태도 점검 등에 관한 결정 권한을 독자적으로 행사하는지, ⅳ) 계약의 목적이 구체적으로 범위가 한정된 업무의 이행으로 확정되고 당해 근로자가 맡은 업무가 제3자 소속 근로자의 업무와 구별되며 그러한 업무에 전문성·기술성이 있는지, ⅴ) 원고용주가 계약의 목적을 달성하기 위하여 필요한 독립적 기업조직이나 설비를 갖추고 있는지 등의 요소를 종합적으로 고려하여 판단하고 있다(대법원 2015. 2. 26. 선고 2010다106436 판결 등).

Ⅲ. 甲에 대한 A회사의 직접고용의무

1. A회사와 B회사 간의 실질적 법률관계

원고용주가 그 소속 근로자로 하여금 제3자를 위한 노무를 제공토록 함에 있어 당해 법률관계가 도급관계에 해당하는지 파견관계에 해당하는지 여부는 외형상의 계약 명칭 등에 의할 것이 아니라 당해 근로관계의 실질에 따라 판단하여야 한다.

사안의 경우 B회사 소속 근로자들은 A회사의 컨베이어벨트 의장 공정에 A회사 소속근로자들과 혼재·배치되어 근무하고 있다. 그런데 컨베이어벨트 작업방식의 특성에 의하면 동일 컨베이어벨트 공정에 있는 근로자들은 그 작업의 시작 및 종료, 휴게, 작업속도, 작업량, 작업순서, 작업내용 등이 일체로서 운영될 수밖에 없으며, 또한 연장근로 여부 및 교대제 운영 여부 등도 컨베이어벨트 단위에서 결정되어야 한다. 이와 같은 사정에 기인하여 B회사 소속 근로자들은 사실상 A회사의 결정에 따라 노무를 제공한 것으로 보인다.

이 경우 일면으로는, A회사가 직접 B회사 근로자에게 개별적·구체적 지휘·명령을 행한 것은 아니고 또한 B회사 현장대리인을 통하여 일련의 요구사항들이 전달되었다는 점에서, A회사가 B회사 근로자들을 지휘·명령한 것으로 볼 수 없다는 반론도 제기 가능할 것이다.

그러나 그 행위적인 측면에서는 A회사로부터 B회사 근로자들에게 직접의 지휘·

명령이 없었던 것으로 볼 수 있더라도, 동 근로자들이 컨베이어벨트 공정에 혼재되어 근무함으로써 A회사가 일방적으로 정하는 작업속도, 작업량, 작업순서, 작업내용 등에 사실상 구속될 수밖에 없으며, 이에 따라 노무제공이 이루어졌다는 점에서 그 결과적인 측면에서는 B회사 근로자들이 A회사의 지휘·명령에 따라 노무를 제공한 것으로 평가될 수 있다고 본다.

한편 B회사의 근로자들은 A회사 근로자와 동일 컨베이어벨트 공정에 혼재하여 근무하였는바 이는 양 근로자집단이 하나의 작업집단으로 구성되어 공동 작업을 수행한 것이고 사실상 B회사 근로자들이 A회사의 사업조직에 편입되어 근로를 제공한 것으로 볼 수 있을 것이다. 나아가 B회사의 근로자들은 A회사가 사전에 교부한 작업지시서 등에 따라 단순 반복적인 업무만을 수행하였으며, 또한 B회사는 독립적 설비·장비 등을 갖춤이 없이 A회사로부터 제공받은 시설 및 부품 등을 사용하여 업무를 수행하였는바, 이와 같은 운영내용도 전체적으로 보아 해당 도급업무의 수행과정 전반이 A회사의 지휘에 따라 이루어진 것임을 나타내 주는 사정에 해당한다고 할 것이다.

결론적으로 A회사와 B회사 간에는 형식상 도급계약이 체결되어 있으나 실질은 A회사가 B회사의 근로자를 사용하는 근로자파견관계가 형성되어 있는 것으로 볼 수 있다고 판단된다.

2. A회사의 甲에 대한 직접고용의무의 인정 여부

파견근로자보호 등에 관한 법률 제6조의2는 사업주가 근로자파견대상업무에 해당하지 아니하는 업무에 파견근로자를 사용하였거나 근로자파견사업의 허가를 받지 아니한 자로부터 근로자를 파견 받는 것을 금지하면서, 이를 위반한 사업주에게 해당 파견근로자에 대한 직접고용의무를 부과하고 있다.

한편 동법 제5조는, 제조업의 직접생산공정업무는 원칙적으로 파견대상업무에 해당하지 아니한다고 하면서 다만 '출산·질병·부상으로 결원이 생긴 경우' 또는 '일시적·간헐적으로 인력을 확보하여야 할 필요가 있는 경우'에 한하여 예외적으로 파견근로자를 사용할 수 있다고 규정하고 있다. 그런데 B회사 근로자들이 수행한 업무는 제조업의 직접생산공정업무에 해당하고, 또한 그것이 특정 결원인원에 대한 임시적 대체 내지 일시적·간헐적 인력 확보의 필요성으로 이루어진 것이 아니라 지속적·상시적으로 10여 년간 유지되었다는 점에서 위법한 근로자파견에 해당한다고 판단된다. 더욱이 B회사가 동법상의 근로자파견사업 허가를 받은 자라고 볼 만한 사정도 확인되지 않는다.

그렇다면 A회사는 파견근로자보호 등에 관한 법률 제6조의2에 위반하는 내용으로 B회사의 근로자(파견근로자)를 사용한 것인바, 이 경우 甲에 대한 직접고용의무가 A회사에게 발생한다고 판단된다.

Ⅳ. 결   론

A회사는 도급계약을 가장한 불법파견의 내용으로 甲을 사용한 것으로 판단되며, 이 경우 파견근로자보호 등에 관한 법률 제6조의2에 의거 甲을 직접 고용할 의무가 A회사에게 발생한다고 보인다. 즉, 甲은 A회사에게 자신에 대한 직접 고용을 청구할 수 있으므로 甲의 주장은 정당하다고 본다.

문제 2

A회사와 B회사 간의 법률관계가 근로자파견관계로 인정되는 경우, 乙이 A회사에게 '사용사업주인 A회사도 자신에 대한 계약상의 안전배려의무를 부담하고 이를 위반한 것은 채무불이행에 해당한다'고 주장하면서 손해배상을 청구할 수 있는지를 검토하시오. (소멸시효에 관한 논점은 제외) (20점)

I. 문제의 논점

안전배려의무 위반을 이유로 한 채무불이행책임이 인정되기 위하여서는 기본적으로 그 안전배려의무의 근거가 되는 특정의 계약관계가 존재하여야 한다.

사안에서 A회사 및 B회사 간에는 실질적으로 근로자파견관계가 형성되어 있으며 이에 따라 B회사 소속 근로자 乙은 파견근로자의 지위에서 A회사의 지휘·명령에 따라 노무를 제공한 것으로 볼 수 있다. 그런데 근로자파견관계에 있어 사용사업주가 파견근로자를 직접 지휘·명령하여 노무를 제공받고는 있으나, 당해 사용사업주와 파견근로자 간에는 특정의 계약관계가 직접 체결된 바 없다는 점에서, 사용사업주인 A회사에게 파견근로자인 乙의 재해에 대하여 안전배려의무 위반을 이유로 한 채무불이행책임을 물을 수 있을지 문제된다.

II. 사용사업주의 파견근로자에 대한 안전배려의무

본 사안에서처럼 사용사업주와 파견근로자 간에 직접의 계약관계가 체결된 바 없는 상황에서 그 부수적 의무로서의 안전배려의무가 인정될 수 있는지에 관하여 학설은 i) 사용자확대이론 등을 원용하여 사용사업주와 파견근로자 사이에 근로관계의 성립을 인정할 수 있는바 동 근로관계상의 부수적 의무로서 안전배려의무가 인정될 수 있다는 견해, ii) 사용사업주가 파견근로자에게 노무급부청구권을 갖는 것은 파견사업주와의 근로자파견을 통하여 그 권리를 양도받고, 또한 파견사업주와 파견근로자 간의 근로계약에서 노무급부에 관하여 제3자를 위한 계약을 체결한 것에 근거한 것으로, 그와 같은 계약관계의 내용으로서 사용사업주에게 안전배려의무가 인정될 수 있다는 견해 등이 제시되고 있는데, 어느 견해에 의하든지 사용사업주의 파견근로자에 대한 안전배려의무를 인정한다는 점에서 결과적으로는 동일하다.

파견근로자보호 등에 관한 법률은 파견근로자와 근로계약을 체결한 자는 원칙적으로 파견사업주임을 명시하고 있으며(제2조), 또한 불법파견의 효과로서 사용사업주에게 직접 고용할 의무가 있다고 규정함으로써 당초 사용사업주와 파견근로자 간에는 직접의 고용관계가 존재하지 아니한다는 것을 간접적으로 규정하고 있다(제6조의2). 따라서 위 ⅰ)의 견해는 현행 법령과 상충한다는 점에서 난점이 있다.

한편 근로계약상의 부수적 의무로서 사용자가 부담하는 안전배려의무는, 근로자가 사용자의 지휘·명령하에 그 사업조직에 편입되어 노무를 제공한다는 사정에 근거한다. 그런데 파견관계의 경우 근로자파견계약에 근거하여 파견사업주의 파견근로자에 대한 지휘·명령권이 사용사업주에게 이전하고 파견근로자는 사용사업주의 사업조직에 편재되어 노무를 제공하게 되는바, 기본적으로는 이와 같은 사정을 기초로 하여 사용사업주의 파견근로자에 대한 안전배려의무를 인정할 수 있다고 본다.

판례도, "근로자파견관계에서 사용사업주와 파견근로자 사이에는 특별한 사정이 없는 한 파견근로와 관련하여 사용사업주가 파견근로자에 대한 보호의무 또는 안전배려의무를 부담한다는 점에 관한 묵시적인 의사의 합치가 있다고 할 것이고, 따라서 사용사업주의 보호의무 또는 안전배려의무 위반으로 손해를 입은 파견근로자는 사용사업주와 직접 고용 또는 근로계약을 체결하지 아니한 경우에도 위와 같은 묵시적 약정에 근거하여 사용사업주에 대하여 보호의무 또는 안전배려의무의 위반을 원인으로 하는 손해배상을 청구할 수 있다"고 판시하고 있다(대법원 2013. 11. 28. 선고 2011다60247 판결).

Ⅲ. A회사의 안전배려의무 위반을 이유로 한 乙의 손해배상청구권 인정 여부

위 사안에서 A회사와 B회사 간에는 근로자파견관계가 성립되어 있고, 이에 따라 B회사의 근로자인 乙은 A회사의 생산공정라인에 편재되어 그 지휘·명령하에 노무를 제공하였다. 이 경우 비록 A회사와 乙 사이에 직접의 법률관계가 형성된바 없으며, 또한 당해 근로자파견관계의 형성과정에서 A회사와 B회사 간에 명시적으로 안전배려의무의 부담에 관한 합의가 있었던 것은 아니나, 당해 근로자파견관계의 성립 과정 그 자체에서 이미 A회사와 B회사 간에 乙의 파견근로와 관련하여 'A회사가 乙에 대한 보호의무 내지 안전배려의무를 직접 부담하는 것'에 관하여 묵시의 약정이 맺어진 것으로 보아야 한다.

그런데 A회사는 乙에게 그 위험작업 관련 별다른 안전교육을 실시하지도 아니하였으며 또한 기계 안전장치의 고장 유무 등도 관리하지 아니하는 등 乙의 보호와 안전을 위하여 요구되는 필요한 조치들을 제대로 이행하지 않았고, 이로 말미암아 乙에게 일련의 손해를 입게 하였다. 따라서 A회사는 그 안전배려의무 위반으로 말미암아 乙에게 입힌 손해를 배상할 책임이 있다고 본다.

Ⅳ. 결   론

A회사와 乙 사이에는 직접의 계약관계가 형성된 바 없으나, '乙이 A회사의 사업장에 편재되어 그 지휘·명령에 따라 근로를 제공하는 것'에 관한 근로자파견관계의 형성시, 그 계약상의 함의로 A회사가 乙의 안전 및 보호를 위하여 요구되는 제반 필요 조치를 취하여야 할 의무가 존재한다고 할 것이다. 따라서 이 의무의 위반으로 인하여 발생한 乙의 손해에 대하여 A회사에게 배상책임이 인정될 수 있다고 본다.

(유사사례)

타이어제조업을 수행하는 A회사는 그 제조공정의 일부는 B회사에게 위탁하여 수행하였다. 이와 관련하여 B회사 근로자들은 A회사의 공장으로 출근하여 A회사 직원들의 근무시간에 맞추어 제조공정 중 일부에 참여해 비교적 단순하고 반복적인 작업을 수행하였다. A회사는 그 작업내용 내지 방법에 관하여 상세한 내용의 공정개요, 공정흐름도, 제조공정기술지침, 관리표준, 안전관리지침 등을 작성하여 B회사에 교부하거나 작업현장에 부착하고 당일의 구체적 작업물량까지 결정하여 알려 주었으며, 이 경우 B회사 근로자들은 그에 다른 작업량, 작업방법, 작업순서, 작업내용, 작업속도, 작업장소 등을 임의로 위반 내지 변경할 수 없다.

한편 A회사는 B회사 근로자들의 작업과정 또는 그 전후에 근로자들에 대하여 현장대리인 등을 통하여 간접적으로 개별적, 구체적인 작업내용을 구두 또는 표지부착 등의 방법으로 지시하거나 부적절한 작업수행 결과에 대하여 지적을 하였다. 한편 현장대리인은 A회사로부터 전달된 내용을 변경한 것 없이 소속 근로자들에게 전파하였다.

최근 A회사는 도급거래선을 B회사에서 C회사로 변경하였는데, C회사는 B회사 근로자의 대부분을 신규 채용하였으나 甲에 대하여서는 채용을 거절하였다. 이에 대하여 甲은 A회사와 B회사 간의 관계가 위장도급·불법파견에 해당함을 이유로 A회사에게 직접 고용을 청구하였다. 동 청구가 정당한지 여부를 판단하라.

▊ 해설요지 ├────────────────────────────

사안의 경우 A회사는 평상시 B회사 근로자에게 직접적인 지휘·명령을 행하지는 아니하였으나, B회사 및 B회사 근로자들은 선택 권한 없이 A회사가 사전에 배포한 작업지시서 등에 따라 노무제공을 하여야 하므로 사실상 A회사로부터 작업과정 그 자체에 관하여 구체적인 지시를 받은 것과 다를 바 없다고 본다. 또한 B회사 협력업체 현장대리인이 직접 업무지시 등을 하였다고는 하나, A회사가 결정한 사항을 단순히 전달하는 역할만을 수행하였으며 다른 내용의 지시를 행한 바는 없다는 것이므로 당해 현장대리인의 업무지시는 A회사에 의하여 통제되어 있는 것으로 보인다.

그렇다면 A회사가 B회사 근로자들의 노무제공과정에 대하여 직·간접적으로 상당한 지휘·명령을 행사한 것으로 보인다는 점에서, 불법파견 해당 여부가 충분히 문제될 소지가 있다고 본다(관련판례: 대법원 2017. 12. 22. 선고 2015다32905 판결 참조).

주요참조판례

1. 도급과 파견의 구별 기준

　　[1] 원고용주가 어느 근로자로 하여금 제3자를 위한 업무를 수행하도록 하는 경우 그 법률관계가 파견근로자보호 등에 관한 법률의 적용을 받는 근로자파견에 해당하는지는 당사자가 붙인 계약의 명칭이나 형식에 구애될 것이 아니라, 제3자가 당해 근로자에 대하여 직·간접적으로 업무수행 자체에 관한 구속력 있는 지시를 하는 등 상당한 지휘·명령을 하는지, 당해 근로자가 제3자 소속 근로자와 하나의 작업집단으로 구성되어 직접 공동 작업을 하는 등 제3자의 사업에 실질적으로 편입되었다고 볼 수 있는지, 원고용주가 작업에 투입될 근로자의 선발이나 근로자의 수, 교육 및 훈련, 작업·휴게시간, 휴가, 근무태도 점검 등에 관한 결정 권한을 독자적으로 행사하는지, 계약의 목적이 구체적으로 범위가 한정된 업무의 이행으로 확정되고 당해 근로자가 맡은 업무가 제3자 소속 근로자의 업무와 구별되며 그러한 업무에 전문성·기술성이 있는지, 원고용주가 계약의 목적을 달성하기 위하여 필요한 독립적 기업조직이나 설비를 갖추고 있는지 등의 요소를 바탕으로 **근로관계의 실질에 따라 판단하여야 한다**(대법원 2015. 2. 26. 선고 2010다106436 판결; 대법원 2017. 1. 25. 선고 2014다211619 판결).

　　[2] 피고가 소외 회사 소속 근로자의 작업장소와 작업시간을 결정하고 작업내용에 대하여 실질적인 지휘·감독을 한 점, 소외 회사 소속 근로자는 피고 소속 근로자와 같은 조에 배치되어 동일한 업무를 수행한 점, 피고 소속 관리자가 피고 소속 근로자와 함께 소외 회사 소속 근로자의 근태상황 등을 파악하고 업무사항을 지적하는 등 소외 회사 소속 근로자를 관리하여 온 점, 소외 회사가 도급받은 업무는 피고 소속 근로자의 업무와 동일하여 명확히 구분되지 아니하는 점, 소외 회사 소속 근로자의 담당 업무 중 일부는 반복적인 청소·시설 관리업무로서 소외 회사의 전문적인 기술이나 근로자의 숙련도가 요구되지 않고 소외 회사의 고유 기술이나 자본이 투입된 바 없는 점 등의 여러 사정을 종합하면, 원고들은 소외 회사에 고용된 후 피고의 작업현장에 파견되어 피고로부터 직접 지휘·감독을 받는 근로자파견 관계에 있었다고 봄이 타당하다(대법원 2015. 2. 26. 선고 2010다93707 판결; 대법원 2010. 7. 22. 선고 2008두4367 판결).

　　[3] ① 참가인의 자동차 조립·생산 작업은 대부분 컨베이어벨트를 이용한 자동흐름방식으로 진행되었는데, 참가인과 도급계약을 체결한 이 사건 사내협력업체 소속 근로자들인 원고들은 컨베이어벨트를 이용한 의장 공정에 종사하는 자들이다. ② 원고들은 컨베이어벨트 좌우에 참가인의 정규직 근로자들과 혼재하여 배치되어 참가인 소유의 생산 관련 시설 및

부품, 소모품 등을 사용하여 참가인이 미리 작성하여 교부한 것으로 근로자들에게 부품의 식별방법과 작업방식 등을 지시하는 각종 작업지시서 등에 의하여 단순, 반복적인 업무를 수행하였다. 이 사건 사내협력업체의 고유 기술이나 자본 등이 업무에 투입된 바는 없었다. ③ 참가인은 이 사건 사내협력업체의 근로자들에 대한 일반적인 작업 배치권과 변경 결정권을 가지고 있었고, 그 직영근로자와 마찬가지로 원고들이 수행할 작업량과 작업 방법, 작업 순서 등을 결정하였다. 참가인은 원고들을 직접 지휘하거나 또는 이 사건 사내협력업체 소속 현장관리인 등을 통하여 원고들에게 구체적인 작업지시를 하였는데, 이는 원고들의 잘못된 업무수행이 발견되어 그 수정을 요하는 경우에도 동일한 방식의 작업지시가 이루어졌다. 원고들이 수행하는 업무의 특성 등을 고려하면, 사내협력업체의 현장관리인 등이 원고들에게 구체적인 지휘명령권을 행사하였다 하더라도, 이는 도급인이 결정한 사항을 전달한 것에 불과하거나, 그러한 지휘명령이 도급인 등에 의해 통제되어 있는 것에 불과하였다. ④ 참가인은 원고들 및 그 직영근로자들에 대하여 시업과 종업 시간의 결정, 휴게시간의 부여, 연장 및 야간근로 결정, 교대제 운영 여부, 작업속도 등을 결정하였다. 또 참가인은 정규직 근로자에게 산재, 휴직 등의 사유로 결원이 발생하는 경우 사내협력업체 근로자로 하여금 그 결원을 대체하게 하였다. ⑤ 참가인은 이 사건 사내협력업체를 통하여 원고들을 포함한 이 사건 사내협력업체 근로자들에 대한 근태상황, 인원현황 등을 파악·관리하였다. 이러한 사정을 앞서 본 법리에 비추어 살펴보면, 원고들은 이 사건 사내협력업체에 고용된 후 참가인의 사업장에 파견되어 참가인으로부터 직접 노무지휘를 받는 근로자파견관계에 있었다고 할 것이다(대법원 2010. 7. 22. 선고 2008두4367 판결).

2. 사용사업주의 파견근로자에 대한 안전배려의무

[1] 사용자는 고용 또는 근로계약에 수반되는 신의칙상의 부수적 의무로서 피용자가 노무를 제공하는 과정에서 생명, 신체, 건강을 해치는 일이 없도록 물적 환경을 정비하는 등 필요한 조치를 마련하여야 할 보호의무 또는 안전배려의무를 부담하고, 이러한 의무를 위반함으로써 피용자가 손해를 입은 경우 채무불이행으로 인한 손해배상책임을 진다. 그리고 이러한 사용자의 보호의무 또는 안전배려의무 위반 행위가 불법행위의 요건에 해당하는 경우에는 채무불이행책임과 경합하여 불법행위로 인한 손해배상책임도 부담하게 된다. (중략) 위와 같은 근로자파견에서의 근로 및 지휘·명령 관계의 성격과 내용 등을 종합하면, 파견사업주가 고용한 근로자를 자신의 작업장에 파견 받아 지휘·명령하며 자신을 위한 계속적 근로에 종사하게 하는 사용사업주는 파견근로와 관련하여 그 자신도 직접 파견근로자를 위한 보호의무 또는 안전배려의무를 부담함을 용인하고, 파견사업주는 이를 전제로 사용사업주와 근로자파견계약을 체결하

며, 파견근로자 역시 사용사업주가 위와 같은 보호의무 또는 안전배려의무를 부담함을 전제로 사용사업주에게 근로를 제공한다고 봄이 타당하다. 그러므로 근로자파견관계에서 사용사업주와 파견근로자 사이에는 특별한 사정이 없는 한 파견근로와 관련하여 사용사업주가 파견근로자에 대한 보호의무 또는 안전배려의무를 부담한다는 점에 관한 묵시적인 의사의 합치가 있다고 할 것이고, 따라서 사용사업주의 보호의무 또는 안전배려의무 위반으로 손해를 입은 파견근로자는 사용사업주와 직접 고용 또는 근로계약을 체결하지 아니한 경우에도 위와 같은 묵시적 약정에 근거하여 사용사업주에 대하여 보호의무 또는 안전배려의무의 위반을 원인으로 하는 손해배상을 청구할 수 있다(대법원 2013. 11. 28. 선고 2011다60247 판결).

3. 파견과 전출의 구분

[1] 전출은 근로자가 원소속 기업과의 근로계약을 유지하면서 휴직·파견·사외근무·사외파견 등의 형태로 원소속 기업에 대한 근로제공의무를 면하고 전출 후 기업의 지휘·감독 아래 근로를 제공함으로써 근로제공의 상대방이 변경되는 것으로서 근로자의 원소속 기업 복귀가 예정되어 있는 것이 일반적이다. 특히 고유한 사업 목적을 가지고 독립적 기업 활동을 영위하는 계열회사 간 전출의 경우 전출 근로자와 원소속 기업 사이에는 온전한 근로계약 관계가 살아있고 원소속 기업으로의 복귀 발령이 나면 기존의 근로계약 관계가 현실화되어 계속 존속하게 되는바, 위와 같은 전출은 외부 인력이 사업조직에 투입된다는 점에서 파견법상 근로자파견과 외형상 유사하더라도 그 제도의 취지와 법률적 근거가 구분되므로, 전출에 따른 근로관계에 대하여 외형상 유사성만을 이유로 원소속 기업을 파견법상 파견사업주, 전출 후 기업을 파견법상 사용사업주의 관계로 파악하는 것은 상당하지 않고, 앞서 본 바와 같이 여러 사정을 종합적으로 고려하여 신중하게 판단하여야 한다(대법원 2022. 7. 14. 선고 2019다299393 판결).

비정규직 근로자의 차별구제

A회사는 종합레저업을 운영하면서 정규직과 기간제 근로자를 합쳐 상시근로자 수 90명을 고용하고 있다. A회사는 기간제 근로자의 경우에는 서류 및 면접심사만을 통해 선발하고 정규직 근로자의 경우에는 서류심사와 면접심사 외에도 필기시험 절차를 추가하여 합격자를 선발하여 채용해 왔다.

기간제 근로자 甲은 서류 및 면접심사를 통해 A회사와의 사이에 2010년 9월 1일자로 기간의 정함이 있는 근로계약(계약기간 2년)을 체결하고 판매부서에 배치되어 입장권의 판매 및 반환처리 등 매표업무를 수행하였다. A회사의 직제규정에 의하면 기간제 근로자와 정규직 근로자는 모두 일반직렬로 분류되며, 기간제 근로자 甲은 비슷한 시기에 입사한 정규직 근로자인 乙과 같은 판매부서에서 동일한 직명(판매원)으로 근무하면서 어느 한쪽이 교육이나 휴가 등으로 근무가 불가능할 경우에는 서로의 업무를 대신 수행하기도 하였다. 다만 정규직 근로자 乙은 같은 부서의 판매원들이 판매한 당일 전체 판매액을 합산·집계하는 추가업무를 수행하였는데, 이 작업은 전산화의 도움으로 특별히 많은 시간이나 노력이 소요되지는 않았다.

기간제 근로자에 대한 보수지급과 관련하여 A회사는 기간제 근로자 급여지침을 적용하고 있는데, 이에 의하면 기간제 근로자에게는 매월 기본급과 직무급(기본급의 10%)을 지급하고 2개월에 한 번씩(1, 3, 5, 7, 9, 11월) 기본급의 50%에 해당하는 정기상여금(연간 기본급의 300%)을 지급한다. 정규직 근로자에게는 정규직 보수규정을 적용하는데 이에 의하면 기본급과 직무급은 같은 경력의 기간제 근로자와 동일한 금액을 지급하되, 매월 중식대(기본급의 5%) 및 출퇴근 교통비(기본급의 10%)를 추가적으로 지급하는 한편 2개월에 한 번씩(1, 3, 5, 7, 9, 11월) 기본급의 100%에 해당하는 정기상여금(연간 기본급의 600%)을 지급하고 있다.

그 외에도 정규직 보수규정에는 전년도의 경영실적이 우수한 경우에는 부서별 실적평가에 근거하여 성과상여금을 지급할 수 있다는 규정을 두고 있다. 그 결과

성과상여금의 지급수준은 매년 동일한 것이 아니라 전년도 경영실적에 따라 그 지급수준이 다를 뿐만 아니라 경영실적이 저조한 해의 다음해에 성과상여금이 전혀 지급되지 않기도 하였다. A회사는 2012년 1월 25일 1월분 정기급여일에 근로자 乙을 비롯한 정규직 판매원에게는 정기급여와 함께 2011년도 경영실적에 기초해 부서별 실적을 평가하여 성과상여금으로서 기본급의 100%를 지급하였다. 그러나 A회사는 근로자 甲을 비롯한 기간제 근로자들에게는 1월달 정기급여 외에는 성과상여금을 지급하지 않았다.

A회사가 계약기간 만료를 이유로 근로자 甲에게 2012년 8월 31일자로 근로계약이 종료됨을 통보하자, 근로자 甲은 정규직인 근로자 乙에 비하여 계약기간(2010. 9. 1.~2012. 8. 31.) 내내 중식대와 출퇴근 교통비, 정기상여금 및 성과상여금의 지급에 있어서 차별을 받았다고 주장하면서 같은 해 9월 1일자로 노동위원회에 차별시정신청을 하였다.

문제 1

A회사의 근로자 甲에 대한 각 처우가 기간제 근로자임을 이유로 한 차별에 해당하는지 판단하시오. (20점)

문제 2

A회사의 근로자 甲에 대한 처우가 모두 차별에 해당한다고 가정할 때 노동위원회가 차별적 처우에 대하여 시정명령을 내릴 수 있는 대상과 범위를 검토하시오. (30점)

사례해결의 Key Point

문제 1

사용자는 기간제 근로자임을 이유로 당해 사업 또는 사업장에서 동종 또는 유사한 업무에 종사하는 기간의 정함이 없는 근로계약을 체결한 근로자에 비하여 차별적 처우를 하여서는 아니 된다(기간제 및 단시간근로자 보호 등에 관한 법률 제8조 제1항).

문제 2

차별적 처우를 받은 기간제 근로자나 단시간 근로자는 차별적 처우가 있은 날부터 6월이 경과하기 전까지 노동위원회에 그 시정을 신청할 수 있다. 만약 계속되는 차별적 처우인 경우에는 그 종료일을 기산일로 한다(기간제 및 단시간근로자 보호 등에 관한 법률 제9조 제1항).

> **문제 1**
> A회사의 근로자 甲에 대한 각 처우가 기간제 근로자임을 이유로 한 차별에 해당
> 하는지 판단하시오. (20점)

Ⅰ. 문제의 논점

　　기간제 및 단시간근로자 보호 등에 관한 법률(이하 '기간제법'이라 한다)이 금지하고 있는 '차별적 처우'란 임금, 정기상여금, 성과상여금, 그 밖의 근로조건 및 복리후생 등에 관한 사항에 있어서 합리적인 이유 없이 불리하게 처우하는 것을 말한다(기간제법 제2조 제3호). 차별시정신청의 적법성에 관한 사유(각하사유)를 논외로 하면 차별적 처우의 존부에 대한 판단에서 쟁점은 ① 비교대상근로자 존재 여부, ② 차별적 처우의 금지영역에서 불리한 처우가 있었는지 여부, ③ 그 불리한 처우에 합리적인 이유가 있었는지 여부가 된다.

　　사안에서 문제된 중식대, 교통비, 정기상여금, 성과상여금은 차별적 처우의 금지영역에 당연히 포함되므로 별도의 검토는 필요 없다. 그러므로 이 사안에서 차별적 처우의 실체적 판단을 위해서는 정규직 근로자 乙이 근로자 甲의 비교대상자가 될 수 있는지 여부 및 甲에 대한 불리한 처우에 합리적인 이유가 있는지 여부를 살피는 것으로 충분하다.

Ⅱ. 乙이 비교대상 근로자인지 여부 검토

1. 동종 또는 유사한 업무의 의의

　　불리한 처우에 해당하는지 여부는 그 개념상 비교대상자와의 비교를 필요로 한다. 이와 관련하여 기간제법은 당해 사업 또는 사업장에서 '동종 또는 유사한 업무에 종사하는 기간의 정함이 없는 근로계약을 체결한 근로자'에 비하여 차별적 처우를 하여서는 아니 된다고 규정하고 있기 때문에(제8조 제1항), 비교대상자 결정의 문제는 동종 또는 유사한 업무에 대한 해석과 판단의 문제와 크게 다르지 않다.

　　업무의 동종 또는 유사성은 취업규칙이나 근로계약 등에서 정한 업무 내용이 아니라 근로자가 실제 수행하여 온 업무를 기준으로 판단해야 할 것이다. 다만 사안에서 정규직 근로자 乙은 판매원으로서 판매업무뿐만 아니라 당일 전체 판매액을

합산·집계하는 추가업무를 수행하였다고 하므로 이러한 추가업무의 수행이 업무의 동종 또는 유사성 판단에 영향을 미칠 수 있는지 문제된다.

2. 판례의 태도

이와 관련하여 대법원은 비교대상자 사이에 수행하는 업무가 서로 완전히 일치하지 않고 업무의 범위나 책임과 권한 등에서 다소 차이가 있더라도 주된 업무의 내용에 본질적인 차이가 없다면, 특별한 사정이 없는 한 이들은 동종 또는 유사한 업무에 종사한다고 보아야 한다고 한다(대법원 2012. 3. 29. 선고 2011두2132 판결).

3. 소　결

기간제 근로자 甲은 입장권의 매표업무를 수행하면서 같은 판매부서의 정규직 근로자 乙과 함께 근무하였고 이들은 같은 일반직렬로서 어느 한쪽이 교육이나 휴가 등으로 근무가 불가능할 경우에는 서로의 업무를 대신 수행하기도 하였다. 비록 근로자 乙이 당일 판매액을 합산하여 그날의 판매액을 합산, 집계하는 추가업무를 수행하기는 했지만 그 작업에 특별히 많은 시간이나 노력이 소요되지는 않았다는 점을 감안하면 그러한 추가업무는 주된 업무가 아니라 부수적인 업무에 불과하다고 보아야 할 것이다. 그러므로 이 사안에서는 동종의 업무를 수행한 정규직 근로자 乙은 기간제 근로자 甲의 비교대상자라고 판단할 수 있다.

Ⅲ. A회사의 차별적 처우의 합리적 이유 검토

1. 합리적 이유에 대한 증명책임

사안에서 기간제 근로자 甲과 정규직 근로자 乙은 직제규정상 일반직렬로 분류되고, 비슷한 시기에 입사한 상황에서 동종·유사한 업무에 종사하고 있다. 따라서 기간제 근로자 甲에 대한 불리한 처우에 합리적인 이유가 있음을 A회사가 증명하지 못하면 이들 처우는 기간제법에 위반되는 차별적 처우가 된다(기간제법 제9조 제4항). 그런데 정규직 근로자 乙은 甲과 달리 채용과정에서 필기시험을 추가로 치르고 합격하였고 입장권 판매업무 외에 당일 매출액을 합산, 집계하는 부수적인 업무를 수행하고 있다. 이러한 차이가 불리한 처우의 합리적 이유가 될 수 있는지 문제된다.

2. 판례의 태도

판례는 차별적 처우의 합리적 이유가 없는 경우란 기간제 근로자를 다르게 처우할 필요성이 인정되지 않거나 다르게 처우할 필요성이 인정되는 경우에도 그 방법·정도 등이 적정하지 않은 경우를 의미하며, 합리적인 이유가 있는지 여부는 개별사안에서 문제된 불리한 처우의 내용과 사용자가 불리한 처우의 사유로 삼은 사정을 기준으로 기간제 근로자의 고용형태·업무의 내용과 범위·권한과 책임·임금 그밖의 근로조건 등의 결정요소 등을 종합적으로 고려하여 판단하여야 한다고 한다.

3. 소　결

정규직 근로자 乙이 채용과정에서 필기시험을 추가로 치렀다고 하더라도 필기시험을 통해 乙에게 구체적이고 우월한 직업수행자격이 있음이 검증되었다는 특별한 사정이 없는 한, 단순히 추가적인 필기시험을 이유로 동종 또는 유사한 업무에 종사하고 있는 양 근로자를 달리 처우하는 것은 합리적 이유라고 보기 어렵다. 또한 乙이 당일 매출액을 합산, 집계하는 부수적인 업무를 추가로 수행하였다고 하더라도 사안에서 언급되었듯이 그 업무의 부담이나 난이도가 크지 않다는 점을 고려하면 주된 업무의 내용 및 작업조건 등이 동일한 근로자 甲과 乙의 업무 사이에 현저한 질적 차이가 있다고 인정하기도 어렵다.

더구나 임금으로서의 성격을 갖는 중식비와 교통비는 개별 근로자의 실제의 수요를 보조하기 위한 성격도 가진다는 점에서 그 지급목적이 정규직 근로자의 장기근속을 유도하기 위한 것으로 보기 어렵다. 이 부분에 대한 차별은 불가피한 것으로 보기 어렵다.

성과상여금의 성격과 지급목적에 비추어 볼 때 기간제 근로자 甲 또한 A회사의 경영성과에 직접 기여한 자라고 보아야 하기 때문에 성과상여금의 부지급에도 차별의 합리적인 이유는 없다고 보인다. 요컨대 중식비와 교통비, 정기상여금, 성과상여금에 있어서 甲과 乙을 다르게 처우하는 것은 합리적인 이유가 없는 차별적 처우라고 할 것이다.

Ⅳ. 결　론

앞에서 검토하였듯이 A회사가 중식대, 교통비, 정기상여금, 성과상여금에서 기간제 근로자 甲을 비교대상자인 근로자 乙에 비하여 불리하게 처우한 것은 합리적인 이유를 인정할 수 없는 차별적 처우에 해당한다.

이에 대한 구제내용으로서 우선 중식대 및 교통비와 정기상여금에 대해서 근로자 甲은 그 입사일인 2010년 9월 1일부터 근로관계 종료일인 2012년 8월 31일까지 지급받지 못하였거나 덜 지급받은 금액을 모두 지급받을 수 있다. 다만 〈문제 2〉에서 살펴보겠지만 성과상여금의 미지급과 관련해서는 그것이 차별적 처우였던 것은 맞지만 그 차별시정 신청일 현재 제척기간은 도과되었기 때문에 甲이 노동위원회에서 구제받기는 어려울 것이다.

> **문제 2**
>
> A회사의 근로자 甲에 대한 처우가 모두 차별에 해당한다고 가정할 때 노동위원회가 차별적 처우에 대하여 시정명령을 내릴 수 있는 대상과 범위를 검토하시오. (30점)

Ⅰ. 문제의 논점

중식대, 출퇴근 교통비, 정기상여금, 성과상여금에서 근로자 甲이 차별을 받았다고 하더라도 그 차별시정신청에 대한 실체적 판정이 이루어지기 위해서는 ① A회사가 기간제법의 적용대상 사업장인지, ② 근로자 甲이 차별시정에 관한 신청인적격이 있는지, ③ 시정신청이 신청기간 내에 이루어졌는지와 관련한 신청의 각하사유가 없어야 한다. 그런데 법적용대상 사업장인지 여부와 신청인적격 여부와 관련해서는 별다른 하자가 없음이 사안에 이미 드러나 있기 때문에 별도의 검토는 불필요하다(A회사는 5인 이상 사업장이고 甲은 기간제 근로자이다). 그러므로 이 사안에서는 그 시정신청의 대상 내지 항목별로 6월의 신청기간이 준수되었는지를 중심으로 검토가 이루어지면 될 것이다. 특히 기간제 근로자 甲은 2012년 9월 1일 신청일을 기준으로 7개월 이전의 성과상여금에서의 차별에 대해서도 시정을 신청하고 있는데 성과상여금의 부지급을 1회적 차별로 보는 한 근로자 甲은 제척기간인 차별시정신청기간을 준수하지 않은 것이 된다. 이처럼 1회적 차별이냐 계속되는 차별적 처우이냐 여부는 해당 차별적 처우에 대한 시정신청이 신청기간을 준수했는지를 판단하는 데에도 영향을 미치므로 위 사안의 첫 번째 쟁점으로서 검토가 필요하다.

사안의 두 번째 쟁점은 중식대와 교통비와 같이 매월 정기적으로 지급되는 급여라고 하더라도 노동위원회의 차별시정명령이 미치는 범위는 시정신청일 이전 6월 이내에 지급받지 못한 급여에 국한되는지 여부이다. 여기에서는 「기간제 및 단시간 근로자 보호 등에 관한 법률」(이하 '기간제법'이라 한다)상 6월로 명시된 시정신청기간이 시정신청의 대상, 즉 차별시정명령의 범위를 제한하는 것인지를 판단하는 것이 관건이라고 할 것이다.

이하에서는 문제되는 급여항목별로 각각 신청기간의 준수와 그 시정범위에 대하여 살펴본다.

Ⅱ. 중식대, 교통비, 정기상여금의 경우

1. 시정신청기간의 준수 여부 판단

사용자가 차별적 처우를 했다고 하더라도 노동위원회에서 차별시정명령을 얻기 위해서는 기간제 근로자 甲은 시정신청기간을 준수했어야 한다. 기간제법 제9조 제1항 단서는 그 차별적 처우가 1회적인 차별적 처우이냐 계속되는 차별적 처우이냐에 따라 6월의 제척기간의 기산일을 다르게 규정하고 있다. 만약 1회적인 차별적 처우의 경우에는 그 차별적 처우가 있은 날로부터 6월이 경과하였다면 비록 차별이 있었다고 해도 시정신청의 대상이 될 수 없으므로 해당 차별시정신청은 부적법하여 각하된다. 반면에 계속되는 차별적 처우인 경우에는 차별적 처우의 종료일이 기산일이 되고 그로부터 6개월이 경과하지 않았다면 차별시정신청이 가능하다.

위 사안에서 중식대, 출퇴근 교통비는 매월 지급된 것이고 정기상여금은 2개월에 한 번씩 지급되었는바, 이에 대한 차별시정신청은 2013년 9월 1일자에 이루어졌기 때문에 6개월의 시정신청기간이 준수되었다는 것은 명백하다.

2. 계속되는 차별적 처우에서 차별시정명령의 효력이 미치는 범위

위 사안에서 문제가 되는 것은 차별시정 신청일자인 9월 1일자를 기준으로 소급하여 6개월의 기간을 벗어나는 그 이전의 중식대와 출퇴근 교통비 및 정기상여금도 시정신청의 대상이 되는지 여부이다. 생각건대 어떤 금품에서의 차별이 문제가 되는 경우에 그것이 1회적 차별이든 계속되는 차별적 처우이든 가리지 않고 차별시정의 신청대상을 그 신청일 이전 6월 이내에 미지급된 금품에 국한시킨다면 기간제법상 차별시정의 효과나 차별금지의 입법목적은 달성되기는 어렵다. 기간제법 제9조 제1항 단서가 계속되는 차별적 처우의 경우에 그 종료일을 신청기간의 기산일로 규정한 입법취지는 그에 관한 시정신청이 신청기간 내에 이루어졌다면 계속되는 차별적 처우 모두를 시정신청의 대상으로 보기 위함일 것이다.

판례도 계속되는 차별적 처우인 경우 그 시정신청기간을 준수하였다면 그 계속되는 차별적 처우 전체에 대하여 제척기간을 준수한 것이 된다고 본다(대법원 2012. 3. 29. 선고 2011두2132 판결). 그러므로 계속되는 차별적 처우에 해당한다면 시정명령의 대상은 채권의 소멸시효가 완성되지 않는 한도에서 그 계속되는 차별적 처우 전체라고 할 것이다.

3. 중식대, 출퇴근 교통비, 정기상여금에서의 차별이 계속되는 차별적 처우인지 여부

(1) 판례의 태도

매월 혹은 일정한 기간마다 정기적으로 지급되는 일률적인 중식대, 출퇴근 교통비, 정기상여금은 임금에 해당한다. 그런데 임금에서의 차별을 매 지급시기별로 1회적인 차별이라고 보아야 하는지 아니면 계속되는 차별적 처우로 보아야 하는지 논란이 있을 수 있지만 우리 판례는 임금을 계속되는 차별로 보고 있다(대법원 2011. 12. 22. 선고 2010두3237 판결). 그 이유는 임금은 사용자가 근로의 대가로 근로자에게 지급하는 일체의 금품으로서 근로관계가 유지되는 이상 매일 계속적으로 발생하는 것이고, 임금지급일에 이르러 비로소 발생하는 것이 아니라는 점에서 타당하다(위 대법원 판결의 하급심: 서울행법 2009. 5. 22. 선고 2008구합48794 판결).

(2) 소　　결

사안에서 중식대, 교통비, 정기상여금은 계속적, 정기적으로 지급되는 확정된 급여로서 임금으로 보아야 하므로 이는 계속되는 차별적 처우에 해당한다. 따라서 차별적 처우의 종료일은 근로관계가 종료된 2013년 8월 31일로서 이 부분에 대한 차별시정신청은 적법하므로 그 계약기간 전체에 걸친 차별적 처우에 대하여 시정명령을 내릴 수 있다.

Ⅲ. 성과상여금의 경우

성과상여금은 정규직보수규정에 지급근거가 마련되어 있으나 경영실적이 우수한 경우 그 다음해에 한해서 지급되며 그 지급수준도 확정되어 있지 않다. 또한 실제로 성과상여금이 지급되지 않은 해도 있어 계속적·정기적으로 지급된 것이라고 말하기 어렵다. 이를 고려하면 사안에서의 성과상여금은 임금에 해당하지 않고 성과상여금의 미지급도 1회적인 차별적 처우에 불과하다. 성과상여금의 마지막 지급시기는 2013년 1월 25일로서 시정신청일인 9월 1일로부터 6개월 이전임이 분명하므로 이 부분에 대한 차별시정신청은 제척기간이 도과되었다. 비록 성과상여금의 미지급이 차별적 처우에 해당한다고 하더라도 그 시정신청은 부적법하여 각하되어야 한다.

Ⅳ. 결   론

어떤 차별이 계속되는 차별적 처우에 해당하느냐 아니냐가 중요한 이유는 그 신청기간의 기산일을, 1회적 차별의 경우와는 달리 그 종료일로 본다는 점 외에도 시정신청에서 그 계속된 차별적 처우 전체가 차별시정명령의 대상이 될 수 있기 때문이다.

사안에서 중식대, 교통비, 정기상여금은 임금으로서 그에 대한 차별은 계속되는 차별적 처우에 해당한다. 따라서 그 차별적 처우의 종료일은 근로관계가 종료된 2013년 8월 31일이어서 그 다음날 이루어진 甲의 차별시정신청은 적법하므로 노동위원회는 계약기간 동안 근로자 甲이 입은 차별적 처우 전부에 대하여 시정명령을 내릴 수 있다.

한편 성과상여금과 관련해서는 합리적인 이유 없이 기간제 근로자에 대해서만 이를 지급하지 않은 것은 그 자체로서는 차별적 처우에 해당되지만 임금이 아닌 성과상여금은 1회적인 차별적 처우에 불과하다. 성과상여금에 대한 차별시정 신청은 6월의 제척기간을 도과한 것이 분명하므로 노동위원회는 이 부분에 대한 신청을 각하해야 한다.

근로자 甲은 A은행의 기간제 근로자이다. 甲의 업무는 내부통제점검 업무로서 하루에 2~3개 영업점을 방문해 점검항목의 적정처리 여부를 점검하는 일이었다. 한편 같은 시기에 A은행은 근속년수가 오래된 정규직 근로자를 대상으로 임금피크제를 실시하면서 그 대상 직원 중 일부를 전환배치하여 영업마케팅 업무와 내부통제점검 업무를 겸임하도록 하였다. A은행은 임금피크제 운영규정을 제정하여 이들에게 영업마케팅 업무를 주된 업무로, 내부통제점검 업무를 부수적인 업무로 부여하면서, 하루 8시간 근무시간 중 2시간은 내부통제점검업무를, 나머지 시간은 영업마케팅 업무를 수행하도록 했다. 그러나 A은행은 이들 임금피크제 직원들의 영업마케팅 업무에 관하여는 그 업무의 수행을 전적으로 근로자들의 자율에 맡기면서 아무런 관리·감독을 하지 아니한 반면, 내부통제점검 업무는 그 업무내용을 정형화하여 업무수행 내용을 매일 기록하게 함으로써 정상적으로 수행시켰다. 그러한 결과 이들 정규직 근로자들의 영업실적은 1인당 연평균 27만 원에 불과할 정도로 미미했지만 이러한 영업마케팅실적은 근무성과평가에 직접적으로 반영되지 않았다.

한편 A은행은 계약기간이 만료되는 기간제 내부통제점검자들을 퇴직시키기로 방침을 정하고 노동조합과 협의하여 정규직 임금피크제 근로자들이 기간제 내부통제점검자들의 후임으로서 내부통제점검 업무를 계속 수행하도록 하였다. 계약기간 만료통지를 받은 기간제 근로자 甲은 그 근무기간 동안 교통비와 중식대를 지급받음에 있어서 위의 임금피크제 정규직 근로자에 비하여 차별을 받았다고 주장하면서 노동위원회에 차별시정신청을 하였다. 이에 A은행은 위 임금피크제 정규직 근로자는 근로자 甲과 동종 또는 유사한 업무에 종사하는 비교대상자가 아니라고 반박하였다. A은행의 주장은 옳은가?

해설요지

　　동종 또는 유사한 업무에 해당하는지 여부는 취업규칙이나 근로계약 등에서 정한 업무 내용이 아니라 근로자가 실제 수행하여 온 업무를 기준으로 판단해야 한다. 따라서 임금피크제 운영규정에서 정규직 근로자에 대하여 영업마케팅 수행시간을 내부통제점검 업무 수행시간 2시간을 제외한 나머지 시간으로 규정해 놓았다고 해도 실제로는 그 업무에 대한 관리감독이나 성과평가는 없었다는 것을 알 수 있다. 사정이 이러하다면 해당 임금피크제 정규직 근로자의 주된 업무는 내부통제점검 업무라고 보는 것이 타당하다. 요컨대 기간제 근로자 甲과 해당 임금피크제 정규직 직원은 그 주된 업무에 본질적인 차이가 있다고 볼 수 없으므로 양자는 동종 또는 유사한 업무에 종사하는 비교대상 근로자에 해당한다. A은행의 주장은 옳지 않다 (관련판례: 대법원 2012. 3. 29. 선고 2011두2132 판결).

1. 비교대상자와 합리적 이유의 해석

[1] 비교 대상 근로자로 선정된 근로자의 업무가 기간제 근로자의 업무와 동종 또는 유사한 업무에 해당하는지 여부는 취업규칙이나 근로계약 등에 명시된 업무 내용이 아니라 근로자가 실제 수행하여 온 업무를 기준으로 판단하되, 이들이 수행하는 업무가 서로 완전히 일치하지 아니하고 업무의 범위 또는 책임과 권한 등에서 다소 차이가 있다고 하더라도 주된 업무의 내용에 본질적인 차이가 없다면, 특별한 사정이 없는 이상 이들은 동종 또는 유사한 업무에 종사한다고 보아야 할 것이다(대법원 2012. 3. 29. 선고 2011두2132 판결).

[2] 기간제 및 단시간근로자 보호 등에 관한 법률 제8조 제1항의 문언 내용과 기간제근로자에 대해 실제로 존재하는 불합리한 차별을 시정하고자 하는 기간제법의 취지 등을 고려하면, 기간제근로자에 대하여 차별적 처우가 있었는지를 판단하기 위한 동종 또는 유사한 업무에 종사하는 비교대상 근로자는 기간의 정함이 없는 근로계약을 체결한 근로자 중에서 선정하여야 하고, 이러한 근로자가 당해 사업 또는 사업장에 실제로 근무하고 있을 필요는 없으나 직제에 존재하지 않는 근로자를 비교대상 근로자로 삼을 수는 없다(대법원 2019. 9. 26. 선고 2016두47857 판결).

[3] 가. 기간제 및 단시간 근로자 보호 등에 관한 법률 제2조 제3호에서 말하는 '불리한 처우' 해당 여부를 따지기 위해서는 '기간제 근로자'가 비교대상 근로자인 '정규직 근로자'와 비교할 때 불리한 처우를 받았는지 여부를 기준으로 판단하여야 한다. 즉 이 사건(기간제 근무기간을 장기근속수당 산정을 위한 근속기간에 포함시키지 아니한 것을 말함-저자 주)에서 원고들이 기간제법상 불리한 처우를 받았는지 여부를 판단하기 위해서는 원고들이 정규직으로 전환된 후의 상황을 고려해서는 안 되고, 이 사건 비교대상 근로자들 역시 그들의 과거 기간제 근무경력을 고려 대상으로 삼아서는 안 되며, 단지 원고들의 '기간제 근무기간'과 이 사건 비교대상 근로자들의 '정규직 근무기간'만을 비교대상으로 삼아 그 둘 사이에 차별이 있는지 여부를 검토하여야 한다.

나. 기간제 및 단시간 근로자 보호 등에 관한 법률 제2조 제3호는 차별적 처우를 '임금 그 밖의 근로조건 등에서 합리적인 이유 없이 불리하게 처우하는 것'으로 정의하고 있는바, 여기서 '합리적인 이유'가 없다는 것은 기간제 근로자를 달리 처우할 필요성이 인정되지 않거나, 달리 처우할 필요성이 인정되더라도 그 방법·정도 등이 적정하지 않은 것을 의미한다. 나아가 합리적인 이유가 있는지는 개별 사안에서 문제가 된 불리한 처우의 내용 및 사용자가 불리한 처우의 사유로

삼은 근로자의 고용형태, 업무 내용과 범위·권한·책임, 임금 그 밖의 근로조건 등의 결정요소 등을 종합적으로 고려하여 판단하여야 한다(대법원 2014. 9. 24. 선고 2012두2207 판결)

　[4] 사용자가 계속되는 근로 제공에 대하여 기간제 근로자 또는 단시간근로자에게 차별적인 규정 등을 적용하여 차별적으로 임금을 지급하여 왔다면 특별한 사정이 없는 이상 그와 같은 임금의 차별적 지급은 기간제 및 단시간 근로자 보호 등에 관한 법률 제9조 제1항 단서가 정한 '계속되는 차별적 처우'에 해당한다고 봄이 상당하다(대법원 2011. 12. 22. 선고 2010두3237 판결).

　[5] 기간제근로자가 기간제근로자임을 이유로 임금에서 비교대상 근로자에 비하여 차별적 처우를 받았다고 주장하며 차별 시정을 신청하는 경우, 원칙적으로 기간제근로자가 불리한 처우라고 주장하는 임금의 세부 항목별로 비교대상 근로자와 비교하여 불리한 처우가 존재하는지를 판단하여야 한다.

　다만 기간제근로자와 비교대상 근로자의 임금이 서로 다른 항목으로 구성되어 있거나, 기간제근로자가 특정 항목은 비교대상 근로자보다 불리한 대우를 받은 대신 다른 특정 항목은 유리한 대우를 받은 경우 등과 같이 항목별로 비교하는 것이 곤란하거나 적정하지 않은 특별한 사정이 있는 경우라면, 상호 관련된 항목들을 범주별로 구분하고 각각의 범주별로 기간제근로자가 받은 임금 액수와 비교대상 근로자가 받은 임금액수를 비교하여 기간제근로자에게 불리한 처우가 존재하는지를 판단하여야 한다. 이러한 경우 임금의 세부 항목이 어떤 범주에 속하는지는, 비교대상 근로자가 받은 항목별 임금의 지급 근거, 대상과 그 성격, 기간제근로자가 받은 임금의 세부 항목 구성과 산정 기준, 특정 항목의 임금이 기간제근로자에게 지급되지 않거나 적게 지급된 이유나 경위, 임금 지급 관행 등을 종합하여 합리적이고 객관적으로 판단하여야 한다(대법원 2019. 9. 26. 선고 2016두47857 판결).

기간제 근로자의 갱신기대권

근로자 甲은 2012년 3월 1일 근로계약기간이 2012년 3월 1일부터 2013년 2월 28일까지, 근로제공 시간은 09 : 00부터 18 : 00인 근로계약을 체결하였다. 근로계약서에는 기타 사항으로 근로계약 만료 1개월 전에 재계약할 수 있다는 내용이 기재되어 있다. 회사의 대표이사는 수시로 근로자 甲에게 2년만 성실히 근무하면 무기계약직 근로자로 전환될 것이라는 언급을 해왔다.

회사는 2013년 1월 7일 근로자 甲에 대하여 인사평가를 실시하였다. 인사평가 담당자는 직근 상급자인 경영지원본부장 乙이 단독으로 맡았으며, 근로자 甲은 모든 항목에서 가장 우수한 등급인 A등급을 부여받았다. 회사는 2013년 2월 1일에 근로계약기간이 2013년 3월 1일부터 2014년 2월 28일까지이고 기타 사항은 전년도와 동일하되 보직은 홍보팀장으로 하여 근로자 甲과 다시 근로계약을 체결하였다.

이후 회사는 2014년 1월 6일 근로자 甲을 무기계약직으로 전환할 것인지 여부를 결정하기 위한 인사평가위원회를 개최하여 근로지 甲에 대한 인사평가를 실시했다. 그 결과 직근 상급자인 홍보본부장 丙은 모든 항목에서 가장 우수하다는 평가인 A등급을 부여한 반면, 전무이사 丁은 모든 항목에서 가장 낮은 등급인 D등급을 부여하였다.

회사는 2014년 2월 1일 근로자 甲에게 인사평가 결과 재계약을 하지 않기로 했다는 사실을 통보하였다. 이에 지난 2년간 성실하게 근무해 온 근로자 甲은 회사의 재계약 거부가 부당해고에 해당한다고 주장하고 있다.

한편 회사는 근로자 甲과 같은 조건으로 근로계약을 체결하여 총 근로계약기간이 2년에 도달한 다른 기간제근로자 2명과 3명을 각각 2012년 3월 1일과 2013년 3월 1일에 인사평가 절차 없이 전원 무기계약직 근로자로 재계약하였으며, 2014년 3월 1일 근로자 甲과 함께 입사했던 근로자 戊에 대하여 인사평가를 거쳐 무기계약직 근로자로 재계약하기로 결정했다. 근로자 甲은 회사 내의 다른 무기계약직 팀장들과 유사한 직무를 수행하였으며 급여를 비롯한 기타 근로조건도 동등한 수준으로 보장받고 있었다.

문제

회사는 정당한 인사평가 결과 재계약을 거부한 것이라고 주장하는 반면, 근로자 甲은 회사가 자신과의 재계약을 거부한 것이 부당해고와 마찬가지이고, 나아가 자신은 계속근로 2년 초과로 기간의 정함이 없는 근로자로 전환되었다고 주장한다. 甲의 주장은 타당한가? (30점)

사례해결의 Key Point

기간제 근로자의 갱신기대권과 관련하여 두 가지 판례 법리가 형성되어 있다. 하나는 기간의 정함이 형식화된 경우에는 기간의 정함이 없는 근로계약으로 인정하고, 다른 하나는 정당한 갱신기대권이 형성되어 있다고 인정되는 경우에 갱신기대권을 인정하는 것이다.

취업규칙 등에 기간만료에도 불구하고 일정한 요건이 충족되면 당해 근로계약이 갱신된다는 취지의 규정을 두고 있거나, 근로계약의 내용과 근로계약이 이루어지게 된 동기 및 경위, 갱신의 기준, 실태 등 여러 사정을 종합하여 볼 때 근로계약 당사자 사이에 일정한 요건이 충족되면 근로계약이 갱신된다는 신뢰관계가 형성되어 있는 경우에는 정당한 갱신기대권이 인정될 수 있다.

기간제 및 단시간근로자 보호 등에 관한 법률 제정 이후 갱신기대권이 인정될 수 있다면, 갱신기대권 침해의 계약갱신거부의 법률효과를 어떻게 이해할 것인지 하는 문제이다. 즉, 부당해고로 보아 기간의 정함이 없는 근로자로 간주될 수 있는가에 대하여 검토해야 한다.

> **문제**
> 회사는 정당한 인사평가 결과 재계약을 거부한 것이라고 주장하는 반면, 근로자
> 甲은 회사가 자신과의 재계약을 거부한 것이 부당해고와 마찬가지이고, 나아가
> 자신은 계속근로 2년 초과로 기간의 정함이 없는 근로자로 전환되었다고 주장한
> 다. 甲의 주장은 타당한가? (30점)

I. 문제의 논점

　사안에서 기간제 근로자인 甲은 1년 단위 기간제 근로계약을 체결하고 기간 만
료 후 1회 재계약하였으나, 재계약 기간이 종료될 즈음 인사평가위원회의 평가결과
를 근거로 재계약이 거부되었다. 근로자 甲은 재계약 거부가 기간 만료에 따른 근
로계약관계의 당연한 종료가 아니라 해고에 해당한다고 주장하고 있다. 이와 관련
하여 핵심쟁점은 근로자 甲이 적법한 재계약에 대한 기대권을 가질 수 있는가 하는
것으로서 기간제 근로자의 갱신기대권의 인정 문제이다.

II. 기간제 근로자의 갱신기대권

1. 형식적 기간설정과의 구별

　기간을 정한 근로계약은 정한 기간이 만료되면 근로자와 사용자 사이의 근로계
약관계가 당연히 종료된다. 이 경우의 근로계약관계 종료는 해고가 아니다. 그러나
근로계약관계의 당사자가 근로계약기간을 정한 때에도 그 기간의 정함이 단지 형식
에 불과하다고 인정될 수 있는 특별한 사정이 있는 경우에는 기간의 정함이 없는
근로계약이므로 형식상의 근로계약 기간 만료에 따른 계약갱신 내지 재계약 거부는
그 실질이 해고임에 틀림이 없다.

　판례는 근로계약기간을 정한 경우에 있어서도 단기의 근로계약이 장기간에 걸
쳐서 반복하여 갱신됨으로써 그 정한 기간이 단지 형식에 불과하게 된 경우 등 계
약서의 내용과 근로계약이 이루어지게 된 동기 및 경위, 기간을 정한 목적과 당사
자의 진정한 의사, 동종의 근로계약 체결방식에 관한 관행 그리고 근로자보호법규
등을 종합적으로 고려하여 그 기간의 정함이 단지 형식에 불과하다는 사정이 인정
되는 경우에는 계약서의 문언에도 불구하고 그 경우에 사용자가 정당한 사유 없이

갱신계약의 체결을 거절하는 것은 해고와 마찬가지로 무효로 된다고 하여 기간의 정함이 형식에 불과하게 되는 경우를 인정하고 이때의 근로계약관계 종료에 대해서는 근로기준법 제23조를 적용한다(대법원 2006. 2. 24. 선고 2005두5673 판결).

2. 갱신기대권과 갱신거절의 효과

이와 달리 근로자에게 정당한 갱신기대권이 인정되는지 하는 문제는 기간의 정함이 있는 근로계약을 전제로 하고 있다. 즉, 근로계약의 기간이 정함이 있지만 제반사정에 비추어 근로자에게 계약이 갱신될 수 있다는 기대가 형성된 것으로 볼 수 있는 경우에 갱신기대권이 인정될 수 있는 것이다. 갱신기대권이 인정되는 경우에 정당한 이유가 없는 사용자의 갱신거절은 부당해고와 마찬가지로 무효이다.

판례는 근로계약, 취업규칙, 단체협약 등에서 기간만료에도 불구하고 일정한 요건이 충족되면 당해 근로계약이 갱신된다는 취지의 규정을 두고 있거나, 그러한 규정이 없더라도 근로계약의 내용과 근로계약이 이루어지게 된 동기 및 경위, 계약 갱신의 기준 등 갱신에 관한 요건이나 절차의 설정 여부 및 그 실태, 근로자가 수행하는 업무의 내용 등 당해 근로관계를 둘러싼 여러 사정을 종합하여 볼 때 근로계약 당사자 사이에 일정한 요건이 충족되면 근로계약이 갱신된다는 신뢰관계가 형성되어 있어 근로자에게 근로계약이 갱신될 수 있으리라는 정당한 기대권이 인정된다고 본다(대법원 2011. 4. 14. 선고 2007두1729 판결).

정당한 갱신기대권이 인정되는 경우에 사용자가 이를 위반하여 부당하게 근로계약의 갱신을 거절하는 것은 부당해고와 마찬가지로 아무런 효력이 없고, 이 경우 기간만료 후의 근로관계는 종전의 근로계약이 갱신된 것과 동일하다고 하여 부당한 갱신거절은 무효라는 점을 분명히 하고 있다(대법원 2011. 4. 14. 선고 2007두1729 판결).

3. 기간제법 시행 이후의 갱신기대권 인정 여부

기간제법 시행 이후에도 갱신기대권 법리가 그대로 적용될 수 있는지에 관하여는 판례와 학설에서 논란이 되어 왔으나, 갱신기대권 인정이 보다 엄격히 판단될 수는 있을지라도 갱신기대권 법리 적용이 배제될 수는 없다고 본다. 판례도 기간제법 시행 전은 물론 시행 후에 신규로 기간제 근로계약을 체결한 경우에도 갱신기대권이 형성될 수 있다는 점을 분명히 하였다(대법원 2016. 11. 10. 선고 2014두45765 판결).

Ⅲ. 甲에 대한 재계약 거부의 정당성

1. 갱신기대권의 형성 여부

위의 사안에서는 1년을 기간으로 하는 근로계약이 1회 재계약되었을 뿐이고 근로계약이 이루어진 동기 및 경위, 기간을 정한 목적, 당사자의 의사 등에 비추어 보면 기간의 정함이 단지 형식에 불과하다고 판단할 요소는 없다고 판단된다. 다만, 사안내용에 비추어 근로자 甲에게 정당한 갱신기대권이 인정되는지가 검토되어야 한다.

근로계약서에 계약 만료 1개월 전에 재계약할 수 있다는 내용이 기재되어 있었던 점, 회사의 대표이사가 2년만 성실히 근무하면 무기계약직 근로자로 전환될 것이라는 언급을 수시로 해왔던 점, 근로자 甲이 재계약이 거부되기 2년 전과 1년 전에도 2년의 계약기간이 경과한 전원이 무기계약직 근로자로 재계약되었던 사례가 있었던 점, 甲과 함께 입사한 戊의 경우 무기계약직 근로자로 재계약이 결정된 점 등을 고려할 때 근로자 甲도 자신의 근로계약도 당연히 재계약이 이루어질 것이라는 기대를 가질 수 있고, 회사와의 사이에도 그러한 신뢰관계가 형성되어 있다고 보는 것이 타당하다. 따라서 근로자 甲의 계약갱신과 무기계약직 전환의 기대권은 인정되어야 할 것이다.

2. 甲에 대한 갱신 거부의 정당성

甲에게 갱신기대권이 인정됨에도 불구하고 회사가 재계약을 정당한 이유 없이 거부한 경우에는 판례에 따르면 이는 부당해고와 마찬가지로 무효가 된다.

사안에서 사용자는 甲에 대한 재계약 거부가 정당한 인사평가의 결과라고 주장하고 있다. 따라서 인사평가의 정당성 여부를 판단할 필요가 있다. 간단히 살펴보면, 2014년도의 평가에서 직근 상급자는 가장 우수하다는 평가를 한 반면 그 위의 전무이사 丁이 모든 항목에서 매우 낮은 점수를 부여한 사실, 전년도의 평가결과는 가장 우수하다고 나왔는데 2014년도의 평가 결과가 오로지 전무이사 丁의 낮은 평가 탓에 낮게 나온 점, 인사평가가 매년 모든 기간제 근로자를 대상으로 행해진 것은 아니라는 점 등을 고려하면 회사의 甲에 대한 인사평가의 공정성과 객관성을 인정하기 어렵다고 생각된다(대법원 2011. 7. 28. 선고 2009두2665 판결).

3. 부당한 재계약거부의 효과

근로자 甲은 계약갱신에 대한 정당한 기대권을 가지고 있다고 보아야 하며, 회사의 甲에 대한 갱신거절은 정당한 것으로 보기 어렵기 때문에 甲의 갱신기대권을 침해한 행위로 볼 수 있다. 판례에 의하면 이러한 근로자의 갱신기대권을 침해하는 사용자의 부당한 갱신거절은 부당해고와 마찬가지로 무효라고 한다.

Ⅳ. 재계약거부 무효의 법률효과

위 사안을 판례법리에 따라 판단한다면 회사의 갱신거절은 무효이고, 이에 따라 甲의 근로계약은 종전과 같은 직위와 동일한 근로조건으로 갱신된 것으로 본다. 이를 통해 甲의 근속기간은 2년을 초과함으로써 기간제 및 단시간근로자 보호 등에 관한 법률 제4조 제2항에 따라 기간의 정함이 없는 무기계약직 근로자가 되었다고 볼 수 있다. 이러한 결론은 판례가 갱신기대권을 위반한 갱신거절은 부당해고이고 그 무효의 효과로서 계약갱신과 무기직 전환효과를 인정하기 때문이다.

위 사안에서 회사는 다른 기간제 근로자들을 인사평가절차 없이 혹은 인사평가를 거쳐 무기계약직으로 전환시키는 관행이 있었고, 회사의 대표이사는 甲에게 수차례 반복하여 2년만 지나면 무기계약직 근로자로 전환될 것이라는 약속을 해 왔다. 이 점에 주목한다면 회사의 부당한 계약갱신거절은 단지 甲의 갱신 내지 전환기대권을 침해한 행위로서 손해배상의 대상이 되는 것에 그치는 것이 아니라 판례법리에 따라 부당해고와 마찬가지로 무효이므로 계약이 갱신된 것이 된다. 결과적으로 甲과의 근로계약이 2년을 초과하여 기간의 정함이 없는 무기계약으로 전환된 것이라고 볼 수 있다.

Ⅴ. 결   론

사안에서 甲의 갱신과 무기직 전환기대권은 인정되고, 사용자의 계약갱신거절에 정당한 이유가 없는 이상 이는 판례법리에 의하면 무효가 되고, 이 경우 기간 만료 이후의 근로관계는 계약이 갱신된 것과 동일하다고 본다. 이에 따라 결과적으로 甲의 계속근로기간이 2년이 초과됨에 따라 甲의 근로계약은 기간의 정함이 없는 무기계약으로 전환된 것이라고 볼 수 있다. 따라서 甲의 주장은 타당하다고 판단된다.

주요참조판례

[1] 기간제법 제4조의 입법 취지가 기본적으로 기간제 근로계약의 남용을 방지함으로써 근로자의 지위를 보장하려는 데에 있는 점을 고려하면, 기간제법의 시행만으로 시행 전에 이미 형성된 기간제근로자의 갱신에 대한 정당한 기대권이 배제 또는 제한된다고 볼 수는 없고(대법원 2014. 2. 13. 선고 2011두12528 판결), 나아가 위 규정에 의하여 기간제근로자의 갱신에 대한 정당한 기대권 형성이 제한되는 것도 아니다.

기간제 및 단시간근로자 보호 등에 관한 법률 제5조, 제8조 제1항, 제9조 제1항의 내용 및 입법 취지에 기간제근로자의 기대권에 관한 법리를 더하여 살펴보면, 근로계약, 취업규칙, 단체협약 등에서 기간제근로자의 계약기간이 만료될 무렵 인사평가 등을 거쳐 일정한 요건이 충족되면 기간의 정함이 없는 근로자로 전환된다는 취지의 규정을 두고 있거나, 그러한 규정이 없더라도 근로계약의 내용과 근로계약이 이루어지게 된 동기와 경위, 기간의 정함이 없는 근로자로의 전환에 관한 기준 등 그에 관한 요건이나 절차의 설정 여부 및 그 실태, 근로자가 수행하는 업무의 내용 등 근로관계를 둘러싼 여러 사정을 종합하여 볼 때, 근로계약 당사자 사이에 일정한 요건이 충족되면 기간의 정함이 없는 근로자로 전환된다는 신뢰관계가 형성되어 있어 근로자에게 기간의 정함이 없는 근로자로 전환될 수 있으리라는 정당한 기대권이 인정되는 경우에는 사용자가 이를 위반하여 합리적 이유 없이 기간의 정함이 없는 근로자로의 전환을 거절하며 근로계약의 종료를 통보하더라도 부당해고와 마찬가지로 효력이 없고, 그 이후의 근로관계는 기간의 정함이 없는 근로자로 전환된 것과 동일하다(대법원 2016. 11. 10. 선고 2014두45765 판결).

[2] 기간을 정하여 근로계약을 체결한 근로자의 경우 그 기간이 만료됨으로써 근로자로서의 신분관계는 낭연히 종료되고 근로계약을 갱신하지 못하면 갱신 거절의 의사표시가 없어도 당연 퇴직되는 것이 원칙이다. 그러나 근로계약, 취업규칙, 단체협약 등에서 기간만료에도 불구하고 일정한 요건이 충족되면 당해 근로계약이 갱신된다는 취지의 규정을 두고 있거나, 그러한 규정이 없더라도 근로계약의 내용과 근로계약이 이루어지게 된 동기 및 경위, 계약 갱신의 기준 등 갱신에 관한 요건이나 절차의 설정 여부 및 그 실태, 근로자가 수행하는 업무의 내용 등 당해 근로관계를 둘러싼 여러 사정을 종합하여 볼 때 근로계약 당사자 사이에 일정한 요건이 충족되면 근로계약이 갱신된다는 신뢰관계가 형성되어 있어 근로자에게 근로계약이 갱신될 수 있으리라는 정당한 기대권이 인정되는 경우에는, 사용자가 이를 위반하여 부당하게 근로계약의 갱신을 거절하는 것은 부당해고와 마찬가지로 아무런 효력이 없고, 이 경우 기간만료 후의 근로관계는 종전의 근로계약이 갱신된 것과 동일하다(대법원 2011. 4. 14. 선고 2007두1729 판결).

[3] 계약기간을 정하여 임용된 근로자의 경우 그 기간이 만료됨으로써 근로자로서의 신분관계는 당연히 종료되고 재임용계약을 체결하지 못하면 재임용거부결정 등 특별한 절차를 거치지 않아도 당연퇴직 되는 것이며, 근로자가 부당해고 구제신청을 하여 해고의 효력을 다투던 중 계약기간의 만료로 근로관계가 종료되었다면 더 이상 구제절차를 유지할 필요가 없게 되어 구제이익이 소멸하는 것이 원칙이기는 하나, 임용의 근거가 된 법령 등의 규정이나 계약 등에서 임용권자에게 임용기간이 만료된 근로자를 재임용할 의무를 지우거나 재임용절차 및 요건 등에 관한 근거규정을 두고 있어 근로자에게 소정의 절차에 따라 재임용될 수 있으리라는 정당한 기대권이 인정되는 경우에는 사용자가 그 절차에 위반하여 부당하게 근로자를 재임용에서 제외하는 것은 실질적으로 부당해고와 동일시할 수 있는 것이므로 근로자로서는 임용기간이 만료된 후에도 재임용에서 제외한 조치의 유효 여부를 다툴 법률상 이익을 가진다(대법원 2005. 7. 8. 선고 2002두8640 판결).

[4] 기간을 정한 근로계약서를 작성한 경우에도 예컨대 단기의 근로계약이 장기간에 걸쳐서 반복하여 갱신됨으로써 그 정한 기간이 단지 형식에 불과하게 된 경우 등 계약서의 내용과 근로계약이 이루어지게 된 동기 및 경위, 기간을 정한 목적과 당사자의 진정한 의사, 동종의 근로계약 체결방식에 관한 관행 그리고 근로자보호법규 등을 종합적으로 고려하여 그 기간의 정함이 단지 형식에 불과하다는 사정이 인정되는 경우에는 계약서의 문언에도 불구하고 그 경우에 사용자가 정당한 사유 없이 갱신계약의 체결을 거절하는 것은 해고와 마찬가지로 무효로 된다(대법원 2006. 2. 24. 선고 2005두5673 판결).

[5] '기간제 및 단시간근로자 보호 등에 관한 법률'은 같은 법 제4조 제1항 단서의 예외사유에 해당하지 않는 한 2년을 초과하여 기간제근로자로 사용하는 경우 기간의 정함이 없는 근로계약을 체결한 것으로 간주하고 있으나, 기간제법의 입법 취지가 기간제근로자 및 단시간근로자에 대한 불합리한 차별을 시정하고 근로조건 보호를 강화하기 위한 것임을 고려하면, 기간제법 제4조 제1항 단서의 예외 사유에 해당한다는 이유만으로 갱신기대권에 관한 위 법리의 적용이 배제된다고 볼 수는 없다.

한편 기간제법 제4조 제1항 단서 제4호는 '고용상 연령차별금지 및 고령자고용촉진에 관한 법률' 제2조 제1호에서 정하고 있는 고령자와 근로계약을 체결하는 경우를 2년을 초과하여 기간제근로자로 사용할 수 있는 경우로 정하고 있는데, 이는 고령자에 대하여도 일반 근로자와 마찬가지로 2년을 초과하여 기간제근로자로 사용하면 기간의 정함이 없는 근로계약을 체결한 것으로 간주할 경우, 고령자에 대한 채용 자체가 기피되어 고령자에 대한 고용이 위축될 수 있다는 점을 고려한 것이다. 또한 고령자고용법 제21조는 사업주에게 정년에 도달한 근로자를 그 직무수행 능력에 맞는 직종에 재고용하도록 노력할 의무를 부과하면서, 고령자인 정년퇴직자를 재고용할 때 당사자 간의 합의에 의하여 퇴직금 등 계산을 위한 계속근로기간을 산정할 때 종전의 근로기간을 제외할 수 있고 임금의 결정을 종전과 달리할 수 있다고 규정하고 있다.

　앞서 본 갱신대기권 법리와 함께 기간제법 및 고령자고용법의 위 규정들의 입법취지와 사업장 내에서 정한 정년의 의미 및 정년 이후에 기간제 근로계약을 체결하는 근로계약 당사자의 일반적인 의사 등을 모두 고려하면, 정년을 이미 경과한 상태에서 기간제 근로계약을 체결한 경우에는, 앞서 본 제반 사정 외에 해당 직무의 성격에 의하여 요구되는 직무수행 능력과 당해 근로자의 업무수행 적격성, 연령에 따른 작업능률 저하나 위험성 증대의 정도, 해당 사업장에서 정년을 경과한 고령자가 근무하는 실태 및 계약이 갱신되어 온 사례 등을 종합적으로 고려하여 근로계약 갱신에 관한 정당한 기대권이 인정되는지 여부를 판단하여야 한다(대법원 2017. 2. 3. 선고 2016두50563 판결; 대법원 2019. 10. 31. 선고 2019두45647 판결; 대법원 2021. 10. 28. 선고 2021두45114 판결).

노/동/법/사/례/연/습

PART 2
집단적 노사관계법

A회사는 대전시 유성구 소재 컨트리클럽을 운영하는 회사로 골프장 내장객의 경기를 보조하는 경기보조원(캐디)들을 약 300명 정도 두고 있다. 이들이 노동조합을 구성하여 설립신고를 하려 하자, 관할 행정관청은 설립신고를 하려 한 노동조합이 노동조합 및 노동관계조정법상 근로자가 아닌 자들로 노조를 설립하려 한다는 이유로 설립신고서를 반려하였다. 이에 이 노조는 반려처분의 취소를 구하는 소를 제기하였다.

골프장 캐디는 주로 신문에 모집광고를 보고 이력서, 주민등록등본을 제출하여 선발된 후 일정 준비기간을 거쳐 정식 캐디로 종사한다. 이렇게 선발된 골프장 캐디들은 A회사와 어떤 형태의 근로계약도 체결하지 않고, A회사의 중개로 내장객과 고용 내지 도급계약을 체결하여 내장객의 경기를 보조한다. 골프장 캐디들은 일정한 범위 내에서 A회사의 지시·감독을 받지만 이는 골프장시설을 이용함에 부수하여 질서를 유지하는 데 필요한 최소한의 것, 예컨대 특정 내장객과 조를 이루어 그들의 골프가방을 운반하고, 그의 요구에 응하여 골프채를 꺼내 주고, 숲속에 들어간 공을 찾아 주거나 흙에 더럽혀진 공을 닦아주거나 골프채를 휘두를 때 생기는 잔디 파손부분을 손질하는 등의 일을 대신하여 도와준다.

그리고 골프장 캐디들은 내장객이 그린피와 함께 지불하는 캐디 피(소정의 금원)를 받는 외에, 경기종료 후 내장객이 임의로 주는 봉사료를 지급받을 뿐이었다. 따라서 A회사로부터 어떤 명목의 임금이나 급료도 지급받지 않았고, A회사 역시 캐디들의 수입의 다과에 전혀 관여하지 않을 뿐 아니라 갑근세 원천징수도 하지 않았다.

A회사는 캐디들에 대하여 취업규칙을 적용하지 않았지만, 캐디마스터를 두어 근무시간을 엄수케 하고, 캐디 중에 고참이나 모범적으로 근무한 사람을 조장으로 임명하여 자치적으로 출근상태를 점검케 하였다. 출근시간은 지정된 번호순서에 따

라 정해졌으며 새벽근무도 해야 해서 사실상 다른 회사에의 취업은 곤란했다. 그리
고 휴장일에 경기보조에 필요한 교육과 내장객으로 인하여 더럽혀진 시설의 청소를
하였다. 이러한 A회사의 지시를 위반했을 때에는 벌칙으로 근무정지, 배치거부 등
의 제재를 가하였다.

문제 1

위와 같은 사실관계에 터 잡아, A회사의 골프장 경기보조원들이 노조법상 기업별 노동조합의 조직주체가 될 수 있는지 검토하시오. (30점)

문제 2

위 A회사의 골프장 경기보조원으로 노무를 제공한 자들이 지급받는 캐디 피가 노조법 제2조 제1호의 "기타 이에 준하는 수입"에 해당하는지 검토하시오. (20점)

사례해결의 Key Point

문제 1

노동조합 및 노동관계조정법 제2조 제1호는 근로자란 '직업의 종류를 불문하고 임금·급료 기타 이에 준하는 수입에 의하여 생활하는 자'라고 정의하고 있고, 제2조 제4호 및 제5조에서는 노동조합을 자유로이 조직하거나 이에 가입할 수 있는 주체로 근로자를 명시하고 있다. 노동조합 및 노동관계조정법상 노동조합의 조직 주체로서 근로자성에 관한 사례해결을 위해서는 이 규정들에 대한 이해가 선행되어야 한다.

문제 2

노동조합 및 노동관계조정법상 근로자란 타인과의 사용종속관계 하에서 노무에 종사하고 그 대가로 임금 등을 받아 생활하는 자를 말한다. '임금 등'에는 급료 기타 이에 준하는 수입을 포함한다. 이러한 보수를 지급받는 노무공급계약관계는 타인과 사용종속관계가 있는 한 그 형태가 고용, 도급, 위임, 무명계약 어느 것이든 상관없다. 법원은 노무의 실질관계에 의하여 사용종속관계를 결정하고, 노동조합 및 노동관계조정법상의 근로자 여부를 판단한다. 이에 사용종속관계의 판단표지 중 하나인 보수의 노무대가성 여부와 관련하여 '기타 이에 준하는 수입'에 관한 법원의 판단을 숙지할 필요가 있다.

―――――〈풀 이 목 차〉―――――

문제 1

위와 같은 사실관계에 터 잡아, A회사의 골프장 경기보조원들이 노조법상 기업
별 노동조합의 조직주체가 될 수 있는지 검토하시오. (30점)

Ⅰ. 문제의 논점

이 문제의 핵심쟁점은 골프장 경기보조원들이 노동조합을 조직, 설립하기 위한
주체로서 노동조합 및 노동관계조정법(이하 '노조법'이라 한다)상의 근로자성을 인정
받을 수 있는지에 있다. 골프장 경기보조원들이 노조법상 근로자로 인정받아야 노동
조합의 조직 및 가입주체가 될 수 있기 때문이다. 그런데 이 사안의 골프장 경기보조
원들은 A회사와 근로계약을 체결하고 있지 않다. 그럼에도 사실상 A회사의 지휘·감
독 하에 업무를 수행해 오고 있다. 따라서 어떠한 판단기준에 따라 노조법상의 근로
자로 인정할 수 있는지 살펴야 한다. 그리고 근로기준법상 근로자 개념과는 어떤 면
에서 차이가 있는지도 이해하여야 할 것이다.

Ⅱ. 노조법상 근로자 개념

1. 노조법상 근로자 개념의 판단기준

노조법 제2조 제4호와 제5조는 노동조합의 조직주체는 근로자라고 명시하고 있
고, 같은 법 제2조 제1호에서는 그러한 근로자를 "직업의 종류를 불문하고 임금·급
료 기타 이에 준하는 수입에 의하여 생활하는 자"로 규정하고 있다. 따라서 이에 해
당하는 근로자는 타인에게 고용되어 근로를 제공하고 그 대가로 받은 보수를 가지
고 생활하고 있거나 생활하려는 자를 말한다.

법원은 "노조법상 근로자란 타인과의 사용종속관계 하에서 노무에 종사하고 그
대가로 임금 등을 받아 생활하는 자를 말한다고 할 것이고, 타인과 사용종속관계가
있는 한 당해 노무공급계약의 형태가 고용, 도급, 위임, 무명계약 등 어느 형태이든
상관없다고 보아야 할 것이며, 그 사용종속관계는 사용자와 노무제공자 사이에 지
휘감독관계의 여부, 보수의 노무대가성 여부, 노무의 성질과 내용 등 그 노무의 실
질관계에 의하여 결정된다"고 하였다(대법원 1993. 5. 25. 선고 90누1731 판결). 즉, 사용
종속관계가 인정된다면 계약형태에 상관없이 노조법상 근로자로 보아도 무방하다

고 보고 있다.

2. 근로기준법상의 근로자 개념과의 비교

노조법상 근로자인지 판단하려 할 때, 그 인정범위를 정확히 파악하기 위해서는 근로기준법상의 근로자와 동일한지, 차이가 있는지 살필 필요도 있다. 이에 대한 논쟁은 개별 근로관계법 영역에서 지속적으로 행해져 왔는데, 학설은 노동법상 근로자 개념은 통일적 개념이 아니라고 한다. 즉 입법목적에 따라 개별 노동관계법에서의 근로자 개념의 이해와 그 구체적 범위는 다를 수 있다는 것이다.

우리나라 근로기준법 제2조 제1항 제1호에서는 근로자를 "직업의 종류와 관계 없이 임금을 목적으로 사업이나 사업장에 근로를 제공하는 자를 말한다"고 규정하고 있는데, 이는 특정한 사용자와의 현실적인 노무제공을 통한 사용종속관계의 존재를 전제하는 것으로 해석된다. 따라서 단결권 등 노동3권을 보장할 필요성을 상정하고 있는 노조법상 근로자의 인정범위와는 달리 평가할 수 있다. 판례도 "근로기준법은 '현실적으로 근로를 제공하는 자에 대하여 국가의 관리·감독에 의한 직접적인 보호의 필요성이 있는가'라는 관점에서 개별적 근로관계를 규율할 목적으로 제정된 것인 데 반해, 노조법은 '노무공급자들 사이의 단결권 등을 보장해 줄 필요성이 있는가'라는 관점에서 집단적 노사관계를 규율할 목적으로 제정된 것"임을 분명히 하였다(대법원 2004. 2. 27. 선고 2001두8568 판결).

그리고 우리나라 노조법은 기업별 노조에 국한하여 노동조합형태를 인정하고 있지 않다. 더구나 2021년 1월 5일 노조법 개정시에 노조법 제2조 제4호 라목의 단서가 삭제되어 근로계약 관계가 없는 자도 기업별 노동조합 가입이 허용되었다. 그러므로 위 사안과 직접 관련된 사항은 아니지만, 미취업자라 하더라도 구직중인 자는 초기업별 노조를 통해 단결권 등 노동3권의 실현을 꾀할 수 있다고 평가하는 것이다.

3. 골프장 경기보조원의 근로자성에 대한 판례 태도

노조법상 근로자성에 관한 논의는 주로 이 사안처럼 경제적으로 종속된 고용형태로 인해 근로자성이 문제된 경우와 초기업별 노조 내의 실업자와 관련하여 전개되어 왔다.

대법원은 일찍이 노무제공의 실질적인 관계를 기초로 사용종속관계가 인정되면, 노조법상의 근로자로 볼 수 있다고 보아 골프장 경기보조원들에 대한 노조법상의 근로자성을 인정하였다(대법원 1993. 5. 25. 선고 90누1731 판결). 여기서 제시된 기준은 이후 노조법상 근로자를 판단하는 기준이 되어 왔다(대법원 2006. 5. 11. 선고 2005다20910 판결; 대법원 2006. 10. 13. 선고 2005다64385 판결 등).

　　그러나 골프장 경기보조원에 대해서 근로기준법상의 근로자성이 부정(대법원 1996. 7. 30. 선고 95누1332 판결)된 이후 골프장 경기보조원들의 노조법상 근로자성 여부는 실제 문제된 사안에서의 근무실태에 따라 그 판단을 달리 하고 있다. 즉, 골프장 캐디의 노조법상 근로자성은 일률적으로 판단될 수는 없기 때문에 사안에서의 구체적인 근무실태를 토대로 사용종속성과 노동법상의 근로자 여부를 판단할 수밖에 없다.

Ⅲ. A회사 골프장 경기보조원(캐디)의 노동조합 조직주체로서의 근로자성

　　A회사에 소속된 골프장 경기보조원(캐디)들은 내장객의 경기보조업무를 수행함에 캐디마스터 등 A회사 직원의 지시를 받고, 출근도 A회사에 의하여 지정된 번호 순서에 따라 행한다. 또한 경기보조원들은 A회사에 의하여 지명된 캐디조장의 통제를 받는다. 새벽근무도 해야 하고, 휴장일에도 출근하여 교육을 받거나 골프장 시설 청소를 해야 한다. 이렇듯 A회사의 지휘·감독 하에 노무가 제공되어 왔다. 나아가 경기보조원 업무의 성질 및 근무시간 등이 A회사에 의해 정해지고 거의 매일 출근하여야 하는 관계로 사실상 다른 회사에의 취업이 곤란하여 A회사에 거의 전속되어 있다고 볼 수 있다. 또한 경기보조원이 캐디마스터 등 A회사 측의 업무지시나 결정에 위반하거나, 무단결근 등을 한 경우에는 벌칙으로 일정기간 근무정지나 배치거부 등 제재가 가해졌는데, 경기보조원들이 근무정지나 배치거부를 당하면 그들의 수입은 결정적 타격을 받게 된다.

　　경기보조원들은 내장객을 위한 경기보조업무가 종료되면 캐디 피를 지급받는데, 이 캐디 피는 근로기준법상의 임금이라고 단정하기는 어렵고, 경기보조원이 A회사에 의하여 A회사의 골프장 경기보조원으로 선발될 때에 A회사가 임의로 지정한 내장객에게 노무를 제공하기로 약속하고, 그 대가로 A회사가 중개한 내장객으로부터 1경기당 일정 금원을 지급받기로 한 묵시적 약정에 포함되어 있었던 것으로 풀이할 수 있다. 따라서 이 사안의 골프장 경기보조원들은 A회사와 묵시적 근로계약관계에 놓여 있다고 볼 수는 없어도 자신들의 노무제공의 대가인 캐디 피만으로 생활하는 자로서 노조법 제2조 제1호에서 말하는 '기타 이에 준하는 수입에 의하여 생활하는 자'에 해당한다고 할 수 있다.

　　이처럼 A회사가 구체적인 지휘·감독을 하고 골프장 경기보조원들의 업무수행 과정에 관여하는 정도가 커서 A회사에 대한 골프장 경기보조원들의 업무종속성이 상당하고 A회사로부터 상당한 영향을 받으므로 인해 골프장 경기보조원들 스스로 독립하여 자신의 위험과 계산으로 사업을 영위할 수 있는 독립사업자성의 징표가 미흡하다고 본다. 따라서 업무수행과정에서의 종속성은 부인하기 어려운 데 반해 독립사업자성을 갖춘 것으로 볼 여지는 별로 없기 때문에 노조법상의 근로자에 해 당하는 것으로 판단할 수 있다.

Ⅳ. 결　　론

　　위 사안에서 골프장 경기보조원들은 A회사에 거의 전적인 경제적 종속상태에 놓여 있을 뿐만 아니라 업무수행에서의 A회사의 개입과 감독이 있었던 것으로 볼 수 있으므로 노조법상 근로자로 인정하여 단결권을 보장하는 것이 노조법의 입법목 적에 부합한다. 따라서 A회사의 골프장 경기보조원들은 근로계약관계의 인정 여부 와 상관없이 초기업별 노동조합, 즉 산업별·직종별·지역별 노동조합은 물론이고, 기업별 노동조합의 조직주체가 될 수 있다고 본다. 그러므로 노조설립신고 반려처 분의 취소를 구하는 이들의 소제기는 타당하다고 할 것이다.

문제 2

위 A회사의 골프장 경기보조원으로 노무를 제공한 자들이 지급받는 캐디 피가 노
조법 제2조 제1호의 "기타 이에 준하는 수입"에 해당하는지 검토하시오. (20점)

I. 문제의 논점

위 문제는 골프장 경기보조원의 근로자성에 관련한 것으로, 골프장 경기보조원
이 지급받은 캐디 피가 실질적인 사용종속성의 판단표지인 보수에 해당하는지를 파
악하는 것이 쟁점이다. 다시 말하면 캐디 피가 노조법 제2조 제1호에서 말하는 "기
타 이에 준하는 수입"에 해당되는 것인지를 검토해야 한다. 이에 해당하면 이 사안
의 캐디 피는 실질적인 사용종속관계에 내포되어 있는 노무대가적 보수가 될 것이
다. 이 문제는 특정한 사업주에게 경제적으로 종속되어 있는 노무제공자들의 단결
권 등과도 결부된다.

II. 노조법의 입법목적과 근로자 개념

판례는 노조법상의 근로자 개념의 이해와 관련하여 '노무공급자들 사이의 단
결권 등을 보장해 줄 필요성이 있는가'라는 관점을 기준으로 판단하고 있다. 그리고
노조법 제2조 제1호와 제4호, 제5조의 규정을 보면, 직업의 종류를 불문하고 임금·
급료 기타 이에 준하는 수입에 의하여 생활하는 근로자가 노동조합의 주체임을 명
시하고 있다. 판례는 이러한 노조법상의 근로자를 타인과의 사용종속관계 하에서
노무에 종사하고 그 대가로 임금 등을 받아 생활하는 자라고 해석한다(대법원 2015.
6. 25. 선고 2007두4995 판결). 이때 제공되는 노무공급계약의 형태는 타인과 사용종속
관계에 있는 한, 고용, 도급, 위임, 무명계약 등 어떠한 외관을 갖고 있든 상관없다
고 한다.

그리고 집단적 노사관계의 개별주체인 근로자의 사용종속관계 여부를 판단할
때, 사용자와 노무제공자 사이에 지휘·감독관계의 여부, 보수의 노무대가성 여부,
노무의 성질과 내용 등 제공한 노무의 실질관계를 살펴 정해야 한다고 한다(대법원
2006. 10. 13. 선고 2005다64385 판결). 학설은 이를 해석함에 있어 근로기준법의 규율
을 받는 개별적 근로관계처럼 노무제공과 이에 상응한 임금지급이라는 급부와 반대

급부관계가 반드시 있어야 하는 것은 아니라고 한다. 이러한 판례와 학설의 내용들을 고려하여, 이 사안의 경기보조원들이 지급받은 캐디 피의 노무대가성이 규명되어야 할 것이다.

Ⅲ. 캐디 피가 '기타 이에 준하는 수입'에 해당하는지 여부

1. 노조법 제2조 제1호의 '기타 이에 준하는 수입'의 의미

노조법상 '기타 이에 준하는 수입'은 노무제공에 대한 반대급부로서의 임금은 아니라 할지라도 사업주가 아닌 개인에게 일시적으로 근로를 제공하거나 사용종속관계의 근로와 유사한 노무를 공급하는 대가로 얻은 수입을 말한다. 이러한 노무를 제공하는 자는 사업주와의 관계에서 최소한 경제적 종속상태에 놓여 있다고 평가할 수 있다. 이 사안의 골프장 경기보조원도 특정 사업주에게 경제적으로 거의 전적으로 종속되어 있는데, 이와 같은 부류의 노무제공자들이 단결권 등을 가지는 노동조합의 조직주체가 되는지와 관련하여 논란이 있어 왔다. '기타 이에 준하는 수입'을 적극적으로 해석한다면, 노무대가적 보수의 인정범위는 넓어질 것이고 이에 상응하여 이들이 제공하는 노무제공관계의 사용종속적 실질도 넓게 인정될 것이다.

2. 캐디 피가 '기타 이에 준하는 수입'에 해당하는지 여부

판례가 노조법의 근로자 정의규정에서 '기타 이에 준하는 수입'을 받는 자도 임금에 준하는 보수를 받는 자로 볼 수 있다고 한 것(대법원 1993. 5. 25. 선고 90누1731 판결)은 결국 근로기준법상 '임금'보다 노조법상 '임금·급료 기타 이에 준하는 수입'의 범위가 더 넓은 것임을 인정한 것이다. 이에 따르면 보수의 노무대가성이라는 측면에서 근로자의 범위도 근로기준법보다 노조법에서 더 넓어질 수 있음을 인정한 것이라 할 수 있다.

이러한 사실은 골프장 경기보조원들의 노조법상 근로자성을 판단할 때도 그대로 고려되어야 한다. A회사의 골프장 경기보조원들이 지급받아 온 캐디 피는 그들이 A회사의 골프장 경기보조원으로 선발될 때에, A회사가 임의로 지정한 내장객에게 노무를 제공하기로 하고, 그 대가로 내장객으로부터 1경기당 일정 금원을 지급받기로 한 묵시적 약정에 포함되어 있는 것으로 파악된다. 그리고 이와 같은 약정 하에 지급받는 캐디 피라고 한다면, 내장객이 직접 골프장 경기보조원에게 지급하더라도 이로 인해 A회사와의 사이에 존재하는 사용종속관계의 실질이 부정되는 것은 아니라 할 것이다. A회사의 골프장에서 골프경기를 하려면 어차피 내장객은 경기보조원에게 캐디 피를 지불하여야 하고, 골프장 경기보조원들을 선발하여 내장객을 위해 골프경기 보조업무를 할 수 있도록 A회사가 그 캐디를 책정하는 것으로 보아야 하기 때문이다. 내장객이 직접 캐디 피를 지불하였다 할지라도 골프장 경기보조원들이 지급받은 캐디 피는 노조법 제2조 제1호 소정의 '기타 이에 준하는 수입'에 해당한다고 볼 수 있다.

Ⅳ. 결   론

골프장 경기보조원들이 지급받은 캐디 피는 노조법 제2조 제1호 중 '기타 이에 준하는 수입'에 속하는 것으로 해석된다. 이는 경제적으로 종속되어 있는 경기보조원의 A회사에 대한 사용종속의 실질을 보여주는 노무대가성의 징표로, 경기보조원의 노조법상의 근로자성을 인정하는 판단표지가 된다(대법원 1993. 5. 25. 선고 90누1731 판결이나 이를 원용한 서울고법 2011. 9. 2. 선고 2010누22308 판결).

유사사례

B노동조합은 1999. 1. 10. 서울지역 여성근로자들의 지위향상을 목적으로 설립된 비법인 사단으로, 2000. 8. 21. 규약을 첨부하여 서울특별시장에게 노동조합설립신고를 했다. B노동조합의 규약 제6조에서는 "노조는 서울지역의 미조직 여성근로자, 임시직, 계약직, 파견, 시간제 등 비정규직 여성근로자, 구직중인 여성근로자로서 본 노조규약에 찬성하는 사람으로 구성한다"고 규정하고, 설립당시 B노동조합의 구성원에는 취업자 22명 이외에 미취업자 3명이 포함되어 있었다. 이에 대해 서울시는 2000. 8. 23. "B노동조합의 규약 제6조는 '구직중인 여성근로자'의 가입을 허용하고 있는데, 이는 근로자가 아닌 자의 노동조합 가입을 허용하는 것이다"라고 하여 당시 노동조합 및 노동관계조정법 제2조 제4호 라목의 노동조합 정의 및 범위규정, 같은 법 제12조 제3항의 신고증 교부규정을 적용하여 설립신고 반려처분을 하였다.
이에 B노동조합은 지역별 노동조합의 성격을 가진 B노동조합이 그 구성원으로 '구직중인 여성근로자'를 포함시키고 있다 하더라도, '구직 중인 여성근로자' 역시 노동조합 및 노동관계조정법 소정의 근로자에 해당하는 것으로 판단되므로 '구직 중인 여성근로자는 근로자가 아니다'라는 이유로 B노동조합의 신청을 반려한 처분은 위법하다고 주장하면서 노동조합설립신고서의 반려처분의 취소를 구하는 소를 제기하였다. B노동조합의 주장이 정당한지 검토하시오.

해설요지

근로기준법은 '현실적으로 근로를 제공하는 자에 대해 국가의 관리·감독에 의한 직접적인 보호의 필요성이 있는가'라는 관점에서 개별적 근로관계를 규율할 목적으로 제정된 것인 반면, 노동조합 및 노동관계조정법(이하 '노조법'이라 한다)은 '노무공급자들 사이의 단결권 등을 보장해 줄 필요성이 있는가'라는 관점에서 집단적 노사관계를 규율할 목적으로 제정된 것으로 그 입법목적에 따라 근로자의 개념은 상이하게 정의될 수 있다.

그리고 산업별·직종별·지역별 노동조합 등의 경우에는 원래부터 일정한 사용자에의 종속관계를 조합원의 자격요건으로 하지 않는 점에 비추어 볼 때, 특정한 사용자에게 고용되어 현실적으로 취업하고 있는 자뿐만 아니라, 일시적으로 실업상태에 있는 자나 구직중인 자도 노동3권을 보장할 필요성이 있는 한 그 범위에 포함되는 것으로 해석되어야 한다. 따라서 지역별 노동조합의 성격을 가진 B노동조합이 그 구성원으로 '구직 중인 여성 노동자'를 포함시키고 있다 하더라도, 이러한 자들 역시 노조법상의 근로자에 해당한다고 보아야 할 것이어서, 이를 이유로 B노동조합의 노동조합설립신고를 반려한 이 사건 처분은 위법하다는 주장은 타당하다(대법원 2004. 2. 27. 선고 2001두8568 판결; 대법원 2015. 1. 29. 선고 2012두28247 판결 참조).

주요참조판례

1. 노조법상 근로자성 판단

[1] 노조법상 근로자란 타인과의 사용종속관계 하에서 노무에 종사하고 그 대가로 임금 등을 받아 생활하는 자를 말한다고 할 것이고, 타인과 사용종속관계가 있는 한 당해 노무공급계약의 형태가 고용, 도급, 위임, 무명계약 등 어느 형태이든 상관없다고 보아야 할 것이며, 그 사용종속관계는 사용자와 노무제공자 사이에 지휘 감독관계의 여부, 보수의 노무대가성 여부, 노무의 성질과 내용 등 그 노무의 실질관계에 의하여 결정된다 할 것이다. 이 사건 골프장 캐디는 노조법상 근로자에 해당한다(대법원 1993. 5. 25. 선고 90누1731 판결).

[2] 노동조합 및 노동관계조정법 또는 근로기준법상 근로자란 타인과의 사용종속관계 하에서 노무에 종사하고 그 대가로 임금 등을 받아 생활하는 자를 말하고, 그 사용종속관계는 당해 노무공급계약의 형태가 고용, 도급, 위임, 무명계약 등 어느 형태이든 상관없이 사용자와 노무제공자 사이에 지휘 · 감독관계의 여부, 보수의 노무대가성 여부, 노무의 성질과 내용 등 그 노무의 실질관계에 의하여 결정되는 것이다(대법원 2006. 10. 13. 선고 2005다64385 판결).

[3] 레미콘운송차량의 소유권이 레미콘운송차주들에게 있고 그 차량의 관리를 레미콘운송차주들 스스로 하여온 점, 레미콘운송차주들이 취업규칙 · 복무규정 · 인사규정 등의 적용을 받지 아니하고, 기본급이나 고정급이 정하여져 있지 아니한 점, 근로소득세를 원고가 원천징수한 것이 아니라 레미콘운송차주들이 각자 사업자등록을 하여 사업소득세 및 부가가치세를 납부한 점 등을 종합하여, 피고 등을 원고에 대하여 사용종속적인 관계에서 노무에 종사하고 그 대가로 임금 등을 받아 생활하는 노조법 소정의 근로자라고 볼 수 없다(대법원 2006. 5. 11. 선고 2005다20910 판결).

[4] 노조법상 근로자란 타인과의 사용종속관계 하에서 근로를 제공하고 그 대가로 임금 등을 받아 생활하는 사람을 의미하며, 특정한 사용자에게 고용되어 현실적으로 취업하고 있는 사람뿐만 아니라 일시적으로 실업상태에 있는 사람이나 구직 중인 사람을 포함하여 노동3권을 보장할 필요성이 있는 사람도 여기에 포함되는 것으로 보아야 한다.

그리고 출입국관리 법령에서 외국인고용제한 규정을 두고 있는 것은 취업자격 없는 외국인의 고용이라는 사실적 행위 자체를 금지하고자 하는 것뿐이지, 나아가 취업자격 없는 외국인이 사실상 제공한 근로에 따른 권리나 이미 형성된 근로관계에 있어서 근로자로서의 신분에 따른 노동관계법상의 제반 권리 등의 법률효과까지 금지하려는 것으로 보기는 어렵다. 따라서 타인과의 사용종속관계 하에서 근로를 제공하고 그 대가로 임금 등을 받아 생활하는 사람은 노조법상 근로자에 해당하고, 노조법상의 근로자성이 인정되는 한, 그러한 근로자가 외국인인지 여부나 취업자격의 유무에 따라 노조법상 근로자의 범위에 포함되지 아니한다고 볼 수는 없다(대법원 2015. 6. 25. 선고 2007두4995 판결).

　[5] 대법원이 판례로 확립한 근로기준법상 근로자성 판단기준에 의하면, 원고 학습지교사들을 근로기준법상 근로자로 볼 수 없다. 비록 근로기준법상 근로자에 해당하지 않더라도 노동3권 보호의 필요성이 있으면 노동조합법상 근로자에 해당할 수 있다. 다음과 같은 사정들을 종합하여 볼 때, 원고 학습지교사들은 노동조합법상 근로자에 해당한다고 봄이 타당하다.

　① 업무 내용, 업무 준비 및 업무 수행에 필요한 시간 등에 비추어 볼 때 원고 학습지교사들이 겸업을 하는 것은 현실적으로 어려워 보여, 참가인으로부터 받는 수수료가 원고 학습지교사들의 주된 소득원이었을 것으로 보인다. ② 참가인은 불특정다수의 학습지교사들을 상대로 미리 마련한 정형화된 형식으로 위탁사업계약을 체결하였으므로, 보수를 비롯하여 위탁사업계약의 주요 내용이 참가인에 의하여 일방적으로 결정되었다고 볼 수 있다. ③ 원고 학습지교사들이 제공한 노무는 참가인의 학습지 관련 사업 수행에 필수적인 것이었고, 원고 학습지교사들은 참가인의 사업을 통해 학습지 개발 및 학습지 회원에 대한 관리·교육 등에 관한 시장에 접근하였다. ④ 원고 학습지교사들은 참가인과 일반적으로 1년 단위로 위탁사업계약을 체결하고 계약기간을 자동연장하여 왔으므로 그 위탁사업계약관계는 지속적이었고, 참가인에게 상당한 정도로 전속되어 있었던 것으로 보인다. ⑤ 원고 학습지교사들은 비록 근로기준법상 근로자에 해당한다고 볼 정도는 아니지만 어느 정도 참가인의 지휘·감독을 받았던 것으로 볼 수 있다. ⑥ 원고 학습지교사들은 참가인으로부터 학습지회원에 대한 관리·교육, 기존 회원의 유지, 회원모집 등 자신이 제공한 노무에 대한 대가 명목으로 수수료를 지급받았다. ⑦ 비록 근로기준법이 정하는 근로자로 인정되지 않는다 하더라도, 특정 사업자에 대한 소속을 전제로 하지 아니할 뿐만 아니라 '고용 이외의 계약 유형'에 의한 노무제공자까지도 포함할 수 있도록 규정한 노동조합법의 근로자 정의 규정과 대등한 교섭력의 확보를 통해 근로자를 보호하고자 하는 노동조합법의 입법취지를 고려할 때, 참가인의 사업에 필수적인 노무를 제공함으로써 참가인과 경제적·조직적 종속관계를 이루고 있는 원고 학습지교사들을 노동조합법상 근로자로 인정할 필요성이 있다. 또한 경제적 약자의 지위에서 참가인에게 노무를 제공하는 원고 학습지교사들에게 일정한 경우 집단적으로 단결함으로써 노무를 제공받는 특정 사업자인 참가인과 대등한 위치에서 노무제공조건 등을 교섭할 수 있는 권리 등 노동3권을 보장하는 것이 헌법 제33조의 취지에도 부합한다(대법원 2018. 6. 15. 선고 2014두12598, 2014두12604 판결).

2. 노조법 제2조 제1호의 '기타 이에 준하는 수입'

　[1] 캐디는 내장객 보조업무가 종료되면 소외회사로부터 보수 즉 캐디피를 지급받는바, 위 캐디피는 근로기준법상의 임금이라고 단정하기는 어렵지만 캐디가 소외회사에 의하여 소외회사의 골프장 캐디로 선발·채용될 때에 캐디와 소외회사 사이에 캐디는 소외회사가 임의로 지정하는 내장객에게 노무제공을 하기로 하고 그 대가로 소외회사로부터 캐디피로서 1경기당 일정한 금원인 금 5,000원을 지급받기로 하는 묵시적인 약정이 있는 것으로 엿보이고, 이와 같은 약정은 고용계약관계에 근사하다고 보이므로 **캐디피를 노조법 제4조 소정의 "기타 이에 준하는 수입"으로 못 볼 바도 아니라고 보여지는 점** (중략) 등이 엿보이는바, 이러한 사정들에 비추어 보면 소외회사 골프장 소속의 캐디들은 소외 회사와의 사이에 종속적 노동관계에 있다고 보아야 할 것이다(대법원 1993. 5. 25. 선고 90누1731 판결).

　[2] 골프장의 경기보조원들은 원고 회사의 구체적인 지휘, 감독에 따라 자신들의 노무제공을 하고 있고, 업무수행과정에 원고 회사가 관여하는 정도가 커서 경기보조원들의 원고 회사에 대한 업무의 종속성이 상당하며, 특히 경기보조원들의 캐디피 수입은 원고 회사에 의하여 상당한 영향을 받고 있으므로 경기보조원 스스로 독립하여 자신의 위험과 계산으로 사업을 영위할 수 있는 독립사업자성의 징표가 미흡하다. 설령 이 사건 골프장의 경기보조원들과 원고 회사 사이에 묵시적인 근로계약 관계를 인정할 수 없다고 하더라도, 위 **경기보조원들은 자신들의 노무제공의 대가인 캐디피만으로 생활하는 자로서 노조법 제2조 제1호에서 말하는 '기타 이에 준하는 수입에 의하여 생활하는 자'에 해당한다고 할 수 있다**(서울고법 2011. 9. 2. 선고 2010누22308 판결).

3. 근로기준법과 노조법 사이 근로자 개념의 비교

　[1] 골프장에서 일하는 캐디는, 골프장 시설운영자와 사이에 근로계약·고용계약 등의 노무공급계약을 전혀 체결하고 있지 않고, 그 경기보조업무는 원래 골프장측이 내장객에 대하여 당연히 제공하여야 하는 용역제공이 아니어서 캐디에 의한 용역제공이 골프장 시설운영에 있어서 필요불가결한 것이 아니며, 내장객의 경기보조업무를 수행한 대가로 내장객으로부터 직접 캐디 피(caddie fee)라는 명목으로 봉사료만을 수령하고 있을 뿐 골프장 시설운용자로부터는 어떠한 금품도 지급받지 아니하고, 골프장에서 용역을 제공함에 있어 그 순번의 정함은 있으나 근로시간의 정함이 없어 자신의 용역제공을 마친 후에는 골프장 시설에서 곧바로 이탈할 수 있고, 내장객의 감소 등으로 인하여 예정된 순번에 자신의 귀책사유 없이 용역제공을 할 수 없게 되더라도 골프장 시설운용자가 캐디 피에 상응하는 금품이나 근로기준

법 소정의 휴업수당을 전혀 지급하고 있지도 아니하며, 내장객에 대한 업무 수행과정에서 골프장시설운용자로부터 구체적이고 직접적인 지휘·감독을 받고 있지 않으며, 근로소득세를 납부하고 있지 않고, 내장객에 대한 경기보조업무 수행을 해태하여도 그 용역을 제공하는 순번이 맨 끝으로 배정되는 등의 사실상의 불이익을 받고 있을 뿐 달리 골프장 시설운용자가 캐디에 대하여 회사의 복무질서 위배 등을 이유로 한 징계처분을 하지 아니하는 등의 여러 사정을 종합하여 볼 때, 골프장 시설운영자에 대하여 사용종속관계 하에서 임금을 목적으로 근로를 제공하는 근로기준법 소정의 근로자로 볼 수 없다 할 것이다.

반면, 노조법상의 근로자란 타인과의 사용종속관계 하에서 노무에 종사하고 그 대가로 임금 등을 받아 생활하는 자를 말하고, 그 사용종속관계는 당해 노무공급계약의 형태가 고용, 도급, 위임, 무명계약 등 어느 형태이든 상관없이 사용자와 노무제공자 사이에 지휘·감독관계의 여부, 보수의 노무대가성 여부, 노무의 성질과 내용 등 그 노무의 실질관계에 의하여 결정되는 것이다.

노조법상의 근로자의 경우 직접적인 근로계약의 존재가 요구되는 것은 아니므로 그 근로자성 판단기준의 징표를 임금의 종속성 판단 요소보다는 사용자의 지휘·감독의 정도 및 근로자가 독립하여 자신의 위험과 계산으로 사업을 영위할 수 있는지 등의 주로 '업무의 종속성 및 독립사업자성'을 판단하는 평가요소로 삼아야 한다. 피고가 캐디들의 근무내용, 근무시간 및 근무 장소에 대하여 상당한 정도의 지휘·감독을 하고 있다고 볼 수 있는 점, 캐디들은 경기보조업무 수행 과정에서 필요한 작업도구를 피고로부터 제공받아 사용하며 노무 이외에 자신의 자본을 투여하는 일이 없고, 그 업무내용이 단순 노무제공의 측면이 강하며, 피고가 지정한 순번에 따라 출장의 기회를 제공받으므로 이용객을 임의로 선택하거나 교체를 요구할 수 없고, 캐디피의 액수도 캐디들이 이용객과 사이에 임의로 정할 수 있는 것이 아니어서 캐디들 스스로 노무제공을 통한 이윤의 창출과 손실의 위험을 부담하는 독립사업자로 볼 수 없는 점, 이 사건 골프장의 캐디들은 출장일수가 적지 않고, 피고가 정하는 출장순번에 따라 출장하는데 자신의 출장순번이 언제 돌아올지 정확히 예측할 수 없어 실제로 이 사건 골프장 외의 다른 골프장에서 경기보조업무를 수행하는 것은 사실상 불가능하므로 피고에 전속되어 계속적인 경기보조업무를 수행하는 것으로 보아야 하는 점, 피고와 이 사건 노동조합 상호간에 상대방을 노조법상 사용자 또는 노동조합으로 인정하여 단체협약과 별도의 합의나 노동쟁의 조정절차 등을 거쳐 왔고 원고들은 이 사건 노동조합 소속 조합원들로 활동하여 온 점 등에 비추어 이 사건 골프장의 캐디들에 대하여는 노조법상의 근로자성을 인정할 수 있다(대법원 2014. 2. 13. 선고 2011다78804 판결).

30 노동조합의 요건과 설립신고제도

A회사는 종업원 약 만 명 규모의 대기업으로서 그 동안 노동조합이 조직되지 않고 있었으나, 최근 10명 정도의 근로자를 조합원으로 하여 B노동조합이 결성되고 노동조합으로서의 설립신고를 하였다. 그러나 관할 행정관청에서는 미미한 조직률과 쟁의행위를 일체 하지 않겠다는 규약내용을 문제 삼아 노동조합으로서의 실질적 요건이 미비되었다는 이유로 설립신고서를 반려하였다.

이에 B노동조합은 반려처분 취소소송을 제기하였으며, 그 사이 조직 활동을 열심히 하여 조합원들이 대폭 증가하게 되자, A회사에 대하여 임금인상을 위한 단체교섭을 요구하였다. 그러나 A회사는 노조법에 의하여 설립된 노동조합이 아님을 이유로 이를 거부하였다. B노동조합은 회사의 단체교섭 거부통고가 있자 노동위원회에 조정신청을 하였지만, 이마저 신청자격이 없음을 이유로 기각당하자 조합원총회를 열어 파업찬성을 결의하고 그 결과를 사용자에게 통보한 후 교섭에 응할 것을 요구하였다. 그러나 A회사가 여전히 교섭을 거부하자 파업에 돌입하고 사업장내 체력단련실을 점거하여 교섭에 응할 것을 계속 요구하였다.

문제 1

B노동조합의 설립신고에 대한 행정관청의 반려처분의 타당성을 검토하시오. (25점)

문제 2

B노동조합의 법적 지위와 파업의 정당성을 검토하시오. (25점)

사례해결의 Key Point

문제 1

노동조합의 실질적 요건과 결격요건(노조법 제2조 제4호)에 비추어 미미한 조직률과 규약상의 쟁의포기규정을 어떻게 평가할 것인지와 노동조합의 요건으로서 자주성과 독립성의 구비 여부에 대한 행정관청의 설립심사의 범위가 검토되어야 할 것이다.

문제 2

노동조합으로서의 실질적 요건을 구비하였으나 설립신고를 하지 못한 B노동조합의 법적 지위를 먼저 검토한 후, B노동조합의 파업의 정당성이 논의되어야 할 것이다. 즉, 이른바 법외노조의 쟁의행위 주체성이 인정되는지가 먼저 검토되어야 하고, 이어서 조정전치주의와 관련한 절차적 정당성 및 체력단련실 점거농성 형태와 관련한 수단과 방식면의 정당성 요건이 검토되어야 할 것이다.

B노동조합의 설립신고에 대한 행정관청의 반려처분의 타당성을 검토하시오.
(25점)

I. 문제의 논점

노동조합 및 노동관계조정법(이하 '노조법'이라 한다)상의 노동조합이 되기 위해서는 동법에서 정하고 있는 실질적 요건(노조법 제2조 제4호)과 설립신고라는 형식적 요건(노조법 제10조 내지 제12조)을 갖추어야 한다. 이는 단순한 인적 결사체와 구별되는 노동법상의 완전한 보호대상으로서의 노동조합이기 위하여 요구되는 것이다. 사례에서 B노조의 설립신고에 대해 행정관청은 조직률의 미비와 쟁의행위를 일체하지 않겠다는 규약내용이 노조의 실질적 요건을 충족시키지 못하였다는 이유로 설립신고서를 반려하였는바, 이에 대해 행정관청의 심사권의 범위가 어디까지인지가 문제된다. 즉 형식적 심사권에 한정되는가 아니면 실질적 심사권도 가지고 있는가가 문제된다. 나아가 노조법 제7조 제1항에서는 위의 요건을 갖추지 못한 단체에 대해 일정한 이익을 향유하지 못한다고 규정하고 있는바, 실질적 요건을 갖추었으나 형식적 요건을 갖추지 못한 노동조합의 경우 그 법적 지위를 검토하여야 한다.

II. 노동조합의 요건과 설립신고제도

1. 노동조합의 실질적 요건

노조법 제5조는 노동조합의 자유설립주의를 규정하고 있다. 그러나 노동조합을 자유로이 설립하는 경우라도 동법 제2조 제4호에 의한 자주성을 갖춘 근로자단체만이 노동조합으로 인정된다는 점에서 대외적 자주성은 노동조합의 필수불가결한 요소로서 노동조합의 실질적 요건이라 하겠다. 또한 노동조합은 대내적으로 민주성을 갖추어야 한다.

노조법 제2조 제4호에서는 자주성 확보에 없어서는 아니 되는 필수불가결한 요소를 규정한 본문의 적극적 요건과, 단서의 자주성 확보와 관련해서 있어서는 아니 되는 단서 각 목의 소극적 요건을 규정하고 있다. 따라서 노동조합은 적극적 요건을 충족하여야 하며, 아울러 소극적 요건에 해당되어서도 아니 된다.

노동조합은 근로자가 주체가 되어 조직한 단체이어야 하며, 근로조건 유지·개선 및 경제적·사회적 지위 향상이 그 주된 목적이어야 한다. 즉, 노동조합은 근로조건의 유지 및 개선을 주된 목적으로 하는 근로자들의 자주적 단체임을 요건으로 한다. 단서에서 규정한 소극적 요건은 노동조합의 자주성 상실의 가장 대표적인 경우를 규정한 것으로 이에 해당하면 노동조합의 자주성이 당연히 부인되어 노동조합으로서의 실질을 갖추지 못한 것으로 보되, 그 이외의 경우에는 설립에 있어 원칙적으로 문제 삼지 않아야 하는 것이 노동조합의 자유설립주의의 입법취지에 비추어 타당하다고 본다.

2. 행정관청의 설립심사의 범위

위의 실질적 요건을 갖춘 근로자단체가 설립신고서(노조법 제10조)에 규약(노조법 제11조)을 첨부하여 행정관청에 설립신고를 하고 신고증을 교부받으면 노조법상의 노동조합으로 인정된다. 따라서 노동조합 설립에 대해서는 신고주의를 채택하고 있다.

행정관청은 노동조합의 규약과 신고서를 접수하고 이에 대한 일정한 심사를 거쳐 심사기준에 충족되면 수리하고 설립신고증을 교부하여야 한다. 이때 심사를 통해 심사기준에 충족되지 못하면 설립신고서의 보완을 요구하거나 설립신고서를 반려하도록 하고 있다. 여기서 심사기준과 관련된 심사권의 내용이 문제되는바, 노동3권 행사의 주체의 적격성 여부와 노동조합의 자격 여부가 행정관청의 심사행위에 의해 좌우될 수 없다는 점과 현행법이 비록 신고주의를 채택하고 있지만 자유설립주의를 원칙으로 하고 있는 점에 비추어 볼 때, 행정관청의 심사권은 노동조합의 자주성·민주성 확보를 위한 최소한도에 그쳐야 한다.

III. B노동조합설립신고서 반려사유의 타당성

1. 미미한 조직률

노조법에서는 노동조합의 실질적 요건으로 일정한 정도 이상의 조직률이나 조합원 수를 요구하지 않고 단지 근로조건의 유지·개선을 주된 목적으로 조직하는 근로자들의 자주적 단결체인 한 노동조합으로 설립·존속할 수 있도록 하고 있다. 또한 설립신고와 관련한 행정관청의 심사범위도 노조법 제2조 제4호 단서의 각 목의 소극적 요건 해당 여부를 비롯하여 신고서나 규약의 기재사항 누락 또는 허위사

실 여부에 한정하고 있는 것으로 이해된다. 따라서 사안에서 B노조의 미미한 조직
률을 문제 삼은 행정관청의 설립신고서 반려는 타당성이 없다 하겠다. 또한 노동조
합은 민법상의 사단법인 규정이 준용되므로 원칙적으로 근로자 2인 이상이면 노동
조합이 설립될 수 있음은 물론이고, 10명 정도를 조합원으로 하는 데 그쳐 조직대
상근로자수에 비해 그 조직률이 너무나 미미하다 하더라도 그것이 곧 노동조합의
실질요건으로서의 자주성을 부인할 근거가 되지는 않기 때문이다. 근로자가 주체가
되고 근로조건 유지·개선 및 경제적·사회적 지위 향상을 필수목적으로 하는 이상,
그 수가 적다할지라도 이를 이유로 한 설립신고서 반려는 타당성이 없다. 사용자와
의 대등한 교섭력을 위한 조직률을 확보하는 것은 노조의 과제이지 이를 설립단계
에서 행정관청이 예단하여 설립을 제한할 수는 없는 것이다.

2. B노동조합 규약에서의 쟁의행위 포기

문제로 남는 것은 쟁의행위를 일체 하지 않겠다는 규약이 노동조합의 실질요건
에 위반되는지의 여부이다. 이러한 쟁의행위 포기 규약이 소극적 요건을 규정하고
있는 단서 각 목의 경우에 해당되지 않음은 분명하므로, 논의의 초점은 적극적 요
건의 충족 여부로 모아지게 된다. 적극적 요건은 주체와 목적의 관점에서 정의된
것으로, 쟁의행위 포기가 노동조합의 필수적인 목적성을 위반하는 것인가의 문제라
하겠다. 쟁의행위는 노동조합이 단체교섭과 협약체결에 실패한 후 노사분쟁 상태에
서 자신의 주장을 관철하려는 목적으로 행하는 실력수단이다(노조법 제2조 제6호 참
조). 따라서, 쟁의행위는 그 자체가 목적이 아니라 평화적인 단체교섭 과정에서 이
루지 못한 협약체결을 도모하기 위하여 행하는 수단으로서의 의미만을 갖는다.

쟁의행위라는 수단을 실제 사용할 것인지 여부는 노동조합의 자기결정권의 대
상이다. 실질상으로 노동조합이 노동조합의 필수목적을 추구하지 아니하는 경우(예
컨대 "단체교섭을 하지 않겠다"라고 하는 경우) 노동조합의 자격이 부인되어야 하겠지
만, 필수목적 달성을 위해 인정되는 수단의 제한 내지 임의 포기는 노동조합의 자
격자체를 부인할 근거로 될 수 없다. 왜냐하면 쟁의행위 그 자체가 필수목적을 이
루는 것이 아니라, 다만 노사자치를 달성하기 위한 필수적인 보조수단일 뿐이기 때
문이다. 따라서 쟁의행위 포기를 규정한 규약내용은 노동조합의 필수목적 위반 내
지 적극적 요건의 흠결로 볼 수 없으며, 이를 이유로 설립신고서를 반려한 것은 타
당하지 않다. B노조의 쟁의행위 포기 규약은 헌법상의 쟁의권 보장은 물론 노동관
계법령을 위반한 규약으로 볼 수 없으며, 따라서 행정관청은 노동위원회의 의결을

얻어 시정을 요구할 수도 없는 것으로 판단된다.

Ⅳ. 결   론

　　노조법상의 모든 보호를 받기 위해서는 노동조합은 실질적 요건과 형식적 요건을 모두 구비해야 한다. 설립신고는 설립허가를 받기 위한 출원이 아니라 행정상 목적을 위해 규정된 행정편의적 제도에 불과하므로 행정관청의 설립심사행위는 노조가 현실적으로 자주성·민주성을 갖추도록 하는 행정지도절차이다.

　　B노동조합은 근로자가 주체가 되어 자주적으로 단결하여 근로조건의 유지·개선 등을 목적으로 하는 단체이어야 한다는 적극적 요건을 구비하고 있을 뿐만 아니라, 800명의 근로자 중 10명으로 노조를 조직했다 하더라도 이는 소극적 요건에 해당하지 않으므로 이를 이유로 한 설립신고서 반려처분은 그 타당성이 없다 하겠다. 그리고 쟁의행위를 포기하는 규약내용도 적당한 반려사유가 될 수 없다.

> **문제 2**
> B노동조합의 법적 지위와 파업의 정당성을 검토하시오. (25점)

Ⅰ. 문제의 논점

B노동조합이 노동조합으로서의 실질적 요건을 구비하고 있으나, 설립신고를 하지 못한 경우에 그 법적 지위가 문제된다. 즉, 적법하게 회사 측에 단체교섭을 요구할 수 있는지 여부와 단체교섭이 거부될 경우 쟁의행위를 할 수 있는지 여부를 검토해야 한다. 특히 사안에서는 조정전치주의를 거치지 아니한 파업의 정당성 여부 및 사용자의 소유권 및 경영권과 관련하여 어느 정도의 직장점거가 정당한 쟁의행위로서 인정될 수 있을지가 문제된다.

Ⅱ. B노동조합의 법적 지위

1. 노동조합 설립신고의 의미

근로자단체가 대외적 자주성과 대내적 민주성을 갖추고 설립신고를 마치면 노조법이 보호하는 노동조합의 자격을 부여받는다. 노조법에 의하여 설립된 노동조합이 아니면 노동쟁의의 조정이나 부당노동행위의 구제신청을 할 수 없을 뿐만 아니라 노동조합이라는 명칭도 사용할 수 없다(노조법 제7조). 그런데 노조법 제2조 제4호에서는 근로자단체가 실질적 요건만을 갖추면 '노동조합'이라고 정의하고 있어, 동법 제2조 제4호와 제7조의 상호관계에 대한 합리적 해석이 필요하다고 하겠다. 즉, 동법 제2조 제4호의 자주성 요건을 갖춘 근로자단체가 설립신고를 하지 않았다는 이유만으로 노동조합이라고 할 수 없을 것인가의 문제이다. 노조법 제7조의 '이 법에 의한 노동조합'은 자주성과 민주성을 갖추고 설립신고를 필한 근로자단체를 의미하며, 노조법 제2조 제4호의 '노동조합'은 근로자단체가 노동조합이 되기 위한 필수적 요건으로서의 자주성을 갖춘 근로자단체를 말하는 것으로 해석하는 것이 타당하다. 따라서 노조법 제2조 제4호의 자주성과 민주성만을 갖춘 근로자단체는 자주성·민주성·설립신고 모두를 갖춘 근로자단체에 비해 노조법 제7조에 의해 불이익을 받는 것이지만 노동조합의 자격을 전적으로 부인할 것은 아니다.

2. 설립신고를 못한 B노동조합의 법적 지위

노조법 제2조 제4호의 자주성을 갖추어 노동조합으로서의 실질을 지니고 있으나 동법에서 규정한 설립신고를 하고 있지 아니한 근로자단체는 노조법 제7조에 의한 노동조합이 아니기 때문에 일정한 권리에 관하여 노동조합으로서의 이익을 향유하지 못한다. 즉, 이러한 근로자단체는 노동조합이라는 명칭을 사용하지 못하고 노동쟁의조정과 부당노동행위 구제신청을 하지 못하는 등 법률에 규정한 일정한 불이익을 받을 수밖에 없다. 그러나 이러한 불이익은 노동3권 행사 주체로서의 단결체의 실질을 부정하는 취지가 아니고 신고를 하도록 하는 행정상 목적에 따른 불이익 부여에 지나지 않으므로 단결체 활동을 할 수 있는 자격을 전면 부인하는 것은 아니다. 따라서, 노동조합으로서의 실질적 요건을 갖추고 있는 근로자단체는 이상의 불이익을 감수하는 데 그치고 헌법상의 단결체로서 노동조합의 실질이 부인되는 것으로 해석될 수는 없다. 근로조건의 유지·개선을 위한 자주적인 근로자단체는 헌법상의 보호대상이 된다.

위 사례에서 B노동조합은 설립신고가 반려되었지만 근로자들이 자주적 단결체로서의 실질을 부인할 다른 사정이 없으므로 단체교섭 및 쟁의행위 등 단체협약체결을 위한 단결체 본연의 목적활동을 할 수 있다고 본다.

Ⅲ. B노동조합이 행한 쟁의행위의 정당성

1. 주체의 정당성

B노동조합은 자주적인 근로자단체로서 일정한 사단으로서의 조직성도 갖추고 있으므로 비록 설립신고를 하지는 않았으나, 노동조합으로서의 실질을 지닌 근로자단결체로서 단체협약 체결을 목적으로 사용자에게 단체교섭을 요구할 수 있고, 교섭 결렬시에는 쟁의행위를 할 수 있다. 그러므로 사례에서 B노동조합이 행한 파업은 주체면에서 정당성을 상실하지 않는다고 하겠다.

2. 절차적 정당성

(1) A회사의 단체교섭 거부와 부당노동행위 여부

A회사는 노조법에 의하여 설립된 노동조합이 아니라는 것을 이유로 단체교섭을 거부하고 있으나, B노동조합은 노동조합으로서의 요건을 갖추고 있으므로 설립

신고가 안 되었다는 이유로 한 단체교섭의 거부는 정당하지 못하다. 따라서 A회사의 단체교섭 거부는 부당노동행위로 볼 수 있다.

　그러나 노조법 제7조 제1항에 의하면 동법에 의해 설립된 노조가 아닌 경우에는 부당노동행위의 구제신청을 할 수 없도록 되어 있기 때문에 B노동조합은 A회사가 단체교섭을 거부하더라도 부당노동행위구제신청을 할 수는 없다. 이처럼 단체교섭에 응하지 않더라도 부당노동행위의 구제를 받을 수 없다는 점에서 B노동조합의 단체교섭권의 실질적 의미는 매우 제한적일 수밖에 없다.

(2) 조정전치주의와 파업의 정당성

　쟁의행위의 시기와 절차에 관해서는 현행 노조법은 조정전치주의를 채택하고 있다. 조정전치주의란 조정절차를 거치지 아니하면 쟁의행위를 행할 수 없는 제도로서(노조법 제45조 제2항) 노사분쟁의 평화적 해결을 제고하기 위한 것으로 이해되고 있다.

　사례에서 노조법에 따라 설립신고가 안 된 B노동조합은 노동위원회에 노동쟁의 조정신청을 할 수 없다(노조법 제7조 제1항). 즉, 설립신고를 하지 않는 근로자단체에 대해 부과되는 불이익의 일종으로서 노동쟁의 조정신청 자격을 인정하지 않고 있기 때문에 조정절차를 거칠 수 없는 것이다. 더욱이 A회사의 교섭거부로 단체교섭도 못한 상황에서 만약 B노동조합이 조정절차를 거치지 못한 것을 이유로 쟁의행위의 정당성을 부인한다면 결과적으로 단체교섭과 협약체결능력이 있는 근로자단체의 쟁의자격을 부인하는 것이 된다. 이는 결국 B노동조합의 설립신고 여부가 단순히 행정상의 불이익의 부과라는 문제를 넘어 헌법상 보장된 기본권의 제한을 초래하고 설립신고에 대한 국가강제를 의미한다고 하겠다. 따라서, 조정절차 위반을 이유로 B노동조합의 파업은 정당성이 상실된다고 할 수 없다.

3. 직장점거의 정당성

　사례의 경우 주체나 목적의 측면에서의 정당성은 인정될 수 있다. 그러므로 정당성 판단을 위한 나머지 요건들, 즉 절차와 수단 및 방법에 있어서의 정당성의 여부가 검토대상으로 된다. 이 중 절차측면과 관련하여서는 조합원총회의 결의를 거쳤고, 나아가 위에서 살펴본 바와 같이 조정전치의 절차위반도 정당성에 영향을 미치지 않는 것으로 판단된다. 따라서 본 사안에서 주로 문제되는 것은 쟁의행위의 수단으로서 직장점거가 과연 정당한 것인가의 문제이다. 파업은 노동조합의 통일적인 의사결정에 따라 근로계약상의 노무제공의무를 일시적으로 거부하는 소극적인 성격을 갖고 있는 쟁의수단으로서, 흔히 노무정지의 효율성을 확보하기 위해 피케팅이나 직장점거를 동반하기도 한다.

　　직장점거는 원칙적으로 사용자의 조업 및 점유 방해를 적극적으로 일으킨다는 점에서 독일을 비롯한 여러 국가에서는 위법하다고 보는 것이 지배적이다. 기업별 노조의 형태를 취하면서 노조사무실이 회사 내에 있는 우리나라의 현실에서는 파업 실행기간 동안 노조사무실 활동에 따른 직장체류가 필연적으로 수반된다는 점에서 획일적으로 직장점거를 위법하게 판단하기는 어려운 측면이 있다. 이런 관점에서 장시간에 걸쳐 사용자의 점유를 완전히 배제하는 전면적·배타적 직장점거가 아닌 일시적으로 사용자의 점유를 배제하지 않고, 조업을 방해하지 않는 부분적·병존적 직장점거는 위법하다고 할 수는 없다고 보아야 한다. 이는 현행 노조법 제37조 제3항이 "노동조합은 사용자의 점유를 배제하여 조업을 방해하는 형태로 쟁의행위를 해서는 아니된다"라고 규정하는 것과 배치되지는 않는다.

　　따라서, A회사의 핵심 장소가 아닌 체력단련실을 선택하여 일시적으로 체류·농성하는 것은 부분적·병존적 직장점거에 해당하므로 그 정당성이 인정된다.

Ⅳ. 결　　론

　　B노동조합은 노조법 제2조 제4호의 자주성과 민주성을 갖추고 있으므로 설립신고를 하지 않았다는 이유에서 헌법 제33조상의 단결체로서의 자격이 부인되어서는 안 된다. 따라서 법률상의 몇 가지 불이익을 받더라도 헌법상 노동3권을 향유하고 있다고 인정되므로 B노동조합은 A회사에게 정당하게 단체교섭을 요구할 수 있으며, 필요한 경우에는 쟁의행위를 할 수 있다. 그러나 B노동조합의 경우 노동쟁의 조정 신청의 자격이 부인(노조법 제7조 제1항)되므로 조정전치를 원천적으로 이행할 수 없지만, 그것으로 B노동조합의 파업이 정당성을 상실하는 것은 아니다. 그러므로 바로 조정절차 없이 쟁의행위를 했다는 이유만으로 실질적 정당성이 언제나 부인된다고 할 수는 없다.

　　또한 B노동조합은 사용자의 조업에 방해가 되지 않는 장소인 체력단련실을 점거하여 일시적으로 체류·농성하였으므로 부분적·병존적 직장점거에 해당하여 그 정당성이 인정된다. 따라서 B노동조합의 쟁의행위는 정당하다.

유사사례

A회사는 종업원 약 3만 명 규모의 대기업으로서 그 동안 노동조합이 조직되지 않고 있었으나, 최근 10명 정도의 근로자를 조합원으로 하여 B노동조합이 결성되고 노동조합으로서의 설립신고를 하였다. A회사의 사업장의 규모와 특성에 비추어 근로자들은 거의 모두 통근버스를 이용하고 있으며, 기숙사 입구에서 승하차가 이루어지고 있는 관계로 근로자들에 대한 홍보가 어려운 여건이다. 이에 B노동조합의 조합원들은 기숙사의 주거안전과 평온을 해친다는 이유로 A회사의 만류와 제지에도 불구하고 사업장 내 기숙사로 퇴근하는 근로자들에게 현관 입구에서 노동조합을 홍보하고 가입을 권유하는 유인물을 배포하였다. 이에 A회사는 유인물에 회사의 노조에 대한 기본인식을 비판하는 내용을 담고 있다는 점과 노조자문위원으로 있는 외부인이 참여했다는 사실을 들어 직장질서의 문란을 초래하고, 회사에 대해 근거 없는 비방을 했다는 이유로 노조위원장 甲을 징계절차를 거쳐 감봉 처분하였다. 이에 대해 甲과 B노동조합은 정당한 노조활동을 이유로 한 감봉의 징계는 부당노동행위로서 무효라고 주장하는데 반하여, A회사는 객관적 징계사유를 근거로 한 정당한 징계임을 주장한다. 甲에 대한 징계의 효력과 부당노동행위 여부에 대한 당사자의 주장의 타당성을 검토하시오.

해설요지

B노동조합은 전체 근로자수 대비 극히 소수인 10명의 조합원으로 설립되었다 할지라도 노동조합으로서 기능과 활동을 할 수 있는 주체임에는 의문이 없다. 그리고 유인물의 주된 내용과 목적은 노조홍보와 적극적인 참여의 독려에 있기 때문에 유인물내용 중에 회사의 노조에 대한 인식을 비판하는 표현이 일부 포함되어 있다 할지라도 곧바로 회사의 명예를 손상시켰다거나 회사정책에 반하는 직장질서문란행위로 보기는 어렵다. 또한 유인물의 배포장소와 방법에 비추어 사용자의 정상적인 영업활동에 지장을 초래했다거나 기숙사 시설권을 침해한 것으로 보기도 어렵다. 왜냐하면 기숙사 입구에서의 유인물배포행위를 만류한 행위는 기숙사 주거의 안전과 사생활보호를 위해서라기보다는 노조의 정당한 활동으로서의 홍보와 노조가입권유

의 내용을 담은 유인물배포를 저지하고 방해할 목적으로 이루어진 것으로 볼 수 있으므로 이를 직장질서 위반으로 볼 수는 없기 때문이다. 사안에서 유인물의 내용, 배포의 장소와 방식은 사회통념상 용인될 수 있는 범위에서 이루어진 것으로 판단된다.

요컨대 기숙사 입구에서 근로자들에게 B노동조합 유인물배포행위를 주도했다는 사실은 징계사유가 될 수 없다. 甲을 징계한 실질적인 이유는 甲의 적극적인 노조활동이라고 볼 수 있으므로 甲에 대한 감봉의 징계는 징계사유가 인정되지 않는 무효이고, 불이익취급의 부당노동행위로 인정될 수 있다(대법원 2016. 12. 29. 선고 2015두38917 판결. 원심판결: 서울고법 2015. 2. 4. 선고 2014누47374 판결 참조).

주요참조판례

1. 노조설립신고제도

[1] 노조법 제7조 제3항의 위헌 여부: 노조법상 설립신고를 마쳤는지 여부를 기준으로 노동조합이라는 명칭의 사용 여부를 결정함으로써 법상 설립신고를 마친 노동조합과 실질적인 요건을 갖추었으나 형식적인 요건을 갖추지 못한 헌법상 근로자들의 단결체를 차별 취급하는 것에는, 위에서 본 사정들에 비추어 볼 때 합리적인 이유가 있다 할 것이므로, 이 사건 노조법 조항이 설립신고를 마친 노동조합과 그렇지 아니한 헌법상 근로자들의 단결체를 자의적으로 차별하여 청구인들의 평등권을 침해한다고 할 수 없다.

또한 실질적인 요건은 갖추었으나 형식적인 요건을 갖추지 못한 근로자들의 단결체는 노동조합이라는 명칭을 사용할 수 없음은 물론 그 외의 법에서 인정하는 여러 가지 보호를 받을 수 없는 것은 사실이나, 명칭의 사용을 금지하는 것은 이미 형성된 단결체에 대한 보호정도의 문제에 지나지 아니하고 단결체의 형성에 직접적인 제약을 가하는 것도 아니며, 또한 위와 같은 단결체의 지위를 '법외의 노동조합'으로 보는 한 그 단결체가 전혀 아무런 활동을 할 수 없는 것은 아니고 어느 정도의 단체교섭이나 협약체결 능력을 보유한다 할 것이므로, 노동조합의 명칭을 사용할 수 없다고 하여 헌법상 근로자들의 단결권이나 단체교섭권의 본질적인 부분이 침해된다고 볼 수 없다(헌법재판소 2008. 7. 31. 선고 2004헌바9 결정).

[2] 노조법이 노동조합의 설립에 관하여 신고주의를 택하고 있는 취지는 소관 행정당국으로 하여금 노동조합에 대한 효율적인 조직체계의 정비·관리를 통하여 노동조합이 자주성과 민주성을 갖춘 조직으로 존속할 수 있도록 노동조합을 보호·육성하고 그 지도와 감독에 철저를 가하게 하기 위한 노동정책적인 고려에서 마련된 것이다(대법원 1997. 10. 14. 선고 96누9829 판결).

[3] 행정관청으로부터 노동조합 설립 신고증을 받지 않고도 노동조합 명칭을 사용한 것은 노동조합법 위반이다(대법원 2019. 10. 31. 선고 2019도8505 판결).

[4] 법외노조 통보는 이미 법률에 의하여 법외노조가 된 것을 사후적으로 고지하거나 확인하는 행위가 아니라 그 통보로써 비로소 법외노조가 되도록 하는 형성적 행정처분이다. 이러한 법외노조 통보는 단순히 노동조합에 대한 법률상 보호만을 제거하는 것에 그치지 않고 헌법상 노동3권을 실질적으로 제약한다. 그런데 노동조합법은 법상 설립요건을 갖추지 못한 단체의 노동조합 설립신고서를 반려하도록 규정하면서도, 그보다 더 침익적인 설립 후 활동 중인 노동조합에 대한 법외노조 통보에 관하여는 아무런 규정을 두고 있지 않고, 이를 시행

령에 위임하는 명문의 규정도 두고 있지 않다. 더욱이 법외노조 통보 제도는 입법자가 반성적 고려에서 폐지한 노동조합 해산명령 제도와 실질적으로 다를 바 없다. 결국 이 사건 시행령 조항(노동조합법 시행령 제9조제2항)은 법률이 정하고 있지 아니한 사항에 관하여, 법률의 구체적이고 명시적인 위임도 없이 헌법이 보장하는 노동3권에 대한 본질적인 제한을 규정한 것으로서 법률유보원칙에 반한다(대법원 2020. 9. 3. 선고 2016두32992 전원합의체 판결).

[5] 노동조합의 조직이나 운영을 지배하거나 개입하려는 사용자의 부당노동행위에 의해 노동조합이 설립된 것에 불과하거나, 노동조합이 설립될 당시부터 사용자가 위와 같은 부당노동행위를 저지르려는 것에 관하여 노동조합 측과 적극적인 통모·합의가 이루어진 경우 등과 같이 해당 노동조합이 헌법 제33조제1항 및 그 헌법적 요청에 바탕을 둔 노동조합법 제2조제4호가 규정한 실질적 요건을 갖추지 못하였다면, 설령 그 설립신고가 행정관청에 의하여 형식상 수리되었더라도 실질적 요건이 흠결된 하자가 해소되거나 치유되는 등의 특별한 사정이 없는 한 이러한 노동조합은 노동조합법상 그 설립이 무효로서 노동3권을 향유할 수 있는 주체인 노동조합으로서의 지위를 가지지 않는다고 보아야 한다. (중략) 복수 노동조합의 설립이 현재 전면적으로 허용되고 있을 뿐 아니라 교섭창구 단일화 제도가 적용되고 있는 현행 노동조합법 하에서 복수 노동조합 중의 어느 한 노동조합은 원칙적으로 스스로 교섭대표노동조합이 되지 않는 한 독자적으로 단체교섭권을 행사할 수 없고(제29조의2, 제29조제2항 등), 교섭대표노동조합이 결정된 경우 그 절차에 참여한 노동조합의 전체 조합원의 과반수 찬성 결정이 없으면 쟁의행위를 할 수 없게 되며(제41조제1항), 쟁의행위는 교섭대표노동조합에 의해 주도되어야 하는(제29조의5, 제37조제2항) 등 법적인 제약을 받게 된다. 그러므로 단체교섭의 주체가 되고자 하는 노동조합으로서는 위와 같은 제약에 따르는 현재의 권리 또는 법률상 지위에 대한 위험이나 불안을 제거하기 위하여 다른 노동조합을 상대로 해당 노동조합이 설립될 당시부터 앞서 본 노동조합법 제2조제4호가 규정한 주체성과 자주성 등의 실질적 요건을 흠결하였음을 들어 그 설립무효의 확인을 구하거나 노동조합으로서의 법적 지위가 부존재한다는 확인을 구하는 소를 제기할 수 있다고 보는 것이 타당하다(대법원 2021. 2. 25. 선고 2017다51610 판결).

2. 쟁의행위의 정당성 요건

노동조합의 쟁의행위가 정당하기 위해서는 그 주체가 단체교섭의 주체로 될 수 있는 자이어야 하고, 노동조합과 사용자의 교섭과정에서 노사대등의 입장에서 근로조건의 향상 등 근로자의 경제적 지위를 향상시키려는 목적에서 나온 것이어야 하며, 사용자가 근로자의 근로조건 개선에 관한 구체적인 요구에 대하여 단체교섭을 거부하거나 단체교섭에서 그와 같은 요구에 반대의 의사표시를 하거나 묵살하고 반대하고 있는 것을 분명하게 하고 있을 경우에 개시할 수 있으며 특별한 사정이 없는 한 법령이 규정한 절차를 밟아야 하고, 그 수단과 방법이 사용자의 재산권과 조화를 이루어야 할 뿐 아니라, 다른 기본적 인권을 침해하지 아니하는 등 그 밖의 헌법상의 요청과 조화되어야 하고, 다만 이 경우에도 당해 쟁의행위 자체의 정당성과 이를 구성하거나 부수되는 개개의 행위의 정당성은 구별되어야 하므로 일부 소수의 근로자가 폭력행위 등의 위법행위를 하였다고 하더라도 전체로서의 쟁의행위가 위법하게 되는 것은 아니다(대법원 2003. 12. 26. 선고 2003두8906 판결).

3. 직장점거의 정당성

[1] 근로자들의 직장점거가 개시 당시 적법한 것이었다 하더라도 사용자가 이에 대응하여 적법하게 직장폐쇄를 하게 되면, 사용자의 사업장에 대한 물권적 지배권이 전면적으로 회복되는 결과 사용자는 점거중인 근로자들에 대하여 정당하게 사업장으로부터의 퇴거를 요구할 수 있고 퇴거를 요구받은 이후의 직장점거는 위법하게 되므로, 적법히 직장폐쇄를 단행한 사용자로부터 퇴거요구를 받고도 불응한 채 직장점거를 계속한 행위는 퇴거불응죄를 구성한다(대법원 1991. 8. 13. 선고 91도1324 판결).

[2] 직장 또는 사업장시설의 점거는 적극적인 쟁의행위의 한 형태로서 그 점거의 범위가 직장 또는 사업장시설의 일부분이고 사용자측의 출입이나 관리지배를 배제하지 않는 병존적인 점거에 지나지 않을 때에는 정당한 쟁의행위로 볼 수 있으나, 이와 달리 직장 또는 사업장시설을 전면적, 배타적으로 점거하여 조합원 이외의 자의 출입을 저지하거나 사용자측의 관리지배를 배제하여 업무의 중단 또는 혼란을 야기케 하는 것과 같은 행위는 이미 정당성의 한계를 벗어난 것이라고 볼 수밖에 없다(대법원 2007. 12. 28. 선고 2007도5204 판결).

[3] 파업시 사용자의 의사에 반하여 직장에 체류하는 쟁의수단인 직장점거는 사용자측의 점유를 완전히 배제하지 아니하고 그 조업도 방해하지 않는 부분적, 병존적 점거일 경우에 한하여 정당성이 인정되고, 이를 넘어 사용자의 기업시설을 장기간에 걸쳐 전면적, 배타적으로 점유하는 것은 사용자의 시설관리권능에 대한 침해로서 정당화 될 수 없다. 원고들이 참가인 회사에 진입을 시도하거나 진입한 행위는 조합원의 수와 진입 경위 등에 비추어 사용자측의 점유를 배제하기 위한 것으로서 정당한 사업장 출입이라고 할 수 없다. 이 사건 사업장 출입이 사용자측의 점유를 배제하기 위한 것인 이상, 설령 참가인이 그 무렵까지 이 사건 직장폐쇄를 유지한 것이 위법하다고 하더라도 원고들의 행위가 정당행위로서 허용된다고 볼수는 없다(대법원 2017. 4. 7. 선고 2013두16418 판결).

31 초기업단위 노동조합 지부·분회의 단체교섭 당사자 지위

사실관계

A회사 총 근로자 수 450명 중 120명이 가입되어 있는 A회사노조는 2015년 6월 노조총회에서의 조직형태변경결의에 따라 기업별노조에서 산별노동조합인 전국금속노조 A회사 지회로 전환되었다. 이러한 산별노조로의 조직형태변경에도 불구하고 A회사 지회는 종래의 기업별노조시의 규약을 기초로 지회의 규약을 별도로 마련하고, 이에 따라 집행기구를 조직하였다.

이후 단체협약의 만료를 앞두고 2015년 9월 A회사에 대하여 단체교섭을 요구하였다. 그러나 회사는 단위노조인 전국금속노조의 위임 없이 지회가 단체교섭을 요구할 수 있는 당사자 적격이 없다고 주장하면서 단체교섭을 거부하였다. 이에 대하여 해당 지회장 甲은 자신이 지회 소속 조합원의 근로조건 결정을 위한 단체교섭권한을 가지고 있다고 주장한다.

문제 1

전국금속노조 A회사 지회장의 단체교섭 요구에 A회사가 응하여야 하는가? (다만 부당노동행위에 관한 논점은 제외) (40점)

문제 2

위의 사례에서 A회사가 지회와 단체교섭을 개시한 경우, 전국금속노조 위원장이 직접 단체교섭권을 행사하겠다고 주장하며 A회사에 단체교섭을 요구한다면 A회사는 이 요구를 거부할 수 있는가? (10점)

사례해결의 Key Point

문제 1

판례는 지부·분회가 독자적인 규약 및 집행기관을 가진 독립한 단체로서의 독자성을 가지고 있는지 여부에 따라 당해 조직이나 그 조합원의 고유한 사항에 대하여는 단체교섭 및 단체협약 체결능력을 가지고 있는지 여부를 판단한다. 그리고 이에 대해 학설에서는 논란이 되고 있는 상황이다. 따라서 사안을 판례와 학설에 따라 검토하고 어떠한 견해에 따를 때 타당한 결론에 이를 수 있는지 살펴보아야 한다.

문제 2

단체교섭권한의 종국적인 보유자가 누구인가에 대한 문제이다. 위의 〈문제 1〉에서 검토한 내용과 일관성을 유지하면서 결론을 이끌어내도록 유의해야 한다.

〈풀 이 목 차〉

> **문제 1**
>
> 전국금속노조 A회사 지회장의 단체교섭 요구에 A회사가 응하여야 하는가? (다만 부당노동행위에 관한 논점은 제외) (40점)

Ⅰ. 문제의 논점

이 문제에서 핵심 쟁점은 전국금속노조 A회사 지회가 단체교섭의 당사자로서의 지위를 가진다고 볼 수 있는가 하는 것이다. 단체교섭의 당사자 지위가 인정된다면 A회사의 교섭 거부는 부당노동행위에 해당하므로 교섭을 거부해서는 안 된다. 하지만 A회사 지회의 단체교섭 당사자 지위가 인정되지 않는다면 A회사의 단체교섭 거부는 아무런 문제가 되지 않는다. 아래에서는 지회의 단체교섭 당사자 지위를 인정할 수 있는 요건은 무엇인지 판례와 학설을 중심으로 검토하기로 한다.

Ⅱ. 지부·분회의 단체교섭 당사자성 인정 요건

노동조합 및 노동관계조정법(이하 '노조법'이라 한다)은 단체교섭 당사자성 인정 요건에 대해서는 아무런 규정을 두고 있지 않다. 따라서 단체교섭 당사자성 인정 요건을 규명하는 것은 판례와 학설에 맡겨져 있다.

1. 학설의 대립

초기업단위 노동조합의 지부·분회가 독자적인 단체교섭권을 가질 수 있는가에 대하여는 단위노조의 지부나 분회도 독자적인 규약 및 집행기관을 가지고 독립된 단체로서 활동하는 경우에는 당해 조직에 특유한 사항에 대하여 단체교섭의 당사자가 될 수 있지만, 상부조직인 노동조합의 통제에 따라야 한다는 독립성설, 교섭사항이 단위노동조합의 독자적인 사항이거나 전체 지부·분회에 대하여 미치는 통일적 사항인 때에는 단위노동조합이 스스로 교섭당사자로서의 권한을 행사할 것이지만, 그 교섭사항이 지부·분회의 개별적 또는 특수한 사항이거나 규약에 이에 관하여 정한 바가 있을 때에는 산하지부·분회와 공동으로 또는 지부·분회가 교섭권한을 단위노동조합으로부터 할양받아 독자적으로 교섭을 행할 수 있다고 보는 이분설, 단위노동조합의 지부·분회 등 산하조직은 그 자체 독립된 노동조합이 아니므로 단체교섭의 당사자가 될 수 없지만, 산하조직이 단위노동조합으로부터 교섭권한을 위임받은 경우 또는 단위노동조합의 규약상 일정한 사항에 관하여 교섭할 권한을 가진다는 취지의 규정이 있는 경우에는 예외적으로 단위노동조합의 지부·분회 등 산하조직도 해당 사항에 관하여 교섭당사자가 된다고 보는 위임설 등의 견해가 제시되고 있다.

2. 판례의 태도

대법원 판례는 기본적으로 "노동조합의 하부단체인 분회나 지부가 ① 독자적인 규약 및 집행기관을 가지고 ② 독립된 조직체로서 활동을 하는 경우, 당해 조직이나 그 조합원에 고유한 사항에 대하여는 독자적으로 단체교섭하고 단체협약을 체결할 수 있다"고 하면서(대법원 2001. 2. 23. 선고 2000도4299 판결; 대법원 2011. 5. 26. 선고 2011다1842, 1859, 1866, 1873 판결), 상급 단위노동조합의 규약이 단체교섭권을 상급 단위노동조합만이 가지고 있으며, 위임이 있는 경우에만 지회·지부가 행사할 수 있다고 규정하고 있는 경우에는 지부·지회의 독자적인 단체교섭 당사자성을 부정한다(대법원 2002. 7. 26. 선고 2001두5361 판결; 대법원 2008. 12. 24. 선고 2006두15400 판결).

3. 소   결

원칙적으로 단위노조가 단체교섭 당사자이고 산하 조직인 지부·지회·분회는 단위노조의 위임이 있는 경우에 교섭당사자가 될 수 있다는 위임설이 법리적으로는 타당하다고 본다. 그러나 단위노조인 산별노조의 산하조직이면서 기업별 노조와 유사한 독자적 조직성을 그대로 가지고 있는 경우가 많은 우리나라의 노조조직의 실태와 교섭관행을 고려해 본다면 이분설이나 독립성설을 취하면서 지부·분회의 단체교섭권이나 단체협약 체결능력을 인정하는 것이 실질적으로 타당해 보인다. 따라서 사안에서 지부·분회가 노동조합으로서의 실질을 가지고 있는 경우에도 교섭당사자로서의 지위가 인정되는지 여부는 판례와 학설상의 입장에 따라 달리 판단될 수 있다.

Ⅲ. A회사가 지회의 단체교섭요구를 거부할 수 있는지 여부

1. 독립성설(판례)에 따를 경우

사안에서 A회사 지회는 지회장, 집행위원, 대의원을 선출하고 규약 제정을 마쳤다. 지회장, 집행위원, 대의원 등을 선출한 것은 독자적인 단체로서 활동할 수 있는 조직을 갖춘 것으로 판단할 수 있다. 또한 독자적인 규약도 보유하고 있다. 따라서 A회사 지회는 독자적인 단체교섭 당사자 지위를 갖춘 것으로 판단할 여지가 있다. 다만 A회사 지회가 독자적인 단체교섭권과 단체협약 체결권을 갖는 것으로 전국금속노조 규약에 규정되어 있는지 여부는 판단하기 어렵다.

2. 이분설에 따를 경우

A회사 지회는 독자적인 기관과 규약을 가지고 독자적으로 활동하면서, 자신의 조합원의 근로조건을 결정하기 위한 단체교섭을 요구하고 있다. 이 사항은 전국금속노조 전체에 관한 사항이 아니라 해당 사업 또는 사업장에 고유한 사항이라고 볼 수 있다. 따라서 이 경우에는 전국금속노조의 명시적인 위임이 없어도 A회사 지회가 전국금속노조의 단체교섭권한을 할양받아 자신을 위해 단체교섭권을 행사하는 당사자 지위를 인정할 수 있다. 그러므로 A회사는 지회의 단체교섭 요구를 거부할 수 없다고 보아야 한다.

3. 위임설에 따를 경우

사안에서 전국금속노조 규약이 지회에 단체교섭권이 있다는 규정을 갖고 있는지 또는 A회사 지회에 단체교섭권을 위임했는지 여부는 나타나지 않고 있다. A회사 지회가 상급 단위노조의 규약이나 위임의 근거 없이 회사에 단체교섭을 요구한 것이라면, A회사 지회는 적법한 단체교섭 당사자 지위를 인정받을 수 없으므로 A회사는 지회의 단체교섭 요구를 거부할 수 있다고 생각된다.

Ⅳ. 결　　론

사안의 사실관계에 비추어 A회사 지회는 근로자단결체로서의 독자성이 인정될 수 있다는 점에서 독자성설이나 이분설에 의하면 독자적인 단체교섭 당사자로서의 지위를 가지고, 회사는 단체교섭 요구를 거부할 수 없다고 보는 것이 타당하다.

문제 2

위의 사례에서 A회사가 지회와 단체교섭을 개시한 경우, 전국금속노조 위원장
이 직접 단체교섭권을 행사하겠다고 주장하며 A회사에 단체교섭을 요구한다면
A회사는 이 요구를 거부할 수 있는가? (10점)

Ⅰ. 문제의 논점

본 노동조합인 상급 단위노조와 산하 지회·지부의 단체교섭 당사자 지위가 경
합하는 경우의 사안이다. 이때에는 어느 쪽이 본래의 의미의 단체교섭권을 가지고
있는지에 따라 결론이 달라진다. 만약 전국금속노조의 단체교섭권이 우선한다면 A
회사는 전국금속노조의 단체교섭 요구를 거부할 수 없다고 보게 된다.

Ⅱ. 단체교섭권의 주체

초기업단위 노동조합 산하 지부·분회의 단체교섭 당사자 지위 인정 요건에 대
한 독립성설, 이분설, 위임설 등 주장되고 있는 학설과 판례를 살펴보면 상급 단위
노동조합이 명시적으로 지부·분회의 단체교섭 당사자 지위를 부정할 경우 지부·분
회의 단체교섭 당사자 지위가 인정될 여지가 없다.

단체교섭권을 본래 보유하고 있는 것은 노조법 제29조 제1항 등에 근거할 때
노동조합의 대표자를 말하는데 이때 노동조합이란 단위노동조합을 말하는 것이다.
따라서 단위노동조합이 아닌 산하조직에 불과한 지부·분회가 본 노동조합인 상급
단위노동조합의 명시적 반대에도 불구하고 독자적으로 단체교섭권을 행사할 수 있
는 단체교섭의 당사자 지위를 갖는다는 것은 인정하기 어렵기 때문에 이와 같은 학
설과 판례의 결론은 당연한 것이라고 생각된다.

Ⅲ. 전국금속노조의 교섭요구에 대한 A회사의 거부 가능성

사안에서 전국금속노조 위원장이 직접 단체교섭을 요구한 것은 현재 진행되고
있는 A회사와 지회와의 단체교섭의 정당성을 인정하지 않겠다는 것, 즉 A회사 지회
의 단체교섭 당사자 지위를 인정하지 않겠다는 상급 단위노동조합의 의사를 분명히

한 것이라고 볼 수 있다. 단체교섭을 위임했다고 하여 금속노조의 당사자 지위를 포기하거나 완전히 넘긴 것으로 해석될 수는 없다. 따라서 A회사는 지회와 단체교섭을 진행하고 있다는 것을 이유로 전국금속노조의 단체교섭 요구를 거부할 수 없다고 보아야 한다.

Ⅳ. 결　　론

　A회사는 금속노조의 교섭요구를 거부할 수 없다. 단 A회사 지회가 전국금속노동조합 규약에 의한 명시적 위임에 따라 단체교섭을 개시한 것이라면, 금속노조가 위임을 철회하고 이 사실을 A회사에 통지하여야 할 것이므로, 위임이 철회된 것으로 볼 수 없는 경우에는 A회사는 금속노조의 단체교섭 요구를 거부할 수 있다고 판단된다.

유사사례

전국 금속노동조합 산하 A지회는 A회사 전체 근로자 1,700명 중 1,500명으로 조직된 지회이다. 2015년 5월 1일 지회 총회 투표 결과 전국 금속노동조합 지도부의 지도방침에 반대하는 지회 조합원 1,400명이 기업별노동조합으로 조직을 변경하는 것에 찬성하는 것으로 나타났다. 이에 A지회는 투표 결과를 근거로 규약을 개정하여 "전국 금속노동조합 산하 A지회"라는 명칭을 삭제하고 기업별노동조합으로 명시하였다.

한편 전국 금속노동조합은 A지회는 독자적인 노동조합이 아니므로 독자적으로 탈퇴 결정을 할 수 없다고 하면서 탈퇴 결정이 무효임을 주장하고 있다. A지회의 탈퇴 결의의 유효성을 판단하고 각각의 주장의 타당성을 검토하라.

해설요지

사안의 경우 초기업단위 노동조합 산하 지부·분회가 독자적으로 초기업단위 노동조합을 탈퇴하여 기업별 단위노동조합으로 조직을 변경할 수 있는가가 쟁점이 된다. 초기업단위 산하 지부·분회의 법적 성격과 권한을 검토하고 독자적인 노동조합으로서의 지위를 갖는지 검토하여야 한다. 사안과 같은 지부·분회의 결정이 조직형태변경에 해당하는지 여부, 그러한 결정이 정당성을 가질 수 있는지 여부 등에 관하여 각각 견해가 대립하고 있다.

판례는 종래 지부·지회 등은 산별노조의 하부조직일 뿐 독립된 노조가 아니어서 조직형태를 전환할 권리가 없다고 하여 지회가 상급노동조합 탈퇴 결정을 무효라고 판단해왔으나(아래 주요참조판례 3. [1] 참조), 최근 전원합의체 판결에서는 산업별 노동조합의 지회 등이더라도, 외형과 달리 지부나 분회 등이 규약과 이에 따른 조직을 갖추고 있어 독자적인 노동조합 또는 노동조합 유사의 독립한 근로자단체로서 법인 아닌 사단에 해당하는 경우에는, 자주적·민주적인 총회의 결의를 통하여 소속을 변경하고 독립한 기업별 노동조합으로 전환할 수 있다고 판시하여 종래 태도를 변경하였다(아래 주요참조판례 3. [2] 참조).

주요참조판례

1. 지부·분회의 단체교섭 당사자 지위

[1] 노동조합의 하부단체인 분회나 지부가 독자적인 규약 및 집행기관을 가지고 독립된 조직체로서 활동을 하는 경우 당해 조직이나 그 조합원에 고유한 사항에 대하여는 독자적으로 단체교섭하고 단체협약을 체결할 수 있고, 이는 그 분회나 지부가 노동조합 및 노동관계조정법 시행령 제7조의 규정에 따라 그 설립신고를 하였는지 여부에 영향을 받지 아니한다(대법원 2011. 5. 26. 선고 2011다1842, 1859, 1866, 1873 판결).

[2] '하나의 사업 또는 사업장에 노동조합이 조직되어 있는 경우'는 기업별 단위노동조합이 설립되어 있는 경우를 가리키는 것이고, 다만 위와 같은 입법취지에 비추어 독립한 근로조건의 결정권이 있는 하나의 사업 또는 사업장 소속 근로자를 조직대상으로 한, 초기업적인 산업별·직종별·지역별 단위노동조합의 지부 또는 분회로서 독자적인 규약 및 집행기관을 가지고 독립한 단체로서 활동을 하면서 당해 조직이나 그 조합원에 고유한 사항에 대하여는 독자적으로 단체교섭 및 단체협약체결 능력을 가지고 있어 기업별 단위노동조합에 준하여 볼 수 있는 경우도 포함된다(대법원 2002. 7. 26. 선고 2001두5361 판결; 대법원 2004. 7. 22. 선고 2004다24854 판결).

2. 사용자 단체의 단체교섭 당사자 지위

[1] 노동조합과 단체교섭을 할 상대방인 사용자 단체는 노동관계에 관하여 그 구성원인 사용자에 대하여 조정 또는 규제할 수 있는 권한을 가진 자이어야 하는데, 사용자 단체가 이러한 권한을 갖기 위하여는 노동조합과의 단체교섭 및 단체협약을 체결하는 것을 그 목적으로 하고 또 그 구성원인 각 사용자에 대하여 통제력을 가지고 있어야 한다(대법원 1979. 12. 28. 선고 79누116 판결; 대법원 1992. 2. 25. 선고 90누9049 판결 참조).

[2] 참가인들(사단법인 한국음식업중앙회)은 구성원들의 경제적 지위의 향상 등을 목적으로 하는 경제단체이지 노동조합에 대응하는 단체가 아니고, 그 정관 및 관행상으로 노동조합과 사이에 단체교섭 및 단체협약을 체결한 권한이 있다거나 이러한 권한을 구성원들로부터 위임받았다고 볼 수 없으므로 노동조합의 단체교섭요구에 응하여야 할 사용자 단체에 해당하지 않는다(대법원 1999. 6. 22. 선고 98두137 판결).

3. 산별노조 지부·분회의 독자적인 조직형태 변경결의의 유효성

[1] 종래판례태도

○○○○ 지회 조합원들 대다수가 기업별 노조로의 조직형태 변경을 희망하면서 총회 소집을 원하고 있었다고 하더라도 지회 운영규칙상 지회장에게 총회의 소집을 요청하고 지회장이 위 요청을 거부할 경우 금속노조 위원장에게 지부장으로 하여금 소집권자를 지명하도록 승인하여 줄 것을 요청할 수 있을 뿐 그들 스스로 소집권자를 지정하여 총회를 소집할 수는 없다고 할 것이고, 금속노조 위원장이 지부장으로 하여금 소집권자를 지명하도록 승인하는 것도 거부한다면 노동조합 및 노동관계조정법 제18조 제3항을 준용하여 행정관청에 소집권자를 지명하여 줄 것을 요구할 수 있다고 할 것이므로, ○○○○ 지회 조합원들이 이러한 절차를 거치지 않은 채 그들 스스로 소외 2를 소집권자로 지정하여 이 사건 총회를 소집한 후 ○○○○ 지회의 금속노조 탈퇴 및 지회를 기업단위 노동조합으로 조직형태를 변경하기로 결의한 것은, 특별한 사정이 없는 한 그 총회소집 절차에 중대한 하자가 있어 무효라고 보아야 할 것이다(위 조직형태 변경에 찬성한 조합원들이 금속노조를 탈퇴하고, 기업별 노조를 창립하는 총회로서의 효력이 있는지 여부는 별론으로 한다)(대법원 2009. 3. 12. 선고 2008다2241 판결).

[2] 최근 전원합의체 판결

산업별 노동조합의 지회 등이더라도, 실질적으로 하나의 기업 소속 근로자를 조직대상으로 하여 구성되어 독자적인 규약과 집행기관을 가지고 독립한 단체로서 활동하면서 조직이나 조합원에 고유한 사항에 관하여 독자적인 단체교섭 및 단체협약체결 능력이 있어 기업별 노동조합에 준하는 실질을 가지고 있는 경우에는, 산업별 연합단체에 속한 기업별 노동조합의 경우와 실질적인 차이가 없으므로 노동조합 및 노동관계조정법 제16조 제1항 제8호 및 제2항에서 조합원들의 통하여 산업별 노동조합에 속한 지회 등의 지위에서 벗어나 독립한 기업별 노동조합으로 전환함으로써 조직형태를 변경할 수 있다.

또한 (중략) 기업별 노동조합과 유사한 근로자단체로서 법인 아닌 사단의 실질을 가지고 있는 지회 등의 경우에도 기업별 노동조합에 준하는 실질을 가지고 있는 경우와 마찬가지로 노동조합 및 노동관계조정법 제16조 제1항 제8호 및 제2항에서 정한 결의 요건을 갖춘 소속 근로자의 의사결정을 통하여 종전의 산업별 노동조합의 지회 등이라는 외형에서 벗어나 독립한 기업별 노동조합으로 전환할 수 있다(대법원 2016. 2. 19. 선고 2012다96120 전원합의체 판결).

노조자치권의 한계

(1) 전국에 여러 사업장을 두고 있는 대기업의 근로자 甲은 B노동조합의 조합원으로서 2016년 7월 주말 조합원단합 목적으로 B노조가 개최하고 노조의 요청에 따라 회사가 사용편의를 준 회사 프로축구단의 연습경기장에서 열린 노동조합위원장배 축구대회에 참가하였다가 오른발과 무릎관절에 분쇄골절의 심한 부상을 당해 치료후에도 장해가 남게 되었다.

B노동조합규약 제14조 제1호에서 "조합원이 조합업무 및 활동으로 인해 불이익이 발생한 경우 그 신분 및 경제적 손실을 보장한다"고 되어 있고, 동조 제3호에 의하면 그 구체적 사항은 '신분보장대책기금관리규정'(이하 '기금관리규정')에 따른다고 되어있다. 이 기금관리규정 제2조에서는 이 규정의 목적을 규약 제14조에 의거 조합의 목적달성과 일상적 활동으로 인한 피해를 구제하기 위한 것으로 규정하고 있으며, 제6조 제2호 '지급기준 및 방법'에서는 조합원이 부상당하는 경우 노동조합이 치료비 전액을 부담하며, 장해가 발생하는 경우 산업재해보상보험법 기준으로 별도의 위로금을 지급히는 깃으로 되어있다. 조합원이 기금지급신청을 하면 노동조합의 심의를 거쳐 대의원회의 의결로서 기금을 지급하게 된다.

甲은 근로복지공단에 산재보상신청을, 그리고 노동조합에 기금관리규정에 따른 치료비와 위로금지급신청을 하였으나, 공단으로부터는 업무상 재해 불승인통보를 받았고, 노조로부터는 조합업무와 활동으로 인한 부상이 아니라는 이유로 지급할 수 없다는 심의결과를 통보받았다.

이에 공단에는 심사청구를 하고, 조합규약과 기금관리규정에 따른 본인부담치료비와 장해위로금 지급청구소송을 제기하였다. 甲의 소제기에 대해 B노조는 기금관리규정 제11조에 규정된 "조합원은 신분보장대책기금의 지급과 관련한 소송을 제기할 수 없다"는 조항을 근거로 허용될 수 없는 소송이라고 주장한다.

(2) 노동조합 및 노동관계조정법(이하 노조법) 제16조 제1항에서 총회의 의결사항을 열거하여 규정하면서 제2항에서는 "총회는 재적조합원 과반수의 출석과 출석조합원 과반수의 찬성으로 의결한다. 다만 규약의 제정·변경, 임원의 해임, 합병·분할·해산 및 조직형태의 변경에 관한 사항은 재적조합원 과반수의 출석과 출석조합원 3분의 2 이상의 찬성이 있어야 한다."고 규정하고 있으며, 제17조 제1항에서 "노동조합은 규약으로 총회에 갈음할 대의원회를 둘 수 있다."고 규정하고 있다.

그런데 B노조 규약에서는 '규약개정에 관한 사항'과 '연합단체의 설립, 가입 또는 탈퇴에 관한 사항'을 대의원회의 의결사항으로 규정하고 있음에도 B노조는 긴급총회를 개최하여 이 사건 규약에서 대의원회의 의결사항으로 정해진 '규약개정에 관한 사항'과 '연합단체의 설립, 가입 또는 탈퇴에 관한 사항'을 총회의 의결사항으로 변경하는 안건을 재적조합원 과반수의 출석과 출석조합원 3분의 2 이상의 찬성으로 가결하였다.

이 총회의결에 대해 일부 대의원들은 규약이 총회와는 별도로 총회에 갈음할 대의원회를 두고 '규약개정에 관한 사항'과 '연합단체의 설립, 가입 또는 탈퇴에 관한 사항'을 대의원회의 의결사항으로 하는 등 총회의 의결사항과 대의원회의 의결사항을 명확히 구분하여 규정하고 있기 때문에 총회가 규약상의 대의원회 의결사항을 총회의 의결사항으로 개정할 수 있는 권한은 없다고 하면서 B노조의 의결은 규약에 반하여 허용될 수 없어 무효라고 주장한다.

문제 1

공단의 산재불승인과 B노조의 부지급심의·의결 및 제소금지규정 적용주장의 타당성을 검토하시오. (30점)

문제 2

B노조의 총회의결사항으로 변경한 긴급총회 의결이 무효라는 주장의 타당성을 검토하시오. (20점)

사례해결의 Key Point

문제 1

노동조합자치규범에서 규정한 조합업무와 활동의 개념과 노조 상대의 소송을 제한한 규정의 효력을 노조자치와 조합원의 재판받을 권리와의 관계에서 논의하여야 한다.

문제 2

노조법상 총회의 의결사항인 규약개정에 관한 사항을 대의원회의 의결사항으로 규약으로 규정한 경우에도 총회의 규약개정권한이 유지될 수 있는지 여부가 논의의 핵심이다.

〈풀 이 목 차〉

> **문제 1**
>
> 공단의 산재불승인과 B노조의 부지급심의 · 의결 및 제소금지규정 적용주장의 타
> 당성을 검토하시오. (30점)

Ⅰ. 문제의 논점

　　노동조합의 자치적 법규범인 노조규약의 해석, 적용 및 효력에 관한 문제이다. 사안에서는 B 노조주최 축구대회가 조합규약에서 정한 지급요건내용인 조합업무활동으로 볼 수 있는지와 조합규약에 기초하여 제정된 규정에서 제소금지규정이 헌법 및 법원조직법의 규정과 노조자치규정의 한계를 벗어나 무효인지 여부가 주된 논점이다.

Ⅱ. 공단의 산재불승인 처분과 B노조의 부지급결정의 타당성

1. 甲의 부상이 업무상 재해인지 여부

　　甲의 부상을 초래한 축구대회는 노조가 조합원단합의 목적으로 주말에 개최한 행사이다. 회사가 제공한 회사축구단 연습장에서 열렸다 하더라도 이는 노조의 요청에 응하여 회사가 운동장 사용의 편의를 제공한 것이지, 이 행사를 회사가 노무관리 또는 사업 운영상 필요하다고 인정하여 지원한 것으로 보기는 어렵다. 더욱이 주말에 열린 행사에 조합원들이 회사의 지시 또는 권유에 따라 참여한 행사라고 볼 여지도 없다.

　　사안에서 甲의 부상은 노조가 조합원단합 목적으로 주말에 개최한 행사중의 부상이기 때문에 업무상 재해 인정 여지는 없다고 본다. 따라서 공단의 산재불승인 처분은 타당하다.

2. 甲의 부상이 조합활동에 기인한 것인지 여부

　　B노조의 규약과 이에 근거한 기금관리규정에 의하면 조합업무 및 활동으로 인하여 조합원이 부상당한 경우 치료비와 장해시 위자료를 지급받을 수 있도록 규정하고 있다. 따라서 甲이 부상에 따른 치료비와 위자료를 지급받을 수 있기 위해서

는 축구시합 중의 부상이 조합업무활동에 기인한 부상이라는 점이 인정되어야 한다. 이 행사가 비록 노조의 본래적 목적활동인 근로조건의 유지·개선에 직접적이거나 밀접한 관련있는 활동은 아니라 할지라도 조합원의 단합을 목적으로 노조가 주최한 행사이기 때문에 조합원 입장에서는 조합활동과 무관하다고 할 수는 없다고 본다. 산재보험법에서 업무상 재해 인정요건인 업무관련성이나 업무기인성에서의 업무의 개념도 상당히 넓게 해석해 주고 있다. 사업주가 주관하거나 사업주의 지시에 따라 참여한 체육대회 등의 행사나 행사준비 중에 발생한 사고도 업무상 재해로 규정되어 있고(동법 제37조), 나아가 노동조합이 주최하는 체육대회에서 축구시합을 하다가 무릎 인대파열 등의 상해를 입은 경우에도 회사가 근무로 인정해 주는 등 행사를 적극 지원한 여러 사정을 참작하여 업무상 재해를 인정한 판례도 있다(대구고법 2011. 4. 29. 선고 2010누2822 판결). 이러한 점에 비추어 조합활동의 의미도 노조의 본래적 업무와 목적활동으로 제한적으로 이해하기 보다는 조합활동과의 관련성을 넓게 인정해 줄 필요가 있다고 생각된다.

　　사안에서의 조합원단합을 위한 축구대회는 조합의 단결력 강화에 도움을 줄 수 있고, 이는 보다 효과적인 단결활동의 기초가 될 수 있다는 점에서 조합활동의 범주에 속한다고 볼 수 있다.

　　사안에서 甲의 부상은 규약과 기금관리규정에서 정한 조합활동으로 인한 부상으로 판단되므로 B노조의 지급거절의 심의·의결 결과는 타당하지 않다고 본다.

Ⅲ. B노조의 기금관련 제소금지규정의 효력

　　조합규약과 이에 근거한 기금관리규정은 근로자들의 자주적 단결체인 노동조합이 자율적으로 제정한 자치규범으로서 대내적으로 조합원들을 구속하는 효력이 있다. 그러나 이러한 자치규범의 제정에 있어서도 조합원들의 기본권을 과도하게 침해 내지 제한하거나 강행법규에 위반하는 내용의 규율을 하여서는 안 되는 한계를 가지며, 이러한 한계를 일탈한 내용의 자치규범은 무효일 수 밖에 없다. 사안에서 노조의 기금관리규정에서 기금지급과 관련하여 노조를 상대로 소송을 제기할 수 없도록 한 규정(동 규정 제11조)의 효력도 노조자치규범의 규율한계를 벗어난 내용인지 판단 여부에 달려 있다.

　　헌법과 법률이 정한 법관에 의하여 법률에 의한 재판을 받을 권리는 모든 국민의 기본권으로 헌법상 보장을 받고 있다(헌법 제27조 1항). 그런데 사안에서의 기금관리규정 제11조는 기금지급을 둘러싸고 생기게 될 조합원과 노동조합간의 법적 분쟁에 관하여 헌법상 보장된 재판을 받을 권리를 사전에 일률적으로 박탈하는 내용으로서 국민의 재판을 받을 권리를 보장한 헌법에 반하는 내용이라 할 수 있다. 당사자간에 자유의사로 부제소 합의를 한 경우에도 헌법상 보장된 재판을 받을 권리와의 관계에 비추어 그 효력이 부인되기도 한다. 이는 재판청구권을 미리 일률적으로 박탈하는 것이 되어 무효라고 보고 있다. 노조규약이나 이에 근거한 부제소규정의 유효성은 모든 조합원들을 구속하는 자치규범이라는 점에서 개별당사자간의 부제소합의에 비하여 보다 엄격하게 해석되어야 한다고 본다.

　이런 관점에서 사안에서의 기금관리규정 제11조는 헌법상의 국민의 재판을 받을 권리를 침해하는 내용으로서 노조자치 규율권의 한계를 벗어난 것으로 무효이다.

　따라서 甲은 B노조를 상대로 치료비와 위로금 지급을 구하는 소송을 제기할 수 있다.

Ⅳ. 결　론

　甲의 부상은 업무상 재해기 아니므로 산업재해보상을 받을 수는 없지만, 노조규약과 기금관리규정상의 조합활동 중의 부상으로 볼 수 있기 때문에 노조로부터 치료비와 위자료를 지급받을 수 있다고 판단되므로 노조의 심의·의결의 결과는 타당하지 않다고 본다. 그리고 B노조의 기금관리규정에서 규정한 제소금지규조항은 무효이므로 甲의 기금청구소송에 적용될 여지가 없다.

> **문제 2**
>
> B노조의 총회의결사항으로 변경한 긴급총회 의결이 무효라는 주장의 타당성을
> 검토하시오. (20점)

Ⅰ. 문제의 논점

노조규약에서 총회에 갈음할 대의원회를 두고 '규약의 개정에 관한 사항' 등 노
조법에서 총회의결사항으로 규정한 사항을 대의원회의 의결사항으로 정한 경우에
도 총회의 규약개정권한이 인정될 수 있는지를 판단해야 하는 문제이다.

Ⅱ. 의결사항에 관한 B노조규약의 효력

노조법에서 총회의 의결사항을 열거하여 규정하고 있고(노조법 제16조 제1항),
규약으로 총회에 갈음할 대의원회를 둘 수 있다고 규정하고 있다(노조법 제17조). 그
러나 B노조의 규약에서와 같이 노조법에서 규정한 총회의 의결사항의 일부를 대의
원회의 의결사항으로 규약에서 정할 수 있는지에 대하여는 규정된 바가 없다. 총회
의결사항을 열거명시한 노조법의 규정이 강행규정으로 해석되지 않는 점, 총회에
갈음하여 대의원회를 둘 수 있도록 규정한 취지, 노사자치원칙을 고려하면 근로자
들의 자주적인 단결체인 노동조합의 자치규범인 규약에서 총회의 의결사항과 대의
원회의 의결사항을 구분하여 정할 수 있다고 본다.

사안에서 총회의 의결사항인 '규약개정에 관한 사항'과 '연합단체의 설립, 가입
또는 탈퇴에 관한 사항'을 대의원회의 의결사항으로 규정한 B노조의 규약은 효력이
있다.

Ⅲ. B노조 긴급총회의 의결의 효력

노조자치 차원에서 법에서 정한 총회의결사항을 대의원회의 의결사항으로 할
수 있다. 총회규약에서 총회의 의결사항과 대의원회의 의결사항을 구분하여 규정한
경우 특별한 사정이 없는 이상 총회가 대의원회의 의결사항으로 정해진 사항을 의
결하는 것은 규약위반이기 때문에 의결할 수 없는 것이 원칙이다. 문제는 사안에서

의 긴급총회 의결의 효력이 '규약의 개정에 관한 사항'을 대의원회의 의결사항으로 규약으로 정한 경우에도 이 원칙이 그대로 적용될 수 있는지 여부이다.

노동조합의 운영과 활동에 관한 기본규범인 규약을 개정하는 권한은 총회가 노사자치에 의해 규약개정사항을 대의원회의 의결사항으로 규약에서 규정했다고 하여 본래 노조법에서 총회의 권한으로 인정된 규약개정권한이 포기되었거나 소멸되었다고 볼 수는 없다. 산별노조가 산하 지부나 분회에 단체교섭을 위임했다 하더라도 단위노조인 산별노조의 단체교섭당사자의 지위를 상실하거나 단체교섭권를 포기한 것으로 보지 않는 논리와 기본적으로 다르지 않다.

요컨대 규약에서 총회의결사항인 규약개정사항을 대의원회 의결사항으로 규정함에 따라 총회의 규약개정권한이 소멸되거나 포기한 것으로 볼 수 없기 때문에 총회는 총회와 대의원회의 의결사항을 변경조정하는 규약개정을 할 수 있다고 본다.

Ⅳ. 결   론

사안에서 B노조의 대의원회 의결사항으로 되어 있던 규약개정사항을 총회 의결사항으로 변경하는 규약개정의결은 유효한 것으로 판단된다.

노동조합 규약의 효력

[1] 노동조합은 근로자들이 자신들의 이익을 옹호하기 위하여 자주적으로 결성한 임의단체로서 그 내부의 운영에 있어 조합규약 등에 의한 자치가 보장되므로 피고 조합이 조합규약에 근거하여 자체적으로 만든 신분보장대책기금관리규정은 조합규약과 마찬가지로 일종의 자치적 법규범으로서 소속조합원에 대하여 법적 효력을 가진다고 할 것이나(대법원 1998. 2. 27. 선고 97다43567 판결; 대법원 2000. 4. 11. 선고 98두1734 판결 등 참조), 그러한 자치적 법규범의 제정에 있어서도 헌법이 보장하고 있는 조합원 개개인의 기본적 인권을 필요하고 합리적인 범위를 벗어나 과도하게 침해 내지 제한하여서는 아니되며 또한 그의 내용이 강행법규에 위반되어서는 아니되는 등의 제한이 따르는 터이므로 그 제한에 위반된 자치적 법규범의 규정은 무효라고 할 것이다.

(중략) 노동조합이 조합규약에 근거하여 자체적으로 만든 신분보장대책기금관리규정에 기한 위로금의 지급을 둘러싼 노동조합과 조합원 간의 분쟁에 관하여 노동조합을 상대로 일절 소송을 제기할 수 없도록 정한 노동조합의 신분보장대책기금관리규정 제11조는 조합원의 재산권에 속하는 위로금의 지급을 둘러싸고 생기게 될 조합원과 노동조합 간의 법률상의 쟁송에 관하여 헌법상 보장된 조합원의 재판을 받을 권리를 구체적 분쟁이 생기기 전에 미리 일률적으로 박탈한 것으로서 국민의 재판을 받을 권리를 보장한 위의 헌법 및 법원조직법의 규정과 부제소 합의 제도의 취지에 위반되어 무효라고 할 것이다(대법원 2002. 2. 22. 선고 2000다65086 판결).

[2] 노조법의 규정에 따라 노동조합이 그 규약에서 총회와는 별도로 총회에 갈음할 대의원회를 두고 총회의 의결사항과 대의원회의 의결사항을 명확히 구분하여 정하고 있는 경우, 특별한 사정이 없는 이상 총회가 대의원회의 의결사항으로 정해진 사항을 곧바로 의결하는 것은 규약에 반한다. 다만 규약의 제정은 총회의 의결사항으로서(노조법 제16조 제1항 제1호) 규약의 제·개정권한은 조합원 전원으로 구성되는 총회의 근원적·본질적 권한이라는 점, 대의원회는 그 규약에 의하여 비로소 설립되는 것으로서(노조법 제17조 제1항) 대의원회의 존재와 권한은 총회의 규약에 관한 결의로부터 유래된다는 점 등에 비추어 볼 때, 총회가 규약의 제·개정결의를 통하여 총회에 갈음할 대의원회를 두고 '규약의 개정에 관한 사항'을 대의원회의 의결사항으로 정한 경우라도 이로써 총회의 규약개정권한이 소멸된다고 볼 수 없고, 총회는 여전히 노조법 제16조 제2항 단서에 정해진 재적조합원 과반수의 출석과 출석조합원 3분의

2 이상의 찬성으로 '규약의 개정에 관한 사항'을 의결할 수 있다고 할 것이다.

(중략) 이 사건 규약이 총회와는 별도로 총회에 갈음할 대의원회를 두고 '규약개정에 관한 사항'과 '연합단체의 설립, 가입 또는 탈퇴에 관한 사항'을 대의원회의 의결사항으로 하는 등 총회의 의결사항과 대의원회의 의결사항을 명확히 구분하여 정하고 있다 하더라도, 이로써 총회가 이 사건 규약을 개정할 수 있는 권한이 소멸되었다고 볼 수 없고 총회는 여전히 노조법 제16조 제2항 단서에 정해진 재적조합원 과반수의 출석과 출석조합원 3분의 2 이상의 찬성으로 이 사건 규약의 개정에 관한 사항을 의결할 수 있다(대법원 2014. 8. 26. 선고 2012두6063 판결).

[3] 노조법 제5조는 근로자는 자유로이 노동조합을 조직하거나 이에 가입할 수 있다고 규정하고 있고, 같은 법 시행령 제14조의7 제6항에 근로자가 2개 이상의 노동조합에 가입한 경우를 전제로 한 규정이 마련되어 있음에 비추어, 현행 법령상 조합원이 산업별 노조인 이 조합에 이중으로 가입하는 것은 허용된다고 할 것이다. 그러나 노동조합 스스로가 그 조직을 유지·강화하기 위한 목적으로 그 규약을 통하여 조합원들에게 다른 노동조합에 이중으로 가입할 수 없도록 의무를 지우고 이를 위반한 조합원들에게 제재를 가할 수 있도록 규정하는 경우 그것이 근로자들의 단결권을 침해하는 권리남용에 해당한다고 볼 수 없다(대법원 2014. 10. 30. 선고 2014다43793 판결. 원심판결: 부산고법 2014. 6. 11. 선고 2013나5763 판결).

근로시간 면제자의 법적 지위

A회사의 노조위원장 甲은 단체협약에서 정한 풀타임 근로시간 면제자로서 근로계약에 따른 회사의 업무를 담당함이 없이, 오로지 노동조합의 업무만을 수행하고 있던 중 대규모 불법파업을 조직·주도한 혐의로 경찰의 수배를 받게 되었고, 이를 피하기 위하여 장기간 아무 연락 없이 노조사무실에 출근하지 않았다. 그러자 A회사는 甲을 무단결근을 이유로 면직처분하였다.

한편 甲은 근로시간면제제도에 따라 사용자로부터 지급받을 수 있는 소정의 급여 외에 노조위원장 활동비 명목으로 급여와 동일한 액수를 추가로 지급할 것을 정한 단체협약에도 불구하고 A회사가 노동조합 및 노동관계조정법(이하 '노조법'이라 한다)이 금지하는 경비지원으로서 부당노동행위가 될 수 있다는 이유로 지급을 거절하자 활동비에 대한 지급청구를 하는 동시에 풀타임 근로시간 면제자로서 노동조합의 업무만을 수행하므로 연차휴가를 사용하지 않고 대신 그에 따른 수당을 지급할 것을 요구하였다. 이에 대해 A회사는 甲이 근로시간 면제자이기 때문에 단체협약에 따라 합의된 근로시간 면제한도에 따른 급여만 지급하고 활동비와 연차휴가 수당의 지급은 거절하였다.

문제 1

A회사의 甲에 대한 징계면직처분의 정당성을 검토하시오. (25점)

문제 2

A회사의 甲에 대한 활동비 및 연차휴가수당 지급거절의 정당성을 검토하시오. (25점)

사례해결의 Key Point

문제 1

이 문제는, 비록 근로계약상의 본래의 업무를 수행하지 않고 노조업무에만 종사하는 근로시간 면제자라 할지라도 출퇴근에 관한 취업규칙이나 사규의 적용을 받는지에 대한 검토가 필요하다. 이는 결국 근로시간 면제기간 동안의 근로시간 면제자의 법적 지위와 사용자와의 기본적인 법률관계를 어떻게 볼 것인지 하는 문제이다.

문제 2

근로시간 면제자는 사업 또는 사업장별로 종사근로자인 조합원 수 등을 고려하여 근로시간면제심의위원회 의결에 따라 결정된 근로시간 면제 한도를 초과하지 아니하는 범위에서 '임금의 손실 없이' 사용자와의 협의·교섭, 고충처리, 산업안전 활동 등 노조법 또는 다른 법률에서 정하는 업무와 건전한 노사관계 발전을 위한 노동조합의 유지·관리업무를 할 수 있다(노조법 제24조 제2항). 이 문제는 근로시간 면제자가 근로시간 면제 한도를 초과하는 노조위원장 활동비에 관한 단체협약상의 청구권과 통상의 근로자와 마찬가지로 연차휴가수당청구권을 갖는지를 근로시간면제제도와 경비원조의 부당노동행위에 관한 최근의 판례태도를 고려하여 판단하여야 할 것이다.

─── 〈풀 이 목 차〉 ───

문제 1

A회사의 甲에 대한 징계면직처분의 정당성을 검토하시오. (25점)

Ⅰ. 문제의 논점

근로시간 면제자는 사업 또는 사업장별로 종사근로자인 조합원 수 등을 고려하여 근로시간면제심의위원회 의결에 따라 결정된 근로시간 면제 한도를 초과하지 아니하는 범위에서 '임금의 손실 없이(사용자로부터 급여를 지급받으면서)' 사용자와의 협의·교섭, 고충처리, 산업안전 활동 등 노조법 또는 다른 법률에서 정하는 업무와 건전한 노사관계 발전을 위한 노동조합의 유지·관리업무를 할 수 있는 자이다(노조법 제24조 제2항). 그러나 근로시간 면제자가 노조사무실에 출근하지 않고 노조업무에 정상적으로 종사하지 않는 경우에 이를 무단결근으로 보아 사용자가 근로시간 면제자에게 징계를 가할 수 있는가가 문제된다. 결국 본래의 업무 대신에 노조업무에 종사하도록 했다 할지라도 사용자의 출퇴근에 관한 규율은 적용될 수 있는지를 검토하여야 한다.

Ⅱ. 근로시간 면제자의 인정근거

근로시간 면제자가 종업원으로서의 지위를 유지하면서도, 사용자에 대한 노무제공의무를 면하고 기타 처우에 있어서도 불이익을 받지 않을 법적 근거는 무엇인가?

1. 노조전임자 규정이 존재하던 구법 하에서의 해석

이에 대해서는 202년 1월 5일 노조법 개정으로 노조전임자에 관한 내용이 노조법 제24조에서 삭제되기 이전에 노조전임자의 근로제공 의무 면제의 법적 근거에 관하여 학설상 논란이 있었는데 대체로 단결권설과 협정설로 구분될 수 있다. 단결권설에 따르면 헌법 제33조에 의해 보장된 단결권에 기초하여 노조전임자 및 그의 활동에 대하여 사용자는 승낙의 자유를 가지는 것이 아니라 단지 승낙의무만을 부담할 뿐이라고 했다. 이에 반해 협정설은 헌법상 보장된 단결권으로부터 직접 사인간의 권리를 도출하거나 이를 기초로 한 사용자의 승낙의무를 근거지울 수 없고, 노조전임의 인정은 원칙적으로 노사간의 자율적 합의로 결정될 뿐이라고 보았다.

2. 현행 노조법 하에서 근로시간 면제자의 인정 근거

생각건대 비록 현행 노조법 제24조 제1항과 제2항이 노조전임자라는 용어를 삭제하고 근로시간 면제자로 완전히 대체하고 있지만, 근로시간 면제자 역시 그 인정 근거는 협약자율의 원칙에 따른 노사간의 자율적 합의에서 찾아야 할 것으로 파악된다. 현행법에서도 '단체협약으로 정하거나 사용자의 동의가 있는 경우에' 사전에 근로시간면제심의위원회에서 종사근로자인 조합원 수 등을 고려하여 결정된 시간의 한도 안에서 근로계약 소정의 근로를 제공하지 않고, 사용자로부터 급여를 지급받으면서 일정한 범위의 노조업무에 종사할 수 있다(노조법 제24조 제1항, 제2항 참조)고 규정함으로써 근로시간 면제자의 근거가 단체협약이나 사용자의 동의에 있음을 분명히 하고 있다.

Ⅲ. 甲의 무단결근에 대한 A회사의 징계의 정당성

1. 근로시간 면제자의 법적 지위와 무단결근의 해당 여부

과거 노조전임자 제도가 인정되던 시기에 판례는 비록 노조전임자라 할지라도 사용자와의 사이에 기본적 근로관계는 유지되는 것으로서 취업규칙이나 사규의 적용이 전면적으로 배제되는 것이 아니므로, 노조전임자에 관하여 단체협약상의 특별한 규정이나 특별한 관행이 없는 한, 출·퇴근에 관한 취업규칙이나 사규의 적용을 받는다는 입장에 있었다(대법원 1997. 3. 11. 선고 95다46715 판결; 대법원 1993. 8. 24. 선고 92다34926 판결; 대법원 2000. 7. 28 선고 2000다23297 판결; 내법원 2005. 10. 13. 선고 2005두5093). 따라서 근로계약 소정의 본래 업무를 면하고 노동조합의 업무를 전임하는 노조전임자의 경우에 있어 출근은 통상적인 조합업무가 수행되는 노조사무실에의 출근을 의미하므로 취업규칙 등에 규정된 소정의 절차를 취하지 아니한 채 출근하지 않은 경우 무단결근에 해당된다고 보았다.

그러나 이러한 판례의 태도에 대하여 노조전임자의 법적 지위에 대하여 휴직상태에 있는 경우와 같다고 보는 판례의 입장대로라면(대법원 1995. 11. 10. 선고 94다54566 판결), 노조전임자는 단체협약이나 사용자의 동의에 따라 본래의 업무에서 면제받고 노조업무에 종사하는 자이므로 휴직 중인 근로자와 마찬가지로 사용자와의 관계에서 출근의무가 인정되지 않는 것으로 보아야 한다는 비판적 견해가 있을 수 있다. 이에 따르면 노동조합 업무를 보지 않거나 소홀히 한 문제에 대하여는 조합

규약에 따라 징계할 수는 있을 것이나 이는 기본적으로 노동조합이 판단하고 결정할 문제로 보아야 한다.

그러나, '노조전임자'라는 용어가 삭제되고 근로시간 면제자로 완전히 대체된 현행법하에서는 근로시간 면제자는 근로자로서의 신분을 그대로 유지하고, 근로계약상의 근로를 제공해야 하는 의무를 그대로 부담한 채, 근로시간이 임금 손실 없이 노조업무 수행이 가능한 시간으로 대체되는 것일 뿐이라고 해석해야 한다. 그리고 노조법 제24조 제2항은 근로시간 면제 대상 업무를 "사용자와의 협의 · 교섭, 고충처리, 산업안전 활동 등 노조법 또는 다른 법률에서 정하는 업무와 건전한 노사관계 발전을 위한 노동조합의 유지 · 관리업무"로 예시하고 있다. 노사가 별도로 합의하지 않는 한 근로시간 면제자에게 허용되는 업무는 노조법 제24조 제2항의 업무라고 보아야 한다.

그렇다면 근로시간 면제자는 비록 풀타임으로 노조업무에 종사한다 하더라도 여전히 근로계약의 적용관계 아래에 있으며, 여전히 출퇴근 의무와 관련한 취업규칙이나 단체협약 규정의 적용을 받는 자라고 보아야 한다. 근로시간 면제자가 노조업무를 수행하기 위해 노조 사무실에 출근하지 않을 수도 있으나, 이 경우에도 노조 사무실에 출근하지 않은 채 수행하는 업무는 노조법 제24조 제2항 소정의 업무이어야 한다.

2. 사안의 검토

과거 판례는 노조전임자의 법적 지위를 휴직상태와 같다고 보면서도 노조전임자에게도 출퇴근에 대한 취업규칙이나 사규가 원칙적으로 적용된다고 보았다. 이에 따를 경우, 甲은 출퇴근에 관한 사규를 위반한 것으로 되어 甲에 대한 A회사의 징계처분은 정당하다고 볼 수 있다. 노조전임자 제도가 근로시간 면제제도로 완전히 대체된 현재에는 근로시간 면제자는 휴직상태라고 볼 수 없으며, 사용자로부터 급여를 지급받으면서 근로계약상의 근로제공 의무를 여전히 부담한 채 근로시간이 노조업무 수행 시간으로 대체되는 것으로 보아야 한다. 그렇다면 여전히 甲은 출퇴근에 관한 사규를 위반한 것으로 되어 甲에 대한 A회사의 징계처분은 정당하다는 결론에 이르게 된다. 그러나 근로시간 면제자의 업무내용과 수행실태 등을 고려하면 사용자의 통상 근로자에 대한 근태관리가 그대로 적용될 수는 없다고 판단된다.

결국 甲이 노조 사무실에 출근하지 않은 행위가 노조법 제24조 제2항 소정의 노조업무 수행으로 인정될 수 있는가에 대한 신중한 판단이 필요할 것이다. 사안에서는 불법파업을 조직·주도한 협의로 경찰의 수배를 피하기 위해 장기간 아무 연락 없이 노조사무실에 출근하지 않았다. 불법파업 주동과 이로 인한 수배를 피하기 위해 출근하지 않는 행위는 노조법 제24조 제2항 소정의 근로시간 면제자의 업무라고 할 수 없다. 따라서 A 회사가 무단결근으로 면직처분을 내린 것은 정당하다고 볼 수 있을 것이다.

Ⅳ. 결　　론

　근로시간 면제자인 甲이 불법파업을 조직·주도한 이후 수배를 피해 다니면서 조합 사무실에 출근하지 않은 행위는 근로시간 면제자의 면제 대상 업무에 해당하지 않으며, 근로시간 면제자는 원칙적으로 근로계약상의 근로를 제공해야 하는 근로자의 신분을 그대로 유지하는 것으로 보아야 하므로 A회사의 甲에 대한 무단결근을 이유로 면직처분은 정당한 것으로 판단된다(근로시간 면제제도에 따라 제3판에서의 무효로 본 결론과 달리 구성하였음).

문제 2

A회사의 甲에 대한 활동비 및 연차휴가수당 지급거절의 정당성을 검토하시오.
(25점)

Ⅰ. 문제의 논점

근로시간면제자는 노조법 제24조 제1항과 제2항 등에 따라 근로관계의 지속을 전제로 사용자로부터 급여를 지급받으면서 근로계약 소정의 근로를 제공하지 않고 일정한 노조업무에 종사한다. 이러한 규율내용에 비추어 노조전임자인 甲에게 활동비를 지급하도록 한 단체협약 내용의 활동비가 노조법에 반하는 위법한 규정인지 그리고 경비원조로서 노조법 제81조 제1항 제4호의 부당노동행위에 해당하는지가 검토되어야 한다.

또한 근로시간면제자가 근로시간 면제에 따른 급여지급을 받고 조합업무에 종사하는 경우에도 사용자에 대한 휴가청구권이 인정되고 미사용 시에는 연차휴가수당청구권이 인정될 수 있는지가 문제된다.

Ⅱ. 甲의 활동비 지급청구에 대한 A회사의 지급거절의 정당성 검토

1. 활동비의 지급과 부당노동행위 성립 여부

현행 노조법에서는 근로시간 면제에 따른 소정의 급여지급은 당연히 지급되어야 하고, 이는 아무런 문제가 없다(노조법 제24조 제1항 및 제2항 참조).

다만, 별도로 지급하기로 한 활동비가 근로시간 면제한도를 초과하여 급여를 지급하거나 노동조합의 운영비를 원조하는 행위를 부당노동행위로서 금지하고 있는 규정(노조법 제81조 제1항 제4호 참조)과 근로시간 면제 한도를 초과하는 내용을 정한 단체협약 또는 사용자의 동의는 그 부분에 한정하여 무효라고 선언한 규정(노조법 제24조 제4항) 등과 관련하여 사안에서의 활동비가 실질적으로 甲에 대한 급여내지 노조운영비 지원으로 볼 수 있는지가 먼저 검토되어야 한다.

과거 근로시간면제제도가 도입되기 이전에 판례와 다수설은 노조법 제81조 제1항 제4호의 경비원조에의 해당여부를 판단하는 데 있어서 실질설에 따라 형식적으로는 노동조합이 사용자로부터 운영비의 원조를 받고 있더라도 그 사실만으로 부당노동행위의 성립을 인정할 수는 없고, 실질적으로 조합의 자주성이 저해될 구체적인 위험성이 있는 경우에 한하여 부당노동행위의 성립을 인정하고자 하였으며, 노조전임자에 대한 급여지급 문제에 있어서 부당노동행위의 성립을 부정하였다(대법원 1991. 5. 28. 선고 90누6392 판결).

　　그러나 현행 노조법은 노조전임자 관련 규정과 용어를 삭제하고 이를 근로시간 면제제도로 대체하였으며, 근로시간 면제한도를 초과하여 급여를 지급하거나 노동조합의 운영비를 원조하는 행위를 부당노동행위로서 금지하고(노조법 제81조 제1항 제4호 참조) 근로시간 면제 한도를 초과하는 내용을 정한 단체협약 또는 사용자의 동의를 그 부분에 한정하여 무효라고 규정하고 있다(노조법 제24조 제4항). 따라서 A회사의 노조위원장 甲에 대한 활동비 지급은 부당노동행위에 해당될 수밖에 없다. 따라서 활동비의 실질을 무엇으로 보던지 간에 활동비지급에 관한 단체협약의 규정은 강행법규에 반하는 내용으로서 이에 따른 사용자의 활동비지급의무를 인정할 수는 없다.

2. 사안의 검토

　　현행법의 규율내용에 비추어 사안에서 A회사의 근로시간 면제자 甲에 대한 활동비지급은 활동비의 성격이 급여인지, 아니면 순수한 노조운영비 지원인지 여부에 관계없이 경비지원의 부당노동행위로 볼 수밖에 없다. 따라서 A회사는 단체협약의 규정에도 불구하고 활동비지급을 거절할 수 있다고 본다.

Ⅲ. 甲에 대한 A회사의 연차휴가수당 지급거절의 정당성 검토

1. 근로시간 면제자의 지위와 연차휴가청구권

　　과거의 판례는 노조전임자의 법적 지위를 휴직상태의 근로자와 유사하게 판단하여 노조전임자는 휴직자에게 휴직기간 동안 지급되도록 되어 있는 급여내용만을 사용자에게 청구할 수 있다고 판시하고 있다(대법원 1995. 11. 10. 선고 94다54566 판결). 이처럼 노조전임자를 휴직상태에 있는 근로자와 유사한 지위를 지닌다고 본다면, 휴직자에 대하여 상여금이나 연차휴가수당을 보장하지 않은 이상 노조전임자도 이를 청구할 수 없는 것은 당연하다.

　　그러나, 현행법 하에서는 근로시간 면제자는 근로자로서의 신분을 그대로 유지하고, 근로계약상의 근로를 제공해야 하는 의무를 그대로 부담한 채, 근로시간이 임금 손실 없이 노조업무 수행이 가능한 시간으로 대체되는 것일 뿐이다. 따라서 근로시간 면제자로서 노조업무를 수행한 시간도 근로제공 시간으로 간주되는 것이 원칙이므로 연차휴가도 통상의 근로자와 동일하게 보장되어야 한다. 근로시간 면제자가 연차휴가를 사용하지 않았다면 사용자는 그에 상응하는 미사용 연차휴가수당을 근로시간 면제자에게 지급해야 한다.

2. 甲에 대한 연차휴가수당의 지급 여부

연차휴가는 소정 기간 동안 계속 근로한 근로자가 유급으로 휴가를 받음으로써 근로자의 정신적·육체적 휴양과 아울러 노동의 재생산 유지를 확보하기 위한 제도로서 계속적 근로사실을 전제로 하는 것이다. 그리고 근로시간 면제자의 노조업무 종사 시간은, 과거의 노조전임자와는 달리 근로시간 면제 한도 시간 내에서 노조업무에 종사한 시간만큼 근로계약 소정의 근로를 제공한 것과 동등하게 평가되어야 한다. 따라서 근로시간 면제자가 노조법 제24조 제2항에 해당하는 업무로서 사용자의 동의를 받거나 단체협약으로 합의한 한도 내에서 노조업무에 종사했다면 유급 연차휴가를 부여받을 권리를 인정받는 것이 당연하다.

3. 사안의 검토

사안의 사실관계를 검토한다면 우선 甲이 근로시간 면제자로서 노조업무에만 종사하고 있으며 근로시간면제에 해당하는 일정한 급여를 받아온 것은 인정된다. 따라서 甲의 근로시간 면제자로서 지정되어 활동한 기간동안의 근무에 기초한 연차휴가청구가 인정되어야 한다고 본다. 왜냐하면 甲은 본래 업무는 면하고 노조업무에 종사했지만 근로제공을 계속한 것과 동등하게 평가되어야 하기 때문이다.

Ⅳ. 결　　론

사안에서 甲은 노조법 제24조 제2항과 제4항에 따라 인정되는 근로시간 면제한도 안에서 근로계약 소정의 근로를 제공하지 않고 노조업무에 종사하는 근로시간 면제자이다. 만약 甲에게 사용자 A회사가 활동비를 지급한다면 이는 경비원조의 부당노동행위가 된다. 따라서 단체협약에서 활동비지급을 규정하고 있다 할지라도 사용자는 활동비를 별도로 지급하여서는 안 된다. 부당노동행위가 되는 급부를 하도록 법적으로 의무지울 수는 없기 때문이다. A회사의 활동비 지급거절은 정당하다고 보아야 할 것이다.

또한 A회사는 甲에 대해 연차휴가수당을 지급해야 한다. 왜냐하면 근로시간 면제자는 근로시간 면제 한도의 적용을 받아 유급으로 조합업무를 수행한 기간을 근로제공을 한 기간과 동등하게 평가받게 되기 때문이다(2021년 1월 5일 노조법 개정에 의하여 노조전임자 용어를 삭제하기 전, 노조전임자의 연차휴가권에 관해서는 주요참조판례 4. 노조전임기간 동안 연차휴가권(대법원 2019. 2. 14. 선고 2015다66052 판결 참조)).

유사사례

甲은 근로시간 면제자로서 노동조합업무를 수행하던 중 과로로 쓰러졌는데, 산재보상보험업무를 수행하는 근로복지공단은 회사의 업무수행 중이 아니라는 이유에서 산업재해보상보험법상 급여지급청구요건인 업무상 재해에 해당하지 않는다고 하여 급여지급을 거절하였다. 근로복지공단의 甲에 대한 급여지급거절이 정당한지를 검토하시오.

해설요지

근로시간 면제자로서 노동조합의 업무에만 종사하다가 재해를 입은 경우에 산재보험법의 적용을 받는 업무상 재해에 해당하는지 여부가 문제된다. 즉, 근로시간 면제자의 노조업무는 본래의 업무가 아니고 사용자에 대한 노무제공이 아님에도 노조업무 수행으로 인한 재해를 산업재해보상보험법상 업무상 재해로 볼 수 있는지가 문제의 핵심이다.

과거의 노조전임자에 대한 판결에서 대법원은 노조전임자가 담당하는 조합업무는 원래 회사의 노무관리업무와 밀접한 관련을 가지는 것으로서 사용자가 본래의 업무 대신에 이를 담당하도록 하는 것이기 때문에 노조전임자가 노동조합업무를 수행하거나 이에 수반하는 통상적인 활동을 하는 과정에서 발생한 재해는 산업재해보상보험법상 업무상 재해(동법 제37조)에 해당한다고 판단했다. 다만 업무의 성질상 사용자의 사업과는 무관한 상부 또는 연합관계에 있는 노동단체와 관련된 활동이나 불법적인 노동조합활동 또는 사용자와 대립관계로 되는 쟁의단계에 들어간 이후의 노동조합활동 중에 생긴 재해에 대해서는 업무상 재해로 볼 수 없다는 입장을 취하고 있었다(대법원 1998. 12. 8. 선고 98두14006 판결; 대법원 1994. 2. 22. 선고 92누14502 판결).

이러한 판례의 태도는 현행 노조법상 근로시간 면제자에 대해서도 적용할 수 있다고 본다. 또한, 근로시간 면제자는 근로시간 면제기간 중에도 산재보험료가 근로복지공단에 납부되고 있고 산재보험의 사회보험으로서의 성격을 감안할 때 甲의 노조업무에 따른 과로로 인한 재해는 종래의 판례태도와 마찬가지로 甲이 평화적이고 정당하게 회사 노조업무를 수행하던 중이었다면 업무상 재해로 인정될 수 있으며, 근로복지공단은 산재보상급여를 거절할 수 없다고 본다.

1. 노조전임자의 법적 지위

[1] 단체협약이 유효기간의 만료로 효력이 상실되었고, 단체협약상 노조대표의 전임규정이 새로운 단체협약 체결 시까지 효력을 지속시키기로 약정한 규범적 부분도 아닌 경우, 그 단체협약에 따라 노동조합 업무만을 전담하던 노조전임자는 사용자의 원직 복귀명령에 응하여야 할 것이므로 그 원직 복귀명령에 불응한 행위는 취업규칙 소정의 해고사유에 해당하고, 따라서 사용자가 원직 복귀명령에 불응한 노조전임자를 해고한 것은 정당한 인사권의 행사로서 그 해고사유가 표면적인 구실에 불과하여 징계권 남용에 의한 부당노동행위에 해당하지 않는다(대법원 1997. 6. 13. 선고 96누17738 판결).

[2] 노동조합의 전임자라 할지라도 사용자와의 사이에 기본적 노사관계는 유지되는 것으로서 취업규칙이나 사규의 적용이 전면적으로 배제되는 것은 아니므로, 단체협약에 조합전임자에 관하여 특별한 규정을 두거나 특별한 관행이 존재하지 아니하는 한 출퇴근에 대한 사규의 적용을 받게 된다. 따라서 노조전임자가 구속영장의 집행을 면하기 위하여 도피하면서 결근한 것이 무단결근에 해당한다(대법원 1993. 8. 24. 선고 92다34926 판결).

[3] 노동조합의 업무가 사용자의 노무관리업무와 전혀 무관한 것이 아니고 안정된 노사관계의 형성이라는 면에서 볼 때에는 오히려 밀접하게 관련되어 있으므로, 근로계약 소정의 본래 업무를 면하고 노동조합의 업무를 전임하는 노조전임자의 경우에 있어서 출근은 통상적인 조합업무가 수행되는 노조사무실에서 조합업무에 착수할 수 있는 상태에 임하는 것이라 할 것이고, 만약 노조전임자가 사용자에 대하여 취업규칙 등 소정의 절차를 취하지 아니한 채, 위와 같은 상태에 임하지 아니하는 것은 무단결근에 해당한다(대법원 1995. 4. 11. 선고 94다58087 판결; 대법원 1997. 3. 11. 선고 95다46715 판결).

2. 노조전임자의 업무상 재해 인정 여부

노동조합업무 전임자가 근로계약상 본래 담당할 업무를 면하고 노동조합의 업무를 전임하게 된 것이 사용자인 회사의 승낙에 의한 것이라면, 이러한 전임자가 담당하는 노동조합업무는, 그 업무의 성질상 사용자의 사업과는 무관한 상부 또는 연합관계에 있는 노동단체와 관련된 활동이나 불법적인 노동조합활동 또는 사용자와 대립관계로 되는 쟁의단계에 들어간 이후의 활동 등이 아닌 이상, 원래 회사의 노무관리업무와 밀접한 관련을 가지는 것으로서 사용자가 본래의 업무 대신에 이를 담당하도록 하는 것이어서 그 자체를 바로 회사의 업무로 볼 수 있고, 따라서 그 전임자가 노동조합업무를 수행하거나 이에 수반하는 통상적인 활동을 하는 과정에서 그 업무에 기인하여 발생한 재해는 산업재해보상보험법 제4조 제1호(현행 제37조 제1항 1호) 소정의 업무상 재해에 해당한다. 회사의 승낙에 의한 노조전임자가 노동조합이 단체교섭을 앞두고 조합원들의 단결력을 과시하기 위하여 개최한 결의대회에 사용된 현수막을 철거하던 중 재해를 입은 경우, 위 결의대회가 불법적인 것이 아니고, 이를 쟁의단계에 들어간 이후의 노동조합 활동이라고 볼 수 없어 업무상 재해에 해당한다(대법원 1998. 12. 8. 선고 98두14006 판결).

3. 근로시간면제자 급여지급과 노조운영비 지원행위

　　[1] 단순히 노조전임자에 불과할 뿐 근로시간 면제자로 지정된 바 없는 근로자에게 급여를 지원하는 행위는 그 자체로 부당노동행위가 되지만, 근로시간 면제자에게 급여를 지급하는 행위는 특별한 사정이 없는 한 부당노동행위가 되지 않는 것이 원칙이라고 할 수 있다. 다만 근로시간 면제자로 하여금 근로제공의무가 있는 근로시간을 면제받아 경제적인 손실 없이 노동조합 활동을 할 수 있게 하려는 근로시간 면제 제도 본연의 취지에 비추어 볼 때, 근로시간 면제자에게 지급하는 급여는 근로제공의무가 면제되는 근로시간에 상응하는 것이어야 한다. 그러므로 단체협약 등 노사 간 합의에 의한 경우라도 타당한 근거 없이 과다하게 책정된 급여를 근로시간 면제자에게 지급하는 사용자의 행위는 노동조합법 제81조 제1항 제4호 단서에서 허용하는 범위를 벗어나는 것으로서 노조전임자 급여 지원 행위나 노동조합 운영비 원조 행위에 해당하는 부당노동행위가 될 수 있다(대법원 2018. 5. 15. 선고 2018두33050 판결).

　　[2] 사용자가 노동조합의 운영비를 원조하는 행위를 부당노동행위로 금지하는 '노동조합 및 노동관계조정법'(2010. 1. 1. 법률 제9930호로 개정된 것) 제81조 제4호 중 '노동조합의 운영비를 원조하는 행위'에 관한 부분(이하 '운영비원조금지조항'이라 한다)이 노동조합의 단체교섭권을 침해하는지 여부에 대하여 헌법재판소는 아래와 같이 위헌결정을 하였다.

　　운영비원조금지조항이 단서에서 정한 두 가지 예외를 제외한 운영비 원조 행위를 일률적으로 부당노동행위로 간주하여 금지하는 것은 침해의 최소성에 반한다.

　　노동조합의 자주성을 저해하거나 저해할 위험이 현저하지 않은 운영비 원조 행위를 부당노동행위로 규제하는 것은 입법목적 달성에 기여하는 바가 전혀 없는 반면, 운영비원조금지조항으로 인하여 청구인은 사용자로부터 운영비를 원조받을 수 없을 뿐만 아니라 궁극적으로 노사자치의 원칙을 실현할 수 없게 되므로, 운영비원조금지조항은 법익의 균형성에도 반한다.

따라서 운영비원조금지조항은 과잉금지원칙을 위반하여 청구인의 단체교섭권을 침해하므로 헌법에 위반된다(헌법재판소 2018. 5. 31. 선고 2012헌바90 결정).

* (판례해설) 헌법재판소의 이 위헌결정에 따라 2020년 6월 9일 노조법 제81조 제4호의 내용이 제1항 제4호 규정으로 개정되고, 동조 제2항이 신설되게 되었다. 이에 따라 운영비원조가 노동조합의 자주적 운영 또는 활동을 침해할 위험이 있다고 판단되는 경우에만 지배개입의 부당노동행위가 인정되고, 운영비 원조가 노조의 자주적 운영과 활동을 침해하는지 여부는 동조 제2항에서 열거규정한 고려요소를 기준으로 판단되게 되었다.

4. 노조전임기간 동안 연차휴가권

노조전임자 제도가 단체협약 또는 사용자의 동의에 근거한 것으로 근로자의 단결권 유지·강화를 위해 필요할 뿐만 아니라 사용자의 노무관리업무를 대행하는 성격 역시 일부 가지는 점 등을 고려하면, 노조 전임기간 동안 현실적으로 근로를 제공하지 않았다고 하더라도 결근한 것으로 볼 수 없고, 다른 한편 「노동조합 및 노동관계조정법」 등 관련 법령에서 출근한 것으로 간주한다는 규정 역시 두고 있지 않으므로 출근한 것으로 의제 할 수도 없다. 결국 근로제공의무가 면제되는 노조전임기간은 연차휴가일수 산정을 위한 연간 소정근로일수에서 제외함이 타당하다. 다만 노조전임기간이 연차휴가 취득 기준이 되는 연간 총근로일 전부를 차지하고 있는 경우라면, 단체협약 등에서 달리 정하지 않는 한 이러한 노조전임기간에 대하여는 연차휴가에 관한 권리가 발생하지 않는다고 할 것이다(대법원 2019. 2. 14. 선고 2015다66052 판결).

34 단체교섭의 대상범위와 쟁의행위의 정당성

A회사는 상시 근로자 20,000명을 고용하여 자동차를 제조·판매하는 회사이다. B노동조합은 A회사의 근로자들로 구성된 기업별 노동조합이고, A회사 근로자 가운데 B노동조합 외에 다른 노동조합에 가입한 자는 없다.

A회사는 최근 계속되는 글로벌 경제위기로 인해 내수뿐만 아니라 수출이 급감하여 경영위기에 당면하자 이를 극복하기 위해 2015. 5.경 판매가 부진한 일부 생산라인을 축소 내지 폐지하는 한편 정리해고를 실시하기로 결정하였다. 이에 A회사는 B노동조합에게 정리해고계획을 통보하면서 해고를 피하기 위한 대책과 해고대상자의 선정기준 등을 제시하고 이에 대한 협의를 요청하였다.

그러나 B노동조합은 A회사의 생산라인의 축소 내지 폐지 결정과 정리해고 자체를 전혀 수용할 수 없다고 하면서 단체협약에 대한 보충교섭을 요구하면서 2015. 7. 1.부터 7. 10.까지 지도부의 결정에 따라 조합원 전원이 평소보다 30분 늦은 9시(취업규칙상 업무 시작시간은 9시임)에 출근하였고, 7. 11.에는 관행적으로 해오던 휴일근로를 거부하였다. 이로 인해 A회사는 5,000대, 1,000억 원대의 차량생산차질이 발생했다.

A회사가 생산라인의 축소 내지는 폐지를 포함하여 정리해고 실시 자체는 단체교섭의 대상이 될 수 없는 사용자의 경영사항이라고 주장하면서 단체교섭을 거부하자, B노동조합은 A회사에 대하여 위 교섭요구사항에 관한 단체교섭에 응할 것을 요구하면서 7. 13.부터 10일간 총파업에 돌입하였다.

문제 1

B노동조합이 7. 13.부터 행한 총파업은 그 목적에 있어서 정당한가? (30점)

문제 2

B노동조합이 2015. 7. 1.부터 행한 정시출근 및 7. 11.에 행한 휴일근로 거부는 '노동조합 및 노동관계조정법'상 쟁의행위에 해당하는가? (20점)

██ 사례해결의 Key Point

문제 1

사용자의 경영권이 권리로서 인정되는지, 경영권 사항도 단체교섭 대상이 되는지 여부가 쟁점이다. 판례는 사용자의 경영권을 근본적으로 제약하는 것은 단체교섭의 대상이 될 수 없고, 단체교섭사항이 될 수 없는 사항을 달성하려는 쟁의행위는 그 목적의 정당성을 인정할 수 없다는 입장이다. 따라서 생산라인의 축소 내지 폐지, 정리해고실시 자체가 경영권의 본질적인 사항인지 여부를 검토하여야 한다.

문제 2

준법투쟁의 문제로서 집단적인 법규준수 행위가 정당한 권리행사에 해당하는지 아니면 회사업무의 정상적인 운영을 저해하는 쟁의행위로 보아야 하는지 여부가 문제된다. 쟁의행위에 해당한다면 그 정당성 요건을 별도로 갖추어야 정당하기 때문에 집단적인 정시출근 및 휴일근로 거부행위의 쟁의행위 해당성 여부가 검토되어야 할 것이다.

───────────── 〈풀 이 목 차〉 ─────────────

문제 1

B노동조합이 7. 13.부터 행한 총파업은 그 목적에 있어서 정당한가? (30점)

Ⅰ. 문제의 논점

　이 사안은 단체교섭대상 범위와 관련하여 생산라인의 축소·폐지, 정리해고실시라는 경영상의 조치 사항이 단체교섭의 대상이 되는지가 주된 쟁점이다. 사안에서 B노동조합은 생산라인의 축소·폐지 및 정리해고 철회를 요구하며 쟁의행위를 단행하였는바, 이때 B노동조합이 행한 파업의 정당성을 판단하기 위해서는 주체·목적·시기·수단·행태 등의 정당성 여부가 종합적으로 고려되어야 하나, 문제에서는 쟁의행위의 목적의 정당성 여부로 국한하였으므로 이를 단체교섭의 대상범위와 연결시켜 검토하여야 할 것이다. 따라서 A회사의 생산라인 축소·폐지, 정리해고실시 결정과 같은 경영사항이 단체교섭의 대상에 속하는지 여부와 그러한 결론에 따라 A회사의 단체교섭 불응이나 B노동조합의 파업에 대한 법적 평가가 검토되어야 한다.

Ⅱ. A회사의 경영상의 결정이 경영권 사항인지 여부

1. 경영권의 의미와 실체성의 인정 여부

　자본주의 시장경제체제에서는 생산수단을 소유하는 자본가가 생산물의 종류·품질·수량·생산방법·가격 등 경영의 기본정책을 결정하는데, 이러한 자본가의 경영적 판단에 기한 결정을 할 수 있는 권리를 경영권이라고 한다. 그러나 헌법은 근로자의 노동3권에 대해서는 명시적으로 규정하고 있으나, 사용자의 경영권에 대해서는 명문의 규정이 없어 권리로서의 실체가 인정되는지 여부가 문제된다. 경영권의 실체성 여부는 경영권 사항의 단체교섭 대상 여부와 관련하여 중요한 쟁점이 되고 있다.

　이와 관련하여 학설상으로는 경영권은 법률상의 구체적인 권리가 아닌 관념적인 산물로서 사용자가 단체교섭을 강제 받지 않기 위한 실체성이 없는 방어적 권리에 지나지 않는다는 견해와 경영권은 사용자의 경제활동의 자유를 보장하는 모든 기본권의 기능적인 면이 결집하여 이루어지는 사용자의 기본권이라는 견해로 나뉜다. 판례는 경영권의 법적 실체성을 인정하고, 그 근거를 헌법 제15조(직업선택의 자유), 제23조 제1항(재산권보장질서), 제119조 제1항(경제상의 자유와 창의의 존중)에서 찾고 있다(대법원 2003. 7. 22. 선고 2002도7225 판결).

2. 소   결

경영권 인정 여부가 실제 기업 내 노사관계에 있어서는 단체교섭 대상성 여부와 관련되어 있는 것은 사실이나, 판례에서 확인해 주고 있는 바와 같이 우리나라 헌법질서에서 모든 기업은 그가 선택한 사업 또는 영업을 자유롭게 경영하고 이를 위한 의사결정의 자유와, 사업 또는 영업을 변경(확장·축소·전환)하거나 처분(폐지·양도)할 수 있는 자유를 보장받고 있으므로, 이를 사용자의 경영권으로 이해할 수 있다고 본다.

따라서 A회사가 경기불황을 이유로 일부 생산라인을 축소 내지는 폐지하거나, 정리해고를 실시하기로 결정한 행위 자체는 헌법적 근거 하에서 그 실체가 인정되는 경영권에 해당한다.

Ⅲ. B노동조합의 교섭요구사항의 단체교섭 및 쟁의행위 대상성 여부

1. 경영상의 사항의 교섭대상성

경영권을 사용자의 권리로 인정할 수 있는지 하는 문제는 경영권 사항을 단체교섭과 쟁의의 대상으로 인정할 수 있는지 여부와 밀접하게 관련되어 노사당사자뿐만 아니라 학계에서도 크게 논란이 되어오고 있다. 우선 경영에 관한 사항은 사용자의 경영권에 속하기 때문에 단체교섭의 대상이 아니라는 부정설, 경영에 관한 사항이더라도 일반적으로 단체교섭 대상사항으로 허용하되, 단체교섭 요구사항이 권리의 남용 내지 신의칙에 반하는 경우에는 사용자가 단체교섭을 거부할 수 있도록 하자는 긍정설, 경영에 관한 사항은 그것이 고용의 계속을 포함하여 근로조건과 밀접한 관련이 있는 사항은 의무적 교섭사항이 된다는 제한적 긍정설, 경영에 관한 사항이 근로조건에 영향을 미치는 경우에 경영의사의 결정과 그것이 근로조건에 미치는 영향을 구분하여 후자만 의무적 교섭사항으로 인정하고 전자는 임의적 교섭사항으로 보자는 구분설 등이 있다.

판례는 사용자의 경영상의 조치에 관한 노동조합의 요구내용이 사용자는 이러한 조치를 하여서는 아니 된다는 취지라면 이는 사용자의 경영권을 근본적으로 제약하는 것이 되어 단체교섭의 대상이 될 수 없다고 하여 부정설(내지 구분설)의 입장을 취하고 있다(대법원 2001. 4. 24. 선고 99도4893 판결). 즉, 생산라인의 축소 내지는 폐지, 정리해고 등 기업의 구조조정 실시 여부, 기구 통·폐합에 따른 조직변경 및 업무분장에 대한 결정권, 기업의 민영화 등 사용자의 경영권에 속하는 사항은 경영 주체에 의한 고도의 경영상 결단에 속하거나 사용자의 재량적 판단으로서 존중되어야 할 것이다. 따라서 이러한 사항은 원칙적으로 단체교섭의 대상이 될 수 없다고 한다(대법원 2013. 2. 14. 선고 2010두17601 판결).

2. 소　결

근로자의 노동기본권과 기업경영의 자유와 재산권을 함께 보장하고 있는 우리 나라의 헌법질서에 비추어 이러한 판례의 태도가 기본권의 조화적 해석의 원칙에 가장 충실한 해석태도로 생각된다. 따라서 생산라인의 축소·폐지, 정리해고 실시여부는 경영주체의 고도의 경영상 결단에 속하는 사항으로서 이는 원칙적으로 단체교섭의 대상이 될 수 없다.

Ⅳ. B노동조합이 행한 총파업의 정당성 여부

단체교섭의 대상이 아닌 사항을 관철할 목적으로 한 쟁의행위는 원칙적으로 허용될 수 없다. 그런데 사용자의 경영권에 속하는 조치는 원칙적으로 단체교섭의 대상이 될 수 없고 긴박한 경영상의 필요나 합리적인 이유 없이 불순한 의도로 추진되는 등의 특별한 사정이 없는 한, 노동조합이 실질적으로 그 실시 자체를 반대하기 위하여 쟁의행위에 나아간다면, 비록 그 실시로 인하여 근로자들의 지위나 근로조건의 변경이 필연적으로 수반된다 하더라도 그 쟁의행위는 목적의 정당성을 인정할 수 없다고 보아야 한다(대법원 2002. 2. 26. 선고 99도5380 판결; 대법원 2010. 11. 11. 선고 2009도4558 판결 등).

사안에서 A회사는 경기불황을 이유로 일부 생산라인을 축소 내지는 폐지하는 한편 정리해고를 실시하기로 결정하고, 해고를 피하기 위한 대책과 해고대상자의 선정기준 등을 제시하며 B노동조합에게 이에 대해 협의할 것을 요청하였다.

A회사가 경영상의 필요나 합리적 이유없이 불순한 의도로 이러한 조치를 결정했다는 사정이 보이지 않음에도 B노동조합은 해고를 피하기 위한 대책과 해고대상자의 선정기준 등에 대한 협의는 거부한 채, 생산라인의 축소·폐지, 정리해고 실시 자체를 반대하고 이에 대해 보충교섭을 요구하며 쟁의행위에 돌입하였다. 생산라인

의 축소·폐지나 정리해고 실시 자체는 경영상의 조치로서 그 실시 자체에 대한 반대는 사용자의 경영권을 근본적으로 제약하는 것으로서 원칙적으로 단체교섭의 대상이 될 수 없고, 단체교섭의 대상이 될 수 없는 사항을 관철하려는 B노동조합의 쟁의행위는 그 목적의 정당성을 인정할 수 없을 것이다.

V. 결   론

A회사가 B노동조합에게 정리해고계획을 통보하면서 해고를 피하기 위한 대책과 해고대상자 선정기준 등에 대한 협의를 요청했음에도 B노동조합은 생산라인의 축소·폐지, 정리해고계획 자체의 철회를 요구하며, A회사가 이에 응하지 않자 파업을 행한 것으로서, B노동조합의 파업은 단체교섭대상이 아닌 사항에 대한 관철을 위한 것으로서 목적면에서 정당하지 않다.

문제 2

B노동조합이 2015. 7. 1.부터 행한 정시출근 및 7. 11.에 행한 휴일근로 거부는 '노동조합 및 노동관계조정법'상 쟁의행위에 해당하는가? (20점)

I. 문제의 논점

　A회사의 취업규칙상 업무 시작시각은 9시이나 관행적으로 30분 일찍 출근해 왔고, 휴일근로도 진행해 왔다. 그러나 B노동조합은 A회사의 생산라인 축소·폐지 및 정리해고를 저지하기 위해 단체협약에 대한 보충교섭을 요구하면서 집단적으로 정시출근을 하고 통상적으로 해오던 휴일근로를 거부하였다. 연장·휴일근로는 근로자와의 합의 또는 동의에 의해 예외적으로 시킬 수 있기 때문에 근로자가 연장·휴일근로를 거부할 경우에 특별한 경우를 제외하고는 사용자가 법적으로 강제할 수는 없다. 문제는 본 사안처럼 관행적으로 시행해 왔던 조기출근·휴일근로를 근로자들이 자신의 주장을 관철할 목적으로 집단적으로 거부하여 회사업무의 정상적인 운영을 저해하는 경우이다. 이는 준법투쟁의 문제로서 집단적인 법규준수 행위가 정당한 권리행사에 해당하는지 아니면 회사업무의 정상적인 운영을 저해하는 쟁의행위로 보아야 하는지 여부가 문제된다.

II. B노동조합의 정시출근과 휴일근로거부의 준법투쟁 여부

1. 준법투쟁의 개념

　근로자는 근로기준법에 정한 근로시간 이상의 연장근로를 거부할 수 있는 권리와 휴가에 관한 권리 등을 가진다. 그리고 근로자는 노무제공에 있어 안전과 보안에 관한 준칙을 지킬 의무를 진다. 그런데 이러한 권리·의무를 근로자단체의 통일적인 투쟁계획에 의하여 다수의 근로자가 동시에 엄격하게 행사 또는 준수하는 경우에는 파업이나 태업과 같은 효과가 발생할 수 있다. 이와 같이 근로자들이 그들의 주장을 관철하기 위하여 법규정을 엄격히 준수하거나, 법률에 정한 근로자의 권리를 동시에 집단적으로 행사하여 평상시에 비해 사업능률을 저하시킴으로써 사용자의 업무를 저해하는 행위를 일반적으로 준법투쟁이라 한다. 구체적으로는 집단적인 연장근로 거부, 집단휴가 사용, 안전보건투쟁 등이 있다.

2. B노동조합의 정시출근 및 휴일근로 거부의 준법행위 해당성 여부

사안에서 B노동조합은 회사의 생산라인 축소·폐지, 정리해고를 저지시키기 위해 단체협약에 대한 보충교섭을 요구하며 10일간은 조합원 전원이 평소보다 30분 늦은 취업규칙상 업무 시작시각인 9시에 정시출근하게 하고, 7. 11.에는 관행적으로 해오던 휴일근로를 거부하도록 하여 A회사에게 차량생산차질을 발생시켰다.

이는 관행적으로 해 오던 30분 조기출근과 휴일근로를 집단적으로 거부하고 취업규칙이나 법률에 정한 바에 따라 출근하고 근무하도록 하여 평상시에 비해 사업능률을 저하시키고자 한 점에서 준법투쟁에 해당하는 사례이다.

물론 조기출근과 휴일근로에 관한 A회사의 노동관행이 형성된 것으로 보고 이로부터 노동관행에 따른 근로자의 노무제공의무를 인정하게 되면 준법투쟁이라고 보기보다는 집단적 노무제공의 불이행으로서 파업으로 이해될 여지도 있다.

Ⅲ. B노동조합의 준법투쟁이 쟁의행위인지 여부

준법투쟁이 쟁의행위에 해당하는지 여부는 노동조합이 ① 그 주장을 관철할 목적으로 행하는 행위로서 ② 업무의 정상적인 운영을 저해하는 행위인지를 기준으로 판단해야 한다(노조법 제2조 제6호). 여기서 '업무의 정상적인 운영'이란 당해 노사관계에 있어서의 관행상의 사실을 고려하여 기대될 수 있는 통상적인 업무운영이라고 할 수 있다.

사안에서와 같이 조기출근과 휴일근로가 관행화된 경우에 있어서 근로자들이 집단적으로 정시에 출근하고 휴일근로를 거부하였다면 이는 업무의 정상적인 운영을 저해한 것으로 판단될 수 있다. 판례도 관행적으로 행해 오던 조기출근과 휴일근로를 노조의 주장을 관철할 목적으로 집단적으로 거부함으로써 회사의 업무수행에 지장을 초래하였다면 이는 실질적으로 회사의 정상적인 업무수행을 저해하는 쟁의행위에 해당한다고 하였다(대법원 1996. 5. 10. 선고 96도419 판결; 대법원 1991. 7. 9. 선고 91도1051 판결).

Ⅳ. 결   론

B노동조합 지도부의 결정에 따른 조합원 전원의 정시출근 및 휴일근로 거부는

생산라인의 축소·폐지, 정리해고 철회를 관철할 목적으로 행한 준법투쟁으로서 A 회사에게 생산차질을 발생하게 하였으므로 쟁의행위에 해당한다고 보아야 할 것이다.

정부가 2008. 12.경 A회사의 정원 5,115명 감축 등을 내용으로 하는 공공기관 선진화 계획을 발표하였다. 그에 따라 A회사가 2009. 1.경 5,115명의 정원을 감축하기 위한 선진화 세부 실천계획을 수립한 후, 실제로 2009. 4.경 열린 이사회에서 2012.경까지 정원 5,115명을 연차적으로 감축하기로 하는 내용의 구조조정 안건을 의결하자, A회사의 근로자들로 구성된 B노동조합은 이에 대응하여 정원 감축 철회 등 구조조정 저지 및 해고자 복직 등을 주장했다. 또한 B노동조합을 포함한 공공부문 노동조합들은 공동투쟁본부를 결성하여 공공부문 민영화중단 등 공공기관 선진화 정책 저지를 목표로 대정부 총력투쟁에 돌입한다는 것을 발표하고 상호 유대를 강화하기로 했다.

B노동조합 등으로 구성된 공동투쟁본부는 2009. 10. 10.경 정부의 공공기관 선진화 정책 반대와 함께 정부가 교섭에 나서지 않을 경우 공동투쟁본부 소속 사업장을 중심으로 2009. 11. 6. 쟁의행위에 돌입하겠다고 발표하였다. 비슷한 시기인 2009. 10. 12. B노동조합도 임시대의원대회에서 공공기관 선진화 정책 철회이슈화, 해고자 복직 합의 이행 등을 목표로 제1차 파업은 순환파업으로 진행하기로 결의한 다음, 2009. 10. 23.까지 쟁의행위 찬반투표를 마쳤다.

공동투쟁본부는 2009. 11. 4. 다시 2009. 11. 6. 총파업 출정식, 대통령의 공기업선진화 워크숍 일정에 맞춘 전면파업 등의 투쟁계획을 구체적으로 밝혔으며, B노동조합은 2009. 11. 5.부터 2009. 11. 7.까지 지역별 순환파업을 감행하여 여객열차 327대, 화물열차 355대의 운행이 중단됨으로써 영업수익 손실과 대체인력 보상금 지출 등으로 A회사에 손해가 발생하였다. 이후 B노동조합이 2009. 11. 26.부터 2009. 12. 3.까지 전면파업을 실행하여 여객열차 999대, 화물열차 1,742대의 운행이 중단됨으로써 영업수익 손실과 대체인력 보상금 지출 등으로 A회사에 큰 규모의 손해가 생겼다. B노조의 순환파업 및 전면파업의 정당성과 업무방해죄 해당 여부에 대해 검토하시오.

해설요지

　사안의 경우 B노동조합이 행한 파업의 대상은 정원 감축 철회 등 구조조정 저지 및 해고자 복직으로서 경영권 사항과 권리분쟁 사항을 대상으로 하고 있다. 이는 사용자의 경영상 결단에 속하는 사항 내지 이익분쟁이 아닌 권리분쟁에 해당하는 사항으로서 단체교섭 대상이 될 수 없다. 따라서 이를 저지하기 위한 B노동조합의 파업은 쟁의행위의 목적의 정당성이 부정된다고 보아야 한다.

　B노동조합의 파업은 사용자에게 압력을 가하여 그 주장을 관철하고자 집단적으로 노무제공을 중단하는 실력행사이기 때문에 업무방해죄에 해당하는지가 문제된다. 판례는 파업이 언제나 업무방해죄에 해당하는 것은 아니고, 사용자가 예측할 수 없는 시기에 전격적으로 이루어져 사용자의 사업운영에 심대한 혼란 내지 막대한 손해를 초래하는 경우에 집단적 노무제공의 거부가 위력에 해당하여 업무방해죄가 성립한다고 보고 있다. 사안의 경우 B노동조합의 순환파업 및 전면파업은 공동투쟁본부가 정한 일정과 방침에 맞추어 단체교섭의 대상이 될 수 없는 구조조정 실시 자체를 저지하는 데 주된 목적이 있고, 사업장의 특성상 업무의 대체가 용이하지 않아 A회사의 대응에는 한계가 있을 수밖에 없었던 점, A회사는 공익적인 업무의 특성상 B노동조합이 부당한 목적을 위하여 파업을 강행하리라고는 예측할 수 없었던 점, 파업으로 인해 회사 사업운영에 심대한 혼란 내지 막대한 손해를 초래한 점 등을 종합하여 보면 업무방해죄의 위력에 해당한다고 보아야 할 것이다(관련판례: 대법원 2014. 8. 20. 선고 2011도468 판결).

　다만 대법원은, 근로자는 원칙적으로 헌법상 보장된 기본권으로서 근로조건 향상을 위한 자주적인 단결권·단체교섭권 및 단체행동권을 가지므로(헌법 제33조 제1항), 쟁의행위로서 파업이 언제나 업무방해죄에 해당하는 것으로 볼 것은 아니고, 전후 사정과 경위 등에 비추어 사용자가 예측할 수 없는 시기에 전격적으로 이루어져 사용자의 사업운영에 심대한 혼란 내지 막대한 손해를 초래하는 등으로 사용자의 사업계속에 관한 자유의사가 제압·혼란될 수 있다고 평가할 수 있는 경우에 비로소 집단적 노무제공의 거부가 위력에 해당하여 업무방해죄가 성립한다고 본다는 점에 유의하여야 한다(대법원 2011. 3. 17. 선고 2007도482 판결).

주요참조판례

1. 경영권의 단체교섭 대상성 여부

[1] 피고회사가 그 산하 시설관리사업부를 폐지시키기로 결정한 것은 적자가 누적되고 시설관리계약이 감소할 뿐 아니라 계열사인 D항공, H항공과의 재계약조차 인건비 상승으로 인한 경쟁력 약화로 불가능해짐에 따라 불가피하게 취해진 조치로서 이는 경영주체의 경영의 사 결정에 의한 경영조직의 변경에 해당하여 그 폐지결정 자체는 단체교섭사항이 될 수 없다고 할 것인데도 피고회사 노동조합은 원고들의 주도하에 시설관리사업부 폐지 자체의 백지화만을 고집하면서 그 폐지에 따를 근로자의 배치전환 등 근로조건의 변경에 관하여 교섭하자는 피고회사의 요청을 전적으로 거부하고 폐지 백지화 주장을 관철시킬 목적으로 쟁의행위에 나아갔다는 것이므로, 이 사건 쟁의행위는 우선 그 목적에 있어 정당하지 않다(대법원 1994. 3. 25. 선고 93다30242 판결).

[2] 단체협약 중 조합원의 차량별 고정승무발령, 배차시간, 대기기사 배차순서 및 일당기사 배차순서에 관하여 노조와 사전합의를 하도록 한 조항은 그 내용이 한편으로는 사용자의 경영권에 속하는 사항이지만 다른 한편으로는 근로자들의 근로조건과도 밀접한 관련이 있는 부분으로서 사용자의 경영권을 근본적으로 제약하는 것은 아니라고 보여지므로 단체협약의 대상이 될 수 있고 그 내용 역시 헌법이나 노조법 기타 노동관계법규에 어긋나지 아니하므로 정당하다(대법원 1994. 8. 26. 선고 93누8993 판결).

[3] ○○자동차 주식회사는 경영상의 이유로 정리해고를 실시하기로 하고, 노동조합에 정리해고계획을 통보하면서 해고를 피하기 위한 대책과 해고대상자의 선정기준 등을 제시하고 이에 대한 협의를 요청하였으나, 노동조합은 남아도는 인력에 대한 대책을 마련하여야 한다는 점에 대하여는 상당 부분 공감하면서도 ○○노총 등 노동계의 방침에 따라 정리해고 자체를 전혀 수용할 수 없다고 하면서 단체협약에 대한 보충교섭을 요구하여 결국 쟁의행위에 이르렀음을 알 수 있고, 위와 같이 정리해고 자체를 전혀 수용할 수 없다는 노동조합의 주장은 사용자의 정리해고에 관한 권한 자체를 전면적으로 부정하는 것으로서 사용자의 경영권을 본질적으로 침해하는 내용이라고 할 것이므로 단체교섭의 대상이 될 수 없고, 이 주장의 관철을 목적으로 한 이 사건 쟁의행위는 그 목적에 있어서 정당하다고 할 수 없다(대법원 2001. 4. 24. 선고 99도4893 판결).

2. 준법투쟁의 쟁의행위 해당 여부

[1] 노사간에 체결된 단체협약에 작업상 부득이한 사정이 있거나 생산계획상 차질이 있는 등 업무상 필요가 있을 때에는 사용자인 회사가 휴일근로를 시킬 수 있도록 정하여져 있어서, 회사가 이에 따라 관행적으로 휴일근로를 시켜 왔음에도 불구하고, 근로자들이 자신들의 주장을 관철할 목적으로 정당한 이유도 없이 집단적으로 회사가 지시한 휴일근로를 거부한 것은, 회사업무의 정상적인 운영을 저해하는 것으로서 쟁의행위에 해당한다고 할 것이다(대법원 1991. 7. 9. 선고 91도1051 판결).

[2] 연장근로의 집단적 거부와 같이 사용자의 업무를 저해함과 동시에 근로자들의 권리행사로서의 성격을 아울러 가지는 행위가 노동조합법상 쟁의행위에 해당하는지는 해당 사업장의 단체협약이나 취업규칙의 내용, 연장근로를 할 것인지에 대한 근로자들의 동의 방식 등 근로관계를 둘러싼 여러 관행과 사정을 종합적으로 고려하여 엄격하게 제한적으로 판단하여야 한다. 이는 휴일근로 거부의 경우도 마찬가지이다.

방산물자를 생산하는 업무에 종사하는 자의 쟁의행위 금지 규정을 위반하였다고 하여 노동조합 및 노동관계조정법 위반으로 기소된 사안에서, 회사는 노동조합의 사전 동의를 얻고 필요시 근로자의 신청을 받아 연장근로·휴일근로를 실시해 왔을 뿐 일정한 날에 연장근로·휴일근로를 통상적 혹은 관행적으로 해 왔다고 단정하기 어려우므로, 단체협상 기간에 노동조합의 지침에 따라 연장근로·휴일근로가 이루어지지 않았더라도 방산물자 생산부서 조합원들이 통상적인 연장근로·휴일근로를 집단적으로 거부함으로써 쟁의행위를 하였다고 볼수 없음에도 이와 달리 보아 공소사실을 유죄로 인정한 원심판결에 연장근로·휴일근로 거부와 쟁의행위에 관한 법리오해의 잘못이 있다(대법원 2022. 6. 9. 선고 2016도11744 판결).

[3] 택시회사 노동조합의 조합장이 실질적으로 회사로부터 거부당한 요구사항을 관철시키고 회사의 정상적인 업무수행을 저해할 의도로 근로자들에게 집단적으로 연차휴가를 사용할 것을 선동하고 이에 따라 근로자들의 집단적 연차휴가사용 및 근로제공 거부행위가 이루어진 경우, 이는 이른바 쟁의적 준법투쟁으로서 쟁의행위에 해당한다(대법원 1996. 7. 30. 선고 96누587 판결).

[4] 단체협약에 따른 공사 사장의 지시로 09:00 이전에 출근하여 업무준비를 한 후 09:00부터 근무를 하도록 되어 있음에도 피고인이 쟁의해위의 적법한 절차를 거치지도 아니한 채 조합원들로 하여금 집단으로 09:00 정각에 출근하도록 지시를 하여 이에 따라 수백, 수천 명의 조합원들이 집단적으로 09:00 정각에 출근함으로써 전화고장수리가 지연되는 등으로 위 공사의 업무수행에 지장을 초래하였다면 이는 실질적으로 피고인 등이 공사의 정상적인 업무수행을 저해함으로써 그들의 주장을 관철시키기 위하여 한 쟁의행위라 할 것이다(대법원

1996. 5. 10. 선고 96도419 판결).

---

3. 불법파업의 업무방해죄 성립 여부(유사사례 관련판례)

[1] 형법상 업무방해죄는 모든 쟁의행위에 대하여 무조건 적용되는 것이 아니라, 단체행동권의 내재적 한계를 넘어 정당성이 없다고 판단되는 쟁의행위에 대하여만 적용되는 조항임이 명백하다고 할 것이므로, 그 목적이나 방법 및 절차상 한계를 넘어 업무방해의 결과를 야기시키는 쟁의행위에 대하여만 이 사건 법률조항을 적용하여 형사처벌하는 것은 헌법상 단체행동권을 침해하였다고 볼 수 없다. 다만, 헌법 제33조 제1항은 근로자의 단체행동권을 헌법상 기본권으로 보장하면서, 단체행동권에 대한 어떠한 개별적 법률유보 조항도 두고 있지 않으며, 단체행동권에 있어서 쟁의행위는 핵심적인 것인데, 쟁의행위는 고용주의 업무에 지장을 초래하는 것을 당연한 전제로 하므로, 헌법상 기본권 행사에 본질적으로 수반되는 것으로서 정당화될 수 있는 업무의 지장 초래의 경우에는 당연히 업무방해죄의 구성요건에 해당하여 원칙적으로 불법한 것이라고 볼 수는 없다. 단체행동권의 행사로서 노동법상의 요건을 갖추어 헌법적으로 정당화되는 행위를 범죄행위의 구성요건에 해당하는 행위임을 인정하되, 다만 위법성을 조각하도록 한 취지라는 해석은 헌법상 기본권의 보호영역을 하위 법률을 통해 지나치게 축소시키는 것이기 때문이다(헌재 2010. 4. 29. 선고 2009헌바168 결정).

[2] 근로자는 원칙적으로 헌법상 보장된 기본권으로서 근로조건 향상을 위한 자주적인 단결권·단체교섭권 및 단체행동권을 가지므로(헌법 제33조 제1항), 쟁의행위로서 파업이 언제나 업무방해죄에 해당하는 것으로 볼 것은 아니고, 전후 사정과 경위 등에 비추어 사용자가 예측할 수 없는 시기에 전격적으로 이루어져 사용자의 사업운영에 심대한 혼란 내지 막대한 손해를 초래하는 등으로 사용자의 사업계속에 관한 자유의사가 제압·혼란될 수 있다고 평가할 수 있는 경우에 비로소 집단적 노무제공의 거부가 위력에 해당하여 업무방해죄가 성립한다고 보는 것이 타당하다(대법원 2011. 3. 17. 선고 2007도482 전원합의체 판결).

[3] 쟁의행위로서의 파업은 근로자가 사용자에게 압력을 가하여 그 주장을 관철하고자 집단적으로 노무제공을 중단하는 실력행사여서 업무방해죄에서의 위력으로 볼 만한 요소를 포함하고 있지만, 근로자에게는 원칙적으로 헌법상 보장된 기본권으로서 근로조건 향상을 위한 자주적인 단결권·단체교섭권 및 단체행동권이 있으므로, 이러한 파업이 언제나 업무방해죄의 구성요건을 충족한다고 할 것은 아니며, 전후 사정과 경위 등에 비추어 전격적으로 이루어져 사용자의 사업운영에 심대한 혼란 내지 막대한 손해를 초래할 위험이 있는 등의 사정으로 사용자의 사업계속에 관한 자유의사가 제압·혼란될 수 있다고 평가할 수 있는 경우 비로소 그러한 집단적 노무제공의 거부도 위력에 해당하여 업무방해죄를 구성한다고 보는 것이 타당하다.

(중략)

순환파업 및 전면파업은 공동투쟁본부가 정한 일정과 방침에 맞추어 단체교섭의 대상이 될 수 없는 공공기관 선진화 정책 반대 등 구조조정 실시 그 자체를 저지하는 데 주된 목적이 있었음이 뚜렷이 드러나는 점, 순환파업 및 전면파업의 직전까지 계속 진행되었던 단체교섭이 완전히 결렬될 만한 상황도 아니었던 것으로 보이는 점, 또한 한국철도공사가 단체협약의 해지를 통보한 것은 전면파업 돌입을 자제하고 단체교섭의 대상이 될 수 있는 사항에 한정하여 단체교섭을 진행하자는 의사표시였다고 해석하지 못할 바 아닌데다가 그 때문에 해지의 효력이 발생하기까지 남은 6개월의 기간 동안 단체교섭의 진행이 방해받을 이유는 없었던 점, 덧붙여 사업장의 특성상 업무의 대체가 용이하지 않아 한국철도공사의 대응에는 한계가 있을 수밖에 없었던 점 등을 종합할 때, 공중의 일상생활이나 국민경제에 큰 영향을 미치는 필수공익사업을 경영하는 한국철도공사로서는 노동조합이 위와 같은 부당한 목적을 위하여 순환파업 및 전면파업을 실제로 강행하리라고는 예측할 수 없었다고 평가함이 타당하고, 비록 그 일정이 예고되거나 알려지고 필수유지업무 근무 근로자가 참가하지 아니하였다고 하여 달리 볼 것은 아니다. 나아가 피고인들이 주도하여 전국적으로 진행된 순환파업 및 전면파업으로 말미암아 다수의 열차 운행이 중단되어 거액의 영업수익 손실이 발생하고 열차를 이용하는 국민의 일상생활이나 기업의 경제활동에 지장이 생기지 않도록 적지 않은 수의 대체인력이 계속적으로 투입될 수밖에 없는 등 큰 피해가 야기된 이상, 이로써 한국철도공사의 사업운영에 심대한 혼란 내지 막대한 손해를 끼치는 상황을 초래하였음이 분명하다. 결국, 순환파업 및 전면파업은 사용자인 한국철도공사의 사업계속에 관한 자유의사를 제압·혼란하게 할 만한 세력으로서, 업무방해죄의 위력에 해당한다고 보기에 충분하다(대법원 2014. 8. 20. 선고 2011도468 판결).

35 교섭창구단일화제도와 공정대표의무

사실관계

A회사는 여객자동차 운송사업을 목적으로 하는 회사이고, 상시근로자 280여 명을 고용하고 있다. B노조는 이 회사에 설립된 기업별 노동조합이고, 직원 168명이 B노조의 조합원이다. C노조는 산업별 노동조합으로서 이 회사에 분회를 두고 있고, 직원 7명이 C노조 분회에 조합원으로 가입하고 있다. 과반수노조인 B노조는 소수노조인 C노조와의 교섭창구 단일화 절차를 거쳐 교섭대표노동조합이 되었고, 2012. 12. 5. 이 사건 사용자와 단체협약을 체결하였는데, 단체협약 제8조, 제10조, 제15조에는 다음과 같은 내용을 규정하고 있다.

제8조(조합활동의 보장) 다음 각 호의 노동조합활동은 근무시간 중에도 할 수 있으며, 이 활동에 대하여는 유급으로 한다. 다만 조합원 30인 미만인 노조에 대해서는 적용하지 아니한다.
1. 정기 대의원 대회 년 1회 및 임시대의원 대회 년 2회
2. 회계 감사 년 2회
3. 상집 및 운영위원회 년 각 2회
4. 조합의 각종 선거 및 투표 관리위원
5. 노사관계 발전을 위한 노조활동(노사협의회 및 산업안전보건위원회 년 각 4회, 임단협)
제10조(노조전임자) 회사는 상급단체 파견전임자를 인정한다. 다만, 조합원 100인 미만인 노조에 대해서는 적용하지 아니한다.
제15조(시설편의 제공) 회사는 회사 내의 일부 시설을 노동조합의 사무실로 제공한다. 다만, 조합원 수가 30인 미만인 노조에 대해서는 그러하지 아니하다.

문제 1

소수노동조합인 C는 지방노동위원회에 단체협약 제8조, 제10조의 근무시간 중의 조합활동과 상급단체 파견전임자 인정에 관한 내용이 소수노동조합을 합리적 이유 없이 차별한다는 이유로 A회사와 B노조를 상대로 차별시정신청을 한 경우에 C노조의 차별시정신청에 대하여 검토하시오. (30점)

문제 2

C노조는 단체협약 제15조의 내용도 소수노동조합을 합리적 이유 없이 차별하는 내용으로서 이는 A회사의 공정대표의무 위반인 동시에 부당노동행위라고 주장하면서 조합사무실 제공을 주장한다. A회사에 대한 C노조의 이러한 주장이 타당한지를 검토하시오. (20점)

■
　사례해결의 Key Point

　문제 1

　　교섭창구단일화절차(노조법 제29조의2 이하)에 따라 정해진 교섭대표노동조합과
사용자가 체결한 단체협약에서 일정 규모 이상의 노동조합에 대해서만 근무시간 중
의 조합활동, 상급단체 전임자파견을 인정한 내용이 공정대표의무를 위반하여 창구
단일화절차에 참여한 다른 노동조합이나 조합원을 합리적 이유 없이 차별한 것인지
여부를 판단하여야 한다. 이를 위해서는 먼저 차별인지 여부를 확인하고 다음으로
차별에 합리적 이유가 있는지를 검토하여야 한다.

　문제 2

　　사실상 교섭대표노조에 대하여만 노조사무실을 제공하도록 한 단체협약 규정이
사용자의 공정대표의무 위반인지 그리고 이는 C노조에 대한 지배·개입의 부당노동
행위를 구성하는지를 검토하고 그 효과로서 조합사무실 제공의무가 인정될 수 있는
지를 판단하는 것이 문제의 핵심이다.

문제 1

소수노동조합인 C는 지방노동위원회에 단체협약 제8조, 제10조의 근무시간 중의 조합활동과 상급단체 파견전임자 인정에 관한 내용이 소수노동조합을 합리적 이유 없이 차별한다는 이유로 A회사와 B노조를 상대로 차별시정신청을 한 경우에 C노조의 차별시정신청에 대하여 검토하시오. (30점)

Ⅰ. 문제의 논점

교섭대표노동조합과 사용자의 공정대표의무 규정(노조법 제29조)에 비추어 사안에서 A회사와 B노조는 단체협약 제8조 단서에서 "조합원 30인 미만인 노조에 대해서는 적용하지 아니한다." 그리고 제10조 단서에서는 "조합원 100인 미만인 노조에 대해서는 적용하지 아니한다"라고 규정함으로써 근무시간 중의 조합활동과 상급단체 전임자파견을 소수노동조합으로서 조합원 수가 7명인 C노조는 인정받을 수 없게 되었다. 이처럼 소수노동조합이 근무시간 중의 조합활동과 상급단체 파견의 적용에서 제외되도록 한 것이 합리적 이유 없는 차별로서 공정대표의무 위반으로 볼 수 있는지가 문제된다. 특정 노조가 아닌 30인 또는 100인이라는 객관적인 조합원수를 기준으로 적용 여부를 규정한 것에 합리성을 인정할 수 있는지가 검토되어야한다.

Ⅱ. 단체협약 제8조 단서와 제10조 단서의 내용이 차별인지 여부

단체협약 제8조 단서는 조합원 수 30인 미만의 노동조합에 대하여 근로시간 중조합 활동을 인정하지 않고, 제10조 단서는 조합원 수 100인 미만의 노동조합에 대하여 상급단체 파견전임자를 인정하지 않고 있는바, 이것이 노조의 기본적 활동과 관련하여 소수노동조합인 C를 차별하는 내용인지가 먼저 검토되어야 한다.

사안에서 차별 대상인 '근로시간 중 노조활동 인정', '상급단체 파견전임자의 인정'이 모두 사용자의 의무사항이 아니라 사용자의 동의사항이라고 하더라도 단체협약에서 그와 같은 노조활동에 관련된 이익을 조합원이 일정 수 이상인 노동조합에 대해서만 제공하도록 규율함으로써 결과적으로 교섭대표노동조합인 B노조에게만 인정하고 소수노동조합인 B노조에게는 인정하지 않는 결과가 되었다. 이는 C노조가 조합활동과 관련하여 A회사와 B노조가 규율한 단체협약에 의하여 차별받은 것이라 할 수 있다.

Ⅲ. 합리적 이유 있는 차별인지 여부

1. 근무시간 중 조합활동 기준 설정의 합리성

복수노동조합 체제에서 근무시간 중의 노동조합 활동 기준을 마련할 필요성이 있어 그 기준이 되는 조합원 수를 설정하여 조합원 수가 기준 미만인 노동조합에게는 근무시간 중의 노동조합 활동과 상급단체 전임파견을 인정하지 않겠다는 취지로 규율한 것이지 소수노동조합인 C를 특정하여 적용제외하거나 교섭대표노조인 B노조에게만 특혜를 제공하기 위한 것이 아니고, 단지 현재 조합원 수(168명과 7명)에 따라 적용 여부가 판단된 것일 뿐이므로 교섭대표노동조합인 B노조와 소수노동조합인 C노조 간에 차이가 있다고 하더라도 이러한 결과만으로 단체협약 제8조와 제10조의 각 단서규정 적용기준을 설정한 것 자체가 합리적 이유가 없는 차별을 규율한 것이라 단정할 수는 없다고 볼 여지도 있다. 그러나 적용기준으로 설정한 조합원 수 30인 또는 100인이라는 내용의 합리성이 인정될 수 없음에도 이러한 규율을 한 것이라면 이는 C노조에 대한 합리적 이유 없는 차별로 볼 수밖에 없다.

2. 조합활동 인정기준으로 조합원 수 설정의 합리성

조합원 수 30인 또는 100인이라는 기준의 충족 여부는 고정적이지 않으므로 교섭대표노동조합이라도 조합원 수 변동으로 인하여 조합원 수가 30인 또는 100인 미만이 될 경우에는 적용 제외될 수 있고, 소수노동조합도 이 기준을 충족하면 적용될 수 있다 할지라도 근무시간 중의 노조활동이나 상급단체에의 전임자파견이 객관적으로 이러한 기준에 따라 달리 취급하여야 할 사항이 아니라면 이러한 이익을 교섭대표노동조합에게만 제공하고 소수노동조합에게 제공하지 않는 것은 합리적 이유 없는 차별에 해당한다(대법원 2014. 10. 30. 선고 2014두38378 판결 심리불속행 기각, 서울고법 2014. 6. 12. 선고 2013누52492 판결).

단체협약 제10조의 상급단체에의 전임자파견의 인정 여부 그리고 제8조의 근무시간 중 유급의 조합활동이 인정되는 내용 중에는 조합원 수나 교섭대표노조인지 여부에 관계없이 인정되어야 하는 사항이 포함되어 있다는 점에서 조합원 수를 적용기준으로 규율하고 있는 내용은 이 기준 미달 노조에 대한 합리적 이유 없는 차별이 아닐 수 없다.

Ⅳ. 결　　론

교섭대표노동조합인 B와 사용자가 '근로시간 중 유급 조합 활동 인정', '상급단체 파견전임자 인정'이라는 이익을 교섭대표노동조합인 B만 향유할 수 있도록 단체협약 제8조, 제10조를 체결한 것은 소수노동조합인 C에 대한 합리적 이유가 없는 차별이다. 따라서 이 단체협약의 내용은 노조법 제29조의4 제1항에 위반되어 지방노동위원회는 차별시정명령을 내려야 할 것이다.

┌───┐
문제 2

C노조는 단체협약 제15조의 내용도 소수노동조합을 합리적 이유 없이 차별하는 내용으로서 이는 A회사의 공정대표의무 위반인 동시에 부당노동행위라고 주장하면서 조합사무실 제공을 주장한다. A회사에 대한 C노조의 이러한 주장이 타당한지를 검토하시오. (20점)
└───┘

Ⅰ. 문제의 논점

조합원 수 30인 이상인 노동조합에 대해서만 조합사무실을 제공하도록 한 단체협약의 규정으로 B노조만 노조사무실을 제공받을 수 있으므로 C노조가 시설편의제공에서 차별을 받았다고 할 수 있다. 이러한 차별에 합리적 이유가 있는지를 검토하여 공정대표의무 위반 여부를 판단하여야 한다. 그리고 만약 공정대표의무 위반이라고 판단되는 경우 곧바로 사용자의 부당노동행위가 인정되고, 조합사무실 제공의무가 인정될 수 있는지가 문제된다.

Ⅱ. 공정대표의무의 위반 여부

1. 조합사무실 제공에서의 차별의 존부

사안에서 '조합사무실 제공'이라는 시설편의제공은 사용자의 의무사항이 아니라 사용자의 동의사항이라고 하더라도 단체협약에서 그와 같은 시설편의에 관련된 이익을 조합원이 30인 이상인 노동조합에 대해서만 제공하도록 규율함으로써 결과적으로 교섭대표노동조합인 B노조에게만 노조사무실을 제공하는 것으로 되었다. 이는 C노조가 시설편의제공과 관련하여 A회사와 B노조가 규율한 단체협약에 의하여 차별받은 것이라 할 수 있다.

2. 차별에 합리적 이유의 존부

노동조합의 기본적 활동과 관련하여 조합원 수를 기준으로 차별하는 것과는 달리 조합사무실이라는 시설편의의 제공의 기준으로 노동조합의 조합원 수가 30인 미만의 경우에는 적용 제외한다는 단체협약 제15조의 규정을 합리적 이유 있는 차별이라고 볼 여지도 있다고 판단된다. 왜냐하면 노조사무실의 객관적 필요성이라는

관점에서 조합원 수 30명이라는 기준이 합리성이 없다고 보기는 어렵다고 생각되기 때문이다. 실제 하급심판결 중에는 단체협약에 노조사무실을 교섭대표노동조합에 한하여 임대할 수 있다고 규정한 사건에서 교섭대표노동조합의 조합원 수가 161명 인데 비해 소수노동조합의 조합원 수는 8명으로 그 비율이 현저하게 낮고 단체협약 과 노사협정서의 내용에 비추어 보면 교섭대표노조에게 노조사무실 등을 임대 할 수 있다고 정하고 있을 뿐이고 독점적인 사용권을 부여한 것으로 보이지 않는다고 하여 편의시설 제공에 대한 단체협약 규정이 불합리한 차별이라고 보기 어렵다고 판단하기도 하였다(서울고법 2014. 4. 24. 선고 2013누53105 판결 참조).

그러나 대법원에 의하면 교섭대표노동조합과 사용자는 단체협약 이익의 향유 자를 특정 하는 것 없이 '노동조합 사무소의 방실 개수 및 면적'과 같이 총량을 정하 는 방식으로 단체교섭을 하여 그 결과물을 이 사건 소수노동조합과 비율적으로 나 눌 수 있는 것이고 조합원 수를 기준으로 그 이익을 교섭대표노동조합만 향유할 수 있도록 할 필요는 없었으므로 차별은 합리적 이유가 없다고 보았다(대법원 2014. 10. 30. 선고 2014두38378 판결, 심리불속행 기각, 원심판결: 서울고법 2014. 6. 12. 선고 2013누 52492 판결). 여기서는 대법원의 판례태도에 따라 시설편의제공에 관한 단체협약의 규정도 합리적 이유 없는 차별을 규율한 것으로서 사용자 A와 교섭대표노동조합인 B노조의 공정대표의무 위반이 인정되는 것으로 본다.

Ⅲ. C노조 주장의 타당성 검토

1. A회사의 부당노동행위 성립 여부

사용자가 소수노동조합을 합리적 이유 없이 차별하여 공정대표의무를 위반하 였다고 하여 이로부터 바로 사용자의 부당노동행위가 성립하는 것은 아니다. 사안 에서 A회사가 조합사무실제공의 기준을 조합원 수 30명으로 하여 B노조와 단체협 약을 체결한 사실만 가지고 C노조의 조직 또는 운영에 지배하거나 개입했다고 보기 는 어렵다. 부당노동행위의사를 인정할 만한 다른 사정이 없는 한 단체협약 제15조 만을 근거로 A회사의 부당노동행위 성립을 인정하기는 어렵다고 본다.

2. A회사의 조합사무실 제공의무

사용자가 제공하는 노동조합 사무실을 조합원 수를 기준으로 그 이익을 교섭대 표노동조합인 B노조만 향유할 수 있도록 할 필요는 없다는 점에서 단체협약 제15조는 공정대표의무 위반이 될 수 있다. 따라서 C노조는 사용자가 제공한 조합사무실을 노동조합 간에 그 사용방식과 내용을 조합원 수에 따라 비율적으로 나누는 등 자율적 협의를 통하여 정할 수 있는 점에 비추어 조합사무실 제공편의를 B노조에게만 보장하여 이를 독점적으로 사용하게 할 수는 없다는 주장을 할 수 있다고 본다. 그러나 사용자가 공정대표의무를 위반했다고 하여 언제나 소수노동조합에 대하여 조합사무실을 제공하거나 사용을 보장할 의무가 근거지워지는 것은 아니다. 더욱이 사안에서 C노조의 조합원 수는 7명으로서 조합원 비율이 4.1%에 불과함에도 노동조합 사무실을 제공해야 한다는 것은 사회통념상 기대하기 어렵다고 본다.

Ⅳ. 결   론

조합사무실편의제공에 관한 단체협약 제15조의 규정은 합리적 이유 없는 차별을 규율한 것으로서 사용자 A와 교섭대표노동조합인 B노조의 공정대표의무 위반이 인정된다. 그러나 공정대표의무 위반으로부터 바로 사용자의 부당노동행위가 성립하거나 조합사무실 제공의무가 인정되어야 하는 것은 아니다.

사안에서 A회사가 조합사무실제공의 기준을 조합원 수 30명으로 하여 B노조와 단체협약을 체결한 사실만 가지고 C노조의 조직 또는 운영에 지배하거나 개입했다고 보기는 어렵다. 부당노동행위의사를 인정할 만한 다른 사정이 없는 한 단체협약 제15조 내용만을 근거로 A회사의 부당노동행위 성립을 인정하기는 어렵다. 또한 사용자가 공정대표의무를 위반하여 사실상 교섭대표노조에 대해서만 조합사무실을 제공했다고 하여 언제나 소수노동조합에 대하여 조합사무실을 제공할 의무가 근거지워지는 것도 아니다. 따라서 사안에서 C노조의 부당노동행위와 조합사무실 제공에 관한 주장은 법적 근거가 부족하다고 본다.

유사사례

A회사에는 기업별노조인 B노조와 C산별노조 지부가 조직되어 활동하고 있다. 그런데 A회사에 근무하는 근로자들의 연 소정근로시간이 2,080시간인데, 회사는 C노조의 지부장에게 노동조합 및 노동관계조정법에서 인정되는 근로시간면제범위를 약 1,000시간을 초과한 3,000시간을 인정하기로 C노조와 합의하고 이에 해당하는 임금을 지급하자, B노조가 회사의 행위는 부당노동행위라고 주장한다. 근로시간면제범위를 초과하여 면제시간을 인정하고 급여를 지급한 A회사의 행위는 부당노동행위라는 B노조의 주장을 검토하시오.

해설요지

이 사안은 노동조합 및 노동관계조정법(이하 '노조법'이라 한다)상 근로시간면제제도의 도입(노조법 제24조의2) 이후 그 상한선 또는 기준을 초과하여 특정 노조의 간부에게 제공하면 부당노동행위에 해당되는지 여부에 관한 문제이다. 판례에 따르면 근로시간 면제자에 대한 급여 지급이 과다하여 부당노동행위에 해당하는지는 근로시간 면제자가 받은 급여 수준이나 지급기준이 그가 통상 받을 수 있는 급여 수준이나 지급 기준을 사회통념상 수긍할 만한 합리적인 범위를 초과할 정도로 과다한지 등의 사정을 살펴서 판단하여야 한다.

사안에서 A회사는 C노조 지부장에게 근로시간 면제범위를 약 1,000시간을 초과하여 인정하기로 합의한 바에 따라 임금을 지급함으로서 근무했을 경우에 받을 수 있는 급여수준보다 50% 정도를 초과지급 받는 결과가 되었다. 이는 노사간의 합의에 의한 경우라도 노조법에서 인정되는 근로시간면제의 기준을 과다하게 초과하는 급여를 지급한 것으로 볼 수 있고, A회사는 노조법 제81조 제1항 제4호 단서에서 허용하는 범위를 벗어나는 것임을 알고 있었다고 봄이 상당하므로 노조전임자 급여 지원 또는 노동조합 운영비원조에 해당하는 부당노동행위가 될 수 있다.

노조전임자 급여 지원 행위 또는 노동조합 운영비 원조 행위에서 부당노동행위 의사는 노조법 제81조 제1항 제4호 단서에 의하여 예외적으로 허용되는 경우가 아님을 인식하면서도 급여 지원 행위 혹은 운영비 원조 행위를 하는 것 자체로 인정할 수 있고, 지배·개입의 적극적·구체적인 의도나 동기까지 필요한 것은 아니기 때문이다(참조판례: 대법원 2016. 4. 28. 선고 2014두11137 판결).

주요참조판례

[1] 단체협약 중 노조의 기본적 활동에 관하여 교섭대표노동조합과 소수노동조합 사이에 차별을 둔 경우, 그 차별 기준의 합리성에 대하여는 이를 주장하는 자가 증명책임을 부담하고, 차별 기준의 합리성 여부는 엄격하게 판단되어야 할 것이다.

교섭대표노조와 사용자가 '근로시간 유급 조합 활동 인정', '상급단체 파견전임자 인정', '노동조합 사무소 제공'이라는 이익을 교섭대표노조만 향유할 수 있도록 단체협약 제8조, 제10조, 제15조를 체결한 것은 차별의 합리적 이유가 없다(대법원 2014. 10. 30. 선고 2014두38378 판결, 심리불속행 기각, 원심판결: 서울고법 2014. 6. 12. 선고 2013누52492 판결).

[2] 사용자가 교섭대표노동조합과 체결한 단체협약에서 교섭대표노동조합이 되지 못한 노동조합 소속 조합원들을 포함한 사업장 내 근로자의 근로조건에 대하여 단체협약 자체에서는 아무런 정함이 없이 추후 교섭대표노동조합과 사용자가 합의·협의하거나 심의하여 결정하도록 정한 경우, (중략) 이는 단체협약 규정에 의하여 단체협약이 아닌 다른 형식으로 근로조건을 결정할 수 있도록 포괄적으로 위임된 것이라고 봄이 타당하다. 따라서 위 합의·협의 또는 심의결정은 교섭대표노동조합의 대표권 범위에 속한다고 볼 수 없다. 그럼에도 불구하고 사용자와 교섭대표노동조합이 단체협약 규정에 의하여, 교섭대표노동조합만이 사용자와 교섭대표노동조합이 되지 못한 노동조합 소속 조합원들의 근로조건과 관련이 있는 사항에 대하여 위와 같이 합의·협의 또는 심의결정할 수 있도록 규정하고, 교섭대표노동조합이 되지 못한 노동조합을 위 합의·협의 또는 심의결정에서 배제하도록 하는 것은, 교섭대표노동조합이 되지 못한 노동조합이나 그 조합원을 합리적 이유 없이 차별하는 것으로서 공정대표의무에 반한다고 할 것이다. 이 사건 단체협약 세부지침 제48조가 교섭대표노동조합의 창립기념일만을 유급휴일로 지정한 것은 합리적인 이유 없이 다른 노동조합인 피고 보조참가인을 차별한 것이어서 공정대표의무 위반에 해당한다(대법원 2019. 10. 31. 선고 2017두37772 결정).

[3] 교섭대표노동조합이 단체교섭 과정의 모든 단계에서 소수노동조합에 대하여 일체의 정보제공 및 의견수렴 절차를 거치지 아니하였다고 하여 절차적 공정대표의무를 위반하였다고 단정할 것은 아니고, 단체교섭의 전 과정을 전체적·종합적으로 살필 때 소수노동조합에게 기본적이고 중요한 사항에 대한 정보제공 및 의견수렴 절차를 충분히 거치지 않았다고 인정되는 경우와 같이 교섭대표노동조합이 가지는 재량권의 범위를 일탈하여 소수노동조합을 합리적 이유 없이 차별하였다고 평가할 수 있는 때에 절차적 공정대표의무 위반을 인정할 수 있다. 반면 교섭대표노동조합이 사용자와 단체교섭 과정에서 마련한 단체협약 잠정합

의안에 대해 자신의 조합원 총회 또는 총회에 갈음할 대의원회의 찬반투표 절차를 거치면서
도 소수노동조합의 조합원들에게 동등하게 그 절차에 참여할 기회를 부여하지 않거나 그들
의 찬반 의사까지 고려하여 잠정합의안에 대한 가결 여부를 결정하지 않았더라도, 그러한 사
정만으로 이를 가리켜 교섭대표노동조합의 절차적 공정대표의무 위반이라고 단정할 수는 없
다. 이러한 경우 특별한 사정이 없는 한 교섭대표노동조합이 소수노동조합을 차별한 것으로
보기 어렵기 때문이다.

　교섭대표노동조합이 절차적 공정대표의무에 위반하여 합리적 이유 없이 소수노동조합을
차별하였다면, 이러한 행위는 원칙적으로 교섭창구 단일화 절차에 따른 단체교섭과 관련한
소수노동조합의 절차적 권리를 침해하는 불법행위에 해당하고, 이로 인한 소수노동조합의
재산적 손해가 인정되지 않더라도 특별한 사정이 없는 한 비재산적 손해에 대하여 교섭대표
노동조합은 위자료 배상책임을 부담한다(대법원 2020. 10. 29. 선고 2019다262582 판결).

36 단체협약체결에 관한 규약규정 위반

A회사의 B노조는 현재 회사의 경영상황이 어렵고 향후 사업전망도 어두운 사정이라는 점에 공감하여 사업합리화 계획, 특별 명예퇴직 시행 등에 대하여 노사합의를 하였다. B노조의 규약은 단체협약 체결에 관한 사항을 조합원 총회 의결사항으로 규정하고, 위원장은 교섭하고 단체협약을 체결할 권한은 가지나 조합원 총회의 의결을 거친 후 단체협약을 체결하도록 규정하고 있다. 그러나 B노조의 甲 위원장은 규약에 규정된 조합원 총회 의결절차없이 위 노사합의서를 작성하고 회사대표와 함께 서명하였다.

A회사는 노사합의에 따라 인력재배치, 자녀학자금지원 중단조치, 15년 이상 근속한 직원들을 대상으로 특별 명예퇴직을 시행하였다. 자녀학자금지원을 받지 못하게 된 조합원 乙은 협약체결전 총회에서의 의결절차를 규약규정에 위반하여 甲 위원장이 회사대표와 밀실합의를 했으므로 위 노사합의서는 단체협약으로서 효력이 없고, 甲과 A회사는 노사합의로 인한 조합원의 재산적·정신적 손해배상을 해야 한다고 주장한다. 이에 대해 A회사는 노조대표자의 단체협약체결권한을 제한하는 규약은 무효이며, 설령 효력이 있다고 하더라도 노사합의의 효력을 부인할 수 있는 근거가 될 수 없기 때문에 노사합의는 당연히 효력이 있고 손해배상이 고려될 여지는 전혀 없다고 주장한다.

문제 1

B노조 규약규정과 노사합의의 효력에 관한 乙과 A회사 주장의 타당성을 검토하시오.
(30점)

문제 2

乙의 甲과 A회사에 대한 재산적·정신적 손해배상 주장의 타당성을 검토하시오. (20점)

■ 사례해결의 Key Point

☐ 문제 1

단체협약체결 전 조합원총회의 의결을 거치도록 한 규약규정의 효력과 이러한 규약상의 규정을 위반하여 체결한 단체협약의 효력에 관한 문제로서 규약의 규율한계와 노조법에서 규정한 노조대표자의 단체협약체결권한의 의미를 검토하여 판단하여야 한다.

☐ 문제 2

규약상의 총회의결절차규정을 위반한 경우 손해배상의 인정근거, 주체, 내용에 대하여 체계적으로 논의해 나가야 하기 때문에 손해배상법에 대한 기초적 이해가 요구된다.

I. 문제의 논점

노조법에서 규정하고 있는 노조대표자의 단체협약체결권한(동법 제29조)을 규약
에서 제한할 수 있는지, 노조대표자가 노조 규약을 위반하여 사용자와 체결한 단체
협약의 효력이 있는지, 조합원들이 노조 규약을 위반하여 사용자와 단체협약을 체
결한 노조대표자에 대해 손해배상을 청구할 수 있는지가 주요논점이다.

II. 협약체결에 관한 B노조 규약의 효력

사안의 노사합의서는 명예퇴직의 시행, 복지지원축소 등 근로조건에 관하여 노
사가 합의한 내용을 서면으로 작성하여 노사대표가 서명한 것으로서 단순한 채권계
약으로서 노사합의가 아닌 단체협약이다. 따라서 B노조규약상의 단체협약에 관한
규정이 적용되어야 한다.

단체협약의 내용에 합의한 후 단체협약을 체결하기에 앞서 다시 협약안의 가부
(可否)에 관하여 조합원 총회의 의결을 거친 후에만 단체협약을 체결할 수 있도록
힌 규약의 규정은 대표자의 협약체결권한을 전면적·포괄적으로 제한하는 것이므로
효력이 인정될 수 없다고 볼 수도 있다. 조합원총회의결을 거치도록 한 규약규정에
대해 노조대표자의 단체협약체결권을 전면적·포괄적으로 제한하고자 한 것으로 볼
것인지 아니면 노조대표자의 단체협약체결권의 행사를 절차적으로 제한하는 규정
으로 이해해야 할 것인지에 대하여는 견해가 다를 수 있다. 그러나 현행 판례태도
와 같이 절차적 제한규정으로 해석하는 것이 보다 타당하다고 본다.

사안에서와 같이 협약체결 전 조합원총회의 의결을 거치도록 한 규약규정은 조
합원의 의사에 기초하여 협약체결권을 행사하도록 하기 위하여 조합원총회의 의결
절차를 거치도록 규율한 것이므로 유효하다고 판단된다.

Ⅲ. A회사와 B노조 간의 노사합의의 효력

1. 규약상의 총회의결규정 위반의 효과

단체협약은 조합원들이 총회에서 형성한 노동조합의 의사에 기초하여 체결되어야 한다는 점에서 규약에서 규정한 총회의결절차를 무시하고 체결한 단체협약은 그 효력을 인정할 수 없다고 볼 여지도 없지는 않다. 그리고 규약상 단체협약 체결 전에 총회의결절차를 거치도록 되어 있는 사실을 사용자가 알지 못하는 특별한 경우를 제외하고는 총회의결을 거치지 않고 체결한 단체협약은 원칙적으로 무효로 보아야 한다고 이해할 수도 있다.

그러나 노조대표자가 조합의 목적활동과 관련하여 가장 중요한 단체협약체결을 한 것은 협약상대방을 비롯하여 대외적으로 노조의 행위로 보아야 하는 점, 규약상의 총회의결규정은 기본적으로 협약체결절차규정으로서 성격으로 이해되고, 규약절차위반의 단체협약의 효력과 논란을 고려하여 노조법에서 종래 노조대표자의 교섭권한에 관한 규정(구노조법 제33조)을 협약체결권한을 가짐을 추가하여 명확히 규율하는 법개정을 한 점(현행 노조법 제29조)을 종합적으로 고려해 보면 규약규정을 위반하여 체결했다는 사실만으로 협약의 효력을 부인할 수는 없다고 본다. 다만, 위를 위반하여 노사합의를 한 노조대표자를 비롯한 합의참여 조합원에 대하여 불신임, 징계 등을 할 수 있으나 이는 조합내부의 문제로서 노사합의 효력과는 무관하다.

2. 기타 노사합의의 무효 · 취소 가능성

사안의 사실관계 내용에 따르면 노사합의는 당시의 부진한 경영상황과 향후 해당사업의 어두운 전망을 고려한 결과라는 점을 알 수 있을 뿐만 아니라 그 내용이 현저히 불합리하거나 부당하다고 볼 수도 없다. 따라서 규약에서 정한 협약체결절차 위반사실이나 노사합의의 내용이 민법 제103조의 반사회적 행위나 민법 제104조의 불공정한 행위에 해당하여 무효라고 보기 어렵다. 또한 A회사가 노조대표측을 속이거나 기망했다는 사실도 보이지 않기 때문에 사기 · 강박으로 인한 취소(민법 제110조)도 적용될 여지가 없다. 따라서 노사합의 효력을 부인할 다른 특별한 사정도 보이지 않는다.

Ⅳ. 결　　론

　사안에서 B노조의 협약체결절차에 관한 규약규정의 효력은 인정된다.

　그러나 이 규정이 단체협약의 유효요건을 정한 것으로 볼 수는 없기 때문에 A회사와 B노조 간의 노사합의는 단체협약으로서 효력이 있다고 본다.

> **문제 2**
> 乙의 甲과 A회사에 대한 재산적·정신적 손해배상 주장의 타당성을 검토하시오.
> (20점)

Ⅰ. 문제의 논점

노조규약상의 협약체결절차를 거치지 않고 단체협약을 체결한 경우 협약당사자의 손해배상책임의 인정근거, 책임주체와 내용에 관한 문제이다. 규약규정을 위반한 협약체결행위에 대한 법적 평가를 토대로 손해배상책임 인정가능성을 판단하여야 한다. 이와 관련하여 노조대표자의 선관주의의무, 불법행위의 성립요건 그리고 배상되어야 할 손해의 범위에 대한 논의가 요구된다.

Ⅱ. 손해배상책임의 인정 여부와 근거

1. 선량한 관리자의 주의의무 위반 여부

노조대표자가 노조 규약이 정한 내부 절차를 거치지 아니한 채 단체협약을 체결한 경우 손해배상책임과 관련하여 노조대표자가 조합원들에 대하여 선량한 관리자의 주의의무를 부담하는지가 문제된다. 그러나 노조대표자는 판례태도와 같이 노동조합에 대하여 수임자로서 선량한 관리자의 주의의무를 부담한다고 볼 수 있을지 몰라도, 개별 조합원들에 대해서까지 위임관계에 따른 선량한 관리자의 주의의무를 부담한다고 볼 수는 없다.

따라서 노조대표자 甲의 조합원들에 대한 선량한 관리자로서의 주의의무가 인정되지 않기 때문에 이를 근거로 한 손해배상은 인정될 여지가 없다.

2. 불법행위 성립 여부

노조대표자가 조합원들의 의사를 기초로 단체협약을 체결하도록 한 내부 절차를 전혀 거치지 아니한 채 조합원의 중요한 근로조건이나 이에 영향을 미치는 사항 등에 관하여 사용자와 단체협약을 체결한 행위가 조합원들에 대한 불법행위가 될 수 있는지가 문제된다.

불법행위의 성립을 인정하기 위해서는 권리침해행위로 인하여 손해가 발생되어야 한다.

판례는 규약위반으로 체결된 단체협약이 조합원들에게 적용되어 근로조건이 불리하게 변경된 경우에는 특별한 사정이 없는 한 헌법과 법률에 의하여 보호되는 조합원들의 단결권 또는 노동조합의 의사 형성 과정에 참여할 수 있는 권리를 침해하는 행위이고, 이로 인한 정신적 손해가 인정되어 불법행위에 해당한다고 보고 있다(대법원 2018. 7. 26. 선고 2016다205908 판결). 이에 따르면 노조 규약이 정한 내부 절차를 전혀 거치지 아니한 채 조합원들의 근로조건을 불리하게 변경하는 내용의 노사합의를 한 노조대표자의 행위는 정당한 이유가 없는 한 노동조합의 의사 형성에 참여할 수 있는 조합원들의 권리를 침해한 불법행위에 해당한다고 볼 수 있다.

따라서 사안에서의 노사합의는 조합원들의 노조의사형성에 참여할 수 있는 권리를 침해한 불법행위로 인정될 수 있기 때문에 조합원들에 대한 불법행위로 인한 손해배상책임이 인정될 수 있다.

Ⅲ. 손해배상책임의 주체

1. A회사의 불법행위 책임

노조대표자인 甲이 협약체결에 관한 규약규정을 위반한 행위는 조합원들에 대한 A회사의 불법행위로 볼 수 없는 것이 원칙이다. 규약상의 절차규정을 준수하여 단체협약을 체결해야 하는 문제는 노조대표자인 甲 위원장에게 인정되는 것이지, 사용자인 A회사에 적용될 사항이 아니기 때문이다. 만약 A회사의 위법행위로 甲의 규약규정위반행위가 야기되거나 A회사의 공동불법행위 성립을 검토할 만한 특별한 사정이 있는 경우에는 A회사의 불법행위로 인한 손해배상책임이 인정될 수도 있다. 그러나 사안의 사실관계에서는 이와 같은 특별한 사정이 보이지 않는다.

따라서 A회사도 손해배상책임이 있다는 乙의 주장은 타당하지 않다.

2. 甲의 불법행위 책임

위에서 검토한 바와 같이 甲이 규약에 규정된 총회의결절차를 거치지 않고 단채협약의 성격을 지닌 노사합의를 한 것은 조합원들의 단결권 또는 노동조합의 의사 형성 과정에 참여할 수 있는 권리를 침해하는 불법행위에 해당한다.

따라서 사안에서 乙이 甲에 대하여는 불법행위에 기한 손해배상책임을 물을 수 있다고 본다.

Ⅳ. 甲의 불법행위로 인한 손해의 내용

1. 정신적 손해에 대한 배상책임

甲의 규약위반의 노사합의로 자신들에게 적용되는 근로조건을 규율하는 단체협약의 체결에 관한 의사형성에 참여할 권리가 침해되었고, 이로 인한 정신적 손해가 인정될 수 있는지는 논란이 될 수 있다고 본다. 노조대표자가 규약규정을 위반하여 협약체결을 한 경우에 조합원의 법익침해로 인한 손해를 인정할 수 있는지에 대하여는 의문의 여지가 적지 않다고 생각된다.

그러나 여기서 정신적 손해를 인정하여 불법행위로 판단하였으므로 乙의 甲에 대한 위자료 청구는 인정될 수밖에 없다.

2. 재산적 손해에 대한 배상책임

문제는 재산적 손해도 인정될 수 있는지 여부이다. 노사합의한 내용이 이전보다 불리한 근로조건이나 복지제도를 규율하고 있고 이 노사합의가 유효한 단체협약으로 적용됨에 따라 조합원들은 자녀학자금지원 등 종래에 비해 재산적 급부가 중단되거나 축소된 점은 인정되나, 규약위반행위와의 인과관계가 인정되는 손해인지는 검토를 요한다.

노사합의는 절차 위반에도 불구하고 단체협약으로서 효력이 있고, 규약상의 총회의결절차를 거쳤더라면 노사합의가 무산되거나 다른 내용으로 변경됐을 것이라고 단정하기 어렵다는 점 등을 고려할 때 규약상의 절차 위반행위와 노사합의로 인한 조합원들의 재산상 손해 간에는 상당인과관계가 있다고 보기 어렵다.

따라서 乙은 노사합의 시행으로 자녀학자금을 지급받지 못하는 등의 재산상 손해에 대하여는 甲에게 불법행위로 인한 손해배상청구는 할 수 없다고 본다.

Ⅴ. 결　　론

甲이 규약에 규정된 총회의결절차를 거치지 않고 단체협약의 성격을 지닌 노사합의를 한 것은 조합원들의 노동조합의 의사 형성 과정에 참여할 수 있는 권리를 침해하는 것으로 평가될 수 있고, 이로 인하여 정신적 손해도 인정될 수 있기 때문에 불법행위로 볼 수 있다. 그러나 甲의 규약규정위반행위가 A회사의 불법행위로 평가될 수는 없다.

결론적으로 乙은 甲에게 불법행위로 인한 정신적 손해에 대한 배상으로 위자료를 청구할 수 있을 뿐이고, 자녀학자금을 지급받지 못하는 등의 재산상 손해에 대한 배상청구는 인정될 수 없다고 본다.

주요참조판례

노조대표자의 협약체결권과 조합원 총회 인준절차

[1] 노조대표자 등이 단체교섭의 결과에 따라 사용자와 단체협약의 내용을 합의한 후 다시 협약안의 가부에 관하여 조합원 총회의 의결을 거쳐야 한다는 것은 노조대표자 등의 단체협약체결권한을 전면적·포괄적으로 제한함으로써 사실상 단체협약을 형해화하여 명목에 불과한 것으로 만드는 것이어서 구 노조법 제33조 제1항에 위반된다(대법원 1993. 4. 27. 선고 91누12257 전원합의체 판결).

[2] 단체협약은 노동조합의 개개 조합원의 근로조건 기타 근로자의 대우에 관한 기준을 직접 결정하는 규범적 효력을 가지는 것이므로 단체협약의 실질적인 귀속 주체는 근로자이고, 따라서 단체협약은 조합원들이 관여하여 형성한 노동조합의 의사에 기초하여 체결되어야 하는 것이 단체교섭의 기본적 요청이다.

(중략) 노동조합이 조합원들의 의사를 반영하고 대표자의 단체교섭 및 단체협약 체결 업무 수행에 대한 적절한 통제를 위하여 규약 등에서 내부 절차를 거치도록 하는 등 대표자의 단체협약체결권한의 행사를 절차적으로 제한하는 것은, 그것이 단체협약체결권한을 전면적·포괄적으로 제한하는 것이 아닌 이상 허용된다.

노동조합의 대표자가 조합원들의 의사를 결집·반영하기 위하여 마련한 내부 절차를 전혀 거치지 아니한 채 조합원의 중요한 근로조건에 영향을 미치는 사항 등에 관하여 만연히 사용자와 단체협약을 체결한 행위는 특별한 사정이 없는 한 헌법과 법률에 의하여 보호되는 조합원의 단결권 또는 노동조합의 의사 형성 과정에 참여할 수 있는 권리를 침해하는 불법행위에 해당하고, 이로 인한 조합원들의 정신적 손해를 배상하여야 한다(대법원 2018. 7. 26. 선고 2016다205908 판결).

37 단체협약의 요건과 효력

사실관계

A회사의 기업별 노동조합 B는 2015년 단체교섭 당시 종업원 100명 중 80명을 조합원으로 조직하고 있었다. 이에 노동조합 B는 단체교섭에서 이른바 union shop 협정의 체결을 요구하였고, A회사는 이를 수용하여 2015년도 단체협약에 명문화하였다. 이에 따르면 조합원이 될 것과 노조에서 탈퇴하지 않을 것을 고용조건으로 하고, 탈퇴하거나 입사 이후 2주 내에 미가입하는 자에 대하여 사용자는 해고하도록 규정하고 있다. A회사는 이 단체협약의 적용을 받게 된 신규입사 근로자 甲에게 단체협약상의 이 조항을 설명하였음에도 甲은 이 조항은 단결체 가입 및 선택의 자유를 침해하는 내용이라고 판단하여 가입하지 않았다.

한편 A회사의 경영여건이 악화되면서 회사가 재정위기에 처하게 되자 A회사와 B노조는 회사의 경영정상화를 위하여 단체협약에서 정한 상여금의 지급을 중단하기로 하는 노사특별합의서를 작성하여 회사대표와 노조위원장이 각 서명하였는데, B노조 규약에는 단체협약의 경우 조합원총회의 의결을 거치도록 규정하고 있다.

문제 1

B노조는 A회사에게 단체협약에 의거하여 단체협약에서 정한 기간 내 미가입한 甲을 해고해 줄 것을 요구하였다. 이에 대해 A회사가 甲을 해고한 경우에 그 해고의 정당성과 해고하지 않은 경우에 B노조에 대한 법률관계는? (30점)

문제 2

A회사와 B노조 사이의 노사특별합의에 따라 상여금을 지급받지 못한 甲은 노사특별합의서를 단체협약으로 볼 수 없고, 단체협약으로 본다 할지라도 총회의결이라는 중대한 절차를 위반했기 때문에 무효라고 주장하면서 상여금지급을 청구한다. 甲의 상여금지급청구의 타당성을 검토하시오. (20점)

사례해결의 Key Point

문제 1

이 문제는 union shop 조항의 의의와 효력을 헌법상의 단결권보장과의 관계에서 어떻게 이해할 것인지를 부당노동행위 관련규정(노조법 제81조 제1항 제2호)내용을 고려하여 검토하여야 한다. 이를 토대로 union shop 조항과 사용자의 해고의무 그리고 union shop 조항에 기한 해고의 정당성을 판단하여야 할 것이다.

문제 2

사안에서의 노사특별합의서의 성격과 그 효력이 문제된다. 특히 단체협약의 요건에 비추어 이러한 서면합의를 통해 단체협약에 근거한 상여금을 상실시킬 수 있는지 그리고 노조대표자의 단체협약체결권과 관련하여 규약상의 총회 의결절차 규정 위반의 효력이 검토되어야 한다.

> **문제 1**
> B노조는 A회사에게 단체협약에 의거하여 단체협약에서 정한 기간 내 미가입한
> 甲을 해고해 줄 것을 요구하였다. 이에 대해 A회사가 甲을 해고한 경우에 그 해
> 고의 정당성과 해고하지 않은 경우에 B노조에 대한 법률관계는? (30점)

Ⅰ. 문제의 논점

사안을 살펴보면 甲이 B노조와의 단체협약상의 union shop 조항에도 불구하고
B노조에 가입을 하지 않았다는 점을 근거로 甲을 해고한 경우에 해고가 정당한지
와, A회사가 union shop 조항에도 불구하고 甲을 해고하지 않은 것이 B노조와의 관
계에서 어떻게 평가될 수 있는지가 주된 쟁점이 될 것이다.

현행법에서 단결강제의 수단으로서 예외적으로 허용되고 있는 union shop 조
항(노조법 제81조 제1항 제2호 단서)은 단결강제라는 성격상 사용자와의 관계에서보다
는 오히려 조합원 및 비조합원 등의 개별근로자와의 관계에서 더욱 문제된다. 특히
노조 미가입 근로자에 대해 union shop 조항이 어떠한 효력을 미치는지가 핵심적인
문제이다. 따라서 사안의 내용을 기초로 union shop 조항의 효력과 그 범위, 그리고
union shop 조항 위반시 사용자의 해고의무의 내용과 부당노동행위의 성립여부가
검토되어야 할 것이다.

Ⅱ. union shop 조항의 효력

1. union shop 조항의 단결권 침해 문제

단결권의 내용과 관련하여 단결하지 않을 권리, 즉 소극적 단결권의 인정에 대
하여는 논란이 되고 있으나 대체로 단결권의 적절한 행사를 위하여 어느 정도 단결
강제가 용인되고 있다. 원칙적으로 개별근로자의 단결하지 않을 자유(소극적 단결권)
도 단결권의 내용이 된다는 점에서 조직강제조항은 위법하지만, 예외적으로 노동조
합 및 노동관계조정법(이하 '노조법'이라 한다) 제81조 제1항 제2호 단서에 의해 협약
상의 단결강제조항이 허용되는 것으로 이해된다. 즉, 현행 노조법 제81조 제1항 제2
호 단서는 노동조합이 당해 사업장 소속 근로자 3분의 2 이상을 조합원으로 두고
있는 경우에는 사용자와 단체협약으로 조직강제조항을 체결할 수 있다는 것이다.

이때 union shop 조항은 그 조항의 실효성 확보를 위해 일반적으로 해당 근로자가 "조합에 가입하지 않거나 탈퇴하는 경우 사용자는 해고한다"는 내용을 함께 규정하게 된다.

요컨대 노조법 제81조 제1항 제2호 단서에 나타난 입법태도는 노조 가입이나 탈퇴를 고용조건으로 하는 것은 부당노동행위가 되지만, 예외적으로 조합원 3분의 2 이상을 갖는 노조(기업별노조)와의 union shop 협정만 부당노동행위가 아닌 것으로 소극적으로 규정하고 있다. 더욱이 제명되거나 다른 노조의 조직이나 가입을 위해 탈퇴한 경우에는 신분상 불이익한 행위를 할 수 없도록 그 효력을 제한하고 있다. 따라서 union shop 조항에 따른 사용자의 해고의무는 협약상 규범적 효력을 갖는 것이 아닌 채무적 효력만을 갖는 것으로 보아야 한다.

2. union shop 조항에 따른 해고의무

union shop 조항은 단체협약상 채무적 부분이므로 구속되는 당사자는 원칙적으로 협약체결당사자로서의 사용자와 노동조합이다. 이에 따라 채용된 후 노조에 가입하지 아니한 경우에 사용자는 노조에 대하여 그 근로자를 해고할 의무를 부담하게 되는 것이다. 이처럼 union shop 조항은 개별근로자의 근로조건을 규율하는 것이 아니라 노조에의 가입과 노조원을 고용조건으로 하여 노조 미가입자 및 탈퇴자에 대한 사용자의 해고의무를 정한 것으로, 이러한 union shop 조항에 따른 해고의무를 불이행하는 사용자는 노동조합에 대해 협약상의 의무불이행에 대한 책임을 부담할 뿐이다.

Ⅲ. A회사의 甲에 대한 해고의 정당성 검토

1. union shop 조항에 근거한 해고

B노조는 A회사에 종사하는 근로자의 3분의 2 이상인 80%의 근로자가 가입되어 있으므로 예외적으로 union shop 조항이 인정된다. 단체협약상의 union shop 조항에 따라 사용자의 해고의무가 규정된 경우에 사용자는 탈퇴한 근로자를 해고할 의무가 있음은 협약의 채무적 효력으로서 당연하다. 다만 union shop 조항에 근거하여 미가입한 근로자를 해고하는 것이 근로기준법 제23조 제1항의 정당사유에 해당하는지 근본적인 의문이 제기될 수 있으나, union shop 조항은 적법하게 단체협약으로 체결되어 해당 근로자에게 효력이 미치는 것이므로 그에 근거한 해고는 정당

한 해고로서 당연히 유효하다고 보아야 할 것이라고 한다.

2. 사안의 검토

사안에서 甲의 B노조 미가입에 대하여 union shop 조항에 의하여 사용자의 해고의무가 인정된다는 데 대해서는 이견이 없다. 이 경우 union shop 조항에 의거한 해고는 단체협약으로 규정하고 있는 것으로서 이미 B노조에의 가입과 탈퇴하지 않을 것이 고용조건이 된 것이고, 이러한 고용조건이 충족되지 않은 경우에 사용자가 해고하도록 규정한 것은 입법자가 예외적으로 이를 허용하고 있다는 점(노조법 제81조 제1항 제2호 단서)에서 그 효력이 인정될 수밖에 없다. 따라서 A회사가 甲에 대해 행한 해고는 정당하다.

Ⅳ. A회사의 B노조에 대한 협약상의 해고의무불이행의 효과

1. A회사의 채무불이행 책임

원칙적으로 union shop 조항에 사용자의 해고의무가 규정된 경우에는 사용자에게 노조에 미가입한 근로자를 해고시킬 의무가 인정된다. A회사는 union shop 조항에 의해 근로자 甲을 해고할 협약상의 채무를 B노조에 대하여 부담한다.

A회사는 union shop 조항을 근거로 하여 근로자 甲을 해고할 의무가 있으나, A회사가 해고하지 않는 한, 乙과의 근로관계는 유지·존속되며, 다만 A회사는 B에 대해 단체협약상의 해고의무 불이행책임을 부담해야 할 것이다.

2. A회사의 부당노동행위 성립 여부

甲을 해고하지 않은 A회사의 행위가 "노동조합의 조직 및 운영에 대한 지배·개입행위"(노조법 제81조 제1항 제4호 본문)로서 부당노동행위에 해당하는지의 여부가 문제된다. 사용자의 지배·개입에 의한 부당노동행위를 금지하는 취지는 노동조합의 자주적 조직과 운영 및 그와 연관된 활동 등에 대한 사용자의 간섭·방해 행위를 금지하고자 하는 것이다. 결국 부당노동행위제도에 의해 보호되는 일차적 보호법익은 노동조합의 자주성이라 하겠다. 그러나 이러한 협약상의 의무를 이행하지 않는 것이 노동조합의 자주성을 침해하는 부당노동행위에 해당되는지는 따로 살펴보아야 한다.

사안에서 A회사가 조합탈퇴근로자 甲을 해고하여야 할 의무는 단체협약상의 채무일 뿐이다. 따라서 이러한 채무불이행 자체로는 A회사의 지배·개입의 의사가 있는 것으로 볼 수 없기 때문에 노동조합에 대한 부당노동행위로서의 지배·개입은 인정되지 않는다 할 것이다. 즉, 甲을 해고하지 않은 것이 B노조에 대한 지배·개입이라고 볼 수 있는 특별한 사정이 없는 한, 협약상의 채무불이행에 따른 책임이 문제되는 것이지, 노조미가입자인 甲에 대한 해고의무를 불이행한 것 자체가 부당노동행위에는 해당되지 않는다 하겠다.

V. 결   론

A회사의 甲에 대한 해고가 B노조와의 단체협약상의 union shop 조항에 따른 해고의무의 이행으로서 이루어진 이상 그 효력을 부인할 수는 없을 것이며, 만약 甲을 해고하지 않았다면 이는 협약위반이 되기 때문에 이에 따른 책임이 인정될 수는 있으나 A회사의 부당노동행위라고는 볼 수 없으므로 A회사의 해고조치 없이 바로 근로관계가 종료되는 것도 아니라고 할 것이다.

문제 2

A회사와 B노조 사이의 노사특별합의에 따라 상여금을 지급받지 못한 甲은 노사특별합의서를 단체협약으로 볼 수 없고, 단체협약으로 본다 할지라도 총회의결이라는 중대한 절차를 위반했기 때문에 무효라고 주장하면서 상여금지급을 청구한다. 甲의 상여금지급청구의 타당성을 검토하시오. (20점)

Ⅰ. 문제의 논점

사안에서의 서면합의서를 통해 단체협약에 근거한 상여금을 상실시킬 수 있는지 여부를 판단하기 위해서는 먼저 노사특별합의서의 성격을 단체협약으로 볼 수 있는지가 문제된다. 또한 노조대표자가 규약상의 총회의결절차를 거치지 않았음에도 불구하고 노사합의서의 효력이 인정될 수 있는지가 노조대표자의 단체협약체결권에 관한 법 규정의 내용과 이에 관한 판례태도를 기초로 검토되어야 한다.

Ⅱ. A회사와 B노조가 서명한 노사특별합의서의 성격

1. 단체협약의 성립요건

단체협약은 서면으로 작성하여 당사자 쌍방이 서명 또는 날인하여야 한다(노조법 제31조 제1항). 이와 같이 단체협약은 협약당사자가 합의하여 서면으로 작성하여 쌍방이 서명 또는 날인한 경우에 인정된다. 판례는 정식의 단체교섭절차를 거치지 않고 당사자가 단체협약을 체결할 의사로 노사협의회에서 합의하여 문서로 작성하여 쌍방 대표자가 서명 또는 날인하였다면 단체협약의 실질적·형식적 요건을 갖춘 단체협약으로 볼 수 있다고 한다(대법원 2005. 3. 11. 선고 2003다27429 판결). 그리고 단체협약의 성립은 협약, 협정, 합의서 등 그 명칭에 상관없이 노사당사자의 상호 대응하는 의사표시의 합치로 이루어지면 되고, 당사자의 의사표시의 합치는 당사자의 서명 또는 날인으로 추정할 수 있다.

2. 사안의 검토

사안에서 A회사와 B노조는 경영위기를 맞이하여 단체협약에서 규정하고 있는 상여금지급을 중단하는 것으로 합의하고 이를 서면으로 작성하여 쌍방 대표가 서명하였으므로 단체협약으로서의 실질적·형식적 요건을 모두 갖춘 것으로 본다. 명칭이 단체협약이 아닌 노사특별합의서로 되어 있는 점이나 단체교섭절차를 거쳤는지 여부가 불분명하다는 점 등은 단체협약으로서의 성격을 부인하는 근거가 될 수 없다.

　따라서 사안에서의 노사특별합의서는 단체협약으로서의 요건을 모두 충족하였으므로 단체협약으로 볼 수 있다.

Ⅲ. 노사특별합의서의 단체협약으로서의 효력

1. 규약상의 총회의결절차 규정과 노조대표자의 협약체결권한

　노조법상 "노동조합의 대표자는 그 노동조합 또는 조합원을 위하여 사용자나 사용자단체와 교섭하고 단체협약을 체결할 권한을 가진다(동법 제29조 제1항)." 이 규정을 통하여 종래 노조대표자의 단체협약체결권한에 관한 학설상의 논란을 불식하고, 노동조합의 대표자에게는 단체교섭의 권한뿐만 아니라 교섭한 결과에 따라 단체협약을 체결할 권한이 있다는 점을 명확히 하였다.

　판례도 이미 오래 전부터 노동조합 규약에서 노동조합의 대표자가 단체교섭의 결과에 따라 사용자와 단체협약의 내용을 합의한 후 다시 그 협약안의 가부에 관하여 조합원 총회의 의결을 거치도록 규정하고 있다면, 그 노동조합 규약은 노동조합 대표자의 단체협약체결권한을 전면적·포괄적으로 제한하는 것이라는 점을 확인한 바 있다. 즉, 이러한 규약의 규정은 사실상 단체협약체결권한을 형해화하여 명목에 불과한 것으로 믿드는 것이어서 원칙적으로 노동조합 대표자의 단체협약체결권한을 규정한 노조법 제29조 제1항의 취지에 반한다고 해석하였다(대법원 1993. 4. 27. 선고 91누12257 전원합의체 판결).

2. 노사특별합의서의 효력

　규약상의 조합원총회 의결절차규정에도 불구하고 노조대표자의 협약체결권의 본질적 내용을 침해할 수 없으므로 B노조의 위원장이 조합원총회를 거치지 않고 상여금지급을 중단하기로 한 내용의 노사특별합의서를 작성하고 이에 서명했다 할지라도 단체협약으로서의 이 합의서의 효력에는 아무런 영향이 없다고 할 것이다.

　따라서 노사특별합의서는 상여금지급에 관련하여서는 새로운 단체협약으로 볼 수 있으므로 신법우선의 원칙(질서의 원칙)에 따라 종래 단체협약에 대해 우선 적용된다.

Ⅳ. 결　　론

　　A회사와 B노조 대표가 각 서명한 노사특별합의서는 단체협약으로서의 성격을 가지며, 조합원총회를 거치도록 한 규약의 규정을 위반했다는 점이 효력에 아무런 영향을 미치지 않기 때문에 단체협약으로서의 효력이 인정된다. 따라서 상여금은 이 새로운 단체협약에 따라 그 지급이 중단되었으므로 甲의 상여금지급청구는 인정될 수 없다고 할 것이다.

유사사례

甲은 A자동차회사에 입사하여 37년을 근속하고 2016년 12월 말 퇴직하였다. 그런데 A회사가 노동조합과 체결한 단체협약에는 "업무상 재해로 사망하였거나 35년 이상 장기근속하고 퇴직한 조합원의 직계가족 1인에 대하여 결격사유가 없는 한 요청일로부터 6월 이내 특별 채용하도록 한다"라고 규정되어 있다. 甲은 이 단체협약에 근거하여 자녀 1명에 대해 A회사의 채용승낙의 의사표시를 하여 채용해 줄 것을 구하는 소송을 제기하였다. 甲의 자녀에 대한 甲의 채용청구와 A회사의 특별채용의무가 법적으로 근거지워질 수 있는지를 검토하시오.

해설요지

　　원칙적으로 사기업의 사용자는 스스로의 필요와 판단에 따라 근로자의 고용 여부를 결정할 자유를 가진다. 그런데 사안에서의 단체협약은 35년 이상 근속하고 퇴직하는 근로자가 요청하는 경우 자녀 1명을 채용결격사유가 없는 한 특별채용하도록 규정하고 있어 사용자의 고용계약의 자유를 현저하게 제한하는 것이 아닌지가 문제된다. 더욱이 최근 청년실업이 심각한 사회적 문제로 대두되고 있고, 20~30대 청년들의 기회의 불공정성에 대한 좌절감과 분노가 유래 없이 커져가고 있는 상황을 고려할 때 이 특별채용에 관한 규정은 장기근속 퇴직자에 대한 예우라 할지라도 협약자율의 한계를 넘어 단체협약을 통하여 사실상 일자리를 대물림하는 결과를 초래하는 것으로서 우리 사회의 정의 관념에 반하는 것으로 볼 수 있다. 이에 대하여 판례는 단체협약이 민법 제103조의 적용대상에서 제외될 수는 없으므로 단체협약의 내용이 선량한 풍속 기타 사회질서에 위배된다면 그 법률적 효력은 배제되어야 한다고 보지만, 다만 단체협약이 선량한 풍속 기타 사회질서에 위배되는지 여부를 판단할 때에는 단체협약이 헌법이 직접 보장하는 기본권인 단체교섭권의 행사에 따른 것이자 헌법이 제도적으로 보장한 노사의 협약자치의 결과물이라는 점 및 노동조합법에 의해 그 이행이 특별히 강제되는 점 등을 고려하여 법원의 후견적 개입에 보다 신중할 필요가 있다고 한다. 그 결과 사용자가 노동조합과의 단체교섭에 따라 업무상 재해로 인한 사망 등 일정한 사유가 발생하는 경우 조합원의 직계가족 등을 채용하기로 하는 내용의 단체협약을 체결하였다면, 그와 같은 단체협약이 사용자의 채용의 자유를 과도하게 제한하는 정도에 이르거나 채용 기회의 공정성을 현저히 해하는 결과를 초래하는 등의 특별한 사정이 없는 한 선량한 풍속 기타 사회질서에 반한다고 단정할 수 없다고 판단하였다(대법원 2020. 8. 27. 선고 2016다248998 판결).

주요참조판례

1. 단결강제조항의 효력

[1] 단체협약상 union shop 조항에 따라 근로자는 노동조합의 조합원이어야만 된다는 규정이 있는 경우에는 다른 명문의 규정이 없더라도 사용자는 노동조합을 탈퇴한 근로자를 해고할 의무가 있다. 그러나 사용자가 조합탈퇴근로자를 해고하여야 할 의무는 단체협약상 채무일 뿐이므로, 이러한 채무불이행 자체로는 사용자의 지배·개입의 의사가 있는 것으로 볼 수 없어 노동조합에 대한 부당노동행위로서의 지배·개입은 인정되지 아니한다.

그리고 회사가 "탈퇴근로자에 대해 해고의무가 없으며 해고할 의사도 없다"고 문서를 발송한 것 또한 단체협약의 해석에 관하여 부서장의 질의에 회신하기 위한 것이고 노동조합에 통보한 것도 노동조합의 해고요구에 대한 답변에 불과할 뿐이어서, 이것으로 노동조합의 단결활동을 저해하거나 조직·활동에 영향을 미치기 위한 것이라고 볼 수 없기 때문에 부당노동행위가 성립하지 않는다(대법원 1998. 3. 24. 선고 96누16070 판결).

[2] union shop 조항에 의한 가입강제가 있는 경우에는 단체협약에 명문 규정이 없더라도 노동조합의 요구가 있으면 사용자는 노동조합에서 탈퇴한 근로자를 해고할 수 있다. 그렇기 때문에 조합측에서 근로자의 조합 가입을 거부하게 되면 이는 곧바로 해고로 직결될 수 있으므로, 조합은 노조 가입 신청인에게 제명에 해당하는 사유가 있다는 등의 특단의 사정이 없는 한 그 가입에 대하여 승인을 거부할 수 없다. 따라서 조합 가입에 조합원의 사전 동의를 받아야 한다거나 탈퇴 조합원이 재가입하려면 대의원대회와 조합원총회에서 각 3분의 2 이상의 찬성을 얻어야만 된다는 조합 가입에 관한 제약은 그 자체가 위법 부당하므로, 또한 특별한 사정이 없는 경우에까지 위와 같은 제약을 가하는 것은 기존 조합원으로서의 권리남용 내지 신의칙 위반에 해당된다(대법원 1996. 10. 29. 선고 96다28899 판결).

[3] 신규로 입사한 근로자가 노동조합 선택의 자유를 행사하여 지배적 노동조합이 아닌 노동조합에 이미 가입한 경우에는 유니온 숍 협정의 효력이 해당 근로자에게까지 미친다고 볼 수 없고, 비록 지배적 노동조합에 대한 가입 및 탈퇴 절차를 별도로 경유하지 아니하였다고 하더라도 사용자가 유니온 숍 협정을 들어 신규 입사 근로자를 해고하는 것은 정당한 이유가 없는 해고로서 무효로 보아야 한다(대법원 2019. 11. 28. 선고 2019두47377 판결).

2. 단체협약의 성립과 효력

[1] 단체협약은 노동조합이 사용자 또는 사용자단체와 근로조건 기타 노사관계에서 발생하는 사항에 관한 협정(합의)을 문서로 작성하여 당사자 쌍방이 서명 날인함으로써 성립하는 것이고, 그 협정(합의)이 반드시 정식의 단체교섭절차를 거쳐서 이루어져야만 하는 것은 아니라고 할 것이므로 노동조합과 사용자 사이에 근로조건 기타 노사관계에 관한 합의가 노사협의회의 협의를 거쳐서 성립되었더라도, 당사자 쌍방이 이를 단체협약으로 할 의사로 문서로 작성하여 당사자 쌍방의 대표자가 각 노동조합과 사용자를 대표하여 서명 날인하는 등으로 단체협약의 실질적·형식적 요건을 갖추었다면 이는 단체협약이라고 보아야 할 것이다.

노동조합의 대표자가 단체교섭의 결과에 따라 사용자와 단체협약의 내용을 합의한 후 다시 협약안의 가부에 관하여 조합원총회의 의결을 거쳐야만 한다는 것은 대표자의 단체협약체결권한을 전면적·포괄적으로 제한함으로써 사실상 단체협약체결권한을 형해화하여 명목에 불과한 것으로 만드는 것이어서 노동조합 및 노동관계조정법 제29조 제1항에 반한다(대법원 2005. 3. 11. 선고 2003다27429 판결).

[2] 단체교섭위원이 단체협약에 연명으로 서명하도록 규정한 이 사건 규약 제68조 제1항 후단에 의할 경우 원고의 대표자인 위원장은 사용자와 단체교섭 결과 합의에 이른 경우에도 단체교섭위원들이 연명으로 서명하지 않는 한 그 권한으로 단체협약을 체결할 수 없으므로, 이 사건 규약 제68조 제1항 후단은 노동조합 대표자에게 단체협약 체결권한을 부여한 노동조합 및 노동관계조정법 제29조 제1항을 위반한 것이다(대법원 2013. 9. 27. 선고 2011두15404 판결).

3. 특별채용의무에 관한 단체협약의 효력

사용자가 노동조합과의 단체교섭에 따라 업무상 재해로 인한 사망 등 일정한 사유가 발생하는 경우 조합원의 직계가족 등을 채용하기로 하는 내용의 단체협약을 체결하였다면, 그와 같은 단체협약이 사용자의 채용의 자유를 과도하게 제한하는 정도에 이르거나 채용 기회의 공정성을 현저히 해하는 결과를 초래하는 등의 특별한 사정이 없는 한 선량한 풍속 기타 사회질서에 반한다고 단정할 수 없다. 이러한 단체협약이 사용자의 채용의 자유를 과도하게 제한하는 정도에 이르거나 채용 기회의 공정성을 현저히 해하는 결과를 초래하는지 여부는 단체협약을 체결한 이유나 경위, 그와 같은 단체협약을 통해 달성하고자 하는 목적과 수단의 적합성, 채용대상자가 갖추어야 할 요건의 유무와 내용, 사업장 내 동종 취업규칙 유무, 단체협약의 유지 기간과 그 준수 여부, 단체협약이 규정한 채용의 형태와 단체협약에 따라 채용되는 근로자의 수 등을 통해 알 수 있는 사용자의 일반 채용에 미치는 영향과 구직희망자들에 미치는 불이익 정도 등 여러 사정을 종합하여 판단하여야 한다(대법원 2020. 8. 27. 선고 2016다248998 판결).

38 근로조건 불이익변경에 관한 협약자치의 한계

사실관계

　A병원과 A병원 소속 근로자 과반수로 구성된 B노동조합과 사이에 체결한 2014년도 단체협약 제44조에 의하면 A병원은 3개월 이상 근속한 근로자에 대하여 매년 기준금액의 700%의 상여금을 지급하되, 매년 2, 4, 6, 8, 10, 12월의 각 25일에 각 100%, 설날과 추석에 각 50%, 하기휴가 시에 금 300,000원을 각 지급하기로 되어 있고, 단체협약 제50조에는 근로자의 정년은 만 62세가 도달하는 날로 규정되어 있었다. 그리고 A병원의 취업규칙에 해당하는 임금규칙 제47조, 취업규칙 제50조에도 각각 같은 취지로 규정하고 있었다.

　A병원은 경영상의 어려움으로 인하여 폐업 위기에 직면하게 되었다. 이에 B노동조합은 2015년 8월 1일 긴급 대의원대회에서 병원 회생을 위해 상여금 및 하기휴가비를 A병원에 반납하는 한편 정년을 60세로 단축하기로 결의하고, 같은 달 23일 A병원에 공문을 보내어 상여금 및 하기휴가비를 A병원의 경영이 정상화될 때까지 반납하고 정년을 60세로 단축한다고 통보한 다음, 같은 달 31일 A병원과 B노동조합 사이에 '특별노사합의'라는 명칭으로 "A병원의 노사 양측은 최근의 경영난을 타개하기 위하여 정년을 만 60세로 단축하고 2015년 8월부터 12월까지 지급예정인 이 사건 상여금은 그 지급을 유보한다. 그 이후에는 병원이 경영 성과와 향후 경영 전망에 따라 상여금 및 하기휴가비의 지급 여부를 결정한다"는 내용의 약정을 체결하였다. 그러나 '특별노사합의' 이후에도 A병원은 위 합의사항을 취업규칙에 반영하여 개정하지는 않았다.

　A병원의 근로자로서 B노동조합의 조합원인 甲은 2015. 12. 31.에 만 60세에 달함에 따라 위 노사특별합의에 근거하여 A병원으로부터 퇴직처리되었다.

문제 1

甲은 A병원과 B노동조합이 체결한 2015년 8월 31일 '특별노사합의'는 근로자들의 개별동의 없이 근로조건을 불이익하게 변경하였기 때문에 무효라고 주장하며 2015년 8월부터 12월까지의 미지급 상여금 350% 전부를 지급할 것을 요구하고 있다. 甲의 주장은 타당한가? (30점)

문제 2

甲은 2015년 8월 31일자 '특별노사합의'에 의해 단체협약이 개정되었더라도 A병원의 취업규칙은 전혀 개정되지 아니하였으므로 '유리한 조건 우선의 원칙'에 따라 A병원의 퇴직처리는 무효라고 주장한다. 乙의 주장은 타당한가? (단, '특별노사합의'의 합리성 여부는 논점에서 제외) (20점)

사례해결의 Key Point

문제 1

협약자치의 원칙상 노사간에 근로조건을 유리하게 변경하는 내용의 단체협약뿐만 아니라 근로조건을 불리하게 변경하는 내용의 단체협약 체결도 가능하다. 그러나 협약자치의 한계의 문제로서 노동조합이 사용자와의 단체협약으로 이미 구체적으로 지급청구권이 발생한 근로자 개개인의 임금에 대하여 포기나 지급유예와 같은 처분행위를 할 수 있는지가 문제된다.

문제 2

단체협약이 불이익변경되었으나 사용자가 취업규칙의 개정을 방치하여 신 단체협약에 규정된 근로조건보다 취업규칙에 규정된 근로조건이 유리한 경우, 조합원인 근로자가 보다 유리한 취업규칙상의 근로조건에 관한 주장을 할 수 있느냐의 문제로서 유리한 조건의 우선의 원칙 인정 여부와 범위에 대해 검토되어야 한다.

── 〈풀 이 목 차〉 ──

> **문제 1**
>
> 甲은 A병원과 B노동조합이 체결한 2015년 8월 31일 '특별노사합의'는 근로자들의 개별동의 없이 근로조건을 불이익하게 변경하였기 때문에 무효라고 주장하며 2015년 8월부터 12월까지의 미지급 상여금 350% 전부를 지급할 것을 요구하고 있다. 甲의 주장은 타당한가? (30점)

I. 문제의 논점

甲은 기존의 단체협약과 취업규칙에 의해 상여금과 정년 등 근로조건을 보장받고 있었으나, 노사간에 병원 회생을 명분으로 상여금과 정년을 기존보다 불이익하게 변경시키는 합의를 하였다. 본 사안에서의 핵심 쟁점은 甲이 기존에 향유하고 있는 근로조건을 노사간에 단체협약에 의해 불이익하게 변경할 수 있는지와 그 변경의 효력이 미래에 대해서만 미치는지 아니면 근로자에게 이미 귀속한 권리에 대해서도 미치는지 여부가 문제된다. 따라서 협약자치에 의해 근로조건을 불이익하게 변경시킬 수 있는지, 단체협약에 의한 근로조건 불이익변경의 효력은 어디까지 미치는지를 검토하여야 한다.

II. A병원과 B노동조합 간에 체결한 '특별노사합의'의 효력

1. 노사합의에 의한 근로조건 불이익변경 가능성

헌법 제33조 제1항은 '근로조건의 향상을 위하여' 노동3권을 보장하고 있다. 문언대로 해석한다면 노동3권 보장의 주된 목적인 단체협약에서는 '근로조건의 향상(유리한 변경)'이 아닌 '근로조건의 저하(불이익변경)'는 원칙적으로 허용되지 않는 것처럼 보인다. 그러나 협약실무에서는 기업의 경영 위기극복을 위해 임금, 복리후생 등 각종 근로조건의 불이익한 변경이 빈번히 발생하고 있는데, 이와 같이 근로조건이 종래보다 불리한 내용으로 변경된 경우에 단체협약의 효력이 문제된다.

단체협약을 통해 근로조건을 개선하는 것이 일반적이겠으나, 종래의 근로조건을 그대로 유지하는 것이 기업이 경영사정상 객관적으로 기대하기 어렵다고 판단되는 경우에는 협약 자치의 원칙상 노동조합은 근로조건을 불리하게 변경하는 내용의 단체협약을 체결할 수 있다고 본다. 판례도 동일한 입장을 취하고 있다. 다만, 근로조건을 불리하게 변경하는 내용의 단체협약이 현저히 합리성을 결해 노동조합의 목적을 벗어난 것으로 볼 수 있는 경우와 같은 특별한 사정이 있는 경우에 노사간의 합의는 무효가 된다. 이 경우 단체협약이 현저히 합리성을 결하였는지 여부는 단체협약의 내용과 그 체결경위, 당시 사용자 측의 경영상태 등 여러 사정에 비추어 판단해야 한다(대법원 2010. 1. 28. 선고 2009다76317 판결; 대법원 2002. 4. 12. 선고 2001다41384 판결).

2. '특별노사합의'의 효력

A병원과 B노동조합 간에 체결한 특별노사합의는 폐업 위기에 직면한 A병원의 경영사정을 감안하여 그 인건비의 부담을 줄임으로써 병원의 자금사정에 도움을 주어 경영위기를 극복하여 기업도산이나 대량해고를 피함으로써 노사가 공존할 수 있는 길을 찾고자 하는 의도에서 체결된 것임을 추단할 수 있는 점, 이들 합의는 이 사건 상여금의 지급청구권을 포기하는 것이 아니라 경영사정 등에 따라서 추후에 지급될 여지를 남겨놓은 점 등을 종합하여 보면, 이 사건 상여금의 지급을 유보한다거나 경영사정 등에 따라서 후에 지급 여부를 결정한다는 각 합의조항은 단체협약의 목적에 기한 내재적 한계를 넘어설 정도로 근로자들에게 불리한 것은 아니라고 보이기 때문에 원칙적으로 그 유효성이 인정된다고 본다.

Ⅲ. '특별노사합의'의 효력 범위와 甲의 상여금지급청구권

1. 단체협약 불이익변경에 대한 근로자의 동의 필요성

단체협약 불이익변경이 노조 대표자의 결정만으로 가능한지, 근로자 개개인 동의를 얻어야 하는지도 문제된다. 이에 대해서는 장래에 효과가 발생하는 경우와 이미 지급 청구권이 발생한 경우를 구분해서 판단해야 할 것이다.

노동조합 및 노동관계조정법(이하 '노조법'이라 한다) 제29조 제1항은 "노동조합의 대표자는 그 노동조합 또는 조합원을 위하여 사용자나 사용자단체와 교섭하고 단체협약을 체결할 권한을 가진다"라고 규정하고 있다. 따라서 노동조합의 대표자는 단체협약의 유리한 변경인지 불리한 변경인지 여부를 불문하고 사전에 근로자들로부터 별도의 개별적인 동의나 수권을 받을 필요가 없다. 판례도 "노동조합으로서는 불이익변경을 위해 사전에 근로자들로부터 개별적인 동의나 수권을 받을 필요가 없다"고 판시하고 있다(대법원 2000. 9. 29. 선고 99다67536 판결; 대법원 2002. 4. 12. 선고

2001다41384 판결).

반면에 이미 지급 청구권이 발생한 경우에 대해서는 근로자 개인의 동의나 노동조합이 근로자에게 수권을 받지 않는 이상 노동조합과 사용자 간의 합의(단체협약)만으로 이미 발생한 권리에 대한 포기나 지급유예와 같은 처분행위를 할 수 없다고 보아야 할 것이다. 이미 구체적으로 그 지급 청구권이 발생한 상여금은 근로자의 사적 재산 영역으로 옮겨져 근로자의 처분에 맡겨진 것이기 때문이다. 이 경우에는 이에 대한 포기나 지급유예와 같은 처분행위를 하기 위해서는 단체협약 체결권이 있는 노동조합이라 하더라도 개별 근로자들로부터 개별적인 동의나 수권을 받아야 그 효력이 발생한다(대법원 2000. 9. 29. 선고 99다67536 판결; 대법원 2002. 4. 12. 선고 2001다41384 판결). 따라서 근로자 개인의 명백한 권리포기나 처분행위 없이 제3자인 노동조합과 사용자가 근로자의 재산권을 침해하는 것은 허용되지 않는 것이다.

2. 甲의 상여금지급청구권

협약자치의 원칙상 A병원과 B노동조합 간에 체결한 '특별노사합의'는 불이익한 변경이라 하더라도 장래에 대해서는 조합원들에게 유효하게 적용된다. 그러나 이미 甲에게 귀속된 권리는 甲에게 처분권이 이전된 甲의 재산권이기 때문에 제3자인 노동조합과 사용자가 이를 처분하는 약정을 할 수 없다. 따라서 본 합의조항은 이 사건 상여금 가운데 특별노사합의 당시 이미 甲에게 발생한 2015년 8월 25일 지급분을 제외한 나머지 부분에 대해서만 甲의 동의 여부에 관계없이 효력이 있다. 그러나 2015년 8월 25일 지급분 상여금에 관하여는 B노동조합이 그 처분권한을 甲으로부터 개별적으로 위임받지 않았기 때문에 甲에게는 그 효력이 없다. 따라서 A병원은 甲에게 2015년 8월 25일 지급분 상여금 100%를 지급하여야 한다.

Ⅳ. 결   론

B노동조합은 甲의 동의 없이는 이미 甲에게 귀속된 상여금 지급 유보를 결정할 권한이 없기 때문에 A병원과 B노동조합이 체결한 2015년 8월 25일 지급분 상여금 100% 지급유보 합의는 효력이 없다. 따라서 甲은 A병원에게 8월 이후 상여금 350% 전부가 아닌 2015년 8월 25일 지급분 상여금 100%에 대해서 지급을 청구할 수 있다.

문제 2

甲은 2015년 8월 31일자 '특별노사합의'에 의해 단체협약이 개정되었더라도 A병원의 취업규칙은 전혀 개정되지 아니하였으므로 '유리한 조건 우선의 원칙'에 따라 A병원의 퇴직처리는 무효라고 주장한다. 乙의 주장은 타당한가? (단, '특별노사합의'의 합리성 여부는 논점에서 제외) (20점)

Ⅰ. 문제의 논점

이 문제에서의 핵심쟁점은 단체협약에 의해 근로조건을 불이익하게 변경하였으나 사용자가 변경된 단체협약에 따라 취업규칙을 변경하지 않고 방치한 상황에서 조합원인 乙이 유리한 조건 우선의 원칙을 주장하며 취업규칙에 규정된 권리를 주장할 수 있는지의 문제이다. 이와 관련하여 유리한 조건 우선의 원칙을 인정할 것인지의 문제와 인정할 경우에 단체협약의 불이익변경 이후 사용자가 취업규칙을 개정하지 않은 경우에도 동일하게 인정할 것인지가 검토되어야 할 것이다.

Ⅱ. 불이익변경된 단체협약과 취업규칙 사이의 유리한 조건 우선의 원칙

1. 단체협약 불이익변경 이후 취업규칙을 개정한 경우

단체협약의 개정에 의하여 구 협약상의 근로조건을 불이익하게 변경하고, 이에 기초하여 사용자가 취업규칙을 개정하게 되면 유리한 조건 우선원칙의 문제는 제기되지 않는다. 그리고 이 경우에도 노동조합이 과반수조합인 경우에는 근로기준법 제94조 제1항 단서에 따라 협약과는 별도로 취업규칙의 불이익변경에 대하여 동의하게 되면 취업규칙의 불이익변경은 정당화되고 단체협약뿐 아니라 취업규칙상으로도 불리한 근로조건에 의한 통일적 규율이 행해지게 된다.

2. 단체협약 불이익변경 이후 취업규칙을 개정하지 않은 경우

본 사안처럼 단체협약은 불이익변경되었으나 사용자가 취업규칙 개정을 방치하여 새로운 단체협약에 규정된 근로조건보다 취업규칙에 규정된 근로조건이 유리한 경우가 문제된다. 이 경우 조합원인 근로자가 보다 유리한 취업규칙상의 근로조건에 관한 주장을 할 수 있는지, 아니면 변경된 단체협약의 규범적 효력이 미쳐 취업규칙상의 유리한 근로조건의 적용이 배제되는지 하는 문제가 발생한다.

　노조법 제33조 제1항은 "단체협약에 정한 근로조건 기타 근로자의 대우에 관한 기준에 위반하는 취업규칙 또는 근로계약의 부분은 무효로 한다"고 규정하고 있다. 여기서 '단체협약과 취업규칙의 상호관계 부분'에 대하여 학설은 인정설(편면적용설)과 부정설(양면적용설)로 나뉜다. 인정설은 단체협약을 근로자를 보호하기 위하여 근로조건의 최저기준을 정한 것으로 이해하고 사용자가 자발적으로 단체협약의 기준보다 유리한 급부를 하거나 근로계약에 의하여 단체협약의 기준 이상의 급부를 약속하는 것은 얼마든지 유효하므로 단체협약의 약정과 다른 약정은 그것이 근로자들에게 유리한 경우에는 유효하다고 한다. 반면에 부정설은 단체협약에서 정한 기준은 절대기준이기 때문에 단체협약에서 정한 기준과 다른 내용은 그것이 유리한 것이든 불리한 것이든 모두 단체협약이 우선 적용된다고 한다.

　이는 결국 사적자치와 협약자치의 관계를 어떻게 이해할 것인가 하는 문제와 관련되어 있다. 협약자치를 통한 집단적 근로조건의 규율체계는 실질적으로 대등한 관계에서 근로관계를 규율하기 어려운 개별 근로자가 지니는 한계를 집단의 힘을 통해 극복함으로써 실질적 대등관계를 회복하고, 이를 바탕으로 노사관계를 자율적으로 조정케 하는 시스템을 의미한다. 따라서 사견으로는 집단적 자치와 사적자치의 관계에 대해 집단적 자치는 사적자치를 대체하는 것이 아니라 보충하는 것으로 보는 인정설이 타당하다고 본다.

　그러나 단체협약과 취업규칙 간의 유리한 조건 우선 적용 문제는 단체협약 체결 이후에 사용자가 취업규칙을 개정하면서 단체협약상의 기준보다 유리한 기준을 설정한 경우로 한정된 것으로 보아야 할 것이다. 본 사안에서처럼 불이익하게 변경된 새로운 단체협약이 유효하게 적용될 경우에는 취업규칙도 당연히 여기에 맞추어 종전보다 불이익하게 변경된 것으로 보는 것이 당사자간의 의사에도 합치하기 때문이다. 따라서 단체협약의 불이익변경 약정에도 불구하고 취업규칙이 그대로 적용된다면 위 약정은 그 목적을 달성할 수 없고 이는 당사자간 의사에도 배치된다고 보아야 할 것이다. 판례도 기본적으로 이러한 이해를 바탕으로 개정된 후의 단체협약에 의하여 취업규칙상의 동일한 규정의 적용은 배제된다고 판단하고 있다(대법원 2002. 12. 27. 선고 2002두9063 판결).

Ⅲ. 甲에 대한 정년퇴직조치의 효력

본 사안에서 A병원과 B노동조합은 단체협약상의 정년에 관한 조항을 불이익하게 개정하였으나, A병원이 취업규칙상의 정년에 관한 조항(62세)을 개정하지 않았으므로 甲은 불리하게 변경된 단체협약상의 정년규정(60세)이 아닌 유리한 조건 우선의 원칙에 따라 취업규칙이 적용되어야 한다고 주장한다.

그러나 사안에서의 협약변경의 사유와 경위 그리고 B노동조합이 과반수노조로서 취업규칙 불이익변경의 동의주체이므로 협약상의 정년변경합의에는 정년에 관한 취업규칙의 변경의사가 포함된 것으로 보는데 무리가 없다고 본다. 만약 정년단축 합의에도 불구하고 A병원의 취업규칙이 그대로 적용된다면 위 특별노사합의는 그 목적을 전혀 달성할 수 없으므로 위 합의에 따라 취업규칙상의 유리한 조건의 적용은 배제되어야 할 것이다. 따라서 甲에게는 개정되지 않은 유리한 취업규칙이 아니라 '특별노사합의'로 변경된 단체협약상의 정년규정이 적용되므로 취업규칙에 근거해 권리를 주장하는 것은 타당하지 않다고 본다.

Ⅳ. 결   론

甲에게는 취업규칙이 아닌 2015년 8월 31일자 '특별노사합의'가 적용되므로 甲의 정년퇴직일은 만 60세에 달하는 2015년 8월 31일이 된다. 따라서 취업규칙상의 정년규정을 근거로 정년퇴직조치의 무효를 주장할 수 없다.

(유사사례)

A병원과 A병원 소속 근로자들로 구성된 전국보건의료산업노동조합 A대학교 A병원지부와 사이에 '2005년·2006년 임·단협 특별협약'을 체결하면서 근로자들의 정년을 60세에서 54세로 단축하기로 합의한 후 취업규칙의 정년 규정도 같은 내용으로 변경하였다. A병원은 특별협약 및 개정 취업규칙의 정년 규정에 따라 당시 54세인 甲을 포함한 일반직원 22명을 정년퇴직으로 처리하였다.

그러나 A병원과 A병원지부는 당시 A병원이 처해있던 경영위기를 타개하기 위하여 위와 같이 정년을 단축하기로 합의하였는데, 특별협약에 의하면 "위 협약대로 변경된 내용은 특별 한시적으로 적용하며 나머지 단체협약은 원안대로 수용한다"고 되어 있고, 이후 A병원과 A병원지부가 2008년도 단체협약을 체결하면서 정년을 매년 1년씩 단계적으로 연장하여 종전 만 60세 정년으로 환원하기로 합의함에 따라 2007년 당시 54세에 달하지 아니하였던 근로자들은 실질적으로 정년이 단축되지 아니하였다. 한편 특별협약에는 정년 단축과 별도로 30명 이내에서 구조조정하는 내용이 포함되어 있었으나, 특별협약이 시행된 이후 단축된 정년규정에 따라 甲을 포함한 22명의 근로자가 퇴직 처리된 이외에는 별도의 정리해고 등 구조조정이 없었다. A병원이 '2005년·2006년 임·단협 특별협약'에 의해 甲을 포함한 일반직원 22명을 정년퇴직으로 처리한 것이 정당한 것인지에 대해 검토하시오.

해설요지

A병원과 A병원지부 간에 체결한 특별협약은 2007년까지 한시적으로 적용하고 2008년부터는 매년 정년을 1년씩 연장하여 실제로 2007년 당시 54세에 도달한 甲을 포함한 22명 이외에는 본 특별협약에 의해 실질적으로 정년이 단축되지 않았다. 따라서 이는 甲을 포함한 22명을 정년단축의 방법으로 일시에 조기 퇴직시키려는 목적으로 보인다. 근로조건을 불리하게 변경하는 내용의 단체협약은 현저히 합리성을 결해 노동조합의 목적을 벗어난 것으로 볼 수 있는 경우에는 그 효력이 없다.

본 사안의 정년단축은 甲을 포함한 일정 연령 이상의 근로자들을 조기 퇴직시키기 위한 방편으로 강구된 것으로서 일정 연령 이상의 근로자들을 정년단축의 방

법으로 조기 퇴직시키는 조치는 연령만으로 조합원을 차별하는 것으로서 현저히 합
리성을 결하였다고 보인다. 따라서 정년단축에 관한 특별협약과 이에 근거하여 개
정된 취업규칙은 근로조건을 불이익하게 변경하는 한계를 벗어난 것으로서 정당성
이 없다고 보아야 할 것이다(관련판례: 대법원 2011. 7. 28. 선고 2009두7790 판결. 아래 주
요참조판례 1. [3] 참조).

　　* 이 사안은「고용상 연령차별금지 및 고령자고용촉진에 관한 법률」제19조에
따라 정년이 60세 이상으로 의무화된 2014년 5월 23일 이전의 사건에 대한 것임을
주의해야 한다.

주요참조판례

1. 단체협약(근로조건)의 불이익변경

　[1] 이미 구체적으로 그 지급청구권이 발생한 임금(상여금 포함)이나 퇴직금은 근로자의 사적 재산영역으로 옮겨져 근로자의 처분에 맡겨진 것이기 때문에 노동조합이 근로자들로부터 개별적인 동의나 수권을 받지 않는 이상, 사용자와 사이의 단체협약만으로 이에 대한 포기나 지급유예와 같은 처분행위를 할 수는 없다.

　협약자치의 원칙상 노동조합은 사용자와 사이에 근로조건을 유리하게 변경하는 내용의 단체협약뿐만 아니라 근로조건을 불리하게 변경하는 내용의 단체협약을 체결할 수 있으므로, 근로조건을 불리하게 변경하는 내용의 단체협약이 현저히 합리성을 결하여 노동조합의 목적을 벗어난 것으로 볼 수 있는 경우와 같은 특별한 사정이 없는 한 그러한 노사간의 합의를 무효라고 볼 수는 없고, 노동조합으로서는 그러한 합의를 위하여 사전에 근로자들로부터 개별적인 동의나 수권을 받을 필요가 없으며, 단체협약이 현저히 합리성을 결하였는지 여부는 단체협약의 내용과 그 체결경위, 당시 사용자측의 경영상태 등 여러 사정에 비추어 판단해야 한다(대법원 2000. 9. 29. 선고 99다67536 판결; 대법원 2002. 4. 12. 선고 2001다41384 판결).

　[2] 향후 회사가 정상가동 될 때까지 각 무급휴가를 실시하기로 한 것은 근로조건을 불리하게 변경하는 내용의 단체협약이라고 할 것이나 위 각 단체협약의 내용과 그 체결경위, 당시 사용자측의 경영상태 등 여러 사정에 비추어 위 단체협약이 현저히 합리성을 결하여 노동조합의 목적을 벗어난 것으로 볼 특별한 사정이 있다고 할 수 없고 노동조합으로서는 그러한 합의를 위하여 사전에 근로자들로부터 개별적인 동의나 수권을 받을 필요가 없으므로, 원고들의 개별적인 동의나 수권이 없다 하더라도 위 각 노사간의 합의를 무효라고 할 수 없다(대법원 2003. 9. 5. 선고 2001다14665 판결).

　[3] 이 사건 특별협약에 의한 정년 단축은 참가인이 운영하는 병원의 경영위기를 극복하기 위한 자구대책으로 이루어졌다고는 하나, 그 체결 당시 한시적 적용이 예정되어 있어 일정 연령 이상의 근로자들을 정년 단축의 방법으로 일시에 조기 퇴직시킴으로써 사실상 정리해고의 효과를 도모하기 위하여 마련된 것으로 보이고, 이와 같이 이 사건 정년 단축이 모든 근로자들을 대상으로 하는 객관적·일반적 기준의 설정이 아닌 일정 연령 이상의 근로자들을 조기 퇴직시키기 위한 방편으로 강구된 이상 참가인의 경영상태 및 경영개선을 위해 노사가 취하였던 노력 등을 고려하더라도 이러한 일정 연령 이상의 근로자들을 정년 단축의 방법으로 조기 퇴직시킨 조치는 연령만으로 조합원을 차별하는 것이어서 합리적 근거가 있다고 보

기 어려우므로, 이 사건 특별협약 중 정년에 관한 부분은 현저히 합리성을 결하였다고 볼 것이다. 그렇다면 이 사건 중 정년에 관한 부분 및 이에 근거하여 개정된 취업규칙은 근로조건 불이익변경의 한계를 벗어난 것으로서 무효이고, 이 사건 특별협약 및 취업규칙에 따라 이루어진 원고등에 대한 퇴직처리는 사실상 해고에 해당한다고 할 것이다(대법원 2011. 7. 28. 선고 2009두7790 판결).

2. 유리한 조건 우선의 원칙

[1] 단체협약의 개정 경위와 그 취지에 비추어 볼 때, 단체협약의 개정에도 불구하고 종전의 단체협약과 동일한 내용의 취업규칙이 그대로 적용된다면 단체협약의 개정은 그 목적을 달성할 수 없으므로 개정된 단체협약에는 당연히 취업규칙상의 유리한 조건의 적용을 배제하고 개정된 단체협약이 우선적으로 적용된다는 내용의 합의가 포함된 것이라고 봄이 당사자의 의사에 합치한다고 할 것이고, 따라서 개정된 후의 단체협약에 의하여 취업규칙상의 면직기준에 관한 규정의 적용은 배제된다고 보아야 할 것이다(대법원 2002. 12. 27. 선고 2002두9063 판결).

[2] 취업규칙 중 퇴직금에 관한 규정의 변경이 근로자에게 불이익함에도 불구하고, 사용자가 근로자의 집단적 의사결정방법에 의한 동의를 얻지 아니한 채 변경을 함으로써 기득이익을 침해받게 되는 기존의 근로자에 대하여 종전의 퇴직금조항이 적용되어야 하는 경우에도, 노동조합이 사용자측과 사이에 변경된 퇴직금조항을 따르기로 하는 내용의 단체협약을 체결한 경우에는, 기득이익을 침해받게 되는 기존의 근로자에 대하여 종전의 퇴직금조항이 적용되어야 함을 알았는지의 여부에 관계없이 그 협약의 적용을 받게 되는 기존의 근로자에 대하여도 변경된 퇴직금조항을 적용하여야 할 것이다(대법원 2005. 3. 11. 선고 2003다27429 판결).

[3] 근로자에게 불리한 내용으로 변경된 취업규칙(임금피크제 적용)은 집단적 동의를 받았다고 하더라도 그보다 유리한 근로조건을 정한 기존의 개별 근로계약 부분에 우선하는 효력을 갖는다고 할 수 없다. 이 경우에도 근로계약의 내용은 유효하게 존속하고, 변경된 취업규칙의 기준에 의하여 유리한 근로계약의 내용을 변경할 수 없으며, 근로자의 개별적 동의가 없는 한 취업규칙보다 유리한 근로계약의 내용이 우선하여 적용된다(대법원 2019. 11. 14. 선고 2018다200709 판결).

단체협약상 해고합의조항의 의미와 적용

A회사에 조직된 B노동조합은 2000. 11. 8.부터 2001. 1. 26.까지 파업을 실시하였다. A회사는 2003. 4. 20.에 B노동조합 위원장 甲을 파업 중에 사장실을 점거하여 업무방해, 회사기물 손괴, 회사 명예 실추 등을 이유로 징계 해고하였다.

그런데 징계해고 당시 A회사와 B노동조합 사이의 단체협약 제35조 제1항에는 "회사는 조합 임원에 대한 해고, 징계, 이동에 대하여는 사전에 조합과 합의한다"고 규정되어 있었다. 그리고 해고사유 중 하나로 동 단체협약 제40조 본문과 7호 라목에는 인사위원회 결의에 의하여 해고할 경우에, "고의 또는 중대한 과실로 기물을 파손하거나 또는 재산에 손해를 끼쳤을 때"를 명문으로 정하고 있었다.

A회사는 당시 B노동조합 위원장이던 甲에 대한 징계를 재판결과가 나온 이후로 보류해 왔으나, 1심 판결이 나자 2003. 2. 17.부터 2003. 4. 10.까지 5차례에 걸쳐 甲에 대한 징계에 관하여 노사협의를 벌였다. 이때 노동조합 측은 A회사의 담당자에게 이미 파업이 끝난 지 2년이 지났고, 2002년 7월 파업 중의 불법행위를 이유로 한 다른 조합원들에 대한 징계로 일정 부분 징계의 효과를 보았으므로 징계양정이 고려돼야 한다고 하였고, 甲에 대한 1심 재판에서 징역형이 아닌 벌금형이 나왔기 때문에 해고를 받아들이기 어렵다고 하였다. 또한 실제 파업기간 동안 기물파손도 사장실의 TV, 사무집기 및 전화기 등으로 이로 인한 재산상 손실도 크지 않다는 이유로 해고는 수용하기 어렵다고 하였다. 노동조합 측은 甲에 대한 징계가 해고만 아니라면 수용할 수 있다는 내용을 전달하여 甲에 대한 징계해고를 반대하였으나, 결국 노사 간 징계해고의 합의가 이루어지지 않은 상태에서 A회사는 甲에 대한 해고를 단행하였다.

문제 1

노조임원에 대한 해고시 사전합의조항이 단체협약에 있을 경우에, 그러한 절차를 거치지 아니한 사용자 A의 甲에 대한 해고처분의 효력에 관해 검토하시오. (30점)

문제 2

만약 甲이 사장실 점거와 기물파손을 지시하고 주도하였을 뿐만 아니라 이를 만류하는 임직원을 폭행한 후 감금하였고, 이 사실은 소송과정에서 확인되어 유죄확정판결을 받았다고 한다면, A회사가 해고합의조항에 따라 노조와 합의하고자 하였으나 노조가 파업 중에 발생한 행위를 이유로 한 해고에는 절대 반대한다는 입장을 고수함에 따라 합의 없이 해고를 행한 경우에 甲에 대한 해고의 효력을 검토하시오. (20점)

사례해결의 Key Point

문제 1

근로기준법 제23조 제1항은 '정당한 이유'가 있는 경우에 한해 해고를 허용한다. 이와 별도로 노사는 사용자의 해고권을 제한하기 위하여 노동조합이 동의할 경우에 한하여 해고권을 행사하겠다는 사전 해고합의조항을 단체협약에 둘 수 있다. 이 사전합의조항을 거치지 아니한 해고가 정당한지 여부가 문제되는데, 이와 관련하여서는 이 사전합의조항을 '근로조건 기타 근로자의 대우에 관한 기준'에 관한 규범적 부분으로 볼 것인지 아니면 채무적 부분으로 볼 것인지에 관한 이해가 필요하다.

문제 2

근로자가 사용자인 회사에 대하여 중대한 위법행위를 하여 손해를 입히고 비위 사실이 징계사유에 해당함이 객관적으로 명백한 경우, 회사가 노동조합 측과 사전 합의를 위하여 성실하고 진지한 노력을 다하였음에도 노동조합 측이 합리적 근거나 이유의 제시 없이 무작정 반대하여 사전합의에 이르지 못한 사정이 있다면, 노동조합의 사전 동의권의 남용이 인정되고, 이 경우 노조와의 합의 없이 행한 해고의 효력이 인정될 수 있다. 단체협약상의 합의권을 남용한 경우에 해당하는지를 사안에서의 사실관계를 근거로 판단해야 한다.

───────────── 〈풀 이 목 차〉 ─────────────

문제 1

노조임원에 대한 해고시 사전합의조항이 단체협약에 있을 경우에, 그러한 절차를 거치지 아니한 사용자 A의 甲에 대한 해고처분의 효력에 관해 검토하시오. (30점)

Ⅰ. 문제의 논점

위 사안에서 쟁점은 사용자가 조합원인 근로자에 대한 해고 등 인사처분과 관련하여 노동조합과 합의하도록 한 사전 해고합의조항을 단체협약에 둔 경우에, 이에 따르지 않은 해고의 효력을 어떻게 취급하느냐에 관한 것이다. 해고합의조항은 사용자의 해고권을 제한하기 위하여 노동조합의 적극적 참여를 인정하는 단체협약상의 약정이다. 문제는 사용자 A가 이와 같은 단체협약의 규정을 위반하여 해고를 행한 경우에 정당한 해고로서 효력을 갖는지, 아니라면 그 효력은 어떻게 되는지 하는 점이다.

Ⅱ. 해고합의조항의 법적 성질과 효력

1. 해고합의조항의 법적 성질에 대한 학설과 판례의 태도

(1) 학설의 견해

해고합의조항의 법적 성질에 대한 학설상 논의의 핵심은 해고합의조항이 규범적 부분에 해당하여 규범적 효력을 갖는가 아니면 채무적 부분에 해당하는가에 있다. 이는 해고합의조항이 노동조합 및 노동관계조정법(이하 '노조법'이라 한다) 제33조에서 말하는 '근로조건 기타 근로자의 대우에 관한 기준'에 해당하는지 여부에 따라 달라진다.

일부 견해는 해고합의조항은 근로자의 대우에 관한 기준에 해당하거나 적어도 그에 준하는 성질을 가지므로 규범적 부분으로서 규범적 효력을 갖고, 그 결과 개별 근로관계에 강행적 효력을 미쳐 이 조항위반의 해고는 무효가 된다고 한다. 다른 견해에 의하면 해고합의조항은 해고절차에 관한 약정으로 해고사유의 실체적 '기준'을 정한 것이 아니어서 채무적 부분에 해당한다고 본다. 이 견해에 의하면 사용자가 해고합의조항을 위반하여 해고처분을 행하더라도 개별 근로관계를 종료케 한 해고에는 어떤 영향을 미치지 못하고, 노동조합에 대하여 손해배상책임을 부담

할 뿐이라고 한다. 다만, 이 견해에 의하더라도 사용자가 해고권 행사의 효력을 노
동조합의 동의에 의존케 하는 의사표시를 명백히 한 경우에는 예외적으로 이 조항
은 규범적 효력을 갖는다고 한다.

(2) 판례의 태도

대법원은 해고합의조항과 관련하여 원칙적으로 인사권이 사용자의 권한에 속
한다고 하더라도 사용자 스스로 그 권한에 제약을 가할 수 있어서, 노동조합과 사
용자 사이에 체결한 단체협약으로 조합원의 인사에 대해 노동조합의 관여를 인정할
수 있다고 한다. 따라서 단체협약에 사용자의 인사권 행사시에 노동조합의 사전 동
의 또는 합의를 거쳐 인사처분을 하도록 규정을 두고 있다면 그 절차를 거치지 아
니한 사용자의 인사처분은 원칙적으로 무효라고 해석한다(대법원 1994. 9. 13. 선고 93
다50017 판결).

2. 해고합의조항 위반의 효력

해고합의조항을 채무적 부분에 해당한다고 보는 견해는 해고 자체는 '근로조건
기타 근로자의 대우'에 해당하지만, 노동조합과 협의한다든가 노동조합의 동의를
얻는 것을 근로조건의 '기준'이라고 해석하기는 어렵다고 한다. 또한 해고사유를 한
정적으로 열거하는 협약규정은 규범적 효력을 가질 수 있지만, 해고절차에 대해서
는 기준적 효력을 인정하기 어렵다는 지적도 가능하다고 한다.

그러나 이 조항을 채무적 부분으로 보아 이 조항 위반의 해고라 할지라도 해고
의 효력에는 아무런 영향이 없는 것으로 이해한다면 이것은 논리적으로는 타당할지
몰라도 이 조항의 현실적 의미는 거의 없게 된다. 즉, 채무적 효력만을 인정한다면
사용자가 사전합의 없이 해고를 행하더라도 그 해고의 유효성을 다툴 수 없고 단지
손해배상을 받는 데 만족해야 한다. 결국 사용자의 해고권 행사에 대한 노동조합의
실질적 참여는 형해화되게 된다.

이와 같은 이유로 규범적 부분이나 채무적 부분에 해당하는지에 따라 그 성질
을 파악하기 보다는 해고합의조항을 사용자의 인사권 행사에 대한 노동조합의 조직
적 관여를 인정하는 합의를 한 것으로 이해할 수 있다. 그 효력은 결국 당사자의 의
사와 합의조항의 기능에 비추어 구체적으로 결정되어야 할 것이다.

Ⅲ. A회사의 甲에 대한 해고의 효력

1. A회사의 甲에 대한 해고사유의 검토

근로기준법 제23조 제1항은 해고의 일반적 제한으로서 사용자는 근로자에 대하여 정당한 이유 없이 해고하지 못한다고 규정하고 있다. 그러나 무엇이 정당한 이유인가에 대해서는 구체적으로 규정하고 있지 않으며 해고사유에 대한 실질적 정당성판단을 법원에 맡기고 있다. 근로기준법상 '정당한 이유'라는 해고요건은 일반적으로 근로자와 사용자 사이에 근로관계를 계속 유지할 수 없을 정도의 이유 또는 사용자에게 해당 근로자와의 근로관계 유지를 더 이상 기대할 수 없을 정도의 이유라고 해석한다(대법원 1992. 4. 24. 선고 91다17390 판결). 정당한 이유라는 해고요건은 강행규정이어서, 단체협약이나 취업규칙에서 특별히 해고사유를 열거하고 있다 하더라도 객관적으로 해고의 정당사유로 될 수 없다면, 이를 이유로 한 해고는 무효이다.

이 사안에서 甲이 사장실을 점거하고 기물파손을 한 행위는 파업 중이라 할지라도 정당화될 수 없는 위법행위로서 해고의 정당사유가 될 수 있다고 본다. 그러나 甲에 대한 해고의 정당사유가 인정된다 할지라도 노조임원에 대한 인사시의 사전합의조항에 따른 합의 없이 한 A회사의 甲에 대한 징계해고의 효력이 문제된다.

2. A회사의 甲에 대한 해고의 효력

판례는 노동조합이 동의할 경우에 한하여 해고권을 행사하겠다는 의미의 '해고에 대한 사전합의조항'을 단체협약으로 규정하는 경우 합의를 거치지 아니한 해고처분은 원칙적으로 무효라고 하면서, 그와 같은 해고의 사전합의조항을 두고 있더라도 노동조합이 사전 동의권을 남용하거나 스스로 사전 동의권을 포기한 것으로 인정할 수 있는 경우에는 노동조합의 동의가 없더라도 사용자의 해고권 행사가 가능하다고 한다(대법원 2007. 9. 6. 선고 2005두8788 판결).

위 사례에서는 파업당시 노동조합 위원장 甲에 대한 해고사유가 명백하다고 볼 수 없다. 그리고 노동조합이 단체협약의 사전합의조항만을 내세워 甲에 대한 해고를 무조건 반대하였다고 볼 수도 없다. 관련 사실관계를 보면, 징계사유 발생일로부터 2년이나 경과되었고, 점거 및 파손행위자에 대한 1차 징계가 있었던 점, 단체협약상 고의 또는 중대한 과실에 의한 기물파손 등 재산상 손해를 해고사유로 열거하고 있지만 사용자가 주장하는 기물파손과 관련하여 재산상 손실이 그다지 크지 않다는 점, 해고 이외의 징계는 수용하겠다는 B노동조합의 입장제시 등을 종합하여 보면 합리적 이유 없이 B노동조합이 단체협약상의 사전 합의권을 남용하였다고 볼 수 없다. 따라서 사전합의조항을 준수하지 않은 A회사의 甲에 대한 해고는 무효라고 할 것이다.

Ⅳ. 결   론

단체협약에 해고합의조항을 둔 것은 해고사유가 있는 경우에도 사용자가 일방적으로 해고하지 않고, 노사가 합의하여 해고하도록 한 것으로 볼 수 있다. 판례도 원칙적으로 단체협약상 해고합의조항을 위반하여 행한 해고는 무효라고 한다. 다만 객관적으로 명백한 해고사유가 있고 사용자가 노동조합과 사전 동의를 구하기 위하여 성실한 노력을 기울였음에도 불구하고 노동조합이 합리적 이유 없이 사전 동의를 거부하였다면 노동조합이 가진 사전 동의(합의)권을 남용한 것이라고 한다.

하지만 이 사안의 사실관계를 보면 B노동조합이 사전 동의권을 남용하였다고 보기는 어렵기 때문에 사전 해고합의조항을 위반한 A회사의 甲에 대한 해고는 무효라고 판단되어야 한다.

문제 2

만약 甲이 사장실 점거와 기물파손을 지시하고 주도하였을 뿐만 아니라 이를 만류하는 임직원을 폭행한 후 감금하였고, 이 사실은 소송과정에서 확인되어 유죄확정판결을 받았다고 한다면, A회사가 해고합의조항에 따라 노조와 합의하고자 하였으나 노조가 파업 중에 발생한 행위를 이유로 한 해고에는 절대 반대한다는 입장을 고수함에 따라 합의 없이 해고를 행한 경우에 甲에 대한 해고의 효력을 검토하시오. (20점)

I. 문제의 논점

이 문제의 쟁점은 단체협약에서 정한 해고사유가 발생한 경우에, "회사는 조합임원에 대한 해고, 징계, 이동에 대하여는 사전에 조합과 합의한다"와 같은 사전 해고합의조항에 따라 해고합의를 위해 노력했음에도 노조의 반대로 합의하지 못하고 사용자가 일방적으로 행한 해고의 유효성 여부이다. 이를 검토함에 있어서 B노동조합의 합의(동의)의 남용이 있었다고 볼 수 있는지를 판단하는 것이 중요하다.

II. A회사의 甲에 대한 해고사유의 검토

A회사의 단체협약은 "고의 또는 중대한 과실로 기물을 파손하거나 또는 재산에 손해를 끼쳤을 때"를 해고사유 중 하나로 규정하고 있다. 甲은 불법점거와 기물파손을 지시하고 주도하였으며 이를 만류하는 임직원을 폭행하고 감금까지 하였다. 기물파손에 따른 재산상 손실이 크지 않다고 할지라도, 이는 고의 또는 중대한 과실에 의한 기물파손과 이에 따른 재산상 손해의 발생이라는 단체협약상의 해고사유에 해당한다. 그런데 이외에도 폭행과 감금사실도 확인되었다는 점에 비추어, 이러한 문제들이 파업과정에서 발생하였고 甲이 위원장이라는 점을 감안하더라도 정당한 해고사유로 볼 수 있다는 점에 별다른 의문이 없다.

Ⅲ. A회사의 甲에 대한 해고의 효력 검토

1. 단체협약상의 해고합의조항의 효력

A회사와 B노동조합 사이에 체결한 단체협약에는 해고 등에 관한 사전합의조항이 있다. 이처럼 사용자와 노동조합은 조합임원의 해고 등 인사처분과 관련하여 노동조합과 합의하도록 하는 해고합의조항을 둘 수 있다. 해고합의조항은 조합임원에 대한 해고는 노조의 의사를 존중하여 행하도록 하기 위해 마련한 단체협약상의 조항으로 사용자의 해고권 행사를 제한하는 기능을 한다. 따라서 근로기준법 제23조 제1항의 '정당한 이유'에 해당되지 않는 경우에는 이 조항은 적용될 여지가 없고, 해고사유가 객관적으로 인정되는 경우에 이 조항이 의미를 가지게 된다. 적용하는 사유로 해고하는 경우에 미달하는 기준으로 이 조항의 내용을 약정해서는 안 된다.

판례는 해고합의조항을 단체협약에 규정하는 경우 합의를 거치지 아니한 해고처분은 원칙적으로 무효라고 하면서, 이러한 조항에도 불구하고 노동조합이 사전 동의권을 남용하거나 스스로 사전 동의권을 포기한 것으로 인정되는 때에는 노동조합의 동의가 없어도 사용자의 해고권 행사는 가능하다고 한다(대법원 2007. 9. 6. 선고 2005두8788 판결).

2. B노동조합의 사전 동의권 남용 여부

A회사가 인사위원회를 개최하게 된 사정을 노동조합에 통지하면서, 甲 등에 대한 해고통지에 앞서 B노동조합의 동의를 수차례 구하는 등 사전 동의절차를 다하기 위해 나름 성실하고 진지한 노력을 다하였음에도, B노동조합이 甲 등의 행위가 단지 파업 중에 일어난 일이라는 이유로 甲에 대한 징계를 인정할 수 없다는 입장만을 반복적으로 밝혔을 뿐이라면, 그러한 노동조합의 거부행위는 합리적 이유가 없는 것으로 단체협약에 근거한 합의권 행사의 남용이 될 것이다.

따라서 B노동조합의 위원장이었던 甲 등에게 객관적으로 명백한 해고사유가 있음에도 B노동조합이 사전 해고합의조항을 이유로 甲 등의 해고를 무조건 반대하였으므로 합의권의 남용으로 볼 수 있다.

Ⅳ. 결   론

단체협약에 둔 사전 해고합의조항의 절차를 거치지 아니한 해고는 원칙적으로 무효이다. 그렇지만 노동조합이 사전 동의권을 남용한 경우에는 노동조합의 동의가 없더라도 사용자의 해고권 행사는 가능하다. A회사의 5차례에 걸친 합의를 위한 협의에서 B노동조합은 합리적 이유 없이 단지 파업 중에 발생한 행위라는 주장만 하면서 甲의 징계해고사유가 명백히 존재함에도 이를 반대하였다는 점에서 사전 합의권을 남용하였다고 볼 수 있다. 따라서 A회사가 노조와의 합의 없이 甲을 해고했다 할지라도 이를 무효라고 할 수는 없다.

* 공무원 노동조합이 체결한 단체협약의 해고협의(합의)조항에 대하여는 아래 주요참조판례 [5]를 참고하시오.

유사사례

甲은 A회사의 근로자들로 조직된 B노동조합(이하 'B노조'라 한다)의 쟁의국장으로 활동하면서 파업 중 임의로 작업시설을 손상하는 행위를 하는 등 불법행위를 주도하여 A회사에 막대한 재산적 손실을 입혔다. 이에 A회사는 2005년 1월 2일 甲을 인사위원회에 회부하면서, 甲에게 출석통지를, 그리고 B노조에도 甲의 징계와 관련한 노조의 입장을 구하였다. 그러나 甲이 출석통지를 받고도 불참하자, A회사는 2005년 1월 20일 거듭 인사위원회의 개최를 甲과 B노조에 통지하였다. 그러나 이때에도 甲이 불참하고, B노조도 甲의 파업 중 행위에 대한 징계를 인정할 수 없다는 입장이었으나, A회사의 인사위원회는 甲에 대하여 징계해고를 의결하였다. 그런데 A회사와 노동조합이 체결한 단체협약 제45조는 "회사는 조합의 임원에 대한 해고, 정직 등 징계시에는 사전에 노동조합의 동의를 얻어야 한다"고 규정하고 있다. 이에 따라 A회사는 2005년 2월 10일 동 단체협약 제45조에 따라 노동조합에 대하여 징계사유와 인사위원회의 회의내용을 상세히 설명하면서 甲에 대한 징계해고에 동의해 줄 것을 요청하였으나 노동조합은 회사가 甲에 대한 징계해고를 의결한 상태에서 노동조합의 동의를 구하는 것은 절차상 무효라고 하고, 甲에 대한 징계사유도 인정할 수 없다고 주장하면서 동의를 거부하였다. 그 후 2005년 2월 25일 A회사는 甲의 재심청구로 다시 인사위원회를 개최하였으나 원처분을 그대로 의결하고 거듭 노동조합에 동의를 구하였으나 노동조합은 계속해서 이를 거부하였다. 이어 2월 28일 A회사는 甲에 대한 징계해고를 확정하고 이를 甲에게 통지하였다. B노조의 동의 없이 이루어진 A회사의 甲에 대한 해고는 유효한 것인지 검토하시오.

해설요지

　　사용자와 노동조합은 해고 등 징계처분을 제한하는 노동조합의 사전 동의권을 단체협약에 둘 수 있다. 단체협약상의 해고합의조항은 그 자체로서 해고의 실체적 기준이 되지 못한다 할지라도 단체협약에 이러한 조항을 둔 취지에 비추어 사전 해고합의를 하지 않고 행한 징계해고는 원칙적으로 무효라고 보아야 한다.

　　그렇더라도 사전 동의권은 어디까지나 신의성실의 원칙에 입각하여 합리적으로 행사되어야 하므로, 객관적으로 명백한 해고사유가 있고 사용자가 노동조합의 사전 동의를 구하기 위하여 성실한 노력을 기울였음에도 노동조합이 합리적 이유 없이 사전 동의를 거부한 경우에는 노동조합의 동의권남용이 인정될 수 있고 이때에 사용자의 해고는 유효하다고 보아야 한다. 판례도 이와 같이 해석한다.

위 사안에서 B노조는 징계결정이 행해진 상태에서 노동조합의 동의를 구하는 것은 절차상 무효라고 주장하고 있지만, 甲에 대한 객관적 해고사유가 명백하게 존재하고 A회사가 인사위원회를 개최하게 된 사정을 통지하면서 B노조의 입장을 구한데 대하여 B노조는 甲의 행위가 단지 파업 중에 일어난 일이라는 이유로 징계할 수 없다는 입장만을 밝혔을 뿐이다. A회사는 甲에 대한 해고결정시뿐만 아니라 해고통보 전에도 노동조합의 동의를 얻기 위하여 성실하게 노력하였다는 점이 인정된다. 따라서 노동조합이 동의를 거부한 것은 합리적 이유가 없는 것으로 단체협약에 의거한 사전 동의권 행사의 남용으로 볼 수 있다. 따라서 A회사의 甲에 대한 해고는 유효하다고 판단된다.

[1] 인사권이 원칙적으로 사용자의 권한에 속한다고 하더라도 사용자는 스스로의 의사에 따라 그 권한에 제약을 가할 수 있는 것이므로, 사용자가 노동조합과 사이에 체결한 단체협약에 의하여 조합원의 인사에 대한 조합의 관여를 인정하였다면 그 효력은 협약규정의 취지에 따라 결정된다(대법원 1994. 9. 13. 선고 93다50017 판결).

단체협약 등에 규정된 인사 합의조항의 구체적 내용이 사용자가 인사처분을 함에 있어서 신중을 기할 수 있도록 노동조합이 의견을 제시할 수 있는 기회를 주어야 하도록 규정된 경우에는 그 절차를 거치지 아니하였다고 하더라도 인사처분의 효력에는 영향이 없다고 보아야 할 것이지만, 사용자가 인사처분을 함에 있어 노동조합의 사전 동의나 승낙을 얻어야 한다거나 노동조합과 인사처분에 관한 논의를 하여 의견의 합치를 보아 인사처분을 하도록 규정된 경우에는 그 절차를 거치지 아니한 인사처분은 원칙적으로 무효라고 보아야 할 것이나, 이 경우에도 근로자나 노동조합 측에서 스스로 이러한 사전합의절차를 포기하였다는 등의 특별한 사정이 있는 경우에는 그 징계처분은 유효하다(대법원 1994. 9. 13. 선고 93다50017 판결).

[2] 단체협약의 인사협의(합의)조항에 노동조합간부의 인사에 대하여는 사전 '합의'를, 조합원의 인사에 대하여는 사전 '협의'를 하도록 용어를 구분하여 사용하고 있다면, 교섭 당시 사용자의 인사권에 대하여 노동조합간부와 조합원을 구분하여 제한의 정도를 달리 정한 것으로 보아야 하고, (중략) 노동조합간부의 인사에 대하여는 노동조합과 의견을 성실하게 교환하여 노사 간에 '의견의 합치'를 보아 인사권을 행사하여야 한다는 뜻에서 사전 '합의'를 하도록 규정한 것이라고 해석하는 것이 타당하다.

정리해고는 근로자에게 귀책사유가 없는데도 사용자의 경영상의 필요에 의하여 단행되는 것으로서, 정리해고의 대상과 범위, 해고 회피 방안 등에 관하여 노동조합의 합리적인 의사를 적절히 반영할 필요가 있고, 노사 쌍방 간의 협상에 의한 최종 합의 결과 단체협약에 정리해고에 관하여 사전 '협의'와 의도적으로 구분되는 용어를 사용하여 노사 간 사전 '합의'를 요하도록 규정하였다면, 이는 노사 간에 사전 '합의'를 하도록 규정한 것이라고 해석함이 상당하고, 다른 특별한 사정없이 단지 정리해고의 실시 여부가 경영주체에 의한 고도의 경영상 결단에 속하는 사항이라는 사정을 들어 이를 사전 '협의'를 하도록 규정한 것이라고 해석할 수는 없다(대법원 2012. 6. 28. 선고 2010다38007 판결).

[3] 사용자가 인사처분을 함에 있어 노동조합의 동의나 승낙을 얻어야 하도록 단체협약 등에 규정되어 있는 경우에도 이는 사용자의 부당한 인사권 행사를 방지하고자 함에 그 목적이 있는 것이지 이로써 사용자의 본질적 권한에 속하는 피용자에 대한 인사권 그 자체를 박탈

하거나 이에 대한 본질적인 제한을 가할 수는 없으므로, 피용자에게 징계사유가 있음이 발견된 경우에 위 규정으로 인하여 어떠한 경우이든 불문하고 노동조합측의 동의가 있어야 비로소 그 징계권을 행사할 수 있다는 취지로 해석할 수는 없고, 노동조합의 동의권은 어디까지나 신의성실의 원칙에 입각하여 합리적으로 행사되어야 할 것이므로, 피징계자에게 비위사실이 있고 그것이 징계사유에 해당함이 객관적으로 명백하며 회사가 노동조합측의 동의를 얻기 위하여 진지한 노력을 다하였음에도 불구하고 노동조합측이 합리적 근거나 이유제시도 없이 무작정 징계에 반대함으로써 동의를 얻지 못하였다고 인정되는 경우 또는 노동조합측이 스스로 이러한 동의권의 행사를 포기하였다고 인정되는 경우에는 사용자가 노동조합측의 동의 없이 한 해고도 유효하다고 보아야 한다(대법원 2004. 3. 11. 선고 2003두10978 판결).

　[4] 노동조합이 사전 동의권을 남용한 경우라 함은 (중략) 회사가 노동조합 측과 사전합의를 위하여 성실하고 진지한 노력을 다하였음에도 불구하고 노동조합측이 합리적 근거나 이유 제시도 없이 무작정 반대함으로써 사전합의에 이르지 못하였다는 등의 사정이 있는 경우에 인정되므로, 이러한 경우에 이르지 아니하고 단순히 해고사유에 해당한다거나 실체적으로 정당성 있는 해고로 보인다는 이유만으로는 노동조합이 사전 동의권을 남용하여 해고를 반대하고 있다고 단정하여서는 아니 된다(대법원 2007. 9. 6. 선고 2005두8788 판결).

　[5] 전보 등 임용권의 행사에 관한 사항은 그 내용 자체가 근무조건과 직접 관련되어야만 단체교섭의 대상이 될 수 있으며, 이 경우에도 기관의 본질적·근본적 권한을 침해하는 것은 허용될 수 없다는 앞에서 본 법리에 비추어 보면, 노동조합의 임원 등에 대한 인사가 조합원의 근무조건과 직접 관련이 있다고 하기는 어려운 데다가, 사전협의라는 필수적인 절차에 의하여 부산광역시 영도구청장의 인사권 행사가 본질적으로 제한될 가능성도 있는 만큼, 위 단체협약 조항과 같은 내용은 원칙적으로 단체교섭의 대상이 될 수 없다고 해석함이 타당하다(대법원 2017. 1. 12. 선고 2011두13392 판결).

40 쟁의 중 신분보장 및 면책조항의 해석과 적용

사실관계

A회사의 기업별 노조인 B노조는 임금협약 체결을 위한 교섭이 결렬되자, 조정절차를 거쳐 파업을 개시하였고, 이에 A회사가 직장폐쇄로 대응하는 등 노사간 극심한 대립으로 쟁의행위의 장기화조짐이 나타나고 있었다. 이런 상황에서 근로자 甲의 중대한 개인적 비위행위가 적발되어 징계절차가 진행되자 甲은 B노조에 가입하고 바로 파업에 동참하였다. 파업참가 중에 A회사로부터 징계해고통지를 받은 甲은 노조 가입전부터 이미 알고 있던 '쟁의기간 중에는 징계나 전출 등의 인사조치를 하지 아니 한다'는 단체협약규정을 근거로 징계해고의 무효를 주장한다.

또한 쟁의기간중 노조대의원 乙이 A회사 노무관리부장 丙을 폭행하고, A회사의 협력업체 D회사의 고가장비를 파손시키는 일이 발생하였다. 임금협약이 체결되면서 파업은 종료되었고, 임금협약체결시 작성된 부속합의서에는 '쟁의기간 중의 행위에 대해 일체의 민·형사상 책임을 묻지 않기로 한다'는 규정을 두었다.

파업이 종료된 후 A회사는 乙에게 정직의 징계조치를 하였고, 丙은 乙의 폭행에 대하여 형사고소하는 동시에 민사상 손해배상청구를, 그리고 D회사는 장비파손에 대하여 손해배상을 청구하였다. 이에 대해 乙은 정당한 쟁의행위중에 발생한 행위에 대한 징계, 손해배상청구, 형사고소는 부속합의서의 면책조항에 반하는 것이므로 법적으로 허용될 수 없다고 주장한다.

문제 1

甲의 징계해고 무효 주장의 타당성을 검토하시오. (30점)

문제 2

乙의 부속합의서상의 면책조항을 근거로 한 주장의 타당성을 검토하시오. (20점)

사례해결의 Key Point

문제 1

단체협약 상의 '쟁의기간 중에는 징계나 전출 등의 인사 조치를 하지 않는다'는 규정의 적용범위를 협약당사자의 의사, 규정의 문언과 취지 등을 기초로 합리적으로 해석해야 한다.

문제 2

부속합의서의 면책규정의 적용범위에 관한 문제로서, 민사상 면책의 적용대상과 형사상 면책의 의미를 논의하고, 이를 기초로 사안에서의 각 당사자의 청구와 형사고소에 관한 면책조항의 적용 여부를 판단해야 한다.

> **문제 1**
> 甲의 징계해고 무효 주장의 타당성을 검토하시오. (30점)

Ⅰ. 문제의 논점

단체협약상의 '쟁의기간 중에는 징계나 전출 등의 인사 조치를 아니 한다'는 이른바 '쟁의기간 중 신분보장' 규정의 해석에 관한 것이다. 이 문제의 주된 논점은 징계의 원인이 된 비위사실이 쟁의행위와는 전혀 관련없는 근로자의 개인적 일탈행위로서 징계로 인해 단체행동권이 실질적으로 보장받지 못할 우려가 있다고 볼 수 없는 경우에도 이 규정이 적용되어 사용자는 징계 등 인사조치를 할 수 없는지 하는 것이다.

Ⅱ. 쟁의기간 중 신분보장규정의 해석

1. 규정취지

단체협약에서 '쟁의기간 중에는 징계나 전출 등의 인사조치를 아니 한다'는 이른바 쟁의기간 중 신분보장규정을 두는 목적은 쟁의기간 중에 쟁의행위에 참가한 조합원에 대한 징계 등 인사조치 등에 의하여 노동조합의 활동이 위축되는 것을 방지함으로써 노동조합의 단체행동권을 실질적으로 보장하기 위한 것으로 일반적으로 이해되고 있다. 즉, 노조의 쟁의권의 실질적 보장을 위하여 쟁의행위 중에는 사용자의 징계나 전출 등의 인사권의 행사를 제한하고자 하는 것이다. 쟁의행위와 무관하다거나 개인적 일탈이라 하여 징계가 허용된다고 새기게 되면, 사용자인 회사가 개인적 일탈에 해당한다는 명목으로 정당한 쟁의행위 기간 중에 임의로 징계권을 행사함으로써 노동조합의 단체행동권을 침해할 우려가 있다. 근로자의 비위행위가 쟁의행위와 무관한 개인적 일탈에 불과한 것인지, 쟁의행위와 관련이 있는지를 구분하는 것 역시 항상 명확하게 판가름되는 것이 아니어서, 근로자는 그만큼 불안정한 지위에 놓이게 된다.

2. 단체협약상의 해석기준

A회사의 쟁의기간 중 신분보장규정인 '쟁의기간 중에는 징계나 전출 등의 인사조치를 하지 아니 한다'는 문언에는 징계사유의 발생시기나 그 내용에 관하여 특별한 제한을 두고 있지 않다. 따라서 정당한 쟁의행위 기간 중에는 사유를 불문하고 회사가 조합원에 대하여 징계권을 행사할 수 없다는 의미로 해석하는 것이 문언에 충실한 해석임을 부인할 수 없다.

판례도 문언에서 징계사유의 발생시기나 그 내용에 관하여 특별한 제한을 두고 있지 않는 경우에는 정당한 쟁의행위 기간 중에는 징계사유나 발생시기를 불문하고 회사가 조합원에 대하여 징계권을 행사할 수 없다는 의미로 해석한다.

그러나 쟁의행위 기간 중 일체의 징계를 금지하는 규정에 대한 이러한 문언해석을 사안과 같은 경우에도 그대로 적용해야 하는지는 규정목적과 관련하여 검토의 여지가 있다고 본다.

단체협약은 문언에 따라 합리적이고 합목적적으로 해석되어야 하며, 근로자에게 불리하게 변형 해석할 수 없다는 두 가지 해석기준에 따라 해석되어야 한다. 징계사유의 내용이나 발생시기에 상관없이 쟁의행위 기간 중에는 일체의 징계를 금지한다고 해석하는 것은 문언에 따라 해석해야 하고, 근로자에게 불리하게 해석할 수 없다는 해석기준요소에 부합되는 해석이다. 그러나 합리적이고 합목적적인 해석하에, 불리하게 '변형하여 해석'해서는 아니 된다는 해석기준요소에 대한 고려도 필요하다고 본다.

따라서 합리적이고 합목적적인 해석인지 여부와 근로자에게 불리한 변형 해석이 아닌지 여부도 함께 고려하면서 甲에 대한 징계의 정당성을 검토하기로 한다.

Ⅲ. 甲에 대한 징계에의 적용

사안에서 甲은 중대한 개인적 비위행위에 대한 징계절차가 개시된 사실을 알고 단체협약의 쟁의 중 신분보장규정에 대해 인지하고 있는 상태에서 노동조합에 가입하고 파업에 참가하였다. 이러한 사실관계에서 나타난 제반 사정을 고려해 보면 甲의 노조가입과 파업참가의 주된 목적은 노동조합을 통한 근로조건 향상이나 조합원으로서 조합활동에 있다기보다는 단지 협약상의 쟁의기간 중 신분보장규정을 이용하여 징계를 회피하고자 하는 것이라고 볼 수 있다. 이런 경우에까지 단체협약상의 쟁의기간 중 신분보장규정이 적용된다고 보아 일체의 징계가 허용되지 않는다고 해석해야 하는지는 의문이다.

그러나 신분보장 합의 당시의 당사자의 진의를 확인할 수 없는 경우에는 문언의 객관적 의미에 따라 해석해야 한다는 점, 문언내용에 충실한 해석을 하는 경우에도 쟁의행위 기간 동안 한시적으로 징계권행사가 제한될 뿐, 쟁의행위 종료후 징계조치를 할 수 있다는 점에서 인사징계권의 본질적 제한이라 볼 수 없다는 점을 고려한다면 사안에서 甲에 대한 징계에도 협약상의 신분보장규정이 적용된다고 볼 수 있다.

Ⅳ. 결   론

단체협약의 쟁의 중 신분보장규정이 자신에 대한 징계해고에도 적용되어야 한다는 甲의 주장은 타당하다.

> **문제 2**
> 乙의 부속합의서상의 면책조항을 근거로 한 주장의 타당성을 검토하시오. (20점)

Ⅰ. 문제의 논점

파업을 거쳐 단체협약을 체결하면서 당해 쟁의행위로 발생한 민·형사상책임을 묻지 않기로 협약당사자가 합의하고 이를 협약이나 부속합의서에 규정하는 경우가 적지 않다. 이러한 면책조항(면책특약)은 당사자 간에 책임면제의 의무를 규정한 단체협약의 채무적 부분으로 이해된다. 면책조항의 적용과 관련하여 면책의무의 내용과 면책의 효력이 미치는 인적 범위와 대상이 문제된다. 그리고 책임의 내용과 성격 그리고 책임면제가능성의 측면에서 민사면책과 형사면책의 차이를 고려하여 판단해야 한다.

Ⅱ. 면책조항의 적용에 관한 구체적 검토

1. A회사의 乙에 대한 징계

협약당사자인 A회사가 면책조항에 따른 면책의무자라는 점은 의문이 없다. 일반적으로 민사책임의 면제는 손해배상청구권의 포기를 의미하지만, 면제되는 민사면책범위에 손해배상책임 외에 징계도 포함되는지가 문제된다. 乙에 대한 징계는 쟁의행위 중의 폭행과 재물파손행위에 대하여 인사상의 불이익조치인 징계로서 책임을 물은 것으로 이해될 수 있다. 협약당사자가 일체의 민·형사상 책임을 묻지 않는다고 합의한 취지와 문언내용을 고려하더라도 쟁의기간 중의 행위로 발생한 손해에 대해 배상청구를 하지 않겠다는 의미로 좁게 해석될 수는 없고, 쟁의기간 중 행위로 징계하지 않는다는 의미도 포함된 것으로 해석되어야 한다.

요컨대 민사면책의 의미에는 손해배상책임뿐만 아니라 징계면제도 포함된다고 본다. 따라서 사안에서 乙에 대한 A회사의 징계는 면책조항에 위반하여 무효로 판단된다.

2. 丙과 D회사의 乙에 대한 손해배상청구

乙의 폭행으로 피해를 입은 근로자 丙과 협력업체 D회사에는 면책조항의 효력이 미치지 않는다. 丙과 D회사가 면책조항에 따른 책임면제의무자인 A회사의 근로자, 협력업체라는 사실로부터 면책의무가 이들에게 확장적용될 수 없는 것은 당연하다.

사안에서 丙은 乙에게 폭행으로 인한 재산적·정신적 손해에 대한 배상청구를 할 수 있고, D회사 역시 장비파손에 따른 손해배상을 청구할 수 있다. 이에 대한 乙의 면책조항 적용주장은 타당하지 않다.

3. 乙에 대한 丙의 형사고소

형사상 면책합의가 국가의 범죄행위에 대한 수사권과 소추권의 행사에 아무런 영향을 주지 못한다는 점은 당연하고, 단지 사용자가 형사고소나 고발을 하지 않는다는 의미만 가지는 것으로 해석된다. 그리고 형사상 면책합의로부터 피해근로자인 丙이 형사고소하지 않도록 영향력을 행사하거나 만류할 의무가 도출된다고 할 수 없다.

사안에서 乙에게 면책조항이 적용될 여지가 전혀 없기 때문에 폭행가해자인 乙이 피해자 丙을 형사고소할 수 있는 것은 당연하다.

Ⅲ. 결   론

A회사의 乙에 대한 정직의 징계는 면책합의 위반으로 무효이나, 丙과 D회사의 손해배상청구와 丙의 乙에 대한 형사고소는 당연히 허용된다. 乙의 면책조항이 적용주장은 타당하지 않다.

주요참조판례

1. 쟁의기간 중 신분보장규정의 해석

단체협약서와 같은 처분문서는 특별한 사정이 없는 한 그 기재 내용에 의하여 문서에 표시된 의사표시의 존재 및 내용을 인정하여야 하고, 한편 단체협약은 근로자의 근로조건을 유지 개선하고 복지를 증진하여 근로자의 경제적, 사회적 지위를 향상시킬 목적으로 노동자의 자주적 단체인 노동조합이 사용자와 사이에 근로조건에 관하여 단체교섭을 통하여 체결하는 것이므로 그 명문의 규정을 근로자에게 불리하게 해석할 수는 없다.

단체협약에서 '쟁의기간 중에는 징계나 전출 등의 인사조치를 아니 한다'고 정하고 있는 경우, 이는 쟁의기간 중에 쟁의행위에 참가한 조합원에 대한 징계 등 인사조치 등에 의하여 노동조합의 활동이 위축되는 것을 방지함으로써 노동조합의 단체행동권을 실질적으로 보장하기 위한 것이므로, 쟁의행위가 그 목적이 정당하고 절차적으로 노동조합 및 노동관계조정법의 제반 규정을 준수함으로써 정당하게 개시된 경우라면, 비록 쟁의 과정에서 징계사유가 발생하였다고 하더라도 쟁의가 계속되고 있는 한 그러한 사유를 들어 쟁의기간 중에 징계위원회의 개최 등 조합원에 대한 징계절차의 진행을 포함한 일체의 징계 등 인사조치를 할 수 없다.

단체협약의 '쟁의 중 신분보장' 규정이 "회사는 정당한 노동쟁의 행위에 대하여 간섭방해, 이간행위 및 쟁의기간 중 여하한 징계나 전출 등 인사조치를 할 수 없으며 쟁의에 참가한 것을 이유로 불이익 처분할 수 없다."라고 규정하고 있는 경우, 이러한 문언 자체로 징계사유의 발생시기나 그 내용에 관하여 특별한 제한을 두고 있지 않음이 분명하므로, 위 규정은 그 문언과 같이 정당한 쟁의행위 기간 중에는 사유를 불문하고 회사가 조합원에 대하여 징계권을 행사할 수 없다는 의미로 해석함이 타당하다(대법원 2019. 11. 28. 선고 2017다 257869 판결).

2. 면책조항의 해석

[1] 근로자의 비위행위에 관하여 징계를 하지 않기로 하는 면책합의를 하였다 하더라도 이는 그 비위행위를 징계사유로 삼는 것을 허용하지 않는 것일 뿐 그 밖의 다른 비위행위를 징계사유로 하여 근로자를 징계함에 있어 면책합의된 비위행위가 있었던 점을 징계양정의 판단자료로 삼는 것까지 금하는 것은 아니다(대법원 1994. 9. 30. 선고 94다4042 판결).

[2] 농성기간 중 사건에 대하여 노동조합원들에 대한 일체의 책임을 묻지 않기로 노사간에 단체협약을 한 경우 그 취지는 위 농성기간 중의 행위뿐만 아니라 농성과 일체성을 가지는 그 준비행위, 유발행위까지도 포함하여 이를 면책시키기로 한 것이라고 봄이 타당하므로 농성 전에 유인물을 무단배포하여 파업을 선동한 행위도 농성과 일체성을 가지는 것으로서 이것이 취업규칙의 징계해고사유에 해당하더라도 이를 이유로 징계해고할 수 없다(대법원 1991. 1. 11. 선고 90다카21176 판결).

[3] 노동조합과 회사 사이에 임금교섭기간 중 생겨난 민, 형사상의 문제는 각 취하하고 회사는 고소된 근로자들을 면책키로 하는 등의 면책약정을 체결한 후 노동조합이 비합법적인 단체행동을 저질러 위 약정을 위반하였다면 회사로서도 이를 이유로 위 약정을 해제할 수 있고 그 해제에 의하여 위 면책약정은 실효되는 것이라고 한 사례(대법원 1992. 5. 8. 선고 91누10480 판결).

버스회사인 A회사와 동사의 기업별 노동조합 B는 2013년 1월 말에 단체협약을 체결하였다. 유효기간이 2013년 2월 1일부터 2015년 1월 31일까지인 이 단체협약 제32조에 의하면 "신호위반으로 초래된 대인상해 교통사고"를 징계사유로 규정하면서도 조합원에 대해서는 노사동수로 구성되는 징계위원회를 개최하여 징계여부를 결정하도록 하는 한편 징계위원회 개최 7일 전에 당사자에게 서면으로 출석통지를 하고 소명기회를 주도록 하고 있었다. 다만 취업규칙에는 "신호위반에 의한 대인상해 교통사고"를 징계해고사유로 규정하고 있을 뿐 별도의 징계절차규정은 마련되어 있지 않았다. 또한 단체협약 제40조는 A회사로 하여금 매년 2,000만 원을 B노동조합이 관리운영하는 "재해근로자 지원기금"에 출연하도록 하고 있었다. 이 지원기금은 조합원 여부를 불문하고 교통사고 등 업무상 재해를 입은 직원의 직업재활이나 그 부양자녀를 위한 장학금을 지원하는 용도로 사용되는 것이다. 한편 이 단체협약의 부칙에서는 단체협약의 유효기간 2년이 경과한 후에도 새로운 단체협약이 체결되지 않은 때에는 새로운 단체협약이 체결될 때까지 종전 단체협약의 효력을 존속시킨다는 규정을 두고 있었다.

A회사와 B노동조합은 2015년 1월 초부터 새로운 단체협약을 체결하기 위하여 교섭을 진행해 왔으나 단체협약의 효력만료일 이후에도 상위직급자의 조합원자격 제한 문제와 "재해근로자 지원기금" 출연금의 축소 등 몇 가지 교섭상 쟁점을 둘러싼 이견으로 인해 합의에 이르지 못하였다. 단체협약 유효기간 만료 후 3개월이 경과한 시점인 2015년 5월 10일에 A회사는 B노동조합에게 이른 시일 안에 새로운 단체협약이 체결되지 않는다면 종전 단체협약을 해지할 수밖에 없다는 의사를 밝히면서 A회사의 교섭상 주장을 수용할 것을 압박하였는데 B노동조합은 이를 거부하였다. 이에 A회사는 2015년 6월 30일에 이르러 동년 12월 30일부터 종전 단체협약은 더 이상 효력이 없다는 취지로 종전 단체협약에 대한 해지의 의사를 B노동조합에게 통고하였다. 2016년 1월까지 새로운 단체협약은 체결되지 않은 상태이고 B노동조합은 과반수 노조가 아니다.

문제 1

A회사의 버스기사인 甲은 B노동조합의 조합원인데 2016년 1월 10일 신호위반으로 보행자에게 중상해를 입히는 사고를 일으켰다. A회사는 사고조사를 통해 甲의 잘못이라고 결론을 내리고 징계위원회의 의결 없이 대표이사의 결재만으로 甲을 징계해고하였다. 甲은 이 해고조치가 구 단체협약의 징계위원회 절차를 준수하지 않은 것이기 때문에 부당하다고 주장하면서 노동위원회에 부당해고 구제신청을 제기하였다. 甲의 구제신청은 받아들여질 수 있는가? (30점)

문제 2

새로운 단체협약 체결 전까지 종전 단체협약의 효력이 존속한다는 위 단체협약의 부칙에 더해 단체협약의 당사자 일방은 '상대방의 동의 없이는' 종전 단체협약을 해지할 수 없다는 규정이 있다고 가정하자. 만약 그 조항에도 불구하고 A회사가 2016년 6월 30일에 단체협약의 해지를 통고하였다면 A회사는 2016년 1월부터 "재해근로자 지원기금"에 출연하는 것을 정당하게 거부할 수 있는가? (부당노동행위에 대한 논점은 제외) (20점)

사례해결의 Key Point

문제 1&2

① 판례에 따르면 단체협약이 실효되었더라도 임금, 퇴직금이나 노동시간, 그 밖에 개별적인 근로조건에 관한 부분은 그 단체협약의 적용을 받고 있던 근로자의 근로계약의 내용으로서 여전히 남아 있어 사용자와 근로자를 규율한다.

② 판례에 따르면 징계해고가 정당하기 위해서는 그 해고에 정당한 사유가 있을 것이 필요할 뿐만 아니라 해고에 관한 절차규정이 있다면 이 또한 준수해야 한다.

③ 노동조합 및 노동관계조정법 제32조 제3항 단서에 의하면 단체협약에 그 유효기간이 경과한 후에도 새로운 단체협약이 체결되지 아니한 때에는 새로운 단체협약이 체결될 때까지 자동으로 연장된다는 약정이 있는 경우라도 당사자 일방은 해지하고자 하는 날의 6월 전까지 상대방에게 통고함으로써 종전의 단체협약을 해지할 수 있다.

〈풀 이 목 차〉

문제 1

Ⅰ. 문제의 논점
Ⅱ. 단체협약의 실효 여부 검토
Ⅲ. 단체협약 실효 후의 근로관계의 처리
　1. 학설과 판례
　2. 소결
Ⅳ. 결론

문제 2

Ⅰ. 문제의 논점
Ⅱ. 노조법 제32조 제3항 단서의 성격
Ⅲ. 단체협약 실효 후의 기금출연 거부의 정당성
Ⅳ. 결론

문제 1

A회사의 버스기사인 甲은 B노동조합의 조합원인데 2016년 1월 10일 신호위반으로 보행자에게 중상해를 입히는 사고를 일으켰다. A회사는 사고조사를 통해 甲의 잘못이라고 결론을 내리고 징계위원회의 의결 없이 대표이사의 결재만으로 甲을 징계해고하였다. 甲은 이 해고조치가 구 단체협약의 징계위원회 절차를 준수하지 않은 것이기 때문에 부당하다고 주장하면서 노동위원회에 부당해고 구제신청을 제기하였다. 甲의 구제신청은 받아들여질 수 있는가? (30점)

Ⅰ. 문제의 논점

이 사안은 징계절차규정을 마련해 조합원을 보호하는 규정을 두고 있던 단체협약이 유효기간 만료 후에 사용자의 단체협약 해지로 인해 종료되었다면, 사용자가 조합원을 징계하려는 경우 더 이상 구 단체협약상의 징계절차를 준수할 필요가 없이 징계할 수 있는지 여부가 문제된다. 만약 단체협약이 실효되어 더 이상 관련 규정이 어떠한 영향도 미치지 못한다면 일응 징계해고사유에 해당하는 조합원인 근로자 甲을 징계위원회의 의결절차 없이 해고하였더라도 이는 어떠한 하자가 있다고 보기 어려울 것이다. 그러나 구 단체협약 중 근로조건에 관한 규범은 새로운 단체협약이 체결되기 전에라도 어떠한 형태로든지 적용되어 무규율상태를 보충한다고 본다면 위 사안의 해고는 징계절차상 중대한 하자가 있어서 부당해고라고 할 것이다. 따라서 사안의 핵심쟁점은 단체협약 실효 후의 근로관계의 내용에 대한 처리문제와 그 근거에 관한 판단이 된다.

이를 판단하기 위해서는 우선 단체협약 유효기간 만료 후의 단체협약의 효력에 대해 규정하고 있는 노동조합 및 노동관계조정법(이하 '노조법'이라 한다)의 관련 규정이 이 사안에 적용될 수 있는지를 살펴볼 필요가 있다. 다음으로 그 결과 단체협약이 부존재하는 상태라면 종래의 근로관계의 내용을 규율하는 규범(노동법의 법원)이 무엇인지를 근거와 함께 밝혀야 할 것이다. 이 과정에서는 관련 학설과 판례를 살펴볼 필요가 있다. 한편 이 사안에서 B노동조합은 과반수노조가 아니므로 설령 취업규칙을 법규범의 일종으로 보는 판례의 견해를 따르더라도 단체협약의 유효기간 중이든 실효 이후이든 단체협약에 위반하는 취업규칙의 효력 여부 자체를 문제삼을 실익은 없을 것이다.

Ⅱ. 단체협약의 실효 여부 검토

노조법 제32조 제3항은 단체협약의 유효기간이 만료되는 때를 전후하여 당사자 쌍방이 새로운 단체협약을 체결하고자 단체교섭을 계속하였음에도 불구하고 새로운 단체협약이 체결되지 아니한 경우에는 별도의 약정이 있는 경우를 제외하고는 종전의 단체협약은 그 효력만료일부터 3월까지 계속 효력을 갖는다고 하여 단체협약의 무규율 상태를 3월까지 유보하고 있다. 당사자들은 이러한 상태를 원천적으로 방지하기 위하여 단체협약에 별도의 자동연장조항을 두기도 한다. 다만, 자동연장조항과 관련하여 노조법 제32조 제3항 단서는 자동연장조항이 있는 경우에도 당사자 일방은 해지하고자 하는 날의 6월 전까지 상대방에게 통고함으로써 종전의 단체협약을 해지할 수 있다고 규정하고 있다. 그 취지는 자동연장조항이 협약당사자 일방의 의사와는 달리 사실상 자동갱신조항으로 기능하는 것을 방지함으로써 단체교섭을 촉진하기 위한 것이라고 해석함이 상당하다. 판례도 이에 대해 단체협약의 내용을 시의에 맞고 구체적 타당성이 있게 조정해 나가도록 단체협약의 유효기간을 제한한 입법취지에 따라 협약당사자가 종래 단체협약의 장기간의 구속에서 벗어날 수 있도록 하는 한편 당사자에게 새로운 단체협약의 체결을 촉구하기 위한 것이라고 한다(대법원 2016. 3. 10. 선고 2013두3160 판결).

사안에서 유효기간 만료일이 2015년 1월 31일이었던 단체협약에 대하여 사용자인 A회사는 동년 6월 30일 B노동조합에게 해지의 의사표시를 했으므로 노조법 제32조 제3항에 따라 6개월이 경과한 2016년 12월 30일 이후에 더 이상 효력이 없다고 할 것이다.

Ⅲ. 단체협약 실효 후의 근로관계의 처리

1. 학설과 판례

(1) 화 체 설

단체협약의 규범적 부분에 관한 내용이 근로계약의 구성요소로 전환된다거나 근로관계로 자동적으로 화체된다는 견해(화체설)에 의하면 단체협약이 실효되더라도 근로관계의 내용으로 편입된 부분은 여전히 근로계약의 내용으로 존속하게 되므로 이 학설에 의하면 규율의 공백상태는 발생하지 않는다. 다만 단체협약의 실효로 인하여 단체협약의 강행적 효력은 더 이상 발생하지 않으므로 새로운 단체협약이 체결되는 경우뿐만 아니라 사용자와의 근로계약 변경 합의만으로도 관련 근로조건을 용이하게 변경할 수는 있다.

(2) 외부규율설

단체협약의 규정이 마치 법규범과 같이 외부에서 직접 근로관계의 내용을 형성하는 규준으로 규율한다는 견해(외부규율설)에 의하면 외부규범인 단체협약이 실효하게 되면 일응 규율의 공백상태가 발생할 수 있는바, 이에 대비해 외부규율설 또한 종전 단체협약상 근로조건의 기준에 따라 이미 형성된 근로관계는 단체협약의 실효 후에도 그대로 유지된다는 입장을 취하고 있어서 결론에 있어서는 화체설과 크게 다르지 않다.

(3) 판례의 태도

판례는 "단체협약이 실효되었다고 하더라도 임금, 퇴직금이나 노동시간, 그 밖에 개별적인 노동조건에 관한 부분은 그 단체협약의 적용을 받고 있던 근로자의 근로계약의 내용이 되어 그것을 변경하는 새로운 단체협약, 취업규칙이 체결·작성되거나 또는 개별적인 근로자의 동의를 얻지 아니하는 한 개별적인 근로자의 근로계약의 내용으로서 여전히 남아 있어 사용자와 근로자를 규율하게 되고, 단체협약 중 해고사유 및 해고의 절차에 관한 부분에 대하여도 이와 같은 법리가 그대로 적용된다"고 한다(대법원 2000. 6. 9. 선고 98다13747 판결; 대법원 2007. 12. 27. 선고 2007다51758 판결; 대법원 2009. 2. 12. 선고 2008다70336 판결).

2. 소 결

사안에서 구 단체협약이 사용자 측의 해지로 인하여 2015년 12월 30일 이후 더 이상 효력이 없다고 하더라도 근로조건에 관한 단체협약의 규범적 부분은 근로자 甲과 A회사 사이의 근로계약의 내용으로 전환되었다고 보아야 한다. 그렇다면 징계절차규정 또한 해고의 절차에 관한 근로조건으로 보아야 할 것이므로 사용자는 근로자 甲을 징계하고자 하는 경우에도 노사동수로 구성되는 징계위원회 개최와 그 7일 전 서면에 의한 개최통보와 출석 및 소명기회를 부여할 의무가 있다. 그리고 이에 위반하는 징계해고의 경우에는 판례에 의하면 단순히 계약상 채무불이행책임에 그치는 것이 아니라 그 해고 자체가 무효가 된다고 본다.

Ⅳ. 결   론

실효된 구 단체협약 제32조의 징계절차에 관한 내용은 조합원인 근로자 甲의 근로계약의 내용으로 전환된 것이므로 사용자인 A회사가 甲을 징계위원회의 절차를 거치지 않고 해고한 것은 부당해고라고 할 것이다. 이때 A회사가 징계절차규정을 두지 않은 취업규칙에 따른 것이라는 점을 들어 항변하더라도 이는 근로자에게 불리한 내용이므로 당해 해고의 부당성 판단에 아무런 영향을 미치지 못한다. 근로자 甲의 구제신청은 인용될 수 있다.

> **문제 2**
>
> 새로운 단체협약 체결 전까지 종전 단체협약의 효력이 존속한다는 위 단체협약의 부칙에 더해 단체협약의 당사자 일방은 '상대방의 동의 없이는' 종전 단체협약을 해지할 수 없다는 규정이 있다고 가정하자. 만약 그 조항에도 불구하고 A회사가 2016년 6월 30일에 단체협약의 해지를 통고하였다면 A회사는 2016년 1월부터 "재해근로자 지원기금"에 출연하는 것을 정당하게 거부할 수 있는가? (부당노동행위에 대한 논점은 제외) (20점)

Ⅰ. 문제의 논점

이 사안의 핵심쟁점은 두 가지이다. 먼저 자동연장조항에 따라 연장되는 단체협약을 상대방의 동의 없이는 해지할 수 없다고 제한한 협약당사자의 합의가 유효한지 여부이다. 이에 대한 판단은, 자동연장조항 아래에서도 협약당사자 일방이 6개월의 해지통고기간을 두고 종전 단체협약을 해지할 수 있다는 노조법 제32조 제3항 단서의 규정을 강행규정으로 볼 수 있는지에 달려 있다. 만약 강행규정이라면 질문에서 나온 협약당사자 간 제한의 합의는 효력이 없기 때문에 노동조합의 동의가 없이도 A회사는 일방적으로 단체협약을 해지할 수 있기 때문이다. 두 번째 쟁점은 "재해근로자 지원기금"에 대한 A회사의 정기적 출연약정이 단체협약의 채무적 부분에 해당하는지, 아니면 규범적 부분에 해당하는지를 판단하는 것이다. 만약 그것이 규범적 부분, 즉 근로조건에 관한 것이라면 앞의 〈문제 1〉에서와 같이 그것은 계약의 내용이 되었기에 단체협약이 실효된 후에도 A회사에게 여전히 출연의무가 있다고 볼 여지가 있지만 단순히 채무적 부분에 불과하다면 단체협약의 실효와 함께 A회사의 채무는 더 이상 존재하지 않기 때문이다. 이하에서는 이러한 쟁점을 차례대로 검토한다.

Ⅱ. 노조법 제32조 제3항 단서의 성격

노조법 제32조 제3항 단서는 "단체협약에 그 유효기간이 경과한 후에도 새로운 단체협약이 체결되지 아니한 때에는 새로운 단체협약이 체결될 때까지 종전 단체협약의 효력을 존속시킨다는 취지의 별도의 약정이 있는 경우에는 그에 따르되, 당사자 일방은 해지하고자 하는 날의 6월 전까지 상대방에게 통고함으로써 종전의 단체협약을 해지할 수 있다"고 규정하고 있다. 이러한 단서조항의 입법취지와 관련하여 대법원은 노조법 제32조 제1항과 제2항이 단체협약의 유효기간을 2년으로 제한한 것은 단체협약의 내용을 시의에 맞고 구체적 타당성이 있게 조정해 나가도록 하자는 데에 그 입법취지가 있다고 하면서, 이러한 입법취지에 따라 동조 제3항 단서 조항도 당사자가 단체협약의 장기간의 구속에서 벗어날 수 있도록 하는 한편 당사자에게 새로운 단체협약의 체결을 촉구하기 위한 것이라고 보아 동법 제32조 제1항 내지 제2항, 그리고 제3항 단서 모두가 그 성질상 강행규정에 해당한다고 한다(대법원 2016. 3. 10. 선고 3013두3160 판결). 따라서 대법원의 견해를 따른다면 단체협약 당사자 사이의 합의를 통해 단체협약의 해지권을 행사하지 못하도록 제한할 수는 없다고 할 것이다. 요컨대 사안에서 상대방의 동의 없이는 단체협약을 해지하지 못한다는 합의는 강행법규에 위반되는 것으로서 효력이 없다고 보아야 하기 때문에 A회사가 2016년 6월 30일에 행한 단체협약의 일방적 해지통보는 유효하다.

Ⅲ. 단체협약 실효 후의 기금출연 거부의 정당성

노동조합이 관리운영의 주체가 되는 "재해근로자 지원기금"은 조합원 여부를 불문하고 교통사고 등 업무상 재해를 입은 직원의 직업재활이나 그 부양자녀를 위한 장학금을 지원하는 용도로 사용되는 것이다. 그렇다면 그 기금에 대한 A회사의 정기적 출연약정은, 조합원 개개인에 대한 근로조건을 정한 단체협약의 규범적 부분이 아니라 채무적 부분에 해당한다고 보아야 한다. 지원기금에 대한 사용자의 출연의무가 개별 근로자(조합원)에게 어떤 구체적인 청구권을 부여하는 것으로 보기는 어렵기 때문이다.

이처럼 위 지원기금에의 출연의무는 협약상대방인 노동조합에 대해 사용자가 부담하는 채무에 불과하므로 2016년 12월 30일 이후 단체협약이 최종적으로 효력을 상실함으로써 이 또한 사라졌다고 할 것이다. 따라서 A회사는 2016년 12월 30일 이후부터 더 이상 기금에 출연할 의무가 없다.

Ⅳ. 결   론

단체협약의 자동연장조항과 함께 상대방의 동의 없이는 종전 단체협약을 해지할 수 없다는 협약조항을 두고 있다고 하더라도 이는 강행규정인 노조법 제32조 제3항 단서에 위반되므로 무효이다. 따라서 A회사가 2016년 6월 30일에 행한 단체협약의 해지통고는 유효하므로 B노동조합의 동의를 받지 않더라도 종전 단체협약은 2016년 12월 30일부터 효력을 상실한다. 또한 A회사가 "재해근로자 지원기금"에 매년 2,000만 원을 출연하기로 한 종전 단체협약의 부분은 개별 근로자의 근로조건을 규율하는 규범적 부분이 아니라 협약당사자 사이에서 채무적 효력을 가진 채무적 부분에 불과하다. 협약당사자 사이의 채무는 단체협약 실효 후에는 협약상 개별 근로조건과는 달리 소멸하는 것이 원칙이다. 따라서 A회사는 지원기금에의 출연을 정당하게 거부할 수 있다.

유사사례

원고 갑, 을, 정(이하 '원고들')은 A회사에 고용된 근로자로서 이 사업장에 조
직된 B노동조합의 임원을 맡고 있던 자들이다. 종전 2004년 단체협약(구 단체
협약)이 2006. 2. 28.자로 유효기간이 만료되자 A회사와 B노동조합은 같은 해
3. 3.부터 새로운 협약체결을 위해 교섭을 진행하였으나 조합원 자격문제가 제
기되면서 교섭은 결렬되었다. 이에 B노동조합은 노동쟁의 조정신청 및 쟁의행
위 찬반투표의 절차를 거쳐 2006. 4. 6.부터 12. 30.까지 적법하게 전면파업을
진행하였고 2007. 1. 10.에서야 새로운 단체협약('신 단체협약')을 체결하였다.
그런데 A회사는 교섭 중인 2006. 3. 31. 유효기간 만료를 이유로 구 단체협약
의 해지를 B노동조합에 통보하였다. 한편 B노동조합의 파업 도중에 일부 조합
원들의 개별적 행위에 대하여 법원의 업무방해금지가처분 결정이 있었는데 원
고들은 이와 관련하여 업무방해죄로 벌금형을 받기도 하였다. 이에 A회사는
파업 도중이던 원고들에 대해 징계절차에 착수하여 2006. 10. 10.(1차)과 10.
15.(2차)에 각각 징계위원회(사측 5명/노측 4명)를 소집하였으나 B노동조합은
구 단체협약에 쟁의행위기간 중 조합원에 대한 징계를 금지하는 조항이 있다
는 것을 들어 징계위원회 구성을 거부하였고 원고들도 참석하지 않았다. 결국
2006. 10. 20. 소집된 제3차 징계위원회에는 사측 징계위원만 참여한 가운데
원고들에 대해 징계해고를 결정하였다.
이에 원고들은 위 징계해고가 쟁의행위기간 중징계를 금지하고 있는 구 단체
협약에 위반하여 무효라고 주장하는 반면에, A회사는 2006. 3. 31. 구 단체협
약 해지를 통보한 이상 6개월의 경과로 노동조합 및 노동관계조정법 제32조
제3항 단서 규정에 따라 구 단체협약은 실효되었으므로 업무방해죄로 벌금형
을 받은 것을 이유로 한 해고는 정당하다고 주장하였다. A회사의 주장은 타당
한가?

해설요지

　　단체협약이 실효되었다고 하더라도 임금, 퇴직금이나 근로시간, 그 밖에 개별
적인 근로조건에 관한 부분은 그 단체협약의 적용을 받고 있던 근로자의 근로계약

의 내용이 되어서 그것을 변경하는 새로운 단체협약, 취업규칙이 체결, 작성되거나 또는 개별적인 근로자의 동의를 얻지 아니하는 한 개별적인 근로자의 근로계약의 내용으로서 여전히 남아 있어 사용자와 근로자를 규율한다고 하면서 단체협약 중 해고사유 및 해고의 절차에 관한 부분에 대하여도 이와 같은 법리가 그대로 적용된다는 것이 판례의 일관된 입장이다.

사안에서 쟁의행위기간 중징계 등의 인사조치를 할 수 없도록 정한 구 단체협약의 조항은 개별적인 근로조건에 관한 부분으로 볼 수 있으므로 구 단체협약이 해지통고 및 기간의 경과로 실효되었다고 하더라도 그 부분은 여전히 원고들과 A회사 사이의 근로계약의 내용으로서 유효하다고 할 것이다. 따라서 A회사가 이에 위반하여 원고들을 징계해고한 것은 징계절차상 중대한 하자가 있어 무효라고 할 것이다.

주요참조판례

[1] 단체협약이 실효되었다고 하더라도 임금, 퇴직금이나 노동시간, 그 밖에 개별적인 노동조건에 관한 부분은 그 단체협약의 적용을 받고 있던 근로자의 근로계약의 내용이 되어 그것을 변경하는 새로운 단체협약, 취업규칙이 체결·작성되거나 또는 개별적인 근로자의 동의를 얻지 아니하는 한 개별적인 근로자의 근로계약의 내용으로서 여전히 남아 있어 사용자와 근로자를 규율하게 되고, 단체협약 중 해고사유 및 해고의 절차에 관한 부분에 대하여도 이와 같은 법리가 그대로 적용된다(대법원 2009. 2. 12. 선고 2008다70336 판결; 대법원 2017. 6. 19. 선고 2014다63087 판결).

[2] 단체협약의 유효기간이 만료되어 그 효력이 상실되었고, 노동조합 대표의 전임규정은 새로운 단체협약 체결 시까지 효력을 지속시키기로 약정한 규범적 부분도 아니어서 노조전임자는 사용자의 원직 복귀명령에 응하여야 할 것이므로 복귀명령 불응행위는 취업규칙 소정의 해고사유에 해당하고, 사용자가 위 복귀명령에 불응한 노조전임자를 해고한 것은 정당한 인사권의 행사로서 그 해고사유가 표면적인 구실에 불과하여 징계권 남용에 의한 부당노동행위에 해당한다고 볼 수 없다(대법원 1997. 6. 13. 선고 96누17738 판결).

[3] 노조법 제32조 제1항, 제2항에서 단체협약의 유효기간을 2년으로 제한한 것은, 단체협약의 유효기간을 너무 길게 하면 사회적·경제적 여건의 변화에 적응하지 못하여 당사자를 부당하게 구속하는 결과에 이를 수 있어 단체협약을 통하여 적절한 근로조건을 유지하고 노사관계의 안정을 도모하고자 하는 목적에 어긋나게 되므로, 그 유효기간을 일정한 범위로 제한하여 단체협약의 내용을 시의에 맞고 구체적 타당성이 있게 조정해 나가도록 하자는 데에 그 뜻이 있다. 그리고 노조법 제32조 제3항 단서는 단체협약에 그 유효기간이 경과한 후에도 새로운 단체협약이 체결되지 않은 때에는 새로운 단체협약이 체결될 때까지 종전 단체협약의 효력을 존속시킨다는 취지의 별도의 약정이 있는 경우에는 그에 따르되, 당사자 일방은 해지하고자 하는 날의 6개월 전까지 상대방에게 통고함으로써 종전의 단체협약을 해지할 수 있도록 규정하고 있는데, 이는 위와 같이 단체협약의 유효기간을 제한한 입법 취지에 따라 당사자가 장기간의 구속에서 벗어날 수 있도록 하는 한편 당사자로 하여금 새로운 단체협약의 체결을 촉구하기 위한 것이다.

위 각 규정의 내용과 입법 취지 등을 종합하여 보면, 단체협약의 유효기간을 제한한 노조법 제32조 제1항, 제2항이나 단체협약의 해지권을 정한 노조법 제32조 제3항 단서는 모두 성질상 강행규정이라고 볼 것이어서, 당사자 사이의 합의에 의하더라도 단체협약의 해지권을 행사하지 못하도록 하는 등 그 적용을 배제하는 것은 허용되지 않는다고 할 것이다(대법원 2016. 3. 10. 선고 2013두3160 판결).

쟁의행위의 절차적 정당성

A회사는 상시 8,000명의 근로자를 사용하여 자동차부품, 공조기기, 기타 항공사업 분야 부품을 제조·판매하는 회사이다. B노조는 A회사의 5,000명의 근로자들로 구성된 기업별 노동조합이다. B노조는 A회사와 2013. 8. 1. 단체협약을 체결하였으며 위 단체협약의 유효기간은 2015. 5. 31.까지이다.

B노조는 A회사가 경영위기를 이유로 상여금을 체불하고 복지후생제도 실시를 유보하자 "노동조합활동의 보장, 임금인상, 정리해고시 노조와 사전합의, 근로시간 단축, 실업대책의 일환으로 일정한 기금의 노사분담 마련"을 핵심내용으로 하는 고용안정협약안을 제시하며 사용자 측과 2015. 3. 31.부터 4. 28. 사이에 5차례 교섭을 시도하였다. 그러나 A회사가 '교섭단 미구성, 평화의무준수' 등을 이유로 교섭을 거절하자, B노조는 2015. 4. 28. 노동위원회에 조정신청을 하였다. 노동위원회가 5. 8. 노사간 실질적이고 충분한 교섭이 없다는 이유로 자주적 교섭을 충분히 할 것을 권고하는 행정지도를 함에 따라 5. 9.부터 5. 15.까지 4차례의 교섭을 요구했음에도 회사 측은 '조합원 총회 인준조항 및 교섭요구안 중 경영권 침해부분 철회'를 요구하며 계속 교섭에 불응하자, B노조는 5. 16. 노동위원회에 재차 조정신청을 하였으며, 노동위원회는 역시 조정안을 제시하지 아니하고 자주적 교섭을 권고하는 행정지도를 하였다.

이에 B노조는 5. 27. 조합원총회를 개최하여 단체협약이 체결될 때까지 무기한 파업에 돌입하기로 결정하고, 5. 28.부터 6. 10.까지 전체 조합원 5,000명중 4,500명이 참여하는 파업을 실시하였다. 다만, 조합원총회에서는 자유로운 토론을 거쳐 박수로서 찬성에 갈음하기로 하고 별도로 쟁의행위에 관한 찬반투표를 실시하지 않았다.

문제 1

노동위원회의 행정지도 결정 후에 행한 B노조의 파업은 '조정전치제도'와 관련하여 쟁의행위의 절차적 정당성을 갖춘 것인가? (20점)

문제 2

쟁의행위에 관한 조합원 찬반투표를 거치지 않고 행한 B노조의 파업은 절차 면에서 정당한 것인가? (30점)

문제 1

노동조합 및 노동관계조정법은 조정을 거치지 아니하면 쟁의행위를 할 수 없도록 규정하고 있다(제45조 제2항). 이 문제에서는 이 규정의 규율의미에 비추어 노동위원회가 교섭미진을 이유로 자주적으로 교섭을 더 하도록 행정지도를 내렸다 하더라도 조정기간이 만료되면 조정절차를 거친 것으로 볼 수 있는지 여부 그리고 규정 위반의 쟁위행위는 정당성를 상실하게 되는지가 검토되어야 한다.

문제 2

노동조합 및 노동관계조정법에서는 쟁의행위의 절차적 정당성 요건으로 쟁의행위는 조합원의 직접·비밀·무기명투표에 의한 조합원 과반수의 찬성으로 결정하도록 하고 있다(제41조 제1항). 쟁의행위의 절차에 관한 이 규정에 따른 파업찬반투표는 실시하지 않았으나 조합원총회에서 조합원 과반수의 찬성으로 쟁의행위를 결정한 경우에도 절차 위반으로 보아야 하는지 그리고 만약 절차위반으로 본다면 위반의 효과가 논의되어야 한다.

─── 〈풀 이 목 차〉 ───

문제 1

노동위원회의 행정지도 결정 후에 행한 B노조의 파업은 '조정전치제도'와 관련하여 쟁의행위의 절차적 정당성을 갖춘 것인가? (20점)

I. 문제의 논점

현행법상 노동조합은 조정절차를 거치지 아니하면 쟁의행위를 할 수 없다. 위 사안에서 핵심 쟁점은 조정기간이 종료되기만 하면 조정종결원인과 관계없이 법에서 규정한 조정절차를 거친 것으로 볼 수 있는지 여부이다. 노동조합의 조정신청에 대해 노동위원회가 교섭미진을 이유로 노사간 자주적 교섭을 더 하도록 권고하는 행정지도를 내렸음에도 노조가 추가적인 조정절차를 거치지 않고 쟁의행위에 돌입한 경우에 절차적 정당성을 갖추었는지 여부가 문제된다. 이와 관련하여 노동위원회의 행정지도에도 불구하고 조정기간이 도과하게 되면 조정절차를 거친 것으로 볼 수 있는지 여부가 핵심적 문제로서 우선 검토되어야 할 것이다.

II. 조정전치 위반의 쟁의행위의 정당성

1. 조정전치제도의 내용과 기능

노동조합 및 노동관계조정법(이하 '노조법'이라 한다)은 제3자(노동위원회 또는 사적조정·중재)에 의한 조정절차를 거치지 아니하면 쟁의행위를 할 수 없도록 하는 조정(調整)전치주의를 규정하고 있다(제45조 제2항, 제52조). 즉, 조정(調停)의 경우 일반사업은 10일, 공익사업은 15일 동안 각각 쟁의행위가 금지되어 있다. 조정제도의 실효성을 확보하기 위하여 조정절차 개시 후의 일정기간 동안에는 쟁의행위를 금지하고 있는 것이다. 또한 노조법 제91조는 법 제45조 제2항 본문의 규정을 위반한 자에 대한 벌칙을 규정하고 있는바, 노동쟁의는 특별한 사정이 없는 한 그 절차에 있어 조정절차를 거쳐야 한다. 따라서 조정절차를 거치지 아니하면 쟁의행위를 할 수 없고 이를 위반한 경우에 벌칙을 규정한 점에 비추어 실질적으로 조정절차가 강제된다고 볼 수 있다. 이 조정전치제도는 쟁의행위를 가급적 회피하고 노동쟁의의 평화적 해결을 제고하기 위하여 규율된 것으로 이해된다.

2. 조정전치가 쟁의행위의 정당성 요건인지 여부

조정절차를 거치지 않은 쟁의행위에 대하여 소정의 벌칙이 적용된다는 데 대하여는 이견이 없다. 그러나 조정전치를 위반한 쟁의행위의 정당성에 대하여는 판례와 학설상 논란이 되고 있다. 학설상으로는 조정전치는 노동쟁의를 평화적으로 해결할 수 있는 기회를 제공하고 그 이행을 벌칙을 통해 간접적으로 강제하고 있을 뿐이고 정당성 요건으로는 해석될 수 없다는 견해와 쟁의행위는 원칙적으로 조정절차를 거쳐야 정당성이 인정된다는 견해가 대립하고 있다.

판례는 쟁의행위가 정당하기 위해서는 주체, 목적 및 수단과 방법에서 그 정당성이 인정되어야 할 뿐만 아니라 특별한 사정이 없는 한 조정절차를 포함한 법령이 규정한 절차를 거쳐야 한다고 한다(대법원 2003. 11. 13. 선고 2003도687 판결). 그러나 조정전치의 위반의 쟁의행위를 일률적으로 정당성이 없다고 판단할 수는 없고, 사업운영에 예기치 않은 혼란이나 손해를 발생시키는 등 부당한 결과를 초래할 우려가 있는지의 여부 등 구체적 사정을 검토하여 판단할 문제라고 판시하고 있다.

3. 소 결

조정전치 위반은 단순한 법규 위반의 행위로 평가하여 쟁의행위의 정당성에는 아무런 영향을 미치지 않는다고 보는 견해는 조정전치규정의 문언과 기능에 비추어 수긍하기 어렵다. 그렇다고 하여 조정전치의 위반의 쟁의행위를 위반의 경위, 정도 및 결과에 상관없이 무조건 정당성이 없는 것으로 보는 것도 문제로 생각된다. 결국 조정전치규정에 따라 원칙적으로 조정절차를 거쳐야 쟁의행위를 할 수 있지만, 궁극적으로 조정전치의 위반 여부와 위반의 효과는 조정전치의 규율목적을 고려하여 구체적으로 판단되어야 할 것이다.

Ⅲ. B노조의 파업의 조정절차 위반 여부

1. 조정절차에서의 조정절차의 의미

노조법 제45조 제2항에서 쟁의행위는 조정절차를 거치지 아니하면 이를 행할 수 없도록 규정하고 있으므로 노동쟁의는 특별한 사정이 없는 한 그 절차에 있어 조정절차를 거쳐야 한다. 이와 관련하여 노동조합이 노동위원회에 노동쟁의 조정신청을 하여 조정절차를 마치거나 조정이 종료되지 아니한 채 조정기간이 끝나면 노동조합은 쟁의행위를 할 수 있는 것인지가 문제된다. 이에 대해 노동위원회가 반드시 조정결정을 한 뒤에 쟁의행위를 하여야지 그 절차가 정당한 것은 아니라는 것이 판례의 일관된 입장이다(대법원 2001. 6. 26. 선고 2000도2871 판결). 즉, 조정절차를 거친다는 것이 노동위원회가 조정결정을 하거나 조정을 종료한 경우로 한정해서 이해될 수는 없다. 그러나 그렇다고 하여 조정절차를 형식적인 것으로 파악하여 어떠한 명목으로든 조정신청만 하고 조정기간만 지나면 쟁의행위를 할 수 있다고 보는 것은 조정전치제도 자체를 형해화·요식화시키는 것으로서 부당하다고 본다.

2. 노동위원회의 행정지도와 조정전치 위반 여부

노동위원회는 노동관계당사자가 신청한 조정내용이 노조법상 조정 대상이 아니라고 인정할 경우에는 그 사유와 다른 해결방법을 알려주어야 한다(노조법 시행령 제24조 제2항). 이는 노사당사자가 교섭을 충분히 하지 않은 상태에서 조정신청을 한 경우에 바로 조정을 하지 않고 노사당사자가 더 성실하게 교섭을 진행한 후에 합의가 안 되면 조정신청을 하도록 조정신청을 반려하는 것으로서 소위 '행정지도'라고 한다.

그런데 사안에서와 같이 노동위원회의 행정지도에도 불구하고 조정기간이 지나 파업을 한 경우에 조정절차를 거친 것으로 볼 수 있는지 여부와 관련되어 논란이 되고 있다. 이에 대해서는 교섭이 이루어지지 않거나 미진한 사유를 고려하여 조정절차 준수 여부를 판단해야 한다고 본다. 사안에서는 사용자 측의 교섭거절로 실질적인 교섭이 이루어지지 아니하여 조정신청을 하였으나 노동위원회가 조정결정을 하지 아니하고, 행정지도를 함에 따라 수차 교섭요구를 했음에도 사용자가 교섭요구에 불응하자 다시 조정신청을 하게 되었다. 이에 대해 노동위원회는 교섭미진을 이유로 또 다시 행정지도를 하자 10일의 조정기간이 지나고 쟁의행위를 행하였다. 이러한 경우에도 노동위원회의 조정이 없었다고 하여 조정절차를 거치지 않은 것으로 본다면, 이는 조정전치주의 때문에 노동조합의 쟁의권이 부당하게 침해되는 결과가 발생하게 될 것이다.

3. 소　결

조정은 당사자 사이의 자주적인 해결에 노동위원회가 조력하는 제도인 점을 고려하면, 노동위원회가 교섭미진을 이유로 행정지도를 하였다 하더라도 본 사안과 같이 사용자의 교섭불응에 의한 교섭미진의 경우에는 노동위원회의 행정지도 이후에 이루어진 쟁의행위라 하더라도 노조법 제45조의 규정에 따라 조정절차를 거친 이후에 이루어진 쟁의행위로 보아야 할 것이다.

Ⅳ. 결   론

노동위원회가 교섭미진을 이유로 조정안을 제시하지 않고 노사간 자주적 교섭을 권고하는 행정지도를 하였으나, 교섭미진은 A회사의 정당한 이유 없는 교섭거부에 기한 것으로서 A회사에 귀책사유가 있다. 따라서 노동위원회가 행정지도를 하였다 하더라도 조정기간 만료 이후 행한 B노조의 쟁의행위는 절차적 정당성을 갖춘 것으로 보아야 한다.

> 문제 2
>
> 쟁의행위에 관한 조합원 찬반투표를 거치지 않고 행한 B노조의 파업은 절차 면에서 정당한 것인가? (30점)

Ⅰ. 문제의 논점

위 사안에서 핵심쟁점은 파업찬반투표를 실시하지 않고 행한 파업은 정당성을 상실하는지 여부이다. 조합원총회를 통한 파업결의나 파업에 조합원 대다수가 참여하는 등 조합원의 민주적 의사결정이 실질적으로 확보된 경우에도 파업찬반투표라는 절차방식을 거치지 않으면 무조건 쟁의행위의 정당성이 상실되느냐의 문제이다. B노조의 파업은 노동조합의 최종의사결정기구인 조합원총회에서 결정되었을 뿐만 아니라 실제로 조합원 대다수가 파업에 참여하는 등 조합원의 민주적 의사결정이 실질적으로 확보되었다고 볼 수도 있다. 따라서 조합원의 민주적 의사결정이 실질적으로 확보되었다면 찬반투표절차라는 방식을 취하지 못한 경우에도 절차적 정당성을 인정할 수 있는지를 검토하여야 한다.

Ⅱ. 쟁의찬반투표와 쟁의행위의 정당성

1. 찬반투표규정의 의의

쟁의행위를 함에 있어 조합원의 직접·비밀·무기명투표에 의한 찬성결정이라는 절차를 거쳐야 한다는 노조법 제41조 제1항의 규정은 노동조합의 자주적이고 민주적인 운영을 도모함과 아울러 쟁의행위에 참가한 근로자들이 사후에 그 쟁의행위의 정당성 유무와 관련하여 어떠한 불이익을 당하지 않도록 그 개시에 관한 조합의사의 결정에 보다 신중을 기하기 위하여 마련된 규정이다. 그리하여 동법 제91조에서는 이에 위반한 자에 대하여는 1년 이하의 징역 또는 1천만 원 이하의 벌금에 처하도록 하는 벌칙을 두고 있다. 따라서 노동조합이 파업 이전에 찬반투표를 행할 법률상의 의무가 있고 이를 위반한 경우에는 벌칙이 적용된다는 것은 의문의 여지가 없다.

2. 찬반투표 없이 행한 쟁의행위의 정당성

찬반투표절차를 거치지 아니한 파업의 정당성 여부에 관하여 정당성을 인정하는 긍정설과 이를 부정하는 부정설이 대립되어 왔다. 긍정설은 파업찬반투표는 내부적 의사결정절차에 불과하며 따라서 파업찬반투표절차는 노동조합 내부의 문제이므로 설사 동 절차에 흠결이 있다 할지라도 외부적인 파업의 정당성 여부에 영향을 미치지 않는다고 한다. 이에 반하여 부정설은 파업찬반투표는 노동조합의 자주적이고 민주적인 운영을 도모함에 있어 필수불가결하고 파업은 노동조합에 의해 주도되어야 하는 소위 공인파업이어야 하는바 파업찬반투표를 거치지 아니하고는 이를 확인할 수가 없으므로 파업찬반투표의 실시는 파업의 정당성 확보에 반드시 필요하다고 한다.

이 문제는 특히 사안에서처럼 찬반투표 방식은 아니지만 실질적으로 조합원들의 민주적 의사결정으로 파업이 행해진 경우에 그 파업의 절차적 정당성 여부와 관련하여 논란이 되어 왔다. 종래의 판례에 의하면 노조법 제41조 제1항의 규정에 의한 찬반투표절차를 거치지 아니한 경우에도 파업을 노동조합의 조합원총회를 거쳐 실시하였고 파업에 조합원 대다수가 참여하는 등 조합원의 민주적 의사결정이 실질적으로 확보된 때에는 단지 노동조합 내부의 의사형성과정에 흠이 있는 정도에 불과한 것이라고 하여 쟁의행위의 정당성을 부인하지 아니하였다(대법원 2000. 5. 26. 선고 99도4836 판결).

그러나 이후 대법원은 전원합의체로 종전의 판결을 변경하여 조합원의 찬반투표절차를 거치지 아니한 쟁의행위는 정당성이 없다고 판시하였다. 즉, 조합원의 직접·비밀·무기명투표에 의한 찬반투표절차를 거치지 아니한 경우에도 조합원의 민주적 의사결정이 실질적으로 확보된 때에는 단지 노동조합 내부의 의사형성 과정에 결함이 있는 정도에 불과하다고 하여 쟁의행위의 정당성이 상실되지 않는 것으로 해석한다면 위임에 의한 대리투표, 공개결의나 사후결의, 사실상의 찬성간주 등의 방법이 용인되는 결과가 되어 직접·비밀·무기명투표라는 관계규정에 반하는 것이 된다는 것이다. 따라서 조합원 찬반투표절차를 거치지 않은 쟁의행위는 그 절차를 따를 수 없는 객관적인 사정이 인정되지 아니하는 한 정당성을 인정받을 수 없다고 보아야 할 것이다(대법원 2001. 10. 25. 선고 99도4837 전원합의체 판결). 이 경우 객관적인 사정이란 사용자의 지배·개입에 의한 투표방해나 천재지변 등으로 인하여 찬반투표가 불가능한 경우 등이 이에 해당할 것이다.

Ⅲ. B노조 파업의 정당성

B노조는 5. 27. 조합원총회를 개최하여 단체협약이 체결될 때까지 무기한 파업에 돌입하기로 결정하였고 5. 28.부터 진행된 파업에 조합원 대다수가 참여하였다. B노조가 파업찬반투표를 실시하지는 않았지만 조합원총회에서 파업결정을 하였다는 점과 파업참가인원 등에 비추어 대다수 조합원이 찬성한 것으로 볼 수 있으므로 절차상의 위법이 없다고 판단할 수도 있을 것이다. 그러나 이러한 입장은 파업참가인원 등 조합원의 파업에의 호응에 비추어 사후적으로 조합원의사를 추단하여 파업찬성의사로 보게 된다는 문제가 있다.

따라서 판례태도와 마찬가지로 조합원의 투표에 의한 과반수 찬성이라는 절차상의 요건을 원칙적으로 충족해야 하며, 찬반투표를 시행하지 못한 특별한 사정이 없음에도 찬반투표절차를 거치지 않았다면 절차위반의 파업으로 보아야 할 것이다. 본 사안에서는 B노조가 이러한 절차요건을 행하지 못할 정도의 객관적 사유가 있었다고 보이지 않으므로 절차적 정당성을 위반한 것으로 보는 것이 타당하다고 판단된다.

Ⅳ. 결   론

B노조는 조합원의 직접·비밀·무기명투표에 의한 조합원 과반수의 찬성결정절차를 거치지 않고 조합원총회에서 박수로 결의하고 파업에 돌입하였다. 그러나 본 사안에서는 찬반투표를 진행하지 못할 만한 객관적 사유가 있었다고 보이지 않기 때문에 B노조의 파업은 법령에서 정한 절차를 거치지 않은 것이 되어 정당하다고 보기 어렵다.

유사사례

A회사는 상시 5,000명의 근로자를 사용하여 자동차타이어를 제조·판매하는 회사이다. B노조는 A회사의 3,000명의 근로자들로 구성된 기업별 노동조합이다. B노조는 2015. 3.경 정기 단체교섭을 시작하면서 5%의 임금인상과 2014년도 성과에 대한 성과급 200만 원 그리고 구조조정 과정에서 해고된 근로자들의 복직을 요구안으로 제시하였다. A회사는 최근 계속되는 전반적인 경기불안에도 불구하고 전년도 예상을 넘는 경영성과를 달성함에 따라 임금인상과 성과급에 대한 노조의 요구안은 과감하게 수용해 주면서, 해고자복직 요구는 철회해 줄 것을 요청하였다. 그럼에도 노조는 이러한 요청을 거부하고 계속적으로 복직을 강하게 주장하였지만 A회사 역시 이를 완강히 거절하였다. 이에 B노조의 위원장 甲은 사용자를 압박하기 위한 총력투쟁에 돌입하기로 결심하고, 교섭결렬을 선언한 후 조정신청에 따른 조정절차가 종료되자마자 2015. 5. 8. 임시총회를 개최하여 교섭과 조정 경과와 해고자 복직을 관철하기 위한 총력투쟁의 필요성에 대해 설명한 후 자유로운 토론을 거쳐 거수로써 전체 조합원의 70% 정도인 참석 조합원 90% 이상의 찬성을 얻은 후 조정절차를 거쳐 다음날인 5. 9.부터 10일간 임금 10% 인상과 해고자 복직을 요구하는 총파업을 단행하였는데, B노조의 전격적인 총파업으로 인해 A회사는 100억 원의 생산손실이 발생하였다. B노조가 2015. 5. 9.부터 10일간 행한 총파업의 정당성과 노조와 甲의 파업손해에 손해배상책임을 검토하시오.

해설요지

　　B노조가 실질적으로 해고자복직을 목적으로 파업을 한 것으로 볼 수 있으므로 목적 면에서 정당성이 없을 뿐만 아니라 파업찬반투표절차를 거치지 못할 특별한 사정이 없음에도 불구하고 거수의 방식으로 파업을 결정한 것은 설령 조합원총회에서 자유토론을 거쳐 참석자의 절대 다수의 찬성이 있었다 할지라도 절차면에서도 그 정당성을 인정하기 어렵다. 즉, 사안에서의 파업은 해고자복직이라는 권리분쟁을 목적으로 조합원찬반투표도 거치지 않고 행해졌기 때문에 목적과 절차에서 정당하지 않은 파업이다.

따라서 A회사는 이러한 위법한 파업으로 인한 손해에 대하여 쟁의행위의 주체인 노조와 이를 사실상 주도한 노조위원장 甲에게 배상청구를 할 수 있다. 쟁의행위가 정당성을 구비하지 못하는 경우에 불법파업의 조직주체로서의 노동조합은 민사상의 손해배상책임을 면할 수 없으며, 그러한 쟁의행위를 주도한 노조대표자 개인에게도 손해배상책임을 귀속시킬 수 있기 때문이다.

1. 조정전치제도와 쟁의행위의 절차적 정당성

[1] 노동쟁의는 특별한 사정이 없는 한 그 절차에 있어 조정절차를 거쳐야 하는 것이지만, 이는 반드시 노동위원회가 조정결정을 한 뒤에 쟁의행위를 하여야만 그 절차가 정당한 것은 아니라고 할 것이고, 노동조합이 노동위원회에 노동쟁의 조정신청을 하여 조정절차가 마쳐지거나 조정이 종료되지 아니한 채 조정기간이 끝나면 조정절차를 거친 것으로서 쟁의행위를 할 수 있는 것이다(대법원 2001. 6. 26. 선고 2000도2871 판결; 대법원 2003. 4. 25. 선고 2003도1378 판결; 대법원 2003. 12. 26. 선고 2001도1863 판결).

[2] 원심판결 이유를 살펴보면, 원심이 조종사 노조가 2001. 5. 25. 노동위원회에 조정을 신청하여 2001. 6. 8. 노동위원회로부터 "본 조정신청 사건은 법상 '쟁의상태'라고 볼 수 없어 조정대상이 아니므로 조정신청 사건 중 임금협약에 관한 사항에 대하여는 계속적인 교섭을 통해 당사자간에 자주적인 노력으로 해결하고, 단체협약에 관한 사항은 노사협의 등을 통하여 해결할 것"을 권고 받은 사실을 인정한 다음, 조정종결원인과 관계없이 조정이 종료되었다면 조정절차를 거친 것으로 보아야 하므로, 피고인들이 법 제5장 제2절 내지 제4절의 규정에 의한 조정절차를 거치지 아니하고 쟁의행위를 하였다는 이 부분 공소사실은 죄가 되지 아니하는 경우에 해당한다고 판단하였음은 정당하고, 그 판단에 상고이유 주장과 같은 조정전치에 관한 법리오해 등의 위법이 없다(대법원 2008. 9. 11. 선고 2004도746 판결).

2. 파업찬반투표와 절차위반의 효과

[1] 노동조합및노동관계조정법 제41조 제1항은 노동조합의 쟁의행위는 그 조합원의 직접·비밀·무기명 투표에 의한 조합원 과반수의 찬성으로 결정하지 아니하면 이를 행할 수 없다고 규정하고 있으나, 위 규정은 노동조합 내부의 민주적 운영을 확보하기 위한 것이므로, 위 규정에서 정하고 있는 절차를 따를 수 없는 정당한 객관적 사정이 있거나 조합원의 민주적 의사결정이 실질적으로 확보된 경우에는 위와 같은 투표절차를 거치지 않았다는 사정만으로 쟁의행위의 절차가 위법하여 정당성을 상실한다고 할 수는 없다(대법원 2000. 5. 26. 선고 99도4836 판결. 아래 전원합의체 판결로 폐기됨).

[2] 〈전원합의체 다수의견〉 특히 그 절차에 관하여 쟁의행위를 함에 있어 조합원의 직접·비밀·무기명투표에 의한 찬성결정이라는 절차를 거쳐야 한다는 노동조합및노동관계조

정법 제41조 제1항의 규정은 노동조합의 자주적이고 민주적인 운영을 도모함과 아울러 쟁의행위에 참가한 근로자들이 사후에 그 쟁의행위의 정당성 유무와 관련하여 어떠한 불이익을 당하지 않도록 그 개시에 관한 조합의사의 결정에 보다 신중을 기하기 위하여 마련된 규정이므로 위의 절차를 위반한 쟁의행위는 그 절차를 따를 수 없는 객관적인 사정이 인정되지 아니하는 한 정당성을 인정받을 수 없다 할 것이다.

만약 이러한 절차를 거치지 아니한 경우에도 조합원의 민주적 의사결정이 실질적으로 확보된 때에는 단지 노동조합 내부의 의사형성 과정에 결함이 있는 정도에 불과하다고 하여 쟁의행위의 정당성이 상실되지 않는 것으로 해석한다면 위임에 의한 대리투표, 공개결의나 사후결의, 사실상의 찬성간주 등의 방법이 용인되는 결과가 되어 위의 관계규정과 종전 대법원의 판례취지에 반하는 것이 된다. 이와 견해를 달리한 대법원 2000. 5. 26. 선고 99도4836 판결은 이와 저촉되는 한도 내에서 변경하기로 한다(대법원 2001. 10. 25. 선고 99도4837 전원합의체 판결).

〈소수의견〉 쟁의행위의 정당성을 논함에 있어서도 형사처벌을 면하기 위한 정당성의 인정과 민사상 또는 노동법상 책임을 면하기 위한 정당성의 인정 사이에는 차이가 있을 수 있다. 따라서 조합원 찬반투표를 거치지 아니한 쟁의행위의 정당성에 관한 위에서 본 대법원의 입장을 기본적으로 유지한다고 하더라도, 형사사건에 있어서는 사안에 따라 그 위법성의 평가를 달리할 수 있다고 보는 것이다

또한 근로자의 단체행동권이 헌법상 보장되고 있는 상황에서 적극적인 위력이나 위계와 같은 언동이 없이 소극적으로 근로제공을 거부하였을 뿐인 쟁의행위, 즉 단순파업이나 태업에 대하여 형법상 일반 처벌법규인 업무방해죄로 처벌하는 것은 극히 신중을 기할 필요가 있다. 따라서 쟁의행위의 주체, 목적, 시기, 수단·방법이 모두 정당하고 단지 일부 절차상의 결함이 있었을 뿐인 경우에, 그 쟁의행위에 가담한 근로자를 업무방해죄로 처벌함에 있어서는 아주 제한된 범위에서만 그 위법성을 인정하여야 한다고 보는 것이다. 한편, 조합원의 찬반투표 절차 없이 쟁의행위를 개시하였음을 이유로 노동조정법 제91조 제1호에 따라 처벌하는 대상도 그와 같은 찬반투표 없이 쟁의행위를 하기로 하는 결정을 주도하거나 그 결정에 적극 관여한 자에 한정되는 것이고, 그러한 결정을 주도하거나 적극 관여함이 없이 단순히 노동조합 집행부의 지시에 따라 쟁의행위에 가담한 조합원은 그 처벌대상이 되지 않는 것으로 봄이 상당하다 할 것인바, 이와 같은 일반 조합원들에 대하여 업무방해죄의 성립을 인정하는 것은 보다 가벼운 구성요건에도 해당하지 아니하는 자들에 대하여 보다 무거운 구성요건에의 해당을 인정하는 것이 되어 불합리하며, 나아가 이처럼 가벼운 절차규정위반의 경우에 쟁의행위 가담자 모두를 처벌하는 경우 처벌범위가 무한정 확대될 우려가 있다. 따라서

노동조합 본부의 쟁의행위 개시결정과 그 지시에 따라 쟁의행위에 단순 가담한 근로자들은 조합원의 찬반투표를 거치지 않은 절차위반이 있다 하더라도 업무방해죄의 처벌대상이 된다고 할 수는 없다(대법원 2001. 10. 25. 선고 99도4837 전원합의체 판결).

[3] 쟁의행위에 대한 조정전치를 정하고 있는 노동조합법 제45조의 규정 취지는 분쟁을 사전 조정하여 쟁의행위 발생을 회피하는 기회를 주려는 데에 있는 것이지 쟁의행위 자체를 금지하려는 데에 있는 것이 아니므로, 쟁의행위가 조정전치의 규정에 따른 절차를 거치지 않았더라도 무조건 정당성을 결여한 쟁의행위가 되는 것은 아니다(대법원 2000. 10. 13. 선고 99도4812 판결 등 참조). 이러한 노동조합법 제45조의 규정 내용과 취지에 비추어 보아도, 쟁의행위에 대한 조합원 찬반투표 당시 노동쟁의 조정절차를 거쳤는지 여부를 기준으로 쟁의행위의 정당성을 판단할 것은 아니다. 쟁의행위에 대한 조합원 찬반투표가 노동조합법 제45조가 정한 노동위원회의 조정절차를 거치지 않고 실시되었다는 사정만으로는 그 쟁의행위의 정당성이 상실된다고 보기 어렵다(대법원 2020. 10. 15. 선고 2019두40345 판결).

파업의 정당성과 불법파업시 손해배상책임

사실관계

남성정장 제조판매업체인 A회사는 정장수요감소로 계속 경영상황이 악화되고 있고, 사업조직과 공장도 의류산업환경의 변화를 전혀 반영하지 못한 채 비효율적으로 구성되고 운영되고 있는 상황에서 사업조직의 통폐합 등이 불가피하다고 판단하여 구조조정실시계획을 발표하였다. A회사 근로자를 조직대상으로 한 기업별노조인 B노조는 인력감축이 수반될 수밖에 없는 구조조정계획은 절대 받아 들일 수 없다고 하면서 구조조정실시계획을 철회할 것을 강력히 요구하였으나, A회사는 구조조정의 불가피성만 설명하고 노조의 요구는 수용할 수 없다는 입장을 고수하였다. 이에 B노조는 규약과 노조법에서 규정한 절차를 거쳐 공장내에서 점거농성방식으로 파업을 개시하였다. 그런데 파업에 불참하고 근로를 희망하는 비조합원들만으로 공장이 부분적으로 가동되자, 공장입구를 통제하여 제품생산을 위한 원단과 필요부자재 등이 반입될 수 없도록 하였다. B노조의 반입통제로 의류제조에 필요한 원단과 부자재공급도 되지 않는 상황에서 공장내 재고마저 소진되면서 조업을 더 이상 계속할 수 없게 되었다.

파업이 종료된 이후 A회사는 이 불법파업을 결정하고 실행하는데 주도적 역할을 했다는 이유로 노조위원장 乙과 사무국장 丙에 대해 정직 2개월과 정직 1개월의 징계조치를 하는 한편 B노조, 노조임원 乙과 丙 그리고 파업단순참가자들에 대해 조업중단에 따른 손해배상을 청구하였다. 이에 대해 B노조는 정당한 파업이기 때문에 회사가 징계나 손해배상청구를 할 수 없을 뿐만 아니라 노조업무만 보는 근로시간면제자이기 때문에 정직의 징계는 할 수 없다고 주장한다.

그리고 공장가동이 중단됨에 따라 더 이상 일할 수 없게 된 파업불참 근로희망자 甲은 일하지 못한 기간 동안의 임금지급을 요구하였다. 이에 대해 A회사는 파업으로 공장가동이 불가능하게 된 경우에는 근로자가 임금위험을 부담해야 한다고 주장하면서 임금지급을 거부한다.

[문제 1]

B노조의 파업, A회사의 징계조치 및 甲의 임금지급요구의 정당성을 검토하시오. (20점)

[문제 2]

A회사의 B노조, 노조임원 乙과 丙 그리고 단순파업참가자에 대한 손해배상청구의 정당성을 검토하시오. (30점)

사례해결의 Key Point

문제 1

사안의 사실관계를 기초로 파업의 목적, 방법과 양태 측면에서의 정당성을 논의하고, 불법파업으로 판단되면 징계의 정당성은 간략히 논의하면 된다.

파업불참근로자에 대한 임금지급문제는 쟁의행위로 인한 조업불능시 임금위험부담문제로서 쟁의에서의 노사대등성이라는 쟁의법적 관점에서 임금위험을 누구에게 부담시키는 것이 타당한지를 논의하고 판단하는 것이 핵심논점이다.

문제 2

노동조합의 불법행위에 기한 손해배상책임의 인정여부와 논거에 대한 논의에 이어 노조임원과 파업참가근로자들의 개인책임이 인정될 수 있는지를 검토해야 한다. 개인책임의 인정을 기초로 손해배상책임의 근거로 불법행위와 계약의무위반이 인정되는지에 대한 논의가 중요하며, 파업단순참가자의 손해배상책임을 인정 여부에 대한 논의와 판단도 요구된다.

─── 〈풀 이 목 차〉 ───

문제 1

B노조의 파업, A회사의 징계조치 및 甲의 임금지급요구의 정당성을 검토하시오.
(20점)

Ⅰ. 문제의 논점

먼저 파업의 정당성과 관련하여서는 구조조정계획의 철회라는 파업목적과 공장출입을 통제하여 조업을 불가능하게 한 파업양태의 측면에서 파업의 정당성을 논의하고, 징계의 정당성은 파업이 정당한지 여부에 따라 징계사유의 존재 여부는 그대로 판단될 수 있다.

甲에 대한 임금지급문제는 기본적으로 임금위험부담문제로서 사용자 임금위험부담원칙이 파업으로 인한 경우에도 그대로 적용될 수 있는지 여부가 주된 논점이다. 사안의 경우와 같이 불법파업의 경우에는 달리 판단해야 하는지도 검토해야 한다.

Ⅱ. B노조가 행한 파업의 정당성

1. 파업목적의 정당성

쟁의행위의 정당성은 주체, 목적, 방법과 양태, 절차의 측면에서 검토되어야 한다. 이 사안의 경우 구조조정계획의 철회를 목적으로 B노조가 조직 주도한 파업으로서 주체 면에서는 아무런 문제가 없다. 그러나 구조조정실시계획의 철회라는 파업목적이 정당한지 여부에 대하여는 논란이 될 수 있다.

사업조직의 통폐합 등 기업의 구조조정의 실시 여부는 경영주체에 의한 고도의 경영상 결단에 속하는 사항으로서 이는 원칙적으로 단체교섭이나 쟁의행위의 대상이 될 수 없다고 본다. 이에 대해 구조조정으로 근로자들의 지위나 근로조건의 변경이 초래된다는 점에서 이를 반대하는 쟁의행위도 정당성을 인정할 수 있다고 볼 수도 있다.

2. 파업방법과 양태의 정당성

위 파업의 경우 파업개시 초기에는 공장을 부분적·병존적으로 점거하였으나,

이후 공장출입을 완전히 통제하여 근로희망 파업불참자와 납품차량의 출입을 저지했다는 양태에 측면에서 그 정당성을 인정받기가 어렵다고 판단된다. 애당초 부분적·병존적 점거양태는 허용된다 할지라도 근로희망자와 차량출입을 저지하는 사실상 공장봉쇄의 양태로 파업을 행하는 것이 허용될 수 없다는 점은 분명하다.

3. 소 결

사안에서 B노조의 파업은 목적과 양태에 비추어 정당성을 인정하기 어렵다고 판단된다.

Ⅲ. A회사의 乙과 丙에 대한 징계의 정당성

B노조의 파업이 정당성이 없는 경우에는 이러한 불법파업을 조직주도한 노조대표와 임원에 대하여는 이를 징계사유로 하여 징계할 수 있다고 본다. 그리고 노조위원장 乙의 경우 근로시간면제자로서 노조업무만 하기 때문에 정직의 징계를 할 수 없다는 주장도 수용될 수 없다. 정직으로 위원장의 직무수행을 사실상 중단시킬 수 없다는 점이 징계로서 정직을 할 수 없다는 근거가 될 수는 없기 때문이다. 그리고 양정면에서도 정직 2개월과 1개월이 과도한 것으로 평가되기는 어렵다.

따라서 사안에서 노조위원장 乙과 사무국장 丙에 대한 정직 2개월과 1개월의 각 징계조치는 정당하다고 판단된다.

Ⅳ. 甲의 조업중단기간 동안의 임금청구의 정당성

파업으로 인한 조업중단기간 동안의 임금을 사용자가 지급해야 하는가 하는 문제는 기본적으로 임금위험부담문제이다. 임금위험은 사용자가 부담하는 것이 원칙이지만, 이 원칙을 파업으로 인한 경우에도 그대로 적용될 수 있는지가 판단되어야 한다. 파업을 근로조건에 관한 거래로 보아 부분파업은 원자재와 똑같은 노동력의 공급부족현상이므로 사용자의 임금위험부담원칙이 그대로 적용되어야 한다는 견해도 있다. 그러나, 조업장애가 쟁의행위로 인하여 발생한 경우에는 쟁의위험에 관한 문제이므로 쟁의법적 관점에서 달리 판단해야 한다.

사용자가 임금위험을 부담한다면 사용자는 파업으로 인한 경제적 손실 외에 근로희망자에 대한 임금지급부담을 하게 되어 결과적으로 파업을 주도하는 노동조합을 돕는 것이 되고, 이는 쟁의대등성의 원칙에 위반된다는 관점에서 쟁의에 따른 임금위험은 근로자가 부담하는 것이 타당하다고 본다.

그러나 이와 같이 쟁의대등성 관점에서 임금위험부담을 판단하는 것은 정당한 파업의 경우에 한하고, 불법파업에 대해서는 달리 판단해야 한다는 견해도 있을 수 있다. 하지만 이렇게 이해하면 정당한 파업의 경우보다 불법파업의 경우에 사용자의 부담이 더 커지게 된다는 점에서 불법파업의 경우 쟁의대등성원칙을 근거로 한 임금위험부담이 그대로 적용될 수 있다고 보는 것이 타당하다.

사안에서 B노조의 출입저지로 더 이상 조업이 불가능하게 되어 일할 수 없게 된 파업불참 근로희망자 甲의 A회사에 대한 조업중단기간 동안의 임금지급청구는 인정될 수 없다고 보아야 한다.

V. 결　　론

B노조의 파업은 목적과 양태에 비추어 정당성이 없다. 따라서 불법파업을 조직 주도한 노조위원장 乙과 사무국장 丙에 대한 정직 2개월과 1개월의 각 징계조치는 정당하다.

甲의 A회사에 대한 조업중단기간 동안의 임금지급청구는 인정될 수 없다고 본다.

> **문제 2**
>
> A회사의 B노조, 노조임원 乙과 丙 그리고 단순파업참가자에 대한 손해배상청구의 정당성을 검토하시오. (30점)

Ⅰ. 문제의 논점

불법파업으로 인한 손해에 대한 손해배상책임의 주체, 법적 근거에 관한 문제이다. 손해배상책임의 주체로서는 파업당사자로서의 노동조합, 실제 파업을 조직주도하는 조합임원 그리고 노조의 지시나 독려로 노무제공거부를 하는 파업참가근로자들이 검토되어야 한다. 파업이 정당하지 아니하다고 하여, 곧바로 불법행위 또는 채무불이행으로 인한 손해배상책임이 발생하는 것은 아니며, 책임주체를 중심으로 각 책임요건이 갖추어졌는지를 별도로 검토하여야 할 것이다.

Ⅱ. B노조에 대한 손해배상청구의 정당성

노동조합은 근로계약 당사자가 아니므로, 채무불이행책임의 주체가 될 수는 없으므로 노동조합의 불법행위가 책임근거로 고려된다. 위법한 쟁의행위가 노동조합의 업무집행기관인 대표자 등 임원의 기획과 주도에 의해 이루어진 경우, 그 위법한 쟁의행위에 대하여 단체로서의 노동조합이 불법행위로 인한 손해에 대하여 배상책임을 지는 점에 대해서는 이견이 없다. 노동조합은 근로계약 당사자가 아니므로, 채무불이행책임의 주체가 될 수는 없다.

다만, 불법행위의 인정근거와 관련하여 논란이 있다. 노동조합이 그 불법행위책임을 부담하게 되는 법적 근거에 대해서 판례는 노동조합 임원들의 행위는 업무집행기관의 행위로서 노동조합인 단체의 행위로 볼 수 있는 점 등을 고려할 때, 노동조합의 임원이 조직하고 주도한 위법한 쟁의행위에 대하여 민법 제35조 제1항을 유추적용하여 노동조합의 불법행위책임을 인정할 수 있다고 본다. 즉, 노동조합이 직접 불법행위를 했기 때문이 아니라 집행기관인 노조임원들의 행위를 노조의 행위로 보아 노조의 불법행위책임이 인정되는 것이다.

사안에서 A회사의 B노조에 대하여 불법파업으로 인하여 발생한 손해배상을 청구하는 것은 정당하다.

Ⅲ. 乙과 丙에 대한 손해배상청구의 정당성

1. 채무불이행책임

B노조는 A회사 근로자를 조직대상으로 하므로 위원장과 乙과 사무국장 丙은 A회사의 근로자이다. 근로자 乙과 丙이 불법파업을 조직주도하여 사용자 A회사에게 손해를 야기시킨 행위는 근로계약상 인정되는 주의의무위반행위로 볼 수 있다. 그리고 사안의 사실관계에 비추어 계약의무위반행위의 위법성과 乙과 丙의 귀책사유를 부인할 특별한 사정도 없다.

따라서 사안에서 A회사는 계약의무 위반을 근거로 乙과 丙에게 손해배상 청구를 할 수 있다.

2. 불법행위책임

노동조합의 임원들이 불법쟁의행위를 조직하고 주도한 경우에 이들의 불법행위책임과 관련하여서는 임원들 개인에 대하여서도 책임을 인정할 수 있는지에 대하여는 학설상 부정하는 견해도 있으나, 불법쟁의행위를 조직하고 주도한 조합 임원들의 행위는 노동조합 단체로서의 행위 외에 개인의 행위라는 측면도 아울러 지니고 있는 점에 비추어 판례와 학설의 지배적 견해에 따라 개인책임은 인정된다고 본다.

사안에서 乙과 丙에 대한 노동조합의 불법행위책임과 노동조합 임원들의 불법행위책임이 모두 인정되고, 양자는 부진정연대채무관계에 있다고 보아야 한다(대법원 1994. 3. 25. 선고 93다32828, 32835 판결).

Ⅳ. 파업단순참가자들에 대한 손해배상청구의 정당성

1. 불법행위책임

노조임원이 아닌 파업단순참가자 개인에게도 위법한 쟁의행위로 인한 불법행위책임을 귀속시킬 수 있을지에 관하여서는, 앞서 조합 임원 개인에 대하여 불법행위책임에 대한 귀속문제와 관련한 개인책임 인정 여부에 관한 견해가 그대로 적용될 수 있다.

개인책임을 긍정하는 견해에 있어서도, 조직적 집단행위에 적극 참여하여 주도적인 역할을 함께 한 개별근로자라면 불법행위책임을 연대하여 부담하여야 할 것이지만, 근로자가 노동조합 등의 지시에 따라 단순히 파업에 참여한 것만으로 노동조합이나 그 임원들과 함께 공동으로 손해배상 책임을 지는 것은 아니라고 본다.

2. 채무불이행책임

정당성 없는 쟁의행위에 단순히 참가한 개인 근로자에게는 노무제공을 거부한 채무불이행이 문제될 수 있다. 그러나 쟁의행위를 조직화·집단화한 행위에 주도적으로 관여한 노동조합의 임원과 달리 노동조합의 지시에 따라 단순히 참가한 데 불과한 근로자를 동일하게 판단할 수는 없다. 단순참가자들은 구조조정으로 경영상 해고되거나 근로조건이 불리하게 변경될 수 있는 상황에서 노동조합의 조직과 주도로 행해진 정당한 파업으로 믿고 파업에 노동조합의 참가지시나 독려로 참가하는 것이 일반적이다. 노동조합이 조직주도하는 파업에 참가하면서 파업의 정당성을 미리 판단하도록 기대하기는 어렵다는 점에서 단순파업참가자의 채무불이행책임도 인정되기 어렵다.

3. 소 결

사안에서의 파업은 B노조가 조직주도하였고, 구조조정이 실시되면 통상 해고나 근로조건의 불이익변경 등이 수반된다는 점, 불법파업이 명백하여 단순참가자도 불법파업임을 충분히 인식할 수 있었다는 등 이들의 배상책임을 인정할 수 있는 특별한 사정도 없다는 점에 비추어 A회사의 파업단순참가자들에 대한 손해배상청구는 수긍되기 어렵다고 판단된다.

V. 결   론

A회사의 B노조와 乙, 丙에 대한 손해배상청구는 인정되나, 파업단순참가자에 대한 손해배상청구는 인정되기 어렵다.

주요참조판례

1. 쟁의행위의 정당성

[1] 정리해고나 사업조직의 통폐합 등 기업의 구조조정의 실시 여부는 경영주체에 의한 고도의 경영상 결단에 속하는 사항으로서 이는 원칙적으로 단체교섭의 대상이 될 수 없고, 그것이 긴박한 경영상의 필요나 합리적인 이유 없이 불순한 의도로 추진되는 등의 특별한 사정이 없는 한, 노동조합이 실질적으로 그 실시 자체를 반대하기 위하여 쟁의행위에 나아간 다면, 비록 그 실시로 인하여 근로자들의 지위나 근로조건의 변경이 필연적으로 수반된다 하더라도 그 쟁의행위는 목적의 정당성을 인정할 수 없다(대법원 2002. 2. 26. 선고 99도5380 판결).

[2] 사용자측이 임금교섭에 대하여는 적극적이었음에도 조종사 노조는 임금협상은 포기하더라도 외국인 조종사의 채용 및 관리, 운항규정심의위원회구성 등에 관한 보충협약 체결에 대하여 이를 철회하지 않을 것임을 분명히 하여 임금교섭의 구체적인 진전이 없었던 이상 조종사 노조의 단체교섭의 주된 목적은 임금교섭이 아닌 위 보충협약 부분이라 할 것인데, 위 보충협약 부분 중 가장 쟁점이 된 외국인 조종사의 채용 및 관리에 관한 조종사 노조측의 제시 요구안은 외국인 조종사의 채용을 2001. 6. 30.자로 동결하고 외국인 부기장을 채용할 수 없도록 하는 등 사용자의 경영권을 본질적으로 침해하는 내용이어서 단체교섭의 대상이 될 수 없는 사항이므로, 그 주장의 관철을 목적으로 한 2001. 6.경의 이 사건 쟁의행위는 그 목적에 있어서 정당하다고 할 수 없어 목적의 정당성을 결여하였다(대법원 2008. 9. 11. 선고 2004도746 판결).

[3] 직장 또는 사업장시설의 점거는 적극적인 쟁의행위의 한 형태로서 그 점거의 범위가 직장 또는 사업장시설의 일부분이고 사용자측의 출입이나 관리지배를 배제하지 않는 병존적인 점거에 지나지 않을 때에는 정당한 쟁의행위로 볼 수 있으나, 이와 달리 직장 또는 사업장시설을 전면적, 배타적으로 점거하여 조합원 이외의 자의 출입을 저지하거나 사용자측의 관리지배를 배제하여 업무의 중단 또는 혼란을 야기케 하는 것과 같은 행위는 이미 정당성의 한계를 벗어난 것이라고 볼 수밖에 없다(대법원 1991. 6. 11. 선고 91도383 판결; 대법원 2007. 12. 28. 선고 2007도5204 판결).

2. 불법파업시 손해배상책임

[1] 불법쟁의행위를 기획·지시·지도하는 등으로 주도한 조합간부들이 아닌 일반조합원의 경우, 쟁의행위는 언제나 단체원의 구체적인 집단적 행동을 통하여서만 현실화되는 집단적 성격과 근로자의 단결권은 헌법상 권리로서 최대한 보장되어야 하는데, 일반조합원에게 쟁의행위의 정당성 여부를 일일이 판단할 것을 요구하는 것은 근로자의 단결권을 해칠 수도 있는 점, 쟁의행위의 정당성에 관하여 의심이 있다 하여도 일반조합원이 노동조합 및 노동조합 간부들의 지시에 불응하여 근로제공을 계속하기를 기대하기는 어려운 점 등에 비추어 보면, 일반조합원이 불법쟁의행위 시 노동조합 등의 지시에 따라 단순히 노무를 정지한 것만으로는 노동조합 또는 조합 간부들과 함께 공동불법행위책임을 진다고 할 수 없을 것이다.

다만, 근로자의 근로내용 및 공정의 특수성과 관련하여 그 노무를 정지할 때에 발생할 수 있는 위험 또는 손해 등을 예방하기 위하여 그가 노무를 정지할 때에 준수하여야 할 사항 등이 정하여져 있고, 당해 근로자가 이를 준수함이 없이 노무를 정지함으로써 그로 인하여 손해가 발생하였거나 확대되었다면, 그 근로자가 일반조합원이라고 할지라도 그와 상당인과관계에 있는 손해에 대하여는 이를 배상할 책임이 있다고 할 것이다(대법원 2006. 9. 22. 선고 2005다30610 판결).

[2] 불법쟁의행위에 대한 귀책사유가 있는 노동조합이나 불법쟁의행위를 기획·지시·지도하는 등 이를 주도한 노동조합 간부 개인이 그 배상책임을 지는 배상액의 범위는 불법쟁의행위와 상당인과관계에 있는 모든 손해이고, 그러한 노동조합 간부 개인의 손해배상책임과 노동조합 자체의 손해배상책임은 부진정 연대채무관계에 있는 것이므로 노동조합의 간부도 불법쟁의행위로 인하여 발생한 손해 전부를 배상할 책임이 있다. 다만, 사용자가 노동조합과의 성실교섭의무를 다하지 않거나 노동조합과의 기존합의를 파기하는 등 불법쟁의행위에 원인을 제공하였다고 볼 사정이 있는 경우 등에는 사용자의 과실을 손해배상액을 산정함에 있어 참작할 수 있다(대법원 1994. 3. 25. 선고 93다32828, 32835 판결).

[3] 제조업체가 불법휴무로 인하여 조업을 하지 못함으로써 입는 손해로는, 조업중단으로 제품을 생산하지 못함으로써 생산할 수 있었던 제품의 판매로 얻을 수 있는 매출이익을 얻지 못한 손해와 조업중단의 여부와 관계없이 고정적으로 지출되는 비용(차임, 제세공과금, 감가상각비, 보험료 등)을 무용하게 지출함으로써 입은 손해를 들 수 있다(대법원 1993. 12. 10. 선고 93다24735 판결). (중략) 원심으로서는 이 사건 쟁의행위로 인하여 이 사건 의장공장이 가동중단된 55분 중 그 시간 동안 자동차가 생산되지 못한 부분이 있는지를 심리하여 자동차가 생산되지 못한 시간에 대한 고정비 지출로 인한 손해가 인정될 수 있는지 여부를 판단하였어야 한다.

　　그럼에도 원심이 그 판시와 같은 이유만으로 이 사건 쟁의행위로 말미암아 발생한 가동중단시간 동안 원고가 지출한 비용이 이 사건 쟁의행위에 의한 고정비 지출로 인한 손해에 해당하지 않는다고 판단한 데에는 불법쟁의행위에 따른 손해배상책임 등에 관한 법리를 오해하여 필요한 심리를 다하지 아니함으로써 판결에 영향을 미친 잘못이 있다(대법원 2018. 11. 29. 선고 2016다12748 판결).

원청사업장에서의 파업과 대체근로의 정당성

대기업인 C회사 본사건물의 청소용역업체인 A회사의 청소용역근로자들도 가입되어 있는 초기업별노조인 B노조는 A회사와의 임금교섭이 결렬되고 조정절차도 성과없이 종료됨에 따라 C회사 본사건물을 포함한 A회사의 모든 청소용역계약사업장에 파업을 단행하였다.

청소용역사업장인 C회사 건물에서 일하는 A회사의 청소근로자들 전원이 조합원이며, 이들은 파업기간중 건물 입구에서 연좌농성을 이어 갔다. 노조의 파업으로 청소가 이루어지지 않아 C회사의 거센 항의를 받은 A회사는 근로자파견업체에 연락하여 긴급히 인력을 조달하여 C회사 건물청소에 투입하였으나, 이를 바로 알게 된 B노조 현장 파업지도부의 지시에 따라 파업참가 조합원들이 건물로 진입하여 거세게 항의하면서 강력히 저지하였기 때문에 청소작업을 시작하기도 전에 철수할 수밖에 없었다. 뿐만 아니라 신속히 건물에 진입하여 이들의 청소작업을 막으라는 노조의 지시에 따라 경비직원들을 밀어내면서 건물에 급하게 들어가던 파업참가조합원들에 의해 로비에 있던 회사 소유 조각품이 파손되는 일이 발생하였다.

파업이후 계속되는 건물 바로 앞에서의 연좌농성으로 소란스럽기는 했으나, 건물출입이나 이용에는 아무런 문제는 없었다. 그러나, 파업이 조기에 종료되지 못하면서 미관과 위생상 문제로 직원들과 건물출입자들의 불만과 민원이 계속 제기되었다. 이에 A회사와 C회사가 직접 다른 청소업체들을 통해 높은 일당을 지급하는 조건으로 인력을 구하여 청소를 하도록 하였으나, 이들도 작업준비 중에 B노조의 지시에 따라 건물로 들어온 조합원들의 저지로 청소작업을 하지 못하고 돌아갈 수밖에 없었다.

이후 임금협약이 체결되어 파업이 종료되자 C회사는 조각품 파손에 따른 손해배상을 A회사와 B노조에 대하여 청구하였다. 이에 대해 B노조는 파업이 정당하고, 위법한 대체근로를 저지한 행위도 정당하기 때문에 손해배상책임이 없다고 주장한다. 그리고 A회사는 조각품 파손은 B노조 파업근로자에 의해서 야기된 손해이기 때문에 C회사의 자신에 대한 손해배상청구는 인정될 수 없다고 주장한다.

　한편 C회사는 '청소업무가 5일 이상 중단된 경우에는 계약해지를 할 수 있다'는 용역계약상의 규정을 근거로 아직 계약기간이 남은 A회사와의 용역계약을 해지하였고, C회사의 해지통보를 받은 A회사는 'C회사와의 청소용역계약이 해지될 때에 이 근로계약도 해지된 것으로 본다'는 근로계약을 근거로 C회사 건물 청소업무에 종사하는 근로자 甲에게 근로계약 종료통보를 하였다.

문제 1

B노조의 파업과 대체근로 저지의 정당성을 검토하시오. (20점)

문제 2

C회사의 A회사와 B노조에 대한 손해배상청구와 C회사의 용역계약해지에 따라 A회사와 甲의 근로계약이 종료되었는지 검토하시오. (30점)

사례해결의 Key Point

문제 1

파업의 정당성과 관련하여서는 파업의 방식과 양태 측면에서의 정당성이 연좌농성의 허용범위 중심으로 검토되어야 한다. 또한 노조의 대체근로 저지의 정당성은 노조법 제43조의 대체근로제한규정상의 '사용자'와 '사업에 관계없는 자'의 의미의 해석을 통해 대체인력 투입이 금지된 대체근로에 해당하는지를 판단하는 것이 중요하다.

문제 2

용역업체의 위법한 대체근로에 대한 노조의 저지과정에 발생한 원청 소유의 재물파손에 대한 용역업체와 노조의 손해배상책임의 성립 여부에 관한 문제로서 책임근거와 요건에 대한 검토가 필요하다. 특히, 대체근로의 위법성과 노조의 원청사업장 진입지시에 대한 법적평가를 토대로 책임성립 여부가 판단하는 것이 중요한 과제라 할 수 있다.

─────────────── 〈풀 이 목 차〉 ───────────────

문제 1

B노조의 파업과 대체근로 저지의 정당성을 검토하시오. (20점)

Ⅰ. 문제의 논점

하청업체인 A회사 청소용역업체 근로자들이 원청회사인 C회사 건물 밖에서 행한 연좌농성이 위법한 쟁의행위인지, 대체근로자들의 투입을 저지하기 위해서 짧은 시간동안 원청회사의 건물을 출입한 행위를 위법한 쟁의행위로 파악하여야 하는지, 노조법 제43조는 사용자는 쟁의행위 기간중 쟁의행위로 중단된 업무를 도급 또는 하도급을 줄 수 없다고 규정하고 있는바, C회사의 행위도 노조법 제43조 규정에 위반되는 행위인지를 살펴보아야 한다.

Ⅱ. B노조 파업의 정당성

B노조의 파업은 파업의 주체, 목적, 절차 등 아무런 문제가 없다. 다만, 건물 바로 앞에서의 연좌농성으로 인한 소음피해와 대체근로를 저지할 목적으로 건물에 진입한 사항과 관련하여 파업의 방식과 양태 측면에서의 정당성이 검토될 여지가 있다.

사안에서는 파업근로자들이 건물내가 아니고 건물 밖에서 연좌농성을 하고 있기 때문에 원청 사업장에서 파업을 한다고 할 수 없다. 그리고 연좌농성이 건물출입이나 업무수행에 방해되는 방식으로 행해진다는 등의 특별한 사정이 없는 한 건물밖에서의 연좌농성은 파업의 정당성에 영향을 주지 않는다. 대체근로 저지를 위해 건물에 진입한 부분도 그 경위나 체류시간, 이로 인한 C회사의 법익침해의 내용과 정도 등에 비추어 이를 이유로 정당한 파업이 위법하게 되었다고 평가될 수는 없다.

따라서 B노조의 파업은 정당하다고 판단된다.

Ⅲ. B노조의 대체근로저지행위의 정당성

1. A회사의 대체인력에 대한 저지행위

노조법 제43조 제1항은 "사용자는 쟁의행위 기간 중 그 쟁의행위로 중단된 업무의 수행을 위하여 당해 사업과 관계없는 자를 채용 또는 대체할 수 없다."라고 규정하고 있다. 이 규정은 파업의 효과를 줄이고자 사용자가 파업기간 중 외부인력을 이용하는 것을 금지하기 위해 마련된 것이다. 이에 따라 당해 사업 내의 근로자에 의한 대체근로만 가능하다.

사안에서 A회사의 대체인력은 파견업체를 통해 확보한 외부인력이기 때문에 노조법에서 금지하는 대체근로에 해당한다. 더욱이 근로자파견법에서는 대체근로를 위한 근로자파견을 허용하지 않고 있다(동법 제16조 제1항 참조). 현행법상 금지되는 대체근로를 B노조가 저지한 행위 자체는 정당하다. 이 과정에서 폭력이나 파괴행위 등의 위법행위가 조직적으로 이루어진 경우에는 달리 판단될 수 있으나, 사안에서는 이러한 사정은 보이지 않는다. 대체근로를 저지하는 과정에서 조합원의 실수로 로비에 있던 조각품이 파손되는 행위가 있었다 할지라도 이는 조합원의 부주의로 발생한 것일 뿐 노조의 조직적인 위법행위로 볼 수 없기 때문에 이를 이유로 저지행위 전체가 위법한 것으로 평가될 수는 없다고 보아야 한다.

사안에서 B노조가 다른 사업장에서 일하는 A회사의 근로자들이 청소업무를 못하도록 저지하는 것은 정당하지 못하다.

2. C회사의 대체인력에 대한 저지행위

C회사가 다른 청소용역업체를 통해 확보한 대체인력도 외부인력임은 분명하다. 그런데 노조법에서는 '사용자'가 쟁의행위로 중단된 업무의 수행을 위하여 대체근로시킬 수 없다고 규정하고 있기 때문에 C회사가 이 규정에서 의미하는 사용자가 아닌 것으로 확인되면, C회사가 직접 확보한 대체인력에 대해서는 대체근로금지규정이 적용될 수 없다는 점도 의문이 없다. 문제는 사용자개념을 어떻게 이해할 것인지에 대하여는 논란이 되고 있다는 점이다.

사안과 같은 원하청관계에서는 원청이 하청근로자에 대하여 근로조건 등에 대하여 실질적으로 지배·결정할 수 있는 지위에 있다는 점에서 노조법 제43조에서 말하는 '사용자'에 해당한다고 이해하는 견해도 있다. 그러나 노조법 제43조는 쟁의행위를 전제로 한 규정으로서 여기서의 사용자는 단체교섭과 쟁의행위의의 상대방이어야 하므로, 이른바 실질적 지배력설을 근거로 사용자의 개념을 확장하는 이 견해에는 동의하기 어렵다.

사안에서 C회사는 파업근로자들의 근로계약상의 사용자도 아니고 단체교섭과 쟁의행위 당사자도 아니기 때문에 대체근로금지규정상의 사용자로 볼 수 없다. 따라서 C회사에 의한 대체근로는 허용되고 이를 저지하는 B노조의 행위는 정당하지 않다고 본다.

Ⅳ. 결　　론

사안에서 A회사가 조달한 외부인력에 의한 대체근로는 허용되지 않으므로 이에 대한 B노조의 저지는 정당하다. 그러나 C회사가 직접 확보한 외부인력에 의한 대체근로는 가능하기 때문에 B노조가 이를 저지하는 것은 정당하지 않다.

문제 2

C회사의 A회사와 B노조에 대한 손해배상청구와 C회사의 용역계약해지에 따라
A회사와 甲의 근로계약이 종료되었는지 검토하시오. (30점)

I. 문제의 논점

A회사에 대한 손해배상청구와 관련하여서는 먼저 손해발생에 대한 A회사의 직접적인 귀책사유가 있는지를 외부인력으로 대체근로를 시키고자 한 점과 관련하여 검토해야 하고, 다음으로 손해를 발생시킨 파업참가자들이 A회사의 근로자들이기 때문에 사용자인 A회사가 이들의 파손행위에 대하여 책임을 져야 하는지를 살펴보아야 한다.

B노조에 대한 손해배상청구와 관련하여서는 조합원들의 파손행위에 대한 노조의 책임인정 여부와 그 근거에 대해 검토해야 한다. 이와 관련하여 노조의 파업이 정당한 파업이라는 점에서 조각품 파손에 대해서도 원청이 감내해야 할 손해로 보아 배상청구가 제한되어야 하는지 여부와 대체근로 저지를 위한 건물진입 지시의 법적 의미에 대한 판단이 중요하다고 본다.

다음으로 용역계약의 해지로 A회사와 甲 사이의 근로계약이 종료되었는지 하는 문제의 핵심은 이러한 내용을 약정하여 근로계약에 명시한 경우에 그 효력의 인정 여부이다. 즉, 용역계약해지를 근로계약 자동종료사유로 규정한 근로계약 내용을 어떻게 해석할 것인가 하는 문제이다.

II. C회사의 손해배상청구의 타당성 검토

1. A회사에 대한 손해배상청구

노조의 단체교섭상의 요구를 수용해 줄 사용자의 의무는 인정될 수 없다. 따라서 A회사가 B노조의 요구조건을 들어주었더라면 손해발생의 원인이 된 파업은 없었을 것이라는 점을 근거로 A회사에게 배상책임을 지울 수 없는 것은 당연하다. 또한 A회사의 위법한 대체근로가 없었다면 노조의 저지행위와 C회사 소유 조각품 파손행위가 없었을 것이라는 점에 따른 A회사의 책임도 인정되기 어렵다고 본다. 왜

냐하면 금지된 대체근로의 시도와 손해발생 사이에 자연적 인과관계는 인정되지만, 위법한 대체근로시에 이러한 손해가 발생하는 것 사이에 책임성립요건인 상당인과 관계가 있다고 보기는 어렵기 때문이다.

A회사 자신의 귀책사유가 아닌 자신의 근로자들이 파손행위를 했다는 점에서 A회사의 이행보조자의 고의·과실에 대한 채무자로서의 책임(민법 제391조) 또는 사용자책임(민법 제756조)이 검토될 수 있다. 그러나 이러한 책임은 파업으로 이들은 A의 이행보조자 또는 피용자로서 청소업무를 하지 않고 있고, 대체근로의 저지는 A회사의 업무도 아니기 때문에 이행보조자책임이나 사용자책임도 성립될 여지가 없다.

사안에서 C회사는 A회사에 대하여 손해배상청구를 할 수 없다.

2. B노조에 대한 손해배상청구

B노조의 지시에 따라 위법한 대체근로를 저지하던 중 손해를 야기했다는 점에서 C회사에 대한 B노조의 책임이 문제될 수 있다. A회사가 외부인력을 동원하여 대체근로를 시키는 것은 허용될 수 없기 때문에 B노조로서는 이를 저지할 수 있다. B노조의 책임문제가 검토되는 것은 대체근로의 저지를 위한 조합원들의 집단행위가 B노조의 행위로 평가될 수 있다는 데 있다. 이런 관점에서 B노조는 파손을 한 조합원들의 불법행위에 대한 손해상책임이 인정될 수 있다고 본다.

또한 정당한 파업시의 손해배상청구의 제한(노조법 제3조)은 파업으로 조업이나 업무가 중단됨에 따른 손해에 대한 것이지, 쟁의당사자가 아닌 제3자 C회사의 소유 물건의 파손에 대해서는 적용되지 않는다. C회사의 조각품 파손행위가 파업으로 인한 손해로서 사회통념에 비추어 용인될 수 있는 행위라거나 감내해야 하는 손해라고 보기도 어렵다.

사안에서 조각품 파손행위에 대하여 C회사는 B노조에게 불법행위에 기한 손해배상청구를 할 수 있다고 본다. 그리고 B노조와 파손한 조합원들은 부진정 연대채무자로서 C회사에 대하여 손해배상 책임을 부담해야 한다.

3. 소 결

C회사의 A회사에 대한 손해배상청구는 인정될 수 없으나, B노조에 대한 손해배상청구는 가능하다고 판단된다.

Ⅲ. A회사의 甲에 대한 근로계약 종료통보의 타당성 검토

1. 청소용역계약의 중도해지

기간을 정하지 않고 용역계약을 한 경우에는 당사자는 자유롭게 해지할 수 있다. 그러나 사안에서 C회사는 파업사태를 이유로 A회사와의 청소용역계약을 중도해지하였는데, 아직 계약기간이 남아 있다는 점에서 그 효력이 문제될 수 있다. C회사와 A회사 사이의 용역계약에는 5일 이상 청소업무의 중단을 해지사유로 약정하고 있기 때문에 이 약정해지권을 근거로 C회사는 용역계약을 중도해지할 수 있다. 다만, 이 약정이 파업으로 인한 경우에도 적용되는지에 대하여 논란의 여지가 없지 않으나, 중단사유에 아무런 제한을 두고 있지 않다는 점에서 문언의 객관적 의미에 따라 용역계약 해지위험을 A회사가 부담한 것으로 해석되는 것이 보다 타당하다고 본다.

사안에서 A회사와 C회사 사이의 용역계약은 C회사의 해지로 종료된 것으로 본다.

2. A회사의 甲에 대한 근로계약 종료통보의 정당성

사안에서와 같이 'C회사와의 청소용역계약이 해지될 때에 이 근로계약도 해지된 것으로 본다'고 근로계약에 규정한 경우에 이에 따라 용역계약이 해지되는 경우 근로관계가 자동종료된 것으로 볼 수 있는지에 대해서는 해석상 논란이 있을 수 있다.

용역계약상의 용역업무 수행만을 위해 근로자를 채용한 경우에는 용역계약의 해지가 근로계약 종료사유로 근로계약에 명시되어 있고, 근로자 역시 이러한 점을 알고 근로계약을 체결한 점 등을 고려할 때에는 용역계약 해지는 근로계약의 자동종료 사유로 볼 여지도 없지 않다. 그러나 용역계약의 해지를 근로계약의 자동종료 사유로 하는 것은 사용자가 제3자와 체결한 계약에 근로계약의 종료를 연동시키고 있다는 점에서 근로자의 사망이나 정년, 근로계약기간의 만료 등의 근로계약의 자동종료사유와는 법적 평가를 달리해야 한다고 본다. 이런 관점에서 자동종료규정을 아무런 제한없이 문언대로만 해석할 수는 없다.

용역계약의 해지에 근로자의 귀책사유가 없는 이상 용역계약이 해지되었다는 점만으로 근로계약이 자동종료됐다고 보기는 어렵다. 더욱이 사안에서와 같이 파업으로 인한 청소업무의 중단으로 용역계약이 중도해지된 경우에도 자동종료를 인정하게 되면 실질적으로는 정당한 파업에 참가했다는 이유로 근로관계가 종료되는 결과가 된다. 이런 점을 고려해 볼 때 근로계약에서 용역계약해지를 근로계약 자동종료사유로 정하고 있고, 용역계약도 중도해지되었다고 할지라도 이를 이유로 근로계약이 자동종료될 수 없다고 본다.

따라서 사안에서 청소용역계약의 중도해지로 A회사와 甲과의 근로계약이 종료된 것으로 볼 수는 없다.

3. 소 결

A회사와 C회사의 청소용역계약이 C회사의 용역계약상의 약정해지권행사로 중도해지되었으나, 이로써 A회사와 甲과의 근로계약관계가 자동종료된 것으로 볼 수는 없다.

IV. 결 론

C회사의 A회사에 대한 손해배상청구는 인정될 수 없으나, B노조에 대한 손해배상청구는 인정될 수 있다. 그리고 용역계약 중도해지로 A회사와 甲 사이의 근로계약이 자동종료될 수는 없기 때문에 근로계약은 종료되지 않았다.

주요참조판례

1. 원청사업장에서의 쟁의행위와 대체근로의 정당성

도급인은 비록 수급인 소속 근로자와 직접적인 근로계약관계를 맺고 있지는 않지만, 수급인 소속 근로자가 제공하는 근로에 의하여 일정한 이익을 누리고, 그러한 이익을 향수하기 위하여 수급인 소속 근로자에게 사업장을 근로의 장소로 제공하였으므로 그 사업장에서 발생하는 쟁의행위로 인하여 일정 부분 법익이 침해되더라도 사회통념상 이를 용인하여야 하는 경우가 있을 수 있다. 따라서 사용자인 수급인에 대한 정당성을 갖춘 쟁의행위가 도급인의 사업장에서 이루어져 형법상 보호되는 도급인의 법익을 침해한 경우, 그것이 항상 위법하다고 볼 것은 아니고, 법질서 전체의 정신이나 그 배후에 놓여있는 사회윤리 내지 사회통념에 비추어 용인될 수 있는 행위에 해당하는 경우에는 형법 제20조의 '사회상규에 위배되지 아니하는 행위'로서 위법성이 조각된다. 이러한 경우에 해당하는지 여부는 쟁의행위의 목적과 경위, 쟁의행위의 방식·기간과 행위 태양, 해당 사업장에서 수행되는 업무의 성격과 사업장의 규모, 쟁의행위에 참여하는 근로자의 수와 이들이 쟁의행위를 행한 장소 또는 시설의 규모·특성과 종래 이용관계, 쟁의행위로 인해 도급인의 시설관리나 업무수행이 제한되는 정도, 도급인 사업장 내에서의 노동조합 활동 관행 등 여러 사정을 종합적으로 고려하여 판단하여야 한다.

사용자는 쟁의행위 기간 중 그 쟁의행위로 중단된 업무의 수행을 위하여 당해 사업과 관계없는 자를 채용 또는 대체할 수 없다(노동조합 및 노동관계조정법 제43조 제1항). 사용자가 당해 사업과 관계없는 자를 쟁의행위로 중단된 업무의 수행을 위하여 채용 또는 대체하는 경우, 쟁의행위에 참가한 근로자들이 위법한 대체근로를 저지하기 위하여 상당한 정도의 실력을 행사하는 것은 쟁의행위가 실효를 거둘 수 있도록 하기 위하여 마련된 위 규정의 취지에 비추어 정당행위로서 위법성이 조각된다. 위법한 대체근로를 저지하기 위한 실력 행사가 사회통념에 비추어 용인될 수 있는 행위로서 정당행위에 해당하는지는 그 경위, 목적, 수단과 방법, 그로 인한 결과 등을 종합적으로 고려하여 구체적인 사정 아래서 합목적적·합리적으로 고찰하여 개별적으로 판단하여야 한다(대법원 2020. 9. 3. 선고 2015도1927 판결).

2. 위법한 쟁의행위와 손해배상책임

[1] 노동조합의 간부들이 불법쟁의행위를 기획, 지시, 지도하는 등으로 주도한 경우에 이와 같은 간부들의 행위는 조합의 집행기관으로서의 행위라 할 것이므로 이러한 경우 민법

제35조 제1항의 유추적용에 의하여 노동조합은 그 불법쟁의행위로 인하여 사용자가 입은 손해를 배상할 책임이 있다 할 것이고, 한편 조합간부들의 행위는 일면에 있어서는 노동조합 단체로서의 행위라고 할 수 있는 외에 개인의 행위라는 측면도 아울러 지니고 있고, 일반적으로 쟁의행위가 개개근로자의 노무정지를 조직하고 집단화하여 이루어지는 집단적 투쟁행위라는 그 본질적 특징을 고려하여 볼 때 노동조합의 책임 외에 불법쟁의행위를 기획, 지시, 지도하는 등으로 주도한 조합의 간부들 개인에 대하여도 책임을 지우는 것이 상당하다 할 것이다.

불법쟁의행위로 인하여 노동조합이나 근로자가 그 배상책임을 지는 배상액의 범위는 불법쟁의행위와 상당인과관계에 있는 모든 손해라 할 것이고, 노동조합이나 근로자의 불법쟁의행위로 인하여 의료업무를 수행하는 사용자가 그 영업상의 손실에 해당하는 진료수입의 감소로 입은 손해는 일실이익으로서 불법쟁의행위와 상당인과관계가 있는 손해라 할 것이다.

한편, 이러한 일실이익의 산정방법은 구체적 사정에 따라 다를 것이나 일응 불법쟁의행위가 없었던 전년도의 같은 기간에 대응하는 진료수입과 대비한 감소분이나 불법쟁의행위가 없었던 전월의 같은 기간에 대응하는 진료수입과 대비한 감소분을 산출한 다음 그 수입을 얻기 위하여 소요되는 제 비용을 공제하는 방법으로도 산정할 수 있다할 것이다(대법원 1994. 3. 25. 선고 93다32828, 32835 판결)

[2] 정당성이 없는 쟁의행위는 불법행위를 구성하고 이로 말미암아 손해를 입은 사용자는 그 손해배상을 청구할 수 있다 할 것이지만(대법원 1994. 3. 25. 선고 93다32828, 32835 판결 참조), 불법쟁의행위를 기획·지시·지도하는 등으로 주도한 조합간부들이 아닌 일반조합원의 경우, 쟁의행위는 언제나 단체원의 구체적인 집단적 행동을 통하여서만 현실화되는 집단적 성격과 근로자의 단결권은 헌법상 권리로서 최대한 보장되어야 하는데, 일반조합원에게 쟁의행위의 정당성 여부를 일일이 판단할 것을 요구하는 것은 근로자의 단결권을 해칠 수도 있는 점, 쟁의행위의 정당성에 관하여 의심이 있다 하여도 일반조합원이 노동조합 및 노동조합 간부들의 지시에 불응하여 근로제공을 계속하기를 기대하기는 어려운 점 등에 비추어 보면, 일반조합원이 불법쟁의행위시 노동조합 등의 지시에 따라 단순히 노무를 정지한 것만으로는 노동조합 또는 조합 간부들과 함께 공동불법행위책임을 진다고 할 수 없을 것이다.

다만, 근로자의 근로내용 및 공정의 특수성과 관련하여 그 노무를 정지할 때에 발생할 수 있는 위험 또는 손해 등을 예방하기 위하여 그가 노무를 정지할 때에 준수하여야 할 사항 등이 정하여져 있고, 당해 근로자가 이를 준수함이 없이 노무를 정지함으로써 그로 인하여 손해가 발생하였거나 확대되었다면, 그 근로자가 일반조합원이라고 할지라도 그와 상당인과관계에 있는 손해에 대하여는 이를 배상할 책임이 있다고 할 것이다(대법원 2006. 9. 22. 선고 2005다30610 판결).

[3] 제조업체가 불법휴무로 인하여 조업을 하지 못함으로써 입은 손해의 배상을 구하기 위하여 증명하여야 할 사항 및 이때 간접반증이 없는 한 제품이 생산되었다면 그 후 판매되어 제조업체가 매출이익을 얻고 생산에 지출된 고정비용을 회수할 수 있다고 추정된다.

자동차 제조·판매회사인 A 주식회사가 노동조합원인 甲 등을 상대로 쟁의행위로 A 주식회사의 공장 가동이 중단된 시간 동안의 고정비 지출로 인한 손해의 배상을 구한 사안에서, 쟁의행위 당일 위 공장에서의 자동차생산량은 특별한 사정이 없는 한 가동시간에 비례하여 결정된다고 볼 여지가 있는데도, 쟁의행위로 발생한 가동중단시간 동안 A 주식회사가 지출한 비용이 쟁의행위에 의한 고정비 지출로 인한 손해에 해당하지 않는다고 본 원심판단에 법리오해 등의 잘못이 있다고 한 사례(대법원 2018. 11. 29. 선고 2016다12748 판결).

3. 용역계약의 중도해지와 근로계약

사용자가 주차관리 및 경비요원을 필요한 곳에 파견하는 것을 주요 사업으로 하는 회사로서 그 근로자와 사이에, 근로자가 근무하는 건물주 등과 사용자 간의 관리용역계약이 해지될 때에 그 근로자와 사용자 사이에 근로계약도 해지된 것으로 본다고 약정했다고 해서 그와 같은 해지사유를 근로관계의 자동소멸사유라고 할 수 없다(대법원 2009. 2. 12. 선고 2007다62840 판결).

직장폐쇄의 정당성과 임금지급의무

사실관계

　　A회사와 그 회사의 甲노동조합은 2014년 10%의 임금인상에 합의한 바 있다. 그런데 甲노동조합은 2015년 임금협상에서 다시 10%의 임금인상을 요구하고 A회사는 다른 회사에 비하여 임금수준이 높다는 이유로 임금동결을 주장하면서 2015년 6월 12일부터 같은 해 7월 12일까지 8차례에 걸쳐 임금협상을 시도하였으나 임금인상률에 관한 입장 차이로 협상이 결렬되었다.

　　이에 甲노동조합은 같은 해 7월 31일 노동쟁의 발생 신고를 하고, 여러 차례 협상을 시도하였으나 역시 결렬되자 조정절차를 거쳐 같은 해 8월 16일 임시총회에서 조합원찬반투표로 태업을 결정하고 다음 날부터 바로 태업에 돌입하였는데 의도적으로 작업속도를 줄임에 따라 이 기간 동안 생산량은 평상시의 절반으로 줄었다.

　　그러자 A회사는 노조가 태업에 돌입한 지 10일째 되는 같은 해 8월 27일 태업에 따른 생산차질을 이유로 법령에 따른 직장폐쇄신고를 한 후 직장폐쇄를 단행하였다. 이후 노조는 9월 10일 조합원들이 일단 업무에 복귀하여 정상근무를 하면서 임금교섭을 하겠다고 하였으나, 회사는 "노조가 교섭과 태업시의 요구조건을 먼저 철회하고 임금동결을 수용한다는 약속을 하지 않는 한 직장폐쇄를 철회할 수 없다"고 주장하면서 노조와 별다른 대화를 하지 않은 채 직장폐쇄를 계속해 오다가, 같은 해 9월 22일 임금협정을 체결하면서 직장폐쇄를 해제하였다.

문제 1

甲노동조합의 태업과 A회사의 직장폐쇄의 정당성을 검토하시오. (20점)

문제 2

A회사는 태업기간 중의 최소한 확인된 태업시간을 기초로 임금을 20% 삭감하여 지급하고, 직장폐쇄기간인 2015년 8월 27일부터 다음달 22일까지의 임금은 지급하지 않았다. 이에 甲노동조합의 조합원들은 태업기간 중에 일을 했으며, 직장폐쇄는 정당성을 상실한 것이라고 주장하면서 태업과 직장폐쇄 기간 중 임금전액을 지급해 줄 것을 청구하였다. 이 주장은 정당한가? (30점)

사례해결의 Key Point

문제 1

　태업이란 일반적으로 근로자들이 그들의 주장을 관철하기 위하여 평상시에 비해 의도적으로 사업능률을 저하시킴으로써 사용자의 업무를 저해하는 행위를 의미한다. 조직적이고 계획적으로 사업운영을 저해한다는 점에서는 파업과 동일하나 노무제공을 계속한다는 점에서 파업과는 다르다. 직장폐쇄는 근로자 측의 쟁의행위에 대응하는 사용자의 쟁의수단으로서 방어적이고 수동적으로 행사되어야 한다. 사안에서는 특히 업무복귀 선언 후에도 직장폐쇄를 지속시키는 것이 허용될 수 있는지가 핵심쟁점이 되고 있다.

문제 2

　태업의 경우에 이에 상응하는 임금의 삭감이 가능한지 그리고 직장폐쇄 기간 동안의 임금지급의무를 면하는 근거와 요건이 문제된다. 현행 노동조합 및 노동관계조정법 제2조 제6호, 제46조에서, 근로자 측의 쟁의행위에 대해 수동적·방어적인 수단으로 직장폐쇄가 인정된다고 규율하고 있는데, 이를 기초로 사용자의 직장폐쇄의 정당성과 그 효과로서 근로자의 임금상실 여부를 판단하는 것이 중요하다. 특히 사안에서는 노조의 조업복귀 요청 이후의 직장폐쇄의 정당성과 이에 따른 임금지급의무가 판단되어야 할 것이다.

〈풀 이 목 차〉

문제 1

Ⅰ. 문제의 논점
Ⅱ. 甲노조의 태업의 정당성
  1. 쟁의행위로서의 태업의 의의와 특징
  2. 태업의 정당성
Ⅲ. A회사의 직장폐쇄의 정당성 판단
  1. 직장폐쇄의 개념과 근거
  2. 직장폐쇄의 정당성 요건
  3. 직장폐쇄의 정당성
Ⅳ. 결론

문제 2

Ⅰ. 문제의 논점
Ⅱ. 甲노조의 태업과 임금지급의무
  1. 태업시의 임금지급의무
  2. A회사의 임금삭감지급의 정당성
Ⅲ. A회사의 직장폐쇄와 임금지급의무
  1. A회사의 직장폐쇄의 정당성과 임금지급의무
  2. A회사의 직장폐쇄 기간 동안의 임금지급의무 존부 검토
Ⅳ. 결론

문제 1

甲노동조합의 태업과 A회사의 직장폐쇄의 정당성을 검토하시오. (20점)

Ⅰ. 문제의 논점

노동조합 및 노동관계조정법(이하 '노조법'이라 한다) 제2조 제6호에 의하면, '쟁의행위'란 파업·태업·직장폐쇄 그 밖에 노동관계 당사자가 그 주장을 관철할 목적으로 하는 행위와 이에 대항하는 행위로서 업무의 정상적인 운영을 저해하는 행위를 말한다. 이와 같이 태업과 직장폐쇄는 쟁의행위의 유형으로서 명시적으로 인정되고 있다. 따라서 정당한 쟁의행위가 되기 위해서는 주체, 목적, 수단 및 방법 그리고 법령에서 정한 절차적 요건을 갖추어야 할 것이다.

사안에서의 태업과 직장폐쇄는 쟁의행위로서의 정당성 요건을 구비하고 있는지를 사실관계 내용을 토대로 검토하여야 한다.

Ⅱ. 甲노조의 태업의 정당성

1. 쟁의행위로서의 태업의 의의와 특징

태업은 근로자들이 단결해서 의식적으로 작업능률을 저하시키거나 근로를 불완전하게 제공하는 것으로서 사용자의 지휘·명령을 따르는 외형을 취하지만 부분적으로는 이를 배제하고 불완전한 노무를 제공하는 것을 의미한다(대법원 2013. 11. 28. 선고 2011다39946 판결).

태업의 경우 업무를 저해하여 사용자에게 압력을 가한다는 점에서는 파업과 유사하지만 노무제공을 거부하는 것이 아니라 노무제공을 하되 정상적으로 하지 않는다는 점에서는 다르다. 그러나 노무제공을 하기는 하지만 의도적으로 불완전하게 한다는 점에서는 근로계약상의 노무제공의무의 불완전이행으로 볼 수 있다. 따라서 노무제공의무의 불완전이행에 따른 책임을 면하기 위해서는 정당한 쟁의행위로서의 요건을 구비하여야 할 것이다.

2. 태업의 정당성

甲노조는 임금교섭이 결렬된 후 조정절차를 거친 후 임시총회에서 태업을 조합원찬반투표로 의결한 후 태업을 하였다. 즉, 이 태업은 노조가 임금인상요구안을 관철할 목적으로 법령상의 절차를 거쳐 단행되었다는 점에서 쟁의행위로서의 정당성 요건을 모두 갖춘 것으로 판단된다.

Ⅲ. A회사의 직장폐쇄의 정당성 판단

1. 직장폐쇄의 개념과 근거

직장폐쇄는 사용자가 근로희망자들이 제공하는 노무의 수령을 집단적으로 거부하고 이 기간 동안의 임금을 지급하지 않음으로써 근로자 측에 경제적 압력을 가하는 사용자 측의 쟁의행위로서 특히 부분파업이나 태업 시에 대응하여 행사되는 효과적 쟁의수단이다.

직장폐쇄는 노조의 쟁의행위에 대항하여 근로자의 근로수령을 거부하고 임금지급의무를 면하여 노사간 실질적 대등성을 확보하기 위해 사용자에게 인정되는 행위를 말한다.

헌법이나 노조법에 명시적 개념 정의 규정은 없으나, 노조법 제2조 제6호에 쟁의행위의 하나로 규정되어 있다. 그 이유는 사용자는 일반적으로는 힘에서 우위에 있어 쟁의권을 인정할 필요는 없다 할 것이나, 개개의 구체적인 노동쟁의의 장에서 근로자 측의 쟁의행위로 노사간에 힘의 균형이 깨지고 오히려 사용자 측이 현저히 불리한 압력을 받는 경우에는, 사용자 측에게 그 압력을 저지하고 힘의 균형을 회복하기 위한 대항·방위 수단으로 쟁의권을 인정하는 것이 형평의 원칙에 맞기 때문이다(대법원 2000. 5. 26. 선고 98다34331 판결).

2. 직장폐쇄의 정당성 요건

직장폐쇄는 쟁의시에 노사간의 힘의 균형을 회복하기 위해 인정되기 때문에 근로자의 쟁의행위에 대한 방어수단으로서 상당성이 있어야만 사용자의 정당한 쟁의행위로 인정될 수 있다(대법원 2002. 9. 24. 선고 2002도2243 판결). 따라서 노동조합의 조직력을 약화시키거나 사용자의 새로운 주장을 관철할 목적으로 행하는 공격적 직장폐쇄는 정당성을 상실한다. 방어수단으로서 직장폐쇄의 상당성은 직장폐쇄의 개시시기, 종료시기, 노조의 쟁의행위 양태, 쟁의행위로 인한 사용자 측의 타격의 정도 등으로 판단하게 된다.

직장폐쇄는 노동조합의 쟁의행위에 대항하는 수단으로서만 정당성이 인정되므로 사용자는 노동조합이 쟁의행위를 개시한 이후에만 직장폐쇄를 할 수 있다(노조법 제46조 제1항). 따라서 쟁의행위 개시 전 행해지는 선제적 직장폐쇄는 정당성을 상실한다. 설령 단체교섭 상황이 사용자에게 지극히 불리하더라도 쟁의행위 개시 '이전'이면 직장폐쇄를 할 수 없다. 이러한 대항성 요건은 직장폐쇄의 개시요건이자 존속요건이기도 하다. 따라서 노동조합이 진행중인 쟁의행위를 중단하고 조업복귀 의사를 명백히 한 경우에는 사용자는 직장폐쇄를 철회하여야 한다(대법원 2016. 5. 24. 선고 2012다85335 판결). 이러한 근로자의 업무에 복귀할 의사는 반드시 조합원들의 찬반투표를 거쳐 결정되어야 하는 것은 아니지만 사용자가 경영의 예측가능성과 안정을 이룰 수 있는 정도로 집단적·객관적으로 표시되어야 한다(대법원 2017. 4. 7. 선고 2013다101425 판결 참조).

3. 직장폐쇄의 정당성

사안에서 A회사의 직장폐쇄는 노조의 태업이 행해진 이후에 대항수단으로 행해졌기 때문에 선제적 직장폐쇄는 아닌 것은 분명하다. 문제는 방어수단으로서의 상당성이 있는지 여부이다. 직장폐쇄가 태업이 시작된지 10일이 되는 시점에서 시작되었고, 이로 인한 생산차질이 50%에 달한다는 사실에 비추어 근로희망자들로 이러한 손실을 감수하면서 조업을 계속해 나가는 데 따른 부담이 크다는 점에서 직장폐쇄의 개시와 관련하여 방어수단으로서의 상당성이 없다고 볼 수 없다. 태업에 의해 노사간에 힘의 균형이 깨지고 오히려 사용자 측에게 현저히 불리한 압력이 가해지는 상황에서 수동적·방어적인 수단으로서 부득이하게 개시된 것이므로, A회사의 직장폐쇄는 일단 정당한 것으로 판단된다.

그러나 甲노조가 업무 복귀하여 정상조업을 하겠다고 했음에도 불구하고, 요구조건을 철회하지 않고 그대로 유지하는 한 직장폐쇄를 계속한 것은 방어수단이라기보다는 자신의 요구를 적극적으로 관철하고자 하는 의미가 적지 않다고 할 수 있다. 이와 같이 노동조합이 조업복귀 의사를 명백히 했음에도 요구조건을 변경하지 않았다는 이유로 사용자가 직장폐쇄를 철회하지 않고 지속시키는 것은 더 이상 방어적 수단으로서의 상당성이 인정되기 어렵다. 따라서 정당하게 개시된 직장폐쇄라 할지라도 甲노조가 업무 복귀하여 정상조업하겠다는 의사를 표했음에도 철회하지 않았다고 한다면 이 시점부터 그 정당성을 상실한다고 본다. 그 직장폐쇄는 진정한 업무복귀 의사표시가 있은 때로부터 공격적 직장폐쇄로 성격이 변질되기 때문이다(대법원 2018. 3. 29. 선고 2014다30858 판결).

요컨대 A회사의 직장폐쇄는 甲노조의 정상조업의사의 표명 시까지는 정당하나, 그 이후에는 방어수단으로서의 의미를 상실하였으므로 정당성이 인정될 수 없는 것이다.

Ⅳ. 결   론

甲노조의 태업은 정당하고 이러한 태업에 대항하여 태업 10일 후에 개시된 A회사의 직장폐쇄도 방어적 쟁의수단으로서의 정당성이 인정된다. 그러나 노조가 복귀 후 정상조업하겠다고 한 이후에는 방어수단으로서의 상당성이 인정되지 않기 때문에 이 시점부터는 더 이상 정당한 직장폐쇄로 평가될 수 없다.

문제 2

A회사는 태업기간 중의 최소한 확인된 태업시간을 기초로 임금을 20% 삭감하여 지급하고, 직장폐쇄기간인 2015년 8월 27일부터 다음달 22일까지의 임금은 지급하지 않았다. 이에 甲노동조합의 조합원들은 태업기간 중에 일을 했으며, 직장폐쇄는 정당성을 상실한 것이라고 주장하면서 태업과 직장폐쇄 기간 중 임금전액을 지급해 줄 것을 청구하였다. 이 주장은 정당한가? (30점)

Ⅰ. 문제의 논점

　　사안에서 甲노동조합은 임금 10% 인상요구를 관철하고자 행한 태업이 정당하고 일을 하지 않은 것은 아니므로 이 기간 동안의 임금이 그대로 지급되어야 한다고 한다. 이 주장과 관련하여서는 태업기간 동안 불완전하게 이행된 노무에 상응하여 임금을 삭감할 수 있는지가 문제된다.

　　또한 노조는 A회사가 태업 10일 후에 직장폐쇄를 단행하고 일체의 대화를 거부한 것은 직장폐쇄의 정당성을 상실한 것이므로 그 직장폐쇄기간 중 받을 수 있던 임금의 지급을 청구하고 있다. 정당한 직장폐쇄의 경우 이 기간 동안 사용자가 임금지급의무를 면하게 되지만 위법한 경우에는 그러하지 아니하므로 사용자의 직장폐쇄가 정당성 요건을 갖춘 것인지 여부, 특히 태업의 태양, 그로 인한 사용자 측의 타격의 정도, 노사간 교섭과정 및 태도 등을 중심으로 직장폐쇄의 정당성을 먼저 검토하고 이를 토대로 임금지급의무 존부 및 범위가 판단되어야 할 것이다.

Ⅱ. 甲노조의 태업과 임금지급의무

1. 태업(怠業)시의 임금지급의무

　　쟁의행위 시에는 근로계약 당사자의 주된 권리·의무가 정지되어 근로자가 노무를 제공하지 아니한 쟁의행위 기간 동안에는 노무제공의무와 대가관계에 있는 근로자의 주된 권리로서의 임금청구권은 발생하지 아니한다. 태업은 업무의 정상적 운영을 저해할 목적으로 노무를 불완전하게 제공하는 형태의 쟁의행위이다. 태업도 불완전한 노무제공을 하는 한도에서는 노무제공이 일부 정지되는 것이라고 할 수 있으므로, 여기에도 이러한 무노동 무임금 원칙이 적용된다고 봄이 타당하다. 그러나 노조가 파업이 아니라 태업이나 준법투쟁을 하는 경우 쟁의행위 기간 중이라도 여전히 근로의 제공은 이루어지는 것이므로 사용자는 태업에 따른 노무정지를 확인하지 않는 한 임금을 지급할 의무가 있다는 점에서 실제 그 적용에 어려움이 적지 않다.

2. A회사의 임금삭감지급의 정당성

사안에서는 태업에 참여한 개별근로자들의 태업기간(8월 16일부터 8월 26일까지) 중의 확인된 태업시간을 기준으로 20%의 임금을 삭감하여 태업근로자들에게 지급하였다. 태업시의 불완전이행의 내용을 구체적으로 확인하기는 어렵기 때문에 판례에서도 회사가 각 근로자별로 측정된 태업시간 전부를 비율적으로 계산하여 임금에서 공제한 것이 불합리하다고 할 수 없다고 한다(대법원 2013. 11. 28. 선고 2011다39946 판결). 전체 조합원들의 확인된 태업시간을 기준으로 산정한 20%의 감액수준도 태업으로 평소의 절반 수준으로 생산이 감소했다는 사실에 비추어 볼 때 임의로 과다하게 산정한 것으로 볼 수는 없다. 따라서 A회사의 20% 감액지급은 정당하고, 이 부분에 대한 甲노조 조합원들의 지급청구는 타당성이 없다.

Ⅲ. A회사의 직장폐쇄와 임금지급의무

1. A회사의 직장폐쇄의 정당성과 임금지급의무

직장폐쇄가 정당한 쟁의행위로 평가받는 경우 사용자는 직장폐쇄 기간 동안의 대상 근로자에 대한 임금지불의무를 면한다(대법원 2000. 5. 26. 선고 98다34331 판결; 대법원 2008. 9. 11. 선고 2008도6026 판결; 대법원 2010. 1. 28. 선고 2007다76566 판결). 지불의무를 면하는 임금의 범위는 직장폐쇄가 없었더라면 근로자에게 지급해야 할 임금이 된다. 즉, 사용자의 직장폐쇄가 정당하면 노무수령을 거부할 수 있고 임금지급의무를 면할 수 있으나, 직장폐쇄가 정당하지 않으면 임금지급의무를 면할 수 없다. A회사의 직장폐쇄 중의 임금지급의무는 결국 직장폐쇄의 정당성 여부에 따라 판단된다.

사용자의 직장폐쇄의 정당성은 노사간의 교섭태도, 경과, 근로자 측 쟁의행위의 태양, 그로 인하여 사용자 측이 받는 타격의 정도 등에 관한 구체적 사정에 비추어 형평의 견지에서 근로자 측의 쟁의행위에 대한 대항·방위 수단으로서 상당성이 인정되는 경우에 인정된다.

甲노조는 임금인상을 목적으로 정당하게 태업을 하였고, A회사는 이에 대한 방어적 대항수단으로 직장폐쇄를 개시했기 때문에 그 정당성이 인정될 수 있다는 점은 의문이 없으나, 노조의 업무복귀 후 정상조업의사에도 불구하고 임금동결을 수용할 것을 요구하면서 직장폐쇄를 계속한 것은 방어수단으로서의 상당성을 인정할 수 있는지가 문제된다.

판례에 의하면 파업종료선언 후에 직장폐쇄를 계속하더라도 이로 인해 당연히 정당성을 상실하는 것은 아니고, 노동조합이 진정한 업무복귀의사와 함께 교섭에 의한 해결가능성을 제시하거나 직장폐쇄가 무의미하게 된 경우에만 위법한 것으로 판단될 수 있을 것이다. 따라서 예컨대 위법행위나 사용자에 대한 적대행위를 종료하지 않은 채 업무복귀의사만을 표명한 경우에는 직장폐쇄를 중단하지 않았다 할지라도 위법하다고 보기 어렵다(대법원 2016. 5. 24. 선고 2012다85335 판결 참조). 사안에서 노조의 정상조업의사표명 이후에도 A회사가 임금동결의 수용을 주장하면서 직장폐쇄를 계속한 것은 노조의 정상업무복귀의사의 진정성을 의심할 만한 사정이나 위법하거나 적대적인 행위를 수반하고 있지도 않다는 점에 비추어 방어적 의미를 상실하고 공격적인 수단으로 변질되었다고 볼 수 있으므로 이때부터는 그 정당성을 상실한 것으로 판단된다.

2. A회사의 직장폐쇄 기간 동안의 임금지급의무 존부 검토

직장폐쇄의 정당성이 상실되는 경우 사용자는 직장폐쇄 기간 동안의 임금지급의무를 면할 수 없다. 그런데 A회사의 직장폐쇄는 8월 27일 개시된 이후 노조가 업무복귀 후 정상근로를 표명한 9월 10일까지는 그 정당성이 인정되므로 임금지급의무는 없으나, 그 이후 지속된 직장폐쇄(9월 11일부터 9월 22일까지)는 그 정당성을 인정할 수 없기 때문에 임금지급의무를 면할 수 없다. 따라서 위법한 직장폐쇄 기간 동안은 직장폐쇄로 인하여 노무제공이 없었다 할지라도 임금지급의무를 부담한다.

Ⅳ. 결   론

A회사가 甲노조의 태업기간인 8월 17일부터 8월 26일까지의 임금을 20% 삭감하여 지급한 것은 정당하고, 직장폐쇄 기간 중에서 정당성이 인정되는 8월 27일부터 9월 10일까지의 임금을 지급하지 않은 것도 정당하다. 그러나 9월 11일부터 9월 22일까지의 직장폐쇄는 위법하므로 이 기간 동안에는 A회사는 임금지급의무를 면할 수 없다. 따라서 甲노조의 조합원들은 이 기간 동안의 임금지급만을 청구할 수 있다.

유사사례

A회사는 500명의 근로자를 고용하고 있는 자동차부품제조업체이다. 2016년 3월 1일 A회사의 B노조(조합원 300명)는 A회사와 단체교섭을 시작하였으나, 단체협약의 체결을 성사시키지 못하고 결렬되었다. 그 후 B노조는 무기한 부분파업을 개시하였고, 결국 B노조의 이러한 부분파업으로 인해 A회사는 기술적으로 공장가동이 불가능하게 되었고 이로 인해 생산은 중단되고 말았다. 한편 A회사로부터 핵심부품을 납품받아 자동차완제품을 생산하던 C회사도 A회사로부터 부품의 공급이 이루어지지 않아 2016년 5월 1일부터 일시 조업이 중단되었다.

a) 파업에 참여한 근로자 甲(B노조의 조합원)은 임금을 청구할 수 있는가?
b) 파업에 참여하지 않은 A회사의 근로희망자 乙(비조합원)은 임금을 청구할 수 있는가?
c) C회사의 근로자 丙은 자동차생산중단일(2000년 5월 1일) 이후의 조업중단 기간 동안 임금을 C회사에게 청구할 수 있는가?

해설요지

B노조의 부분파업에 참가한 조합원 甲은 파업 기간 동안 노무급부를 이행하지 않았고, 그에 따라 임금지급청구권이 상실되는 것이다. 甲은 근로관계정지설이나 쟁의대등성의 원칙에 따르더라도 A회사는 임금위험을 부담하지 않기 때문에 임금을 상실하게 된다.

또한 A회사의 부분파업으로 인한 생산중단으로 일할 수 없게 된 근로희망자 비노조원 乙 역시 B노조가 체결한 단체협약의 일반적 구속력 확장에 따라 적용받기 때문에 쟁의시의 임금위험부담법리에 따라 생산중단기간 동안의 임금을 청구할 수 없다.

C회사의 조업중단이 A회사의 파업의 파급영향으로 발생하였기 때문에 이에 따른 임금위험을 누가 부담해야 할지에 대하여는 견해가 다를 수 있다고 본다. 즉, 일반적으로 사용자가 조업중단에 따른 임금위험(경영위험)을 부담하지만, 쟁의행위로 인한 조업중단의 경우 임금위험은 근로자가 부담해야 한다는 견해(이른바 영역설)에 따르면 丙은 임금청구를 할 수 없으나, 쟁의의 파급영향으로 조업중단이 있는 경우

에는 쟁의위험부담법리가 적용된다는 견해에 의하면, B노조가 체결하고자 하는 단체협약이 C회사에 적용될 여지가 없다면, 쟁의당사자가 아닌 C회사의 임금위험부담이 원칙적으로 A회사와 B노조 사이의 쟁의대등성에 영향을 미치지 않는다고 보게 되어 C회사의 丙은 임금지급을 청구할 수 있게 된다. 이 경우 C회사는 임금위험부담으로 직접 쟁의당사자인 A회사보다 불이익이 더 크다. 따라서 C회사는 휴업을 할 수 있고, 근로기준법 제46조에 따라 C회사는 휴업수당 지급의무가 인정되지만 휴업지급 예외 신청이 승인되면, 기준미달의 휴업수당을 지급해도 되는 것이다.

주요참조판례

1. 직장폐쇄의 정당성 요건

　　[1] 노동조합 및 노동관계조정법 제46조에서 규정하는 사용자의 직장폐쇄는 사용자와 근로자의 교섭태도와 교섭과정, 근로자의 쟁의행위의 목적과 방법 및 그로 인하여 사용자가 받는 타격의 정도 등 구체적인 사정에 비추어 근로자의 쟁의행위에 대한 방어수단으로서 상당성이 있어야만 사용자의 정당한 쟁의행위로 인정될 수 있다. (중략) 근로자의 쟁의행위 등 구체적인 사정에 비추어 직장폐쇄의 개시 자체는 정당하지만, 어느 시점 이후에 근로자가 쟁의행위를 중단하고 진정으로 업무에 복귀할 의사를 표시하였음에도 사용자가 직장폐쇄를 계속 유지하면서 근로자의 쟁의행위에 대한 방어적인 목적에서 벗어나 적극적으로 노동조합의 조직력을 약화시키기 위한 목적 등을 갖는 공격적 직장폐쇄의 성격으로 변질된 경우에는 그 이후의 직장폐쇄는 정당성을 상실하고, 이에 따라 사용자는 그 기간 동안의 임금지불의무를 면할 수 없다(대법원 2016. 5. 24. 선고 2012다85335 판결; 대법원 2018. 3. 29. 선고 2014다30858 판결).

　　[2] 근로를 불완전하게 제공하는 형태의 쟁의행위인 태업(怠業)도 근로제공이 일부 정지되는 것이라고 할 수 있으므로, 여기에도 이러한 무노동 무임금 원칙이 적용된다고 봄이 타당하다.

　　사용자가 태업을 이유로 근로자의 임금과 노동조합 전임자의 급여를 삭감하여 지급한 사안에서, 회사가 각 근로자별로 측정된 태업시간 전부를 비율적으로 계산하여 임금에서 공제한 것이 불합리하다고 할 수 없고, 노동조합 전임자 역시 그에 상응하는 비율에 따른 급여의 감액을 피할 수 없는데 그 감액수준은 전체 조합원들의 평균 태업시간을 기준으로 산정함이 타당하다(대법원 2013. 11. 28. 선고 2011다39946 판결).

2. 직장폐쇄와 퇴거불응죄, 출입제한

　　[1] 사용자가 적법하게 직장폐쇄를 하게 되면, 사용자의 사업장에 대한 물권적 지배권이 전면적으로 회복되는 결과 사용자는 사업장을 점거중인 근로자들에 대하여 정당하게 사업장으로부터의 퇴거를 요구할 수 있고 퇴거를 요구받은 이후의 직장점거는 위법하게 되므로, 적법하게 직장폐쇄를 단행한 사용자로부터 퇴거요구를 받고도 불응한 채 직장점거를 계속한 행위는 퇴거불응죄를 구성한다고 할 것이다(대법원 2005. 6. 9. 선고 2004도7218 판결).

　　[2] 사용자의 직장폐쇄가 정당한 쟁의행위로 인정되지 아니하는 때에는 다른 특별한 사정이 없는 한 근로자가 평소 출입이 허용되는 사업장 안에 들어가는 행위가 주거침입죄를

구성하지 아니한다(대법원 2002. 9. 24. 선고 2002도2243 판결).

[3] 사용자의 직장폐쇄가 정당한 쟁의행위로 평가 받는 경우에도 사업장 내의 노조사무실 등 정상적인 노조활동에 필요한 시설, 기숙사 등 기본적인 생활근거지에 대한 출입은 허용되어야 하고, 다만 쟁의 및 직장폐쇄와 그 후의 상황전개에 비추어 노조가 노조사무실 자체를 쟁의장소로 활용하는 등 노조사무실을 쟁의행위와 무관한 정상적인 노조활동의 장소로 활용할 의사나 필요성이 없음이 객관적으로 인정되거나, 노조사무실과 생산시설이 장소적·구조적으로 분리될 수 없는 관계에 있어 일방의 출입 혹은 이용이 타방의 출입 혹은 이용을 직접적으로 수반하게 되는 경우로서 생산시설에 대한 노조의 접근 및 점거가능성이 합리적으로 예상되고, 사용자가 노조의 생산시설에 대한 접근, 점거 등의 우려에서 노조사무실 대체장소를 제공하고 그것이 원래 장소에서의 정상적인 노조활동과 견주어 합리적 대안으로 인정된다면, 합리적인 범위 내에서 노조사무실의 출입을 제한할 수 있다고 할 것이다(대법원 2010. 6. 10. 선고 2009도12180 판결).

3. 쟁의시의 임금위험부담

쟁의행위시 근로자의 근로제공의무 등의 주된 권리·의무가 정지되어 근로자가 근로제공을 하지 아니한 쟁의행위기간 동안에는 근로제공의무와 대가관계에 있는 근로자의 주된 권리로서의 임금청구권은 발생하지 않고, 그 지급청구권이 발생하지 아니하는 임금의 범위가 임금 중 이른바 교환적 부분에 국한된다고 할 수 없으며, 사용자가 근로자의 노무제공에 대한 노무지휘권을 행사할 수 있는 평상적인 근로관계를 전제로 하여 단체협약이나 취업규칙 등에서 결근자 등에 관하여 어떤 임금을 지급하도록 규정하고 있거나 임금삭감 등을 규정하고 있지 않거나 혹은 어떤 임금을 지급하여 온 관행이 있다고 하여, 근로자의 근로제공의무가 정지됨으로써 사용자가 근로자의 노무제공과 관련하여 아무런 노무지휘권을 행사할 수 없는 쟁의행위의 경우에 이를 유추하여 당사자 사이에 쟁의행위기간 중 쟁의행위에 참가하여 근로를 제공하지 아니한 근로자에게 그 임금을 지급할 의사가 있다거나 임금을 지급하기로 하는 내용의 근로계약을 체결한 것이라고는 할 수 없다(대법원 1995. 12. 30. 선고 94다26721 전원합의체 판결).

부당노동행위에 있어서 원청회사의 사용자성

A회사는 다수의 사내 하청업체를 두고 업무를 수행해 왔다. A회사 사내 하청업체는 독립된 사업자로서 별도의 취업규칙을 두고 소속 근로자의 채용, 징계, 해고 등 인사관리를 하였고, 급여를 지급하였으며, 퇴직금제도도 운영하였고, 4대보험을 납부하였으며, 사업연도마다 부가가치세 및 법인세를 납부하였고 경영성과에 대해 손실을 보기도 하였다. 또한 도급계약상 공사대금은 기성고에 비례하여 지급받았고, 별도의 안전관리자를 두었고, 공기지연 등의 경우 지체상금도 부과되었다.

그러나 A회사는 사내 하청업체 근로자들의 작업시간과 작업 일정을 관리·통제하고 있었고, 작업의 진행방법, 작업시간 및 연장, 휴식, 야간근로 등에 관하여서도 하청업체 근로자들은 실질적으로 A회사 공정관리자(직영반장이나 팀장)의 지휘·감독 하에 놓여 있었다. 사내 하청업체는 작업 일시, 장소, 내용 등이 개별도급계약에 의해 확정되기 때문에 사실상 이미 확정되어 있는 업무에 어느 근로자를 종사시킬지 여부에 관해서만 결정하였으며, 하청업체 근로자들은 A회사가 제공한 도구 및 자재를 사용하여 A회사 사업장 내에서 작업을 하였다. 사내 하청업체는 대부분 A회사의 업무만 수행하였고, A회사는 사내 하청업체에 대한 개별도급계약의 체결 여부 및 물량을 그 계획에 따라 주도적으로 조절할 수 있는데다가 그 외에도 도급계약의 해지, 사내 하청업체 등록해지 권한을 가지고 있었다.

그런데 A회사 사내 하청업체 중 B, C회사의 소속 근로자들인 甲, 乙이 설립을 주도한 A회사 사내하청노동조합이 창립총회를 거쳐 2003. 8. 30. 노동조합설립신고증을 교부받게 되었다. 원청인 A회사는 사내 하청업체 B회사 대표로 하여금 A회사 사내하청노동조합의 조합설립을 주도한 근로자 甲을 사업장에서 근무하지 못하도록 요청하여 근무대기를 하도록 하였고, 근로자 甲이 A회사 사내하청노동조합 사무국장인 사실을 알려주었다. 그리고 A회사는 소속 근로자가 조합에 가입하여 활동하는 사내 하청업체들에게 소속 근로자가 A회사에서 유인물을 배포하는 등 회사 운영을 방해하고 있다면서 계약해지 등의 경고를 하였다.

A회사 사내하청노동조합 임원이 소속된 B회사를 비롯한 사내 몇몇 하청업체들이 경영상 폐업할 별다른 사정이 없음에도 A회사 사내하청노동조합 설립 직후 근로조건에 대한 협상요구를 받은 즉시 폐업을 결정하였다. 그리고 사내하청노조의 위원장 乙이 소속된 C회사의 경우 폐업결정 직후에 그 부분 사업을 인수할 D회사가 설립되었고, 실제로 폐업한 위 C회사 노조에 참여하지 않은 소속 근로자 대부분이 D회사로 적을 옮겨 C회사가 하던 A회사의 작업을 하고 있다. 폐업한 사내 하청업체들은 1997년경부터 설립되어 그 폐업시까지 아무런 문제없이 운영되어 온 회사들로서 전에 노사분규를 경험하여 본 적도 없다.

문제 1

A회사 사내하청노동조합 조합임원이자 A회사 사내 하청업체 B, C 소속 근로자들인 甲, 乙은 A회사가 자신들의 노조활동을 이유로 B, C회사의 사업폐지를 유도하는 지배·개입의 부당노동행위를 하였다고 구제신청을 하였다. 이에 중앙노동위원회는 "A회사는 사업폐지를 유도하는 행위와 이로 인해 노조활동을 위축시키거나 침해하는 행위를 하여서는 아니 된다"는 내용의 구제명령을 발하였다. 이에 대해 A회사는 자신은 근로자 甲, 乙의 사용자가 아니며, 중앙노동위원회의 구제명령은 위법하다는 주장을 하는바, 이에 대한 타당성을 검토하시오. (30점)

문제 2

甲, 乙의 구제신청이 인정된 경우, 향후 구체적인 구제방안에 대하여 검토하시오. (20점)

사례해결의 Key Point

문제 1

(1) 사용자 개념은 근로기준법이나 노동조합 및 노동관계조정법의 문언상 거의 동일하나, 원하청관계에서 노동조합 및 노동관계조정법상의 사용자 개념이 논란이 되고 있다. 특히 명시적·묵시적 근로계약 당사자인 사용자는 부당노동행위 금지의 무자이자 동시에 구제명령에 대한 이행의무자임이 판례를 통해 확인되고 있음에 주목할 필요가 있다. 요컨대 근로계약관계가 존재하지 않는 자가 근로자의 근로조건 등에 대해 실질적 지배·영향력을 행사할 수 있는 경우에 지배·개입의 부당노동행위 주체로서 사용자가 될 수 있는지를 염두에 두고 사례를 검토해야 한다.

(2) 헌법 제23조 재산권 및 제15조 직업선택의 자유에 따라 폐업의 자유 또한 인정된다. 그러나 하청업체의 폐업 목적이 근로자의 노동조합 결성 및 활동을 방해 또는 침해하기 위한 것이며, 폐업과정에 원청업체가 실질적으로 지배·영향을 미친 경우, 원청업체의 폐업유도 행위가 지배·개입 부당노동행위가 될 수 있는지 문제된다.

문제 2

부당노동행위에 대한 구제명령이 확정된 경우 근로자들은 어떠한 과정을 통하여 부당노동행위에 대한 구제를 받을 수 있는지, 노동위원회 또는 법원은 어떠한 구제 명령(판결)을 할 수 있는지가 문제된다.

─── 〈풀 이 목 차〉 ───

> **문제 1**
>
> A회사 사내하청노동조합 조합임원이자 A회사 사내 하청업체 B, C 소속 근로자들인 甲, 乙은 A회사가 자신들의 노조활동을 이유로 B, C회사의 사업폐지를 유도하는 지배·개입의 부당노동행위를 하였다고 구제신청을 하였다. 이에 중앙노동위원회는 "A회사는 사업폐지를 유도하는 행위와 이로 인해 노조활동을 위축시키거나 침해하는 행위를 하여서는 아니 된다"는 내용의 구제명령을 발하였다. 이에 대해 A회사는 자신은 근로자 甲, 乙의 사용자가 아니며, 중앙노동위원회의 구제명령은 위법하다는 주장을 하는바, 이에 대한 타당성을 검토하시오. (30점)

Ⅰ. 문제의 논점

사안에서 A회사와 하청업체 근로자들 간 근로계약관계가 인정된다면, A회사는 노동조합 및 노동관계조정법(이하 '노조법'이라 한다) 제81조 및 제84조 그리고 제2조 제2호에 따라 지배·개입의 부당노동행위 주체가 될 수 있다. 하지만 A회사와 하청업체 소속 근로자 간에는 명시적 근로계약관계가 존재하지 않으며, 또한 A회사의 하청업체들은 그 존재가 형식적·명목적 회사에 불과한 것으로는 보기 어려워 A회사와 하청업체 근로자들 간 묵시적 근로계약을 인정하기는 어려워 보인다.

그런데 사안에서의 사실관계의 내용에 비추어 폐업결정과 하청업체 근로자들의 노동조합 활동은 인과관계가 있는 것으로 판단된다. A회사가 사안과 같이 하청업체에 대해 영향력을 행사하는 경우, 하청업체 폐업에 대한 지배개입의 부당노동행위 책임을 부담하는 사용자가 될 수 있는지가 문제된다.

따라서 사안의 핵심 쟁점은 ⅰ) 근로계약관계의 당사자가 아닌 자가 노조법 제81조 제1항 제4호의 부당노동행위 구제명령의 수규자로서 사용자가 될 수 있는지 여부, ⅱ) 하청업체의 폐업 특히 위장폐업에 대해 원청업체의 지배·개입의 부당노동행위의 행태로 인정될 것인지 여부이다.

Ⅱ. A회사가 지배·개입의 부당노동행위 주체가 될 수 있는지 여부

노조법 제84조의 구제명령의 대상자로서의 사용자는 원칙적으로는 사업주인 사용자가 된다. 그러나 구제명령의 대상자로서 사용자는 폭넓게 해석될 수 있다. 왜

냐하면 노동조합의 조직력을 약화시키거나 의사결정에 개입하여 노동조합의 활동
에 영향을 가하는 지배·개입행위는 반드시 근로계약당사자에 의해서만 행해지는
것은 아니기 때문이다. 대법원도 근로계약관계 당사자가 아닌 자도 구제명령을 이
행할 수 있는 사실상 권한이나 능력이 있는 경우라면 그 한도 내에서 부당노동행위
구제명령 이행의무자가 될 수 있다고 본다(대법원 2010. 3. 25. 선고 2007두8881 판결).
나아가 지배·개입의 부당노동행위 구제명령 이행의무자인 사용자의 범위를 실질적
지배·영향력설을 취하여 획정하고 있다.

　　사안에서 A회사는 사내 하청업체 근로자들과 명시적 또는 묵시적 근로계약을
체결한 바가 없기 때문에 근로계약상의 사용자는 아니지만, 이들의 작업시간과 작
업 일정 등을 전반적으로 관리·통제하고 있었다. 작업의 진행방법, 작업시간 및 연
장, 휴식, 야간근로 등에 관하여서도 하청업체 근로자들은 실질적으로 A회사 공정
관리자(직영반장이나 팀장)의 지휘·감독 하에 놓여 있었으며, A회사는 작업도구 및
자재를 공급하여 하청업체 근로자들이 A회사 사업장에서 작업을 하도록 하였다. 사
내 하청업체는 대부분 A회사의 업무만 수행하였고, A회사는 사내 하청업체에 대한
개별도급계약의 체결 여부 및 물량을 그 계획에 따라 주도적으로 조절할 수 있는데
다가 그 외에도 도급계약의 해지, 사내 하청업체 등록해지 권한을 가지고 있었다.

　　따라서 A회사는 사내 하청업체 소속 근로자들의 기본적인 노동조건 등에 관하
여 사용자인 사내 하청업체의 권한과 책임을 일정 부분 담당하고 있다고 볼 정도로
실질적이면서 구체적으로 지배·결정할 수 있는 지위에 있다고 볼 수 있고, 그 부분
에 한해서 노조법 제81조 제1항 제4호 소정의 부당노동행위의 시정을 명하는 구제
명령을 이행할 주체로서의 사용자에 해당한다.

Ⅲ. A회사의 지배·개입의 부당노동행위 인정 여부

　　지배·개입의 부당노동행위가 성립되기 위해서는 사용자의 지배·개입 행위가
존재하면 되며, 노동조합의 조직력이 약화되거나 구체적인 손해가 발생하는 등 결
과가 발생할 까지 요하지는 않는다. 다만 사용자의 지배·개입 의사는 필요하다.
사용자의 지배·개입 의사의 존재는 부당노동행위를 주장하는 근로자 또는 노동조
합이 증명해야 한다. 의사는 내심의 영역이므로 증명이 현실적으로 어려우므로 객
관적 정황에 대한 추단을 통해 지배·개입 의사의 존부를 판단한다.

　　사안에서 A회사는 하청업체에 조합원의 근무대기를 요청하거나 조합원 유인물

배포 등 행위에 대해 도급계약해지를 경고하였고, 하청업체에 대해 도급계약 체결과 해지권을 가지고 있어 우월적 지위에 있었다. 하청업체들의 폐업은 특별한 사유 없이 하청업체 소속 근로자들이 노동조합을 설립하고 활동을 개시한 직후에 이루어진 사실 등을 종합적으로 판단할 때 폐업결정과 하청업체 근로자들의 노동조합 활동은 인과관계가 있는 것으로 판단된다. 하청업체들의 폐업은 별다른 사정없이 노동조합이 설립되고 근로조건에 대한 협상 요구를 받자 즉시 결정되었다. 하청업체가 폐업된 후 다른 이름의 하청업체를 설립해 폐업된 하청업체 소속 근로자를 승계하고 업무도 그대로 승계하였다. 이러한 사정을 종합하면 A회사는 우월적 지위에서 적극적 노조활동을 하는 노조원들이 있는 하청업체들의 폐업에 실질적 영향을 준 것으로 볼 수 있으며, 이로 인하여 근로자들의 조합의 활동을 위축시키거나 침해하고자 하는 지배개입의 의사를 인정할 수 있다. 따라서 A회사의 노조법 제81조 제1항 제4호의 지배·개입의 부당노동행위가 인정된다.

Ⅳ. 결   론

A회사는 하청업체 근로자들에 대해 실질적 지배·영향력을 미치는 범위 내에서 노조법 제81조의 사용자성이 인정될 수 있으며, 하청업체 폐업 유도를 통한 노조활동 위축 내지 침해는 지배·개입의 부당노동행위를 구성한다. 따라서 중앙노동위원회는 A회사가 하청업체의 사업폐지를 유도하여 근로자들의 조합활동을 위축시키는 행위를 금지하는 내용으로 구제명령을 발할 수 있으며, 그와 같은 구제명령이 A회사가 폐업한 하청업체 근로자들에 대한 근로계약상의 사용자가 아니라는 이유로 위법하다고 볼 수는 없다.

문제 2

甲, 乙의 구제신청이 인정된 경우, 향후 구체적인 구제방안에 대하여 검토하시오. (20점)

I. 문제의 논점

사안에서 A회사의 행위가 노조법 제81조 제1항 제4호의 지배·개입의 부당노동행위에 해당한다면 노동위원회 또는 법원은 어떠한 행정적 구제명령을 할 수 있는지, 나아가 근로자들이 이와 별개로 불법행위 손해배상청구 등 사법적 손해배상 청구를 할 수 있을지가 문제된다.

II. 지배·개입 부당노동행위에 대한 구제

부당노동행위에 대해서는 원상회복 등 행정적 구제와 손해배상 등 사법적 구제 및 형사처벌에 의한 구제가 있다.

1. 행정적 구제 – 구제명령으로 추상적 부작위 명령

부당노동행위에 대한 구제절차는 관할노동위원회에 사건을 제기함으로써 개시되며, 부당노동행위가 성립한다고 판정한 때에는 사용자에게 구제명령을 발하며 부당노동행위가 성립되지 아니한다고 판정한 때에는 그 구제신청을 기각하는 결정을 한다. 지방노동위원회의 결정에 대해서는 중앙노동위원회에 재심으로 다툴 수 있으며, 중앙노동위원회의 재심판정은 일종의 행정처분으로 이에 대하여 행정소송법상 취소소송을 제기할 수 있다. 사용자의 지배·개입 행위가 사실행위로 이루어진 경우 그 행위 자체를 제거 내지 취소하여 원상회복하는 것이 곤란한 경우가 있으며 또한 사용자의 행위가 장래에 걸쳐 계속 반복하여 행하여질 가능성이 많기 때문에 사용자의 지배·개입에 해당하는 행위를 금지하는 부작위명령은 적절한 구제방법이 될 수 있다.

따라서 중앙노동위원회가 지배·개입을 부당노동행위로 인정한 후 원청회사인 A회사에 대한 "실질적인 영향력과 지배력을 행사하여 사업폐지를 유도하는 행위와 이로 인하여 노동조합의 활동을 위축시키거나 침해하는 행위를 하여서는 아니 된다"는 구제명령도 가능하다(대법원 2010. 3. 25. 선고 2007두8881 판결).

2. 사법적 구제 – 손해배상

위장폐업에 의한 부당해고는 근로자에 대한 관계에서 불법행위를 구성한다. 사용자가 근로자들에게 어떠한 해고사유도 존재하지 아니함에도 노동조합활동을 혐오한 나머지, 경영상 어려움 등 명목상 이유를 내세워 사업 자체를 폐지하고 근로자들을 해고함으로써 일거에 노동조합을 와해시키고 조합원 전원을 사업장에서 몰아내고는 다시 기업재개, 개인 기업으로의 이행, 신설회사 설립 등 다양한 방법으로 종전 회사와 다를 바 없는 회사를 통하여 여전히 예전의 기업 활동을 계속하는 것은 우리의 건전한 사회통념이나 사회상규상 용인될 수 없는 행위이다. 따라서 근로자들로서는 위장폐업에 의한 부당해고가 무효임을 이유로 민법 제538조 제1항에 따라 구회사 내지는 그와 실질적으로 동일성을 유지하고 있는 신설회사에 대하여 계속 근로하였을 경우 그 반대급부로 받을 수 있는 임금의 지급을 구할 수 있음은 물론이고, 아울러 위장폐업에 의한 부당해고가 불법행위에 해당함을 이유로 손해배상을 구할 수 있고, 그 중 어느 쪽의 청구권이라도 선택적으로 행사할 수 있다(대법원 2011. 3. 10. 선고 2010다13282 판결).

3. 형사처벌

노조법 제90조는 부당노동행위 규정에 위반한 자에 대하여 2년 이하의 징역 또는 2천만 원 이하의 벌금에 처하는 형사처벌조항을 두고 있다. 즉, 현행 노조법은 노동위원회에 의한 사후구제절차와 병행하여 부당노동행위를 행한 사용차를 처벌함으로써 부당노동행위를 사전에 예방·억제하는 기능을 가지고 있다.

따라서 근로자나 노동조합은 사용자의 부당노동행위가 있을 경우 관할 지방고용노동관서나 검찰에 직접 진정, 고소 또는 고발을 행할 수 있고 검사는 원칙적으로 노동위원회의 구제절차에 관계없이 독자적으로 기소 여부를 결정할 수 있다.

Ⅲ. 결　　론

A회사의 하청업체 근로자들에 대한 하청업체 폐업 유도 및 노동조합 활동 위축 행위가 지배·개입의 부당노동행위를 구성하는 경우, 조합원들은 노동위원회에 구제신청을 하여 구제명령을 받을 수 있으며, 나아가 근로자들은 사법상 손해배상청

구를 할 수 있으며, 검찰에 형사처벌을 위한 진정 또는 고소를 할 수 있다. C회사의 폐업이 위장폐업이라 할지라도 乙의 부당해고에 따른 법률효과는 A회사가 아닌 D 회사에 대하여 주장할 수 있다.

유사사례

甲은 서울에서 여객운송업(서울시내버스)을 하는 A회사와 호텔업을 하는 B회사의 사용자이다. 두 사업체 모두 최근 10년간 흑자를 내고 있는 건실한 개인업체이다. A회사 및 B회사에는 그간 노동조합이 없었으나 1999년 8월과 11월에 각각 A회사에는 C노동조합이, B회사에는 D노동조합이 실질적·형식적 요건을 갖추고 적법하게 결성되어 활동을 시작하였다. 양 노동조합은 2000년 4월 10일에 각각의 단체교섭을 요구하였다.

그런데 노동조합을 평소 혐오하던 甲은 2000년 4월 11일에 A회사 및 B회사 모두 폐업함을 공고하고, 서울시에 두 회사의 사업자등록증을 반납한 후 B회사에 대해서는 사업의 자산을 모두 매각하고, A회사에 대해서는 버스들을 제외한 기타 자산만을 매각하고는 청산절차를 거쳐 폐업하였다. 그 후 甲은 2000년 6월 20일에 E회사를 설립하여 경기도 구리시에서 서울과 구리시를 오가는 여객운송업을 다시 시작하면서 종래 A회사의 버스를 활용하는 한편 비노조원이었던 일부 기사들을 재고용하였다. 이에 C 및 D노동조합은 A, B회사의 폐업은 부당노동행위임을 이유로 노동위원회에 관할구제신청을 하였다. C 및 D노동조합의 신청은 인용될 수 있겠는가?

해설요지

　　동일한 사용자 甲의 반노조의사에 기해 이루어진 A회사와 B회사의 폐업에 대해 부당노동행위 구제신청을 한 C노동조합과 D노동조합의 신청인용여부는 당해 폐업이 위장폐업인지 진정폐업인지에 따라 그 결론을 달리하게 된다. 즉, A회사의 경우는 사실상 E회사를 통해 기업경영이 지속되고 있는 이른바 위장폐업으로서 이는 부당노동행위에 해당된다. 따라서 C노동조합의 구제신청은 인용될 것인바 이로 말미암아 甲은 원상회복의무와 함께 당시 A회사 근로자들은 사실상 부당해고된 것이므로 볼 수 있게 된다.

　　한편 B회사의 폐업은 비록 반노조의사에 기한 것이나 그 폐업의 의사가 진정한 것으로서 이른바 진정폐업이라 할 것이다. 이러한 진정폐업에 대하여는 그 견해가 나누어지며 결론도 달리하게 된다. 즉, 진정폐업이라 하여도 반노조의사에 기한 이상 부당노동행위로서 당해 폐업은 무효로 된다는 견해에 따르면 D노동조합의 구제신청은 인용될 수 있다. 그러나 유효설의 경우에는 적어도 폐업의 의사가 진정하다면 그 폐업을 무효로 할 수 없다 할 것이므로 D노동조합의 구제신청은 인용되지 않을 것이다. 대체로 판례는 그 구제실익이 없음을 이유로 각하하고 있다. 즉, 판례에 따르더라도 B회사의 폐업이 결과적으로 유효로 되는 셈이며 따라서 D노동조합은 구제받을 수 없게 된다.

판단건대 부당노동행위제도는 근로관계의 지속을 전제로 그 정상적 상태로의 회복을 도모하는 제도라는 점에서 진정한 영업폐지의 의사에 기초한 폐업을 부인할 수 있는 근거는 되지 못한다고 할 것이다. 특히 폐업 자체를 그 동기가 반노조적이라고 하여 무효로 한다면, 결과적으로 폐업의 자유의 본질적 내용을 침해하게 되어 기본권충돌시의 실제적 조화의 원칙에도 부합되지 않는다. 따라서 B회사의 폐업에 대한 D노동조합의 구제신청은 인용될 수 없다.

주요참조판례

1. 노조법상 사용자

[1] 노조법 제2조 제2호에서 '그 사업의 근로자에 관한 사항에 대하여 사업주를 위하여 행동하는 자'라 함은 근로자의 인사, 급여, 후생, 노무관리 등 근로조건의 결정 또는 업무상의 명령이나 지휘감독을 하는 등의 사항에 대하여 사업주로부터 일정한 권한과 책임을 부여받은 자를 말하고, '항상 사용자의 이익을 대표하여 행동하는 자'라 함은 근로자에 대한 인사, 급여, 징계, 감사, 노무관리 등 근로관계 결정에 직접 참여하거나 사용자의 근로관계에 대한 계획과 방침에 관한 기밀사항 업무를 취급할 권한이 있는 등과 같이 그 직무상의 의무와 책임이 조합원으로서의 의무와 책임에 직접적으로 저촉되는 위치에 있는 자를 의미하므로, 이러한 자에 해당하는지 여부는 일정한 직급이나 직책 등에 의하여 일률적으로 결정되어서는 아니 되며, 그 업무의 내용이 단순히 보조적·조언적인 것에 불과하여 그 업무의 수행과 조합원으로서의 활동 사이에 실질적인 충돌이 발생할 여지가 없는 자도 이에 해당하지 않는다고 할 것이다(대법원 2011. 9. 8. 선고 2008두13873 판결).

[2] 노동조합법 제81조제1항제3호의 사용자에는 같은 항 제4호의 사용자와 마찬가지로 근로자와의 사이에 사용종속관계가 있는 자뿐만 아니라 기본적인 노동조건 등에 관하여 그 근로자를 고용한 사업주로서의 권한과 책임을 일정 부분 담당하고 있다고 볼 정도로 실질적이고 구체적으로 지배·결정할 수 있는 지위에 있는 자도 포함된다고 해석함이 타당하다. 원고는 자신이 집배점 택배기사들에 대한 관계에서 노동조합법상 사용자에 해당하지 않는다는 이유로 참가인(전국택배노동조합)의 이 사건 단체교섭 요구를 거부하였다. 그러나 원고는 집배점 택배기사들에 대한 관계에서 노동조합법상 사용자에 해당하므로, 자신이 집배점 택배기사들에 대한 관계에서 노동조합법상 사용자에 해당하지 않는다는 것은 참가인의 이 사건 단체교섭 요구를 거부할 정당한 이유가 될 수 없다. 나아가 원고는 이 사건 단체교섭 요구를 거부할 다른 정당한 이유에 대해 아무런 주장·증명을 하지 않고 있다. 그렇다면 이 사건 단체교섭 거부에 정당한 이유가 있다고 할 수 없고, 노동조합법 제81조제1항제3호의 부당노동행위에 해당한다(서울행법 2023. 1. 12. 선고 2021구합71748 판결).

2. 사용자의 언론의 자유와 지배·개입 부당노동행위 의사

사용자 또한 자신의 의견을 표명할 수 있는 자유를 가지고 있으므로, 사용자가 노동조합의 활동에 대하여 단순히 비판적 견해를 표명하거나 근로자를 상대로 집단적인 설명회 등을 개최하여 회사의 경영상황 및 정책방향 등 입장을 설명하고 이해를 구하는 행위 또는 비록 파업이 예정된 상황이라 하더라도 그 파업의 정당성과 적법성 여부 및 파업이 회사나 근로자에 미치는 영향 등을 설명하는 행위는 거기에 징계 등 불이익의 위협 또는 이익제공의 약속 등이 포함되어 있거나 다른 지배·개입의 정황 등 노동조합의 자주성을 해칠 수 있는 요소가 연관되어 있지 않는 한, 사용자에게 노동조합의 조직이나 운영 및 활동을 지배하거나 이에 개입하는 의사가 있다고 가볍게 단정할 것은 아니라 할 것이다(대법원 2013. 1. 10. 선고 2011도15497 판결; 대법원 2013. 1. 31. 선고 2012도3475 판결).

3. 부당노동행위 의사의 증명 및 지배·개입 부당노동행위 사용자성

　[1] 사용자의 행위가 노동조합 및 노동관계조정법(이하 '노조법'이라 한다)에 정한 부당노동행위에 해당한다는 점은 이를 주장하는 근로자 또는 노동조합이 증명하여야 하므로, 필요한 심리를 다하였어도 사용자에게 부당노동행위의사가 존재하였는지 여부가 분명하지 아니하여 그 존재 여부를 확정할 수 없는 경우에는 그로 인한 위험이나 불이익은 이를 주장하는 근로자 또는 노동조합이 부담할 수밖에 없다. 그리고 사용자가 근로자를 해고함에 있어서 적법한 징계해고사유가 있어 징계해고한 이상 사용자가 근로자의 노동조합활동을 못마땅하게 여긴 흔적이 있다 하여 그 사유만으로 징계해고가 징계권 남용에 의한 노조법상의 부당노동행위에 해당한다고 단정할 것도 아니다(대법원 2011. 7. 28. 선고 2009두9574 판결 참조).

　[2] 근로자의 기본적인 노동조건 등에 관하여 그 근로자를 고용한 사업주로서의 권한과 책임을 일정 부분 담당하고 있다고 볼 정도로 실질적이고 구체적으로 지배·결정할 수 있는 지위에 있는 자가, 노동조합을 조직 또는 운영하는 것을 지배하거나 이에 개입하는 등으로 노조법 제81조 제4호(2020. 6. 9. 개정되기 전의 법률)에서 정한 행위를 하였다면, 그 시정을 명하는 구제명령을 이행하여야 할 사용자에 해당한다(대법원 2014. 2. 13. 선고 2011다78804 판결).

4. 부당노동행위에 대한 사법적 구제: 불법행위에 의한 손해배상

　[1] 부당노동행위가 되는 위장폐업이란 기업이 진실한 기업폐지의 의사가 없이, 다만 노동조합의 결성 또는 조합활동을 혐오하고 노동조합을 와해시키기 위한 수단으로서 기업을 해산하고 조합원을 전원 해고한 다음 새로운 기업을 설립하는 등의 방법으로 기업의 실체가 존속하면서 조합원을 배제한 채 기업활동을 계속하는 경우를 말한다(대법원 1991. 12. 24. 선고 91누2762 판결).

　[2] 위장폐업에 의한 부당해고는 근로자에 대한 관계에서 불법행위를 구성한다. 따라서 근로자들로서는 위장폐업에 의한 부당해고가 무효임을 이유로 민법 제538조 제1항에 따라 구회사 내지는 그와 실질적으로 동일성을 유지하고 있는 신설회사에 대하여 계속 근로하였을 경우 그 반대급부로 받을 수 있는 임금의 지급을 구할 수 있음은 물론이고, 아울러 위장폐업에 의한 부당해고가 불법행위에 해당함을 이유로 손해배상을 구할 수 있고, 그 중 어느 쪽의 청구권이라도 선택적으로 행사할 수 있다(대법원 2011. 3. 10. 선고 2010다13282 판결).

단체교섭거부의 부당노동행위와 구제방법

A회사의 근로자들 30여 명 정도가 산별노조인 B노조에 가입하면서 B노조가 단체교섭요구서를 보내왔음에도 A회사는 다음의 이유로 B노조의 교섭요구에 응하지 않고 있다.

(1) 이미 A회사의 사업내용과 유형에 비추어 규약상 당해 산업분야 조직대상업종으로 볼 수 있는지 여부가 조합내부에서 다투어지고 있는 중에 자사 근로자들의 가입을 허용하고 교섭요구하고 있는 점.

(2) 단체교섭요구서에 교섭사항으로 회사의 구조조정계획 철회와 회사에서 중대한 개인적 비위행위로 해고된 조합임원 2명의 복직을 기재하고 있는데 이는 교섭사항이 될 수 없는 점.

회사와의 사전 협의없이 일방적으로 팩스로 보내온 단체교섭요구서에 구체적인 단체교섭의 사항을 기재하지도 않았으며, 교섭일시를 문서전송일로부터 2일 후로, 교섭장소도 자신의 조합사무실로 정하고 있어, A회사는 교섭사항을 알려주고 교섭일자와 장소의 변경을 제안하였으나

A회사의 교섭요구사항의 명시요청과 합리적 이유있는 교섭일시와 장소의 변경 제안에도 응하지도 않았다.

문제 1

A회사가 들고 있는 위 각 교섭요구불응사유가 단체교섭거부의 정당한 사유에 해당하는지 검토하시오. (20점)

문제 2

단체교섭 거부의 부당노동행위로 인정되는 경우 구제방법에 대하여 검토하시오. (30점)

사례해결의 Key Point

문제 1

사용자의 교섭거부의 부당노동행위의 인정 여부는 교섭거부의 정당한 사유가 있는지에 달려 있다. 교섭거부가 단체교섭거부에 정당한 이유가 있는지의 판단기준은 노동조합이 교섭요구의 당사자(정당한 교섭권자인지 여부), 교섭대상(교섭사항), 교섭절차(교섭시간, 장소, 태도) 등에 따라 판단되어야 한다.

문제 2

사용자의 교섭거부의 부당노동행위에 대한 노동조합의 구제방안으로는 노동위원회를 통한 행정적 구제와 법원을 통한 사법적 구제수단 그리고 자력구제로서 쟁의행위의 가능성이 논의되어야 한다. 사법적 구제방안으로 단체교섭응낙가처분과 불법행위에 기한 손해배상청구권의 인정과 관련하여서 단체교섭권의 사법적 청구권으로서의 성질과 불법행위로 볼 수 있는 요건이 문제된다.

───────── 〈풀 이 목 차〉 ─────────

문제 1

A회사가 들고 있는 위 각 교섭요구불응사유가 단체교섭거부의 정당한 사유에 해당하는지 검토하시오. (20점)

Ⅰ. 문제의 논점

사용자가 정당한 이유없이 교섭을 거부하면 부당노동행위가 된다. 노조의 교섭 요구에 대한 사용자의 교섭거부가 부당노동행위로 평가받지 않기 위해서는 교섭거부에 정당한 이유가 있어야 한다.

노동조합의 대표자가 정당한 교섭권자가 아니라는 점이 명백하면, 이를 이유로 한 단체교섭거부는 부당노동행위에 해당하지 않는다. 그리고 단체교섭사항이 될 수 없는 사항을 주된 교섭사항으로 하거나 교섭요구절차나 방식이 사회통념에 비추어 객관적으로 수용하기 어려운 경우에 교섭거부는 정당하다고 판단될 수 있을 것이다. 이러한 판단기준에 따라 사안에서의 각 불응사유를 개별적으로 검토해 보기로 한다.

Ⅱ. B노조가 교섭요구의 정당한 당사자인지 여부

노동조합의 조직대상범위를 어떻게 규정할지는 노동조합이 자율적으로 정할 수 있는 사항이다. 그리고 특정 사업장의 근로자가 조합규약상 조직대상에 포함되는지에 대한 판단과 결정의 주체도 원칙적으로 노동조합이다. 산업화의 진전에 따라 업종이 다양화되고 복합화되어 규약에서 규정한 산업에 포함시킬 수 있는지 여부를 판단하기 어렵고, 조합원 가입 허용 여부와 관련하여 해석상 논란이 있는 경우에도 규약변경절차를 통하여 조직대상범위를 변경하거나 확대할 수 있으며, 규약을 해석하여 조합원으로의 가입을 허용할지 여부에 관하여는 각 산업별 노동조합이 합리적인 범위 내에서 자율적으로 결정할 수 있다고 본다.

따라서 비록 B노조 내부에서 조직대상인지 여부에 대하여 내부적으로 논란이 되고 있다 할지라도 조합규약을 해석하여 A회사 근로자들에 대하여 조합원으로의 가입을 승인하였다면 이들의 조합원 지위와 B노조의 교섭당사자로서의 지위를 부인하기는 어렵다고 판단된다. 따라서 노동조합이 A회사 근로자들을 규약상의 조직대상으로 보고 조합원으로 가입하도록 했다면 사용자인 A회사가 조직대상인지 여부에 대하여 내부적으로 논란이 되었다는 이유는 B노조의 교섭요구에 대하여 교섭을 거부할 수 있는 정당한 사유가 되기는 어렵다 할 것이다.

Ⅲ. B노조의 교섭요구사항의 단체교섭대상인지 여부

경영·인사사항이 교섭대상이 될 수 있는지 여부에 대하여는 학설상으로 논란이 되고 있다. 대체로 사용자의 고유한 경영권과 인사권에 속하는 사항으로서 교섭사항이 될 수 없다는 견해, 경영사항이지만 경영상 결정으로 근로조건에 영향을 미치는 사항에 대하여는 교섭대상으로 볼 수 있다는 견해, 그리고 사용자의 경영권을 근본적으로 제한하지 않는 이상 근로조건과 밀접한 관련을 가지는 경영사항은 교섭대상이 된다고 보는 견해 중, 어느 견해에 의하느냐에 따라 판단을 달리할 수 있다.

그러나 판례는 일관되게 사업조직의 통폐합 등 기업구조조정의 실시 여부는 경영주체의 고도의 경영상 결단에 속하는 사항으로 단체교섭대상이 아니라고 본다. 이러한 판례의 태도에 따르면 사안에서와 같이 구조조정계획자체의 철회를 교섭요구사항으로 하는 경우 이는 구조조정이 근로자에 미치는 영향과 관련하여 일반적 기준이나 불이익보전방안에 관한 사항이 아닌 구조조정 여부의 결정에 관한 사항으로서 교섭사항으로 보기는 어렵다고 판단된다.

인사사항에 대하여도 전보, 징계, 해고 등 인사기준과 절차에 관한 사항은 교섭대상으로 이해될 수 있으나, 사안에서와 같이 특정 해고근로자의 복직과 같은 개별적 인사조치는 개별 권리분쟁사항으로서 단체교섭에서 다루어질 사항이 아니다.

따라서 단체교섭대상이 아닌 사항이라는 이유로 한 A회사의 교섭거부는 정당한 이유가 인정되므로 부당노동행위로 평가될 수 없다.

Ⅳ. B노조의 교섭절차와 방식

B노조는 A회사와 사전 협의없이 일방적으로 단체교섭을 요구하는 교섭요구서를 팩스로 보냈고, 여기에 구체적인 단체교섭의 사항을 기재하지도 않았으며, 교섭일시를 문서전송일로부터 2일 후로, 교섭장소도 자신의 조합사무실로 정하고 있다. 그리고 A회사의 교섭요구사항의 명시요청과 합리적 이유있는 교섭일시와 장소의 변경제안에도 응하지도 않았다. 이러한 사정을 종합적으로 고려할 때 B노조의 교섭

요구가 사회통념상 합리적이고 정상적인 교섭요구라고 보기 어렵다.

　　따라서 사안에서 B노조의 교섭요구에 A회사가 응하지 않았다고 하여 정당한 이유 없이 단체교섭을 거부하거나 해태한 것으로 볼 수는 없다.

V. 결　　론

　　사안에서 A회사가 B노조가 교섭당사자 지위를 문제삼아 교섭거부한 것은 정당한 이유없는 단체교섭거부행위로서 부당노동행위이나, 교섭대상이 아닌 사항으로 교섭요구한 점, 절차 및 방법상의 문제를 이유로 한 교섭거부는 정당한 이유가 인정되기에 부당노동행위가 성립되지 않는다.

> **문제 2**
> 단체교섭 거부의 부당노동행위로 인정되는 경우 구제방법에 대하여 검토하시오.
> (30점)

Ⅰ. 문제의 논점

사용자가 정당한 이유없이 단체교섭을 거부하는 경우에 노동조합의 구제방안으로는 노동위원회에 부당노동행위 구제신청을 통한 행정적 구제와 법원을 통한 사법적 구제방안이 있다. 사법적 구제방안으로는 교섭응낙가처분과 손해배상이 검토될 수 있는데, 이와 관련하여서는 단체교섭권을 사법적 청구권으로 볼 수 있는지, 교섭자체는 강제집행이 될 수 없다는 점에서 가처분대상으로 적절한지 그리고 손해배상의 내용 여부가 문제된다.

나아가 교섭거부시 쟁의행위를 통해 교섭에 응하도록 할 수 있는지도 검토될 수 있다. 요컨대 자력구제수단으로 '쟁의행위가 허용될 수 있는가'라는 문제로서 조정전치주의와 관련하여 논의되어야 할 것이다.

Ⅱ. 행정적 구제(부당노동행위 구제신청)

단체교섭거부에 대한 부당노동행위 구제신청에 노동위원회가 부당노동행위로 인정하면 구제명령을 내리게 된다. 단체교섭거부 사건에서 구제명령은 교섭사항, 교섭담당자, 교섭시기 등을 특정하여 성실하게 단체교섭을 할 것을 명하는 내용이 될 것이다. 노동위원회의 구제명령은 부당노동행위를 시정하기 위한 행정처분이므로 구제명령에 불복하는 경우 행정소송을 통해 노동위원회의 부당노동행위 판정의 취소를 구하는 방식으로 교섭거부의 부당노동행위 여부를 법원에서 판단하게 된다. 부당노동행위에 대하여는 법률에서 정한 벌칙이 적용되기 때문에 교섭이 이루어 지는 것이 일반적이겠지만 사용자가 단체교섭에 응하지 않는 이상 단체교섭은 사실상 진행될 수 없다는 한계가 있다.

Ⅲ. 사법적 구제

1. 교섭응낙가처분신청

사용자의 단체교섭거부로 인한 가처분으로는 단체교섭응낙가처분, 단체교섭거부금지가처분, 성실교섭응낙가처분, 단체교섭지위보전(확인)의 가처분 등을 생각할 수 있으나 실무적으로는 대표적 형태로 단체교섭응낙가처분이 주로 논의되고 활용된다. 단체교섭응낙가처분과 관련해서는 노동조합의 단체교섭권을 사법상 청구권으로 인정할 수 있는지 여부가 논란이 된다. 가처분의 요건으로 청구권이나 채권관계의 존재가 요구되는데, 단체교섭권의 청구권성을 부정하는 입장에서는 단체교섭응낙가처분을 인정하기 어렵게 된다. 단체교섭권을 사법상 청구권으로 인정하는 견해 중에서도 이를 강제집행할 적절한 방법이 없다는 점에서 단체교섭응낙가처분을 인정하기 어렵다는 견해도 있다. 그러나 교섭응낙가처분신청 사건에 대해 판단해 주고 있는 것이 법원실무이다.

보전의 필요성과 관련하여서도 사용자의 단체교섭거부로 인한 손해가 현저하고 급박한 것인지에 관하여도 단체교섭과정은 복잡하고 다양한 상황이 유동적으로 전개되고 있을 뿐만 아니라 노동조합의 손해가 가처분을 명할 정도로 현저하고 급박한 위험으로 볼 수 없다는 견해가 있다. 그러나 판례는 특별한 사정이 없는 한, 노동조합 또는 그 조합원의 현저하고 급박한 손해발생가능성을 추정하여 보전의 필요성을 널리 인정하고 있다.

결국 가처분 요건과 관련한 논란에도 불구하고 판례에서는 단체교섭응낙가처분을 받아주고 있으며, 가처분이 인용결정되는 경우가 적지 않기 때문에 실무상 유용한 구제수단이 되고 있다.

2. 손해배상청구

판례에 의하면 단체교섭거부행위가 바로 위법한 행위로 평가되어 불법행위가 되는 것은 아니지만, 그 단체교섭 거부행위가 구체적 내용과 행태 등에 비추어 건전한 사회통념이나 사회상규상 용인될 수 없는 악의적인 단체교섭권 침해행위로 판단되는 경우에는 노동조합에 대한 불법행위가 성립된다. 이 경우에는 단체교섭권에 대한 침해행위(사법적 청구권으로서 단체교섭청구권의 침해)이므로 단체교섭권을 침해당한 노동조합은 불법행위에 근거하여 손해배상을 청구할 수 있다.

　　노동조합의 단체교섭권은 헌법에 의해 보장된 권리이고 근로3권 보장질서의 중추적 내용으로서 일정한 요건을 갖춘 교섭거부의 양태와 내용에 따라서는 단체교섭권의 침해행위로서 불법행위가 인정될 수 있다. 다만, 교섭거부로 인한 손해의 증명과 인정이 실제로 용이하지 않다는 문제는 있다.

Ⅳ. 자력구제로서 쟁의행위의 가능성

　　노동조합의 교섭요구에도 불구하고 사용자가 단체교섭을 거부하거나 해태하여 교섭이 결렬된 경우 노동조합은 부당노동행위에 대한 행정적 사법적 구제와 더불어 사용자의 정당한 이유 없는 단체교섭거부에 대하여 자력구제수단으로 쟁의행위가 허용될 수 있는지도 검토될 수 있다. 노조법에서 조정(調整)전치주의(노조법 제45조)를 규정하여 노사당사자의 평화적 교섭수단이 소진되었을 때 최후수단으로 쟁의행위를 할 수 있도록 하고 있다. 즉 이에 따르면 노사간 교섭이 결렬되어 더 이상 자주적 교섭에 의한 합의의 여지가 없는 경우에 '노동쟁의'(노조법 제2조 5호)가 발생하나, 노조법 소정의 조정절차를 경유하여야만 쟁의행위를 개시할 수 있다.

　　그러나 사용자가 단체교섭을 거부하는 경우에는 처음부터 교섭을 통한 합의의 여지가 없다고 할 것이므로 교섭거부시 바로 노동쟁의가 발생한다고 할 것이다. 이후 노동위원회가 조정절차를 개시하여도 사용자가 조정절차에 응하지 않거나 조정기간 내 조정이 성립되지 않으면 최후수단으로서 쟁의행위가 가능하다고 판단된다.

Ⅴ. 결　　론

　　사용자의 교섭거부의 부당노동행위에 대한 구제방안으로 행정적 구제로서 노동위원회에 부당노동행위 구제신청, 사법적 구제로서 법원에 교섭응낙가처분신청, 사용자에 대한 손해배상청구권이 인정되고, 최후수단으로서 쟁의행위도 가능하다고 본다.

주요참조판례

단체교섭거부의 부당노동행위

[1] 부당노동행위는, 사용자가 아무런 이유 없이 단체교섭을 거부 또는 해태하는 경우는 물론이고, 사용자가 단체교섭을 거부할 정당한 이유가 있다거나 단체교섭에 성실히 응하였다고 믿었더라도 객관적으로 정당한 이유가 없고 불성실한 단체교섭으로 판정되는 경우에도 성립한다고 할 것이다(대법원 1998. 5. 22. 선고 97누8076 판결).

[2] 단체교섭에 대한 사용자의 거부나 해태에 정당한 이유가 있는지 여부는 노동조합측의 교섭권자, 노동조합측이 요구하는 교섭시간, 교섭장소, 교섭사항 및 그의 교섭태도 등을 종합하여 사회통념상 사용자에게 단체교섭의무의 이행을 기대하는 것이 어렵다고 인정되는지 여부에 따라 판단하여야 한다.

단체교섭의 일시를 정하는 데에 관하여 노사간에 합의된 절차나 관행이 있는 경우에는 그에 따라 단체교섭 일시를 정하여야 할 것이나, 그와 같은 절차나 관행이 없는 경우, 노동조합측이 어느 일시(이하 '노조제안 일시'라 한다)를 특정하여 사용자에게 단체교섭을 요구하더라도 사용자가 교섭사항 등의 검토와 준비를 위하여 필요하다는 등 합리적 이유가 있는 때에는 노동조합측에 교섭일시의 변경을 구할 수 있고, 이와 같은 경우에는 노동조합측이 사용자의 교섭일시 변경요구를 수용하였는지 여부에 관계없이 사용자가 노조제안 일시에 단체교섭에 응하지 아니하였다 하더라도 사용자의 단체교섭 거부에 정당한 이유가 있다고 할 것이나, 사용자가 합리적인 이유 없이 노조제안 일시의 변경을 구하다가 노동조합측이 이를 수용하지 아니하였음에도 노조제안 일시에 단체교섭에 응하지 아니하였거나 사용자가 위 일시에 이르기까지 노조제안 일시에 대하여 노동조합측에 아무런 의사표명도 하지 아니한 채 노조제안 일시에 단체교섭에 응하지 아니한 경우에는 사용자가 신의에 따라 성실하게 교섭에 응한 것으로 볼 수 없으므로, 사용자의 단체교섭 거부에 정당한 이유가 있다고 할 수 없다(대법원 2006. 2. 24. 선고 2005도8606 판결).

[3] 사용자가 노동조합과의 단체교섭을 정당한 이유 없이 거부하였다고 하여 그 단체교섭 거부행위가 바로 위법한 행위로 평가되어 불법행위의 요건을 충족하게 되는 것은 아니지만, 그 단체교섭 거부행위가 그 원인과 목적, 그 과정과 행위태양, 그로 인한 결과 등에 비추어 건전한 사회통념이나 사회상규상 용인될 수 없는 정도에 이른 것으로 인정되는 경우에는 그 단체교섭 거부행위는 부당노동행위로서 단체교섭권을 침해하는 위법한 행위로 평가되어 불법행위의 요건을 충족하게 되는바, 사용자가 노동조합과의 단체교섭을 정당한 이유 없이

거부하다가 법원으로부터 노동조합과의 단체교섭을 거부하여서는 아니 된다는 취지의 집행력 있는 판결이나 가처분결정을 받고서도 이를 위반하여 노동조합과의 단체교섭을 거부하였다면, 그 단체교섭 거부행위는 건전한 사회통념이나 사회상규상 용인될 수 없는 정도에 이른 행위로서 헌법이 보장하고 있는 노동조합의 단체교섭권을 침해하는 위법한 행위라고 할 것이므로, 그 단체교섭 거부행위는 노동조합에 대하여 불법행위를 구성한다(대법원 2006. 10. 26. 선고 2004다11070 판결).

[4] 조합은 공소외 1이 이 사건 회사에 채용된 지 7일만에 이 사건 회사와의 사전 협의 없이 일방적으로 단체교섭을 요구하는 이 사건 교섭요구서를 팩스로 보내었고, 이 사건 교섭요구서에 구체적인 단체교섭의 사항을 기재하지도 않았으며, 교섭일시를 문서전송일로부터 2일 후로, 교섭장소도 자신의 조합사무실로 정하였던바, 위와 같은 이 사건 교섭요구서의 내용, 전달방식 등에 비추어 보면, 이 사건 교섭요구서를 통한 교섭요구가 사회통념상 합리적이고 정상적인 교섭요구라고 보기 어려워 피고인이 이 사건 교섭요구서에 정해진 일시·장소에 출석하지 않았다는 것만으로 정당한 이유 없이 단체교섭을 거부하거나 해태한 것이라고 단정하기는 어렵다고 할 것이다(대법원 2009. 12. 10. 선고 2009도8239 판결).

판례색인

사항색인

저자 약력

하경효(河京孝)

고려대학교 법과대학 및 동 대학원
독일 마인츠(Mainz)대학교 법학부(법학박사)
사법시험, 행정고시, 공인노무사시험 등 각종 시험위원
중앙노동위원회 공익위원
한국노동법학회 회장, 노동법이론실무학회 회장
고려대학교 노동대학원장, 법과대학장, 법학전문대학원장 역임
現 고려대학교 법학전문대학원 명예교수

저 서

Das Lohnrisiko bei Produktionsstörungen im Unternehmen, 1989 (Diss. Mainz), 1989

Die neue Arbeitsgesetzgebung und ihre Auswirkung auf die Arbeitsbeziehungen in Korea, ZIAS, 1997

Das Koreanische Kündigungsschutzrecht und dessen Reformvorhaben, in: Festschrift für Horst Konzen, 2006

「집단적 노사자치에 관한 법률」(공저), 1992
「세계화의 흐름에 대한 노동법적 대응」(공저), 1995
「외국인 고용에 따른 사회·경제적 영향 평가와 규율 방안」(대표집필), 1998
「기업의 구조조정과 노동법적 과제」(공저), 1998
「영업양도와 근로관계의 승계」(공저), 1999
「독일채권법의 현대화」(공저), 2002
「사내하도급과 노동법」(공저), 2007
「임금법제론」, 2013
「주석 민법」채권각칙(4)(고용 편 집필), 제4판, 2016

제4판
노동법사례연습

초판발행	2002년 1월 10일
제2판발행	2006년 3월 15일
제2판보정판발행	2008년 4월 25일
제3판발행	2017년 6월 15일
제4판발행	2023년 4월 20일

지은이	하경효
펴낸이	안종만·안상준

편 집	윤혜경
기획/마케팅	조성호
표지디자인	이영경
제 작	고철민·조영환

펴낸곳	(주) **박영사**
	서울특별시 금천구 가산디지털2로 53, 210호(가산동, 한라시그마밸리)
	등록 1959. 3. 11. 제300-1959-1호(倫)
전 화	02)733-6771
f a x	02)736-4818
e-mail	pys@pybook.co.kr
homepage	www.pybook.co.kr
ISBN	979-11-303-4440-9 93360

copyright©하경효, 2023, Printed in Korea

정 가   38,000원